भारतीय तुलनात्मक साहित्य

आधुनिक युग, उत्तर-आधुनिक युग, नयी आधुनिकता

भारतीय तुलनात्मक साहित्य

आधुनिक युग, उत्तर-आधुनिक युग, नयी आधुनिकता

इन्द्र नाथ चौधुरी

वाणी प्रकाशन

वाणी प्रकाशन
4695, 21-ए, दरियागंज, नयी दिल्ली 110 002
फ़ोन : +91 11 23273167 फ़ैक्स : +91 11 23275710
शाखाएँ
अशोक राजपथ, पटना 800 004, बिहार
कॉफ़ी हाउस कैम्पस, महात्मा गांधी मार्ग, इलाहाबाद 211 001, उत्तर प्रदेश
महात्मा गांधी अन्तरराष्ट्रीय हिन्दी विश्वविद्यालय, वर्धा 442 001, महाराष्ट्र
सुल्तानिया रोड, मोतिया पार्क, भोपाल 462 001, मध्य प्रदेश
www.vaniprakashan.com
marketing@vaniprakashan.in
sales@vaniprakashan.in

BHARTIYA TULNATMAK SAHITYA : AADHUNIK YUG,
UTTAR-AADHUNIK YUG, NAI AADHUNIKTA
by Indra Nath Choudhury

ISBN : 978-93-90678-89-1
Criticism

प्रथम संस्करण 2021

मूल्य : ₹ 595

एशियन ऑफ़सेट प्रेस, दिल्ली-110 093 में मुद्रित

वाणी प्रकाशन का लोगो मक़बूल फ़िदा हुसेन की कूची से

उत्सर्ग

भारत के प्रथम तुलनात्मक साहित्य

के प्रोफ़ेसर

श्री बुद्धदेव बसु को

सादर समर्पित

इन्द्र नाथ चौधुरी

भूमिका

मुझे यह कहने में बिल्कुल ही संकोच नहीं है कि वाणी प्रकाशन और उसके प्रबन्ध निदेशक, श्री अरुण माहेश्वरी के कारण मुझे तुलनात्मक साहित्य के विशेषज्ञ के रूप में सर्व-भारतीय ख्याति प्राप्त हो सकी है। वाणी प्रकाशन के द्वारा तुलनात्मक साहित्य पर 'भारतीय तुलनात्मक साहित्य : आधुनिक युग, उत्तर-आधुनिक युग और नयी आधुनिकता' मेरी तीसरी पुस्तक है। इस पुस्तक के प्रकाशन के लिए मैं अरुण माहेश्वरी और वाणी प्रकाशन को हृदय से धन्यवाद देता हूँ।

इस पुस्तक में 27 लेख हैं जो अधिकतर भारत के विभिन्न स्थानों में दिये गये भाषणों का संग्रह है। परिणामतः इनमें काफ़ी पुनरावृत्ति है। पाठक वर्ग प्रत्येक लेख को स्वतन्त्र रूप से पढ़ने की कृपा करे क्योंकि तब पुनरावृत्ति का प्रश्न नहीं उठेगा। इनमें से कई लेख अंग्रेज़ी से हिन्दी में अनुवाद किये गये हैं जिसके लिए वाणी प्रकाशन का सम्पादकीय विभाग धन्यवाद का पात्र है।

जीवन के अन्तिम पड़ाव में पहुँचा हुआ मेरी क्या यह अन्तिम पुस्तक है? शायद नहीं। वेदों में विश्वास करने वाले मैंने 'चरैवेति' के सिद्धान्त में विश्वास रखते हुए हमेशा आगे बढ़ने की प्रेरणा को जीवन का सिद्धान्त बनाया है। रवीन्द्र नाथ टैगोर के शब्दों को स्वीकार करते हुए मैंने हमेशा मृत्यु को श्याम समान स्वीकार किया है। 'मरणारे तुहुँ मम श्याम समान'। इति।

–इन्द्र नाथ चौधुरी

जबकि नागपुर रेडियो स्टेशन में काम करते हुए उन्होंने मुक्तिबोध को अनुवाद का काम दिया था और इस पर माचवे जी को इन्क्वायरी का सामना करना पड़ा था।

इस सबका परिणाम यह हुआ कि 1938 में जब उनकी दो इम्प्रेशनिस्ट कविताएँ प्रकाशित हुईं, वे अपने को हिन्दी के करीब महसूस करते थे, किन्तु 1946 में उनके मन में [illegible] की बात आती है। उन्होंने कहा कि हिन्दी के मठाधीशों ने कभी [illegible] नहीं सोचा, शायद यह सोच उनके उथले ज़हन में आती भी नहीं कि एक अहिन्दी भाषी जब हिन्दी में रचना करता है तो अपने साथ एक [illegible], एक खास [illegible], एक तरह का अलग अन्दाज़ और खुशबू भी लाता है—अनजाने।

इसके लिए उन्होंने कभी रियायत की माँग नहीं की परन्तु, ओछेपन का [illegible]

अहम्मन्यता से अधिक वे तिरस्कार के शिकार थे। उनके नज़दीकी लोगों ने एक ओर उनके भीतर की [illegible] देखी तो दूसरी ओर उनका औलियापन, फक्कड़पन और उनका [illegible] भी देखा।

यह उनके [illegible] का परिणाम था—यह मुक्त स्वच्छ भीतर की मुक्ति की [illegible] यह मुक्त रूप तभी प्रकट होता है जब उसमें मानवीयता की [illegible] किसी प्रकार की [illegible] या पूर्वाग्रह न हो।

इसमें उनके व्यक्तित्व के दो रूप प्रकट होते हैं:

फक्कीराना स्वभाव के कारण कहीं एक जगह स्थिर नहीं रह सके—दर्शनशास्त्र के प्रोफेसर नहीं बनकर मजदूर संघ के सचिव बने और फिर उसे छोड़कर अध्यापन में आए। माचवे जी महात्मा गांधी के आश्रम में रहे मगर ऑर्थोडॉक्स गांधीवादी कभी बन नहीं सके। मार्क्सिस्टों के साथ उनका मेल-जोल बना रहा। बम्बई में पी.सी. जोशी के साथ समय बिताया, राहुल सांकृत्यायन को अपना मेंटर माना तथा गाइड भी मानते रहे।

प्रोग्रेसिव राइटर्स कान्फ्रेंस इलाहाबाद, 1947 में शिरकत की।

वात्स्यायन अज्ञेय के द्वारा आयोजित एंटी-फासिस्ट शॉर्ट स्टोरी के संग्रह 'संगीनों का साया'—1943 में अपनी कहानी प्रकाशित की। फिर भी कहते रहे कि मैं प्रोग्रेसिव रहा मगर हार्डकोर कम्युनिस्ट मुझे 'साम्प्रदायिक' मानते थे।

11 साल बाद अध्यापन छोड़कर रेडियो ज्वाइन किया—वहाँ भी मन नहीं लगा। साहित्य अकादमी में आए परन्तु उसका मुकम्मल हिस्सा बन नहीं सके। आगे चलकर इस पर बात करेंगे।

अनुक्रम

तुलनात्मक साहित्य

तुलनात्मक साहित्य के दृष्टान्त

तुलनात्मक साहित्य

पालक का एक पत्ता गाँधी जी ने वर-वधू को दिया। मिठाई बनाने की मनाही थी। फिर भी कस्तूरबा ने आटे और गुड़ से बनी गुड़पापड़ी सबको खिलायी। शादी में कुल ख़र्च हुआ नौ आने—लगभग चौवन पैसे।

परन्तु माचवे मुक़म्मल गाँधीवादी नहीं बन सके। आश्रम में रहना स्वीकार नहीं था। आश्रमवासियों को हिन्दी नहीं सिखायी। हाँ खद्दर पहना परन्तु हमेशा नहीं। मार्क्सवाद के प्रति उनका विशेष रुझान था मगर अपनी आत्मजीवनी में कहते हैं कि गाँधीवादी होने के बावजूद मुझे लोग कम्युनिस्ट मानते थे। उन्हें स्वयं नहीं मालूम था कि उनमें विरोधाभास है, contradiction है। एक उदाहरण है, कॉलेज की नौकरी छोड़ने का एक जगह कारण लिखा कि सन् 1948 में जब उन्हें पता लगा कि सिन्धिया परिवार के एक सदस्य की पिस्तौल से गाँधी की मृत्यु हुई है तो उन्होंने माधवराव कॉलेज की नौकरी छोड़ दी। अपनी आत्मजीवनी में और एक जगह लिखा- जहाँ उनका कॉलेज था, उज्जैन के मेरे घर में लेखकों, मित्रों, कामरेडों का ताँता लगा रहता था। तनख़्वाह भी ज़्यादा नहीं थी। मेरी पत्नी उनके लिए खाना बनाते, चाय देते हुए तंग आ गयी थी। उसकी हेल्थ पर असर पड़ रहा था। तब मैंने नौकरी छोड़ने का निश्चय किया।

इस विरोधाभास के कारण उन्हें लेकर गाँधीवादी और मार्क्सवादियों का झगड़ा बना रहा। उनमें एक ज़बरदस्त बेचैनी थी। इसीलिए विरोधाभास ग्रस्त हो गये थे। गुणवादी से अधिक दोषवादी बन गये। अपने जीवन को लेकर एक कड़ुवाहट थी। शायद इसीलिए– 'विद्या ददाति विनियम्' उनमें नहीं था। खरी-खोटी सुनाते थे, खरी-खोटी सुनते भी रहे जीवनभर। साहित्य अकादेमी की नौकरी के कारण उन्हें सारे भारतवर्ष में अपूर्व ख्याति मिली परन्तु साथ ही गहरा मानसिक सदमा भी मिला जिससे उभर पाये जब 1979 में सीताराम सेकसरिया के निमन्त्रण पर उन्होंने भारतीय भाषा परिषद् के निदेशक के रूप में कलकत्ते में आकर पदभार ग्रहण किया और छह वर्षों तक काम किया।

साहित्य अकादेमी के एक्ज़िक्यूटिव सदस्य मामा बरेरकर, अनन्दा शंकर राय, बनारसीदास चतुर्वेदी और जैनेन्द्र जैन की सिफ़ारिश से 2 जून, 1954 में पं. नेहरू ने उन्हें बुलावा भेजा। वे साहित्य अकादेमी के प्रेसीडेंट थे। कृष्णा कृपलानी उन्हें लेकर एक्सटर्नल अफेयर्स मिनिस्ट्री के दफ़्तर में पहुँचे। नेहरू ने आधे घण्टे तक उनका इंटरव्यू लिया।

दूसरे दिन साहित्य अकादेमी के वाइस प्रेसीडेंट डॉ. एस. राधाकृष्णन से उनकी बातचीत हुई और मार्च 1954 में साहित्य अकादेमी की स्थापना के कुछ

1

भारतीय तुलनात्मक साहित्य : आधुनिक युग, उत्तर-आधुनिक युग, नयी आधुनिकता

क्या आज तुलनात्मक साहित्य के पुनर्गठन की आवश्यकता पड़ गयी है? उपर्युक्त प्रश्न का उत्तर देने के लिए (1) तुलनात्मक साहित्य, (2) तुलनात्मक भारतीय साहित्य तथा तुलनात्मक साहित्य से जोड़कर (क) बहुसंस्कृतिवाद (Multiculturalism), (ख) महानगरीय विश्ववाद या सर्वत्रवासी विश्ववाद (Cosmopolitanism), (ग) दलित तथा नारी विमर्श एवं समसामयिक युग की न्यू टेक्नोलॉजी (New Technology) के आविर्भाव तथा आलोचनात्मक यथार्थ (Critical Realism) बहुस्तरीय यथार्थ (Multiple Levels of Reality) के प्रसार के कारण तुलनात्मक साहित्य पर पुनर्विवेचन और उसके स्वरूप का नवनिर्माण आवश्यक हो गया है।

तुलनात्मक साहित्य पदवाच्य का पहला प्रयोग सन् 1848 में अंग्रेज़ी कवि मैथ्यू आर्नल्ड ने अपने एक पत्र में किया था। परन्तु उससे लगभग 100 साल पहले सन् 1753 में रॉबर्ट लॉथ ने अपने ऑक्सफोर्ड लेक्चर्स ऑफ़ पोएट्री में हिब्रू कविता की तुलना की थी। उस समय भारत में देवभाषा संस्कृत के साथ देशी या विदेशी भाषा में रचित कविता की तुलना एक अभावनीय व्यापार थी मगर एकक साहित्य स्कूल/सम्प्रदाय के रूप में संस्कृत में तुलना का बहुल प्रयोग दिखाई पड़ता है :

उपमा कालिदासस्य भारवेः अर्थगौरवम्।
दण्डिनः पदलालित्यं माघे सन्ति त्रयोः गुणाः।।

(उपमा के प्रयोग में कालिदास अद्वितीय हैं, (भारवि) का अर्थगौरव बेजोड़ है, दण्डी के पदों के लालित्य की कोई तुलना नहीं और कवि माघ में ये तीनों गुण वर्तमान हैं।)

वस्तुतः अंग्रेज़ों के भारत आगमन से और उनके ज्ञान-विज्ञान से परिचित होने पर हमारे साहित्य जगत् में खलबली मच गयी थी।

भारत अपनी पारम्परिक विचार दृष्टि छोड़कर एक वैश्विक आधुनिकता (Global Modernity) को स्वीकार करने में जुटने लगा। यह आधुनिकता (Modernity) यूरोप में 1650 से लेकर 1800 तक प्रसारित प्रबोधन (Enlightenment) के प्रभावस्वरूप उद्घाटित हुई—जिसके दो आधार तत्त्व थे।

बुद्धि विवेक—बुद्धि युक्त चेतना Human Rationality तथा Humanism मानवतावाद।

यूरोप में एक ओर इसी के फलस्वरूप प्राचीन कर्मकाण्डीय परम्परा और धर्म के खण्डन के साथ-साथ नयी विचार दृष्टि, साहित्यिक अवधारणा (Literary Perspective) तथा नयी सांस्कृतिक सचेतनता (Cultural Awareness) के साथ-साथ पश्चिमी आधुनिकता का जन्म हुआ। पश्चिमी ज्ञान-विज्ञान की चकाचौंध में फँसे भारत को इसे स्वीकारने में देरी नहीं लगी।

पश्चिम के मानदण्डों (Parameter) के आश्रय से साहित्य का अध्ययन और विश्लेषण शुरू हुआ। पश्चिमी मानदण्डों को स्वीकार करने के साथ-साथ पश्चिमी लेखकों की विचारधाराओं से भारत परिचित होने लगा और भारतीय या विश्व के लोगों की स्वाभाविक प्रवृत्ति के अनुसार साहित्य के क्षेत्र में तुलना का प्रसार होने लगा। उधर 1827 में जर्मनी के प्रसिद्ध कवि गोयते ने जर्मन में अनूदित कालिदास के नाटक 'शकुन्तला' को पढ़कर अपना वह जगत् प्रसिद्ध वक्तव्य दिया कि "यदि तुम युवावस्था के फूल और प्रौढ़ अवस्था के फल को इकट्ठा देखना चाहते हो" अर्थात् यदि तुम मर्त्यलोक और स्वर्ग को एक ही स्थान पर देखना चाहते हो तो मेरे मुख से तत्क्षण एक ही नाम निकल पड़ता है, 'शकुन्तला'। अपने छात्र एकरमैन (Ecker mann) को पहली दफ़ा विश्व साहित्य के बारे में कहा—प्रारम्भ में तुलनात्मक साहित्य और विश्व साहित्य में मात्र नाम का अन्तर माना जाता था। रवीन्द्रनाथ टैगोर भी ऐसा सोचते थे परन्तु 20वीं शती के अन्त और 21वीं शती के प्रारम्भ में यह सोच बदल गयी थी। विश्व साहित्य को एक अलग विषय मानते हुए उसका विस्तार हुआ। दोनों एक हैं मानने वालों की संख्या भी कोई कम नहीं थी। यह विचार दृष्टि बिल्कुल नयी थी—एकरमैन ने 1835 में इस विषय पर लिखकर विश्व साहित्य पदवाच्य को यूरोप में प्रचलित कर दिया। विश्व के नये क्षेत्रों के आविष्कार और उनसे परिचित होना और फिर उसे जानना (Colonial Masters) उपनिवेशों के मालिकों की अत्यन्त बड़ी आवश्यकता थी जिससे कि वे अपने (Colonial)

उपनिवेशी शिकंजों को और अधिक कस सकें। उससे तुलनात्मक साहित्य का प्रसार हो सका परन्तु वह एकांगी–एकतरफा प्रयास था। पश्चिमी प्राच्यविदों ने जो उपनिवेशी मालिक (Colonial masters) भी थे अपने नस्लवाद (racism) के कारण तुलनात्मक साहित्य का प्रसार तो किया परन्तु पश्चिमी साहित्य को हमेशा भारतीय साहित्य की तुलना में उच्च स्थान दिया। उदाहरण– एशियाटिक सोसायटी के प्रतिस्थापक सर विलियम जोन्स ने एशियाटिक सोसायटी के 1784 के अधिवेशन में प्रस्तुत अपने डिस्कोर्स–"A discourse on the Institution of a Society for inquiring into the History, Civil and Natural, The Antiquities, Arts, Sciences and Literature of Asia" में कहा था कि भारत के इतिहास को ढूँढ़ते हुए भारत के गहरे अतीत में मैं जाने के लिए तैयार हूँ मगर मध्य युग में 11वीं शताब्दी के बाद और ऊपर कतई नहीं जाना चाहूँगा–क्योंकि 11वीं शताब्दी के बाद पूर्व-ब्रिटिश भारत मात्र अन्धरकारमय है। अपने दूसरे डिस्कोर्स में कहा था, जो कोई भी एशिया के देशों की यात्रा करता है, विशेष रूप से, जिनका इन देशों के साहित्य से परिचय है, उन्हें स्वाभाविक रूप से इन साहित्यों की तुलना में यूरोपीय साहित्य की श्रेष्ठता का उल्लेख करना पड़ता है (Whoever travels in Asia, especially if he be conversant with the literature of the countries through which he passes, must naturally remark the superiority of European talents). (Jones, 'Second discourse' 3:19, referred by Michael Palencia Rath, Comparative Civilization Review, Vol. 56 (2007) No. 56, Art 4 p. 30)। हद तब हो गयी जब पाश्चात्य के विख्यात दार्शनिक हीगल ने अपनी पुस्तक 'Penomenology of spirit', pp. 111-119 में यह कह डाला कि प्रभाव डालने वाली संस्कृतियों-के स्वामी दासों की उप-प्रभावी संस्कृतियों के विचारों को अनजाने में आत्मसात कर लेते हैं। (Even the dominant culture absorbs idea from the sub-dominant, though unconsciously, much as the master's behaviour is adopted from the slavers behaviour.)

अर्थ स्पष्ट है कि यूरोप के अन्धकारमय मध्य युग की तरह भारत के मध्य युग को अन्धकारमय मान लेने और उपनिवेशी प्रभुत्व के तहत भारत के मध्य युग को पूर्व-ब्रिटिश भारत कहते हुए प्रकारान्तर से ब्रिटिश शासन के आने के बाद ही प्रकाश के आने की सूचना देना उपनिवेशी मानसिकता का परिचय था। और साथ ही इतिहास-लेखकीय-उत्क्रमण (Historiographical Inversion)

के द्वारा भारतीय साहित्य के इतिहास के एक हिस्से को मिटा देना था जिसको सर्वसम्मति से हिन्दी या भारतीय साहित्य का स्वर्णयुग माना जाता है अर्थात् भारत के मध्ययुग (भक्तिकाल) को अन्धकारमय मानने का अर्थ है कि साहित्य के इतिहास की रैखिक धारा के एक हिस्से को निकाल देना जिससे कि उपनिवेशी स्वामी नस्ली दृष्टि का परिचय देते हुए भक्ति के स्वर्गयुग को मिटा सकें। इसे ही इतिहास-लेखकीय-उत्क्रमण कहते हैं।

परन्तु भारतीय रोमांटिक प्रेम और विस्मयपूर्ण भव्यता (Awe-inspiring Grandiose) के सामने पश्चिम को झुकना पड़ा।

गीता में श्रीकृष्ण के विराट स्वरूप की विस्मयपूर्ण भव्यता और आर्किटाइपल रूपक (Archetypal Metaphor) के प्रयोग 'दिवि सूर्य सहस्रस्य', हज़ार सूर्य की तरह, 'सनातनस्त्वं पुरुषो', अविनाशी सनातन पुरुष (Primordial Man) को पढ़कर सुनकर पश्चिम चकित हो गया था क्योंकि इस तरह के रूपक के प्रयोग के पीछे सैकड़ों वर्षों की परम्परा काम करती है। इस दुनिया में बाइबल के बाद सर्वाधिक अनूदित पुस्तक गीता ही है। उनके पास दूसरी ओर, रोमानी प्रेम में, ख़ास तौर से शकुन्तला के प्रेम-वर्णन में, दिव्य और लौकिक (Sacred और Secular) का युग्म मिलन जैसा कुछ नहीं था जो पश्चिम के लिए आश्चर्यचकित करने वाला था।

सर विलियम जोन्स के अंग्रेज़ी अनुवाद में शकुन्तला जब पश्चिम पहुँची, ख़ास तौर पर जर्मन अनुवाद में जर्मनी पहुँची--वहाँ साहित्य जगत् में तहलका मच गया और पूरा रोमांटिक युग 'शकुन्तला युग' के नाम से प्रसिद्ध हो गया। भारतीय रोमांटिसिज़्म का पश्चिमी रोमांटिसिज़्म पर काफ़ी प्रभाव पड़ा। फिर भी विख्यात पश्चिमी परन्तु पश्चिमी नस्लवादी यह कहने में रुके नहीं कि यह ठीक है कि प्रबोधन (Enlightenment) और रोमांटिक युग में पूर्व केन्द्रीय विषय बन गया, दोनों संस्कृतियों में तर्क, संवाद, आपसी आदान-प्रदान होने लगा परन्तु, फिर भी पूर्व को निम्न, अविकसित, बौद्धिक दृष्टि से हेय ठहराने में नहीं चूके या फिर प्राच्य को अनोखा असाधारण बोल कर एक अद्भुत स्थान मान लिया गया। कलाडिया मारसिके कैटरीन श्वायेव ने कहा यूरोपीय रोमांटिक साहित्य में अनोखा, असाधारण प्राच्य एक अपरूप, अतिकाल्पनिक पलायनवादी स्थान के रूप में माना जाने लगा जहाँ पाश्चात्य चौहद्दी से परे पश्चिमी कल्पना से इतर एक जादुई जगत् की अद्भुत घटनाएँ घटती रहती हैं। मगर इसी तरह के एक जगत् को लेकर गैब्रियल गार्सिया मार्खेज़ ने 'वन हंड्रेड ईयर्स ऑफ़ सॉलिट्यूड', उपन्यास लिखकर सन् 1982 में नोबेल पुरस्कार प्राप्त किया और पश्चिम के लिए

इसे स्वीकार करने के अतिरिक्त और कोई चारा नहीं था। स्वीकार करते हुए जादुई यथार्थ कहकर उसे यथार्थ के दायरे में रखने को विवश हुए और चूके भी नहीं (In Romanic European literature the exotic East functions as a space of fantastic escapism. The orient appears as a magical place where wondrous events happen beyond the boundaries of Western imagination, (Laudia Marcike Katrin Schwabe, Romanticism, Orientalism and National Identity: German Literacy Fairy tales, University of Florida, p.23)।

गोयते ने, जैसे पहले कहा गया है, इसके विपरीत 'शकुन्तला' नाटक के बारे में लिखा कि यदि तुम स्वर्ग और मर्त्य, फूल और फल को इकट्ठा देखना चाहते हो तो वह है 'शकुन्तला'—इन सब वक्तव्यों के कारण पश्चिम के साथ-साथ भारत में तुलनात्मक साहित्य का प्रसार होने लगा जिसके दो महत्त्वपूर्ण तत्त्व उभर कर आये :

—अन्तरराष्ट्रीय सन्दर्भवाद
—तुलनात्मक आलोचना

परन्तु पश्चिम की दृष्टि यूरोप केन्द्रित (Eurocentric) बनी रही, और दूसरी ओर भारत में बंगला साहित्य के माइकेल मधुसूदन ने सन् 1860 में तुलनात्मक साहित्य की एक समूची वैश्विक (Universal) दृष्टि का उल्लेख करते हुए भारत और यूरोप के कवि वाल्मीकि, व्यास, कालिदास, होमर, बर्जिल, दान्ते को एक ही मंच पर स्थान दिया।

उसी समय सन् 1860 में सैंतब्यूव (Sainte-Beuve) अपने एक निबन्ध 'क्लासिक क्या है?' ('what is a classic?') (Sainte-Beuve, "What is a Classic", published in Le Constitutionnel on 1850 As Quest-ce quun classique? Vol. III, p. 40) लिखकर कविता के क्षेत्र में सार्विक दृष्टि का प्रसार करने में जुटे हुए थे—यह हमारे लिए एक सुखद आश्चर्य था, नहीं तो तुलनात्मक साहित्य के क्षेत्र में यूरोपीय की दृष्टि उस समय यूरोप-केन्द्रित ही थी, सार्विक नहीं।

सन् 1873 में, बंकिमचन्द्र चटर्जी ने कालिदास के शकुन्तला चरित्र और शेक्सपियर ने अपने नाटकों के चरित्र मिरांडा टेमपेस्ट तथा डेसडेमोना (ऑथेलो) को लेकर निबन्ध लिखकर यूरोपीय साहित्यिक ऐतिह्य का अंग स्वीकारते हुए 'विश्व नागरिक' बनने का अधिकार प्राप्त किया था (Bankim Chandra Chattopadhyay, Sakuntala, Miranda Desdemona, Kolkata, Bangadarshan, 1886/7)।

सन् 1907 में रवीन्द्रनाथ ने 'विश्व साहित्य' (विश्व साहित्य, रवीन्द्रनाथ टैगोर के द्वारा जातीय शिक्षा परिषद में दिया गया भाषण, 1907 में प्रथम प्रकाशित, रवीन्द्र रचनावली, दसवाँ खण्ड, 'प्रबन्ध', पृ. 324-33, कोलकाता, 1989) का उल्लेख करते हुए साहित्य के अध्ययन में तुलनात्मक दृष्टि का प्रसार किया और यह स्पष्ट कर दिया कि 'अन्तरराष्ट्रीय सन्दर्भवाद' और 'तुलनात्मक आलोचना' के आधार पर ही साहित्य के अध्ययन को प्रसारित करना है। उनका कहना था :

> "यह पृथ्वी विभिन्न टुकड़ों में बँटी हुई लोगों के रहने का अलग-अलग स्थान नहीं है—उनका साहित्य अलग-अलग रचित साहित्य नहीं है। प्रत्येक लेखक के द्वारा रचित साहित्य एक पूर्ण इकाई है तथा वह इकाई समूचे मानव समाज की सार्वभौमिकता की परिचायक है। राष्ट्रीयता की संकीर्ण मनोवृत्ति से अपने को मुक्त करते हुए प्रत्येक कृति को उसकी सम्पूर्ण इकाई में देखना है और इस सम्पूर्ण इकाई या मनुष्य की शाश्वत सृजनशीलता की पहचान विश्व साहित्य के द्वारा ही हो सकती है। विश्व साहित्य जिसको अंग्रेज़ी में Comparative Literature कहा जाता है इस सार्वभौम सृजनात्मक की अभिव्यक्ति है।"

विश्व के साथ जुड़ने की बात कोई नयी नहीं थी। सर्वे भवन्तु सुखिनः, वसुधैव कुटुम्बुकम्, जैसी उक्तियों में यह बात प्रकट होती है। 20वीं शती के तीसरे दशक तक यह बात स्पष्ट हो गयी थी कि तुलनात्मक साहित्य एक से अधिक भाषाओं में रचित साहित्यिक कृतियों का अध्ययन है और तुलना इस अध्ययन का मुख्य अंग है और तुलना देश की सीमा के बाहर दूसरे देशों के साहित्य से तुलना है।

1. यह तुलना समानता और असमानता यानी साम्यमूलक या वैषम्यमूलक हो सकती है।
2. यह प्रभाव अध्ययन भी है (Influence Study) भी है।
   (क) यह प्रभाव कभी बाढ़ की तरह होता है और जिसके फलस्वरूप उत्सर्जक के प्रभाव में डूबने वाले प्रापक लेखक की असहायवश्यता प्रकट होती है।
   (ख) प्रभाव के सान की तरह ग्रहण करने वाले व्यक्ति की प्रतिभा को प्रभाव और चमका देता है। इस प्रभाव को ग्राहक आत्मसात करता है।

आधुनिक युग में पिछली शताब्दी के 50 दशकों तक अंग्रेज़ी की वश्यता स्वीकार करना आम बात हो गयी थी। हम अपने कालिदास को 'शेक्सपियर ऑफ़ इंडिया' कहने में हिचकिचाते नहीं थे।

पाश्चात्य आधुनिकता से सम्बद्ध अवधारणाएँ जैसे अस्तित्ववाद (Existentialism), अनायक (Anti-hero), अतियथार्थवाद (Surrealism) की नक़ल पर (1) साहित्य की रचना होती रही तो (2) आलोचकों ने हमारे ज़मीन से जुड़े भारतीय लेखकों की पाश्चात्य अवधारणाओं के आश्रय से आलोचना कर लेखकों का हुलिया ही बदल डाला"। पश्चिमी साहित्यिक अवधारणाओं, जैसे—अनायक (Anti-hero) आदि के बारे में यह स्पष्ट करना है कि कोई भी अवधारणा शाश्वत नहीं होती, आसमान से नहीं टपकती—वह किसी सामाजिक-सांस्कृतिक सन्दर्भों में ही विकसित होती है। अतएव उन लेखकों की ज़मीन से जुड़ी अवधारणाओं को आधार बनाकर आलोचना कार्य को सही ढंग से आगे बढ़ाया जा सकता है।

इसके विपरीत जाने पर भारतीय लेखकों की पश्चिम प्रभावित आलोचना अधिकतर अप्रधान हो जाती है परन्तु आश्चर्य की बात है कि तुलनात्मक साहित्य के क्षेत्र में उनको स्थान मिल जाता है। यह तुलनात्मक साहित्य की भ्रंश रेखा (Fault line) है और उसकी दुर्बलता को प्रकट करती है क्योंकि ऐसी आलोचना केस स्टडी के रूप में तुलनात्मक क्षेत्र के लिए मूल्यवान मानी जाती है।

सन् 1956 में भारत में पहली दफ़ा जादबपुर विश्वविद्यालय में तुलनात्मक साहित्य का विभाग खुला और वहाँ संस्कृत और बांग्ला के सिवाय और किसी भारतीय भाषा का अता-पता नहीं था। पाठ्यक्रम में बांग्ला के साथ फ्रेंच साहित्य की तुलना, अथवा यूरोपीय साहित्य की आपस में तुलना को ही पाठ्यक्रम में स्थान मिला था या फिर यूनानी साहित्य विचार के साथ संस्कृत साहित्य की तुलना को अध्ययन का आधार बनाया जिससे भारतीय विश्वदृष्टि, उसका अस्मिताबोध स्पष्ट रूप से दरकिनार हो गया था।

पाश्चात्य साहित्य के बारे में एक समुचित दृष्टि का विकास उनका प्रतिपाद्य था। पाश्चात्य साहित्य का मतलब अधिकतर अंग्रेज़ी था, या फ़ैशनेबल फ्रेंच। पश्चिम की दूसरी भाषाओं से हमें वंचित रहना पड़ा।

परिणामतः एक सुगबुगाहट भारत में तुलनात्मक साहित्य के जन्म से ही शुरू हो गयी थी। जॉन स्टुअर्ट मिल तथा मैकॉले के अनुसार भारत को यदि आधुनिक बनना है तो उसे अपना पश्चिमीकरण या आंग्लीकरण करना होगा, यानी अंग्रेज़ी भाषा, व्यवहार और अंग्रेज़ी शिक्षा को अपनाना होगा।

(According to Mill & Macaulay, India, if it was to be modern, had to anglicize itself and to adopt English manners, language, education. Michael Palencia–Ruth, Comparative Civilization Review, Vol. 56 (2007) No. 56, Art. 4, P. 32)

इसके विपरीत सन् 1924 में टैगोर ने लिखा, सच्ची आधुनिकता मन की स्वाधीनता है आस्वाद की दासता नहीं (True modernism is freedom of mind, not slavery of taste, The Spirit of Japan, ...)। सन् 1931 में के. सी. भट्टाचार्य ने अपने निबन्ध 'Swaraj in Ideas' में स्वाधीन भारतीय विचारदृष्टि के प्रसार की बात कही।

अंग्रेज़ों ने अंग्रेज़ी साहित्य से हमारा परिचय कराया, रॉबर्ट ब्रिजेज की प्रशंसा और डी.एच. लारेंस को बदनाम करने को कहा, मगर यूरोपीय लेखक बॉदलेयर, हायनी, दान्ते, ओविड, गोर्की, टॉलस्टॉय से कोई परिचय नहीं कराया। उस समय तुलनात्मक साहित्य के अध्ययन में अंग्रेज़ों के दासत्व के सिवाय अधिक कुछ दिखाई नहीं पड़ा।

इस बीच भारत में प्रथम महायुद्ध के बाद सन् 1919 में भारतीय सैनिकों ने यूरोप से वापस आकर यूरोपीय संस्कृति से हमें परिचित कराना शुरू किया। भारतीयों ने यह भी देखा कि 1901-40 के बीच साहित्य में मात्र 5 अंग्रेज़ों को नोबेल पुरस्कार मिला–बाक़ी टैगोर और यूरोपीय साहित्यकार थे। प्रेमचन्द ने गाल्सवर्दी (इंग्लैंड) के अनुवाद के साथ-साथ मैटरलिंक (Maeterlinck, बेल्जियम) का भी अनुवाद किया।

इस तरह तुलनात्मक साहित्य के क्षेत्र में यूरोपीय तथा लैटिन अमेरिकन साहित्य को स्थान देना हमारे लिए उपादेय सिद्ध हुआ। हमारी दृष्टि सही मायने में वैश्विक बनी और के.सी. भट्टाचार्य, टैगोर, महात्मा गाँधी, श्री अरविन्दो, विवेकानन्द, स्वामी दयानन्द के कारण भारतीय साहित्य को लेकर तुलनात्मक साहित्य की रचना की दिशा में पहल शुरू हो गयी और एक अद्भुत रहस्य का उद्घाटन हुआ।

यदि मेरी मातृभाषा हिन्दी है और मैं हिन्दी साहित्य से भली-भाँति परिचित होना चाहता हूँ तो भारत के सन्दर्भ में हमें एक आश्चर्यचकित करने वाली स्थिति का सामना करने के लिए बाध्य होना पड़ता है।

हिन्दी साहित्य के किसी एक हिस्से का आविष्कार हमें दूसरे हिस्से की खोज के लिए रास्ता दिखाता है। हिन्दी का भक्ति काव्य अन्ततः हमें तमिल आलवारों तक पहुँचा देता है। इसी तरह बांग्ला साहित्य के सन्दर्भ में रवीन्द्र के रहस्यपरक गीत हमें कबीर, दादू तक पहुँचा देते हैं और एक सम्पूर्ण भारतीय सांस्कृतिक संवेदना का पता लग पाता है। इसलिए हमारे लिए यह आवश्यक हो गया कि

भारतीय साहित्य की संकल्पना का विकास करें। इस दिशा में सुनीति कुमार चटर्जी, डॉ. नगेन्द्र, के. एम. जॉर्ज और कई विद्वान एकक साहित्य के रूप में भारतीय साहित्य की अवधारणा के निर्माण के काम में जुट गये और यह प्रमाणित हुआ कि तुलनात्मक साहित्य की पद्धति विज्ञान (Methodology) के आश्रय से यह काम पूरा हो सकता है।

तुलनात्मक साहित्य की सबसे बड़ी समस्या पद्धति विज्ञान (Methodology) है जो एक साहित्य अध्ययन से तुलनात्मक साहित्य को अलग करता है। उदाहरणतया–

1. बांग्ला के विख्यात कवि माइकेल मधुसूदन दत्त ने पहले पहल अंग्रेज़ी में लिखना शुरू किया, प्रेमचन्द ने उर्दू में। एकक साहित्य अध्ययन पद्धति (Single Lit Methodology) इसकी मात्र सूचना देगा और तुलनात्मक साहित्य इसका कारण बतायेगा और यह भी बतायेगा कि उस समय के भारत के कौन दूसरे लेखक अंग्रेज़ी में लिखते थे और ऐसा करना क्यों पसन्द करते थे।
2. एकक साहित्य अध्ययन प्रेमचन्द के सन्दर्भ में बतायेगा कि कब उन्होंने उर्दू से हटकर हिन्दी में लिखना शुरू किया। तुलनात्मक साहित्य इसका कारण ढूँढ़ के निकालेगा।
3. एकक साहित्य अध्ययन निराला की कविता की पंक्तियों : "नव जीवन की प्रबल उमंग जा रही मैं, मिलने के लिए पाकर सीमा, प्रियतम असीम के संग"। पर रवीन्द्रनाथ के गीत–"सीमार, माझे असीम, तुमि बाजाओ आपन सुर आमार मध्ये तोमार प्रकाश ताइ एत मधुर"। के प्रभाव की सूचना देगा। तुलनात्मक साहित्य इसका विश्लेषण करेगा और साम्य या वैषम्यमूलक अध्ययन के आश्रय से इसकी व्याख्या करेगा।

बीसवीं शती के मध्य भाग से अन्त तक दर्शन, कला, स्थापत्यकला (Architecture) तथा आलोचना में एक स्पष्ट विचलन दिखाई देने लगा। जिसे उत्तर-आधुनिक के नाम से रेखांकित किया गया।

उत्तर-आधुनिकता के इस दौर में भारत एक ओर अपने को 1. पुनर्भाषित करने में जुट गया तो 2. दूसरी ओर तुलनात्मक साहित्य को सार्विक कैटेगरी (Universal Category) के रूप में स्वीकार करने पर प्रश्न उठने लगा। आगे चल कर इस पर विवेचन किया जायेगा।

इस समय सामाजिक, राजनीतिक तथा साहित्यिक स्थितियों में बदलाव नज़र आने लगा। हमारे लिए अपनी परम्पराओं से, अपनी विश्वदृष्टि से तथा अपने विशिष्ट गुणों (Ethos) से परिचित होना ज़रूरी हो गया।

भारत में पहली दफ़ा 1976 में दिल्ली विश्वविद्यालय में तुलनात्मक साहित्य की संगोष्ठी आयोजित हुई। भारत में पहली दफ़ा तुलनात्मक साहित्य की पुस्तक 'Comparative Literature' का प्रकाशन हुआ, जिसमें अज्ञेय, हरभजन सिंह, टी. जी. मैनकर ने तुलनात्मक साहित्य के भारतीय पक्ष पर बल दिया।

तुलनात्मक साहित्य के अध्ययन को लेकर हमारे मन में यह विश्वास पैदा हो गया था कि भाषिक दक्षता (Linguistic Rigour) तथा ऐतिहासिक गहराई (Historical Shrewdness) और वैश्विक एकता (Universal Human Unity) प्राप्त करने के लिए तुलनात्मक साहित्य विश्व के सारे साहित्य के अध्ययन की खुली सम्भावनाओं का मार्ग प्रशस्त करता है।

परन्तु भाषिक दक्षता का यह अर्थ नहीं कि तुलनात्मक साहित्य भाषा अध्ययन है। वस्तुतः वह साहित्य अध्ययन है, जहाँ विभिन्न साहित्यों को हम अनुवाद में पढ़कर तुलनात्मक साहित्य की दिशा में आगे बढ़ पाते हैं और भारत इसके लिए एक उपयुक्त स्थान है।

बी. एच. कृष्णमूर्ति (B.H. Krishnamurti) कहते हैं–'भारत एक अनुवाद क्षेत्र है', मैं इसके साथ जोड़कर कहता हूँ, 'भारत एक तुलनात्मक साहित्य क्षेत्र भी है'। भारतीय साहित्य की अवधारणा ही अपने आप में तुलनात्मक साहित्य है।

प्रश्न उठता है, 'ऐतिहासिक गहराई और वैश्विक मानव-एकता को लेकर'। इसके उत्तर में कहा जा सकता है कि ऐतिहासिकता यानी Historicity का सम्बन्ध किसी देश की संस्कृति, समाज और राजनीति से होता है यानी विशिष्टता (Particularity) किसी देश के इतिहास को रेखांकित करती है।

जब एक देश के साहित्य का तुलनात्मक अध्ययन किसी और देश के साहित्य से किया जाता है तो दो विशिष्टाओं के साम्य और वैषम्य का अध्ययन होता है इसलिए Particular यानी देश के इतिहास को नज़रअन्दाज़ करना सम्भव नहीं हो पाता है।

पहले-पहल तुलनात्मक साहित्य को 'सार्विक कैटेगरी' (Universal Category) के रूप में स्वीकार किया गया था। इसका दो कारणों से विरोध हुआ :

1. जैसे ही आप एक से अधिक साहित्य का अध्ययन करेंगे आप फौरन हिस्टरी के साथ जुड़ने के लिए बाध्य हो जाते हैं। क्योंकि आप किसी विशेष साहित्य की सांस्कृतिक वैशिष्ट्य की अवज्ञा नहीं कर सकते। एडवर्ड सईद कहते हैं कि टेक्स्ट हमेशा 'worldly' होता है और अलंघनीय 'inextricably'

जटिल ढंग से समाज, इतिहास और राजनीति की वास्तविकता से जुड़ा रहता है। विशिष्ट (Particular) होता है।

2. वैश्विकता (Universality) के पूरे मसले को इतिहास से काटकर देखने के पीछे एक राजनीतिक पूर्वाग्रह तथा नस्लवादी दृष्टि थी जिसके आधार पर चिनुआ एचेबे कहते हैं कि पश्चिमी सोच की प्रकृति के अनुसार किसी भी पश्चिमी लेखक की कृति अपने आप वैश्विकता की अभिव्यक्ति करती है और हमें उसे प्राप्त करने के लिए कोशिश करनी पड़ती है। एशिया, अफ्रीका के लेखक मूलतः अपनी संस्कृति से घिरे (Culture Bound) होते हैं। फ्रेडरिक जेम्सन तीसरी दुनिया के साहित्य को राष्ट्रीय रूपक (National Allegoris) कहते हैं जिसका वैश्विक विश्वबन्धुत्व या महानगरीय विश्ववाद (Universal Cosmopolitanism) से कोई सम्बन्ध नहीं है।

यह एक पूर्वाग्रह दूषित वक्तव्य है। इसीलिए अनन्तमूर्ति कहते हैं—हम पश्चिमी साहित्य का साहित्य रूप में अध्ययन करते हैं परन्तु पश्चिम हमारे साहित्य को सामाजिक (Sociological) या मानव विज्ञान से सम्बद्ध (Anthropological) साहित्य की सामग्री मानते हुए भारतीय समाज का अध्ययन करता है और यह जानने की कोशिश करता है कि :

1. भारतीय अस्पताल जाने से डरते क्यों हैं;
2. भारतीय नारी अपने पुरुषों के साथ बैठकर खाना क्यों नहीं खाती; अथवा
3. सास अभी भी परिवार पर पूरा नियन्त्रण कैसे रखती है।

और इस तरह के और भी बहुत सारे प्रश्नों को आधार बनाकर चिनुआ एचेबे कहते हैं कि तुलनात्मक साहित्य की परिचर्चा से वैश्विक (Universal) शब्दों को अलग कर देना चाहिए जब तक कि यूरोप अपने संकुचित स्वार्थों से सम्बद्ध अनुदारता से मुक्त नहीं हो जाता और उसके चिन्तन के क्षितिज सारे विश्व को अपने में समेट नहीं लेता है।

बहुभाषिक देश होने के नाते हम एक जटिल चेतनता में जीते हैं। हमारे लिए प्रान्तीय सामाजिक तथा ऐतिहासिक वैशिष्ट्यों का उतना ही महत्त्व है जितना कि सर्व-भारतीय स्तर पर भारतीयता का।

प्रान्तीय तथा भारतीय ऐतिहासिक क्रियात्मकता में एक ओर प्रादेशिक अस्मिता दूसरी ओर एक ही प्रकार के 1. आम विश्वास, 2. आस्था, 3. मिथक तथा 4. अनुश्रुतियों (Legends) से पुष्ट भारतीयता और प्रान्तीय/प्रादेशिकता में

1. द्वन्द्व और समझौते की स्थिति पैदा होती है या फिर

2. एकता और विविधता की जटिल चेतना का विकास होता है। क्षेत्र और देश की इस आधार पीठिका पर भारतीय तुलनात्मक साहित्य का निर्माण होता है।

देश विभाजन को लेकर हिन्दी में यशपाल का 'झूठा सच' और बांग्ला में प्रबोध कुमार सान्याल का 'हासुबानु' उपन्यासों में एक निश्चित स्थिति में उभरने वाली घटनाओं को आधार बनाकर घटनाओं की विविधता और वैचारिक चेतना से सम्बद्ध एकता और विविधता का अद्भुत घटाटोप दिखाई पड़ता है। देश और क्षेत्र कभी अलग तो कभी एक दिखाई पड़ते हैं। इस सम्बन्ध में टैगोर का वक्तव्य काफ़ी महत्त्वपूर्ण है :

"वैश्विकता भारत का एक महत्त्वपूर्ण स्वर है–परन्तु महानगरीय विश्ववाद (Cosmopolitan) की स्वीकृति देते हुए भारत ने अपनी परम्परा, इतिहास, संस्कृति से उसे अलग नहीं किया–उससे जुड़ा रहा। इसी आधार पर भारतीय तुलनात्मक साहित्य का विस्तार हुआ है।"

2

तुलनात्मक साहित्य का नया रूप

तुलनात्मक साहित्य एकरूपता (Uniformity) में विश्वास नहीं करता, वह सामंजस्य (Harmony) में विश्वास करता है और साथ ही किसी विशेष साहित्य या कृति के बारे में कोई निर्णय (Judgement) नहीं देता, अन्तरराष्ट्रीय स्तर पर उसकी पहचान कराता है।

उदाहरणतया, ए. शुल्ज (A. Schulz) ने तुलनात्मक साहित्य के आश्रय से प्रेमचन्द और चार्ल्स डिकेन्स के उपन्यासों की तुलना कर वैश्विक स्तर पर भारतीयता की पहचान करायी है। 1. तुलनात्मक साहित्य एक से अधिक साहित्य की आपसी पहचान, संवाद या वार्तालाप है यह मानवता (Hu) mankind के बीच का संवाद है मात्र पूर्व या पश्चिम भारत तथा पश्चिम यूरोप के बीच का संवाद नहीं, 2. इसकी दृष्टि युग्मक (Binary) नहीं है वरन् सम्पूर्णता की दृष्टि है—जहाँ दो या अधिक साहित्यों के बीच तुलना के आश्रय से मात्र सम्बन्ध स्थापित नहीं किया जाता वरन् सम्बन्धता के द्वारा, 3. अन्तर साहित्यिकता की पहचान (Inter-literariness) (Marian Galik, "Inter Literariness as a Concept in Comparative Literature and Comparative Cultural Studies", Zepetnek, West Lafayette : Purdue Up, 2002, 34-44) तथा एक-दूसरे को प्रकाशित (Illumination) करना होता है, 4. तुलनात्मक साहित्य एक आत्मिक (Spirit) उत्साह है, 5. एक मनोभाव (Attitude) है, 6. दूसरे साहित्य के प्रति विनम्रता का प्रदर्शन है, एकता के साथ-साथ विविधता की स्वीकृति है और इस तरह पर (other) के प्रति सम्मान भाव प्रदर्शन है और 7. इस प्रकार मानवीय मूल्यों की स्वीकृति है।

तुलनात्मक साहित्य की सबसे बड़ी समस्या, जैसा कि पहले कहा गया है, उसका पद्धति विज्ञान है (इन्द्र नाथ चौधुरी, तुलनात्मक साहित्य : भारतीय

परिप्रेक्ष्य, वाणी प्रकाशन, द्वितीय संस्करण, पृ. 53-66)। तुलनात्मक साहित्य कोई साहित्य नहीं है, यह एक प्रविधि/पद्धति methodology है, जिसकी सहायता से तुलनात्मक ढंग से साहित्य का अध्ययन किया जाता है।

मगर खाली प्रयोगशाला में प्रविधि तैयार होकर नहीं निकलती। विद्यमान आधार सामग्री (Data) की सहायता से प्रविधि तैयार होती है। पहले-पहल यह आधार सामग्री फ्रांसीसी तथा दूसरे यूरोपीय साहित्य से एकत्रित की गयी थी और उसी के आधार पर तुलनात्मक साहित्य की प्रविधि तैयार हुई थी।

मगर एशिया और अफ्रीका के साहित्य के सन्दर्भ में इस प्रविधि का प्रयोग सम्भव नहीं, उदाहरण :

1. यूरोप की तुलना में भारत में कला और धर्म के बीच अन्तर कम है।
2. हमारा साहित्य उत्सवमय (Celebratory) है, दुःख में भी हम उत्सव (Celebration) ढूँढ़ते हैं।
   शमशेर बहादुर सिंह की एक छोटी कविता है :
   "मैं कई बार मिट चुका हूँगा
   वर्ना इस ज़िन्दगी की इतनी धूम।"
   यूरोपीय साहित्य अनुसन्धानात्मक (Exploratory) होता है।
3. यूरोप में एक प्रमुख साहित्यिक परम्परा (Dominant Literary Tradition) है, भारत विविध साहित्यिक परम्पराओं (Diverse Literary Tradition) से सम्बद्ध है और वह निरन्तरता में विकसित होता है। इसीलिए आधुनिक काल में मध्ययुगीन भक्ति समन्वित साहित्य की निरन्तरता गीतांजालि की रचना में दिखाई पड़ती है। जयशंकर प्रसाद 'कामायनी' की रचना करते हैं, निराला 'आराधना' की, रमाकान्त रथ 'श्री राधा' की। यह सब भक्तिकाल की निरन्तरता के नवकलेवर हैं।
4. यहाँ एकता विविधता के सहारे प्रकट होती है बहुलवादी सन्दर्भ के बीच एकता उजागर होती है।
5. पश्चिम शब्द केन्द्रित (Logocentric) है, अनन्य (Exclusive) है—भारत प्रतीकात्मक है तथा सर्वग्राही (All Inclusive) है इसलिए यहाँ विविधता महत्त्वपूर्ण है।
6. पश्चिम स्थानापन्नता (Substitution) के आधार पर विकसित होता है। भारत सामंजस्य के आधार पर विकसित है। पश्चिम की

आधुनिकता पुराने को हटाकर नयी की स्थापना है। हम प्राचीन और नवीन को लेकर निरन्तरता में जीते हैं।

7. यहाँ काल अनन्त है, अन्तहीन है—उसकी चक्राकार और रैखिक दो गति हैं, पश्चिम के लिए काल की धारणा मात्र रैखिक है।

इसीलिए वहाँ एक-कालिक इतिहास की रैखिक गति का बेहद महत्त्व है। भारत बहुकालिक इतिहास में विश्वास करता है इसीलिए एलक्जेंडर डो 'हिस्टरी ऑफ़ हिन्दुस्तान' लिखते हुए इस बात को समझ नहीं पाये और कह दिया कि भारत में कोई इतिहास नहीं है, मात्र नैरेशन (Narration) है।

8. हमारे यहाँ देश (Nation) और प्रदेश (States) एक-दूसरे के अनुपूरक (Complementary) हैं और सर्व-भारतीयता तथा प्रादेशिक स्व-निश्चयात्मकता को स्वीकृति देता है—यह दोहरी अनुभूति हमारे लिए बहुत महत्त्वपूर्ण है। इसलिए यदि हम भारत के बाहर से यूरोपीय आधार सामग्री के आधार पर प्रविधि को स्वीकारते हैं तो यूरोप-केन्द्रित निरंकुश विचारदृष्टि (Absolute Authority) को स्वीकार करना पड़ता है। यह पद्धति विज्ञान की राजनीति है जिससे मुक्त होना नितान्त आवश्यक हैं।

रेने वेलेक तथा एत्याम्वलअ ने विश्ववादी दलील (Universal Argument) के सहारे पद्धति विज्ञान की राजनीति को प्रसारित किया है और एक तथाकथित वैश्विक पद्धति के सहारे डाटा (Data), आधार-सामग्री की व्याख्या की है। इस पूरी स्थिति से दो महत्त्वपूर्ण तथ्य उभर कर आते हैं :

1. तुलनात्मक साहित्य के विद्वानों ने यह प्रश्न उठाया कि प्रविधि पर अधिक ज़ोर देने से विभिन्न भाषाओं के साहित्य के सृजनात्मक अध्ययन (Creative Reading) में बाधा पहुँचती है, प्रविधि के एक महत्त्वपूर्ण अंग तुलना को ही आधार बनाकर तुलनात्मक साहित्य का अध्ययन करना काफ़ी होता है। तुलनात्मक साहित्य एक आलोचनात्मक प्रक्रिया है और उसी से ही साहित्य के महत्त्व का पता चल जाता है।

इससे मैं बहुत अधिक सहमत नहीं हूँ। तुलनात्मक साहित्य एक आलोचनात्मक प्रक्रिया है अतएव एक प्रविधि पद्धति के आश्रय से यह कार्य किया जा सकता है, कहकर प्रविधि को नज़रअन्दाज़ (Ignore) नहीं किया जा सकता।

अवधेश सिंह का यह कहना ग़लत है कि प्रविधि को अदृश्य बने रहना चाहिए (अवधेश सिंह का लेख, Comparative Literature/'World Literature' in India in the 21st Century : Beyond Goethe and Gurudev Tagore).

2. प्रविधि की अवज्ञा करने वाले वर्ल्ड लिटरेचर/विश्व साहित्य के हिमायती हैं। वे आस्वाद के महत्त्व को रेखांकित करते हैं। विश्व साहित्य का अर्थ है विश्व साहित्य के गौरव ग्रन्थ (Masterpieces) और चूँकि यूरोप में इस साहित्य सिद्धान्त का जन्म हुआ तो स्वाभाविक रूप से यूरोप के गौरव ग्रन्थों को ही विश्व साहित्य में जोड़ा गया और बाद में यूरोप का एशिया से सम्पर्क स्थापित होने पर 'अभिज्ञान शाकुन्तल' और फ़िरदौसी के 'शाहनामा' को इसमें स्थान मिला।

विश्व साहित्य का अर्थ ऐसा साहित्य है जो काल की कसौटी पर खरा उतरा है, जो किसी भी देश में या किसी भी काल में हमें भावनात्मक स्तर पर प्रभावित करता है।

डैमरोश ने 'What is World Literature' (2003) लेख में प्रसार (Circulation) तथा अभिग्रहण/स्वागत (Reception) के आधार पर गौरव ग्रन्थों को विश्व साहित्य की सूची में स्थान दिया। परन्तु उभरती वैश्विक अवधारणाओं (Emerging Global Perspective) के द्वारा यूरोपीय फोकस (Focus) और गौरव ग्रन्थों (Masterpieces) के अस्तित्व को ही चुनौती देने पर विश्व साहित्य (World Literature) के क्षेत्र को बढ़ाते हुए डैमरोश ने सुमेरीय स्फानाकार लिपि (Sumerians Cuneiforn), चित्रलेख लिपि (Hieroglyphics), मध्ययुगीन जर्मन स्त्री (Medieval German Female Mystics), इंका इतिवृत्त (Inca Chronicles), काफ्का के अनुवाद तथा विभिन्न देशों के प्रतिरोध साहित्य (Kafka's Translations and Contemporary Native Protest) (इतर) मेटा कथा साहित्य (Literature) तथा (Post Modern Metafiction) के प्रसार और अभिग्रहण के साथ अनूदित साहित्य, जो लोकल ग्लोबल बन जाता है, को भी विश्व साहित्य (World Literature) में शामिल किया।

वस्तुतः विश्व साहित्य (Wold Literature) एक दीर्घवृत्ताकार (Eplitical) स्थान (Space) में काम करता है जिसको स्रोत (Source) तथा प्रापक (Receiving) संस्कृतियाँ तैयार करती हैं परन्तु उसे किसी निश्चित सीमा में घेरती नहीं हैं।

विश्व साहित्य तथा तुलनात्मक साहित्य एकक राष्ट्र साहित्य की अवधारणा के विरुद्ध उठने वाला स्वर है। गोयते ने 19वीं शती के प्रारम्भ में विश्व साहित्य

(World Literature) का नारा देकर साहित्य के प्रसार (Circulation) और अभिग्रहण (Reception) को विश्व स्तर पर स्वीकारा।

धीरे-धीरे नव-उपनिवेशवादी ताक़तों ने विश्व साहित्य के आश्रय से संस्कृति को पुनर्भाबित तथा विश्व के क्षेत्रों का नये ढंग से बँटवारा किया (Re-areaization) और इस प्रकार विश्व साहित्य के क्षेत्र में राजनीति का पदार्पण हुआ। परिणामतः एक विश्व को विकसित (Developed), विकासशील (Developing) तथा अविकसित (Under Developed) के नाम से तीन भागों में बाँट दिया गया।

20वीं शती के प्रारम्भ से विभिन्न देशों में राष्ट्रवाद के उभार से विश्व साहित्य का प्रसार सीमित होने लगा।

परन्तु शीतयुद्ध की समाप्ति के बाद फिर इसने तूल पकड़ा।

द नॉरटन एंथोलॉजी ऑफ़ वर्ल्ड मास्टर पीसेज़ ने अपने 1995 के नये संस्करण में अ-पश्चिमी प्रसिद्ध साहित्य ग्रन्थों को जोड़कर तथा गौरवग्रन्थों (Masterpieces) के स्थान पर साहित्य (Literature) शब्द का प्रयोग कर उसकी पश्चिमी विशिष्टता को ख़त्म किया। मगर विश्व साहित्य (World Literature) के क्षेत्र में राजनीति चलती रही और फ्रांको मोरेत्ती 'कन्जेक्चर्स ऑन वर्ल्ड लिटरेचर' और पैसकल कासानोवा ने 'द वर्ल्ड रिपब्लिक ऑफ़ लैटर्स' (2004) में विश्व साहित्य क्षेत्र की असमानता की बात कहते हुए अपने विचार दिये कि विश्व साहित्य एक है, मगर असमान है।

इस तरह की यूरोकेन्द्रित (Eurocentric) तथा युग्मक (Binary) दृष्टि के स्थान पर टैगोर ने विश्व साहित्य 1907 के लेख में मनुष्यों के अन्तःसम्बन्धों को आधार बनाकर विश्व की प्रत्येक वस्तु (Elements) से उसे जोड़कर एक ऐसे सत्य का आविष्कार किया जो दूसरों को अपना जानने के आनन्द की अभिव्यक्ति है।

इन अन्तःसम्बन्धों से उत्पन्न आनन्द सारे फ़र्क़ को मिटा देता है और साहित्य में विश्व मानव की अभिव्यक्ति होती है। अन्त में टैगोर पश्चिम के तुलनात्मक साहित्य को विश्व साहित्य कहते हैं।

साहित्य अध्ययन का एक कलापक्ष (Aesthetic Function) होता है और दूसरा समाज सांस्कृतिक सन्दर्भ (Socio-Cultural Context)।

भारत के एक प्रान्त से लेकर दूसरे प्रान्त तक समाज-सांस्कृतिक सन्दर्भ पूर्णतया एक जैसा नहीं है। यह सही है कि तुलनात्मक साहित्य के कुछ वैश्विक नियम हैं :

1. मानव जाति की मूल एकता की मान्यता निश्चित रूप में धर्म, पुराण, शास्त्र और साहित्य के तुलनात्मक अध्ययन के विकास का एक मुख्य कारण है।
2. तुलनात्मक साहित्य प्रबोधन प्रोजेक्ट (Enlightenment Project) का एक परिणाम है जिसकी पृष्ठभूमि में एक प्रच्छन्न सार्वभौमवाद का प्रभाव था।

परन्तु जहाँ परिवर्तनशीलता के तत्त्व अधिक हैं वहाँ विश्ववादी दलील काम नहीं करती।

स्त्री-विमर्श तथा दलित-विमर्श (साहित्य) के प्रसार से साहित्य के नये दिगन्त खुल गये हैं इससे केन्द्र (Centre) तथा हाशिए (margin) का द्वन्द्व उभर कर सामने आया है। इसके अध्ययन के लिए कोई वैश्विक पद्धति (Universal Method) काम नहीं कर पाती, आधार-सामग्री (Data) के आधार पर नयी पद्धति विज्ञान अब ज़रूरी हो चुका है। स्वदेशी यानी दलितों, स्त्रियों की आत्म-जागरूकता के आधार पर भारतीय स्वत्व (Indian Selfhood) को समझने का समय और यह स्पष्ट करने का भी समय आ गया है कि भारत में स्वत्व का स्वरूप समरूप नहीं है। मज़ेदार बात है कि यहाँ हाशिए (Marginalized) से उभरा हुआ दलित साहित्य अथवा स्त्री-विमर्श अथवा लोक और शास्त्र परम्पराएँ अपनी परिस्थितियाँ बदलती रहती हैं। मुख्यधारा से पुरस्कृत होते ही दलित साहित्यकार के स्व का स्वरूप परिवर्तित हो जाता है—लोक और शास्त्र यदा-कदा एक-दूसरे के अनुपूरक हो जाते हैं।

भारतीय साहित्य का विचार हमारे बहुलवादी सन्दर्भ की वास्तविकता है जिसको तुलनात्मक साहित्य के द्वारा ही स्पष्ट किया जा सकता है।

विश्ववादी विचारधारा के विरोध में तुलनात्मक साहित्य के अंग के रूप में सांस्कृतिक अध्ययन का प्रसार हुआ और वैश्विकता की जगह संस्कृति तथा साहित्य की विशिष्टताओं का महत्त्व बढ़ने लगा और अन्तर-सांस्कृतिक अध्ययनों के आश्रय से यह स्पष्ट किया जाने लगा कि इस तरह के अध्ययनों से प्राप्त जानकारी आपको सांस्कृतिक क़ैद से मुक्ति दिलाती है और दूसरी संस्कृतियों से परिचय आपके ज्ञान के क्षितिज का विस्तार करता है और जीवन के बारे में एक वृहद परिप्रेक्ष्य का प्रसार होता है जहाँ मूल्यांकन (Judgement) नहीं परिज्ञान (Recognition) और संवाद (Dialogue) के माध्यम से हमारी समझ (Understanding) को स्वीकृति मिलती है।

तुलनात्मक साहित्य कृति और इतिहास के पारस्परिक सम्बन्धों को स्पष्ट करता है और समाज की जीवन्त यथार्थता को भी इतिहास और साथ ही राजनीति से जोड़ता है। इतिहास के साथ राजनीति के जुड़ने के पीछे एक रहस्य है : क्षेत्र अध्ययन **(Area Study)** तथा बहुसंस्कृतिवाद **(Multiculturalism)**।

शीतयुद्ध के समय तुलनात्मक साहित्य के व्याज से अमरीका और सोवियत रूस ने क्षेत्रीय अध्ययन (Area Studies) को ज़ोर-शोर से स्वीकृति दी थी जिससे कि संसार के नाना क्षेत्रों में वे अपना आधिपत्य स्थापित कर सकें।

यह अस्मिता की राजनीति की स्वीकृति थी, पॉलिटिक्स ऑफ़ आइडेंटिटी की स्वीकृति थी जिससे तुलनात्मक साहित्य की स्थिति में परिवर्तन आया। फलस्वरूप तुलनात्मक साहित्य का वैश्विक आलोच्य विषय (Universal Argument) गड़बड़ा गया—उसकी मृत्यु की घोषणा कर दी गयी।

गायत्री चक्रवर्ती स्पीवाक (गायत्री चक्रवर्ती स्पीवाक, Death of a Discipline, The Wellek Library Lectures, Columbia University Press, 2003) ने कहा, मौत नहीं हुई है बल्कि वैश्विकता (Universality) का जामा ओढ़े तुलनात्मक साहित्य अन्तिम साँस ले रहा है। फिर भी साँसों की एक आवाज़ थी जो मौत की शान्ति से बेहतर थी। पिछली शताब्दी के 8वें दशक 1989 में बर्लिन दीवार (Berlin Wall) के पतन से—शीत युद्ध की समाप्ति हुई और क्षेत्र अध्ययन (Area Studies) महत्त्वहीन हो गये।

अमरीका तथा इंग्लैंड की आन्तरिक राजनीति के प्रभावस्वरूप अल्पसंख्यकों को खुश करने के लिए बहुसंस्कृतिवाद (multi-culturalism) को बढ़ावा दिया जाने लगा। पश्च औद्योगिक समाज (Post-Industrial Society) वाले देशों की वोट बैंक राजनीति (Vote Bank Politics) का यह अस्त्र है। बहुसंस्कृतिवाद (Multi-culturalism) का आधार सांस्कृतिक सापेक्षता है और इस आघार पर सांस्कृतिक स्वाधीनता दी जाती है। परन्तु सांस्कृतिक सापेक्षता (Cultural Relativity) के नाम पर इंग्लैंड में नस्ली स्कूलों (Ethnic Schools) के सारे नियम एशियाई (Asian) देशों की मध्ययुगीन संस्कृतियों से अभी भी जुड़े हैं और जो प्रजातन्त्रात्मक (Democratic) नियमों के विरुद्ध हैं। सांस्कृतिक सापेक्षता अब बहुनस्ली (Multi Ethnic) देशों में राज्य करने का अस्त्र बन गयी है।

स्पीवाक उदार बहुसंस्कृतिवाद का उल्लेख कर तुलनात्मक साहित्य के साथ इसे जोड़ती हैं और नये तुलनात्मक साहित्य के निर्माण का एजेंडा (Agenda) तैयार करती हैं।

परन्तु बहुसंस्कृतिवाद के विस्तार में भूमण्डलीकरण ने काफ़ी बाधा पहुँचायी। भूमण्डलीकरण अपने लक्ष्य के अनुसार विभिन्न भाषाओं और संस्कृति का विनियोजन (Appropriation), समांगीकरण (Homogenisation) तथा सहयोजित (Co-option) करके एक-प्रस्तरीय संस्कृति (Monolithic) का प्रसार करता है।

इसलिए यह और भी आवश्यक हो गया है कि अंग्रेज़ी भाषा और संस्कृति के वर्चस्व को तोड़ कर अर्थात् भूमण्डलीय एक प्रस्तरीय दृष्टि को नकारकर तथा हिन्दी को फिल्टर भाषा (Filter language) का रूप देकर विभिन्न भारतीय भाषाओं में प्रसारित तुलनात्मक अध्ययन को एक संश्लिष्ट रूप प्रदान किया जाये।

वैश्विकता के स्थान पर बहुलवादी सन्दर्भ के आधार पर भारतीय तुलनात्मक साहित्य के निर्माण का काम 1995 में शिशिरकुमार दास ने दो खण्डों में आधुनिक भारतीय साहित्य की रचना कर शुरू कर दिया था।

भारतीय सन्दर्भ में साहित्य के इतिहास की परिरेखा (Contour) को नये ढंग से पुनः अंकित किया क्योंकि एक कोटि (Category) के रूप में भारतीय साहित्य में मौखिक, लोक, आदिवासी, दलित रचनाओं को जोड़कर उसको एक सम्पूर्ण इकाई देने के लिए यह आवश्यक था।

भारतीय सन्दर्भ में मौखिक, लोक, आदिवासी अतीत के अवशेष नहीं हैं, असभ्यों का व्यवहार नहीं है। मगर एक अनन्त संस्कृति की निरन्तरता के अंग हैं। इस तरह भारतीय तुलनात्मक साहित्य को भारतीय जनता का साहित्य कहकर वैश्विकता के स्थान पर समूहवाद (Collectiveness) को महत्त्व दिया गया है।

यह पाश्चात्य इतिहास-लेखन के स्थापित (Institutionalization) इतिहास-बोध से भिन्न है अथवा प्रमुख आख्यान बोध (Progress, Enlightenment, emancipations, Marxism) (Master Narrative) की अवधारणा से भिन्न है। इससे सांस्कृतिक विशिष्टताओं और मानव की आलोचनात्मक गहराई (Critical Edge of the Humanities) की सहायता से विनियोजना का विरोध है।

अब समय आ गया है लिखित सांस्कृतिक भूमण्डलीय सांस्कृतिक विन्यास (Global Cultural Configuration of Written Culture) से हटकर अपनी साहित्यिक संस्कृति (Literary Culture) को आधार बनाकर इसकी प्रतिष्ठा करें।

अपने अनुवाद सिद्धान्त का निर्माण करें। एक उदाहरण है, दलित साहित्य में in between अर्थ के न होने के कारण (Degree of Loss) तथा (Degree of Addition) बेमानी हो जाती है।

अपने नये काव्यशास्त्र का निर्माण करें : (i) क्षेत्रीय भाषा में रचित काव्यशास्त्र का उद्धार करें, (ii) उसकी सहायता से संस्कृति और आधुनिक काव्यशास्त्र के बीच की फाँक को पाटें। शरण कुमार लिंबाले की बात को मानते हुए दलित साहित्य के लिए नये काव्यशास्त्र का निर्माण करें।

इस तरह तुलनात्मक भारतीय साहित्य अपना रूप ग्रहण करेगा—जहाँ साहित्य और समुदाय एकीकृत रूप में विद्यमान रहेंगे।

यह नयी आधुनिकता (New Modernism) का युग है जहाँ वैविध्यमय यथार्थ (Multiple Reality) को स्वीकृति मिली है जहाँ पर्यावरण की रक्षा, हर प्रकार की हिंसा को कैसे दूर किया जा रहा है और मानव अधिकारों की स्थापना को प्रमुख माना जा रहा है और जहाँ वैश्विकता के साथ देश की परम्परा और संस्कृति-अध्ययन पर बल दिया जा रहा है।

वस्तुतः इन सब कारणों से तुलनात्मक साहित्य का पुनर्गठन आवश्यक हो गया है जिससे कि संस्कृत अध्ययन के साथ विकासशील अध्ययन (Development Studies) को आधार बनाकर नयी तुलनात्मक साहित्य की रचना की जा सके। आख़िरकार अब तुलनात्मक साहित्य नाना नायकों और पुराकल्प का साहित्य बन गया है।

3

तुलनात्मक साहित्य और विश्व साहित्य : वाद और विवाद

तुलनात्मक साहित्य, साहित्य का कोई प्रकार नहीं है, यह मात्र एक आलोचनात्मक प्रविधि (Methodology) है जिसके द्वारा विभिन्न काल और देश के साहित्य का तुलनात्मक अध्ययन किया जाता है। अपने देश की परिधि के बाहर जाकर दूसरे देश के साहित्य से यह तुलनात्मक अध्ययन किया जाता है। भारत के सन्दर्भ में स्थिति भिन्न है। यहाँ संविधान के द्वारा स्वीकृत 22 भाषाओं का साहित्य विद्यमान है और इनके तुलनात्मक साहित्य अध्ययन की बड़ी सम्भावना बनी रहती है।

यह सब कुछ होते हुए भी पिछले तीन-चार दशकों से तुलनात्मक साहित्य का साहित्य पक्ष और उसके आलोचनात्मक आधार में जो एक सुनियोजित सम्बन्ध था, वह टूटने लगा है। साथ ही साहित्य का जो गहरा सम्बन्ध जीवन, इतिहास और विश्व से था उसे भुला दिया जाने लगा है। आलोचनात्मक प्रविधि इतनी महत्त्वपूर्ण होने लगी है कि साहित्य को छोड़ कर मात्र प्रविधि के विवेचन को विस्तार दिया जाने लगा है। साहित्य की साहित्यिकता और उसके स्वरूप के विवेचन की उपेक्षा की जाने लगी है और पश्चिम और भारत में तुलनात्मक साहित्य की प्रविधि के नाम पर पश्चिमी आलोचनात्मक प्रत्ययों (Concepts) का ही विवेचन होने लगा है जैसे सादृश्य (Analogy), मिखाइल बाख्तिन (रूसी दार्शनिक और साहित्यिक आलोचक) का स्थान (Chronos) और काल (Topos) आधारित प्रत्येक भाषिक कृत्य जैसे कथा (Narratives) आदि का विवेचन (Chronotope), भाषिक संवाद से सम्बन्धित प्रत्यय (Dialogism) वैविध्यमय साहित्यिक स्वर, डिस्कोर्स की शैली, लेखक का दृष्टिकोण (The Teroglossia), एच. आर. जोओ का स्वागत सिद्धान्त

(Reception Theory) जो अपेक्षा के क्षितिज (Horizon of Expectations) की सहायता से साहित्यिक कृति का स्वागत कर पाता है, देरिदा का विखण्डन सिद्धान्त (Deconstruction Theory), जुलिया क्रिस्टेवा के अन्तःपाठीय सिद्धान्त यानी एक कृति के अर्थ को दूसरी कृति की सहायता से समझना या दूसरे शब्दों में विभिन्न कृतियों का अन्तःपाठीय सिद्धान्त (Intertextuality of Julia Kristeva), संरचनावाद, एक विशेष प्रकार की प्रक्रिया जिसकी सहायता से भाषा, साहित्य, समाज का विश्लेषण और निर्वाचन करते हुए वैषम्यमूलक विचारों और घटकों की संरचना पर फोकस किया जाना और किस प्रकार ये संरचनाएँ समग्र संरचना (Structuralism) से सम्बद्ध रहती हैं, उसका विवेचन भी करना। उत्तर-संरचनावाद जो संरचनावाद का परिवर्तित रूप है जो विविधता को बल देता है और समाज, भाषा, साहित्य को परिभाषित करने वाली अवधारणाओं की अस्थिरता की समीक्षा करता है (Post Structuralism)।

इस प्रकार के पश्चिमी आलोचनात्मक प्रत्ययों पर बल देने के कारण तुलनात्मक साहित्य के आधारभूत तत्त्व साहित्य के विवेचन में गहरा संकट दिखायी दिया। अनुशासन तथा संज्ञानात्मक (Cognitive) साधन के रूप में साहित्य और उसकी आलोचना के संकट को अब सभी स्वीकार करने लगे हैं। विश्व के सन्दर्भ में साहित्य की उपयोगिता और प्रासंगिकता पर छाये हुए संकट का उल्लेख सर्वप्रथम विलियम मार्क्स ने 2005 में (L'Adieu ala literature, Histoire d'una devalorisation, XVIIIe-XXe, Siecle. Paris: Minuit, 2005) किया और कहा कि आधुनिकता और उत्तर-आधुनिकता के कारण साहित्य और विश्व का सम्बन्ध-विच्छेद हो गया। यह कैसे हुआ इसकी कोई धारणा स्पष्ट नहीं की गयी, केवल यह कहा जा सकता है कि भारत में आधुनिकता की जो परिभाषाएँ उभर कर सामने आने लगीं वे सब पश्चिमी आधुनिकता से भिन्न अन्य आधुनिकता को प्रकट करते हुए पश्चिम के विरोध में ही प्रकट हुईं जैसे रवीन्द्रनाथ ने कहा, आधुनिकता मन की स्वाधीनता है, साहित्यिक अभिरुचि (Taste) की गुलामी नहीं (टैगोर, The Spirit of Japan, जापान के टोकियो शहर के एक प्राइवेट कॉलेज में जून 2, 1916 में भाषण के अन्तर्गत कही गयी आधुनिकता की परिभाषा के द्वारा)। भारत में उत्तर-आधुनिकता की व्याख्या में जड़ों की ओर लौटने को स्वीकृति मिली।

संकट की स्थिति से आगे बढ़कर पैस्कल कैसानोवा ने इतिहास, साहित्य और विश्व के बीच के खोये हुए सम्बन्ध को पुनर्स्थापित करने की गुहार लगायी। परन्तु साथ ही साहित्य के अनूठे रूप के पूरे अर्थ को कायम रखने पर भी बल

दिया अर्थात् ('Literature as a world' New Left Review 31 (2005) : pp. 71-89) इतिहास, साहित्य और विश्व के सन्दर्भ में कृति का अर्थ कहीं खो नहीं जाये इस पर बल दिया।

दुर्भाग्य की बात है कि वही होने लगा था जिसका सबको डर था। मार्को जुवान (Literary Studies in Reconstruction : An Introduction to Literature, Bern, 2011) संकट के स्थान पर चुनौतियों का उल्लेख करते हुए कहते हैं कि भूमण्डलीकरण के फलस्वरूप साहित्यिक अध्ययन में सामाजिक-राजनीतिक बदलाव दिखाई देने लगा और साहित्य और साहित्य अध्ययन और आलोचना के बीच का सम्बन्ध टूटने लगा जिससे मुक्त होने के लिए इस सम्बन्ध को जोड़ना ज़रूरी था। गायत्री चक्रवर्ती स्पीवाक तुलनात्मक साहित्य की मृत्यु की घोषणा करती तो हैं (Death of a Discipline, New York : Columbia, 2003) परन्तु ध्यान से देखने पर उस देह में साँस चलती नज़र आती है यानी उसकी मृत्यु नहीं उसके पुराने पड़ने की बात को ही स्पीवाक उजागर करना चाहती थीं।

तुलनात्मक साहित्य की प्रविधि पर ज़ोर देने के फलस्वरूप प्रविधि मूल प्रतिपद्य बन गया और साहित्य अध्ययन पीछे रह गया।

अवधेश कुमार सिंह ने अपने महत्त्वपूर्ण लेख (Comparative Literature/'World Literature' in India in the 21st Century : Beyond Goethe and Gurudev Tagore) में कहा है कि प्रविधि महत्त्वपूर्ण है परन्तु तुलनात्मक साहित्य को मात्र प्रविधि में सीमित करने का अर्थ है गुलामी की दासता को स्वीकार करते हुए त्रुटिहीन सामान्यता में जीना। रूपात्मक ढंग से समझाते हुए अवधेश कुमार सिंह का कहना है कि किसी पेंटिंग के फ्रेम पर काँच लगाने का अर्थ है कि पेंटिंग की रक्षा हो सके और उसके काँच का सपोर्ट मिले परन्तु यदि वही काँच पेंटिंग को देखने में रुकावट बन जाये तो वह निरर्थक हो जाता है। तुलनात्मक साहित्य में प्रविधि की कोई स्वायत्तता नहीं होती है, उसे अस्तित्वहीन होकर ही जीना पड़ता है नहीं तो सृजनात्मक अध्ययन क्रम में वह बाधा बन सकती है। अवधेश कुमार सिंह का यह कथन कदाचित उचित प्रतीत नहीं होता। प्रविधि तुलनात्मक साहित्य की आधारशिला है। उसके अस्तित्वहीन होने से तुलनात्मक साहित्य के विशाल प्रासाद के ढह जाने की सम्भावना बनी रहती है।

कैसानोवा, जुवान और स्पीवाक ने भूमण्डलीकरण की सामाजिक और राजनीतिक संचालक शक्ति को ही सर्जनात्मक साहित्य और तुलनात्मक

साहित्य पर हमारे भरोसे के खो जाने का उत्तरदायी ठहराया है। परिणामतः विश्वविद्यालयों में तुलनात्मक साहित्य के विभागों के समानान्तर अन्तर्विषयक (Interdisciplinary) पाठ्यक्रम, जो अन्तरराष्ट्रीय तथा बहुभाषीय डिस्कोर्स पर आधारित है और जिसकी प्रविधि (Methodology) किसी साहित्यिक थियोरी पर आधारित होने के स्थान पर स्टडीज़ (अध्ययन) पर आधारित ही है, का विस्तार दिखाई देने लगा। परिणामतः सांस्कृतिक अध्ययन, उत्तर-उपनिवेशवादी अध्ययन, स्त्री-विमर्श के तुलनात्मक साहित्य की छत्रछाया में विकसित होना प्रारम्भ हुआ।

परन्तु इन अध्ययनों में राष्ट्र और विश्व के नाना सन्दर्भों के लगातार प्रयोग के कारण राष्ट्र और अन्तरराष्ट्र, आलोचना और सृजनात्मक सिद्धान्त (Canon) और प्रतिसिद्धान्त (Counter Canon), केन्द्र और परिधि के बीच की वाइनरी या द्वि-आधारी विरोधिता स्पष्ट होने लगी और तुलनात्मक साहित्य से अलग विश्व साहित्य पर विवेचन शुरू हुआ जिससे कि विरोधिता के स्थान पर एक समूची इकाई के रूप में साहित्य को देखे-परखे जाने की सम्भावना बढ़ती दिखाई दी।

दरअसल थ्योरी एवं आलोचना प्रक्रिया को बहुत अधिक महत्त्व देने के फलस्वरूप साहित्य का आस्वाद रूप ओझल होने लगा और इसका मुक़ाबला करते हुए मुजिओलि ने साहित्य के आस्वादानन्द तथा उसकी आलोचनात्मक प्रक्रिया के बीच की खाई को पाटने के लिए नैरेटिव तकनीक, साहित्यिक शैली तथा अलंकार आदि को समझने पर अधिक बल दिया जिससे कि कृति में से उद्‌भूत एक गहरी साहित्यानुभूति को हम साझा कर सकें (Muzzioli Franscisco, Lánalisi del testo Letterario, roma, 2012) और अन्ततः जीवन की अनुभूति कर सकें।

क्या विश्व साहित्य की अवधारणा इन्हीं सब कारणों से तुलनात्मक साहित्य जगत से भिन्न एक नये जगत् का विस्तार है? क्या विश्व साहित्य का मानविकी के क्षेत्र से बाहर कोई अलग स्थान है, या फिर उसका साहित्य पक्ष क्या है?

सन् 1827 में जर्मन के विख्यात कवि गोयते ने जॉन पीटर एकरमैन से वाल्तलिटरातुर (Weltliteratur) या विश्व साहित्य की अवधारणा का उल्लेख करते हुए कहा कि हम जर्मन बहुत शीघ्र मिथ्या पाण्डित्याभिमान के शिकार होकर अपने सीमित दायरे से बाहर निकलना नहीं चाहते। इसीलिए मैं अपने को विदेश के देशों में देखना चाहता हूँ और हरेक को मेरा अनुकरण करने की सलाह देता हूँ। राष्ट्रीय साहित्य अब एक निरर्थक पारिभाषिक पद बन चुका है। अब विश्व साहित्य का युग है और प्रत्येक को इसके आगमन का रास्ता खोल देना चाहिए। (Goethe, Johann Wolfgang Von, "some passages pertaining to the concept of World Literature, Comparative Literature. The Early years: An Anthology of Essays. Ed. Hans-Joachim Schulz & Philipp H. Rhein, Chapel Hill: Carolina, pp. 1-12, 1973).

जहाँ तक विश्व साहित्य पद की बात है स्वयं गोयते ने अपने जर्नल प्रॉपोलेन (Propoylen) में लिखा था कि तेरह वर्ष पहले क्रिस्टोप मार्टिन वीलैंड ने अपनी थीसिस स्पष्ट करते हुए कहा था कि स्वदेशनुरागपूरित कोई कला या विज्ञान नहीं होता। ये दोनों ही विश्व साहित्य के अंग हैं।

यह बात स्पष्ट है कि पारदेशी (transnationalism) और वैश्वीकरण के इस युग में गोयते के विश्व साहित्य की अवधारणा को नकारा नहीं जा सकता परन्तु राष्ट्रीय साहित्य के विरोध में गोयते ने इसको परिभाषित किया है और हर तरह की सुरक्षित अस्मिताओं (Insulating indentities) पर आधारित—एक क्षेत्र, एक धर्म, एक जाति, एक भाषा तथा एक साहित्य को स्वीकार किया है। उन्होंने कहा कि "मैं इस तथ्य से लगातार आश्वस्त हो रहा हूँ कि कविता मानवता की वैश्विक धरोहर है जो अपने को हर स्थान और क्षेत्र तथा हर काल में सैकड़ों-सैकड़ों मनुष्यों में अपने को प्रकट करता रहता है...इसीलिए मैं अपने को विदेश की धरती पर देखना चाहता हूँ और हरेक को यही विचार रखने की सलाह देता हूँ।" (गोयते, Conversations with Ecker, repr. North Point Press, p.132, 1994)।

परन्तु प्रश्न है यह एक दुनिया कहाँ है? इसके पहले ही पश्चिम ने इस पृथ्वी को तीन हिस्सों में बाँट--पहली, दूसरी और तीसरी दुनिया का नाम दे डाला था। परिणामतः, फ्रांको मोरेत्ती एवं पैस्कल कैसानोवा वैश्विक साहित्यिक क्षेत्र में प्रसारित असमानताओं का उल्लेख करते हुए कहते हैं कि वैश्विक साहित्य एक है परन्तु असमानताओं से भरा हुआ।

राष्ट्रीय शिक्षा परिषद् (The National Council for Education) में रवीन्द्रनाथ टैगोर ने 'विश्व साहित्य' शीर्षक से एक लम्बा लिखित भाषण दिया था। भाषण में रवीन्द्र ने विषय को स्पष्ट करते हुए कहा था कि जिसे अंग्रेज़ी में Comparative Literature कहते हैं बांग्ला में उसे ही मैं विश्व साहित्य कहता हूँ। इस वक्तव्य से एक बात स्पष्ट होती है कि एक देश या राष्ट्र के साहित्य से तुलना ही तुलनात्मक साहित्य है परन्तु इसे ही रवीन्द्र विश्व साहित्य कहकर 'विश्व' विशेषण की केवल पृथ्वी नहीं मानकर सार्वभौमिक या सार्वदेशिक मानते हैं। कहते हैं कि विश्व एक ऐसा पदवाच्य है जो चारों ओर प्रसारित है जो पहले आगे फैलता है फिर चारों ओर प्रसारित हो जाता है। इसका कोई भौगोलिक या

क्षेत्रीय रूप नहीं है और न ही इसकी कोई देश की सीमा है या फिर महादेश की सीमा में सीमित है या फिर पृथ्वी से आबद्ध है। यह द्विआधारी (Binary) यानी राष्ट्र के विपरीत नहीं है मगर एक अखण्ड इकाई (Holistic) की अवधारणा है, जो गतिशील सक्रिय (Dynamic) सार्वलौकिक (Catholic) तथा समावेशी (Inclusive) है।

रवीन्द्र आगे कहते हैं कि अपने को सब में जानना और सब को अपने में जानना मनुष्यता की परिपूर्णता है। इसी प्रकार समस्त मानवता में अपनी मनुष्यता का सम्पूर्ण रूप से मिलन ही मानवात्मा का परिचय है और साहित्य इस मानवता की अभिव्यक्ति है।

रवीन्द्र यह भी कहते हैं कि देशकाल पात्र के छोटे दायरे से ऊपर उठकर साहित्य में विश्वमानव का अवलोकन करने से ही साहित्य में जो हम देखना चाहते हैं, देख पाते हैं। लेखक द्वारा मात्र उपलक्ष्य होकर जहाँ अपनी अनुभूति और विचार में समग्र मनुष्य के भाव को अनुभव करने पर ही और अपनी कृति में समग्र मानवता की वेदना को प्रकाशित करने पर ही उसकी कृति को साहित्य में स्थान प्राप्त होता है।

रवीन्द्रनाथ विश्व साहित्य की अवधारणा को विश्व मानव से जोड़कर उसके विस्तृत आयाम का परिचय देते हैं। उनके लिए विश्व साहित्य एक मन्दिर है और विश्व मानव ने राजमिस्त्री बनकर इस मन्दिर का निर्माण किया है। नाना देश और नाना काल से उस्तादों ने आकर इस मन्दिर के निर्माण के लिए मज़दूरी की है। समस्त इमारत का प्लान क्या है यह किसी को पता नहीं मगर जो निर्माण प्रक्रिया में त्रुटि दिखाई देती है उसे बार-बार तोड़कर प्रत्येक मज़दूर अपनी स्वाभाविक क्षमता का इस्तेमाल कर अपनी रचना का समग्रता से मिलान करते हुए, उस अदृश्य प्लान के अनुसार अपनी रचना को प्रस्तुत करता है और इसी में ही उसकी क्षमता का परिचय मिलता है और इन मज़दूरों को कोई साधारण मज़दूर समझकर मज़दूरी नहीं दी जाती, ये विश्वमानव हैं और उन्हें उस्ताद का ही सम्मान मिलता है। परन्तु एक बात स्पष्ट है कि महाकाल की कसौटी में से गुज़रते हुए विश्वात्मा से सम्बद्ध रचनाएँ रह जाती हैं, बाक़ी काल के गर्त में खो जाती हैं।

रवीन्द्र के इन विचारों का भावार्थ है कि विश्व साहित्य में उन्हीं लेखकों को स्थान मिलता है जो अपनी संकीर्णता से मुक्त होकर वैश्विकता से अपने को जोड़कर अपनी रचना को प्रस्तुत करते हैं और उन्हीं रचनाओं में ही मानवता का सामूहिक विवेक, अनुभूति और विचार दृष्टि का परिचय मिलता है।

विश्व साहित्य की सामूहिक विचारदृष्टि बड़े विनयपूर्वक दूसरे साहित्य में एकता के तत्त्वों को ढूँढ़ती है परन्तु उन्हें श्रेणीबद्ध (Hierarchy) नहीं करती वरन् उनमें जो वैश्विक मानवता की झलक दिखाई पड़ती है उसी को उजागर करती है। विश्व साहित्य दूसरे साहित्य की उपस्थिति को स्वीकार करते हुए उसके तुलनीय महत्त्व को प्रकट करता है। यह मात्र दूसरे या पराये साहित्य से सम्बद्ध होना नहीं है, विश्व साहित्य इस सम्पर्क सूत्र का अनुसरण करते हुए इसकी अन्तर-साहित्यिकता और आपसी प्रकाशमान रूप का अध्ययन करता है। टैगोर के लिए सभी मनुष्य की अन्तर-सम्बद्धता को मान्यता देना सबसे महत्त्वपूर्ण तत्त्व है। मनुष्य की सारी आन्तरिक क्षमता का उद्देश्य दूसरे के साथ सम्बन्ध स्थापित करना होता है। आनन्द का बन्धन दूसरे को अपने में जानना है। इसके अलावा टैगोर को इस अन्तर-सम्बद्धता का गहराई से अनुभव तब हुआ जब नृत्य की दुनिया के रूपकों के आश्रय से सुन्दर और भंयकर, मुक्ति और बन्धन, आनन्द और दुःख, जीवन और मृत्यु को इकट्ठे परमानन्द में नृत्य करते हुए स्वीकार किया। विरुद्धों की अनुपूरकता में जीवन के आनन्द का अनुभव किया।

नृत्य के रूपक के अन्तर्गत नटराज का उल्लेख करते हुए कहा कि नृत्य के एक पग से नटराज पृथ्वी का ध्वंस करते हैं तो दूसरे पग से उसका सृजन। विरुद्धों की अनुपूरकता के अतिरिक्त मथुरापति श्रीकृष्ण या मथुरा के राजा के वृन्दावन की गोपियों के साथ नृत्य में रवीन्द्र हर तरह के अन्तर जातिगत आदि के मिट जाने का उल्लेख करते हैं क्योंकि इनमें कोई आत्मदम्भ या छिपाव या कोई चाल नहीं है। छोटे और कमज़ोर के प्रति हमारा आत्मसमर्पण है।

यह भूलने से काम नहीं चलेगा कि रवीन्द्रनाथ के लिए तुलनात्मक साहित्य और विश्व साहित्य पर्यायवाची हैं अतएव विश्व साहित्य के बारे में उनका उपर्युक्त वक्तव्य तुलनात्मक साहित्य के लिए भी लागू होता है। दूसरे शब्दों में विश्व साहित्य में (1) मानवात्मा की खोज (2) मनुष्यों के बीच आपसी अन्तरसम्बद्धता (3) विरुद्धों की अनुपूरकता और (4) छोटे-बड़े, निर्धन-अमीर, कमज़ोर और शक्तिशाली के बीच का अन्तर का मिटना ही प्रमुख कथा वर्णन (Narrative) है।

गोयते का वाल्तलिटरातुर या विश्व साहित्य राष्ट्रीय साहित्य से अलग हर तरह से अछूता पृथक् सुरक्षित एकक विश्व साहित्य को परिभाषित करता है परन्तु रवीन्द्र विश्व साहित्य को तुलनात्मक साहित्य का पर्यायवाची मानकर राष्ट्रीय और विश्व साहित्य को एकक रूप में देखते हुए साहित्य को विस्तृत फलक प्रदान करते हैं। वह विश्वमानव रूप है जहाँ कोई परिधि नहीं कोई अलगाव नहीं।

कोई भी उस्ताद किसी भी भाषा या किसी भी देश का इसमें भाग ले सकता है–यह एक खुला वृत्त है।

वस्तुतः तुलनात्मक साहित्यालोचन में प्रविधि के महत्त्व के बढ़ने के कारण साहित्य पीछे धकेल दिया गया था और इसी कारण विश्व साहित्य की उत्कृष्ट कृतियों (Masterpieces) को विश्व साहित्य में स्थान दिया गया और उसका प्रसार शुरू हुआ परन्तु अधिकतर उत्कृष्ट कृतियाँ पश्चिम यूरोपीय साहित्य की ही थीं और इस तरह विश्व साहित्य ने सीमित रूप धारण कर लिया। यद्यपि पश्चिमी प्राच्यविदों के अनुवादों द्वारा कालिदास का 'अभिज्ञान शाकुन्तल' और फ़िरदौसी का 'शाहनामा' भी उत्कृष्ट कृतियों के रूप में सम्मिलित कर दिये गये। यह मान लिया गया कि उत्कृष्ट साहित्यिक कृतियाँ सबको, क्षेत्र और काल से बिना प्रभावित हुए, प्रभावित करती हैं।

डैमरोश ने 2003 में 'What is World Literature' शीर्षक लेख लिखकर इसके क्षेत्र और उद्देश्य को एक विस्तृत फलक प्रदान किया परन्तु नाना प्रकार की, एक निश्चित काल या स्थान से सम्बद्ध, महत्त्वपूर्ण तथा प्रभावशाली श्रेष्ठ कृतियों के समूह को डैमरोश ने विश्व साहित्य (World Literature) के सन्दर्भ में इसके प्रसार और स्वागत पर अधिक महत्त्व दिया। परन्तु यह स्पष्ट नहीं कि श्रेष्ठ कृतियों के वे तत्त्व क्या हैं, जिनके कारण प्रसार (Circulation) और स्वागत (Reception) सम्भव है जैसा कि रवीन्द्र ने मानवात्मा की खोज आदि कई कारणों को स्पष्ट करते हुए विश्व साहित्य के महत्त्व को प्रतिष्ठित किया है।

उभरती हुए वैश्विक अवधारणाओं (Emerging Global Perspective) के द्वारा यूरोपीय फोकस (Focus) और उसके गौरव ग्रन्थों के अस्तित्व को ही चुनौती देने पर डैमरोश ने विश्व साहित्य की परिधि का विस्तार करते हुए सुमेरीय स्फानाकार लिपि, मिस्र की चित्रलेख लिपि, मध्ययुगीन जर्मन स्त्री रहस्यवादी कवि, इंका इतिवृत्त, काफ्का के अनुवाद तथा सामयिक विभिन्न देशों के प्रतिरोधी साहित्य तथा मेटा यानी इतर कथा साहित्य को भी विश्व साहित्य में स्थान दिया। डैमरोश ने यह भी स्पष्ट किया कि किस तरह यह विश्व साहित्य किस प्रकार अनुवादों के माध्यम से एक स्थान से दूसरे स्थानों की यात्रा करते हुए बदलते हुए सन्दर्भों में यानी राष्ट्रीय, अन्तरराष्ट्रीय, लोकल या ग्लोबल सन्दर्भों में कृतियों के रूप-परिवर्तित हो जाते हैं और अन्ततः निश्चित काल और स्थान से सम्बद्ध महत्त्वपूर्ण तथा प्रभावशाली साहित्य के समूह की पारम्परित धारणा से मुक्त होकर नयी-नयी अनूदित कृतियाँ विश्व साहित्य से जुड़ जाती हैं और मात्र प्रसार और पठन की एक प्रणाली बन जाती हैं। और आख़िरकार यह कहा

कि विश्व साहित्य का विस्तार अनुवादों के माध्यम से होता है। मगर अनुवादों के विकृत रूप सम्पादकों की तत्काल ज़रूरतों के कारण प्रसारित होकर काफ़ी नुक़सान पहुँचाते हैं। उदाहरण के रूप में डैमरोश अर्ध-मिथकीय उरुक के राजा से सम्बन्धित Epic of Gilgamesh का उदाहरण देते हैं। वस्तुतः अनूदित विश्व साहित्य डैमरोश के अनुसार एक दीर्घवृत्ताकार (Elliptical) स्थान में काम करता है जिसको स्रोत (Source) तथा प्रापक (Receving) संस्कृतियाँ प्रस्तुत करती हैं, परन्तु उसे किसी निश्चित सीमा में सीमित नहीं करतीं।

यह सही है कि डैमरॉश विश्व साहित्य के गौरव ग्रन्थों के साहित्यिक सम्भ्रान्तवाद से मुक्त करके गैर-वैधानिक (Non-canonical) परिधि में विकसित देशज साहित्यों को बढ़ावा देता है। अवधेश सिंह का कहना है कि इसी कारण अमेरिकी अकादमियों में एरिया स्टडीज़ और आइडेंटिटी स्टडीज़ का विस्तार हुआ जिसका कई विद्वानों ने विरोध भी किया। परन्तु एरिया स्टडीज़ के विस्तार का सीधा सम्बन्ध शीतयुद्ध से था जिसके दौरान विभिन्न देशों को अपनी तरफ़ खींचने के लिए एरिया स्टडीज़ का विस्तार हुआ था। शीतयुद्ध की समाप्ति के बाद यह एरिया स्टडीज़ ओझल होकर कल्चरल स्टडीज़ का महत्त्व बढ़ा और पाश्चात्य सांस्कृतिक साम्राज्यवाद के छा जाने का अवसर मिला और साथ ही हाशिया में पलने वाली भाषाओं को बचाये रखने का प्रयत्न दिखाई पड़ा।

डैमरॉश का विश्व (साहित्य) एक विश्व है परन्तु वैविध्यमय भारत में एक नहीं कई विश्व हैं और रवीन्द्रनाथ के लिए वैश्विक (Universal) हमेशा स्थानीय पर आधारित होता है यद्यपि डैमरॉश के इस तथ्य को नकारना कठिन है कि विश्व साहित्य की वैधता (Canon) से अधिक अनुवाद, प्रसार (Circulation) और पाठ (Reading) से सम्बन्ध है। डैमरॉश के अनुसार राष्ट्रीय साहित्य जैसे ही अपने देश की परिधि से बाहर निकलता है, वह राष्ट्रीय नहीं रहता वैश्विक बन जाता है।

यहीं पर डैमरॉश के World Literature की कमी स्पष्ट होती है। गोयते का World Literature राष्ट्रीय साहित्य से अछूता, पृथक्, सुरक्षित विश्व साहित्य है और डैमरॉश भी राष्ट्रीय साहित्य को विश्व साहित्य में समाहित कर उसके प्रसार और स्वागत के पक्षधर हैं। केवल रवीन्द्र विश्व साहित्य की बात करते हुए तुलनात्मक साहित्य को उसका समानार्थक मानते हैं और राष्ट्रीय और विश्व साहित्य को बराबर का महत्त्व देते हैं। इस दृष्टि से इप्सिता चन्द का लेख Comparative Literature/'World Literature': The Indian perspective एक महत्त्वपूर्ण तथ्य को उद्‌घाटित करता है कि तुलनात्मक साहित्य साहित्यिक कृतियों के अध्ययन के लिए एक प्रविधि प्रदान करता है।

'विश्व साहित्य' का अध्ययन तुलनात्मक साहित्य की प्रविधि से ही सम्भव है। तुलनात्मक साहित्य अपनी परिधियों को पार कर दूसरे देश के साहित्य के साथ तुलनात्मक अध्ययन करता है परन्तु उससे उसका अस्तित्व नष्ट नहीं होता। गोयते और डैमरॉश राष्ट्रीय साहित्य के अस्तित्व को समाहित कर विश्व साहित्य की बात करते हैं यद्यपि गोयते में मानवीयता का स्वर अधिक सुनाई देता है।

निष्कर्ष में कहा जा सकता है कि मानवात्मा की एकता का स्वर रवीन्द्रनाथ के विश्व साहित्य का मूल स्वर है यद्यपि इस मूल स्वर का आधार तुलनात्मक साहित्य का राष्ट्रीय साहित्य है। मुण्डकोपनिषद में एक मन्त्र है—दो पक्षी जो एक दूसरे से सम्बद्ध है, एक ही वृक्ष की टहनी पर बैठे हुए हैं। एक उस वृक्ष के फल आस्वाद के साथ खा रहा है और दूसरा केवल बिना खाये उसे देख रहा है। दोनों पक्षी ही महत्त्वपूर्ण हैं आत्मा के गहरे दर्शन को समझने के लिए कारटिशयन (Cartesian) मुहावरा "I am therefore I think" के रूप में देखना होगा। मनुष्य को खुले दिल से अनुपूरकता (Complementary) और विरुद्धता (Opposite) को श्याम देश के जुड़वे बच्चों (Siamese twins) की तरह मानना होगा—रवीन्द्र के शब्दों में विश्व साहित्य और तुलनात्मक साहित्य एक ही नैरन्तर्य के दो स्तम्भ हैं।

4

तुलनात्मक साहित्य : पद्धति विज्ञान

तुलनात्मक साहित्य एक से अधिक भाषाओं में रचित साहित्य का अध्ययन है और तुलना इस अध्ययन का मुख्य अंग है। तुलनात्मक आलोचक के लिए तुलनात्मक पद्धति उसकी आधारभूत पद्धति है।

परिभाषा

रेमाक का कहना है कि तुलनात्मकता सांश्लेषिक मानसिक दृष्टि है जिसके द्वारा भौगोलिक एवं जातीय स्तर पर साहित्य का अनुसन्धानात्मक विश्लेषण सम्भव हो पाता है। एक उदाहरण के द्वारा इस वक्तव्य को स्पष्ट किया जा सकता है। यदि एक ही भाषा में लिखित साहित्य के अन्तर्गत दो समान या असमान रूपों या प्रवृत्तियों का तुलनात्मक अध्ययन किया जाये, जैसे मीराबाई के भक्तिमूलक गीतों के साथ महादेवी के रहस्यात्मक गीतों की तुलना, तो इसको तुलनात्मक साहित्य कहना सम्भव नहीं, क्योंकि इसमें सांश्लेषिक मानसिक दृष्टि के विस्तार की सम्भावना नहीं होगी।

फिर दो या उससे अधिक भाषाओं में रचित साहित्य के समान या असमान रूपों या प्रवृत्तियों का तुलनात्मक अध्ययन किया जाये, जैसे रवीन्द्रनाथ ठाकुर की मृत्युविषयक बांग्ला कविताओं के साथ मिर्ज़ा ग़ालिब की जीवन की निस्सारता से सम्बन्धित उर्दू गज़लों की तुलना। तो उसे तुलनात्मक साहित्य कहा जा सकेगा मगर उसे एक ही राष्ट्र की परिधि में प्रसारित बहुभाषिक साहित्य के आश्रय से निर्मित तुलनात्मक साहित्य कहा जायेगा। मगर जब तुलना किसी एक राष्ट्र की परिधि को पार करके दूसरे राष्ट्रों की भाषाओं में लिखित साहित्य को अपने में समेट लेती है, जैसे मीरा, रवीन्द्र, शंकर कुरुप की रहस्यात्मक कविताओं की अर्थछवियों की ईरान में उद्‌भावित सूफ़ी रहस्यात्मक गीतों अथवा अंग्रेजी के रहस्यवादी कवि ब्लेक या डन की

कविताओं के साथ तुलना की ज़ाती है तो उसको निश्चय ही तुलनात्मक साहित्य कहा जायेगा।

तुलनात्मक पद्धति-विज्ञान की राजनीति

जैसे कहा गया है कि तुलनात्मक आलोचक के लिए तुलनात्मक पद्धति उसकी आधारभूत पद्धति है। हालाँकि तुलनात्मक साहित्य की सबसे बड़ी समस्या पद्धति-विज्ञान (Methodology) ही है। खाली प्रयोगशाला से पद्धति/पद्धतियाँ तैयार होकर नहीं निकलतीं। उपलब्ध आधार सामग्री (Data) की सहायता से पद्धति तैयार होती है। पहले-पहल यह आधार-सामग्री फ्रांसीसी तथा दूसरे यूरोपीय साहित्य से एकत्रित की गयी थी और उसके आधार पर तुलनात्मक साहित्य की पद्धति तैयार हुई थी। मगर एशिया और अफ्रीका के साहित्य के सन्दर्भ में इस पद्धति का प्रयोग सम्भव नहीं। अगर उसका प्रयोग करते हैं तो यूरोप-केन्द्रित निरंकुश (Absoluted Authority) को स्वीकार करना पड़ता है। यही पद्धति-विज्ञान की राजनीति है जिससे मुक्त रहना हमारे लिए नितान्त आवश्यक है।

साहित्यिक अध्ययन का एक कलात्मक पक्ष (Aesthetic Function) होता है और दूसरा समाज-सांस्कृतिक सन्दर्भ (Socio-cultural context)। भारत के एक प्रान्त से लेकर दूसरे प्रान्त तक समाज-सांस्कृतिक सन्दर्भ एक जैसा नहीं है। विभिन्न देशों के बीच भी सामाजिक-सांस्कृतिक सन्दर्भ में अन्तर दिखाई पड़ता है। उदाहरण के रूप में यूरोप की तुलना में भारत में कला और धर्म के बीच का अन्तर कम है। यह सही है कि तुलनात्मक साहित्य के कुछ वैश्विक नियम हैं और उन्हीं के आधार पर पद्धति विज्ञान का निर्माण किया गया है।

तुलनात्मक साहित्य के दो मूलभूत नियम

वस्तुतः तुलनात्मक साहित्य के दो मूलभूत नियम हैं, जिनकी सहायता से तुलनात्मक साहित्य की सामग्रिक योजना या अध्ययन-पद्धति—पद्धतियाँ निर्धारित होती हैं। ये दो मूलभूत नियम हैं :

1. साहित्येतिहास का अन्तरराष्ट्रीय सन्दर्भवाद
2. तुलनात्मक आलोचना

साहित्येतिहास का अन्तरराष्ट्रीय सन्दर्भवाद दो साहित्यिक कृतियों अथवा घटनाओं के बीच विद्यमान 'द्वि-आधारी तथा अन्योन्य' सम्बन्ध को संस्थापित करता है। भारतीय सन्दर्भ में साहित्य के इस द्वि-आधारी अध्ययन का अर्थ भारत की किन्हीं दो आधुनिक भाषाओं के साहित्य का अध्ययन लिया जा सकता है। जहाँ राष्ट्रीय परिधि को पार करने की आवश्यकता नहीं मगर तुलनात्मक भारतीय साहित्य

सन्दर्भ में भी राष्ट्रीय परिधि को पार करना अथवा अन्तरराष्ट्रीय सन्दर्भवाद को स्वीकार करना लाज़िमी है, क्योंकि इसके बिना आधुनिक भारतीय साहित्य के पश्चिमी प्रभाव को सही रूप से आँकना सम्भव नहीं। साहित्येतिहास का अन्तरराष्ट्रीय सन्दर्भवाद दो कृतियों या साहित्यिक घटनाओं के द्वि-आधारी तथा अन्योन्य सम्बन्ध को स्थापित करता है। दूसरों शब्दों में, ऐतिहासिक कालक्रम या काव्यशास्त्रीय कला या सौन्दर्यपरक या समाजशास्त्रीय संस्कृतिपरक यथार्थवादी दृष्टि या दृष्टियों की सहायता से एक से अधिक साहित्यों के प्रभाव-सूत्रों, परम्परा तथा सादृश्य सम्बन्धों का (द्वि-आधारी तथा अन्योन्य सम्बन्ध के अध्ययन के ये तीन आधार हैं) अन्तरराष्ट्रीय सन्दर्भवाद के आश्रय से तुलनात्मक अध्ययन होता है। एकक साहित्य अध्ययन में भी दूसरे साहित्य के साथ तुलना का सहारा लिया जाता है मगर वहाँ एकक साहित्य की किसी विशेषता को उजागर करने के लिए अचेतन या यान्त्रिक रूप से इसका प्रयोग किया जाता है मगर तुलनात्मकवादी आलोचक के लिए तुलना एक सचेतन एवं मूलभूत पद्धति है। साहित्यिक उदाहरणों की अव्यवस्थित विस्तृत सूची को समेटने के लिए जब तुलनात्मक पद्धति के अन्तर्गत तुलना का प्रयोग किया जाता है तब अध्ययन से निकलने वाले निष्कर्षों के इस हद तक तनूकृत होने की सम्भावना रहती है जहाँ यह अवधारणा अपनी शक्ति काफ़ी खो देती है। अवधारणा को तनूकृत करने की यह प्रवृत्ति अगर एक निश्चित सीमा को पार कर जाये जहाँ प्रत्येक सम्भाव्य तुलना को 'तुलनात्मक शोध' का अंग मान लिया जाता है, तब इस पद्धति की अपनी विवेचक शक्ति भी ख़त्म हो जाती है। उदाहरण के लिए, आधुनिक बोध को प्रकट करने वाले प्रत्येक हिन्दी, बांग्ला या मराठी नाटक में विसंगति-बोध को ढूँढ़ निकालना मानो आधुनिक-बोध एवं विसंगति-बोध को एक-दूसरे का पर्याय मान लेना है अथवा हर नयी कविता को अस्तित्ववादी विचारधारा के साथ जोड़ना तुलनात्मक पद्धति के साथ अन्याय करना है। आधुनिक साहित्य के प्रत्येक पक्ष, विद्या, कथ्य या प्रवृत्ति में कुछ तुलनीय अंश अवश्य विद्यमान रहते हैं मगर तुलनात्मक पद्धति के लिए यह आवश्यक है कि तुलनात्मक विश्लेषण एवं तुलनात्मक विवरण के अन्तर को प्रकट करते हुए अध्ययन का प्रसार करें। प्रत्येक विवरण कहीं-न-कहीं अप्रत्यक्ष रूप से तुलनात्मक होता है मगर किसी एक पद्धति, ढाँचे या प्रतिमान के आश्रय से किया गया प्रत्येक विश्लेषण ऐसा नहीं होता। इसलिए तुलनात्मक साहित्य की समस्याओं को समझते हुए पद्धति के रूप में तुलना के प्रयोग में बहुत ही सावधानी बरतनी पड़ती है। उपर्युक्त दो नियमों (मॉडल या सिद्धान्त) के आश्रय से एक से अधिक साहित्यों के सादृश्य सम्बन्ध, परम्परा तथा प्रभाव-सूत्रों का पता लग सके।

अन्तरराष्ट्रीय सन्दर्भवाद एवं तुलनात्मक आलोचना के मॉडल के आश्रय से तुलनात्मक अध्ययन का प्रसार करते हुए इनमें रूपान्तरण करना ही अध्ययन की सिद्धि होती है अर्थात् कोई भी मॉडल अपने आप में आत्यन्तिक नहीं होता। तुलना या तो 'साम्यमूलक' अथवा 'वैषम्यमूलक' हो सकती है मगर दोनों ही स्थितियों में अध्ययन का 'गहरा' तथा 'सुव्यवस्थित' होना आवश्यक है।

अध्ययन की सादृश्य सम्बन्धात्मक पद्धति

अन्तरराष्ट्रीय सन्दर्भवाद के आश्रय से दो कृतियों की साहित्यगत शैली, संरचना, मूड या विचार का सादृश्य सम्बन्धात्मक अध्ययन होता है। इसके अतिरिक्त किसी भी एक पक्ष को लेकर सादृश्यमूलक अध्ययन किया जा सकता है। यह अध्ययन साम्यमूलक या वैषम्यमूलक हो सकता है। मगर इस प्रकार का तुलनात्मक विश्लेषण नियमानुसार प्रासंगिक विवृत्ति पर विचार करता है। इसका अर्थ यह है कि तुलनीय कृतियाँ एक-दूसरे के प्रभाव से मुक्त होती हैं और उनमें कोई कार्य-कारण सम्बन्ध नहीं होता, इसीलिए सादृश्य सम्बन्धात्मक अध्ययन में तुलनात्मकतावादी आलोचक 'पॉलीजेनेटिक' पद्धति का सहारा लेता है जहाँ उसकी सांश्लेषिक दृष्टि के पीछे कोई तथ्यात्मक औचित्य विधान नहीं होता। किसी भी दो बेमेल विषयवस्तुओं सादृश्यमूलक अध्ययन प्रविधि को पॉलीजेनेटिक पद्धति कहते हैं। हरभजन सिंह के द्वारा 'ओडेसी', 'रामायण', 'सेवासदन' तथा 'त्यागपत्र' में 'सीता सिन्ड्रोम' का विवेचन अथवा इन्द्र नाथ चौधुरी के द्वारा होरी (गोदान), इन्द्रनाथ (श्रीकान्त), शशि (पुतुल नाचेर इति कथा) तथा रिउ (प्लेग) जैसे चरित्रों के आधार पर 'ड्रापआउट्स' का विवेचन इसी प्रकार का अध्ययन कहा जाता है। जेम्स जे. वाई. लिउ ने 'एलिजाबेथ एंड यॉन' (1955) पुस्तक में एलिजाबेथीय युग के नाटकों के साथ सुदूर-पूर्व के नाटकों का सादृश्यमूलक विवेचन करते हुए यह स्पष्ट किया है कि दोनों में ही 'मायावाद' का विरोध है तथा जीवन का वह यथार्थ भी नहीं जो रंगमंच में 'चौथी दीवार' को हटाकर दिखाया जाता है। यतम्बल्ल के लिए इस प्रकार के अध्ययन का विशेष महत्त्व है क्योंकि यहाँ प्रभाव-सूत्रों के विवेचन के स्थान पर समानान्तरता के आश्रय से नाटकों में अन्तर्निहित उनकी सम्भाव्य शक्ति तथा उसी प्रक्रिया को उद्घाटित किया गया है जिसके द्वारा जीवन एक कलारूप में परिवर्तित हो जाता है (1963)। सादृश्यमूलक अध्ययन का एक और रूप है जहाँ एक जैसी ऐतिहासिक तथा सामाजिक पटभूमिका के आश्रय से दो लेखकों या कृतियों का विवेचन किया जाता है। झुरमुनस्की ने फ्रांसीसी Chansons de geste (हँसी के गीत) तथा रूसी लोकगाथाओं के नायकों का सादृश्यमूलक अध्ययन किया है।

यहाँ किसी प्रकार के कार्य-कारण सम्बन्ध के बिना ही सामाजिक संरचना की सादृश्यता के आधार पर 'ऐतिहासिक प्रारूपिक सादृश्यता' प्रकट हुई है। आर. डब्ल्यू. लेविस ने अपनी पुस्तक 'द पिकारेस्ट सेंट' में चार संस्कृतियों से सम्बद्ध मगर एक विशिष्ट पीढ़ी के कई उपन्यासकारों (मोराविया, कामू, सिलोन फॉकनार, ग्राहम ग्रीन, मालरो) की समान्तरता तथा विरूपता का विश्लेषण किया है। साहित्यिक कृतियों की इन समरूप प्रवृत्तियों के तुलनात्मक अध्ययन से ही साहित्यिक विकास तथा सामाजिक पूर्वावस्था के साधारण नियमों का अनुधावन एवं प्रत्येक साहित्य के ऐतिहासिक एवं जातीय चरित्र को समझ पाना सम्भव होता है (देखिए, झुरमुनस्की, ऑक्सफोर्ड स्लावोनिक पेपर्स 13 : 1970 : 2), सादृश्यमूलक तुलनात्मक अध्ययन में कृतियों को एक-दूसरे के विरोध में खड़ा नहीं किया जाता। यहाँ तुलनात्मकतावादी आलोचक का विश्रान्ति का मूड होता है एवं उससे ही चिन्तन का प्रसार सम्भव होता है एवं अध्ययन की सारी दृष्टि सृजनात्मक विधिगत (Deutero-Creative) बन जाती है। ऑस्कर वाइल्ड की भाषा में आलोचक स्वयं ही कलाकार बन जाता है क्योंकि यहाँ आलोचक हमें इस बात को अच्छी तरह समझा देता है कि सबसे अधिक महत्त्वपूर्ण आलोचनात्मक क्रिया मूल्यांकन करना नहीं अभिज्ञान है। इस अध्ययन के विरोध में यह कहा जाता है कि इसमें व्यक्तिवादिता एवं प्रभाववादिता को बहुत अधिक महत्त्व दिया जाता है और इस तरह यह कोई पद्धति ही नहीं बन पाती। यह कुछ हद तक सही है मगर यह पद्धति नहीं ऐसी बात नहीं। इससे साहित्य अध्ययन का स्वरूप संकुचित नहीं होता है बल्कि इस तरह के अध्ययन से साहित्य के बारे में एक विस्तृत दृष्टिकोण बन पाता है और साहित्य अध्ययन से सम्बन्धित नये-नये प्रश्न उभरते हैं जिनके अध्ययन से तुलनात्मक साहित्य की स्वकीयता का परिचय मिलता है। सादृश्यमूलक पद्धति की सहायता से विभिन्न समाज तथा परिस्थितियों में अभिव्यक्त होने वाले साहित्य का विवेचन होता है और इस विवेचन से उभरने वाले प्रश्नों, जैसे इन अभिव्यक्तियों में समानता का क्या कारण है, अथवा कैसे ये एक-दूसरे से भिन्न हैं, का उत्तर दिया जाता है। इस प्रकार के अध्ययन से और भी बहुत सारे प्रश्न उठते हैं, जैसे साहित्य में क्या आवर्त्ती प्रतिकृतियाँ होती हैं और इस प्रकार के आवर्तन की प्रकृति क्या है? लेखकों का परिवेश (milieu) क्या अन्तरराष्ट्रीय समाज का अहसास कराता है तथा क्या वह उस समाज, जहाँ वह रहता या काम करता है, अधिक सत्य होता है (जॉन फ्लेचर : 1970 : 108)। इस प्रकार की धारणा से क्या कुछ फायदा है? वस्तुतः लेखकों के अन्तरराष्ट्रीय समाज की कल्पना निश्चय ही एक ऐसा निर्देश आधार

प्रदान करती है जिसकी सहायता से व्यक्तिवादिता एवं प्रभाववादिता से मुक्त होकर सादृश्य सम्बन्धात्मक अध्ययन किया जा सकता है।

असादृश्यमूलक अध्ययन पद्धति (Polygenetic Method)

इस पद्धति का ऊपर संक्षेप में उल्लेख किया गया है। इस पद्धति के अन्तर्गत इस संसार की किसी भी दो असादृश्यमूलक वस्तुओं की तुलना हो सकती है। उदाहरणस्वरूप 'रामायण' की सीता के साथ प्रेमचन्द के 'सेवासदन' की सुमन की तुलना अथवा शेक्सपियर के मैकबेथ के साथ रवीन्द्रनाथ के 'विसर्जन' नाटक के जयसिंह की तुलना। यह पद्धति तुलनात्मक साहित्य को विस्तार देती है और इसमें नये रंग भरती है। परन्तु साथ में यह आलोचना भी होती है कि तुलनात्मक साहित्य की परिधि का कोई अन्त नहीं; दुनिया की किसी भी साहित्यिक कृति, विचार या दृष्टि को इसमें समेटा जा सकता है और परिणामतः यह दुष्परिचालनीय (Unwiedly) बन जाता है।

अध्ययन की परम्परा पद्धति

अन्तरराष्ट्रीय सन्दर्भवाद के आश्रय से 'परम्परा' अध्ययन भी दो कृतियों का सादृश्यमूलक अध्ययन होता है जहाँ कृतियाँ इस प्रकार की समानधर्मी कृतियों के एक बड़े वर्ग का अंश होती हैं और जो समान ऐतिहासिक, कालानुक्रमिक तथा रूपात्मक बन्धनों से बँधी होती हैं। इसके अन्तर्गत भाषाओं तथा साहित्यों में प्रतिफलित राष्ट्रीय 'चेतना' का समान्तरीय अध्ययन किया जाता है। प्रावर का कहना है कि इस प्रकार का अध्ययन तभी लाभदायक हो सकता है जब अध्ययन के क्षेत्र को सीमित करके किसी एक ऐतिहासिक काल अथवा ऐतिहासिक दृष्टि से उभरते हुए किसी एक काव्यरूप का दो साहित्यों के सन्दर्भ में अध्ययन किया जाता है (1973 : 18)। उदाहरण के रूप में भारतीय साहित्य की भारतीयता एवं अमेरिकी ब्लैक पोएट्री की मूल चेतना के अध्ययन के स्थान पर दूसरे महायुद्ध के समय रचित भारतीय एवं ब्लैक पोएट्री का अध्ययन निश्चित ही अधिक तात्पर्यपूर्ण हो सकता है। अथवा विश्व साहित्य के सन्दर्भ में रवीन्द्रनाथ ठाकुर या सॉल बेलो जैसे बहुज्ञतायुक्त लेखकों का अध्ययन करते हुए विभिन्न सामाजिक तथा सांस्कृतिक परम्पराओं का प्रभावविवेचन भी महत्त्वपूर्ण हो सकता है। रेने वेलेक ने इस प्रकार के अध्ययन का विरोध करते हुए कहा है कि इसकी क़ीमत साहित्यिक पाण्डित्य को सामाजिक मनोविज्ञान और साहित्यिक इतिहास में विलीन करके अदा करनी पड़ती है (1963 : 285)। वस्तुतः तुलनात्मक साहित्य की दृष्टि से इस प्रकार के अध्ययन से साहित्य में वर्णित नाना राष्ट्रीय परम्पराओं के

बारे में सही अथवा ग़लत धारणाओं का पता लग पाता है। मैथिलीशरण गुप्त ने 'मेघनाद वध' का अनुवाद करते हुए यह ग़लत धारणा फैलायी थी कि माइकेल ने राम और लक्ष्मण की तुलना में रावण को, पाश्चात्य परम्परा के व्यक्तिवादी प्रभाव के कारण, अधिक महत्त्व दिया है। आर्तुरो बारिया ने अपने निबन्ध 'नाट स्पेन बट हेमिंगवे' में उनके उपन्यास 'फॉर हूम द बेल टॉल्स' में वर्णित स्पेनीय चरित्रों की सामाजिक स्थिति, उनके मनोविज्ञान और प्रेरणा तथा भाषा की नाना त्रुटियों का विस्तार से वर्णन किया है (1965 : 198-210)। परम्परा अध्ययन में राष्ट्रीयता तथा अन्तरराष्ट्रीयता जटिल ढंग से एक-दूसरे के निकट आ जाती है। उन्नीसवीं शती के प्राच्य विद्वानों के द्वारा किये गये संस्कृत साहित्य (उपनिषदादि) के अनुवादों के फलस्वरूप इयेट्स, इलियट आदि अंग्रेज़ी कवियों की कविता में भारतीय परम्परा के अनुप्रवेश का अध्ययन इसी के अन्तर्गत किया गया है। इसी परम्परा के नये रूप, जहाँ दर्शन के स्थान पर भक्ति पक्ष का महत्त्व ज्यादा है, का प्रभाव साम्प्रतिक यूरोपीय तथा अमेरिकी धार्मिक परम्पराओं पर दिखाई पड़ रहा है और वैष्णव भक्ति परम्परा अध्ययन की गुंजाइश बढ़ती जा रही है। परम्परा अध्ययन के अन्तर्गत काव्य रूपों, संस्थितियों (Topoi) आदि का भी अध्ययन होता है। करटियस ने अपनी पुस्तक 'यूरोपीय लिटरेचर एंड द लैटिन मिडल एजेज' में एक संस्थिति (Topos)—बच्चे के भीतर वृद्ध व्यक्ति के सारे गुणों के मौजूद रहने की धारणा—का उल्लेख किया है, जिसके सन्दर्भ वर्जिल, सिसिरो, बाइबिल, रेनासाँ साहित्य यहाँ तक कि चीनी साहित्य में भी उपलब्ध हैं और जैसा कि विदित है, चीनी साहित्य का रोमी या हिब्रू स्रोतों से कोई सम्बन्ध ही नहीं।

प्रभाव अध्ययन पद्धति

अन्तरराष्ट्रीय सन्दर्भ में प्रभाव सूत्रों के तुलनात्मक विवेचन के बारे में सामान्यतः दो धारणाएँ प्रचलित हैं : एक, जहाँ एक शक्तिशाली व्यक्तित्व का प्रभाव बाढ़ की तरह होता है और जिसके फलस्वरूप उत्सर्जक के प्रभाव में डूबने वाले प्रापक लेखक की असहाय वश्यता प्रकट होती है। दो, जहाँ प्रभाव सान की तरह प्रभाव ग्रहण करने वाले व्यक्ति की प्रतिभा को और चमका देता है। (रुथवेन : 1979)। कई आलोचकों के लिए प्रभाव का पहला अर्थ ही ज़्यादा ठीक बैठता है और इसीलिए इस तरह का प्रभाव अध्ययन नकारने योग्य ही होता है, क्योंकि इस तरह के अध्ययन में प्रापक हमेशा कोई अप्रधान लेखक होता है और तुलनात्मक साहित्य के अध्ययन में उसे भी स्थान मिल जाता है। अध्ययन की इस पद्धति को अनम्य पद्धति कहा गया है और इसको प्रत्यक्षवादिता के साथ जोड़कर

इस आधार पर इसका विरोध किया गया है (मैलोन : 1954 : 13-20)। कुछ आलोचकों के लिए किसी लेखक की ऋणग्रस्तता की बात करने का अर्थ उसकी मौलिकता को कम करना है। दरअसल प्रत्यक्षवादियों की कार्य-कारणवादिता के आश्रय से किये गये प्रभाव-सूत्रों के अध्ययन में 'कारण' मुख्य हो जाता है। यह निश्चित है कि कोई भी कृति दूसरी कृति के 'कारण' निर्मित नहीं होती। प्रभाव को 'अनुकरण' न मानकर 'प्रेरणा' मानने से प्रभाव-अध्ययन के विरोध में की गयी आलोचना का उत्तर दिया जा सकता है। अन्ततः तुलनात्मक साहित्याध्ययन में 'प्रभाव सूत्रों' का अध्ययन उसकी केन्द्र पद्धति है (साइमन ज़ियून : 1968 : 39)। प्रभाव सूत्रों के अध्ययन में तुलनात्मक पद्धति मात्र स्रोतों या मॉडलों की खोज नहीं करती है। इसका मुख्य कार्य यह विश्लेषित करना है कि प्रापक लेखक ने अपने मॉडल का प्रयोग कैसे किया है; अपने कलात्मक अभिप्रायों को अप्रधान बनाते हुए कैसे उसने अपने मॉडल को नया रूप दिया है तथा कौन-सी नयी काव्यात्मक क्रिया को उसमें जोड़ा है। आख़िरकार साहित्यिक पाण्डित्य का व्यवस्थित ढंग से प्रसारित होना तभी सम्भव होता है जब साहित्यिक कृति की 'साहित्यिकता' की खोज को आलोचना का मुख्य केन्द्र बिन्दु स्वीकार कर लिया जाता है। कभी-कभी प्रापक प्रभाव सूत्रों को इस प्रकार से आत्मसात कर लेता है कि उत्सर्जक का लेश मात्र भी पता नहीं चलता। इसीलिए क्लोंद गुइएँ ने प्रभाव सूत्रों के अध्ययन को मनोवैज्ञानिक प्रतिभास (Phenomenon) कहा है। इसको स्पष्ट करने के लिए गुइएँ प्रत्यक्ष और अप्रत्यक्ष की बात उठाते हुए कहते हैं कि पेत्रार्कीय सॉनेट लिखने के लिए रेनासाँ कवि का पेत्रार्क पढ़ने की ज़रूरत नहीं थी मगर इससे पेत्रार्क के अप्रत्यक्ष प्रभाव को अमान्य ठहराया नहीं जा सकता। एक साहित्यिक परम्परा में जीने वाले 'कवियों के द्वारा ग्रहण किया गया यह प्रभाव' 'सामूहिक साझेदारी प्रभाव' है (1971 : 61)। फ्लेचर का कहना है कि यदि हम प्रापक को ऋणी प्रमाणित कर सकें तो उससे उत्सर्जक का थोड़ा ही परिचय मिलता है मगर प्रापक की मनोशरीरी दृष्टि के बारे में हमें विस्तार से पता लग जाता है और उसकी सृजन प्रक्रिया से भी हम परिचित हो पाते हैं (1970 : 115)। यदि हम एक दफ़ा यह पता लगा सकें कि निराला की कविता में ऐसे बहुत सारे तत्त्व हैं जो रवीन्द्र की कविता से मेल खाते हैं तो हम यह प्रमाणित कर सकेंगे कि निराला बांग्ला रचनाकारों की काव्य स्थितियों एवं चरित्रों को स्वीकारते थे तथा उन्हें उद्धृत करते थे तथा निराला पर रवीन्द्र के माध्यम से उपनिषद् का प्रभाव पड़ा था। इस तरह रवीन्द्र को उत्सर्जक तथा निराला को प्रापक प्रमाणित करने पर भी इस प्रकार का अध्ययन रवीन्द्र की अपेक्षा निराला की काव्य-प्रतिभा

को ज़्यादा उजागर करने के लिए होगा क्योंकि यह पद्धति यान्त्रिक ढंग से मात्र तथ्यों का हवाला नहीं देगी मगर गहराई से रवीन्द्र की पटभूमिका पर निराला की सृजन प्रक्रिया की आलोचना करेगी। वस्तुतः प्रत्येक साहित्यिक आलोचना के अनुरूप प्रभाव सूत्रों की आलोचना भी सूक्ष्मग्राहिता की माँग करती है। लिओन एडेल का कहना है कि इस अध्ययन में प्रापक की कल्पना शक्ति का महत्त्व उस खाद्य पदार्थ की अपेक्षा कहीं अधिक है जिस पर वह शक्ति निर्भरशील है (1973 : 134-135)। प्रभावसूत्रों का अध्ययन तुलनात्मक आलोचना के क्षेत्र में तब तक चलता रहेगा जब तक हमारी यह धारणा बनी रहेगी कि आलोचनात्मक क्षण के लिए ऐतिहासिक चेतना आवश्यक है क्योंकि 'वर्तमान' को 'अतीत' के साथ जुड़ी हुई प्रक्रियाओं के उत्पाद के रूप में आँकने पर ही वह बोधगम्य बन पाता है। यह कालक्रमिक दृष्टि उत्सर्जक तथा प्रापक की सृजनात्मक प्रक्रिया के प्रति हमें असंवेदनशील नहीं करती क्योंकि तुलनात्मक साहित्य में प्रभाव अध्ययन जहाँ विस्तार की दृष्टि से ऐतिहासिक है वहाँ गुरुत्व की दृष्टि से सामूहिक है और जहाँ लेखकों की काव्य क्रिया के विश्लेषण के साथ-साथ युग (सांस्कृतिक वर्गों का सामाजिक परिवेश) की विशिष्ट शैली, जिसे बार्थ ने 'एकरित्युर' (Ecriture) कहा है–(1953) का भी ध्यान रखा जाता है।

अध्ययन की स्वीकृति तथा संचारण पद्धति

प्रभाव सूत्रों के अध्ययन के साथ-साथ तुलनात्मक पद्धति के अन्तर्गत 'स्वीकृति' अध्ययन का भी प्रसार हुआ है। उलरिच वाइ स्टाइन के अनुसार प्रभाव सूत्रों का अध्ययन मूलतः परिपूर्ण दो साहित्यिक कृतियों को लेकर किया जाता है मगर स्वीकृति अध्ययन का क्षेत्र काफ़ी विस्तृत होता है जहाँ कृतियों के पारस्परिक सम्बन्धों से लेकर उनके आस-पास की परिस्थितियों, लेखक, पाठक, समीक्षक, प्रकाशक तथा प्रतिवेशी परिवेश सब कुछ अध्ययन का विषय बन जाता है। इस तरह स्वीकृति अध्ययन साहित्यिक समाजशास्त्र अथवा मनोविज्ञान की दिशा में ही अग्रसर होता है (1973 : 48)। वाइनस्टाइन इस सन्दर्भ में काफ्का का उदाहरण देते हुए कहते हैं कि उनकी चिट्ठियाँ अथवा डायरियाँ पढ़ने से यह पता चलता है कि काफ्का की गुस्ताव फ्लोवेर के साथ व्यक्तिगत सम्बन्धों के कारण एक मनोवैज्ञानिक निकटता थी। स्वीकृति अध्ययन में प्रभाव सूत्रों की खोज के स्थान पर इस दिशा में अध्ययन का प्रसार होता है। फिर किसी एक विदेशी लेखक के दूसरे देश में विख्यात हो जाने से उस देश की साहित्यिक प्रवृत्ति को मोड़ देने में लेखक के योगदान से लेकर अनुवादक के योगदान की

सीमाओं और शक्तियों के विश्लेषण के साथ-साथ समीक्षकों के द्वारा की गयी आलोचनाओं का विवेचन और फिर बिक्री के आधार पर जनरुचि की दिशा का परिचय आदि साहित्यिक समाजशास्त्र के साथ जोड़कर इस अध्ययन का प्रसार होता है। जापानी हाइकू ने किस प्रकार हिन्दी कविता जगत् के मनोविज्ञान को उभारा, उसका विश्लेषण स्वीकृति अध्ययन के अन्तर्गत ही किया जा सकता है। इसके अतिरिक्त इस प्रकार का अध्ययन द्विवेदी युग की एक ख़ास मनोदृष्टि को लेकर भी किया जा सकता है। द्विवेदीकालीन नैतिकता केवल रीतिकाल के प्रति प्रतिक्रिया नहीं थी वरन् सम्पूर्ण विक्टोरियन युग के साहित्य की स्वीकृति भी थी जिसके फलस्वरूप जीवन के प्रति हमारी पारम्परिक स्वस्थ धारणा पलट गयी और अनैतिकता के नाम पर हिन्दी के लेखकों ने संकुचित दृष्टि का परिचय देना शुरू किया। द्विवेदीयुगीन साहित्य के श्लील और अश्लील के प्रश्न को लेकर इस अध्ययन को आगे बढ़ाया जा सकता है। फ्रेडरिक गुडोल्फ ने जर्मनी के द्वारा शेक्सपियर की स्वीकृति को लेकर विस्तार से विवेचन किया है : किस तरह जर्मन के लेखक—लेसिंग, गोयते, शीलर आदि की विचारधाराओं को शेक्सपियर ने प्रभावित किया तथा शेक्सपियर के विभिन्न अनुवादों के दोषों के विवेचन के साथ ही शेक्सपियर के द्वारा प्रयुक्त छन्द ने कैसे जर्मनी के ब्लैंक वर्स को रूप प्रदान किया आदि सब कुछ अपने अध्ययन में समेटकर तुलनात्मक आलोचना को एक विशिष्टता प्रदान की है। गुडोल्फ ने अपने अध्ययन में जर्मनी में शेक्सपियर के विस्तार का ही नहीं वरन् जर्मन साहित्य के विकास में शेक्सपियर की विभिन्न विशिष्टताओं को कब कैसे ग्रहण किया गया—उसका भी विवेचन किया है। और साथ ही जर्मनी में शेक्सपियर की स्वीकृति के लिए उत्तरदायी अनुवादकों और मध्यस्थों (अंग्रेज़ हास्य अभिनेतागण जिन्होंने 17वीं शती में शेक्सपियर की कॉमेडियों के जर्मन रूपान्तरणों का अभिनय करके शेक्सपियर की स्वीकृति में विशेष योगदान दिया) का भी आलोचनात्मक विवेचन किया (1911)। वस्तुतः स्वीकृति अध्ययन के साथ सम्बद्ध अन्तरराष्ट्रीय मध्यस्थों (International Mediators) का अध्ययन भी आजकल काफ़ी महत्त्वपूर्ण होता जा रहा है। प्रावर ने इसे 'संचारण अध्ययन' कहा है (38) और रेमंड विलियम्स का हवाला देते हुए इसकी परिभाषा दी है, "संचारण संस्थाओं एवं रूपों से सदृश्य है जिसके माध्यम से विचार, सूचना तथा अभिवृत्तियाँ स्थानान्तरित अथवा स्वीकृत होती हैं" (1962 : 9)। पंचतन्त्र, हितोपदेश अथवा शुकसप्तशती की विदेश में यात्रा के विभिन्न वर्गों की खोज एवं 'एसेप्स फेबल' या तूतीनामा के रूप में भारत में वापसी का संचारण अध्ययन तुलनात्मक साहित्य की दृष्टि से काफ़ी महत्त्वपूर्ण है।

टी.आर.हेन ने अपनी पुस्तक 'द एपल एंड द स्पेक्ट्रोस्कोप' में यूरोप में विचार और साहित्य के संचारण के यात्रा-मार्ग का एक विस्तृत मानचित्र तैयार किया है (1951 : 99-100)। आधुनिक काल में विश्वविद्यालय के विद्वान या अनुवादक बड़ी ही सफलता के साथ मध्यस्थ का काम कर रहे हैं। हिन्दी के आलोचकों ने पाश्चात्य-काव्यशास्त्र, साहित्यिक या मार्क्सवादी सौन्दर्यशास्त्र की ओर सृजनात्मक लेखकों का ध्यान आकर्षित करते हुए हिन्दी साहित्य में पाश्चात्य प्रभाव के संचारण अध्ययन का मार्ग सुगम किया है। विदेश में आर्थर वेले ने यूरोपीय तथा सुदूर पूर्व साहित्य का अध्ययन करते हुए एक ऐसे मध्यस्थ का रूप धारण किया है कि ब्रेश्ट या एजरा पाउंड की अपनी सृजनात्मक रचनाओं में भी इसका लाभ पहुँचा है (1973 : 44)। संचारण अध्ययन से समाजशास्त्री एवं सांस्कृतिक ऐतिहासिकों को भी लाभ पहुँचता है।

अध्ययन की सौभाग्य पद्धति

स्वीकृति अध्ययन के अन्तर्गत संचारण विश्लेषण के अतिरिक्त किसी एक लेखक या कृति का 'सौभाग्य' विश्लेषण भी किया जाता है। किसी एक विदेशी लेखक या कृति की दूसरे देश में किन्हीं कारणों से, नोबेल पुरस्कार मिलने से या, आकस्मिक मृत्यु होने से या, किसी सत्ता का विरोध करने (सोजेनित्सिन) से ख्याति के बढ़ जाने पर वह कैसे दूसरे लेखकों या साहित्यिक परिवेश को प्रभावित करता है इसका अध्ययन ही सौभाग्य अध्ययन है। वाल्टर मुश्ग ने अपने निबन्ध 'स्टडीज़ इन द टैजिक हिस्ट्री ऑफ़ लिटरेचर' में जर्मन साहित्य को प्रभावित करते हुए अपने सौभाग्य का प्रसार करने वाले 'हेमलेट' का सौभाग्य अध्ययन किया है। सारांश में पाश्चात्य तुलनात्मक साहित्य के विद्वान वाँ टिगहेम (1946), आन्द्र मोरिजे (1922) तथा गुस्ताव रुडलर (1923) आदि ने स्वीकृति अध्ययन का विवेचन किया है, मगर इसके लिए अलग-अलग पदावलियों—'सौभाग्य', 'संचार', 'स्वीकृति'—का भी प्रयोग किया है एवं साथ ही प्रभाव सूत्रों का विवेचन करते हुए अधिकतर स्थितियों में प्रभाव एवं स्वीकृति के अर्थ को गड़बड़ा दिया है। वस्तुतः प्रभाव एवं स्वीकृति अध्ययनों को अलग नहीं मानना चाहिए। ये एक-दूसरे पर आश्रित तथा एक-दूसरे के पूरक भी होते हैं। कुल मिलाकर इसको प्रभाव सूत्रों का अध्ययन कहना ही ठीक है, यद्यपि इस प्रकार के अध्ययन में दोनों लेखकों को पहले उनकी ज़मीन पर तथा उनकी राष्ट्रीय परम्पराओं में परखना चाहिए, बाद में प्रभाव सूत्रों की खोज करते हुए प्रापक को दूसरी ज़मीन तथा परम्परा की सहायता से विश्लेषित करना चाहिए। इस प्रकार के तुलनात्मक अध्ययन में

कल्पनाहीनता या यान्त्रिकता की सम्भावना को देखते हुए इस पद्धति की काफ़ी आलोचना (जोस्ट : 1974 : भूमिका) हुई है मगर सही दिशा में प्रसारित इस प्रकार के अध्ययन की सम्भाव्य शक्ति को नकारना सम्भव नहीं है। दिमत्री साइज़वेस्की (Dmitry Cizevsky) ने इसे 'जननिक पद्धति' कहकर इसके प्रति आलोचकों के उदासीन होने की बात की है और हेनरी पेयर ने प्रभाव सूत्रों की अपेक्षा सादृश्य सम्बन्धों के अध्ययन को .ज़्यादा प्रभावशाली ठहराया है (साइज़वेस्की : 1952 : 134) तथा (पेयर : 1952 : 7)। वस्तुतः प्रभाव को यदि प्रापक सान की तरह ग्रहण न कर सके वहाँ उसकी साहित्यिक प्रतिभा बेकार हो जाती है और जहाँ प्रतिभा प्रभाव से और तेज़ हो उठती है वहाँ प्रभाव सूत्रों को स्वीकारते हुए भी तुलनात्मक अध्ययन क्रमशः सादृश्य सम्बन्धों के अध्ययन में बदल जाता है क्योंकि अन्ततः इस बदलाव से हम यह जान पाते हैं कि कब प्रापक प्रभाव मुक्त होकर अपनी मौलिकता को प्रमाणित कर सका है। तुलनात्मकतावादी आलोचक के लिए इस पद्धति का प्रयोग करते हुए प्रभाव और मौलिकता के इस सूक्ष्म सन्तुलन से परिचित रहना बहुत ज़रूरी है।

सम्बन्धात्मक द्वन्द्वात्मक अध्ययन पद्धति

अन्तरराष्ट्रीय सन्दर्भवाद साहित्य को मानवीय ज्ञान के दूसरे क्षेत्रों के साथ भी जोड़ता है, जैसे दर्शन, इतिहास, मनोविज्ञान, राजनीतिशास्त्र, धर्म, समाजशास्त्र तथा ललित कलाएँ। वस्तुतः तुलनात्मक साहित्य जब हमें साहित्य के बारे में नाना प्रकार के प्रश्न पूछने के लिए उत्तेजित करता है तो ये प्रश्न हमें संस्कृति, संरचना भाषिक क्रम, समाज के साथ साहित्य का सम्बन्ध तथा मानवीय कल्पना और बौद्धिक इतिहास से सम्बद्ध दूसरे प्रश्नों तक पहुँचा देते हैं और इस तरह साहित्य और ज्ञान के दूसरे क्षेत्रों के आपसी सम्बन्ध, पारस्परिक प्रभाव तथा समान्तरीय अध्ययन का प्रसार हो पाता है। हिन्दू पौराणिक तथा संस्कृत साहित्य के प्रभाव रवि वर्मा की चित्रकला में स्पष्ट दिखाई पड़ता है और इस आधार पर इसका अध्ययन किया जा सकता है। अध्ययन की इस कार्य-पद्धति को 'सम्बन्धात्मक द्वन्द्वात्मक पद्धति' का एक क्षेत्र माना जाता है जो अन्तरराष्ट्रीय सन्दर्भवाद पर आधारित रहता है। रेमाक के अनुसार यह पद्धति समस्तरीय सक्षमता की जगह आंशिक रूप से अनुलम्बीय सक्षमता को स्वीकारती है। इस प्रकार के अध्ययन के प्रसार के लिए निश्चय ही कार्यपद्धति में परिमार्जन आवश्यक हो जाता है।

तुलनात्मक आलोचना की अध्ययन पद्धति

अन्तरराष्ट्रीय सन्दर्भवाद के साथ तुलनात्मक आलोचना के आश्रय से तुलनात्मक अध्ययन पद्धति का निर्माण होता है। तुलनात्मकतावादी आलोचक सुव्यवस्थित ढंग से तुलनात्मक आलोचना के अंग रूप में तुलना की तकनीकों का प्रसार करता है और व्यक्तिगत लेखकों के द्वारा किये गये प्रयासों (उनके कार्य तथा प्रभाव) का अध्ययन करता है। तुलनात्मक तथा व्यतिरेकी पद्धति तुलनात्मक आलोचना के मूल अंग हैं। यह साधारणतः कालक्रमिक के स्थान पर समकालिक अध्ययन होता है क्योंकि यह पद्धति देशकाल की सीमा को पार कर जाती है। यद्यपि कालक्रम को नकारना सम्भव नहीं फिर भी उसका अन्धानुकरण करने पर देशकाल के परे के महत्त्वपूर्ण समान्तरीय तथा विभेदीय स्थितियों से हम अपरिचित रह जाते हैं। इस सम्बन्ध में एक महत्त्वपूर्ण उदाहरण बुद्धदेव बोस द्वारा रचित 'महाभारतेर' कथा है जहाँ वे एक महाकाव्य के अनुरूप महाभारत का अध्ययन नहीं करते वरन् इस महान इतिहास का कथ्यपरक अध्ययन करते हुए होमर, यूनानीड्रामा, वर्जिल, दान्ते, यहाँ तक कि टॉलस्टॉय के कथ्यों के साथ दूसरे महत्त्वपूर्ण विषयों की तुलना करते हैं (1974)। यहाँ **काव्यशास्त्रीय सौन्दर्यपरक तुलनात्मक पद्धति** का प्रयोग है जो एक परिपक्व अन्तर्दृष्टि तथा सम्पूर्ण विश्लेषण पर आधारित है। चूँकि रूपात्मक, शैलीवैज्ञानिक या ऐतिहासिक अथवा समाजशास्त्रीय दृष्टि से तुलना की जाती है इसीलिए यह आलोचना पद्धति अप्रत्यक्ष ढंग से दूसरी पद्धतियों में प्रवेश कर जाती है और कदाचित् इसलिए दूसरी पद्धतियों का एक उपभाग प्रतीत होती है मगर इसका एक अपना क्षेत्र है और 'आलोचना' के साथ जुड़ा हुआ 'तुलनात्मक' एक ऐसी आलोचना की ओर निर्देश करता है जो राष्ट्रीय अथवा प्रान्तीय सीमाओं को पार कर जाती है। जैसा कि पहले कहा गया है कि एकक राष्ट्रीय साहित्य के अध्ययन में तुलना अनुषंगिक होती है मगर यहाँ तुलना व्यवस्थित है। इसके अतिरिक्त एक तुलनात्मक आलोचना एक विस्तृत साहित्यिक अध्ययन से जुड़ी होती है और मानवीय ज्ञान के दूसरे क्षेत्रों को अपने में समेटकर एक वृहद् परिप्रेक्ष्य को प्रकट करती है। इस प्रकार की आलोचना स्वाभाविक रूप से ऐतिहासिक सामान्यीकरण की ओर अग्रसर होती है जो 'जाइटगाइस्ट' कालचेतना को उसके क्रियारूप में पकड़ने का प्रयत्न है। उदाहरण के रूप में 'जाइटगाइस्ट' इस बात के लिए उत्तरदायी है कि जिन लोगों ने कभी फ्रायड की पुस्तक 'द इंटरप्रेटेशन ऑफ़ ड्रीम्स' (1900) नहीं पढ़ी वह भी युगचेतना के कारण फ्रायडीय प्रतीकों से परिचित हो सके। यह आलोचना दूसरी ओर काव्यशास्त्रीय सौन्दर्यपरक सिद्धान्त की ओर भी ले जाती है। सैद्धान्तिक धरातल पर 18वीं शती को

तुलनात्मक आलोचना से ही आधुनिक सौन्दर्यशास्त्र का जन्म हुआ है। दरअसल सिद्धान्त-अभिमुखी काव्यशास्त्र और कृति-अभिमुखी साहित्यालोचन को तुलनात्मक तथा व्यतिरेकी औज़ारों की ज़रूरत होती है जिससे कि काव्यशास्त्र के द्वारा आगमनात्मक सामान्यीकरण तथा साहित्यालोचन के द्वारा कृत में अन्तर्निहित विशेषताओं का गम्भीर अभिज्ञान हो सके।

इसके अतिरिक्त साहित्यिक सिद्धान्त (काव्यशास्त्र) के ऐसे कतिपय प्रश्न हैं जिनका उत्तर तुलनात्मक आलोचना की इस पद्धति से ही प्राप्त होता है। बहुत-सी स्थितियों में अनुवादों का अध्ययन स्रोत भाषा के ज्ञान के अभाव में भी तुलनात्मक आलोचना की दृष्टि से महत्त्वपूर्ण हो सकता है। साहित्य के बुद्धिमान आलोचक जयदेव के 'गीत गोविन्द' के सात महत्त्वपूर्ण अनुवादों की व्यवस्थित तुलना से बहुत ही लाभान्वित हो सकते हैं। ये सात अुनवाद करने वाले विद्वानों के नाम हैं—विलियम जोन्स (1792), एडविन आर्नल्ड (1895), जार्ज कीट्स (1940), लक्ष्मीनारायण शास्त्री (1956), डनकन ग्रीनलिज (1962), मोनिका वर्मा (1968) तथा बारबरा स्टोलर (1977)। इसके अतिरिक्त तुलनात्मक आलोचना की सहायता से साहित्यिक मूल्यांकन तथा साहित्य के समाजशास्त्रीय अध्ययन की नाना समस्याओं का उत्तर दिया जा सकता है। विभिन्न संस्कृतियों और परम्पराओं के आपसी संघर्ष या संश्लेषण के अध्ययन के लिए यह पद्धति तुलनात्मकतावादी आलोचक से भाषिक तथा सांस्कृतिक तैयारी और ज्ञान की विविधता की माँग करती है जो 'साधारण' साहित्यालोचक से अपेक्षा नहीं की जाती और साधारणतया जो उसमें होती भी नहीं।

तुलनात्मक साहित्य की अधिभाषा

तुलनात्मक भारतीय साहित्य के सुव्यवस्थित काव्यशास्त्रीय कला या सौन्दर्यपरक तथा आलोचनात्मक विश्लेषण के लिए भारतीय तुलनात्मकतावादी आलोचक इस कोशिश में हैं कि वे अपने ही तुलनात्मकतावादी आलोचना का प्रसार तथा 'अधिभाषा' का निर्धारण करें। संस्कृत तथा पाश्चात्य काव्यशास्त्र के तुलनात्मकतावादी पर्यवेक्षण के द्वारा ही एक लाभदायक सर्वभारतीय आलोचनात्मक सिद्धान्त भाषा का निर्माण किया जा सकता है जिससे ऐतिहासिक, समाजशास्त्रीय तथा काव्यशास्त्रीय दृष्टि की सहायता से तुलनात्मक भारतीय साहित्य के नाना आयामों का मूल्यांकन सम्भव है। मगर मूल्यांकन के लिए तुलनात्मक पद्धति का अन्तर्विद्यावर्ती होना ज़रूरी है। इस पद्धति विज्ञान का यह विश्वास है कि औचित्य ही सर्वमान्य सिद्धान्त है। संस्कृत काव्यशास्त्र के साथ पाश्चात्य काव्यशास्त्र को

जोड़कर निर्मित 'अधिभाषा' की अन्तर्विद्यावर्ती दृष्टि की सहायता से मूल्यांकन ही तुलनात्मक भारतीय साहित्य के अध्ययन का वास्तविक प्रसार कर सकता है। यह कोई बद्ध पद्धति नहीं और साथ ही कोई सुस्पष्ट नयी आलोचनात्मक पद्धति विज्ञान भी नहीं। मगर इसके बारे में केवल इतना कहा जा सकता है कि यह पद्धति कतिपय महत्त्वपूर्ण आलोचनात्मक प्रश्नों को उभारती है तथा बहुत ही चित्ताकर्षक ढंग से उसका उत्तर देने का प्रयत्न करती है जो एकक साहित्याध्ययन की पद्धति के द्वारा सम्भव नहीं। यदि तुलनात्मक साहित्य का यह पद्धति विज्ञान अन्तरराष्ट्रीय सन्दर्भवाद तथा तुलनात्मक आलोचना के नियमों के आधार पर निर्मित तुलनात्मक और व्यतिरेकी तकनीकों के द्वारा साहित्य को एक सार्विक संवृत्ति के रूप में (जैसे महाकाव्य की परम्परा में काम करने वाले दूसरे देश-विदेश के लेखकों की तुलना में तुलसीदास का अध्ययन) प्रकाशित कर सके तो निश्चय ही इस कार्य पद्धति को उचित ठहराया जा सकता है अथवा, जैसा कि हैरी लेविन ने 'रिफ्राक्शन' में कहा है कि यदि यह पद्धति मनुष्य की सहजात प्रादेशिकता को प्रभावहीन करके प्रासंगिक तुलनात्मक अध्ययन के द्वारा मनुष्य जो कुछ जानता है अथवा जो वह जान सकता है उसको एक भावात्मक रूप प्रदान कर सके तो इसके अस्तित्व को न्यायसंगत प्रमाणित करना बहुत ही सरल है। साहित्यों की तुलना एक सम्भाव्य स्वतन्त्रतादायक व्यापार है। यह मात्र विशिष्ट सुपुर्दगियों का ही अध्ययन नहीं, सामान्य सुपुर्दगियों का भी अध्ययन करती है। तुलनात्मक साहित्य की इस पद्धति ने सांस्कृतिक वरिष्ठता को चुनौती दी है और साहित्य को एक सार्विक धरातल पर ला खड़ा किया है। इस पद्धति विज्ञान की सार्थकता स्पष्ट है भले ही विभिन्न कार्य पद्धतियों के अपखण्डनों की सहायता से इसका निर्माण हुआ हो।

आज का सन्दर्भ और पद्धति विज्ञान

आज दलित और स्त्री-विमर्श के चलते तुलनात्मक साहित्य की विश्ववादी दलील (Universal Agrument) काम नहीं कर पा रही है। इस दलील के आश्रय से रची गयी रेने वेलेक और एत्याम्बलअ की पद्धति विज्ञान की राजनीति प्रारम्भ से तुलनात्मक साहित्य के लिए नुक़सानदेह सिद्ध हुई है। तुलनात्मक साहित्य के इन विद्वानों के लिए वैश्विक पद्धति (Universal Method) विधि-सम्मत है और वे चाहते रहे कि पद्धति की आधार-सामग्री (Data) को पद्धति के पास लाया जाये न कि पद्धति को आधार-सामग्री (Data) के पास लाकर नयी परिस्थितियों में नयी पद्धति का निर्माण किया जाये।

इस तरह की विश्ववादी विचारधारा के विरोध में पाश्चात्य देशों में सांस्कृतिक अध्ययन (Cultural Studies) का प्रसार शुरू हुआ और वैश्विकता की जगह संस्कृति तथा साहित्य की विशिष्टताओं का महत्त्व बढ़ने लगा और अन्तर-सांस्कृतिक अध्ययनों के आश्रय से यह स्पष्ट किया जाने लगा कि इस तरह के अध्ययनों से प्राप्त जानकारी आपको सांस्कृतिक क़ैद से मुक्ति दिलाती है और दूसरी संस्कृतियों से परिचय आपके ज्ञान के क्षितिज का विस्तार करता है। वस्तुतः यह **ऐतिहासिक अध्ययन पद्धति** के रूप में स्वीकृत हुआ है। इस पद्धति के अनुसार वैश्विकता को स्वीकृति देने का अर्थ है इतिहास को नकारना और इतिहास विशिष्टता को उजागर करना। फ्रेडरिक जेमेसन का नारा रहा है कि 'हमेशा ऐतिहासिकीकरण करो' (Always Historicize)। साहित्यिक कृति और इतिहास के पारस्परिक सम्बन्धों को स्पष्ट करते हुए यह पद्धति कृति के माध्यम से प्रस्तुत समाज की जीवन्त यथार्थता को इतिहास और राजनीति के साथ जोड़ता है। यह बात एडवर्ड सईद ने स्पष्ट की है। इतिहास के साथ राजनीति के सम्बन्ध होने के पीछे एक रहस्य है। शीतयुद्ध के समय तुलनात्मक साहित्य के व्याज से अमेरिका और सोवियत रूस ने क्षेत्रीय अध्ययन (Area Studies) को ज़ोर-शोर से स्वीकृति दी थी जिससे कि संसार के नाना क्षेत्रों में वे अपना आधिपत्य स्थापित कर सकें। यह 'अस्मिता की राजनीति' (Politics of Identity) की स्वीकृति थी और इसके फलस्वरूप इस पद्धति विज्ञान के अन्तर्गत टैबलॉयड प्रेस, सोप ऑपेरा, फुटबॉल के दर्शक, घर में संगीत पार्टी, डिसकोर्स एनालिसिस आदि को तुलनात्मक साहित्य के अन्तर्गत स्थान दिया जाने लगा जिससे कि जनता में प्रचारित अर्थ एवं व्यक्तिगत अनुभूति के पारस्परिक सम्बन्धों का अध्ययन किया जा सके।

तुलनात्मक साहित्य में स्त्री और दलित-विमर्श के विस्तार से केन्द्र (Centre) तथा हाशिए (Margin) का द्वन्द्व उभर कर सामने आया है। भूमण्डलीकरण के फलस्वरूप एक-प्रस्तरीय विचार दृष्टि (Monolithic Vision) के प्रसार को अवसर मिल गया क्योंकि भूमण्डलीकरण विभिन्न भाषाओं और संस्कृति के विनियोजन (Appropriation), समांगीकरण (Homogenisation) और सहयोजन (Cooption) को स्वीकार करते हुए एक-प्रस्तरीय दृष्टि का प्रसार करता है। नये तुलनात्मक साहित्य की रचना में इस एक-प्रस्तरीय दृष्टि के वर्चस्व को तोड़कर पहले-पहल शिशिर कुमार दास ने सन् 1995 में दो खण्डों में आधुनिक भारतीय साहित्य की रचना कर यह स्पष्ट कर दिया कि भारतीय सन्दर्भ में साहित्य के इतिहास की परिरेखा (Contour) को नये ढंग से पुनः अंकित करना पड़ेगा क्योंकि एक कोटि (Category) के रूप में भारतीय साहित्य में मौखिक,

लोक, आदिवासी, दलित रचनाओं को जोड़ना उसको एक सम्पूर्ण इकाई देने के लिए आवश्यक हो गया है। भारतीय सन्दर्भ में मौखिक, लोक, आदिवासी अतीत के अवशेष नहीं हैं, असभ्यों का व्यवहार नहीं है मगर एक उन्नत संस्कृति की निरन्तरता के अंग हैं। इस तरह के अध्ययन में **काव्यशास्त्रीय अध्ययन पद्धति** का प्रयोग किया जाता है। इस पद्धति के अन्तर्गत वैकल्पिक काव्यशास्त्र के सूत्रों के अनुसार अध्ययन किया जाता है क्योंकि दलित साहित्य का उपलब्ध काव्यशास्त्रीय नियमों के टोन तथा वस्तु के सहारे विश्लेषण अब और सम्भव नहीं है इसलिए दलित आलोचक शरण कुमार लिंबाले एक नये काव्यशास्त्र का उल्लेख करते हैं जिससे कि हाशिये के साहित्य का सही अध्ययन हो सके।

वैश्विकता के स्थान पर बहुलवादी सन्दर्भ के आधार पर तुलनात्मक साहित्य की अध्ययन पद्धतियों का विस्तार हो रहा है जिससे कि सांस्कृतिक विशिष्टताओं और मानविकी आलोचनात्मक गहराई (Critical Edge of the Humanities) की सहायता से भूमण्डलीकरण की विनियोजक योजना का विरोध किया जा सके तथा तुलनात्मक साहित्य के क्षेत्र में वैश्विकता के स्थान पर समूहवाद (Collectiveness) को महत्त्व देकर नये तुलनात्मक साहित्य का प्रसार हो सके।

5

तुलनात्मक भारतीय साहित्य का ऐतिहासिकीकरण

'साहित्य' अंग्रेज़ी के शब्द 'लिटरेचर' का हिन्दी अनुवाद है। इन दोनों शब्दों में पारस्परिक निकटता का भाव निहित है। यही सम्बन्ध एक से अधिक साहित्य और अन्ततः तुलनात्मक भारतीय साहित्य की अवधारणा की ओर हमारा ध्यान खींचता है। लेकिन 'साहित्य' शब्द की संस्कृत भाषा से व्युत्पत्ति होने के बावजूद संस्कृत की परम्परागत प्रथा केवल एक ही दिशा में देवभाषा से अन्य भारतीय भाषाओं में, अनुवाद के पक्ष में रही है। परम से प्रतिमा में अर्थात् ज्ञान के मूल स्वरूप, अर्थात् आदि रूप से उसके बाद के प्रतिरूपों और आदर्शों में ज्ञान के एकतरफ़ा प्रवाह में विश्वास करती है। ये प्रतिरूप और आदर्श मूल भाषा को समझने के आशय से भारत की क्षेत्रीय भाषाओं में प्रयोग में लाने के लिए संस्कृत परम्परा द्वारा स्थापित किये गये हैं। इनका यह पारस्परिक शक्ति सम्बन्ध संस्कृत परम्परा को ऐसे किसी साहित्यिक क्षेत्र की उत्पत्ति करने की अनुमति नहीं देता जहाँ समस्त भारतीय भाषाएँ मिलकर समूचे भारत में साहित्यिक अध्ययन के एक क्षेत्र का निर्माण कर सकें। इसलिए जब रॉबर्ट लॉथ ने 1753 में ऑक्सफोर्ड में कविता पर दिये गये अपने व्याख्यान में हिब्रू कविता की तुलना ग्रीक कविता से की तो उस समय संस्कृत कविता की अन्य भारतीय भाषाओं की कविता से तुलना करने की कल्पना भी नहीं की जा सकती थी। मध्यकाल से संस्कृत दूसरी भाषा अर्थात् संस्कृति की भाषा बन गयी थी, अन्तर-प्रान्तीय भाषा, परम्पराओं की रक्षक और उनका निर्वाह करने वाली और परस्पर संवाद करने की भाषा। संवाद का अर्थ है भाषा के माध्यम से अपनी अभिव्यक्ति की क्षमता को व्यवहार में लाना। यह समाज को एक सूत्र में पिरोकर उसे मज़बूती प्रदान करती है लेकिन इस प्रक्रिया में एक ऐसा भी बिन्दु आता है, जब ऐसी दुनिया को मौलिक रूप से पर्याप्त नहीं समझा जाता और ऐसी ही एक स्थिति में मध्यकाल की भाषाओं के कवियों ने इस सामान्य संवाद को चुनौती दी और अपनी मातृभाषा को सशक्त

बनाकर साहित्य की दुनिया में एक क्रान्ति ला दी और प्रथम भाषाओं के काव्य की 'दूसरी भाषा' संस्कृत में काव्यशास्त्र की रचना की। इस प्रकार प्रेम और भक्ति जैसे साझा विषय पर चर्चा करने के लिए उन्होंने सभी भारतीय भाषाओं के लिए एक साझा मंच उपलब्ध कराया।

लेकिन आधुनिक काल के उदय के साथ ही, औपनिवेशिक शासन के अधीन, बंगला के मधुसूदन दत्त सरीखे लेखकों ने पूरे तिरस्कार भाव से संस्कृत काव्यशास्त्रों की स्वीकार्यता को साफ़-साफ़ नकार दिया और निश्शंक होकर *'रामायण'* और *'महाभारत'* की तुलना में इलियट को श्रेष्ठ बताया। हालाँकि बंकिम चन्द्र ने कालिदास की *'शकुन्तला',* और शेक्सपियर की *'मिरांडा'* और *'देशदेमोना'* जैसी महिला चरित्रों पर निबन्ध लिखे और तीन भाषाओं संस्कृत, अंग्रेज़ी और बांग्ला की तुलनात्मक आलोचना में दिलचस्पी दिखाकर स्वाभाविक रूप से इन साहित्यों में एक तारतम्य स्थापित किया परन्तु उनके मध्य मौजूद पदक्रम से प्रभावित शक्ति सम्बन्धों से प्रेरित था और इसलिए वह तुलनात्मक भारतीय साहित्य के विकास में सहायक नहीं था। ऐसे परिवेश में जब साहित्य के पटल पर टैगोर का पदार्पण हुआ तो एक ओर तो उन्होंने लोगों को संस्कृत साहित्य में प्रचुर मात्रा में विद्यमान कल्पनाशक्ति, संस्कृत साहित्य के सौन्दर्य और उसकी शक्ति से परिचित कराया और दूसरी ओर उन्होंने भारतीय भाषाओं और लोक साहित्य की साहित्यिक विरासत की गहराई और सुन्दरता की खोज की। इस प्रकार उन्होंने, 'देशीय' और लोक साहित्य के विरुद्ध 19वीं शताब्दी के आभिजात्य वर्ग और पक्षपातपूर्ण पाश्चात्य विचारों के प्रभाव को समाप्त करने में भी महत्त्वपूर्ण भूमिका निभायी। साहित्य, साहित्य की प्रकृति और उसके कार्यों के सम्बन्ध में उनकी अवधारणा और इसके फलस्वरूप, उनके साहित्य से सम्बन्धित सिद्धान्त बड़ी गहराई से 'साहित्य' शब्द में यानी सहित अर्थात् आपसी निकटता में निहित हैं। उनकी इस अवधारणा ने भाषाओं के पारस्परिक जुड़ाव की भावना को उजागर किया और इस प्रकार एक से अधिक साहित्य का अध्ययन करने के लिए एक आधार तैयार किया। समकालीन अंग्रेज़ी साहित्य के प्रति उनकी गहरी दिलचस्पी थी जो उनके लेखन में भी साफ़ दिखायी देती है। इसी कारण, साहित्य के प्रति व्यापक रुझान के चलते उन्होंने 1907 में अपने एक व्याख्यान में एक अत्यन्त गम्भीर भाषा में तुलनात्मक साहित्य के अध्ययन की अपील की। इस व्याख्यान का आयोजन राष्ट्रीय शिक्षा परिषद् द्वारा किया गया था। इस अपील का उन्होंने बाद में अनुवाद करके उसे विश्व साहित्य का नाम दिया।

आरम्भ में तुलनात्मक साहित्य को एक सार्वभौमिक साहित्य की श्रेणी के रूप में स्वीकृति मिली और इसीलिए टैगोर ने उसे विश्व साहित्य के रूप में परिभाषित किया, एक ऐसी परिभाषा जो हमें 1827 में जर्मन के प्रसिद्ध कवि गोयते द्वारा प्रतिपादित विश्व साहित्य (Weltliterature) की अवधारणा की याद दिलाती है। टैगोर द्वारा तुलनात्मक साहित्य और विश्व साहित्य को एक समान मानने का विचार कई विद्वानों को स्वीकार नहीं था। लेकिन यदि कोई व्यक्ति इन दोनों में भेद देखता है तो उन भेदों की ओर संकेत करते हुए बांग्ला के प्रथम तुलनात्मक साहित्य के विद्वान बुद्धदेव बोस कहते हैं, 'लेकिन यदि कोई व्यक्ति तुलनात्मक साहित्य अर्थात् एकाधिक साहित्य का अध्ययन करना चाहता है तो उसे इतिहास की ओर वापस लौटना होगा। हालाँकि साहित्यिक रचनाओं की रूपवादी दृष्टि उसे इतिहास से अलग करती है, मोटे तौर पर कहें तो साहित्यिक इतिहास के प्रति प्रमुख रूप से दो दृष्टिकोण अपनाये जाते हैं, जो इस प्रकार हैं :

1. पारम्परिक और सरलीकृत साहित्यिक इतिहास जो स्पष्ट तौर पर यह मानता है कि साहित्यिक पुस्तकों और ऐतिहासिक पृष्ठभूमि के बीच एक स्पष्ट सम्बन्ध को स्वीकार करता है। और
2. यह फ्रांसीसी आलोचक दरिदा का विखण्डन का आलोचनात्मक दृष्टिकोण है जो तुलनात्मक साहित्य और इतिहास में किसी भी प्रकार का सम्बन्ध होने से इनकार करता है। इस सम्बन्ध में फ्रेडरिक जेमेसन जैसे मार्क्सवादी सिद्धान्तकारों और नारीवादी विद्वानों तथा नये इतिहासकारों का लेखन बहुत महत्त्वपूर्ण है जिसमें वे इन दोनों में निहित कमज़ोरियों को सही मानते हुए इन दोनों की चरम सीमा से बचते हैं। वे इनके अत्यधिक सरलीकरण को इनकी कमज़ोरियाँ मानते हैं।

जेमेसन ने एक नारा दिया है, 'सदैव ऐतिहासिकीकरण' (Always historicize)। उनकी दिलचस्पी ग्रन्थों, उनका प्रतिनिधित्व करने वाले क्षेत्रों और आन्तरिक तौर पर पाठकों का प्रतिनिधित्व करने वालों के पारस्परिक सम्बन्धों में रही है। वह किसी पुस्तक की व्याख्या को किसी पुस्तक के वैचारिक ढाँचे के साथ-साथ उस पुस्तक में निहित औपचारिक ख़ूबियों को सामने लाने की एक कोशिश मानते हैं। निस्सन्देह इसमें किसी निश्चित पुस्तक और विभिन्न कथाओं में, जिनके माध्यम से हमें इतिहास और समाज के सम्बन्ध में ज्ञान होता है, आपसी सम्बन्ध स्थापित करने के लिए व्याख्याकार की योग्यता सबसे महत्त्वपूर्ण होती है। जेमेसन की अवधारणा की सबसे दिलचस्प बात यह है कि वह ग्रन्थों की पाठ्यता को पूरी तरह नज़रअन्दाज़ नहीं करते। उन्होंने यह सूत्र

प्रतिपादित किया कि इतिहास लिखित ग्रन्थ नहीं है लेकिन केवल इसके पाठीय रूप को छोड़कर हमारे लिए इसे पढ़ पाना बहुत कठिन है। साहित्यिक व्याख्या में दरिदा का विखण्डन आलोचना-कर्म भी सम्मिलित होना चाहिए लेकिन दरिदा के विखण्डन आलोचना-कर्म को मौखिक बातचीत में रूपकों के माध्यमों से विश्लेषण से आगे जाकर इस तथ्य को स्वीकार करना चाहिए कि एडवर्ड सईद के शब्दों में, लिखित ग्रन्थ अथवा पाठ्य सामग्री 'सामान्य जीवन का सांसारिक (worldly) अनुभव' है और बड़ी गहराई से समाज, इतिहास और राजनीति की समकालीन सच्चाइयों के साथ जुड़ा हुआ है।

इसके अतिरिक्त, एक साहित्यिक पुस्तक न केवल समाज से जुड़ी होती है, बल्कि अतीत और अन्य सामयिक पुस्तकों तथा समाज की प्रमुख परम्पराओं से भी जुड़ी होती है। उनकी व्याख्या करते हुए व्यक्ति को यह तथ्य नहीं भूलना चाहिए कि व्याख्याकार किसी विशेष ऐतिहासिक संयोग का परिणाम होता है। ऐसा दृष्टिकोण हमें इतिहास और साहित्यिक अर्थों और तुलनात्मक साहित्य के बीच के पेचीदा तन्त्र को पूरी तरह से समझने के योग्य बनाता है।

तुलनात्मक साहित्य के एक सामान्य शैक्षणिक विषय के रूप में उभरकर सामने आने से बहुत पहले ही कई विद्वानों को यह महसूस हो गया था कि साहित्य एक-दूसरे से कटकर अकेले में विकसित नहीं हो सकता है और केवल एक साहित्य का अध्ययन भी सामान्यतः व्यक्ति को उसकी अपनी भाषा और साहित्यिक परम्परा से हटकर देखने की अनुमति नहीं देता। लेकिन हमें भारतीय साहित्यिक आलोचना में ऐसा कुछ नहीं मिलता जिसकी तुलना रोमवासियों के बीच लोकप्रिय विरोधोपमा सिन्क्रिसिस प्रणाली के साथ की जा सके। काव्यशास्त्र के विभिन्न सम्प्रदायों का विकास किसी साहित्यिक आन्दोलन अथवा किसी निश्चित समय की साहित्यिक शैली की पहचान करने के लिए नहीं हुआ था। रीति की चर्चा अवश्य की जाती है लेकिन इसका उपयोग किसी विशेष काल, समाज या किसी शैली में होने वाले बदलावों का वर्णन करने के लिए नहीं किया जाता। इसका आधार अमूर्त आदर्श रहे हैं और इनका निगमनात्मक तर्क के आधार पर वर्णन किया गया है। इसलिए हमारे यहाँ 'आलंकारिक', 'रीति' या 'औचित्य' आलोचना तो है लेकिन अलंकार या रीतिकाव्य नहीं। वे विभिन्न साहित्यिक शैलियों के नाम नहीं हैं बल्कि एक सार्वभौमिक शैली (Taste) के विभिन्न रूप हैं। लेकिन यह सम्भव है कि संस्कृत काव्यशास्त्र में की गयी चर्चा के इतिहासीकरण के लिए किये गये प्रयासों में 7वीं-8वीं शताब्दी के प्रसिद्ध कवि दण्डी का उल्लेख होता है जिन्होंने विभिन्न क्षेत्रों के सन्दर्भ में काव्य शैली के

कई तरीक़ों का वर्णन किया है। उदाहरणार्थ, वर्णों की आवृत्ति अर्थात् अनुप्रास अलंकार का प्रयोग करना दक्षिण भारत के लेखकों की शैली है, और बंगाल के लेखकों की आदत है कि वे अपने लेखन में भारी-भरकम शब्दावली का प्रयोग करते हैं।

यदि कोई व्यक्ति तुलनात्मक साहित्य के अध्ययन का एतिहासीकरण करना चाहता है तो वह सम्भवतः टैगोर के सन्दर्भ में शिशिर कुमार दास की इस बात से सहमत होगा कि संस्कृत भाषा के लिए टैगोर ने जो कुछ किया है, यूरोप के उच्च कोटि के साहित्यशास्त्रियों ने वही कार्य ग्रीक और लैटिन भाषाओं के लिए किया है। उन्होंने यह कार्य ग्रीक-लैटिन भाषाओं के नवीकरण के आश्रय से आधुनिक यूरोपीय भाषाओं के महत्त्वपूर्ण विश्लेषण के माध्यम से आधुनिक काल की संवेदनशीलता के लिए उपयुक्त बनाया। किन्तु इसके साथ-साथ दास का यह भी कहना है कि टैगोर ने साहित्य इतिहासीकरण के लिए कुछ नहीं किया है। उदाहरण के लिए, 'मेघदूतम्' की उनके द्वारा की गयी आलोचना इसका सबसे अच्छा उदाहरण है कि एक आलोचक, जो एक कवि चित्रकार भी है, किसी कृति के साथ क्या कुछ कर सकता है। यही बात ऑस्कर वाइल्ड ने चित्रकार आलोचक के सम्बन्ध में कही थी। लेकिन इसके विपरीत फ्रांसीसी महान चित्रकार अनोरा पित्ज़ा का कहना है कि सभी कलाओं में अपने ऐतिहासिक युग की छाप होती है लेकिन महान कला वह है जिसमें वह छाप सबसे ज़्यादा गहराई से मिलती है। किन्तु, साहित्य के अधिकांश छात्रों को कुछ और ही पढ़ाया जाता है कि सबसे महान कला वह है जो कालातीत होती है और अपनी ऐतिहासिक स्थितियों को पार कर जाती है। सन्दर्भगत (Referentiality) और प्रसंगनिष्ठता (Contextualization) के प्रश्न वास्तव में अनिवार्य तौर पर अर्थ और प्रतिनिधित्त्व के प्रश्न हैं और इसलिए फ्रेडरिक जेमेसन अपने सर्वेक्षणों के केन्द्र में प्रतिनिधित्व को सबसे अधिक महत्त्व देते हैं और कहते हैं कि साहित्यिक इतिहास के लिए अर्थ की उत्पत्ति से जुड़ी विकलता से निपटना ज़रूरी होना चाहिए।

अब व्यक्ति यह सोच सकता है कि आरम्भ में भारतीय साहित्य का तुलनात्मक अध्ययन करने का उद्देश्य औपनिवेशिक शासकों की भाषा और साहित्य का मूल्यवर्द्धन और संस्कृत साहित्य सहित प्रादेशिक भाषाओं के साहित्य पर अपमानजनक टिप्पणी करना था जिससे कि पूर्वी देशों में पिछड़ापन, अधःपतन और असमानता की स्थिति को सिद्ध किया जा सके। ऐसा इस तथ्य के बावजूद हुआ कि तुलनात्मक साहित्य का अध्ययन इतनी बड़ी मात्रा में साहित्य के

लोकतन्त्र का अध्ययन है और यह एक विशेष संस्कृति की व्याख्या करने के सम्बन्ध में भी अपना बहुमूल्य निर्णय देने से बचता है। चूँकि इस प्रकार के रवैये का सन्दर्भ औपनिवेशिक है, इसलिए भारत में आधुनिक साहित्यिक इतिहास लेखन में दिखायी देने वाली इतिहास की समझ मुख्य तौर पर पश्चिमी देशों की है और इसके परिणामस्वरूप, भारत में मौजूद विभिन्न साहित्यों के इतिहासों और इन इतिहासों का निर्माण करने वाली मास्टर नैरेटिव यानी पश्चिम की श्रेष्ठता की प्रकृति में अनिवार्यतः एक अन्तर है। दूसरी ओर, अपनी पुनरुत्थानवादी और पुनर्जागरण की सोच के साथ राष्ट्रवादियों ने विभिन्न भारतीय ग्रन्थों के लिए पूजा (Worship) की उपमा देने का एक अत्यन्त साहसी प्रयास किया है। लेकिन विश्व साहित्य में भारतीय साहित्य को एक उचित स्थान दिलाने की सम्भावना तलाशने के सन्दर्भ में यह मात्र एक प्रयास भर ही बनकर रह गया था। टैगोर की विश्व साहित्य की अवधारणा अधिक लोकप्रिय नहीं हो पायी और दो संस्कृतियों विशेषतया 19वीं शताब्दी के अन्त में और 20वीं शताब्दी के आरम्भ में भारतीय और जर्मन भाषाएँ बोलने वाली एंग्लो-सैक्सन जातियों की संस्कृतियों के ग्रन्थों का इक्का-दुक्का अध्ययन भी अधिकांशतः अन्य संस्कृतियों को अपना उपनिवेश बनाने के अनुभव पर पश्चिमी देशों के साहित्यिक इतिहास-लेखन पर निर्भर रहा।

यदि उपनिवेशवाद उपनिवेशी संस्कृतियों में इतिहास-लेखन को बढ़ावा देता है तो यह उपनिवेशी संस्कृतियों के लिए गम्भीर ऐतिहासिक विपरीतक्रम भी पैदा कर सकता है। उपनिवेशवाद यदि उपनिवेशवादियों के इतिहास में वृद्धि करता है वह इन उपनिवेशों का थोड़ा-बहुत इतिहास अपने में भी ग्रहण करता है। इतिहास के इस व्युत्क्रम की प्रक्रिया का उदाहरण देते हुए प्रसिद्ध साहित्यिक आलोचक गनेश एन. देवी कहते हैं कि मानव विज्ञान (Anthropology) और प्राच्यवाद (Orientalism) के विषयों के बारे में आम यह कहा जाता है कि मानव विज्ञान अथवा मानवशास्त्र, जो आदिम संस्कृतियों के अध्ययन के लिए यूरोप में विकसित एक विचारधारा है, इतिहास का विश्लेषण करने से पूर्व सबसे पहले मानव समाज के इतिहास से काटकर इसे प्री-हिस्टोरिक कहकर इसका अध्ययन करता है। प्राच्यवाद (Orientalism) कभी 'शिष्ट रही' संस्कृतियों का अध्ययन करने के लिए बनी एक और विचारधारा है जो अपने विषय से सम्बन्धित महत्त्वपूर्ण ऐतिहासिक प्रवाह के अंशों को स्थिर कर देता है, इसमें प्राचीन पूर्वी दुनिया (Orient) को समकालीन पूर्वी दुनिया से अधिक प्राथमिकता दी गयी है। देवी का कहना है, यह उपनिवेशवाद की विशेषता है कि वह अन्य समाजों के इतिहास का दमन करके या तो उन पर अपना वर्चस्व कायम कर लेता है या

अन्य समाजों के इतिहास को उलट देता है क्योंकि यह क्षेत्रीय दखलन्दाज़ी को तुलनात्मक बनाने का प्रयास करता है। अपने इस दृष्टिकोण के कारण ही 19वीं शताब्दी के आभिजात्य वर्ग और पश्चिमी देशों के साहित्यिक इतिहास-लेखन ने लोक साहित्य के विरुद्ध अपने पूर्वाग्रहों का प्रयोग करके पक्षपात किया। इसमें वैयक्तिक स्तर पर लोगों ने यदा-कदा जो दिलचस्पी दिखायी, वह काफ़ी हद तक मानवशास्त्रीय प्रकृति की थी। टैगोर ने लोक साहित्य में विद्यमान उसके सौन्दर्य और उसकी गहराई को समझा। उन्होंने इस ग़ैर-औपनिवेशिक और जनसाधारण के साहित्य को अपने देश के उन लोगों के समक्ष प्रस्तुत किया जिनमें से अधिकांश लोग अपनी महान साहित्यिक विरासत के प्रति या तो उदासीन थे या उससे बिल्कुल अनजान थे। उन्होंने इस तथ्य को भी प्रमाणित किया कि महान और छोटी परम्पराएँ एक-दूसरे से अलग नहीं हैं बल्कि वे एक ही अविभाजित रेखा या अबाध क्रम के दो छोर हैं क्योंकि भारत में सीमान्त अथवा देसी अथवा क्षेत्रीय साहित्यिक परम्पराएँ प्रमुख अथवा मार्ग अथवा मुख्यधारा के साथ अपनी स्थिति निरन्तर बदलती रहती हैं। औपनिवेशिक काल में हमारे साहित्य में ऐसा पहली बार हुआ कि भारतीय विचारों के इस प्रकार के ज्ञानमीमांसीय खुलासे के साथ पूर्व-उपनिवेशवादी मन का बहिष्कार हुआ और एक स्वतन्त्र अस्तित्व की खोज करके विचारों की स्वतन्त्र स्थिति की शुरुआत हुई। इतिहासीकरण की इस प्रक्रिया के साथ ही भारतीय साहित्य ने एक मूर्त रूप ले लिया। यह तीसरी दुनिया के इतिहास में दूसरों के अस्तित्व की तुलना में अपने निजी अस्तित्व के बारे में बड़ी गहनता से विचार करना था।

इसी प्रकार, प्राच्यवाद की अवधारणा ने भारतीय मामलों के जानकार पश्चिमी विद्वानों को यह कहने का अवसर भी उपलब्ध करा दिया कि भारत का अतीत बेशक गौरवशाली रहा हो किन्तु उसका वर्तमान वैसा गौरवशाली नहीं है। अपने वर्तमान को सँवारने के लिए भारत को पश्चिम देशों की शरण में जाना पड़ेगा और इस प्रकार भारत में 'पश्चिमीकरण ही आधुनिकीकरण' है की अवधारणा प्रचलित हुई। यहाँ तक कि भारत की प्राचीन संस्कृति के ज्ञाता, विलियम जोन्स जैसे महाज्ञानी ने भी 1786 में एशियाटिक सोसायटी, कलकत्ता में दिये अपने एक भाषण में कहा था कि वह भारत के पुरातन इतिहास का अध्ययन अवश्य करेंगे लेकिन अपने शोध को वह केवल 11वीं शताब्दी तक ही सीमित रखेंगे। इस प्रकार, उनके कहने का अर्थ था कि मध्यकालीन भारत और उसके पश्चात भारत में ब्रिटिश शासकों के आगमन तक का समय एक अन्धकारयुग था जो शिक्षा की दृष्टि से बिल्कुल भी उपयुक्त नहीं था। वह मध्यकालीन भारत

को 'पूर्व ब्रिटिश भारत' का नाम देकर बड़ी ही चतुराई के साथ ब्रिटिश भारत की श्रेष्ठता को प्रमाणित करने का प्रयास करते हैं। लेकिन, दूसरी ओर, उन्होंने संस्कृत और भारतीय महाद्वीप की संस्कृति व इतिहास के अध्ययन सम्बन्धी विश्व साहित्य की प्रशंसा करके अपनी भावना की विश्व व्यापकता का संकेत दिया और मानव रचनात्मकता की एकीकृत भावना की अभिव्यक्ति के तौर पर साहित्य के अध्ययन का बचाव किया। मानव जाति की बुनियादी एकता की धारणा निश्चित रूप से धर्म, पौराणिक कथाओं और साहित्य के तुलनात्मक अध्ययन के विकास के मुख्य कारकों में से एक थी। ऐसा उचित ही कहा गया है कि तुलनात्मक साहित्य ज्ञानोदय परियोजना (Enlightenment Project) का एक परिणाम है जिसकी पृष्ठभूमि में अदृश्य सार्वभौमिकता मौजूद है।

अंग्रेज़ी शिक्षा के प्रसार के साथ और भारत में अंग्रेज़ी पढ़े-लिखे समाज के उभरने के साथ-साथ एक नयी और महत्त्वपूर्ण जागरूकता उत्पन्न हुई जिसने कुछ मामलों में, उभरते हुए साहित्यों का, विशेष रूप से अंग्रेज़ी साहित्य और सामान्य रूप से यूरोपीय साहित्य के सन्दर्भ में संस्कृत तथा तमिल भाषाओं में लिपिबद्ध पुरातन ग्रन्थों का मूल्यांकन करने हेतु भारतीय विद्वानों को प्रेरित किया। अल्ब्रेक्त वेबर 'रामायण' पर 'इलियट' के सम्भावित प्रभाव के साथ-साथ संस्कृत नाटकों पर ग्रीक का प्रभाव होने की बात करते हैं। तमिल विद्वान जी.वी. पोप तमिल कुरुल (Tamil Kurul) और ग्रीक के सूक्ति काव्य में समानता की ओर इशारा करते हैं और ज़ोर देकर कहते हैं कि कोई भी साहित्य अन्य सभी साहित्यों से अपने अस्तित्व को अलग रखकर अकेला जीवित नहीं रह सकता लेकिन जैसा कि मैंने पहले कहा है, यह अध्ययन औपनिवेशिक सन्दर्भ में था और यह अधिकांशतः अन्य संस्कृतियों को अपना उपनिवेश बनाने के अनुभव पर पश्चिमी देशों के साहित्यिक इतिहास-लेखन पर निर्भर था। लेकिन इसमें कोई सन्देह नहीं कि भारत के लोगों में तुलनात्मक भारतीय साहित्य के अध्ययन के प्रति रुचि जाग्रत हुई और 1907 में विश्व साहित्य के सम्बन्ध में टैगोर की टिप्पणी के पश्चात् कलकत्ता विश्वविद्यालय के तत्कालीन कुलपति, सर आशुतोष मुखर्जी ने 1919 में हांवड़ा बंगीय साहित्य सम्मेलन में अपने अध्यक्षीय भाषण में तुलनात्मक भारतीय साहित्य के बारे में कहा, "हमें उन तरीक़ों के सम्बन्ध में विचार करना होगा जिनके माध्यम से हम बंगाल, बिहार, उड़ीसा, मद्रास, गुजरात, राजपूताना और पंजाब के साहित्य के कल्याण के लिए एक ही मंच पर एकत्रित हो सकें।"

यही वह समय था जब श्री अरविन्द घोष ने 'भविष्य की कविता' (Future Poetry) (1917-1919) पर अपना प्रबन्ध लिखते हुए औपनिवेशिक संरचना पर

आघात किया और कहा कि औपनिवेशिक देशों का साहित्य उपनिवेशवाद के निरन्तर पतन की कहानी है।

प्रारम्भ में, तुलनात्मक भारतीय साहित्य का विकास एक सार्वभौमिक साहित्य के रूप में हुआ था। इसका उद्देश्य किसी भी प्रकार से अपनी एक स्वायत्त पहचान के सम्बन्ध में 'दूसरों' (other) से अपने को अलग करने का प्रयास करना नहीं था। लेकिन देश की स्वतन्त्रता के पश्चात् चीज़ें बदल गयीं। पचास के दशक में लेखकों का बहुत बड़ी मात्रा में मोहभंग हुआ जिन्होंने समाज में आयी विघटन की स्थिति और टूटे हुए सम्बन्धों के दबाव के चलते अपने अन्दर अत्यन्त प्रबल पीड़ा महसूस की। पचास के दशक में अधिकांश नये लेखकों ने पश्चिमी आधुनिकता के आधार पर एक भयानक कृत्रिम दुनिया को अपने साहित्य में चित्रित किया। उसी समय जाधवपुर विश्वविद्यालय में पहली बार तुलनात्मक साहित्य विभाग की स्थापना हुई और लगभग उसी वर्ष देश में साहित्य अकादेमी की भी स्थापना हुई। इन दोनों संस्थाओं के उद्देश्य भिन्न-भिन्न थे। जाधवपुर विश्वविद्यालय के तुलनात्मक साहित्य विभाग के अध्यक्ष और पहले प्रोफ़ेसर बुद्धदेव बोस ने अपना सारा ध्यान जाधवपुर विश्वविद्यालय के तुलनात्मक साहित्य के पाठ्यक्रम पर केन्द्रित किया।

पाश्चात्य साहित्य में सबसे उत्तेजनापूर्ण क्षण 'प्राचीन साहित्य से लेकर समकालीन भारतीय साहित्य और देशीय शास्त्रीय परम्परा' के साथ-साथ, प्राचीन काल से लेकर वर्तमान काल तक के साहित्य का था। लेकिन उस समय लोगों का झुकाव भारतीय साहित्य की ओर कम और पाश्चात्य साहित्य की ओर अधिक था। दरअसल, उस समय विभाग की दृष्टि में समकालीन साहित्य का अर्थ था केवल बंगाली साहित्य। इस प्रकार, तुलनात्मक साहित्य विभाग ने अपने तरीक़े से भारतीय साहित्य के रूप में केवल बंगाली साहित्य पढ़ाना शुरू कर दिया। निश्चित तौर पर, इसमें 'भारतीय शास्त्रीय परम्परा' के एक भाग के रूप में संस्कृत के कुछ ग्रन्थ और महाकाव्यों को भी सम्मिलित किया गया था। इस प्रकार, भारतीय साहित्य पढ़ाने के नाम पर थोड़ी-बहुत शास्त्रीय संस्कृत और एक क्षेत्रीय साहित्य अर्थात् बंगाली को पाठ्यक्रम का एक हिस्सा बनाया गया जो पाश्चात्य साहित्य के ख़िलाफ़ उतना नहीं था, जितना पश्चिम के ख़िलाफ़। पश्चिम कोई भाषाई संस्था नहीं है बल्कि यह एक शिथिल सांस्कृतिक इकाई है।

साहित्य अकादेमी की शुरुआत इस आदर्श वाक्य के साथ हुई थी कि भारतीय साहित्य समग्रतः एक ही साहित्य है हालाँकि यह कई भाषाओं में लिखा जाता है। लेकिन साहित्य अकादेमी ने उस भारतीय साहित्य के सम्बन्ध में ऐसा कोई प्रमाण प्रस्तुत नहीं किया जिसे उसके अस्तित्व का एक आधार होने का

दावा किया जाता है। प्रारम्भ में अकादेमी ने हमें यह बताने का प्रयास किया कि कौन से साहित्य को भारतीय साहित्य नहीं कहा जा सकता। हमने दृढ़ निश्चय कर लिया, अपने आपको आश्वस्त किया और यह मान लिया कि हमारे देश में लिखा गया साहित्य ही भारतीय साहित्य है जबकि सच्चाई यह थी कि हम हमेशा पश्चिमी साहित्य की तुलना में एक क्षेत्रीय साहित्य की ही कल्पना करते थे–पश्चिमी साहित्य जो पूर्वी साहित्य की तुलना में एक सच्चाई के रूप में स्थापित है। जब हम यूनानी दर्शन के बारे में सोचते हैं तो हमें अक्सर संस्कृत या हिन्दी या बंगाली साहित्य का विचार आता है। यूनानी दर्शन एक सच्चाई है लेकिन उसके मुक़ाबले में हमने कभी भी भारतीय दर्शन को स्थापित करने का प्रयास नहीं किया। यूनानी दर्शन के मुक़ाबले में यदि हम भारतीय दर्शन को देखें तो हम पायेंगे कि कुल मिलाकर हमारे यहाँ केवल एक भारतीय विश्व दर्शन रहा है। जो एक आत्मदर्शन (Self-view) अथवा पहचान बोध भी है। इसके अतिरिक्त, हमारे पास समय और स्थान की एक भारतीय समझ भी है। *'अनन्त'* अन्तहीन समय का प्रतीक है और सम्भवतः वह एक आँकड़ा है जो निरन्तर आगे बढ़ता रहता है जिसकी एक गति चक्रीय है और दूसरी रेखीय–एक कालातीत है और दूसरी सामयिक। स्थान भी देश और क्षेत्र का प्रतिनिधित्व करता है। भारतीय इतिहास और संस्कृति सदैव अखिल भारतीयता (देश) और क्षेत्रीय आत्म विश्वास (क्षेत्र) के आदर्श के बीच डोलती रही हैं।

इसी प्रकार पारम्परिक भारतीय रंगमंच को दोहरी जागरूकता (Double Awareness) अर्थात् भ्रम (Illusion) और प्रति-भ्रम (Non-illusion) का सामना करना पड़ता है जो भारतीय रंगमंच के लिए एक बहुत ही महत्त्वपूर्ण अवयव है। और इसी प्रकार, विभिन्न भाषाओं में लिखे गये भारतीय साहित्य में विषयवस्तु की समानता शैली की विविधता और सांस्कृतिक विशिष्टताओं को देखा जा सकता है। लेखकों द्वारा निरन्तर खोजबीन करने से जो सामने प्रकट हुआ है, वह विविधताओं से भरा भारत है जो कई जातियों, कई संस्कृतियों, कई धर्मों और कई भाषाओं से मिलकर बना है। इसमें प्रत्येक भाग की खोज केवल दूसरे भाग की ओर व अन्ततः समस्त भागों की ओर ले जाती है। अखिल भारतीय और क्षेत्रीय साहित्य का यह दोहरा अनुभव ही भारतीय साहित्य का मूल तत्त्व है। पश्चिम के साहित्यिक आदर्श भारतीय वस्तुस्थितियों की व्याख्या नहीं कर सकते और इसके फलस्वरूप, स्वतन्त्रता के पश्चात् हमारे स्वतन्त्र सांस्कृतिक पहचान को समझने के उद्देश्य से आधुनिकता की हमारी अपनी समझ बनाने के लिए समाज में एक नयी जागरूकता उत्पन्न हुई।

पाश्चात्य मॉडलों पर कई अन्य कारणों से भी हमले हुए हैं। पिछली शताब्दी में साठ के दशक में भारत में मौजूद सामान्य सामाजिक व राजनीतिक परिस्थितियों के कारण सामाजिक स्वप्न और सामाजिक मूल्य रोमांटिक भावुकता में परिवर्तित हो गये थे। राजनीतिक और सामाजिक प्राधिकरणों, संस्थानों और प्रतिष्ठानों के विरुद्ध रोषपूर्ण प्रदर्शन किये गये और अपनी गतिविधियों को एक दायरे में सीमित करने को बाध्य सम्मेलनों का बहिष्कार करना अपरिहार्य हो गया। इस गम्भीर स्थिति ने युवा लेखकों को विरोधी प्रवृत्ति का बना डाला—उन्होंने स्वयं को बहुत निराश और ठगा हुआ-सा महसूस किया। यह वह समय था जब वियतनाम युद्ध, वुडस्टॉक संगीत महोत्सव, शान्ति जुलूसों, नस्लीय दंगों, प्रदर्शनों और हिंसा के दौर के बीच पाश्चात्य साहित्य में आधुनिकता की अवधारणा दम तोड़ने लगी थी। वर्ष 1968 तक आते-आते आधुनिकतावादी शैलियों का अन्तिम भाग, जिसे न्यूनतमवाद (Minimalism) के नाम से जाना जाता है, ध्वस्त होकर रह गया। उसके पश्चात् सत्तर के दशक में नक्सली आन्दोलन ने सिर उठाया और इसके साथ ही यूरोप-केन्द्रित आधुनिकतावाद का आगमन हुआ। यह एक ऐसी प्रवृत्ति थी, जिसका प्रादुर्भाव कुछ यूरोपीय अमरीकी ग्रन्थों व प्रवृत्तियों के साथ प्रत्येक पुस्तक/प्रवृत्ति की तुलना करने के लिए हुआ था। अब हमें यह महसूस हुआ कि हमारी जड़ों और परम्पराओं में आधुनिकता के तत्त्व पहले से ही मौजूद हैं और उन्हें वहीं तलाश करना चाहिए। इससे जाधवपुर विश्वविद्यालय के तुलनात्मक साहित्य विभाग में एक सामान्य बदलाव हुआ जिसने छात्रों को भारतीय भाषाओं से परिचित कराया और भाषाओं के विभिन्न अंगों की अनदेखी किये बिना उनकी जड़ों की एक पूरी समझ छात्रों में विकसित की और एक ऐसे दृष्टिकोण या परिदृश्य का निर्माण किया जो बिल्कुल भी विचित्र और अतिरंजित न होकर पूर्णतया भारतीय था। यह 'स्वदेशी' नहीं बल्कि 'स्वराज' की तलाश थी, आधुनिकतावाद की विभिन्न श्रेणियों के निर्माण की तलाश। उस समय पार्थ चटर्जी ने अपना एक शानदार लेख लिखा, 'आधुनिकता क्या है?' भारतीय साहित्यिक परम्पराओं में मौजूद समानताओं और विभिन्नताओं दोनों को समझने के लिए कई भारतीय विश्वविद्यालयों ने अपने यहाँ तुलनात्मक साहित्य के विभाग खोल लिए। इसके अलावा, साहित्य अकादेमी ने, भारतीय साहित्य की एकता की खोज में एक क्रान्तिकारी परिवर्तन किया। एकता के साथ-साथ साहित्य की अनेकता पर भी काम शुरू हुआ। इसके अन्तर्गत उसने देश की जनजातीय भाषाओं पर काम आरम्भ कर दिया और यूरोप तथा अमरीका में हमारी दिलचस्पी को उसने अस्वीकार कर दिया। इस उद्देश्य के लिए उसने पड़ोसी देशों के साथ

अधिक-से-अधिक सांस्कृतिक सम्बन्ध बनाये। उसने विशेष रूप से भारतीय होने का दावा करने वाले सांस्कृतिक मूल्यों को दूसरों पर थोपे बग़ैर भारतीय साहित्य की जटिलताओं को प्रकट करने में सफलता प्राप्त की और इसके साथ-साथ, उसने उस विविधता के विचार को अस्वीकार कर दिया जो पूरी तरह से विभिन्न संस्कृतियों में एकता और स्व (Self) एवं पर (Other) के सम्बन्ध को कम महत्त्व देता है। यह एक नयी दृष्टि थी जो बड़े ही विशिष्ट तरीक़े से शिशिर कुमार दास द्वारा रचित आधुनिक काल के 'भारतीय साहित्य का इतिहास' (A History of Indian Literature) के दो अद्वितीय खण्डों में सामने आयी।

यह नयी दृष्टि प्रमुख प्रभावी से हटकर प्रभावशाली बदलाव जानने की समस्याओं से होने के साधन की समस्याओं अर्थात् यह ज्ञानमीमांसीय प्रभाव से सत्तामीमांसा विषयक बदलाव को नाटकीय रूप प्रदान करती है। यह आधुनिकतावादियों के प्रश्न कि 'मैं इस दुनिया की किस प्रकार व्याख्या कर सकता हूँ, जिसका मैं एक अंग हूँ? और इस दुनिया में मेरा क्या स्थान है!' के स्थान पर इन प्रश्नों को उठाती है, 'यह कौन-सी दुनिया है? इस दुनिया में मैंने क्या करना है? मेरे अस्तित्वों में से कौन-सा अस्तित्व यह करेगा? यह दुनिया क्या है? यहाँ किस प्रकार की दुनिया मौजूद है?' इसके पीछे विचार यह है कि दुनिया के सम्बन्ध में हम स्वयं को समग्र रूप से देखें। और यह तुलनात्मक अध्ययन के एक भाग के तौर पर नहीं अपितु एक मान्य सांस्कृतिक अध्ययन के रूप में भी अन्य साहित्यों से हमें परिचित कराता है जो हमें कई प्रकार के सांस्कृतिक शास्त्र विरुद्ध और भिन्न-भिन्न सहज ज्ञानवादी (Nativistic) आत्म जागरूकता को स्वीकारते हुए हमारी पसन्द में होने वाले परिवर्तन की ओर संकेत करता है। लोगों को अब यह महसूस होने लगा है कि अल्पसंख्यक लोगों की संस्कृतियाँ ही वास्तव में अधिकांश लोगों की संस्कृतियाँ हैं और राजनीतिक कारणों से प्रमुखता प्राप्त करने वाले पाश्चात्य (यूरोप-अमरीकी) अध्ययनों को व्यर्थ ही विशेषाधिकार दिया गया है। हमारी बहुलवादी संस्कृति के सन्दर्भ में भारतीय साहित्य का विचार एक सच्चाई बन गया है।

तुलनात्मक साहित्य अब भारत में मौजूद सांस्कृतिक परम्परा की समानता और विविधता के साथ सार्वभौमिक साहित्य से राष्ट्रीय साहित्य की दिशा में मुड़ गया है। और अब वह तुलनात्मक भारतीय साहित्य के रूप में मज़बूती से अपनी जगह बना चुका है। और भारतीय साहित्य में अन्ततः क्षेत्रीय (भाषाएँ) और उप-भाषाई क्षेत्रीय 'दलित' इतिहास-लेखन भी सम्मिलित हो गया है जिसका प्रयोजन है इसमें सहज ज्ञानवादी आत्म जागरूकता के लिए स्थान बनाना और

यह सिद्ध करना कि भारत में सब क्षेत्रों का अस्तित्व (Selfhood) एक जैसा नहीं है। यह 'स्वदेशी' नहीं बल्कि 'स्वराज' की तलाश है–अर्थात् सच्चाइयों को देखने, समझने और अनुभव करने के भारतीय तरीक़ों की रक्षा करने और उन्हें निरन्तरता प्रदान करने की तलाश है। भिन्नता (Otherness) अब कोई औपनिवेशिक श्रेणी नहीं रही बल्कि अब यह उत्तर-दक्षिण सांस्कृतिक एकता का एक अंग है। ऐसा मुख्यतः उस लचीलेपन के कारण सम्भव हुआ है जो पारिस्थितिक आपदाओं के भय और विकसित देशों के समूचे विश्वभर में अपना प्रभुत्व कायम करने की तीव्र लालसाओं से उत्पन्न हुआ है। अब तुलनात्मक भारतीय साहित्य 'कई नायकों' अथवा पुराकल्प का साहित्य है जो ग्यारहवीं शताब्दी के कवि राजशेखर द्वारा रचित इतिहास-लेखन के कई प्रकारों में से एक है जो 'स्व' (Swa) अर्थात् अपने और 'पर' (Para) अर्थात् पराये और अखिल भारतीय तथा क्षेत्रीय और उप-भाषीय क्षेत्रीय पहचानों की अनदेखी किये बिना अस्तित्व के विभिन्न आयामों को अपने आप में समेटे हुए है।

6

तुलनात्मक साहित्य की यात्रा : भारत और भारत के परे

मेरी आयु और अनुभव वाले व्यक्ति से अन्तरराष्ट्रीय तुलनात्मक साहित्य संघ (International Comparative Literature Association–ICLA) जैसे महत्त्वपूर्ण द्विवर्षीय सम्मेलन में बिल्कुल अन्तिम क्षणों में मुख्य सम्बोधन के लिए अनुरोध करना एक परेशानी का कारण हो सकता है। लेकिन इसके विपरीत, जब पता चला कि मुझे नवनीता देवसेन के स्थान पर बोलना होगा तो मुझे बहुत प्रसन्नता महसूस हुई क्योंकि इस तरह मुझे उनका एक ऋण चुकाने का अवसर मिल रहा था। यह 1974 की बात है, जब मैं बुकारेस्ट विश्वविद्यालय में विज़िटिंग प्रोफ़ेसर के रूप में अपनी सेवाएँ दे रहा था और प्राच्य विद्या पर आयोजित एक सम्मेलन में भागीदारी करने के लिए पेरिस के सोरबोन विश्वविद्यालय आया हुआ था। मुझे एक सत्र के दौरान, जिसकी अध्यक्षता संस्कृत के प्रकाण्ड विद्वान बी. राघवन द्वारा की जा रही थी, साधारणीकरण और रंगमंच जगत् में तादात्म्य के विषय को लेकर अपना वक्तव्य देना था। साधारणीकरण रस सिद्धान्त (Rasa Theory) का एक महत्त्वपूर्ण शब्द है। अपने लिखित वक्तव्य में मैंने इस शब्द को समझने के लिए अंग्रेज़ी शब्द 'identification' का प्रयोग किया था जिसकी कपिला वात्स्यायन ने, जिन्हें किसी परिचय की आवश्यकता नहीं है, प्रश्नोत्तर सत्र में कड़ी आलोचना की थी। उनका तर्क था कि ये संस्कृति और आलोचना की दृष्टि से बहु-अर्थ युक्त शब्द है जिसकी किसी अंग्रेज़ी शब्द से तुलना नहीं की जा सकती। तभी मेरी दृष्टि अत्यन्त आकर्षक महिला की ओर गयी, जिनके माथे पर एक बड़ी-सी लाल बिन्दी थी। उनकी भाव-भंगिमा अत्यन्त चुनौतीपूर्ण थी और इसके साथ-साथ उनके चेहरे पर पाण्डित्य झलक रहा था। वह महिला मेरे पक्ष में बोलने के लिए उठीं और वहाँ उपस्थित श्रोताओं का समर्थन प्राप्त करने में सफल रहीं जिनमें अधिकांश श्रोता विदेशी थे। वाशिंगटन विश्वविद्यालय

के एक प्रोफ़ेसर ने भी मेरा समर्थन किया। विस्तार से किये गये इन हस्तक्षेपों ने मुझे बहुत राहत प्रदान की थी और मुझे लगा कि वहाँ मेरा समर्थन करने वाले विद्वान भी विद्यमान थे। बाद में जब मेरी उनसे जान-पहचान हुई तो मुझे पता चला कि वह नवनीता देवसेन थीं। तब से ही हम दोनों अच्छे मित्र हैं और आज मुझे अवसर मिला था कि मैं उनका वह ऋण यह आलेख प्रस्तुत करके चुका सकूँ जिसे वह अपने ख़राब स्वास्थ्य के चलते प्रस्तुत नहीं कर सकी थीं।

इस पूरी घटना का एक छोटा-सा फुटनोट है। एक या दो वर्ष के भीतर ही हम दोनों ने महसूस किया कि कपिला वात्स्यायन बिल्कुल सही थीं।

उत्तर-आधुनिकता के इस दौर में अर्थात् पिछली शताब्दी के सातवें दशक से भारत ने स्वयं को पुनःपरिभाषित करने और अपनी परम्पराओं, विश्व दृष्टिकोण, लोकाचार, गंगा-जमुनी तहज़ीब या जिसे नेहरू हिन्दुस्तानियत कहते थे, को समझने की कोशिश की। इस सन्दर्भ में, भारत के दृष्टिकोण को समझने के लिए हमारे लिए भारतीय संस्कृति, साहित्य और सामाजिक सच्चाइयों पर विचार करना बहुत आवश्यक हो गया है। इस सन्दर्भ में तुलनात्मक भारतीय साहित्य का अध्ययन करना अत्यन्त अनिवार्य है।

मुझे इस बात पर ज़ोर देने की ज़रूरत नहीं कि भारतीय साहित्य अपने आप में ही तुलनात्मक साहित्य है क्योंकि वह भारतीय संविधान द्वारा मान्य 22 भाषाओं में लिखा जाता है। वैसे भी यदि मेरी मातृभाषा हिन्दी है और मैं हिन्दी साहित्य के इतिहास को बड़ी गहराई के साथ समझना चाहता हूँ तो भारतीय सन्दर्भ में मुझे एक आश्चर्यजनक स्थिति का सामना करना पड़ेगा। हिन्दी साहित्य के किसी भाग से परिचित होने के लिए मुझे स्वाभाविक रूप से भारतीय साहित्य के वैसे ही अन्य भाग का भी पता लगाकर उनका अध्ययन करना होगा। उदाहरणार्थ, यदि मुझे हिन्दी में मध्यकालीन भक्ति साहित्य के बारे में जानना हो तो मुझे तमिल आलवारों का इतिहास भी जानना होगा जो साहित्यिक या आध्यात्मिक दृष्टिकोण से भक्ति आन्दोलन के प्रवर्तक माने जाते हैं या फिर मुझे कश्मीरी भक्ति परम्परा की कवयित्री ललदेद (Lal Ded) या कश्मीरी साहित्य की कवयित्री हब्बा ख़ातून (Habba Khatun) के साहित्य का अध्ययन करना होगा।

ठीक इसी तरह, बंगाली साहित्य के सन्दर्भ में टैगोर के आध्यात्मिक और रहस्यवादी काव्य पर होने वाली चर्चा में निश्चित रूप से कबीर और दादू का ज़िक्र आयेगा और इस प्रकार हम भारत के समूचे सांस्कृतिक जगत् के बारे में जानना शुरू करने लगते हैं।

अन्य शब्दों में, तुलनात्मक भारतीय साहित्य का अर्थ है भारतीय साहित्य की अवधारणा को विकसित करना। भारतीय संविधान द्वारा मान्य केवल 22 भाषाओं में लिखे गये साहित्य को एकत्रित करके इस अवधारणा की कल्पना करना बिल्कुल भी सम्भव नहीं है। केवल तुलनात्मक साहित्य के अध्ययन की कार्यपद्धति को समझकर ही इस अवधारणात्मक विचार को समझा जा सकता है।

भारत का दृष्टिकोण कभी भी संकुचित अथवा एकरेखीय नहीं रहा। अपनी समग्र दृष्टि और बहुरेखीय समझ के साथ उसने समूचे विश्व के साथ अपने सम्बन्ध बनाये रखे।

जब वर्ष 1907 में टैगोर ने 'विश्व साहित्य' की अवधारणा का उल्लेख करते हुए साहित्य के अध्ययन में तुलनात्मक समझ की आवश्यकता पर ज़ोर दिया, तो इसका अर्थ स्पष्ट था और वह यह कि अन्तरराष्ट्रीय सन्दर्भवाद (Contextualism) की सहायता से साहित्य के अध्ययन को बढ़ावा दिया जा सकता है।

भारत के लिए स्वयं को विश्व के साथ जोड़ना कोई नयी बात नहीं थी–'सर्वे भवन्तु सुखिनः' अथवा 'वसुधैव कुटुम्बकम्' जैसे सारगर्भित वाक्य इस तथ्य की पुष्टि करते हैं कि हम स्व (Swa) और पर (Para) में अर्थात् अपने और पराये में किसी प्रकार का कोई भेद नहीं करते हैं।

चूँकि अपने आलेख को तैयार करने के लिए मुझे बहुत कम समय दिया गया था, इसलिए मैंने प्रोफ़ेसर इप्सिता चन्दा से मदद माँगी और उससे इस विषय में कुछ संकेत देने के लिए कहा जिससे मुझे केवल उन्हीं बिन्दुओं पर अपना ध्यान केन्द्रित करने में सहायता मिले। तब इप्सिता ने मुझे भारत में तुलनात्मक साहित्य की यात्रा के सम्बन्ध में बताते हुए कहा कि यह यात्रा उतनी ही स्व (Swa) अर्थात् अपने आप की खोज के बारे में है जितनी पर (Para) अर्थात् किसी अन्य की खोज के बारे में। इप्सिता ने मुझे एक और संकेत दिया कि यह यात्रा दर्शनशास्त्र, विचार पद्धति के एक रूपक की तरह है, वास्तव में तुलनात्मक साहित्य की एक पद्धति विशेष है। अब मैं इन दो मुद्दों तक ही अपने को सीमित रखना चाहता हूँ और इसके साथ-साथ मैं लाक्षणिक अर्थों तक भी सीमित रहना चाहता हूँ जिनका खण्डन करने का मेरे पास कोई कारण नहीं है। वास्तव में ये मुद्दे पूरी तरह से इस विषय को अपने आप में समेटे हुए हैं। मेरे लिए केवल एक चीज़ मायने रखती है कि भारत में तुलनात्मक साहित्य की यात्रा केवल 'स्व' (Swa) अर्थात् अपने और 'पर' (Para) अर्थात् किसी अन्य के बारे में न होकर 'पर' (Para) अर्थात् किसी अन्य के माध्यम से 'स्व' (Swa) अर्थात् 'अपनी' खोज करने से सम्बन्धित है।

तुलनात्मक साहित्य की यह यात्रा अनजाने देशों और यहाँ तक कि जाने-पहचाने देशों की भी है जिससे अपरिचित दूसरे देशों से संवाद के ज़रिये पहचानने में मदद मिलती है। हमें यह नहीं भूलना चाहिए कि तुलनात्मक साहित्य का मुख्य उद्देश्य दूसरों का मूल्यांकन करना नहीं अपितु उन्हें पहचानना है और बेहतर ढंग से एक-दूसरे को जानने के लिए दूसरों के सम्बन्ध में अपना कोई निर्णय देना नहीं बल्कि उनके साथ संवाद स्थापित करके परस्पर विचार-विमर्श करना है।

प्राच्यवाद (Orientalism) का केन्द्रीय विचार यह है कि पूर्वी संस्कृति के सम्बन्ध में पश्चिमी देशों का ज्ञान कोई तथ्यों अथवा वास्तविकताओं पर आधारित ज्ञान नहीं है बल्कि वह पूर्वकल्पित आदर्शों पर आधारित है जो समस्त 'पूर्वी समाजों' को बुनियादी तौर पर एक समान ही मानता है और उन्हें 'पश्चिमी समाजों' से एकदम भिन्न समझता है। यह तर्क 'पूर्व' को 'पश्चिम' के एकदम विपरीत ठहराता है। पूर्वी देशों के बारे में यह धारणा ऐसे साहित्यिक ग्रन्थों और ऐतिहासिक दस्तावेज़ों से बनी है जिनमें अक्सर पूर्व के जीवन की वास्तविकताओं की सीमित समझ ही निहित है। पूर्व की सच्ची समझ और पूर्व द्वारा पश्चिम के बारे में समझ हमारी पारस्परिक समझ की पहली शर्त है। यहाँ मुझे यह स्वीकार करना होगा कि चूँकि मैं काफ़ी हद तक प्राच्यवाद की इस समालोचना के साथ सहमत हूँ, फिर भी देश की विरासत के महत्त्वपूर्ण पहलुओं को सामने लाने में प्राच्यवादियों ने, प्राच्यवाद से अलग, जो योगदान दिया है, मुझे उसे भी स्वीकार करना होगा। हम आज भी उनके द्वारा किये गये कार्यों का हवाला देते हैं। उदाहरण के लिए, यदि हम ग्रिफिथ और विल्सन के बारे में न भी बात करें तो पुरातत्व-शास्त्र में कनिंघम और पुरालेख विद्या में प्रिंसेप के कार्यों को हम भुला नहीं सकते। संवाद 'स्व' (Swa) अर्थात् अपने और 'पर' (Para) अर्थात् इन के अन्तःवैश्विक अस्तित्व के आदर्शों पर विश्वबन्धुत्व की भावना पैदा करने के लिए व्याख्यात्मक खोज का एक रूप है।

संवाद के सबसे महत्त्वपूर्ण पहलुओं में से एक है एक-दूसरे को समझना, एक-दूसरे की संस्कृति को समझना और उनकी रचनात्मकता तथा उनके चिन्तनशील विचारों को समझना।

पूर्वी और पश्चिमी सभ्यता को बेहतर ढंग से समझने के प्रयोजन से एक सार्थक संवाद में शामिल होने के लिए प्रत्येक व्यक्ति को निम्नलिखित कार्यों के लिए स्वयं को तैयार करना चाहिए :

(1) उन लोगों के प्रति सहिष्णुता प्रदर्शित करना, जो अपने रोज़मर्रा के जीवन का आधार हमारे अलावा, दूसरों के मूल्यों और अनुभवों को स्वीकारते हैं।

यहाँ हम आइंस्टीन के प्रसिद्ध उद्धरण को याद कर सकते हैं, "केवल दूसरों के कल्याण के लिए जिया गया जीवन ही सार्थक जीवन होता है" और इसलिए अकेली सहिष्णुता ही पर्याप्त नहीं है बल्कि यह विचार भी उतना ही महत्त्वपूर्ण है कि (2) स्वयं की संस्कृति के साथ-साथ अन्य संस्कृतियों के लिए भी ज़िम्मेदारी का भाव दिखाना। जहाँ सहिष्णुता का अर्थ किसी दूसरे की जीवनशैली में या उसके सोच-विचार करने के तरीक़े में हस्तक्षेप नहीं करना है, वहीं ज़िम्मेदारी वास्तव में किसी अन्य की 'अन्यता' अर्थात् उसकी निजता के प्रति आपकी संवेदनशीलता प्रकट करती है। सहिष्णुता तथा ज़िम्मेदारी के अतिरिक्त एक और शब्द प्रयोग में लाया जाता है (3) नैतिकता–अपने और दूसरों के सम्बन्धों को समझने के लिए दो प्रतिष्ठित दार्शनिकों, इमैनुएल लेविनस और ज़ैक दरिदा ने इस शब्द का उपयोग किया है। लेविनस कहते हैं कि नैतिकता की नींव दूसरों के प्रति अपने प्रतिवचन के आश्रय से अपना कर्तव्य निभाने में निहित है। केवल दूसरे व्यक्तियों के लिए जीने से ही उत्तरदायित्व (अच्छाई, दया और दान) की भावना में वृद्धि होती है। दरिदा के विचार में, नैतिकता का आधार है दूसरों के प्रति आतिथ्य भाव दिखाना और अपने घर में दूसरों का स्वागत करने की इच्छा प्रदर्शित करना और इसके लिए तत्परता दिखाना।

लेविनस और दरिदा के आतिथ्य और नैतिकता के सिद्धान्तों में एक भिन्न लेकिन समान स्थिति वाले किसी अन्य व्यक्ति को स्वीकार करने की सम्भावना मौजूद है। यह विशेषवाद अथवा अनन्यता (Particularism) का एक व्यापक दृष्टिकोण है जैसा कि 412 ईसा पूर्व यूनान के सिनोपा में जन्मे दार्शनिक, दीयोजींस (Diogenes) ने विश्ववाद की अवधारणा में कहा था, "जब उससे पूछा गया कि वह कहाँ से आया था," तो उसने उत्तर दिया, "मैं एक विश्व नागरिक हूँ" लेकिन इससे किसी भी प्रकार से परिवार (वसुधैव कुटुम्बकम्) के एक सदस्य के रूप में व्यक्ति की पहचान सिद्ध नहीं होती। भारत इससे भी एक क़दम आगे चला जाता है जैसा कि उपनिषदों में कहा गया है कि "जो व्यक्ति स्वयं में सभी प्राणियों को और सभी प्राणियों में स्वयं को देखता है, वह कभी भी किसी से घृणा नहीं कर सकता।" भारतीय उपनिषदों में वर्णित इस मन्त्र का उपयोग टैगोर ने 1913 में उन्हें नोबेल पुरस्कार दिये जाने की घोषणा होने के आठ वर्ष पश्चात् स्टॉकहोम में अपने नोबेल पुरस्कार के स्वीकृति भाषण के दौरान किया था। पूर्ण पहचान की यह धारणा पाश्चात्य सभ्यता में नहीं मिलती। यह भावना एक सर्वोच्च सत्य अर्थात् परम परमेश्वर के अस्तित्व की गहरी समझ पर निर्भर करती है और यह भी कि व्यक्ति में 'स्व' की अथवा 'अपनी' पहचान उस परम सत्य अर्थात् ईश्वर से होती है। यह है वेदान्तिक एकात्मकता।

लेकिन वेदान्तिक एकात्मकता में जहाँ 'स्व' अर्थात् अपने और अन्य अर्थात् दूसरे दोनों एक हैं, और एक समान हैं, वहाँ अन्तर्ज्ञानवाद (Transcendentalism) की इस प्रकार की स्थिति में संवाद करना सम्भव ही नहीं है।

ऐसा कहा जाता है कि बौद्धिकता के क्षेत्र में भारत की भूमिका निष्क्रिय रही है। यह देखने-सुनने में बेशक सच प्रतीत होता है लेकिन सच है नहीं। भारत इस बात में विश्वास करता है कि विश्व में परम ज्ञान जैसी चीज़ का अस्तित्व विद्यमान है और इस प्रकार के ज्ञान से व्यक्ति स्वयं के बारे में ज्ञान प्राप्त करके दूसरों के सम्बन्ध में बेहतर ढंग से सीख पाता है। इस प्रकार का ज्ञान दूसरों के बारे में कोई विश्लेषण नहीं करता, उनकी किसी से कोई तुलना नहीं करता और न ही हर समय उनका आकलन करने का प्रयास करता है बल्कि वह उन्हें उनके मूल स्वरूप में ही स्वीकार करता है। इस तरह से हमें दूसरों के सम्बन्ध में अच्छी और सहानुभूति पूर्ण जानकारी प्राप्त होती है। वास्तव में इस प्रकार के ज्ञान में अन्य अथवा पराया जैसा कुछ नहीं होता। भारत ने कभी भी यूरोप को जानने की चेष्टा नहीं की लेकिन स्वयं को जानने के पश्चात् ही वह यूरोप को समझ पाया और स्वयं को जानने-समझने, स्वयं पर नियन्त्रण करने और इसके द्वारा स्वयं को अभिव्यक्त करने पर ही वह उसको बेहतर प्रतिक्रिया देने की स्थिति में आ पाया। अन्यथा हिन्दुओं ने भी कभी दूसरी संस्कृतियों में कोई जिज्ञासा अथवा रुचि नहीं दिखायी। हिन्दुओं में पूरी तरह से एक उदासीनता दिखायी पड़ती है, वे अन्य संस्कृतियों के प्रति या तो एकदम मौन रहते हैं या फिर जानबूझकर उनके प्रति अवहेलना का भाव दिखाते हैं। एक समय था जब यवनों (यूनानियों) और म्लेच्छों (मुसलमानों और ईसाइयों) द्वारा निरन्तर हिन्दुओं पर आक्रमण किये जा रहे थे लेकिन वह किसी प्रकार इन विदेशी शक्तियों की निरन्तर हिंसक गतिविधियों से स्वयं को बचाने और अपनी रक्षा करने में सफल रहा, बेशक वह उनके भौतिक अथवा राजनीतिक प्रभुत्व से सफलतापूर्वक विरोध नहीं कर पाने पर भी प्रभावशून्य बना रहा।

हम सब सिकन्दर की प्रसिद्ध पौराणिक कथा से परिचित हैं जो एशिया के एक बड़े भाग में बहुत लोकप्रिय हो गया था। लेकिन हिन्दू राष्ट्र भारत ने उसकी शक्ति को कोई महत्त्व न देकर पूरी तरह से उसकी अनदेखी की। हम भारत की यात्रा करने वाले यूनानी और चीनी यात्रियों तथा बाद में मुस्लिम इतिहासकारों द्वारा लिखे गये इतिहास के माध्यम से हिन्दुओं और उनके पुरातन रीति-रिवाजों के सम्बन्ध में सारी वांछित जानकारी प्राप्त कर सकते हैं। किन्तु हमारे पास शायद ही ऐसा कोई प्रामाणिक लिखित दस्तावेज़ होगा जिसकी सहायता से हम यह जान सकें कि उस समय के हिन्दू देशवासी बाहर से आने वाले विदेशी 'मेहमानों' के

बारे में क्या सोचते थे और न ही हमें पारम्परिक हिन्दू साहित्य में इस सम्बन्ध में उलेमाओं के साथ दर्शन से सम्बन्धित अथवा धार्मिक विचार-विमर्श के कोई प्रमाण मिलते हैं।

हालाँकि बौद्ध धर्म ने हिन्दू धर्म के समक्ष एक चुनौती प्रस्तुत की है जो अपनी उत्पत्ति और अपने दार्शनिक विचारों, दोनों ही दृष्टियों से अन्य परम्पराओं से बहुत भिन्न था। हिन्दू धर्म के लिए यह एक भिन्न धर्म था और नहीं भी था। यदि हिन्दू विद्वान और ऋषियों ने स्वयं को बौद्ध विद्वानों के साथ भावपूर्ण बौद्धिक विमर्शों में सम्मिलित होने के लिए विवश महसूस किया था तो निश्चित रूप से इसका कारण यह था कि एक भिन्न धर्म होने के साथ-साथ बौद्ध धर्म की कुछ सामान्य सन्दर्भों की बुनियादी अवधारणाएँ हिन्दू धर्म से बहुत मिलती-जुलती थीं। उदाहरणार्थ—मोक्ष अर्थात् मुक्ति अर्थात् आत्मा और निर्वाण अथवा शून्यता से सम्बन्धित प्रश्न। किसी पर विजय पाने के उद्देश्य से दूसरों के साथ संवाद करने की यह प्रवृत्ति भारतीयों की वैचारिकता के अनुकूल नहीं है। उनके लिए इस प्रकार की बहसें आत्मघाती अहंकार उत्पन्न करती हैं। केवल लोगों के प्रति सेवा भाव ही व्यक्ति के हृदय को प्रेम से परिपूर्ण कर सकता है। इससे भी बढ़कर, हिन्दू एक सार्थक तथ्यात्मक और आत्म-विश्लेषण करने वाले संवाद अर्थात् आत्मानं विद्धि (Atmanam viddhi) अर्थात् स्वयं की आत्मा को पहचानने में विश्वास करते हैं। हालाँकि बाह्य संवादों को अमल में अवश्य लाया गया है लेकिन ये संवाद अधिकांश तौर पर अपनों के साथ किये गये थे, दूसरों के साथ नहीं।

दूसरों के लिए जिज्ञासा के इस अभाव का कारण यह है कि दूसरे कभी भी अपनी स्वयं की पहचान को परिभाषित करने के लिए आवश्यक सन्दर्भ का स्रोत नहीं रहे थे, जैसा कि यूरोपीय संस्कृति के लिए था। भारत में स्वयं को सदैव स्व सन्दर्भित के तौर पर स्वीकार किया गया है, जबकि दूसरा उनकी पहचान के लिए कोई ख़तरा नहीं था और न ही वह उनकी विशिष्टता की पुष्टि करने का एक स्रोत ही था। यह 'अन्य' की यूरोपीय धारणा से बिल्कुल भिन्न थी, स्व के लिए अनिवार्य रूप से एक बाहरी इकाई जो आतंक का स्रोत और कामना का विषय दोनों थे। सार्त्र का प्रसिद्ध कथन है 'Hell is the other' जिसका अर्थ है कि प्रत्येक व्यक्ति दूसरे व्यक्ति को यातना देने वाला है, इस वाक्य में हीगेल की विचारधारा के दर्शन होते हैं जिन्होंने हमेशा व्यक्ति की पहचान को 'अन्य व्यक्ति के ख़िलाफ़ पहचान' के रूप में परिभाषित किया है जिसे या तो स्वीकार करके अपना लिया जाता है या उसे नष्ट कर दिया जाता है। हीगेल भारत के लिए कभी-कभी अपमानजनक भाषा का इस्तेमाल भी करते रहे हैं।

प्रबोधन अथवा ज्ञानोदय (Enlightenment) और प्राकृतवाद (Romantic) काल में पूर्व की संस्कृति बौद्धिक बहसों का मुख्य विषय हुआ करती थी और दो संस्कृतियों के मध्य संवाद की स्थिति एक सच्चाई बन गयी थी। हालाँकि हीगेल ने पूर्वी संस्कृति के लिए एक बार अपमानजनक भाषा का प्रयोग करते हुए कहा था, "हालाँकि, अनजाने में गुलाम के व्यवहार को मालिक लोग अपनाते हैं और व्यवहार में लाते हैं।"

इस प्रकार से स्वयं की व्याख्या करके एक यूरोपीय व्यक्ति स्वयं को अपने ही अन्तर्विरोधी में फँसा पाता है। यदि वह इस जाल से निकलने में सफल हो जाता है तो दूसरों को पूरी तरह गुलाम बनाने की प्रक्रिया में उसकी स्वयं की पहचान सन्दिग्ध बन जाती है। वह दूसरों को नष्ट करके स्वयं 'सम्पूर्ण' बनने की लालसा करता है लेकिन दूसरे के बिना वह कुछ भी नहीं बन पाता।

यहाँ तक कि संस्कृति के वैश्वीकरण द्वारा वर्तमान की विशेषताओं को रेखांकित करने पर भी पाश्चात्य देश पूर्व की संस्कृति को पूरी तौर पर समझ नहीं पाया है, उनकी इस समझ में एक बड़ा अन्तर रह जाता है। वैश्वीकरण के विरुद्ध, जो विनियोजन (Appropriation), समांगीकरण (Homogenisation) और सह-योजन (Co-option) के द्वारा एक समरूप संस्कृति को लाने का प्रयास करता प्रतीत होता है, इसके परिणामस्वरूप पिछले 30 वर्षों से अनन्यता (Particularism) अथवा विशेषवाद और अपवाद (Exceptionalism) के पक्ष में बोलने के लिए एक भारी बहस जारी हो गयी है। अमर्त्य सेन, टैगोर का उद्धरण देते हुए कहते हैं कि टैगोर को हमेशा यह श्रेय जाता है कि उनकी महान विश्ववादी दृष्टि ने कभी भी परम्परा की सबसे समृद्ध समझ को बलिदान नहीं होने दिया।

विश्ववाद (Cosmopolitanism), जिसमें लोगों के विश्व नागरिक होने का दावा किया जाता है, की मुख्य बात यह है कि "किसी को भी अपनी परम्परा के महत्त्वपूर्ण तत्त्वों का विरोध करने की आवश्यकता नहीं होती। ये विशेष रूप से सांस्कृतिक परम्पराएँ ही हैं जो दूसरों को समझने और नैतिक रूप से उनके साथ जुड़ने के लिए एक आधार उपलब्ध कराती हैं और जिनसे अन्ततः विभिन्न संस्कृतियों में सार्वभौमिकता का एक दृष्टिकोण पैदा होता है।"

अभी-अभी मैंने यहाँ जिन विचारों का उल्लेख किया है, उनका समर्थन करते हुए मैं यहाँ टैगोर के सम्बन्ध में लोगों के मन में गहराई से जड़ें जमाये इस विचार को ख़ारिज करता हूँ कि उनका मुख्य विरोध भारत के वास्तविक पुनरुत्थान के लिए पश्चिम और पूर्व के मध्य संवाद स्थापित करने को लेकर था और पश्चिमी

देशों को आध्यात्मिकता का एक सार्थक सन्देश देने के प्रति था। इसके विपरीत, उनका सिद्धान्त था (जी.एल.मेहता से साभार शब्द उधार लेकर) कि पूर्वी देशों में हमारे पास यूरोपीयकरण का समर्थन करने और इस मार्ग को आज़माने के अतिरिक्त कोई दूसरा विकल्प मौजूद नहीं है। केवल इस यात्रा के ज़रिये ही हम विदेश और अजनबी प्रदेशों में अपने 'आत्मत्व' अथवा पृथक् अस्तित्व को वापस पा सकते हैं। यूरोपीयकरण को आज़माने का अर्थ यह बिल्कुल नहीं कि हम उसे स्वीकार भी कर रहे हैं। बल्कि इसका अर्थ है उसे बेहतर ढंग से समझना और उसे पहचानना। अपने प्रसिद्ध उपन्यास 'घरे-बाइरे' (The Home and the World) में टैगोर इस विचार को और भी उचित ठहराते हैं–

> "मुझे नहीं लगता कि किसी चीज़, किसी जाति और किसी संस्कृति को अस्वीकार करना कभी भी भारत की विचारधारा रही है। भारत की विचारधारा सदैव एकता को अपना आदर्श घोषित करने की रही है। अब, जब राजनीतिक अशान्ति के इस वर्तमान समय में उसी महान भारत की सन्तानें पश्चिमी को ख़ारिज करने की बात करती हैं, तो मुझे दुःख होता है... हमें विभिन्न जातियों के बीच गहरी एकता, अर्थात् आध्यात्मिक एकता की तलाश करनी चाहिए।"

गाँधी की उपलब्धि यह है कि वह एक समावेशी दृष्टि और दर्शन को अपनाते हैं जिसमें 'हम' और 'वे' की वैचारिक भिन्नता कहीं नहीं है। समाज में धार्मिक विश्वास की प्रणालियों की बहुलता और सांस्कृतिक विविधता के सम्बन्ध में उनकी समझ और सांस्कृतिक समानता के प्रति उनका दृष्टिकोण एक समान ही थे। जैसा कि एक बार उन्होंने कहा था :

> "मैं नहीं चाहता कि मेरे घर के चारों ओर दीवार हो और घर की खिड़कियाँ बन्द हों। मैं चाहता हूँ कि सभी देशों की संस्कृतियों की हवा यथासम्भव मुक्त रूप से मेरे घर से होकर गुज़रे। लेकिन मैं नहीं चाहता कि किसी भी संस्कृति की हवा से मेरे पैर उखड़ जायें।"

लेकिन पश्चिम अभी भी यह स्वीकार करने को तैयार नहीं कि वह पूर्व की संस्कृति से कोई महत्त्वपूर्ण चीज़ ग्रहण कर सकता है या वह पश्चिमी परम्पराओं के बीच पूर्वी विचारों को भी स्थान दे सकता है। उसके इस दृष्टिकोण का सबसे शानदार उदाहरण यह है कि यूरोप का साहित्यिक इतिहास-लेखन केवल एक ही प्रभावशाली साहित्यिक परम्परा के आदर्शों को इस्तेमाल करने का अभ्यस्त है। कभी-कभी साहित्यिक लेखन की शैलियों और लेखन काल की कुछ विशेष प्राथमिकताओं को लेकर भी बहसें हो जाती हैं जैसे रोमांटिकता के स्थान पर

टी.एस. इलियट ने अपनी रचनाओं के लिए तत्त्ववादी शैली को प्राथमिकता दी। लेकिन किसी भी स्तर पर ब्रिटिश कसौटी में किसी ग़ैर-ब्रिटिश लेखक को सम्मिलित नहीं किया गया और ऐसा तब भी नहीं हुआ, जब ब्रिटिश द्वीप की भाषाओं में दूसरे देशों का कुछ अद्वितीय साहित्य रचा जा रहा था। दूसरी ओर, भारत कई समानान्तर साहित्यिक परम्पराओं को अपनाने में और कई भाषाओं का एक साथ उपयोग करने में विश्वास करता है। और सबसे अच्छी बात कि वह विदेशी मूल के लेखकों को भी अपना मानकर स्वीकार करता है :

(1) भारत में लोक साहित्य अथवा जन साहित्य/लोकप्रिय साहित्य और शास्त्रीय साहित्य दो अलग परम्पराएँ नहीं हैं बल्कि ये एक ही साहित्यिक और सांस्कृतिक परम्परा के दो स्तम्भ हैं, एक ही श्रेणी के दो स्तम्भ।

(2) यहाँ दो भिन्न-भिन्न परम्पराओं की शकुन्तला की एक ही कहानी के दो संस्करण उपलब्ध हैं—यथार्थता का महाकाव्य रूप और नाटकीय कल्पना— दोनों एक साथ विद्यमान हैं। पाणिनि एक साथ दो लिखित या मौखिक भाषाओं अथवा अभिव्यक्ति के माध्यमों की बात करते हैं। एक वह जो जनसाधारण द्वारा प्रयोग में लायी जाती है और जो व्याकरण की दृष्टि से सही है। इसी प्रकार, प्राचीन भारत के नाट्यशास्त्र के विद्वान, भरतमुनि एक साथ दो प्रकार के नाट्य की बात करते हैं—एक साधारण जनता के लिए और दूसरा रंगमंचीय परम्पराओं पर आधारित नाट्य की।

(3) अश्वघोष यूनानी वंश के एक विख्यात संस्कृत कवि थे। सिस्टर निवेदिता आइरिश मूल की थीं और इब्न बतूता अरबी परम्परा के विद्वान थे लेकिन भारत में इन तीनों को भारतीय लेखकों के रूप में ही स्वीकार किया गया है।

(4) राजशेखर ने मराठी और संस्कृत में नाटक लिखे। 12वीं शती के महाकवि जयदेव ने अपने लेखन में बंगाली और संस्कृत भाषाओं का इस्तेमाल किया। हालाँकि उनकी प्रसिद्ध काव्य रचना 'गीतगोविन्द' संस्कृत में लिखी गयी है। हेमचन्द्र ने गुजराती, संस्कृत और प्राकृत भाषाओं में लिखा और नामदेव ने हिन्दी और पंजाबी में। त्यागराज ने गुजराती काव्य के छन्दों में तेलुगू में अपनी रचनाएँ लिखीं। अमीर खुसरो ने रेख़्ता—देशीय और फ़ारसी में, टैगोर ने अंग्रेज़ी अवहट्ट (Avahatta) और बंगाली में तथा प्रेमचन्द ने उर्दू और हिन्दी में लिखा।

उपरोक्त सभी उदाहरण भारत की विदेशी संस्कृतियों, भाषाओं की कोड

मिक्सिंग और विभिन्न साहित्यिक परम्पराओं के आपसी सम्बन्धों को स्वयं में आत्मसात कर लेने की असाधारण क्षमता का परिचय देते हैं। वेदान्तिक एकता की स्वीकृति ने हमेशा ही 'स्व' और 'पर' अर्थात् अपने और पराये के बीच के भेद को मिटाने का मार्ग दिखाया है। विविधता में और विविधता के पीछे एकता का दृष्टिकोण (विवेकानन्द) मानव एकता अर्थात् 'स्व' और 'पर' की एकता भारत की सांस्कृतिक बुनियाद का रहस्य है।

उत्तर-आधुनिकता और वैश्वीकरण के इस युग में स्वयं को बेहतर ढंग से समझने के लिए अपनी जड़ों की तलाश और विदेशी सांस्कृतिक हमलों से भारतीय संस्कृति को बचाने के लिए अथवा इसके विपरीत, हमारी भारतीय संस्कृति में पाश्चात्य संस्कृति को आत्मसात करा संस्कृति के विषय में होने वाली हमारी बहसों के एक महत्त्वपूर्ण अंग बन गये हैं। इस प्रक्रिया में हम यह भी समझ गये हैं कि–

(1) भाषाई दृढ़ता
(2) ऐतिहासिक समझ-बूझ अथवा चतुराई और
(3) सार्वभौमिक एकता

को हासिल करके तुलनात्मक अध्ययन में विश्व के किसी भी साहित्य का अध्ययन करना सम्भव हो जाता है। भाषाई दृढ़ता का अर्थ यह नहीं है कि तुलनात्मक साहित्य का अध्ययन करने के लिए किसी को कई भाषाओं पर महारत हासिल करने की ज़रूरत है। तुलनात्मक साहित्य वास्तव में भाषा का अध्ययन न होकर साहित्य का अध्ययन है। इसलिए अनुवाद तुलनात्मक साहित्य का एक आवश्यक भाग हो जाता है। सार्वभौमिक एकता का पूरा मामला ही समस्या से भरा पड़ा है क्योंकि आरम्भ में हालाँकि तुलनात्मक साहित्य को एक सार्वभौमिक श्रेणी के रूप में स्वीकार किया गया था, फिर भी तुलनात्मक साहित्य, जिसका वर्णन सर्वप्रथम 19वीं शताब्दी के मध्य में पश्चिम में किया गया था, का विषय था विश्व में सर्वत्र साहित्य का अध्ययन करना लेकिन पाश्चात्य संस्कृति और साहित्य को विश्वव्यापक बनाने और इंग्लैंड और यूरोप की श्रेष्ठता कायम करने के बाद इस विषय के अन्तिम परिणाम के रूप में अमरीका उभरकर सामने आया। इसके तीन कारण गिनाये जा सकते हैं :

(1) यूरोकेन्द्रीयता (Eurocentricism)
(2) विश्व के अन्य साहित्यों की सीमित क्षमता और
(3) एशियाई और अफ्रीकी साहित्य के प्रति औपनिवेशिक पूर्वाग्रह।

उपरोक्त कारणों से लोगों ने पश्चिम के तुलनात्मक साहित्य सम्बन्धी समरूपी विश्ववादिता (Homogenized Universality) की धारणा पर अपनी आपत्ति

जतायी और औपनिवेशिक पूर्वाग्रहों के प्रति दो कारणों से अपना विरोध प्रदर्शित किया :

1. जब आप एक से अधिक साहित्य की बात करते हैं तो आप इतिहास का एक हिस्सा बनने को बाध्य हो जाते हैं क्योंकि आप कदाचित् किसी विशेष साहित्य की सांस्कृतिक विशिष्टताओं को नज़रअन्दाज़ नहीं कर सकते। एडवर्ड सईद का कहना है कि साहित्य हमेशा 'वैश्विक' अथवा 'समूचे विश्व' का होता है, और बड़ी ही मज़बूती के साथ समाज, इतिहास और राजनीति से जुड़ा होता है। इसलिए साहित्य (text) की ऐतिहासिक और सांस्कृतिक विशिष्टताओं को नज़रअन्दाज़ नहीं किया जा सकता।
2. यदि साहित्य के इस पूरे मुद्दे को इतिहास से अलग स्वीकार किया गया है तो इसके पीछे केवल पाश्चात्य पक्षपात और नस्लीय पूर्वाग्रह काम कर रहे हैं।

अफ्रीकी लेखक, चिनुआ अचेबे ने अपने निबन्ध 'उपनिवेशवादी आलोचना' (Colonial criticism) में समरूपी विश्ववाद (Homogenized Universalism) के इस पाश्चात्य विचार के ख़िलाफ़ बात करते हुए कहा है कि इसमें कोई आश्चर्य नहीं है कि एक पश्चिमी लेखक जो कुछ भी लिखता है, वह स्वाभाविक रूप से 'सार्वभौमिक' अथवा 'विश्वव्यापक' बन जाता है जबकि अन्य देशों के लेखकों को यह उपलब्धि हासिल करने के लिए कड़ा परिश्रम करना पड़ता है। फ्रेडरिक जेमेसन की इस टिप्पणी में, जो निस्सन्देह अधूरी और एकतरफ़ा है, तीसरी दुनिया के साहित्य को एक राष्ट्रीय रूपक कहा गया है जिसका सार्वभौमिक विश्ववाद से कुछ लेना-देना नहीं है। इस सम्बन्ध में यू.आर. अनन्तमूर्ति का कहना है कि जब हम विश्व साहित्य पढ़ते हैं तो वास्तव में उसे केवल साहित्य के रूप में ही पढ़ रहे होते हैं लेकिन पश्चिमी देशों के लोग जब हमारे साहित्य को पढ़ते हैं तो वे उसे समाजशास्त्र अथवा मानवशास्त्र की दृष्टि से पढ़ते हैं और भारतीय समाज के सम्बन्ध में कई प्रश्न उठाते हैं जैसे :

1. एक आम भारतीय व्यक्ति अस्पताल जाने से घबराता क्यों है,
2. भारतीय महिलाएँ अपने घर के पुरुषों के साथ बैठकर भोजन करने से हिचकिचाती क्यों हैं, अथवा
3. आज भी भारतीय परिवारों में सास का शासन ही क्यों चलता है?

और इसी तरह के कई अन्य मामलों में भी चिनुआ अचेबे कहते हैं कि अफ्रीकी या भारतीय साहित्य पर होने वाली चर्चाओं में 'सार्वभौमिक' शब्द पर पूरी तरह

से प्रतिबन्ध लगा देना चाहिए और यह प्रतिबन्ध तब तक होना चाहिए, जब तक लोग इस शब्द को यूरोप के संकीर्ण, और केवल अपने हितों की पूर्ति के पर्याय के रूप में इस्तेमाल करना बन्द नहीं कर देते अथवा जब तक वे सार्वभौमिकता की अपनी अवधारणा में 'समूचे विश्व' को सम्मिलित नहीं करते।

19वीं शताब्दी के मध्य से भारतीय विश्वविद्यालयों की स्थापना होते ही विभिन्न भारतीय भाषाओं में लिखे गये भारतीय साहित्य पर होने वाले शोध कार्यों में से अधिकांश शोध कार्य में तुलनात्मक साहित्य प्रविधि का उपयोग नहीं होने के कारण, भारतीय साहित्य को एक समग्र साहित्य के तौर पर नहीं देखा गया और वे विभिन्न भारतीय भाषाओं के साहित्य का एक संग्रह मात्र बनकर रह गये क्योंकि उस समय भारतीय विश्वविद्यालय तुलनात्मक साहित्य की कार्यप्रणाली से अनभिज्ञ थे। एक बहुभाषी राष्ट्र होने के कारण हम एक मिश्रित संवेदनशीलता के साथ एक-दूसरे के साथ रहते हैं। इस दृष्टि से हमारे लिए विभिन्न भाषाओं में रचित हमारे साहित्य में क्षेत्रीय, सामाजिक और ऐतिहासिक विशिष्टताएँ अखिल भारतीय स्तर पर भारतीयता के समान ही महत्त्वपूर्ण हैं। क्षेत्रीय और अखिल भारतीय कार्यपद्धति में एक ओर, क्षेत्रीय पहचान का आधार है तो दूसरी ओर, विगत 1000 वर्षों के दौरान विकसित हुए रूपकों और प्रतीकों, मिथकों और किंवदन्तियों, परम्पराओं और मानदण्डों का महत्त्वपूर्ण आधार है। जो भाषाई और ग़ैर-भाषाई, सभी विविधताओं के बावजूद भिन्न-भिन्न भाषाओं में रचित साहित्य में अभिसरित होकर एक साहित्य हो जाता है, ठीक वैसे ही जैसे देश के कई स्थानों पर अलग-अलग भाषाएँ बोलने वाले लोग विभिन्न भाषा के होते हुए भी इकट्ठे रहते हैं। भारतीय सन्दर्भ में अखिल भारतीय और क्षेत्रीय साहित्य के बीच के विभाजन को भेदभाव और पहचान की एक महत्त्वपूर्ण और उपयोगी श्रेणी के रूप में स्वीकार किया जा सकता है, उदाहरण के लिए, आभिजात्य वर्ग और साधारण जन जैसी श्रेणियाँ, एक-दूसरे से बिल्कुल भिन्न हैं लेकिन फिर भी एक-दूसरे के साथ जुड़ी हुई हैं। साधारण जन (लोक) में कुलीन वर्ग (मार्ग) शामिल होते हैं और कुलीनों में साधारण जन। जनसाधारण विरोध, ताना-व्यंग की बातों और कष्टों का प्रतिनिधित्व करते हैं और कुलीन वर्ग व्यवस्था, अनुशासन और आनन्दपूर्ण जीवन जीने के लिए जाना जाता है।

तुलनात्मक भारतीय साहित्य का सबसे महत्त्वपूर्ण मुद्दा तुलनात्मक कार्यप्रणाली है जो एकल साहित्य के अध्ययन को तुलनात्मक साहित्य से अलग करती है। उदाहरणार्थ, बंगाली कवि माइकेल मधुसूदन दत्त ने अपने लेखन की

शुरुआत सबसे पहले अंग्रेज़ी भाषा से की और उसके पश्चात् वह बंगाली में लिखने लगे। इसी प्रकार, हिन्दी उपन्यासकार प्रेमचन्द ने पहले उर्दू में लिखा और उसके बाद वह हिन्दी भाषा में साहित्य रचना करने लगे।

एकल साहित्य की अध्ययन पद्धति आपको केवल इस सम्बन्ध में ही जानकारी प्रदान करती है लेकिन तुलनात्मक साहित्य की कार्य-प्रणाली आपको इसके पीछे के कारण के बारे में बताती है कि उस समय कौन-कौन से लेखक अंग्रेज़ी व उर्दू में लिख रहे थे और इन भाषाओं में लिखकर क्यों उन्हें अच्छा महसूस होता था। भारत जैसे देश में, जहाँ अनेक भाषाएँ बोली जाती हैं, यह एक सदियों पुरानी परम्परा रही है कि यहाँ कई भाषाओं में साहित्य सृजन किया जाता है। प्रेमचन्द का ही उदाहरण लें तो एकल साहित्य के अध्ययन की पद्धति से हमें पता चलता है कि प्रेमचन्द अपने रचनाकर्म में उर्दू से हिन्दी की ओर चले गये लेकिन तुलनात्मक साहित्य पद्धति उनके पत्रों और उनके द्वारा लिखित अन्य सामग्रियों की सहायता से इस बदलाव का कारण बताती है जिसका मुख्य उद्देश्य था हिन्दी के एक व्यापक पाठक वर्ग से जुड़ना। एकल साहित्य पद्धति हिन्दी के विख्यात कवि निराला की कविताओं पर पड़े टैगोर के प्रभाव के सम्बन्ध में बताती है जैसे :

नवजीवन की प्रबल उमंग
जा रही मैं, मिलने के लिए पार कर सीमा
प्रियतम असीम के संग

लेकिन तुलनात्मक साहित्य प्रणाली इसका विश्लेषण करके हमें बताती है कि किस प्रकार निराला ने अपनी साहित्यिक संवेदनशीलता को प्रखर करने के लिए और अपने विचारों को गढ़ने के लिए टैगोर के प्रभाव को सान की तरह प्रयोग में लाते हुए उसे और अधिक चमकाकर अपने में आत्मसात किया। हालाँकि, इस प्रकार के अध्ययन में सबसे अधिक महत्त्वपूर्ण होती है आधार-सामग्री अर्थात् निर्दिष्ट सामग्री। तुलनात्मक साहित्य के अध्ययन के आरम्भ में, यह आधार-सामग्री फ्रेंच और यूरोपीय साहित्य से उपलब्ध होती थी और इस आधार-सामग्री की सहायता से तुलनात्मक साहित्य की कार्यप्रणाली तैयार की गयी लेकिन अफ्रीकी और एशियाई साहित्य के सन्दर्भ में यह पद्धति व्यर्थ है। इसके कारण बिल्कुल स्पष्ट हैं :

1. यूरोप की अपेक्षा भारत में धर्म और कला में बहुत कम भेद किया जाता है।
2. भारतीय साहित्य जीवन का आनन्द लेने को महत्त्व देता है जबकि यूरोपीय साहित्य का मुख्य प्रयोजन अन्वेषण करना होता है।

3. यूरोप में एक ही प्रमुख साहित्यिक परम्परा है जबकि भारत में हम विभिन्न साहित्यिक परम्पराओं के साथ रहते हैं, और इसी कारण टैगोर आधुनिक युग में अपनी 'गीतांजलि' लिख पाते हैं जो एक आधुनिक साहित्यिक रचना है। लेकिन जो मध्यकालीन भारत की सूफ़ी और वेदान्तिक रहस्यवाद की परम्परा पर आधारित है। इसी प्रकार, जयशंकर प्रसाद ने 'कामायनी' नामक महाकाव्य की रचना की जो संस्कृत की पौराणिक और धार्मिक साहित्यिक परम्परा पर आधारित है और आधुनिक युग के उर्दू शायर फ़ैज़ अहमद फ़ैज़, मध्यकालीन सन्त हफ़ीज या रूमी की सूफ़ी साहित्यिक परम्परा में ईश्वर के होने और न होने की बात करते हैं। वह इस प्रकार अपने परम प्रिय की बात करते हैं :

   जो ग़ायब भी है हाज़िर भी
   जो मंज़र[1] भी है नाज़िर[2] भी (जो सबको देखता है और देखा भी जा सकता है)
   उठेगा अन-अल-हक़[3] का नारा
   जो मैं भी हूँ और तुम भी हो
   और राज करेगी हल्क-ए-खुदा[4]
   जो मैं भी हूँ और तुम भी हो

4. यहाँ विविधता में एकता पायी जाती है। अन्य शब्दों में, यदि आप विविधता को श्रेय देते हैं तो आप हमारे भीतर और हमारे आसपास व्याप्त एकता को देखते हैं अथवा यदि आप केवल एकता की बात करते हैं तो आप केवल विविधता को ही देख पाते हैं। पाश्चात्य संस्कृति में इस प्रकार के मॉडल की कल्पना भी नहीं की जा सकती।
5. पश्चिम लोगो-केन्द्रित है यानी एक सत्य को स्वीकारता है और अनन्य (Exclusive) है और भारत प्रतीकात्मक है और एक समावेशी संस्कृति है जो सबको अपने आप में समाविष्ट करके चलती है। इसलिए यहाँ वैचारिक विविधता अत्यन्त महत्त्वपूर्ण हो जाती है।
6. पश्चिम प्रतिस्थापना (Substitution) से आगे बढ़ता है और भारत एकीकरण (Amalgamation) से विकसित होता है।

---

1. दृश्य।
2. देखने वाला।
3. मैं ही सत्य हूँ (अहं ब्रह्मास्मि)।
4. आम जनता।

7. पश्चिम ने अपनी आधुनिकता अपने अतीत को बेकार की वस्तु मान कर उसे ख़ारिज करके प्राप्त की है। भारत में अतीत कभी समाप्त नहीं होता। हम अपने पुरातनकाल अर्थात् अतीत और वर्तमान को एक साथ लेकर चलते हैं।
8. भारतीय सन्दर्भ में, राष्ट्र और क्षेत्रीय प्रदेश एक-दूसरे के पूरक हैं और भारतीयता में अखिल भारतीय होने का अनुभव भी है और सभी प्रदेशों की स्वतन्त्र क्षेत्रीय पहचान भी।

इसलिए, यदि हम भारतीय सन्दर्भ में पश्चिम से प्राप्त आधार-सामग्री की सहायता से तुलनात्मक साहित्य की एक कार्यप्रणाली बनाते हैं तो इसका अर्थ यूरो-केन्द्रित निरंकुश प्रभुत्व (Absolute Authority) को स्वीकार करना है। यही तुलनात्मक साहित्य की कार्यप्रणाली है। रेने वेलेक और रेने एत्याम्बल तथा तुलनात्मक साहित्य के अन्य कई समालोचकों ने विश्ववादी तर्क (Universal Argument) के आधार पर तुलनात्मक साहित्य की कार्यपद्धति को विस्तार प्रदान किया और तथाकथित विश्ववादी कार्यपद्धति की सहायता से आधार सामग्री की राजनीति पर आधारित सामग्री को विस्तार से समझाया। तुलनात्मक भारतीय साहित्य के विद्वानों के समक्ष यह स्पष्ट हो चुका है कि काल्पनिक विश्ववाद का निर्माण करने के लिए सामाजिक-सांस्कृतिक सन्दर्भों (Socio-Cultural Contexts) को नज़रअन्दाज़ नहीं किया जा सकता।

यह बात सच है कि तुलनात्मक साहित्य के कुछ वैश्विक नियम हैं जैसे :

1. तुलनात्मक धर्म, पौराणिक कथाओं और साहित्य के अध्ययन के विकास का श्रेय मानव जाति की एकता को दी गयी मान्यता को दिया जा सकता है।
2. तुलनात्मक साहित्य प्रबोधन परियोजना (Enlightenment Project) का परिणाम भी है क्योंकि इसकी पृष्ठभूमि में सार्वभौमिकता अथवा विश्ववाद के एक प्रच्छन्न विचार का प्रभाव भी था।

लेकिन यह बात ध्यान में रखी जानी चाहिए कि जहाँ परिवर्तन के तत्त्व प्रबल होते हैं, वहाँ वैश्विक नियम लागू नहीं होते।

नारीवादी विमर्शों और दलित साहित्य के आगमन के साथ ही साहित्य में रचनात्मकता के नये द्वार खुल गये जिनका वैश्विक विधि से अध्ययन नहीं किया जा सकता। आज आधार-सामग्री अर्थात् डाटा के आधार पर एक नयी कार्यप्रणाली का विकास किया जा रहा है। इसमें दलित स्त्रियों की आत्म जागरूकता भारतीय व्यक्तित्व अथवा चरित्र के प्रति हमारी समझ का आधार हो सकती है और यह महसूस किया जाना चाहिए कि भारतीय व्यक्तित्व मानव

अस्तित्व के विभिन्न क्षेत्रों में एक समान नहीं है। इसका मर्म यह है कि यहाँ हाशिए पर धकेल दिये गये दलित साहित्य अथवा स्त्री विमर्श अथवा लोक या शास्त्रीय परम्पराओं की स्थिति निरन्तर परिवर्तित होती रहती है। जैसे ही एक दलित लेखक को साहित्य की मुख्यधारा द्वारा सम्मानित किया जाता है या वह एक मन्त्री बन जाता है, उसके व्यक्तित्व में स्पष्ट रूप से परिवर्तन दिखायी देने लगता है। इसी प्रकार, जब लोक परम्पराएँ और शास्त्रीय परम्पराएँ एक-दूसरे की पूरक बन जाती हैं तो वे अपनी स्थिति बदल लेती हैं।

तुलनात्मक साहित्य इतिहास तथा साहित्य के मध्य के आपसी सम्बन्धों को स्पष्ट करता है और समाज की समकालीन सच्चाइयों को इतिहास और राजनीति के साथ जोड़ता है लेकिन इसकी पृष्ठभूमि में एक रहस्य विद्यमान है। शीतयुद्ध की राजनीति ने सभी देशों को अपने भौगोलिक क्षेत्रों का गहराई से अध्ययन करने के लिए प्रवृत्त किया जो शीतयुद्ध के समय दोनों राजनीतिक गुटों के लिए एक मज़बूत राजनीतिक माध्यम बन गया था, विशेषकर अविकसित देशों को अपने पक्ष में करने के लिए और धीरे-धीरे इन बाध्यताओं के चलते तुलनात्मक साहित्य को भी सांस्कृतिक अध्ययन के तौर पर जाना जाने लगा। शिशिर कुमार दास ने 'आधुनिक भारतीय साहित्य का इतिहास' (The History of Modern Indian Literature) के दो खण्डों को लिखने के पश्चात् भारतीय साहित्य की रूपरेखा को एक नया रूप प्रदान किया और उनके कारण ही यदि कोई भारतीय साहित्य के इतिहास को एक कोटि मानता है तो उसे मौखिक, लोक, जनजातीय और दलित साहित्य को इसमें सम्मिलित करना होगा ताकि इसे पूर्णता प्रदान की जा सके।

भारतीय सन्दर्भ में, मौखिक, जनजातीय अथवा लोकगीत न तो भारतीय संस्कृति के अतीत के अवशेष हैं और न ही ये अज्ञानी और असभ्य लोगों का व्यवहार अपितु ये एक समृद्ध संस्कृति का विस्तार है और इसके साथ-साथ यह वर्तमान को और अधिक सार्थक बनाने की एक प्रक्रिया भी है। भारत के साहित्यिक परिदृश्य में लोक तथा शास्त्र (लोक और शास्त्रीय) के मध्य सामाजिक-सांस्कृतिक सम्पर्क की यह प्रक्रिया एक प्रभावशाली घटक है जो भारत के सभी क्षेत्रों में बड़ी तीव्रता से फैल चुकी है। समय के साथ-साथ देश में कई महत्त्वपूर्ण साहित्यिक आन्दोलनों ने जन्म लिया जिनमें भक्ति आन्दोलन भी एक था जिसने भाषाओं के प्रयोग में और सांस्कृतिक विशिष्टताओं तथा एक समुदाय के सन्दर्भ में ऐतिहासिक कार्यपद्धति की पहचान की भावना को बढ़ावा दिया। इस प्रकार, शिशिर बाबू ने जनसाधारण के साहित्य के तौर पर भारतीय साहित्य की व्याख्या करके विश्वव्यापकता (Universality) की अपेक्षा

सभी को एक साथ लाने अर्थात् सामूहिकता (Collectiveness) की भावना को महत्त्व दिया। यह साहित्य के इतिहास से सम्बन्धित पाश्चात्य संस्थाओं की धारणा से बिल्कुल भिन्न है और यह उत्तर-आधुनिकवाद में ऐतिहासिक अनुभव और ज्ञान का व्यापक विवरण माने जाने वाले एक प्रमुख प्रभावी कथा (Master Narrative) से भी भिन्न है। महान भव्य कथा (Master Grand Narrative) शब्द के समक्ष, ज्याँ फ्रांकाय ल्योटार्ड ने वर्ष 1979 में अपनी पुस्तक 'द पोस्ट मॉडर्न कंडीशन : ए रिपोर्ट ऑन नॉलेज' में बड़ी प्रमुखता के साथ अधि-कथा शब्द का प्रयोग किया और दावा किया कि उत्तर आधुनिकता का वर्णन निश्चित तौर पर मानविकी (Humanities) को आलोचनात्मक तीक्ष्णता प्रदान करना है जो एक ओर तो वैश्वीकरण के ख़िलाफ़ एक मोर्चा खोलती है और दूसरी ओर साहित्य की सामूहिकता (Collectiveness) की शुरुआत करती है।

अब हमारी अपनी साहित्यिक संस्कृति और भारतीय तुलनात्मक साहित्य के आधार पर लिखित संस्कृति के वैश्विक सांस्कृतिक विन्यास से अलग हो जाने का समय आ गया है। भारत पहले ही इस प्रक्रिया को निम्नलिखित तरीक़े से आरम्भ कर चुका है :

1. अनुवाद के अपने स्वयं के सिद्धान्तों को विकसित करके और इसकी तत्काल आवश्यकता भी थी। उदाहरण के लिए, किसी मूल शब्द के अन्तर्निहित अर्थों के कारण दलित साहित्य का अनुवाद करते हुए उनमें किसी प्रकार का जमा-घटा करने की पाश्चात्य अवधारणा अप्रासंगिक हो जाती है। इसके अलावा, कई अन्य कारणों से भी ऐसा होता है, और
2. इसके अतिरिक्त, एक नयी साहित्यिक आलोचना अथवा काव्यशास्त्र का विकास करके, जो केवल हमारे पुरातन और आधुनिक पाश्चात्य काव्यशास्त्र के बीच के अन्तर को समाप्त करके और इसमें क्षेत्रीय काव्य-ग्रन्थों को सम्मिलित करके ही सम्भव था। ये क्षेत्रीय काव्यशास्त्र मध्ययुग में विभिन्न भारतीय भाषाओं, जैन और बौद्ध काव्यशास्त्रीय ग्रन्थों के आधार पर विकसित हो पाया और जैसा कि शरण कुमार लिंबाले कहते हैं, दलित साहित्य के एक नये काव्यशास्त्र को भी सभी के साथ फलने-फूलने का अवसर मिला।

इस प्रकार, तुलनात्मक भारतीय साहित्य ने एक नये सूत्र का विकास किया जहाँ साहित्य और सामूहिकता इस तथ्य को स्थापित करने के लिए परस्पर जुड़ते हैं कि भारतीय साहित्य कई नायकों और ख्यातिप्राप्त चरित्रों, लोक और शास्त्र तथा पर के माध्यम से स्व की मानवीय समझ का साहित्य है।

7

रचनात्मक साहित्य का अनुवाद

संगोष्ठी के पिछले दो दिन के दौरान, विभिन्न प्रतिष्ठित वक्ताओं ने केवल एक ही विषय पर अपने-अपने ढंग से चर्चा की। संगोष्ठी का अन्तिम वक्ता होने के कारण मैं अपने को असहाय और शंकाशील महसूस कर रहा हूँ कि विषय को और अधिक विस्तार देने से कहीं वह पूरी तरह से हवा में ग़ायब न हो जाये और हमेशा के लिए हाथ से निकल न जाये।

संगोष्ठी के प्रबन्धकों द्वारा हमें जो विषय दिया गया था, वह इस तथ्य की ओर संकेत करता है कि विश्व की विभिन्न भाषाओं में लिखे जा रहे रचनात्मक साहित्य के अनुवाद ने समूचे विश्व में अब एक अच्छी स्थिति हासिल कर ली है। लेकिन इसके साथ ही, इससे सम्बन्धित कई समस्याएँ भी उत्पन्न हो गयी हैं, विशेष रूप से अनुवाद में राजनीति की समस्या। आख़िर लिखित शब्दों के वैश्वीकरण का अर्थ ही यह है कि हमें इस दुनिया में रहते हुए परस्पर संवाद स्थापित करने के लिए अनुवाद की आवश्यकता पड़ती है और हम दुनियाओं में 'अनूदित' कई प्रकार की अवधारणाओं और व्युत्पत्तियों की शैलियों के साथ रहते हैं और अन्तरराष्ट्रीय स्तर पर विचारों के पारस्परिक आदान-प्रदान से ज्ञान प्राप्त करने की सम्भावना उत्पन्न करते हैं।

वास्तव में, पिछली शताब्दी में विश्व संस्कृति की शुरुआत, उपभोक्तावाद और सूचना प्रौद्योगिकी के युग के आगमन से पूर्व, अनुवादों के माध्यम से हुई थी और यदि भारत के सन्दर्भ में बात करें तो ये सब अनुवाद विश्व की अधिकांश राष्ट्रों की भाषा, अंग्रेज़ी में किये गये थे और अभी भी किये जा रहे हैं। लेकिन जब हमने अंग्रेज़ी में अनूदित भारतीय साहित्य की बिक्री के सम्बन्ध में पेंगुइन इंडिया, ओ.यू.पी. (ऑक्सफोर्ड यूनिवर्सिटी प्रेस), हॉर्पर कॉलिंस या मैकमिलन जैसे प्रकाशकों से बात की, तो हमें यह जानकर बहुत हैरानी हुई कि वे जो भी पुस्तकें

प्रकाशित करते थे, वे केवल यहीं बिकती हैं, विदेशों में नहीं। पेंगुइन इंडिया द्वारा जो भी साहित्य प्रकाशित किया जाता है, पेंगुइन इंटरनेशनल उसे हाथ तक नहीं लगाती और ठीक इसी प्रकार, ऑक्सफोर्ड यूनिवर्सिटी प्रेस (ओ.यू.पी.) अपने यहाँ जो कुछ प्रकाशित करते हैं, लन्दन या ऑक्सफोर्ड में वह कहीं दिखायी नहीं देता। तो, अंग्रेज़ी में अनूदित पुस्तकें थोड़ा-बहुत उत्तर-उपनिवेशवादी तरीक़े से अंग्रेज़ी को समृद्ध कर रही हैं लेकिन हम लोग अपनी भाषाओं को समृद्ध नहीं कर रहे। कभी सलमान रुश्दी ने उत्तर-उपनिवेशवाद पर एक नारा दिया था, The Empire Writes Back लेकिन अब वह The Empire Translates Back हो गया है यानी अब अंग्रेज़ी से विभिन्न भारतीय भाषाओं के अनुवादों की दुनिया में जीते हैं। किसी समय यह समीकरण उपयोग में लाया जाता था जिसमें मूल भाषा श्रेष्ठ मानी जाती थी, मूल भाषा दाता होती थी, दानकर्ता, और प्राप्तकर्ता भाषा को हीन भाषा समझा जाता था जो स्वयं को समृद्ध बनाने की कोशिश करती थी। लेकिन भारतीय सन्दर्भ में, यदि अंग्रेज़ी भाषा के मामले को देखें तो स्थिति बिल्कुल उलट है और मुझे लगता है कि यह सच है और इसे ही मैं अनुवाद की राजनीति कहता हूँ।

लेकिन कोई व्यक्ति यह कह सकता है कि अंग्रेज़ी भाषा में किये जाने वाले अपने अनुवादों से अच्छे और विनीत बनकर हमें बिल्कुल उचित और कम-से-कम अपेक्षाएँ करनी चाहिए। हम पश्चिमी पाठकों के लिए अंग्रेज़ी भाषा में उतना अधिक अनुवाद नहीं कर रहे, जितना बहुभाषीय स्थिति में भारतीय पाठकों के लिए। भारत में हम एक ऐसी स्थिति में खड़े हैं जिसमें यदि हम किसी तमिल उपन्यास को असम या बंगाल या पंजाब के किसी पाठक के पास पहुँचाना चाहें तो आज हमारे पास केवल एक ही तरीक़ा है कि हम उसका अंग्रेज़ी अथवा हिन्दी अनुवाद करके भेजें। लेकिन हिन्दी योजना प्रणाली का ढाँचा बड़े ही राजनीतिक ढंग से बनाया गया था और उसे बड़े ही नौकरशाही तरीक़े से अमल में लाया गया था और इसके परिणामस्वरूप, सम्पर्क भाषा के तौर पर उसके अवसरों को सीमित कर दिया गया। हिन्दी की तुलना में, जिसने व्यापक स्तर पर पढ़ी-लिखी जाने वाली भाषा के रूप में ख्याति अर्जित कर ली है, सम्पर्क भाषा और विश्व भाषा के रूप में अंग्रेज़ी भाषा को नव-औपनिवेशिक ताक़तों के वर्चस्व को बढ़ावा देने के लिए आगे बढ़ाया गया। और जटिलता यहीं पैदा होती है। इस प्रक्रिया में अनुवाद एक शक्तिशाली राजनीतिक हथियार बन जाता है। यह स्वयं के लिए इस हद तक ताक़त हासिल करने का एक माध्यम बन जाता है और एक लेखक के लिए अपनी कृति का अंग्रेज़ी में अनुवाद करवाना और उसे पेंगुइन

इंडिया से प्रकाशित करवाना एक प्रतिष्ठा का प्रतीक बन जाता है। यह बाज़ार ही है जो एक लेखक के बाज़ार मूल्य को तय करने वाला एक निर्णायक घटक बन चुका है। लेकिन समसामयिक भारतीय साहित्य के विषम रूपी चरित्र को दुनिया के समक्ष प्रस्तुत करने का लक्ष्य लेकर चलने वाली एक अकेली वर्चस्वपूर्ण ताक़त अथवा अधिकांश देशों की भाषा के रूप में स्थापित हो चुकी भाषा की अपनी कुछ समस्याएँ हैं। हम विभिन्न भारतीय भाषाओं के साहित्य का अंग्रेज़ी में अनुवाद करना चाहते हैं और इसे एक अखिल भारतीय अथवा एक सार्वभौमिक माध्यम में परिवर्तित करना चाहते हैं लेकिन फिर हम इस प्रक्रिया के फलस्वरूप लघुकारक घिसी-पिटी एकरूपता के शिकार हो जाते हैं। यही समस्या की जड़ है क्योंकि इस प्रक्रिया से मूल संस्कृति को हानि पहुँचती है। उदाहरण के लिए, असमिया भाषा की कोई अंग्रेज़ी में अनूदित पुस्तक मूलतः असमिया संस्कृति को हानि पहुँचाती है और उसका अंग्रेज़ीकरण कर देती है और उसके बाद उदाहरणार्थ यह तमिलभाषी पाठक के साथ एक अंग्रेज़ी रूप में संवाद करती है और इस प्रक्रिया में हम अपनी असमिया संस्कृति को खो बैठते हैं जिसको हमने अंग्रेज़ी रूप दे दिया है और अब हम जो कुछ भी दूसरों तक पहुँचा रहे हैं, वह वास्तव में उनकी संस्कृति का हिस्सा न होकर कुछ और है जो हम हमेशा से भाषाओं की अदला-बदली की सौदेबाज़ी में कर रहे हैं। इसलिए यही एक समस्या है। इसमें सम्प्रेषित बातों से आपसी संवाद को हानि पहुँचती है जो एक भारतीय भाषा से दूसरी भारतीय भाषा में अनुवाद करने में बिल्कुल न्यूनतम होती है और जो निस्सन्देह, एक बहुत लम्बी और अधिक समृद्ध परम्परा है।

लेकिन तीसरी दुनिया में हमारे राजनेताओं, नौकरशाहों, कुलीन वर्ग और बुद्धिजीवियों के निहित स्वार्थों और शक्ति सम्बन्धों ने न सिर्फ़ पूरे विश्व में सामाजिक व भाषाई असमानताओं को जन्म दिया और अंग्रेज़ी के वर्चस्व को तर्कसंगत सिद्ध किया बल्कि भारत से प्रतिभाओं के पश्चिमी देशों की ओर पलायन में और भारतीय भाषाओं को हाशिए पर धकेल देने में भी अपनी भूमिका निभायी है। इसके परिणामस्वरूप, भारतीय साहित्य की अवधारणा को जीवित रख पाना भी बहुत कठिन हो गया है। दरअसल, हम अभी भी कुछ हद तक, नये अवतार में प्रकट हुए उपनिवेशवादियों के वर्चस्व के अधीन हैं जैसा कि अतीत में उपनिवेशवादियों द्वारा हमारे साथ किया गया था जिन्होंने हमारी और हमारे समाजों की, बहुत बार तो स्वयं हमारे लिए व्याख्या की। कई बार तो भारतीय बुद्धिजीवी उन उपनिवेशवादियों पर निर्भर थे जिन्हें वे एक आदर्श सन्दर्भ (Reference Model) के तौर पर देखते थे। इसका वर्णन एक महान अफ्रीकी

लेखक चिनुआ अचेबे ने 'उपनिवेशवादी आलोचना' पर लिखे अपने एक निबन्ध में किया है। उनका कहना है कि यह स्वाभाविक है कि एक पश्चिमी लेखक यदि कुछ लिखता है तो वह स्वतः ही एक वैश्विक कृति बन जाता है। दूसरे लोग इस उपलब्धि के लिए केवल परिश्रम ही करते रह जाते हैं। उनके अनुसार अमुक लेखक का लेखन ही विश्व स्तर का है और वही सही मायनों में प्रसिद्ध लेखक है जैसे कि विश्वव्यापकता अथवा सार्वभौमिकता (Universality) किसी मार्ग पर आने वाला कोई विशेष मोड़ है और यदि लेखक को यूरोप अथवा अमरीका में दूर तक अपनी पहचान बनानी है तो उसे इसी मोड़ के रास्ते आगे बढ़ना होगा। इसके लिए आपको अपने और अपने देश के बीच पर्याप्त फ़ासला बनाकर रखना होगा। और भारत में भी यही कुछ हो रहा है। यदि लेखन के एक विश्वव्यापक साधन के तौर पर अंग्रेज़ी के प्रति हमारे मन में लगाव है तो हमारा यह लगाव वैश्विक इकाई का एक हिस्सा बनने की हमारी महत्त्वाकांक्षा को प्रकट करता है।

लेकिन एक बड़ा प्रश्न यह है कि क्या हमारे लेखक अंग्रेज़ी में अनूदित होकर इस विश्वव्यापकता को प्राप्त कर सकते हैं? फ्रेडरिक जेमेसन और अधिकांश एंग्लो-अमरीकी या यूरोपीय विद्वानों के विचार में ऐसा बिल्कुल भी सम्भव नहीं है। जेमेसन का विचार निस्सन्देह आधा-अधूरा और एकतरफ़ा है। इसमें वह तीसरी दुनिया के साहित्य को केवल एक राष्ट्रीय रूपक की संज्ञा देते हैं जिसका वैश्विकता अथवा सार्वभौमिक विश्ववाद (Universal Cosmopolitanism) के साथ कोई सम्बन्ध नहीं है। प्रोफ़ेसर यू. आर. अनन्तमूर्ति ने एक बार इस निराशाजनक स्थिति का वर्णन करते हुए कहा था, "हम लोग, भारत में, सॉल बैलो या मिशल टुर्नियर या विलियम गोल्डिंग के उपन्यासों को साहित्यिक कृतियों के रूप में अवश्य पढ़ेंगे लेकिन मेरे 'संस्कार' नामक उपन्यास या अन्य भारतीय उपन्यासों को साहित्यिक कृतियों के रूप में नहीं पढ़ेंगे बल्कि उन्हें भारतीय समाज के समाजशास्त्रीय अथवा मानवशास्त्रीय दृष्टिकोण से पढ़ा जायेगा।" कुछ यूरोपीय और अमरीकी साहित्यिक कट्टरपन्थियों का कहना है कि अफ्रीकी और भारतीय साहित्य के प्रति पश्चिमी पाठकों की उदासीनता काफ़ी बढ़ गयी है क्योंकि अफ्रीकी और भारतीय साहित्य में विश्व साहित्य बनने के गुणों का अभाव है। और इसीलिए, चिनुआ अचेबे कहते हैं कि वह अफ्रीकी और भारतीय साहित्य पर होने वाली चर्चाओं में 'विश्वव्यापक' शब्द पर ही पूरी तरह प्रतिबन्ध लगते देखना चाहेंगे और उनके विचार में यह प्रतिबन्ध तब तक लगे रहना चाहिए, जब तक लोग यूरोप की संकीर्णतापूर्ण स्वयंसेवी स्वार्थी मानसिकता के पर्याय के रूप में इसका उपयोग करना बन्द नहीं कर देते और जब तक वैश्विकता के मायनों को

विस्तार देकर उसमें पूरे विश्व को सम्मिलित नहीं करते। और यदि कोई व्यक्ति यह सोचता है कि विश्व समुदाय में स्थान पाने के लिए अंग्रेज़ी भाषा ज़रूरी है और यह कि हमारे पास इसके अतिरिक्त कोई विकल्प नहीं है, तो व्यक्ति को एक और महान अफ्रीकी लेखक नगुगी की तरह बड़े ही विनाशक ढंग से ग़लत अंग्रेज़ी का इस्तेमाल करना चाहिए और उसे उचित मानना चाहिए जैसा कि भारत के कई अंग्रेज़ी लेखकों ने अंग्रेज़ी का भारतीयकरण किया है। तब दुनिया में सब लोग केवल आपकी ओर ही ध्यान देंगे। अब टैगोर का ही उदाहरण लें, जिनके प्रति पश्चिमी पाठकों ने उनके द्वारा साहित्य में नोबेल पुरस्कार प्राप्त करने के पश्चात् ही रुचि दिखानी आरम्भ कर दी थी।

लेकिन शीघ्र ही यह रुचि समाप्त हो गयी। पाठकों को उसके अनुवाद में दोष दिखायी देने लगे लेकिन वर्तमान काल में टैगोर में फिर से पाठकों की रुचि पैदा करने के लिए केतकी कुसारी डायसन, विलियम रैडिची, और सुकान्त चौधुरी तथा कई अन्य अनुवादकों ने टैगोर की रचनाओं के अनुवाद किये और पश्चिमी पाठकों के मन में फिर से उनके लिए उचित स्थान बनाया।

यह सच है कि टैगोर की कृतियों के इन अनुवादों से ही पश्चिमी पाठकों को टैगोर में न केवल पूर्व के रहस्यवाद के दर्शन हुए थे बल्कि उन्होंने उनमें मानवतावादी सामाजिक आलोचक को भी पाया था जिनकी कविताएँ वर्तमान युग की साहित्यिक संवेदना से बिल्कुल मेल खाती थीं। लेकिन इतना कुछ होने के बाद भी पश्चिमी पाठकों की नज़रों में उनकी स्थिति में कोई बहुत बड़ा सुधार देखने में नहीं आया था। इयान जैक 'द संडे टाइम्स' में लिखते हैं कि गद्य पढ़ने वाले ब्रिटेन के पाठक कुछ ठोस और यथार्थपूर्ण साहित्य पढ़ना पसन्द करते हैं। आडम्बरपूर्ण भाषा का इस्तेमाल करने वाले बांग्ला साहित्यकारों का इस वैचारिकता से लम्बे समय से सम्बन्ध रहा है। रिचर्ड कैसबी 'द ऑक्सफोर्ड टाइम्स' में लिखते हैं कि अपनी श्रेष्ठता पर इठलाने वाली कविताओं में विद्यमान सीमित आकर्षण क्षमता को समझते हुए किसी को यह सन्देह नहीं होना चाहिए कि बुक स्टॉलों पर इनके लिए कोई भगदड़ नहीं मचेगी। पूर्व और सर्वव्यापी अमूर्तता के मध्य के प्रेम सम्बन्ध अब लम्बे समय से ठण्डे पड़े हैं।

अगर यह ऐसा ही मामला है तो लिखित शब्दों के वैश्वीकरण के सन्दर्भ में भारतीय भाषाओं की पुस्तकों के अनुवादों के प्रकाशन की वर्तमान स्थिति क्या है? यदि हम वैश्वीकरण की बात करें तो इसकी मुख्य विशेषता यह है कि यह विविधता का विरोधी है। यह विविधता और भिन्नता को नष्ट कर देता है और उन्हें समरूप बना देता है और विशिष्टताओं को समाप्त करके उन्हें समानताओं

में परिवर्तित कर देता है। वैश्विक बाज़ार का स्वरूप लोगों की लोकप्रिय पसन्द से तय होता है। लेकिन विडम्बना यह है कि इसके साथ-साथ यह अपने सबसे प्रभावशाली माध्यम अर्थात् विज्ञापन के ज़रिये लोगों की लोकप्रिय पसन्द को नियन्त्रित करता प्रतीत होता है। आज एक पुस्तक का महत्त्व उसके बाज़ार मूल्य से निर्धारित होता है और इसका सीधा प्रभाव गम्भीर लेखकों पर पड़ता है जो इससे हाशिए पर चले जाते हैं। सोवियत युग के दौरान राजनीतिक अथवा अन्य कारणों से महान भारतीय लेखकों जैसे टैगोर, प्रेमचन्द, पोट्टेक्कट, माणिक बन्दोपाध्याय, शिवराम कारन्त, अमृता प्रीतम, भीष्म साहनी और कई अन्य लेखकों की कृतियों का रूसी तथा पूर्व यूरोपीय भाषाओं में अनुवाद हुआ था। उस समय तत्कालीन सोवियत विद्वानों के मुँह से भारतीय लेखकों को पढ़ना, उनके मूल्यों और उनकी मानवता से सम्बन्धित अनुभवों को सुनना अच्छा लगता था जिन्होंने बड़े ही प्रभावशाली ढंग से भारत की विभिन्न छवियों, पिष्टोक्ति प्रयोग और कई अमूर्त प्रत्ययों को ध्वस्त कर दिया था जो सामान्यतया भारत का प्रतिनिधित्व करते थे। यह एक ऐसा अनुभव था जिसके ज़रिये इन देशों की राष्ट्रीय संस्कृति अथवा साहित्य के साथ जुड़ने की मानवतावादी परम्पर.ओं को स्वीकार करने में रूसी और पूर्व यूरोपीय पाठकों का उत्साह देखते ही बनता था। इसमें महत्त्वपूर्ण बात यह थी कि यह संस्कृति अथवा साहित्य उनके अपने देश का नहीं था। लेकिन सोवियत रूस के पतन के पश्चात् समूचे विश्व की उपभोक्ता संस्कृति ने बड़ी तीव्रता से इन देशों की साहित्यिक संस्कृति के आधार को नष्ट कर डाला। लेकिन अब जेम्स हेडली चेज़, सिडनी शेल्डन, जेफ्री ऑर्चर, इयान फ्लेमिंग इत्यादि के उपन्यासों के अनुवाद और बिक्री में ख़ूब तेज़ी आ चुकी है।

दूसरी ओर, लिखित शब्दों के वैश्वीकरण ने रचनात्मक विविधता के सामने एक बहुत बड़ा संकट खड़ा कर दिया है। अंग्रेज़ी भाषा की यथातथ्यता द्वारा सभी संस्कृतियों को अपने अन्दर आत्मसात करने के लिए और विश्ववाद (Cosmopolitanism) का अकेला संवाहक बनने की चाह को देखते हुए पश्चिम की कई अकादमियों ने यह स्वीकार किया है कि अंग्रेज़ी की बढ़ती हुई लालसा विभिन्न संस्कृतियों में मौजूद अन्तर के लिए एक ख़तरा बन चुकी है। तीसरी दुनिया की सांस्कृतिक विविधता पर आज एकल भाषावाद (Monolingualism) यानी एक भाषावाद की बीमारी से ग्रस्त होने का ख़तरा मँडरा रहा है। भारत में प्रेसीनियम रंगमंच के उद्भव और उसके वर्चस्व के आधार पर इस स्थिति का बहुत ही स्पष्ट वर्णन किया जा सका है। एक बार हमारे द्वारा रंगमंच की इस पद्धति को अपनाने के बाद, न.ट्य प्रस्तुतियों के देसी नाना रूप यात्रा, नौटंकी,

भवई, यक्षगान, तमाशा आदि जिनको निकट क्षेत्रों से देखा जाता रहा है तथाकथित शहरी थियेटरों और थियेटर स्थलों से निकलकर बाहर आ गये। इसी प्रकार से प्रदर्शन कला (performing art) के भी कई रूप सामान्य लोक मंचों से निकलकर सामने आ गये क्योंकि उन्हें छोटे पर्दे पर सफलतापूर्ववक नहीं प्रस्तुत किया जा सकता था जो आज वैश्विक बाज़ार का सबसे प्रभावशाली साधन बनकर उभरा है। कमल कुमार मजूमदार, अज्ञेय इत्यादि जैसे अग्रणी लेखकों का आज विश्व बाज़ार में कम स्थान रह गया, वे अब लगभग अप्रासंगिक होकर रह गये हैं।

इसके अतिरिक्त, अंग्रेज़ी अब विश्व के तमाम उद्यमों की भाषा बन गयी है जिससे हमारे द्वारा प्रयुक्त की जा रही भाषा पर भी प्रभाव पड़ रहा है और यह हमारी सामाजिक-सांस्कृतिक सोच को भी प्रभावित करने लगी है। फिर भी, यदि हम यह सोचते हैं कि जिस प्रकार लगभग 100 वर्ष पूर्व नोबेल पुरस्कार की शक्ल में टैगोर के हिस्से में एक उपलब्धि आयी थी, तो ठीक वैसा ही एक दिन निर्मल वर्मा, एम.टी. वासुदेवन नायर या सुनील गंगोपाध्याय के साथ भी होगा, तो ऐसी कोई सम्भावना दिखायी नहीं देती है। इसका कारण यह है कि ऐसा किसी विक्रम सेठ या अमिताभ घोष के साथ होने की सम्भावना है जैसा कि वी.एस. नायपॉल के साथ हुआ था जो भारतीय मूल के लेखक थे, ऐसा विशेषकर उनके द्वारा अपने लेखन में एक तथाकथित 'विजातीय स्वामी की' भाषा का प्रयोग करने के कारण भी हुआ था। दूसरे, भारतीय साहित्य के अंग्रेज़ी अनुवादों में यूरोप-केन्द्रित पाठकों ने जिस प्रकार की उदासीनता दिखायी थी, उसके कारण भी निर्मल वर्मा, एम.टी. वासुदेवन नायर या सुनील गंगोपाध्याय को नोबेल पुरस्कार मिलना सम्भव नहीं था। इसकी पुष्टि इस तथ्य से की जा सकती है कि पेंगुइन इंडिया द्वारा अभी तक प्रतिवर्ष प्रकाशित लगभग 10 अनूदित पुस्तकों में से इसकी मूल कम्पनी, पेंगुइन लन्दन ने अन्तरराष्ट्रीय स्तर पर वितरण के लिए शायद ही किसी पुस्तक की एक भी प्रति को चुना होगा।

लेकिन त्रासदी यह है कि पश्चिभी सभ्यता से प्रभावित भारत के अधिकांश मध्यमवर्गीय बुद्धिजीवियों पर समूचे विश्व में फैल चुके आधुनिकतावाद की तथाकथित भ्रान्तियों का गहरा प्रभाव है और जो अभी भी मानते हैं कि पश्चिम की ख़ुशामद करना ही विकास और ज्ञान की कुंजी है। इसके परिणामस्वरूप, पश्चिमी वैश्विक संस्कृति का एक अंग बनने की अपनी बेचैनी के कारण उन्हें ऐसा महसूस होता है कि वे केवल पश्चिम से प्रकाशित होने वाली पुस्तकों के बारे में ही बात करने को बाध्य हैं। गिलियन राइट ने हिन्दी के सर्वोत्तम उपन्यासों में से एक श्रीलाल शुक्ल के उपन्यास 'राग दरबारी' के सम्बन्ध में लिखी अपनी

'अनुवादक की प्रस्तावना' में पहले ही पृष्ठ पर इस प्रकार की स्थिति का बहुत सूक्ष्मता के साथ वर्णन किया है :

> "दिल्ली के सामाजिक गलियारों में राग दरबारी को बहुत ज़्यादा नहीं पढ़ा गया और आपने शायद ही किसी व्यक्ति को किसी औसत डिनर पार्टी में इस पुस्तक या इसके लेखक के सम्बन्ध में ज़िक्र करते सुना होगा। दूसरी ओर अंग्रेज़ी के नवीनतम (भारतीय) उपन्यास चर्चा का एक पसन्दीदा विषय बने हुए हैं। लेकिन मैंने आज तक जितने भी उपन्यास पढ़े हैं, उनमें से कोई भी अंग्रेज़ी उपन्यास 'राग दरबारी' के स्तर को छू भी नहीं पाता जिसमें अत्यन्त गहराई के साथ उत्तर भारत के एक साधारण से गाँव के जीवन की बारीकियों को दिखाया है और जिसके प्रत्येक पृष्ठ से उत्तर प्रदेश की मिट्टी की ख़ुश्बू निकलती महसूस होती है।"

इसलिए भारत में हमारे समक्ष सबसे बड़ा प्रश्न यह है कि हम लिखित शब्दों की नयी उत्तर-औपनिवेशिक वैश्विक संस्कृति के सामने स्वयं को और अपनी संस्कृति को कहाँ रखते हैं। हमें वैश्विक दृष्टिकोण की अपेक्षा अखिल भारतीय दृष्टिकोण से अपने देश की साहित्यिक और सांस्कृतिक एकता तथा विविधता को स्वीकार करना चाहिए।

पहली नज़र में, यह एक विचित्र समस्या प्रतीत होती है लेकिन बाद में यही हमें सही दिशा की ओर ले जायेगी। जब तक घरेलू स्तर पर हमारे साहित्य के प्रति लोगों के मन में जागरूकता उत्पन्न नहीं होगी, तब तक विदेशों में अपने साहित्य को बढ़ावा देने के सम्बन्ध में हम सोच भी नहीं सकते। आइए, हम इस स्थिति को पलट दें और अंग्रेज़ी भाषा को झुकने के लिए विवश कर दें जैसा कि चिनुआ अचेबे और नगुगी ने तीसरी दुनिया से ऐसा करने का आग्रह किया था। अखिल भारतीय तथा भिन्न-भिन्न अस्तित्व वाले भारत, दोनों को आगे बढ़ाने के लिए हमारी अपनी शर्तों पर अंग्रेज़ी का उपयोग करने की प्रक्रिया पहले ही प्रारम्भ हो चुकी है और केवल तभी वैश्विक स्तर पर भाषाई और सांस्कृतिक अन्तरीकरण (Totalisation) तथा लिखित शब्दों की बढ़ती हुई एकभाषीय साहित्यिक निरंकुशता (Monolingual Literary Authoritarianism) के विरुद्ध अपनी पकड़ बनाने के लिए लक्ष्य भाषा के तौर पर अंग्रेज़ी का उपयोग हिन्दी तथा अन्य भारतीय भाषाओं के साथ सहज बन पायेगा।

इस सम्बन्ध में यदि हम राजनीतिक असर को निष्प्रभावी कर दें और अंग्रेज़ी के मठाधीशों द्वारा स्थापित अंग्रेज़ी के वर्चस्व को समाप्त कर सकें और

उसे सामान्य स्थिति में ला सकें तो इससे हमें हमारी अपनी अंग्रेज़ी में भारतीय साहित्य का अनुवाद करने के प्रयासों में सहायता मिलेगी और हम भारतीय साहित्य के विशिष्ट क्षेत्रों, उसकी कमज़ोरियों और उसके सकारात्मक गुणों को ठीक तरह से परिभाषित कर सकेंगे। आप देखेंगे कि भारतीय अनुवादक पहले ही उन तरीक़ों को तलाशने में लगे हुए हैं जिनमें अंग्रेज़ी भाषा को लचीला बनाकर प्रामाणिक तौर से भारतीय भावाभिव्यक्तियों का उसमें समावेश किया जा सके। इससे पहले भी अंग्रेज़ी भाषा को भारतीय भाषाओं में शामिल करने की एक कोशिश हो चुकी है। इसी कारण अंग्रेज़ी भाषा में लिखने वाले कई भारतीय लेखकों ने भारतीय भाषाओं से अंग्रेज़ी भाषा में अनुवाद भी किया है। इसके अलावा, हमारे लेखकों-अनुवादकों और इस क्षेत्र के पेशेवर लोगों को देश में अन्तर-भाषिक समझ पैदा करने के लिए अपने अनुवाद कार्यों को जारी रखा है। इसके साथ ही, हमें पाठकों की रुचि को भी ऊपर उठाने का प्रयास करना होगा जो साहित्य का एक मुख्य उद्देश्य भी है और जो आलोचना के एक महत्त्वपूर्ण उपकरण के विकास से सम्बन्धित है जिससे हमें, पश्चिमी साहित्य के साथ-साथ हमारे अपने साहित्य को एक सामान्य परिप्रेक्ष्य में रखने में सहायता मिलेगी। तब केवल पश्चिम के अग्रणी लेखक ही औपनिवेशिक उत्सुकता से आगे बढ़कर तुलनात्मक विषय के तौर पर अनुवाद कार्य को एक अनुशासन मानते हुए, जो आज भी यूरोप के साहित्य की साधना करने में जुटे हुए हैं, के साथ सहवर्ती होकर एक साथ और बड़े विश्वसनीय तरीक़े से हमारे साहित्य को समझने का प्रयास कर रहे हैं।

अब यह भारतीय साहित्य को एंग्लो-अमरीकी ढाँचे में परिवर्तित करके उसे एक नया रूप देने का प्रश्न नहीं रहा बल्कि यह अभिग्रहण (Reception) के ढाँचे को तोड़ने का प्रश्न है जैसा कि गायत्री स्पीवाक ने महाश्वेता देवी की कहानियों, जैसे दौलती (Douloti) का विसामान्यीकरण (Defamiliarization) करके और उन्हें बिल्कुल अलग ही रचना बना कर किया था। इस कहानी की अन्तिम पंक्तियाँ हैं :

> “महासागरों से लेकर हिमालय तक, पूरे भारतीय महाद्वीप में बँधुआ मज़दूर फैले हुए हैं। काम्या-वेश्या, दौलती नागेशिया की अभिशप्त लाश ...रति रोग की मारी... उसके सूखे फेफड़ों में जैसे रक्त की उल्टी की हुई थी...आज, पन्द्रह अगस्त (भारतीय स्वतन्त्रता दिवस) के दिन, दौलती (किसी लक्षित विषय नहीं, बल्कि एक सुसज्जित देह के रूप में) में मोहन (स्कूल मास्टर) जैसे लोगों के लिए स्वतन्त्रता दिवस में ध्वज

लगाने के लिए भारत में कोई स्थान नहीं छोड़ा है...अब मोहन क्या करेगा, दौलती जैसी औरतें तो पूरे भारत में मौजूद हैं।"

स्पीवाक ने जिस कुशलता के साथ कहानी की परतों को खोला है, वह कहानी में अभिव्यक्त सभी आवाज़ों के सामाजिक-सांस्कृतिक सन्दर्भों (Contextualization) के प्रति उनके सरोकारों को दर्शाता है। भारत के आदिवासियों की आवाज़ें, महाश्वेता देवी और स्वयं स्पीवाक की आवाज़ें और परिणामस्वरूप, वह वैकल्पिक अनुवाद के कार्यों को एक प्रमुख स्थान बना देती हैं जो रचना की शाब्दिक बारीकियों पर ध्यान देती हैं और तीसरी दुनिया की रचनात्मकता को समरूप समूहों के रूप में एक साथ मिलाने के पुराने औपनिवेशिक रवैये के विरुद्ध सचेत करती हैं।

दुभाषियों और अनुवादकों को इतना उत्साहित नहीं होना चाहिए कि वे राष्ट्रीय गौरव और किसी राष्ट्रीय कृति को बढ़ावा देने की अपनी तीव्र इच्छा के कारण भारतीय लेखन के सम्बन्ध में बढ़-चढ़ कर दावे करने लगें। उन्हें केवल सर्वश्रेष्ठ साहित्य को ही बढ़ावा देना चाहिए, ऐसा साहित्य जिसमं भारतीय धरोहर बनने की क्षमता हो, जिसमें विविध भारतीय अनुभवों को परस्पर साझा करने की विशेषता हो और भारतीय आवाज़ की विलक्षणता मौजूद हो। पश्चिम और भारतीय लोगों को भी वैकल्पिक अनुवाद की प्रथाओं का पालन करके इस विरासत, मिश्रता और विलक्षणता के प्रति जागरूक करना होगा जो वास्तव में आमतौर पर एंग्लो-अमरीकी संस्कृति में मौजूद अनुवाद की वर्तमान प्रथाओं की सार्वभौमिकता के मॉडल को नकारता है। भारत में समाज के अधिसंख्यक भाग से भिन्न संस्कृति वाले लोगों (Cultural Minorities) के बौद्धिक लेखन के प्रभाव से पश्चिमी मत वाली संस्थाओं से अनपेक्षित ढंग से निकली पश्चिमी आलोचना कार्य की वैश्विकता की घोर आलोचना का प्रादुर्भाव हुआ।

अब जो लेखक कई भाषाओं में साहित्य लेखन कर रहे हैं और जो पूर्व-उपनिवेशवादों की भाषा या भारत की क्षेत्रीय भाषाओं में लिख रहे हैं, वे अनुवाद के सिद्धान्तों की मान्य कई धारणाओं को चुनौती दे रहे हैं और उन्हें पुनःपरिभाषित कर रहे हैं। अब हम स्वयं को केवल भाषाई समानता या अनुवाद करते हुए मूल पाठ (Source Language) का कुछ हटा देने (Degree of Loss) या जोड़ देने (Degree of Addition) विचारों की पारम्परिक धारणा से जोड़कर नहीं रख सकते जो लम्बे समय से अनुवाद के सिद्धान्तों का एक महत्त्वपूर्ण आधार रहा है। इसका कारण यह है कि बहुभाषीय सन्दर्भ में कम्बन, देवेश रॉय, तथा कृष्णा सोबती जैसे भारतीय उपन्यासकार व्यापक स्तर पर

विभिन्न प्रान्तीय अथवा उप-भाषाओं का उपयोग करते रहे हैं या दलित लेखक जिन्होंने अपने लेखन में एक नयी भाषा गढ़ ली है या बहुभाषी सन्दर्भों में जनजातीय भाषाओं का उपयोग हो रहा है।

ये 'बीच की' भाषाएँ (In-between Languages) हैं, दो या दो से अधिक भाषाओं की विशेषताओं को समेटे 'मिश्रित भाषाएँ' (Mixed Languages) जो अपने लिए 'बीच में' एक स्थान बना लेती हैं और अनुवाद की पारम्परिक धारणाओं को चुनौती देती हैं। इनका प्रयास रहता है कि वे स्वयं को दो उत्पीड़कों से मुक्त कर लें—एक, पश्चिम के पूर्व-उपनिवेशवादों से जो बड़ी मासूमियत के साथ अपने अस्तित्व के होने का गर्व करते हैं और दूसरे, पारम्परिक 'राष्ट्रीय' संस्कृतियों से जो अपनी अदूरदर्शिता से अपने महत्त्व को नकारती हैं।

यह 'बीच की' भाषाओं के कारण ही सम्भव हो पाया है कि अब हम अनुवाद के सिद्धान्तों के नये मॉडलों का निर्माण कर सकते हैं। वास्तव में वे प्रभावशाली और अविकसित भाषाओं को साथ लाकर, भिन्न-भिन्न प्रतीकात्मक दुनियाओं को समाप्त करके और शब्दशक्ति की प्रणालियों को अलग करके वर्चस्व की स्थिति को ख़त्म कर रही हैं ताकि आन्तरिक जीवन में और असीमित बाहरी सम्भावनाओं वाली दुनिया के रूप में 'शब्द' को स्थापित किया जा सके।

विद्वत्‌जन 'बीच की अवस्थाओं' की नयी राजनीति के लिए, मध्यवर्ती स्थान की रचनात्मक सम्भावनाओं के पुनर्मूल्यांकन के लिए बड़े विश्वासपूर्वक ढंग से तर्क देते हैं। जैसा कि होमी भाभा लिखते हैं :

> "हमें यह बात याद रखनी चाहिए कि यह 'अन्तर' (Inter) ही अनुवाद का सबसे महत्त्वपूर्ण अंश है और पुनःकथन की उच्च अवस्था है। बीच के (In-between) स्थान की सबसे महत्त्वपूर्ण अवस्था जो संस्कृति के अर्थ को स्पष्ट करती है। यह लोगों के राष्ट्रीय राष्ट्रवादी-विरोधी इतिहास को सम्भव बनाती है और इस तीसरे स्थान को खोजकर भाषा का 'ध्रुवीकरण' करने की राजनीति को ख़त्म कर सकती है और इस प्रकार हम अपने एक 'अन्य स्वतन्त्र अस्तित्व' के रूप में उभर सकते हैं।"—'द लोकेशन ऑफ़ कल्चर, भाभा, 1994'।

8

भारतीय अनुवाद सिद्धान्त व उसका इतिहास

क्या कारण है कि 5000 वर्ष पुरानी सभ्यता वाले एक ऐसे देश ने, जहाँ कई भाषाएँ बोली जाती हैं, कभी भी अनुवाद के एक मज़बूत सिद्धान्त को विकसित करने या व्यापक रूप से न सही लेकिन कम-से-कम संक्षिप्त रूप से ही सही, अनुवाद की प्रकृति, अनुवाद के कार्यों और अनुवाद के सिद्धान्तों पर चर्चा करने का भी कष्ट नहीं उठाया। विभिन्न ग्रन्थों जैसे–'ऐतरेय' अथवा 'गोपथ ब्राह्मण', पाणिनि रचित 'अष्टाध्यायी', संस्कृत के प्राचीन वैयाकरण (Grammarian) यास्क रचित 'निरुक्त' (Nirukta), ऋषि गौतम का 'न्यायदर्शन या जैमिनी न्याय', पाणिनि के सूत्र पर महाभाष्यकार की टिप्पणी पर कय्यट (Kayyat) की टीका, भर्तृहरि और मनुस्मृति पर भट्ट की टीका और वात्स्यायन भाष्य इत्यादि में अनुवाद से सम्बन्धित जो भी सन्दर्भ मिले हैं, वे मुख्य रूप से यही बताते हैं कि अनुवाद किसी द्वारा कही गयी बात को पुनः कहना अथवा एक भाषा में किसी के द्वारा प्रस्तुत की गयी सामग्री को किसी अन्य भाषा में पुनः प्रस्तुत करना है लेकिन यह स्रोत भाषा में वर्णित मूल सामग्री से लक्ष्य भाषा में शब्दशः प्रस्तुत नहीं होना चाहिए।

वास्तव में, भारतीय सन्दर्भ में पाठक को किसी ऐसी पाठ्य सामग्री का निष्क्रिय पाठक नहीं समझा जाता जिसमें उसका सत्य निहित होता है। 'रस' और 'ध्वनि' की अवधारणाएँ इसी तथ्य की ओर इशारा करती हैं कि पाठ्य सामग्री का अर्थ है किसी भावना को महसूस करने वाले व्यक्ति की समझ के आधार पर उसे लिपिबद्ध करना ताकि उसके पास कई प्रकार के अनुभव हों। इसलिए किसी पाठ्य सामग्री की कल्पना एक ऐसे विषय के रूप में नहीं की जा सकती जिसे केवल एक ही भाषा में पढ़ा जा सके। इसलिए पाश्चात्य सोच के विपरीत, पाठक और अनुवादक की ओर से किसी प्रकार के विषयान्तर को

अनुचित नहीं कहा जा सकता। 20वीं शताब्दी में पश्चिमी साहित्य के अध्ययन में सबसे बड़ी प्रगतियों में से एक (पश्चिमी मत के अनुसार यह सबसे बड़ी प्रगति है और एक भारतीय के लिए यह स्वाभाविक है) यह है कि रॉलैंड बन्धुओं जैसे सिद्धान्तवादियों का मानना है कि साहित्यिक रचनाओं का उद्देश्य पाठक को एक उपभोक्ता नहीं अपितु उसे पाठ्य सामग्री का रचनाकार बनाना होता है। इसके साथ-साथ बल्गेरियाई साहित्यिक आलोचक तथा दार्शनिक जूलिया क्रिस्तेवा की अन्तर्पाठ्यता (Intertextuality) की धारणा भी अत्यन्त महत्त्वपूर्ण है जिसका अर्थ है किसी भी रचना का सम्बन्ध न केवल लेखक और पाठक से होता है बल्कि अन्य रचनाओं से भी होता है। यह धारणा महत्त्वपूर्ण इसलिए है क्योंकि पूर्ववर्ती और वर्तमान में हर ओर उपलब्ध सभी ग्रन्थों की स्वीकार्यता पाठकों और अनुवादकों को उनकी व्याख्या करने और उनका अनुवाद करने की अनुमति प्रदान करती है। इसलिए अनुवाद के सम्बन्ध में प्राचीन भारत का यह विचार था कि अनुवाद और कुछ नहीं बल्कि किसी भाषा में कही या लिखी गयी बात को किसी अन्य भाषा में दोहराना अथवा पुनः कहना है। एक वैदिक कृति को किसी अन्य भाषा के शब्दों का प्रयोग करके दोहराना अर्थात् अनुवाद एक ग्रन्थ की विषय सामग्री को किसी अन्य भाषा में स्पष्ट करना और उसका भाषान्तरण और रूपान्तरण करना है जो विभिन्न वाक्यों, चित्रों और अभिव्यक्तियों के दोहराव से प्राप्त की गयी हो। इसलिए एक भारतीय समाज के लिए श्रुति (Sruti) और स्मृति (Smriti) की एक मौखिक साहित्यिक परम्परा रही है। ये मौलिक साहित्य के मानदण्ड थे न कि अपवाद और प्रामाणिक तथा पवित्र ग्रन्थों की रचना की एक विधि थे। यह परम्परा यूरोप में प्राचीन काल से जारी थी विशेषतया यूरोपीय शासकों के औपनिवेशिक वर्चस्व के समय, जो उनके लिए एक अनजानी धारणा थी। भारतीय मतानुसार, अनुवाद भाषा का पुनर्जन्म अर्थात् रूपान्तरण है जहाँ अपरिवर्तनीय मूल अर्थात् आत्मा स्थिर रहती है और दूसरे तत्त्व परिवर्तित होकर एक नया रूप ले लेते हैं।

इसमें कोई सन्देह नहीं कि प्राचीन काल में लोग अनुवाद की समस्या को लेकर उतने जागरूक नहीं थे, जितने आज हम हैं। उन्होंने जानबूझ कर अनुवाद का कोई सिद्धान्त बनाने का प्रयास नहीं किया।

लेकिन भाषाओं की भिन्नता की समस्या का सामना करने पर उन्हें जहाँ एक ओर भाषा और समझ, भाषाओं को सीखने और सिखाने, भाषाओं में वैश्विक और सामान्य भाषाओं और उनके बीच विद्यमान अन्तर और शब्द तथा अर्थ के मध्य के जटिल सम्बन्धों का पता लगाना था, वहीं दूसरी ओर, भाषाई प्रतिनिधित्व,

तर्क और सच्चाइयों के विभिन्न पहलुओं का भी पता लगाना था। यदि हम वर्तमान दृष्टिकोण से देखें तो अनुवाद के नियमों को समझने के लिए और विज्ञान में व्यावहारिक रूप से इसका उपयोग करने के लिए ये सभी समस्याएँ अभी भी प्रासंगिक हैं और इसके साथ-साथ, इन समस्याओं को दूर करने के लिए वे प्राचीन भारत में मौजूद अनुवाद सम्बन्धी भाषाविज्ञान से प्राप्त अनुवाद के सिद्धान्त को सामने लाती हैं। यहाँ तक कि यदि अनुवाद की कला अथवा विज्ञान से सम्बन्धित कोई महत्त्वपूर्ण ग्रन्थ उपलब्ध नहीं भी होता, जो पाणिनि के व्याकरण और भरतमुनि द्वारा लिखित 'नाट्यशास्त्र' के स्तर का हो, तो व्यक्ति भारतीय उपमहाद्वीप के साथ-साथ विश्व के कई देशों में बोली और समझी जाने वाली लगभग सभी भारतीय भाषाओं में साहित्यिक अनुवाद के लिए निरन्तर प्रयोग में लायी जाने वाली पद्धतियों का उपयोग कर सकता है। इसके अतिरिक्त, वह इधर-उधर से उपलब्ध ज्ञान और अनुवाद से सम्बन्धित अप्रत्यक्ष रूप से प्राप्त सहायक सूचनाओं को एकत्रित करके उनको अनुवाद के एक व्यावहारिक सिद्धान्त के रूप में विकसित करके उसका लाभ उठा सकता है।

भारत में अनुवाद सम्बन्धी चेतना का श्रेय प्राचीन भारत में कई भाषाएँ बोलने अथवा उनका लिखित रूप से उपयोग करने वाले बहुभाषीय ज्ञान (Polyglottism) को दिया जा सकता है जैसा कि सुनीति कुमार चटर्जी ने उल्लेख किया है। वात्स्यायन द्वारा प्रयुक्त शब्द 'लोकोपिचानुवाद' (अनुवादनीयता) भारत में अनुवाद चेतना के इतिहास पर प्रकाश डालता है।

सुनीति चटर्जी ने अपनी पुस्तक 'इंडो-आर्यन एंड हिन्दी' में यह सिद्ध किया है कि संस्कृत साहित्य के अधिकांश ग्रन्थ, विशेष रूप से महाभारत और पुराण, इंडो-आर्यन भाषाओं के साहित्य से किये गये अनुवादों के आधार पर लिखे गये हैं। इन इंडो-आर्यन भाषाओं में मूल आर्यों, मिश्रित आर्यों और अनार्यों और विदेशी भाषाएँ बोलने वालों, विशेष रूप से ग्रीक और पुरानी फ़ारसी भाषाएँ बोलने वालों की भाषाएँ शामिल हैं। जब संस्कृत भाषा ने समूचे भारत में प्रतिष्ठा हासिल कर ली तो इसके बोलने वाले इस साहित्यिक स्रोत की अनुवाद से सम्बन्धित विशेषता को उजागर नहीं करना चाहते थे। इसके सैद्धान्तिक कारणों को रूस के रूपवादियों (Formalists) के हवाले से समझा जा सकता है जो यह मानते हैं कि साहित्य की प्रत्येक परम्परा में एक नहीं बल्कि कई साहित्यिक पद्धतियाँ होती हैं और साहित्य में वे एक साथ प्रभावी होती हैं लेकिन वे केवल एक ही सर्वश्रेष्ठ पद्धति का प्रतिनिधित्व करती हैं। यथासमय संस्कृत इस स्तर पर प्रतिष्ठित हो चुकी थी। अन्य भाषाएँ इस शिखर को नहीं छू सकीं और

उनका अस्तित्व अस्पष्ट-सा रहा। संस्कृत को उत्कृष्ट मानने की इस प्रवृत्ति ने इन क्षेत्रीय भाषाओं से संस्कृत में अनुवाद कार्य को कम महत्त्व का बना दिया और समय के साथ-साथ संस्कृत ने देशी भाषाओं में कलात्मक रचनाओं के सृजन के प्रति अपनी घृणा ही प्रदर्शित की। इस सम्बन्ध में विख्यात विद्वान गुणाढ्य ने 'बृहत्कथा' नामक ग्रन्थ की रचना की जिसे संस्कृत के प्रकाण्ड विद्वानों ने स्वीकार नहीं किया क्योंकि यह साधारण जन की भाषा में लिखी गयी थी जबकि संस्कृत अभिजात वर्ग की भाषा समझी जाती थी। प्रतिक्रियास्वरूप गुणाढ्य ने हताश होकर अपनी उस कृति को अग्नि में जला डालने का निश्चय कर लिया। जब इस ग्रन्थ की पाण्डुलिपि का अधिकांश अंश जल चुका था तो उनसे सहानुभूति रखने वाले संस्कृत के प्रतिभासम्पन्न विद्वान क्षेमेन्द्र अथवा सोमदेव ने शेष पाण्डुलिपि को जलने से बचा लिया और फिर उन्होंने इसका संस्कृत में अनुवाद किया।

भारतीय ज्ञानमीमांसा (Epistomology) 'सूत्र' परम्परा पर आधारित है और भाष्य इन सूत्रों के अर्थ की बृहद व्याख्या या टीका के लिए लिखे गये हैं। लेकिन भारत के अनुवाद सम्बन्धी सिद्धान्तों में केवल कुछ ही धारणाएँ ऐसी हैं जो बिना कोई टिप्पणी किये भावी पीढ़ी के लिए छोड़ दी गयी हैं। यदि कोई व्यक्ति बिखरे हुए इस ज्ञान के भण्डार को और अनुवाद के क्षेत्र में काम करने वाले विद्वानों द्वारा समझे गये सिद्धान्तों को एकत्रित करके उनका परस्पर सम्बन्ध जोड़ सके तो व्यक्ति, जैसा कि पहले कहा जा चुका है अनुवाद के एक भारतीय सिद्धान्त की उत्पत्ति का पता लगा सकता है।

पुनःकथन की इस धारणा के अतिरिक्त (विधिनिहित तस्यानुवचनमनुवादः) 'गोपथ ब्राह्मण' अनुवाद के एक विशिष्ट उद्देश्य के सिद्धान्त (सप्रयोजनमनुवादः) का वर्णन करता है जो संस्कृत के काव्यशास्त्र से उत्पन्न सिद्धान्त है। इसलिए केवल माँग और पूर्ति के उपयोगिता सिद्धान्त के आधार पर इसकी व्याख्या नहीं की जा सकती। अनुवाद की समस्या विशुद्ध रूप से भाषा से सम्बन्धित समस्या और कार्यात्मक समस्या न होकर सौन्दर्यात्मक समस्या अधिक है। इसलिए इसके प्रयोजन को एक सौन्दर्यात्मक आनन्द के रूप में समझना चाहिए। (सकल प्रयोजन मौली भूतं आनंदम् : मम्मट) इसलिए साहित्यिक अनुवाद केवल एक भाषा में किसी के द्वारा प्रस्तुत की गयी कृति को यथावत् संकेतों अथवा भावों की दूसरी शाब्दिक प्रणाली में प्रस्तुत करना ही नहीं बल्कि एक अन्य शाब्दिक स्थल और शाब्दिक समय में मूल शब्दों को एक नया रूप प्रदान करना है। और इस प्रकार, इसमें मूल विषयों को पूरी गम्भीरता के साथ एक भावपूर्ण और अर्थपूर्ण ढंग से कलात्मक गतिविधियों के रूप में प्रस्तुत किया जाता है।

अनुवाद का सार दो भिन्न-भिन्न भाषाओं में किसी अर्थ को ज्यों-का-त्यों बनाये रखने में निहित है। अनुवाद की यह धारणा हमें अनुवाद में सममूल्यता (Equivalence) की अवधारणा से परिचित कराती है। माधव द्वारा रचित 'जैमिनीय न्याय माला विस्तार' में लिखा है कि अनुवाद (ज्ञातस्यकथनमनुवादः 1/4/6) के मायने हैं किसी ज्ञात शब्द का पुनः अर्थ प्रकट करना लेकिन समतुल्यता का अर्थ समानता नहीं है। एक सार्थक अनुवाद अर्थ की दृष्टि से व्यवहार रूप में और गत्यात्मक रूप से मूल पाठ के समान होता है। इसका कारण यह है कि किसी निर्धारित पाठ का अनुवाद करते हुए अनुवादक के सामने कई प्रकार के अर्थ होते हैं और उसका कार्य होता है भाषा के एक जटिल रूप पर आधारित किसी विषयवस्तु का सावधानीपूर्वक विश्लेषण करना।

मीमांसा दर्शन में एक शब्द अथवा शाब्दिक अभिव्यक्ति को दो प्रकार से समझा जा सकता है। पहली समझ में विश्लेषण अथवा व्युत्पत्ति (योग) के आधार पर अर्थ निकालना होता है और दूसरी समझ है पारम्परिक रूप से स्थापित अर्थों का उनके उपयोग (रूढ़ि) के आधार पर विषयवस्तु की व्याख्या करना जो सदैव योग अर्थ से अधिक प्रभावशाली होता है। अनुवाद कार्य में सदैव रूढ़ि अर्थों का उपयोग किया जाता है। इसलिए मध्यकाल में संस्कृत से विभिन्न भाषाओं में किये गये अनुवाद में स्रोतभाषा के प्रत्येक शब्द का लक्ष्य भाषा के प्रत्येक शब्द में यथावत् अर्थात् शब्दशः अनुवाद नहीं किया गया था बल्कि वे भावानुवाद थे और उन्हें लक्ष्य भाषा में पुनः कहा गया था। चूँकि ये अनवुाद एक ही संस्कृति के ग्रन्थों और भाषाओं में किये गये थे, इसलिए उनमें होने वाले थोड़े से विषयान्तरण को न केवल स्वीकार कर लिया गया था बल्कि उनका स्वागत करने के साथ-साथ उन्हें प्रोत्साहित भी किया गया था।

वैदिक सन्तों और ऋषियों ने यह जान लिया था कि किसी उच्चारित शब्द अथवा कथन का शाब्दिक अर्थ उसके सम्पूर्ण अर्थ को प्रकट नहीं करता बल्कि वह सम्पूर्ण अर्थ का एक अंश होता है और यह भी कि जो लोग शाब्दिक रूप से किसी अर्थ का विश्लेषण करने का प्रयास करते हैं, वे मूल पाठ के वास्तविक भावों अथवा कही गयी बात के अन्दर निहित अर्थों को समुचित ढंग से ग्रहण करके उन्हें व्यक्त कर पाने में असमर्थ रहते हैं। ऋग्वेद के एक प्रसिद्ध सूक्त में दो व्यक्तियों के बीच के अन्तर को स्पष्ट किया गया है जिसमें एक व्यक्ति कविता के केवल शाब्दिक अर्थ को ही समझ पाता है और दूसरा व्यक्ति कविता के किसी अंश में प्रयुक्त शब्दों के अर्थों की अपेक्षा उस अंश में निहित आन्तरिक अर्थों अर्थात् उसके भावों को समझता है। इनमें पहला व्यक्ति केवल सतही तौर

पर 'देखता' है लेकिन उसे ध्यान से 'समझता' नहीं है, वह केवल 'सुनता' है लेकिन 'ध्यान से सुनता' नहीं है। केवल दूसरे व्यक्ति के समक्ष ही कथन स्वयं को पूरी तरह अभिव्यक्त करता है, अपने पति के सामने स्वयं को पूरी तरह से अभिव्यक्त कर देने वाली किसी पत्नी के समान।

शब्द का आन्तरिक अर्थ शाब्दिक कला में निहित है। संस्कृत के व्याकरण के विद्वान अर्थात् वैयाकरण और भाषाई तत्त्वज्ञानी (Linguistic Philosopher) तथा तमिल व्याकरण के प्रख्यात लेखक तोल्काप्पियम (Tolkappiyam) जैसे विद्वानों को किसी विषय के अर्थ की समस्याओं के निराकरण के लिए सन्दर्भ की महत्त्वपूर्ण भूमिका की गहरी समझ थी। भर्तृहरि चार प्रकार के सन्दर्भ कारकों के बारे में बताते हैं जो शाब्दिक कला को समझने के लिए महत्त्वपूर्ण हैं :

1. संसर्ग (एक-दूसरे से सम्बन्धित दो चीज़ें, उदाहरण के लिए, सवत्सधेनु अर्थात् गाय और उसका बछड़ा)
2. विप्रयोग (इसमें दो वस्तुओं के बीच का सम्बन्ध समाप्त हो जाता है) उदाहरणार्थ, अवत्स धेनु अर्थात् गाय जिसका बछड़ा मर गया हो।
3. सहचर्य (रामलक्ष्मण, यहाँ राम का अभिप्राय परशुराम अथवा बलराम से नहीं है, यहाँ इस संयुक्त शब्द का अभिप्राय उस राम से है जो लक्ष्मण के बड़े भ्राता हैं) और
4. विरोध (अहिनकुल) अर्थात् सर्प और नेवला, जिनका परस्पर सम्बन्ध विरोध अथवा शत्रुता का है।

ध्वनि और व्यंजना (अभिव्यक्ति) के सिद्धान्त के प्रवर्तक आचार्य आनन्दवर्धन और मूर्धन्य आचार्य अभिनवगुप्त थे। इस सिद्धान्त की सहायता से मानवीय शिल्पकृति की काव्यात्मकता (Literariness) निश्चित करने के लिए शाब्दिक अभिव्यक्ति के प्रासंगिक अर्थों का पता लगाया जा सकता है और इसके ज्ञान के बिना अनुवाद कार्य कभी भी सफल नहीं कहा जा सकता। इसलिए शाब्दिक और सांस्कृतिक सन्दर्भ, दोनों ही, जिसका अर्थ भौतिक वास्तविकता से है, का पता लगाने के लिए पाठक और अनुवादक द्वारा पाठ्य सामग्री को लिपिबद्ध करना सुगम हो जाता है।

पाणिनि के सूत्र—यदा प्रतिपत्ता प्रमाणान्तरावगत मम्यर्थ कार्यान्तरार्थ प्रयोग्ता प्रतिपद्यते तदानुवादो भवति—पर महाभाष्यकार की टिप्पणी पर कय्यट की टीका प्रमाणान्तर अर्थात् सन्दर्भगत अर्थ में की गयी है जिनके परिवर्तित होने पर अनुवाद एक वास्तविक रूप ले लेता है।

बौद्ध तर्कशास्त्री मानसिक अथवा वैचारिक छवियों के सम्बन्ध में बात

करते हैं जिनका अस्तित्व बाहरी जगत में नहीं मिलता, जैसी कि मीमांसा और न्याय दार्शनिकों ने कल्पना की थी। वे इस तथ्य को भी स्वीकार नहीं करते कि शब्दों और बाहरी वस्तुओं में कोई वास्तविक सम्बन्ध भी है। टीकाकारों के लिए बुनियादी जानकारी प्रदान करने वाली एक बौद्ध पुस्तक 'नीतिप्रकरणम्' भाषाई अर्थ के सन्दर्भ सम्बन्धी सिद्धान्त पर ज़्यादा ज़ोर देती है और एक गतिशील व्यवस्था में किसी कृति के शब्द रूप की बनावट पर प्रकाश डालती है।

अनुवचनम्, सप्रयोजनम्, जातस्य कथनम् और प्रमाणान्तरम् आदि इन धारणाओं के अतिरिक्त, मलयालम के एक प्रभावशाली कवि अय्यप्पा पणिक्कर ने संस्कृत के महाकाव्यों और पुराणों जैसे श्रेष्ठ ग्रन्थों के मध्यकालीन भारतीय अनुवाद की निम्नलिखित अत्यन्त उपयोगी अवधारणाओं को पाठकों से परिचित कराया :

1. अनुकृति : जिसका अभिप्राय है कि अनुवाद में कभी भी कृति अथवा मूल ग्रन्थ के अर्थ को हू-ब-हू नहीं प्रस्तुत किया जा सकता लेकिन हाँ, अनुवाद मूल के लगभग निकट अवश्य हो सकता है। वह मूल की नक़ल हो सकता है लेकिन मूल नहीं हो सकता। अनूदित रचना अथवा नक़ल मूल ग्रन्थ के पूर्णतया समान नहीं हो सकती लेकिन यह उसके अनुरूप हो सकती है।
2. अर्थक्रिया : इसमें कई तरीक़ों पर ज़ोर दिया जाता है जिसमें भिन्न-भिन्न ग्रन्थों में अर्थ प्रस्तुत किये जाते हैं। यह अनुवाद में अथवा किसी ग्रन्थ की प्रस्तुति में मूल ग्रन्थ के विषय को समझाने के लिए अर्थ का सार्थक रूप से सृजन करने पर भी ज़ोर देता है जिसके लिए अनुवादक मूल ग्रन्थ की विषयवस्तु को स्पष्ट करने के उद्देश्य से मूल ग्रन्थ में से कुछ शब्दों को हटा सकता है और लक्ष्य भाषा में कुछ शब्द जोड़ सकता है। इसी प्रकार वह कुछ शब्दों को स्थानान्तरित कर सकता है और प्रभावोत्पादकता के लिए विषय को विस्तार भी दे सकता है।
3. व्यक्तिविवेकम् : आचार्य महिम भट्ट पाठक द्वारा मूल ग्रन्थ के अनुमानित अर्थ में अनुवाद करने की ओर संकेत करते हैं। इस प्रकार अनुवाद किसी ग्रन्थ के विशिष्ट अंश की अनुमानित क्षमता अथवा अनुमान पर आधारित व्याख्या अथवा भाष्य के अनुसार किया जाता है।
4. उल्लुरई : इस द्रविड़ शब्द का तात्पर्य मुख्य रूप से किसी कृति के अन्दर निहित शब्दों अथवा उन शब्दों से है जो सुने गये स्वर के माधुर्य में नहीं होते बल्कि उन स्वरों में निहित होते हैं जो किसी को सुनायी न दिये हों। एक साहित्यिक कृति में यह सबसे महत्त्वपूर्ण तत्त्व है।

अनुवाद के लिए व्यवहार में पाये जाने वाले सिद्धान्त की पुष्टि करने वाली ये दो अवधारणाएँ अनुवाद की चेतना के प्रति हमारी समझ को विकसित करने में हमारी सहायता करती हैं। अनुवाद की इस चेतना ने अनुवादकों को अनुवाद करते समय एक रचनात्मक स्वतन्त्रता लेने के लिए प्रेरित किया है जिसका उपयोग मध्यकाल के भारतीय पाठक और अनुवादक अन्य भाषाओं के ग्रन्थों को पूरी तरह से स्थानीय और व्यावहारिक रूप देने में करते हैं, विशेष रूप से 'रामायण', 'महाभारत' और 'भागवत्' जैसे ग्रन्थों पर आधारित स्थानीय ग्रन्थों में इस रचनात्मक स्वतन्त्रता का इस्तेमाल किया जाता रहा है। इसी का परिणाम है कि आज हमारे यहाँ जीवन्त अनुवाद मौजूद हैं, औरों के समान निष्प्राण व्याख्याएँ या अनुवाद नहीं। अनुवादकों में अनुवाद की प्रामाणिकता के प्रति स्पष्ट रूप से उदासीनता दिखायी देती है।

इसके विपरीत, पश्चिमी देश हमेशा प्रामाणिकता को लेकर चिन्तित रहे हैं। सम्भवतः अनुवाद के विषय में प्रामाणिकता को महत्त्व देने का सूत्रपात तब हुआ, जब बाइबिल का भारतीय भाषाओं में अनुवाद करने के प्रयास हुए। इस स्थिति में अनुवाद की प्रामाणिकता का प्रश्न अत्यन्त महत्त्वपूर्ण बन गया। वैसे भी, यूरोप की साहित्यिक परम्परा ईसाई धर्म के अध्यात्म विज्ञान पर आधारित है जैसा कि प्रो. जी.एन.देवी द्वारा उल्लेख भी किया गया है कि यूरोपीय साहित्यिक परम्परा में अनुवाद की तुलना एक 'स्थायी निर्वासन' से की गयी है जिसमें व्यक्ति अपने मूल से दूर हो जाता है और इसमें स्वयं को पुनः अपने मूल की ओर लौटाने का प्रयास किया जाता है।

अनुवाद को किसी दूसरे व्यक्ति के द्वारा की गयी 'घुसपैठ' भी कहा जाता है और कभी-कभी यह घुसपैठ अत्यन्त वांछनीय भी हो जाती है क्योंकि यह व्यक्ति की पहचान को निर्धारित करने में सहायता करती है। किंग जेम्स और मार्टिन लूथर द्वारा किया गया बाइबिल का अनुवाद व्यक्ति की अपनी पहचान की तलाश करने में सामने आयी साहित्यिक चुनौती का एक शानदार उदाहरण सिद्ध हुआ है। वास्तव में यूरोप का साहित्यिक इतिहास-लेखन एक ऐसी परम्परा में जकड़ा हुआ है जो हमेशा ही किसी 'दूसरे' के अस्तित्व को लेकर सन्देह करती रही है। यूरोप के लोगों को सदैव यह भय सताता रहा है कि विदेशी संस्कृतियाँ अनवुाद के ज़रिये उनके जीवन में घुसपैठ कर रही हैं।

इसके विपरीत, भारत में बाहरी अथवा विदेशी संस्कृतियों को अपने में आत्मसात करने की अद्‌भुत क्षमता मौजूद है। भारतीय संस्कृति ने वेदान्तिक एकता को स्वीकार करके हमेशा स्व (Self) अर्थात् अपने और पर (Other) अर्थात् पराये के बीच के अन्तर को दूर करने का मार्ग प्रशस्त किया है।

यूरोप में रोमांटिक अनुवाद ने औपनिवेशिक दुनिया को एक अजीब-सी जिज्ञासा वाली दुनिया में बदलकर रख दिया है और जब यूरोप के राष्ट्रवाद ने विभिन्न संस्कृतियों के बीच शैक्षणिक तुलना को बढ़ावा दिया तो इसके परिणामस्वरूप, अनुवाद के प्रति सामाजिक दृष्टि में बदलाव आने के कारण विश्वसनीय अनुवाद को प्रतिष्ठा प्राप्त हो गयी। इसके विपरीत, मध्यकालीन भारतीय अनुवाद समाज की मुक्ति का लक्ष्य लेकर चला जबकि भारत में जो औपनिवेशिक अनुवाद किये गये थे, उनका प्रयोजन या तो संस्कृत के ग्रन्थों का अनुवाद करके प्राचीन साहित्यिक धरोहरों को संरक्षित करना था या फिर अंग्रेज़ी की साहित्यिक कृतियों का अनुवाद करके भारतीय भाषाओं और भारतीय साहित्य का पश्चिमीकरण करना। औपनिवेशिक अनुवादों का एक अन्य उद्देश्य भारत में एकता की स्थापना के लिए भारतीय भाषाओं में परस्पर अनुवाद की परम्परा को बढ़ावा देकर भारतीय साहित्य का राष्ट्रीयकरण करना भी था। भारतीय समाज में कभी भी मूल से दूर कर देने की परम्परा नहीं रही।

आज के आधुनिक युग में पश्चिमी देशों में अनुवाद कार्य सैद्धान्तिक भाषाविज्ञान, संरचनात्मक भाषाविज्ञान, मनोविश्लेषणात्मक जाति का अध्ययन, उत्तर-औपनिवेशिक विमर्श और सांस्कृतिक अध्ययन जैसे कई दृष्टिकोण से समीक्षा का विषय रहा है। इन सभी धारणाओं के अन्तर्गत अनुवाद को भाषा और साहित्य के दृष्टिकोण से असाधारण रूप से एक कठिन कार्य माना जाता है। भारत में यह इसके निवासियों की जीवनशैली का एक अभिन्न अंग बन चुका है और यहाँ अनुवाद के व्यावहारिक पहलुओं की ओर अधिक ध्यान दिया जाता है।

उत्तर-संरचनावादी विचारकों में से एक, जैक दरिदा इस पूरी स्थिति पर प्रश्न उठाते हुए कहते हैं कि संवाद के पारम्परिक और महत्त्वपूर्ण विमर्शात्मक माध्यमों में साहित्यिक कृतियाँ भी सम्मिलित हैं। वह तर्क देते हैं कि जब भी हम किसी पुस्तक को नये सिरे से पढ़ते हैं तो हर बार हमारे सामने उसके नये-नये अर्थ निकलकर आते हैं जो पहले प्रकट नहीं हुए होते :

> "जिसे हम 'अर्थ' कहते हैं (अभिव्यक्त करना) वह किसी हद तक पहले ही और पूरी तरह से एक सूक्ष्म अन्तर के साथ मौजूद होता है, इसमें पहले ही एक ग्रन्थ शामिल होता है, अन्य ग्रन्थों के लिए शाब्दिक सन्दर्भों का पूरा एक समूह, किसी भी कही गयी अथवा लिखी गयी बात का दूसरी भाषा में शाब्दिक रूपान्तरण जिसमें कथित रूप से प्रत्येक सामान्य शब्द के स्थान पर प्रयोग करने के लिए एक अन्य शब्द का पता लगाया जा सकता है। अर्थ की अनुमानित आन्तरिकता (Presumed Interiority) को पहले ही

उसकी अपनी बाह्यता (Exteriority) से एक रूप दे दिया जाता है। यह सदैव पहले ही अपने आपको प्रकट कर देता है। यह किसी भी अभिव्यक्ति से पूर्व (स्वयं को) पहले ही अलग कर लेता है। और केवल इसी शर्त पर ही किसी वाक्य अथवा ग्रन्थ की रचना की जा सकती है। केवल इसी शर्त पर इसका अर्थ बतलाया जा सकता है।" (पोज़ीशन, अनुवादक एलन बेस, द यूनिवर्सिटी ऑफ़ शिकागो प्रेस, 1981, पृ. 33)।

9

एक राष्ट्र का रूपान्तरण : बहत्तर वर्ष (1947-2019) का अनुवाद प्रकाशन

भारत में संवेदनशील और विद्वान व्यक्तियों ने अवश्य ही इन तीन बातों की ओर ध्यान दिया होगा। पहली, भारत में राष्ट्रवाद की भावना में होने वाली वृद्धि हमारे राष्ट्रीय, राजनीतिक और सांस्कृतिक जीवन के साथ बड़ी गहराई के साथ जुड़ी हुई है जिसका श्रेय भाषाओं के प्रति हमारी चेतना के प्रसार को दिया जाना चाहिए। दूसरी, देश की स्वतन्त्रता ने भाषा के आधार पर राज्यों के गठन को अपरिहार्य बना दिया था। तीसरी, देश की स्वतन्त्रता और भाषाई आधार पर राज्यों के गठन ने उनके अधिकारों को मान्यता दिलाने के लिए ग़ैर-मान्यता प्राप्त स्थानीय सम्पर्क भाषाओं के बढ़ते हुए दावों को अन्तिम परिणाम तक पहुँचाने के लिए पन्द्रह प्रमुख भारतीय भाषाओं के अतिरिक्त, जो पहले से ही भारतीय संविधान की आठवीं अधिसूची की स्वीकृत सूची में शामिल हैं, भारतीय संविधान द्वारा कोंकणी, नेपाली, मणिपुरी, डोगरी, मैथिली, बोडो और सन्थाली भाषाओं को मान्यता प्रदान की गयी। और अन्त में, इन सभी कारकों ने मिल कर भाषाई क्षेत्रवाद की चेतना और दावे को बढ़ावा दिया। यह एक ऐसा कारक है जिसके बीज भारत के पिछले इतिहास, पारिस्थितिकी और संस्कृति में पहले से ही विद्यमान थे। भारत में क्षेत्रीय विविधताएँ कभी भी देश की एकता में बाधक नहीं रहीं क्योंकि यहाँ सदियों-सदियों से कई संस्कृतियां एक साथ मिलकर रहती हैं। निश्चित रूप से भारत का इतिहास और संस्कृति अखिल भारतीयता और क्षेत्रीय आत्मविश्वास के एक आदर्श के बीच डोलते रहे हैं। एक भारतीय लेखक को यदि अपनी अखिल भारतीयता प्रमाणित करनी पड़े और साथ-ही-साथ अपनी क्षेत्रीय पहचान को भी सही ठहराना हो तो अनुवाद में ऐसा करने की अद्वितीय विशिष्टता है।

भारत एक अनुवाद क्षेत्र है

सामान्यतः यह कहा जाता है कि भारत एक बहुभाषी राष्ट्र होने के कारण एक अनुवाद क्षेत्र है जहाँ हम आपसी संवाद के लिए एक साथ दो या तीन भाषाओं का प्रयोग करते हैं। कई भाषाओं वाली इस स्थिति में यह बिल्कुल स्वाभाविक है कि हमें एक से अधिक भारतीय भाषाओं का ज्ञान हो। इसलिए सम्पर्क भाषा अर्थात् अंग्रेज़ी और हिन्दी भाषा में बात करते हुए यह स्पष्ट है कि व्यक्ति को निरन्तर अनुवाद की एक भाषा का प्रयोग करना पड़ता होगा। इसके अतिरिक्त, यदि हम चाहते हैं कि हम भारतीय साहित्य के रूप में 'एक साहित्य' की अवधारणा को स्थापित करें तो ऐसा केवल अनुवाद के माध्यम से ही सम्भव हो सकता है। एक भारतीय भाषा से दूसरी भारतीय भाषा में किये गये अनुवाद से विभिन्न भारतीय भाषाओं में व्यक्त किये गये हमारे विचारों में मौजूद समानता के लक्षण प्रकट होते हैं। यह भारतीय भाषाओं की बुनियादी एकता की समझ और भारतीय साहित्य की अद्भुत विशेषताओं, दोनों के लिए है। भारतीय स्थितियों में, जहाँ कई भाषाओं का प्रयोग किया जाता है, अनुवाद अनिवार्य हो जाता है।

साहित्य अकादेमी, जिसे ज्ञान की राष्ट्रीय अकादेमी भी कहा जाता है और राष्ट्रीय पुस्तक न्यास, प्रकाशन विभाग और अन्य कई निजी प्रकाशक महसूस करते हैं कि यदि भारत को अपनी सांस्कृतिक विशेषता और सांस्कृतिक अखण्डता को बनाये रखना है तो सभी भाषाओं को हमें इस प्रकार विकसित करना चाहिए कि वे ऐसी भाषाएँ बोलने वाले लोगों की सांस्कृतिक अभिव्यक्ति का माध्यम बन जायें। ऐसे में हो सकता है कि कई पक्षों में पारस्परिक संवाद की आवश्यकता पड़े और इससे आपसी सम्पर्क की प्रेरणा भी मिल सकती है। अनुवाद भिन्न-भिन्न भारतीय भाषाओं को एक-दूसरे के निकट लाने का कार्य करता है और इस प्रक्रिया में वह हमें विभिन्न भाषाई क्षेत्रों में रहने वाले भारतीय लोगों को बेहतर ढंग से समझने और इन भाषाओं में अर्जित अनुभव और सृजित ज्ञान को आपस में साझा करने का मार्ग प्रशस्त करता है। इसलिए यह स्पष्ट है कि भारतीय भाषाओं में अनुवाद भारतीय पहचान को विकसित करने के साथ-साथ राष्ट्रीय अखण्डता के लिए भी अत्यन्त अनिवार्य है।

साहित्य अकादेमी के प्रथम अध्यक्ष, पण्डित जवाहरलाल नेहरू ने अनुवाद कार्य की प्रशंसा करते हुए कहा था, "बड़ी मात्रा में यह प्रमाणित हो चुका है कि एक भाषा अपनी आन्तरिक शक्ति से ही आगे बढ़ती है। यदि हम अपनी भाषाओं को मज़बूत और तरोताज़ा बनाये रखना चाहते हैं तो उन्हें न केवल एक-दूसरे के लिए बल्कि पूरे विश्व की भाषाओं के लिए अपने द्वार और खिड़कियाँ खुले

रखने होंगे ताकि वे पारस्परिक सम्पर्क से लाभ उठा सकें। यह हमारी भाषाओं के साथ-साथ हमारे देश को भी तरोताज़ा रखेगा।" साहित्य के प्रति इस तरह के दृष्टिकोण के कारण ही साहित्यिक सम्पदा का बड़ी मात्रा में प्रसार होता है। हमें मुख्य रूप से इसके लिए अनुवादकों द्वारा किये जा रहे कठिन और अत्यन्त रचनात्मक कार्यों के लिए उनका आभार प्रकट करना चाहिए कि उनके कारण ही हम इस स्थिति में हैं कि हम भारत तथा विश्व के कुछ महान लेखकों की रचनाओं का आनन्द ले सकें। यदि हमने बीरेन्द्र कुमार भट्टाचार्य के असमिया उपन्यास 'इयारूइंगम' का अनुवाद न पढ़ा होता तो हमें कभी भी नागाओं की जीवनशैली और उस समाज के सांस्कृतिक ढाँचों के बारे में जिसमें वे रहते थे, पता चल ही नहीं सकता था।

दो भारत

निस्सन्देह स्वतन्त्रता आन्दोलन के दौरान बड़ी मात्रा में भारतीय भाषाओं में, विशेषतया भारतीय भाषाओं से हिन्दी और अंग्रेज़ी में अनुवाद किये गये थे। इनका मुख्य उद्देश्य था देश की अखण्डता को अक्षुण्ण बनाये रखना। लेकिन हमारे मस्तिष्क में यह प्रश्न उठता है कि कौन-सा भारत, कौन-सा राष्ट्र? भारत की कल्पना राष्ट्रवाद के विमर्श का एक अविभाज्य अंग है जो इसकी उत्पत्ति का श्रेय 19वीं शताब्दी के अंग्रेज़ी पढ़े भारतीयों को देता है। लेकिन इसके साथ-साथ हमें एक अभिन्न राष्ट्र के रूप में राष्ट्रवाद के विचार में अन्तर करना चाहिए जो एक ऐसे राष्ट्र की कल्पना करता है जिसे वर्तमान सांस्कृतिक प्रथाओं की विविधता वाले बहुमुखी भारत के बरअक्स एक समरूप और अखण्ड संस्कृति के निर्माण करने वाले एक और भारत का चित्र है। इस प्रकार हम 'दो' भारत में रह रहे हैं। एक, जिसे अंग्रेज़ी पढ़े-लिखे उन भारतीयों की सहायता से ब्रिटिश शाही शासन द्वारा बनाया गया है जिन्होंने औपनिवेशिक शासन को स्थायित्व प्रदान करने के लिए और पूर्व पर पश्चिम का वर्चस्व बनाये रखने के लिए एक समरूपी और एकीकृत भारत के विकास के लिए पश्चिमी श्रेणियों की आवश्यकता पर बल दिया था। वर्ष 1835 में मैकाले ने भारत की स्वदेशी शिक्षा पद्धति को पूरी तरह से अस्वीकार कर दिया। उसका यह निर्णय सामाजिक, सांस्कृतिक और राजनीतिक वर्चस्व को मज़बूत बनाने और अंग्रेज़ी शिक्षा के आगमन के लिए रास्ता तैयार करने की दिशा में उठाया गया एक क़दम था और इसके माध्यम से एक नैतिक, ज्ञानमीमांसीय (Epistemological) और सामाजिक मान्यताओं का एक समरूप, एकीकृत और अखिल भारतीय सामान्य ज्ञान उत्पन्न करने

का एक प्रयास था। यह एक आधुनिक राष्ट्र की कल्पना करने वाली एक बड़ी चेष्टा के एक भाग के रूप में था। इस आधुनिक राष्ट्र का एक अंग था अंग्रेज़ी पढ़ा-लिखा वह वर्ग जिसने अपनी एक अलग पहचान बनाने की कोशिश की।

दूसरा भारत एक बहुभाषी, बहुसांस्कृतिक, बहुजातीय और बहुधर्मी समाज वाला युवा भारत है। यह एक ऐसे राष्ट्र का एकीकृत ढाँचा है, जिसकी विविधता में भी एकता के दर्शन होते हैं। भारत की सच्ची परम्परा है अपनी संस्कृति में सभी जातियों को समाविष्ट करने का प्रयास करना, उनके बीच मौजूद अन्तर को स्वीकार करना और जातीय भिन्नता और उसके अन्तरों के बावजूद उनमें एकता का आधार तलाश करना।

अनुवाद : दो भारत का अभिन्न अंग

यह आश्चर्य की बात है कि अनुवाद (Translation) इन दोनों भारत का एक अनिवार्य अंग है। एक 'कल्पना' का आधुनिक भारत जिसे औपनिवेशिक शक्ति ने अंग्रेज़ी पढ़े-लिखे वर्ग के ज़रिये न केवल बाइबल का अनुवाद करने बल्कि अंग्रेज़ी साहित्य के छोटे-मोटे कार्य करने का भी प्रयास किया है ताकि उपनिवेशित संस्कृतियों पर इंग्लैंड तथा पश्चिम का वर्चस्व बनाया जा सके। यहाँ अनुवाद के द्वारा विभिन्न प्रकार के विमर्शों जैसे दर्शन, इतिहास, शिक्षा और साहित्य का प्रभावशाली तरीक़े से उपयोग करके औपनिवेशिक वर्चस्व को एक आकार देने और उसके वर्चस्व को बनाये रखने का समर्थन किया गया है। इस स्थिति में, अंग्रेज़ी शक्ति और वर्चस्व की भाषा का रूप ले लेती है लेकिन इसके साथ-साथ ही अंग्रेज़ी से अन्य भारतीय भाषाओं में किये जाने वाले अनुवादों ने, जिनमें भारी मात्रा में वृद्धि हो रही है, निश्चित रूप से स्थानीय अथवा क्षेत्रीय भाषाओं में व्यापक स्तर पर सुधार करने और भाषा के आधार पर उन भाषाई क्षेत्रों की पहचान बनाने के कार्य को सुगम कर दिया जिन्हें छपाई की तकनीक की शुरुआत ने एक-दूसरे के निकट ला दिया था। मुद्रण की सुविधा की शुरुआत स्थानीय भाषाओं के व्याकरण के निर्माण, साहित्यिक परम्परा की तलाश और आधुनिक साहित्य के लेखन के क्षेत्र में एक आन्दोलन के समान थी। मुद्रित रूप में भाषा संचार के एक उपकरण के तौर पर संचार के संयुक्त क्षेत्रों का निर्माण करती है, भाषाओं को एक नया स्तर और प्रतिष्ठा प्रदान करती है और सत्ता की नयी शब्दावली का निर्माण सम्भव बनाती है। इसमें कोई सन्देह नहीं कि ब्रिटिश उपनिवेशवाद ने समूचे विश्व में बहुत तेज़ी से पाश्चात्यकरण की एक लालसा पैदा कर दी थी लेकिन इस प्रक्रिया में आधुनिक भारतीय भाषाओं की समानता ने एक मूर्त रूप ले लिया। जिन संकेतकों ने नयी भाषा को एक पहचान दी, उनमें पत्रिकाओं का

प्रकाशन, प्रिंट और मास मीडिया की लोकप्रियता तथा लेखन कार्य इत्यादि शामिल हैं जिनमें आधुनिक साहित्य के विभिन्न रूपों तथा साहित्यिक कसौटियों की खोज का उपयोग किया जाता है। भाषा-केन्द्रित क्षेत्रवाद तथा एक 'उभरते हुए' राष्ट्र की अवधारणा जो भाषाओं के विभाजन से ऊपर उठ जाती है, एक प्रशंसनीय विचार के रूप में उभरकर सामने आयी है। इसके परिणामस्वरूप, 19वीं शताब्दी में और 20वीं शताब्दी के आरम्भ में, भारत के प्रति इस धारणा के कारण सभी भारतीय भाषाओं में उभरने वाले एक एकीकृत दृष्टिकोण को देखा जा सकता है और अनुवाद या तो औपनिवेशिक वर्चस्व को बढ़ावा देने के लिए किये गये या फिर उपनिवेशवाद के विरुद्ध एक विशेष प्रकार के प्रतिरोध को दिखाने के लिए किये गये जिनके सबसे अच्छे उदाहरण हैं मूल उपन्यास या अन्तःक्षेत्रीय भाषाओं में परस्पर अनुवादित उपन्यास जो गद्य लेखन की एक नयी शैली है और जो पश्चिम की देन है। पश्चिमी उपन्यासों जिनका मुख्य विषय था व्यक्ति और समाज के बीच सम्बन्धों में अलगाव की स्थिति। इसके विपरीत ये उपन्यास नये और शिक्षित वर्ग के लेखकों द्वारा लिखे गये भारतीय उपन्यास थे जो औपनिवेशिक ताक़तों के साथ टकराव के दौरान बनी सामाजिक पहचान को फिर से विकसित करने पर आधारित था। यहाँ अनुवाद औपनिवेशिक व्यवस्था के ख़िलाफ़ चले संघर्ष के एक भाग के रूप में काम करता है।

यह उस भारत की एक अद्वितीय विशेषता है जो एक 'कल्पना' के आधार पर राष्ट्र की अवधारणा का निर्माण करता है और अंग्रेज़ी की उस निराधार कल्पना पर टिका हुआ है जो हमें आधुनिक ज्ञान प्रदान करती है और आधुनिक भारतीय भाषाओं के विकास में हमारी सहायता करती है, जो इस ज्ञान को क्षेत्रीय रूप में परिवर्तित करके उन्हें पुनः प्रस्तुत करती है। लेकिन इन भाषाओं में अनुवाद भाषा का एक उपतन्त्र बन जाता है जो आधुनिक भारतीय भाषाओं में भाषा तथा गद्यशैली के स्वाभाविक विकास पर प्रभाव डालता है और इसलिए आधुनिक भारतीय भाषाओं में गद्यशैली को अनुवाद की भाषा का एक बाध्यतापूर्ण स्वर मिल जाता है।

इस भारत द्वारा किये गये अनुवाद के कारण भारतीय लोगों के विचारों का तीव्रता से पश्चिमीकरण हुआ लेकिन इसके औपनिवेशिक काल में किये गये अनुवादों में इस पर प्रतिक्रिया भी दिखायी गयी थी। लेकिन यह प्रतिक्रिया केवल एक विरोधाभास थी और इससे अधिक कुछ नहीं। जिसने अपने विकसित होने और फलने-फूलने के लिए जानबूझकर ज्ञान के प्रसार का विरोध किया जिसे प्रगतिरोध (Obscurantism) कहा जाता है।

राष्ट्रीय पहचान और अनुवाद

उपनिवेशवाद के विरुद्ध संघर्ष ने लोगों में सामुदायिक भावना उत्पन्न करके और इस भावना को बढ़ावा देकर राष्ट्रीय एकता की उत्कण्ठा उत्पन्न कर दी। यह भावना भारत की मिश्रित संस्कृति और समस्त भाषाओं को मज़बूती प्रदान करके और कई धर्मों, कई जातियों, कई भाषाओं और कई संस्कृतियों वाले भारत को पुनर्जीवित करके उत्पन्न की जा सकती थी, न कि उनके प्रति उपेक्षापूर्ण रवैया अपनाकर। साहित्य और विभिन्न भारतीय भाषाओं में किये जा रहे उनके अनुवादों ने राष्ट्रीय पहचान के विचार को मूर्त रूप देने की एक सम्भावना पैदा कर दी थी और साहित्यिक स्वर को प्रबोधन (Enlightenment) के स्वर में बदल दिया था।

वास्तव में, मध्यकाल के दौरान तुलसी, ज्ञानदेव, कृत्तिवास इत्यादि जैसे अनुवादकों-लेखकों ने जिस परम्परा की शुरुआत की थी, यह उसी का एक विस्तार था। इन अनुवादकों-लेखकों ने बिना किसी बाधा के संस्कृति के मूल ग्रन्थों को अपनी भाषा में प्रस्तुत किया क्योंकि उन्होंने कभी शब्दशः अनुवाद नहीं किया। जिन कवियों और लेखकों ने संस्कृत के ग्रन्थों को भारतीय भाषाओं में प्रस्तुत करने की कोशिश की, उन्होंने दोनों भाषाओं को अपनी भाषाएँ माना। उनके मन में संस्कृत की विरासत के प्रति एक अधिकार भाव मौजूद था। लेकिन संस्कृत ग्रन्थों का अनुवाद करते हुए, जैसा कि पहले भी बताया जा चुका है, उन्होंने महान धर्मग्रन्थों को समाज के एक विशेष वर्ग के एकाधिकार से मुक्त कर दिया। इसलिए, ये अनुवाद समाज की मुक्ति और पुनर्गठन का एक माध्यम बन गये। 20वीं शताब्दी के प्रारम्भ में, संस्कृत से भारत की विभिन्न भाषाओं में अनुवादों की मात्रा तथा आवृत्ति का वर्णन तीव्रता से होने वाले पश्चिमीकरण के विरुद्ध स्वदेशी साहित्यिक परम्परा के अभिग्रहण (Reception) के रूप में किया जा सकता है। जब महावीर प्रसाद द्विवेदी द्वारा बंकिमचन्द्र चटर्जी के उपन्यासों अथवा उनके निबन्ध 'कृष्ण चरित' और जॉन स्टुअर्ट मिल के निबन्ध 'लिबर्टी' तथा अन्य पुस्तकों का अंग्रेज़ी भाषाओं से हिन्दी में अनुवाद किया गया तो इस अनुवाद ने राष्ट्रवाद की पश्चिमी देशों की धारणा को उलटकर भारत के सम्बन्ध में एक समझ विकसित की जिसने एक अद्‌भुत घटना का काम किया।

स्वतन्त्रता संग्राम के दौरान, भारत में आम प्रयोग के लिए ब्रिटिश साम्राज्य की भाषा, अंग्रेज़ी के स्थान पर एक भारतीय भाषा को लाने का विचार देश के लोगों की राष्ट्रवादी आकांक्षाओं के आधार पर बना था। महात्मा गाँधी ने स्पष्ट रूप से अनुमान लगा लिया था कि अंग्रेज़ी किसी भी हालत में भारत की

राष्ट्रीय भाषा नहीं बन सकती थी। स्वतन्त्रता संग्राम के आन्दोलन को यदि देश की जनता का समर्थन प्राप्त करना था तो यह बहुत आवश्यक था कि अंग्रेज़ी के स्थान पर हिन्दुस्तानी भाषा को लाया जाये। इसलिए बड़ी मात्रा में लोगों ने हिन्दी भाषा सीखनी आरम्भ कर दी जो हिन्दुस्तानी अब उनके लिए राष्ट्रवाद का प्रतीक बन गयी थी। इसी के चलते विभिन्न भारतीय भाषाओं से बड़ी मात्रा में अनुवाद करने के लिए हिन्दी एक लक्षित भाषा बन गयी और इस प्रकार अनुवाद ने राष्ट्र की एकता के लिए एक अनिवार्य शक्ति के रूप में कार्य किया।

अनुवाद और साहित्य का राष्ट्रीयकरण

इन परिवर्तनों का एक परिणाम यह हुआ कि भारतीय अनुवादक न केवल यूरोपीय साहित्य बल्कि अन्य भारतीय भाषाओं के साहित्य की ओर घूम गया। जिन अनुवादकों की दिलचस्पी आधुनिक भारतीय भाषाओं में साहित्य को एक 'राष्ट्रवादी' रूप प्रदान करने की थी, उनके लिए देश की एकता अधिक चिन्ता का विषय थी। इस प्रकार, गाँधी के नेतृत्व में चले स्वतन्त्रता संग्राम के तीन दशकों के दौरान, भारतीय भाषाओं का आपसी आदान-प्रदान कई गुणा बढ़ गया। इसी दौरान, टैगोर, बंकिमचन्द्र और शरतचन्द्र चटर्जी की रचनाओं का लगभग सभी भारतीय भाषाओं में अनुवाद हुआ। इसी प्रकार, प्रेमचन्द, के.एम. मुंशी, वी.एस.खाण्डेकर, सुब्रह्मण्यम भारती तथा अन्य लेखकों की कृतियों का भी अनुवाद किया गया। हमारे जैसे बहुभाषीय समाज में कई सदियों से सहलग्नता (linkage) की परम्परा चली आ रही है। स्वतन्त्रता आन्दोलन के दौरान हमें यह महसूस हुआ कि अनुवाद देश की विभिन्न भाषाओं को आपस में जोड़ने का एक प्रभावकारी माध्यम हो सकता है। इस दृष्टि से यह देश की अखण्डता, एकता और समानता के साथ-साथ हमारी संस्कृति में विद्यमान अद्भुत विविधताओं को एक नया दृष्टिकोण प्रदान करने वाले सबसे शक्तिशाली माध्यमों में से एक बन गया जो यह संकेत देता है कि स्वतन्त्रता के पश्चात् भारत की निरन्तर चिरकालिक संस्कृति की समृद्धता बेजोड़ थी।

अनुवाद : सामाजिक व राजनीतिक आवश्यकता

स्वतन्त्रता प्राप्ति के बाद के भारत में अनुवाद कार्यों को समझने तथा उनको उनका श्रेय देने के लिए यह अत्यन्त आवश्यक था कि हम भारत में सांस्कृतिक विविधता और बहुभाषीय स्थिति के सम्बन्ध में अनुवाद को एक सामाजिक-राजनीतिक आवश्यकता के रूप में स्वीकार करें। हमें इस विषय में ज़ोर देने की ज़रूरत नहीं है कि भारतीय परिवेश में बहुभाषिकता एक सर्वव्यापी तत्त्व है जो देश के जीवन

के प्रत्येक पहलू को प्रभावित कर रहा है। पश्चिमी दृष्टिकोण से देखें तो, यदि किसी राष्ट्र में भाषाओं, प्रदेशों और जातियों की बहुलता हो तो इसे विखण्डन की स्थिति माना जाता है, भले ही, वास्तव में, ऐसी बहुलता समग्रता के प्रत्येक भाग को महत्त्व क्यों न देती हो। बल्कि ये अखण्ड संरचनाएँ ही हैं जो जीवन की एकता को दुर्बल करके विखण्डन उत्पन्न कर सकती हैं—जीवन का, मानव का और ज्ञान का।

नेहरू को अपने इस दावे पर पूरा विश्वास था कि भाषाएँ अपने आप में कोई विनाशकारी तत्त्व नहीं होतीं। उन्होंने 'एक साहित्य' के रूप में भारतीय साहित्य की अवधारणा को विकसित करने के लिए ज्ञान की राष्ट्रीय अकादेमी अर्थात् साहित्य अकादेमी की स्थापना की। इस प्रकार उन्होंने देश की सभी भाषाओं को एक साथ फलने-फूलने का अवसर देकर और बड़े पैमाने पर अनुवाद की अनुमति देकर भारतीय साहित्य की अवधारणा का सूत्रपात किया। उनका दृढ़ विचार था कि क्षेत्रीय भाषाओं का विकास कभी भी आपसी एकता के अभाव का कारण नहीं हो सकता। लेकिन भारतीय साहित्य की यह एकता तभी प्रकट होती है, जब व्यक्ति इसे बहुलतावादी सन्दर्भ में अथवा सांस्कृतिक विविधता के सन्दर्भ में समझने लगता है। भारतीय साहित्य विभिन्न भाषाओं और संस्कृतियों की भिन्नता को स्वीकार करके उनमें विद्यमान एकता को प्रदर्शित करता है। यह इसीलिए सम्भव हो पाता है क्योंकि भारतीय संस्कृति की एकता में एक भारतीय सभ्यतागत जीवन की सोच निहित है और भारत के सांस्कृतिक जीवन में सबसे 'निम्न' दलित और विरोधी तत्त्वों की मौजूदगी के बावजूद यह सोच हमारे पास है और यही कारण है कि हमारे अस्तित्व के प्रत्येक स्तर पर एकता और विविधता, सहमति और विरोध एक साथ मौजूद हैं।

भारत में भाषाओं की विविधता के बावजूद साहित्यिक अभिव्यक्तियों की एकता का सबसे बड़ा प्रमाण कालिदास का प्रसिद्ध नाटक 'शाकुन्तलम्' है जो संस्कृत, शौरसेनी, महाराष्ट्री तथा मागधी, प्राकृत भाषाओं में लिखा गया था। लेकिन अपनी भाषाई विविधताओं के बावजूद उसमें साहित्यिक अभिव्यक्ति की एकता से यह पता चलता है कि बहुभाषा केन्द्रित समाज की कठिन स्थितियों में भी साहित्यिक रचनाएँ लिखी जा सकती हैं जहाँ विभिन्न भाषाएँ लोगों को कई अलग-अलग समूहों में विभाजित करने का काम नहीं करतीं बल्कि वे लोगों को एक-दूसरे के साथ संवाद स्थापित करने और अपने बीच से भाषा सम्बन्धी रुकावटों को दूर करने के लिए प्रेरित करती हैं। अनुभव बताता है कि भाषाओं की स्वीकार्यता ने नहीं बल्कि उनकी अस्वीकार्यता ने भाषाओं के विभाजन को

जन्म दिया है। अनुवाद को विभिन्न समूहों के हितों में सामंजस्य स्थापित करने का एक माध्यम माना जाता है।

अंग्रेज़ी और उसके वर्चस्व का प्रादुर्भाव

स्वतन्त्रता प्राप्ति के बाद के युग में हम अभी भी दो भारत की मौजूदगी को देखते हैं जो कभी-कभी एक-दूसरे के सामने आ खड़े होते हैं अथवा कभी-कभी उन्हें एक पूर्ण सांस्कृतिक इकाई में दो भारत को सम्मिलित करने वाली एक धारणा के रूप में पाते हैं। आज भी हम देखते हैं कि विभिन्न भारतीय भाषाओं से अंग्रेज़ी में किये जाने वाले अनुवादों ने, वे चाहे विदेशी अनुवादकों द्वारा किये गये हों अथवा स्वयं भारतीय अनुवादकों के द्वारा, एक वर्चस्व की स्थिति प्राप्त कर ली है। उत्तर-उपनिवेशवाद के इस चरण में ऐसा प्रतीत होता है कि अधिकांश भारतीय लेखकों में अपनी रचनाओं का अंग्रेज़ी में अनुवाद करवाकर उनके अंग्रेज़ी संस्करणों को पाठकों के सामने प्रस्तुत करने की एक होड़-सी लगी हुई है। भारतीय भाषाओं से अंग्रेज़ी में होने वाले ऐसे अनुवादों की संख्या उत्तरोत्तर बढ़ती ही जा रही है। 'इतर-आख्यान' (Meta narrative) के तौर पर अंग्रेज़ी भाषा का प्रयोग करना कि भाषा के सम्बन्ध में हमारे समक्ष जो जटिल समस्या मौजूद है, उसका एकमात्र समाधान केवल अंग्रेज़ी से सम्भव है, पूरी तरह से झूठ है। यह सम्पर्क भाषा की राजनीति ही है जिसने नौकरी के लिए चुने जाने की दृष्टि से अंग्रेज़ी को हिन्दी अथवा अन्य क्षेत्रीय भाषाओं से भी बेहतर बना दिया है और इसे सत्ता और दूसरों पर नियन्त्रण हासिल करने की भाषा बना दिया है। अंग्रेज़ी ने अपने समक्ष अन्य सभी भाषाओं को, जिनमें दूसरी सम्पर्क भाषा हिन्दी भी सम्मिलित है, विभिन्न संस्थाओं में प्रयोग किये जाने की दृष्टि से लाचार भाषाएँ बनाकर रख दिया है और सार्वजनिक क्षेत्रों में उनके साथ ग़लत तरीक़े से पेश किया जाता है। इस सबने, इस उपनिवेशवाद के बाद के काल में बहुभाषीय व्यवस्था को बचाये रखने के लिहाज़ से एक गम्भीर संकट उत्पन्न कर दिया है क्योंकि उपनिवेशवाद आज भी एक बदले हुए नये अवतार में विद्यमान है।

पश्चिमी देशों और भारत में होने वाले अनुवादों में एक प्रमुख अन्तर यह है कि पश्चिमी देशों में अनुवाद को भाषा और साहित्य से सम्बन्धित एक जटिल कार्य समझा जाता है जबकि भारत में यह यहाँ के निवासियों की जीवनशैली का एक अनिवार्य अंग है। पश्चिम में अनुवाद की विभिन्न प्रकार के दृष्टिकोणों से जाँच की जाती है जैसे संरचनात्मक समाज-शास्त्र अर्थात् structuralism (जैकब्सन), विखण्डन अर्थात् deconstruction (दरिदा), मनोविश्लेषण (एंड्रयू बेंजामिन),

लैंगिकता अर्थात् gender (लोरी चेम्बरलेन) और उत्तर-उपनिवेशवादी विमर्श (लॉरेंस वेनुती) इत्यादि। इसके विपरीत, भारत में अनुवाद के व्यावहारिक पहलुओं पर अधिक ध्यान दिया जाता है।

अनुवाद की राजनीति

पिछली शताब्दी में विश्व संस्कृति की शुरुआत, वास्तव में, उपभोक्तावाद और सूचना प्रौद्योगिकी के युग के आगमन से पूर्व, अनुवादों के माध्यम से हुई थी और यदि भारत के सन्दर्भ में बात करें तो ये सब अनुवाद विश्व की अधिकांश राष्ट्रों की भाषा, अंग्रेज़ी में किये गये थे और अभी भी किये जा रहे हैं। लेकिन जब हमने अंग्रेज़ी में अनूदित भारतीय साहित्य की बिक्री के सम्बन्ध में पेंगुइन इंडिया, ओ.यू.पी, हॉर्पर कॉलिंस या मैकमिलन जैसे प्रकाशकों से बात की, तो हमें यह जानकर बहुत हैरानी हुई कि वे जो भी पुस्तकें प्रकाशित करते थे, वे केवल यहीं बिकती हैं, विदेशों में नहीं। पेंगुइन इंडिया द्वारा जो भी साहित्य प्रकाशित किया जाता है, पेंगुइन इंटरनेशनल उसे हाथ तक नहीं लगाती और ठीक इसी प्रकार, ऑक्सफोर्ड यूनिवर्सिटी प्रेस (ओ.यू.पी.) अपने यहाँ जो कुछ प्रकाशित करते हैं, लन्दन या ऑक्सफोर्ड में वह कहीं दिखायी नहीं देता। तो, अंग्रेज़ी में अनूदित पुस्तकें थोड़ा-बहुत उत्तर-उपनिवेशवादी तरीक़े से अंग्रेज़ी को समृद्ध कर रही हैं लेकिन हम लोग अपनी भाषाओं को समृद्ध नहीं कर रहे। कभी सलमान रुश्दी ने उत्तर-उपनिवेशवाद पर एक पुस्तक लिखी थी, 'द एम्पायर राइट्स बैक' (अंग्रेज़ों का) साम्राज्य अंग्रेज़ी के माध्यम से फिर वापिस आ गया है लेकिन अब वह 'द एम्पायर ट्रान्सलेट्स बैक' (अंग्रेज़ों का) साम्राज्य अनुवाद के माध्यम से फिर से हो गया है। किसी समय यह समीकरण उपयोग में लाया जाता था जिसमें मूल भाषा श्रेष्ठ मानी जाती थी, मूल भाषा दाता होती थी, दानकर्ता, और प्राप्तकर्ता भाषा को हीन भाषा समझा जाता था जो स्वयं को समृद्ध बनाने की कोशिश करती थी। लेकिन भारतीय सन्दर्भ में, यदि अंग्रेज़ी भाषा के मामले को देखें तो स्थिति बिल्कुल उलट है और मुझे लगता है कि यह सच है और इसे ही मैं अनुवाद की राजनीति कहता हूँ।

लेकिन कोई व्यक्ति यह कह सकता है कि अंग्रेज़ी भाषा में किये जाने वाले अपने अनुवादों से हमें बिल्कुल उचित और कम-से-कम अपेक्षाएँ होनी चाहिए। हम पश्चिमी पाठकों के लिए अंग्रेज़ी भाषा में उतना अधिक अनुवाद नहीं कर रहे, जितना बहुभाषीय स्थिति में भारतीय पाठकों के लिए। भारत में हम एक ऐसी स्थिति में खड़े हैं जिसमें यदि हम किसी तमिल उपन्यास को असम या बंगाल

या पंजाब के किसी पाठक के पास पहुँचाना चाहें तो आज हमारे पास केवल एक ही तरीक़ा है कि हम उसका अंग्रेज़ी अथवा हिन्दी अनुवाद करके भेजें। लेकिन हिन्दी योजना प्रणाली की कल्पना बड़े ही राजनीतिक ढंग से की गयी थी और उसे बड़े ही लालफ़ीताशाही तरीक़े से अमल में लाया गया था और इसके परिणामस्वरूप, सम्पर्क भाषा के तौर पर उसके अवसरों को सीमित कर दिया गया। हिन्दी की तुलना में, अंग्रेज़ी ने व्यापक स्तर पर पढ़ी-लिखी जाने वाली भाषा के रूप में ख्याति अर्जित कर ली है, सम्पर्क भाषा और विश्व भाषा के रूप में अंग्रेज़ी भाषा को नव-औपनिवेशिक ताक़तों के वर्चस्व को बढ़ावा देने के लिए आगे बढ़ाया गया। और जटिलता यहीं पैदा होती है। इस प्रक्रिया में अनुवाद एक शक्तिशाली राजनीतिक हथियार बन जाता है। यह किसी व्यक्ति के लिए इस हद तक ताक़त हासिल करने का एक माध्यम बन जाता है कि यह एक लेखक के लिए प्रतिष्ठा का प्रतीक बन जाता है कि वह अपनी कृति का अंग्रेज़ी में अनुवाद करवाये और उसे पेंगुइन इंडिया से प्रकाशित करवा सके।

यह बाज़ार ही है जो एक लेखक के बाज़ार मूल्य को तय करने वाला एक निर्णायक घटक बन चुका है। लेकिन समसामयिक भारतीय साहित्य के विषम चरित्र को दुनिया के समक्ष प्रस्तुत करने का लक्ष्य लेकर चलने वाली एक अकेली वर्चस्वपूर्ण ताक़त अथवा अधिकांश देशों की भाषा के रूप में स्थापित हो चुकी भाषा की अपनी कुछ समस्याएँ हैं। हम विभिन्न भारतीय भाषाओं के साहित्य का अंग्रेज़ी में अनुवाद करना चाहते हैं और इसे एक अखिल भारतीय अथवा एक सार्वभौमिक माध्यम में परिवर्तित करना चाहते हैं लेकिन फिर हम इस प्रक्रिया में शामिल घिसी-पिटी एकरूपता के शिकार हो जाते हैं। यही समस्या की जड़ है क्योंकि इस प्रक्रिया से मूल संस्कृति, उदाहरण के लिए, यह असमिया संस्कृति को हानि पहुँचाती है और उसका अंग्रेज़ीकरण कर देती है और उसके बाद मान लीजिए यह एक तमिलभाषी पाठक से अंग्रेज़ी में संवाद करती है और इस प्रक्रिया में हम अपनी असमिया संस्कृति को खो बैठते हैं जिसको हमने अंग्रेज़ी रूप दे दिया है। अब हम जो कुछ भी दूसरों तक पहुँचा रहे हैं, वह उनकी संस्कृति का हिस्सा न होकर कुछ और ही है और भाषाओं की इस अदला-बदली में अपनी बात को ठीक से नहीं पहुँचाया जा सकता। इसलिए यही एक समस्या है इसमें सम्प्रेषित बातों से आपसी संवाद को हानि पहुँचती है लेकिन एक भारतीय भाषा से दूसरी भारतीय भाषा में अनुवाद करने में ऐसी सम्भावना बहुत कम होती है और जो निस्सन्देह, अपेक्षाकृत अधिक पुरानी और अधिक समृद्ध परम्परा है।

लेकिन तीसरी दुनिया में हमारे राजनेताओं, नौकरशाहों, कुलीन वर्ग और बुद्धिजीवियों के निहित स्वार्थों और सत्ता के कारण बने सम्बन्धों ने न सिर्फ़ हमारी सामाजिक व भाषाई आवश्यकताओं को उत्पन्न किया है और अंग्रेज़ी के वर्चस्व को तर्कसंगत सिद्ध किया है बल्कि प्रतिभाओं के पलायन में और भारतीय भाषाओं को हाशिये पर धकेल देने में भी इन्होंने अपनी एक भूमिका निभायी है। इसके परिणामस्वरूप, भारतीय साहित्य की अवधारणाा को जीवित रखना भी बहुत कठिन हो गया है। दरअसल, हम अभी भी कुछ हद तक, नये अवतार में प्रकट हुए उपनिवेशवादियों के वर्चस्व के अधीन हैं जैसा कि अतीत में उपनिवेशवादियों द्वारा हमारे साथ किया गया था जिन्होंने हमारी और हमारे समाजों की कई बार तो स्वयं हमारे लिए व्याख्या की। बहुत बार तो भारतीय बुद्धिजीवी उन उपनिवेशवादियों पर निर्भर थे जिन्हें वे एक सन्दर्भ आदर्श (Reference Model) के तौर पर देखते थे। इसका वर्णन एक महान अफ्रीकी लेखक चिनुआ अचेबे ने 'उपनिवेशवादी आलोचना' विषय पर लिखे अपने एक निबन्ध में किया है। उनका कहना है कि यह स्वाभाविक है कि यदि कोई पश्चिमी लेखक कुछ लिखता है तो वह स्वतः ही वैश्विक कृति बन जाता है। दूसरे लोग इस उपलब्धि के लिए केवल परिश्रम ही करते रह जाते हैं। उनके अनुसार अमुक लेखक का लेखन ही विश्व स्तर का है और वह ही सही मायनों में प्रसिद्ध लेखक है जैसे कि विश्वव्यापकता अथवा सार्वभौमिकता (Universality) किसी मार्ग पर आने वाला कोई विशेष मोड़ है और यदि लेखक को यूरोप अथवा अमरीका में दूर तक अपनी पहचान बनानी है तो उसे यही मार्ग अपनाना होगा। इसके लिए आपको अपने और अपने देश के बीच पर्याप्त फ़ासला बनाकर रखना होगा। और भारत में भी यही कुछ हो रहा है। यदि लेखन के एक विश्वव्यापक साधन के तौर पर अंग्रेज़ी के प्रति हमारे मन में लगाव है तो हमारा यह लगाव वैश्विक इकाई का एक हिस्सा बनने की हमारी महत्त्वाकांक्षा को प्रकट करता है।

लेकिन एक बड़ा प्रश्न यह है कि क्या हमारे लेखक अंग्रेज़ी में अनूदित होकर इस विश्वव्यापकता को प्राप्त कर सकते हैं? फ्रेडरिक जेमेसन और अधिकांश एंग्लो-अमरीकी या यूरोपीय विद्वानों के विचार में ऐसा बिल्कुल भी सम्भव नहीं है। जेमेसन का विचार निस्सन्देह आधा-अधूरा और एकतरफ़ा है। इसमें वह तीसरी दुनिया के साहित्य को केवल एक राष्ट्रीय रूपक की संज्ञा देते हैं जिसका वैश्विकता अथवा सार्वभौमिक विश्ववाद (Universal Cosmopolitanism) के साथ कोई सम्बन्ध नहीं है। प्रोफ़ेसर यू.आर. अनन्तमूर्ति ने एक बार इस निराशाजनक स्थिति का वर्णन करते हुए कहा था, "हम लोग, भारत में,

सॉल बैलो या माइकल टुर्नियर या विलियम गोल्डिंग के उपन्यासों को साहित्यिक कृतियों के रूप में अवश्य पढ़ेंगे लेकिन मेरा 'संस्कार' नामक उपन्यास या अन्य भारतीय उपन्यासों को साहित्यिक कृतियों के रूप में नहीं पढ़ेंगे बल्कि उनका अध्ययन भारतीय समाज के समाजशास्त्रीय अथवा मानवशास्त्रीय दृष्टिकोण से किया जायेगा।" कुछ यूरोपीय और अमरीकी साहित्यिक कट्टरपन्थियों का कहना है कि पश्चिमी पाठकों की उदासीनता अफ्रीका और भारतीय साहित्य के प्रति काफ़ी बढ़ गयी है क्योंकि अफ्रीकी और भारतीय साहित्य में विश्व साहित्य बनने के गुणों का अभाव है। और इसीलिए, चिनुआ अचेबे कहते हैं कि वह अफ्रीकी और भारतीय साहित्य पर होने वाली चर्चाओं में 'विश्व व्यापक' शब्द पर ही पूरी तरह प्रतिबन्ध लगते देखना चाहेंगे और उनके विचार में यह प्रतिबन्ध तब तक लगे रहना चाहिए, जब तक लोग इसे यूरोप की संकीर्ण और अपने ही प्रति रहम दिखाने वाली मानसिकता के पर्याय के रूप में इसका उपयोग करना बन्द नहीं कर देते और जब तक वैश्विकता के मायनों को विस्तार देकर उसमें पूरे विश्व को सम्मिलित नहीं करते। और यदि कोई व्यक्ति यह सोचता है कि विश्व समुदाय में स्थान पाने के लिए अंग्रेज़ी भाषा ज़रूरी है और यह कि हमारे पास इसके अतिरिक्त कोई विकल्प नहीं है, तो व्यक्ति को एक और महान अफ्रीकी लेखक नगुगी की तरह बड़े ही क्रान्तिकारी ढंग से ग़लत अंग्रेज़ी का इस्तेमाल करना चाहिए और वैसा ही करने का प्रयास करना चाहिए और उसे उचित मानना चाहिए जैसा कि भारत के कई अंग्रेज़ी लेखकों ने किया है। तब दुनिया में सब लोग केवल आपकी ओर ही ध्यान देंगे। अब टैगोर का ही उदाहरण लें, जिनके प्रति पश्चिमी पाठकों ने उनके द्वारा साहित्य में नोबेल पुरस्कार प्राप्त करने के पश्चात् ही रुचि दिखानी आरम्भ कर दी थी। लेकिन शीघ्र ही यह रुचि समाप्त हो गयी। पाठकों को उसके अनुवाद में दोष दिखायी देने लगे लेकिन वर्तमान काल में टैगोर में फिर से पाठकों की रुचि पैदा करने के लिए केतकी कुसारी डायसन, विलियम रैडिची, और सुकान्त चौधुरी तथा कई अन्य अनुवादकों ने टैगोर की रचनाओं के अनुवाद किये और पश्चिमी पाठकों के मन में फिर से उनके लिए उचित स्थान बनाया।

यह सच है कि टैगोर की कृतियों के इन अनुवादों से ही पश्चिमी पाठकों को टैगोर में न केवल पूर्व के रहस्यवाद के दर्शन हुए थे बल्कि उन्होंने उनमें मानवतावादी सामाजिक आलोचक को भी पाया था जिनकी कविताएँ वर्तमान युग की साहित्यिक संवेदना से बिल्कुल मेल खाती थीं। लेकिन इतना कुछ होने के बाद भी पश्चिमी पाठकों की नज़रों में उनकी स्थिति में कोई बहुत बड़ा सुधार

देखने में नहीं आया था। इयान जैक 'द संडे टाइम्स' में लिखते हैं कि गद्य पढ़ने वाले ब्रिटेन के पाठक कुछ ठोस और यथार्थपूर्ण साहित्य पढ़ना पसन्द करते हैं। आडम्बरपूर्ण भाषा का इस्तेमाल करने वाले बंगाली साहित्यकारों का इस विचार से लम्बे समय से सम्बन्ध रहा है। रिचर्ड केसले 'द ऑक्सफोर्ड टाइम्स' में लिखते हैं कि अपनी श्रेष्ठता पर इठलाने वाली कविताओं में विद्यमान सीमित आकर्षण क्षमता को समझते हुए किसी को यह सन्देह नहीं होना चाहिए कि बुक स्टॉलों पर इनके लिए कोई भगदड़ नहीं मचेगी। पूर्व और सर्वव्यापी अमूर्तता के मध्य के प्रेम सम्बन्ध अब लम्बे समय से ठण्डे पड़े हैं।

भारतीय भाषाओं की पुस्तकों का अनुवाद

अगर यह ऐसा ही मामला है तो भारतीय पुस्तकों के सन्दर्भ में भारतीय भाषाओं की पुस्तकों के अनुवादों के प्रकाशन की वर्तमान स्थिति क्या है? यदि हम वैश्वीकरण की बात करें तो इसकी मुख्य विशेषता यह है कि यह विविधता का विरोधी है। यह सांस्कृतिक और साहित्यिक विविधता और भिन्नता को नष्ट कर देता है और उन्हें समरूप बना देता है और उनकी विशिष्टताओं को समाप्त करके उन्हें समानताओं में परिवर्तित कर देता है। वैश्विक बाज़ार का स्वरूप लोगों की लोकप्रिय पसन्द से तय होता है लेकिन विडम्बना यह है कि इसके साथ-साथ यह अपने सबसे प्रभावशाली माध्यम अर्थात् विज्ञापन के ज़रिये, लोगों की लोकप्रिय पसन्द को नियन्त्रित करता प्रतीत होता है। आज एक पुस्तक का महत्त्व उसके बाज़ार मूल्य से निर्धारित होता है और इसका सीधा प्रभाव गम्भीर लेखकों पर पड़ता है जो इससे हाशिये पर चले जाते हैं। सोवियत युग के दौरान राजनीतिक अथवा अन्य कारणों से महान भारतीय लेखकों जैसे टैगोर, प्रेमचन्द, पोट्टेक्क्कट, माणिक बन्दोपाध्याय, शिवराम कारन्त, अमृता प्रीतम, भीष्म साहनी और कई अन्य लेखकों की कृतियों का रूसी तथा पूर्व यूरोपीय भाषाओं में अनुवाद हुआ था। उस समय तत्कालीन सोवियत विद्वानों के मुँह से भारतीय लेखकों को पढ़ने, उनके मूल्यों और उनकी मानवता से सम्बन्धित अनुभवों को सुनना अच्छा लगता था जिन्होंने बड़े ही प्रभावशाली ढंग से भारत की विभिन्न छवियों, घिसे-पिटे मुहावरों और कई अमूर्त प्रत्ययों को ध्वस्त कर दिया था जो सामान्यतया भारत का प्रतिनिधित्व करते थे। यह एक ऐसा अनुभव था जिसके ज़रिये इन देशों की राष्ट्रीय संस्कृति अथवा साहित्य के साथ जुड़ने की मानवतावादी परम्पराओं को स्वीकार करने में रूसी और पूर्व यूरोपीय पाठकों का उत्साह देखते ही बनता था। इसमें महत्त्वपूर्ण बात यह थी कि यह संस्कृति अथवा साहित्य उनके अपने देश का नहीं था। लेकिन सोवियत रूस के पतन

के पश्चात् समूचे विश्व की उपभोक्ता संस्कृति ने बड़ी तीव्रता से इन देशों की साहित्यिक संस्कृति के आधार को नष्ट कर डाला। लेकिन अब जेम्स हेडली चेज़, सिडनी शेल्डन, जेफ्री ऑर्चर, इयान फ्लेमिंग इत्यादि के उपन्यासों के अनुवाद और बिक्री में ख़ूब तेज़ी आ चुकी है।

वैश्वीकरण और रचनात्मक विविधता

दूसरी ओर, लिखित शब्दों के वैश्वीकरण ने रचनात्मक विविधता के सामने एक बहुत बड़ा संकट खड़ा कर दिया है। अंग्रेज़ी द्वारा सभी संस्कृतियों को अपने अन्दर आत्मसात करने के लिए और विश्ववाद (Cosmopolitanism) का अकेला संवाहक बनने के लिए पश्चिम की कई अकादमियों ने यह स्वीकार किया है कि अंग्रेज़ी की बढ़ती हुई लालसा सांस्कृतिक अन्तरों के लिए एक ख़तरा बन चुकी है। तीसरी दुनिया की सांस्कृतिक विविधता पर आज एकल भाषावाद (Monolingualism) की बीमारी से ग्रस्त होने का ख़तरा मँडरा रहा है। भारत में प्राचीन नाट्यकला अर्थात् रंगमंच के उद्भव और उसके वर्चस्व से वाचक शैली में इस स्थिति का वर्णन किया जा सका था। एक बार हमारे द्वारा रंगमंच की पद्धति को अपनाने के बाद, नाट्य प्रस्तुतियों, भावों और रंगमंच से जुड़ी पेचीदगियों के कई रूप निकट क्षेत्रों से देखने के लिए तथाकथित प्रोसेनियम शहरी थियेटरों और थियेटर स्थलों के कारण निकलकर बाहर आ गये। इसी प्रकार से प्रदर्शन कला (Performing Art) के भी कई रूप सामान्य लोक मंचों से निकलकर सामने आ गये क्योंकि उन्हें छोटे पर्दे पर सफलतापूर्वक नहीं प्रस्तुत किया जा सकता था जो वैश्विक बाज़ार का सबसे प्रभावशाली साधन बनकर उभरा है। कमल कुमार मजूमदार, अज्ञेय इत्यादि जैसे अग्रणी लेखकों का आज विश्व बाज़ार में बहुत कम स्थान रह गया, वे अब लगभग अप्रासंगिक होकर रह गये हैं।

इसके अतिरिक्त, अंग्रेज़ी अब विश्व के तमाम उद्यमों की भाषा बन गयी है जिससे हमारे द्वारा प्रयुक्त की जा रही इस भाषा पर भी प्रभाव पड़ रहा है और यह हमारी सामाजिक-सांस्कृतिक सोच को भी प्रभावित करने लगी है। फिर भी, यदि हम यह सोचते हैं कि जिस प्रकार लगभग 90 वर्ष पूर्व नोबेल पुरस्कार की शक्ल में टैगोर के हिस्से में एक उपलब्धि आयी थी, तो ठीक वैसा ही एक दिन निर्मल वर्मा, एम.टी. वासुदेवन नायर या सुनील गंगोपाध्याय के साथ भी होगा, तो ऐसी कोई सम्भावना दिखायी नहीं देती है। इसका कारण यह है कि ऐसा किसी विक्रम सेठ या अमिताभ घोष के साथ होने की सम्भावना है जैसा कि

वी.एस. नायपॉल के साथ हुआ था जो भारतीय मूल के लेखक थे, ऐसा विशेषकर उनके द्वारा अपने लेखन में एक तथाकथित 'अद्वितीय' भाषा का प्रयोग करने के कारण भी हुआ था। दूसरे, भारतीय साहित्य के अंग्रेज़ी अनुवादों में यूरोप-केन्द्रित पाठकों ने जिस प्रकार की उदासीनता दिखायी थी, उसके कारण भी निर्मल वर्मा, एम.टी. वासुदेवन नायर या सुनील गंगोपाध्याय को नोबेल पुरस्कार मिलना सम्भव नहीं है। इसकी पुष्टि इस तथ्य से की जा सकती है कि पेंगुइन इंडिया द्वारा अभी तक प्रतिवर्ष प्रकाशित लगभग 10 अनूदित पुस्तकों में इसकी मूल कम्पनी, पेंगुइन लन्दन ने अन्तरराष्ट्रीय स्तर पर वितरण के लिए शायद ही किसी पुस्तक की एक भी प्रति को चुना होगा।

लेकिन त्रासदी यह है कि पश्चिमी सभ्यता से प्रभावित भारत के अधिकांश मध्यमवर्गीय बुद्धिजीवियों पर समूचे विश्व में फैल चुके आधुनिकतावाद की तथाकथित भ्रान्तियों का गहरा प्रभाव है और जो अभी भी मानते हैं कि यदि विकास करना है और ज्ञान हासिल करना है तो पश्चिम की ख़ुशामद करना ज़रूरी है। इसके परिणामस्वरूप, पश्चिम की वैश्विक संस्कृति का एक अंग बनने की अपनी बेचैनी के कारण उन्हें ऐसा महसूस होता है कि वे केवल पश्चिम से प्रकाशित होने वाली पुस्तकों के बारे में ही बात करने को बाध्य हैं।

इसलिए भारत में हमारे समक्ष सबसे बड़ा प्रश्न यह है कि हम लिखित शब्दों की नयी उत्तर औपनिवेशिक वैश्विक संस्कृति के सामने स्वयं को और अपनी संस्कृति को कहाँ रखते हैं। हमें अपने देश की साहित्यिक और सांस्कृतिक एकता तथा विविधता को स्वीकार करना चाहिए और हमें वैश्विक दृष्टिकोण से नहीं बल्कि इसकी अपेक्षा अखिल भारतीय दृष्टिकोण से सोचना चाहिए।

पहली नज़र में, यह एक विचित्र समस्या प्रतीत होती है लेकिन बाद में यही हमें सही दिशा की ओर ले जायेगी। जब तक घरेलू स्तर पर हमारे साहित्य के प्रति लोगों के मन में जागरूकता उत्पन्न नहीं होती, तब तक विदेशों में अपने साहित्य को बढ़ावा देने के सम्बन्ध में हम सोच भी नहीं सकते। आइए, हम इस स्थिति को उलट दें और अंग्रेज़ी भाषा को झुकने के लिए विवश कर दें जैसा कि चिनुआ अचेबे और नगुगी ने तीसरी दुनिया से ऐसा करने का आग्रह किया था। अखिल भारतीय तथा भिन्न-भिन्न अस्तित्व वाले भारत, दोनों को आगे बढ़ाने के लिए हमारी अपनी शर्तों पर अंग्रेज़ी का उपयोग करने की प्रक्रिया पहले ही प्रारम्भ हो चुकी है और केवल तभी वैश्विक स्तर पर भाषाई और सांस्कृतिक अन्तरीकरण (Totalisation) तथा लिखित शब्दों की बढ़ती हुई एकभाषी साहित्यिक निरंकुशता (Monolingual Literary Authoritarianism) के

विरुद्ध अपनी पकड़ बनाने के लिए लक्ष्य भाषा के तौर पर अंग्रेज़ी का उपयोग हिन्दी तथा अन्य भारतीय भाषाओं के साथ सहज बन पायेगा।

बहुभाषीय अनुवाद कार्य

यहाँ यह बात ध्यान दिलाना ज़रूरी है कि प्रशासनिक या राजनीतिक कारणों से, जहाँ राष्ट्र-राज्यों, राष्ट्रीय विचारधारा और सरकारी नीतियों के निर्माण के लिए एक ही साझा भाषा जैसे हिन्दी या अंग्रेज़ी का उपयोग करने की ज़रूरत हो सकती है, वहीं 'उभरते हुए' भारत (Imagined India) का केन्द्रीकरण करने वाली भाषा न तो बहुभाषी लोकाचार का प्रतिनिधित्व करती है और न ही लोगों की 'रचनात्मकता और मार्मिकता' की अभिव्यक्ति की। यह व्यावहारिक नहीं है कि प्राचीन, मध्यकालीन तथा समकालीन भारत के विषम चरित्र को सामने लाने के प्रयोजन से एक ही प्रमुख या प्रधान भाषा का समरूप बनाने वाला कोई तत्त्व हो और सरलता से उसका विरोध किया जा सके। अब समय आ गया है कि महाआख्यान को 'फिर से' रचा जाये और राजनीतिक और सामाजिक न्याय के लिए अन्य आख्यानों को उचित ठहराया जाये। केवल तभी 'प्रगतिशील' भारत (Continuing India) अपनी समस्त सांस्कृतिक जटिलताओं के साथ कई साधनों के ज़रिये सांस्कृतिक प्रथाओं की विविधता के साथ स्वयं को एक भारत के रूप में एक सूत्र में पिरो सकेगा और उन साधनों में से एक है बहुभाषीय अनुवाद कार्य।

स्वाभिमान (Self Assertion) के लिए पहले से ही एक आवश्यकता स्पष्ट रूप से दिखायी दे रही है और वह है बड़े पैमाने पर एक भारतीय भाषा से दूसरी भारतीय भाषा में पारस्परिक अनुवाद करने की मात्रा को बढ़ाना। देश के विभिन्न भागों में जातियों तथा उपजातियों के बीच अत्यधिक आवागमन ने उस क्षेत्र की भाषा को एक विस्तार दे दिया है। इसका मुख्य कारण है अंग्रेज़ी भाषा के अभिजात वर्ग के स्थान पर क्षेत्रीय भाषाओं के अभिजात वर्ग की उत्पत्ति जो देश की अधिसंख्य जनसंख्या गैर-ब्राह्मणों की जाति सम्बन्धी आकांक्षाओं के साथ-साथ अंग्रेज़ी की विषय भूमिका का भी प्रतिनिधित्व करते हैं जो अधिकांश भारतीयों की सांस्कृतिक रचनात्मकता के लिए एक बाधा के समान है। वर्तमान समय में हिन्दी-अंग्रेज़ी, बंगाली-अंग्रेज़ी और इसी प्रकार के बहुभाषी समाज में दो-दो भाषाओं के तीव्र गति से होने वाले उपयोग से विभिन्न भाषाओं के बीच पारस्परिक निर्भरता और अन्तर-शब्दशक्ति उत्पन्न करने के लिए भाषाई वर्चस्व के सभी रूपों का मुक़ाबला किया जा रहा है।

स्वाभिमान (Self Assertion) का ऐसा ही एक आग्रह बड़ी संख्या में उन भारतीयों में भी काफ़ी हद तक देखा जा सकता है जिन्होंने पुरातन तथा आधुनिक दोनों प्रकार के भारतीय साहित्य की कृतियों का अंग्रेज़ी भाषा में अनुवाद करने का दायित्व अपने कन्धों पर लिया। इसका मुख्य उद्देश्य विश्व को यह दिखाना था कि भारतीय साहित्य में पूरी तरह से समृद्ध और विविधता वाली ऐसी कृतियाँ मौजूद हैं। ए.के. रामानुजन ने, जो सम्भवतः विगत चार-पाँच दशकों के दौरान भारत के सबसे उत्कृष्ट अनुवादक रहे हैं, अंग्रेज़ी का उपयोग करके विश्व के सामने एक उदाहरण प्रस्तुत किया है जिसमें उन्होंने कभी भी यह प्रयास नहीं किया कि विश्वस्तरीय उत्कृष्ट भारतीय साहित्य को एक ऐसा माध्यम बनाया जाये जिसका समूचे विश्व के साहित्यिक अथवा सांस्कृतिक क्षेत्र में वर्चस्व हो बल्कि उन्होंने भारतीय साहित्य को अंग्रेज़ी के वर्चस्व का विरोध करने वाली एक शक्ति अवश्य बनाया जो तमिल भक्तिकाव्य, 'कन्नड़ वीरशैव वचन' (Kannada Virashaiva Vacanas) जैसे स्थानीय भक्ति साहित्य के मूल स्वरूप की रचना कर रही है जिससे लोगों की अन्य परम्पराओं को उनकी विविधता के साथ प्रस्तुत किया जा सके।

अब भारतीय अनुवादकों की रुचि उन तरीक़ों को खोजने में है जिनकी सहायता से वे अंग्रेज़ी भाषा को 'प्रामाणिक भारतीय अभिव्यक्ति' का माध्यम बना सकें। इसके साथ-साथ, यह भी प्रयास किया जा रहा है कि अंग्रेज़ी को भारतीय भाषाओं का एक अंग ही समझा जाये। ऐसा इसलिए कि कई भारतीय लेखक जो अंग्रेज़ी भाषा में लिख रहे हैं, भारतीय भाषाओं से अंग्रेज़ी में अनुवाद करने का कार्य भी पसन्द कर रहे हैं। इस प्रकार, 'उभरता हुआ' भारत अपने नये औपनिवेशिक रूप में बाहरी दुनिया और भारतीय जनता के समक्ष 'प्रगतिशील' भारत को पेश कर रहा है और इस तरह, परस्पर पूरक राष्ट्रों के रूप में दोनों भारत एक-दूसरे के नज़दीक आ रहे हैं तथा भाषाई अभिव्यक्ति और सांस्कृतिक अनुभवों की विविधता की पहचान करने के लिए और उनकी विलक्षण एकता को समझने के लिए कार्य को या तो अखिल भारतीय या एक सार्वभौमिक प्रणाली के अनुकूल बना रहे हैं।

10

अनुवाद और भारतीय साहित्य की अवधारणा

उपर्युक्त विषय के अन्तर्गत यह समझा जाता है कि भारत की साहित्यिक अवधारणा और अनुवाद कार्य में पारस्परिक सम्बन्ध है। इसमें यह माना जाता है कि हमारे यहाँ एक भारतीय साहित्य की अवधारणा मौजूद है, जो विभिन्न भारतीय भाषाओं में लिखा जाता है तथा विभिन्न भाषाओं में होने वाला पारस्परिक अर्थात अन्तरभाषीय अनुवाद भारतीय साहित्य की एकता के सम्बन्ध में हमारी समझ को सुगम बनाता है। ऐसी सम्भावना हमेशा बनी रहती है कि इस विषय के कई अन्य अर्थ हों लेकिन अभी मैं इस विषय को नहीं उठा रहा।

बीसवीं शताब्दी के मध्य में वी.के. गोकाक और डॉ. नगेन्द्र जैसे प्रतिष्ठित विद्वानों ने ज़ोर देकर कहा कि विषय-वस्तु के चुनाव और उसके निर्वाह अथवा दर्शन से सम्बन्धित अवधारणाओं जैसे :

1. मानव जीवन को नियन्त्रित करने वाला भाग्य, 2. कर्म, पुण्य और जीवन-चक्र, 3. जीवन की नश्वरता, 4. एक मंच के रूप में दुनिया, 5. अदृष्ट-विधान-मंच आनन्द और पीड़ा का सहअस्तित्व, 6. जीव-अजीव की अवधारणा और 7. नैतिक विचार जैसे मनुष्य में आवश्यक गुण, भद्रता, आत्मसंयम आर गृहस्थी के सुख आदि मामलों में भारतीय साहित्य की समानता अथवा एकरूपता को देखा जा सकता है।

इससे यह प्रमाणित होता है कि किसी विशेष समय में, साहित्यिक ग्रन्थों में व्यक्त सामान्य स्वरूपों को रचना के एक स्तर पर स्वीकार किया जा सकता है। गोकाक और नगेन्द्र दोनों ही राष्ट्रवाद की इस अवधारणा से बहुत प्रभावित थे जो एक ऐसे राष्ट्र की कल्पना करती है जिसे वर्तमान में अपनी विविध संस्कृतियों वाले बहुआयामी भारत की नहीं बल्कि एक समरूप और अखण्ड संस्कृति वाले भारत की है। यहाँ तक कि साहित्य अकादेमी के तत्कालीन उपाध्यक्ष

डॉ. राधाकृष्णन का भी यह दृढ़ विश्वास था कि भारतीय साहित्य एक ही है, बेशक वह कई भाषाओं में लिखा जाता है।

भारतीय साहित्य पर लगे 'केन्द्रीयता' के इस आरोप के कारण भारतीय साहित्य का अद्वितीय चरित्र सामने नहीं आ पाता और यह अनुभव की एकता अथवा सहभाव के बहाने साहित्य के प्रस्थान बिन्दुओं की अनदेखी करता है।

लेकिन जहाँ तक भारत में विषय-वस्तु और शैली का प्रश्न है तो उसमें सांस्कृतिक विविधता हमेशा से मौजूद थी (संस्कृत भाषा के प्रसिद्ध साहित्यकार दण्डी का कहना है कि अनुप्रास अलंकार का प्रयोग दक्षिण भारतीय लेखकों की लेखन शैली है और बंगाल के लेखकों की आदत है भारी-भरकम शब्दों का प्रयोग करना)। लेकिन भारत की बहुभाषीय स्थिति में, एक साझा संस्कृति का ढाँचा मौजूद है जो रूपकों और प्रतीकों, मिथकों और किंवदन्तियों, परम्पराओं और मानदण्डों जैसे साझा तत्त्वों पर आधारित है और पिछले 1000 वर्षों के दौरान उससे भारतीय साहित्य में समानता की भावना उत्पन्न हुई है और यह एक सच्चाई भी है। इसका कारण यह है कि भारतीय साहित्य में विषयवस्तु की एकता और शैली की विविधता दोनों ही मौजूद हैं और इसके अतिरिक्त, इसमें सांस्कृतिक विशिष्टताओं की विविधता भी दिखायी देती है। लेकिन साहित्यिक परम्पराओं की एकता और इन सबने मिल कर टकराव के साथ-साथ आपसी तारतम्य की स्थिति भी उत्पन्न की है और क्षेत्रीयता के स्तर पर भिन्नता और अखिल भारतीय स्तर पर समरूपता की अन्योन्याश्रितता भी प्रदर्शित की है।

चलिए, अब मैं भारतीय साहित्य के विषय में एकता और विविधता की परस्पर विरोधी विशेषताओं की पूरकता की अवधारणा के सम्बन्ध में विस्तार से समझाने का प्रयास करता हूँ। भारतीय साहित्य में विद्यमान अद्‌भुत भारतीयता (समानता अथवा एकता) को कोई व्यक्ति केवल तभी देख पाता है, जब वह हमारी संस्कृति के विविधतापूर्ण पहलुओं को समझ लेता है। प्रोफ़ेसर यू. आर. अनन्तमूर्ति का इस विषय में कहना है कि यदि हम विविधता में एकता के अपने लोकप्रिय नारे को देखें तो व्यक्ति समझ पायेगा कि यदि कोई भारत में अत्यधिक विविधता को तलाशेगा तो उसे एकता दिखायी देगी और यदि वह भारत में केवल एकता को खोजेगा, तो उसे मात्र विविधता दिखायी देगी।

वास्तव में भारत एक ऐसा देश है जहाँ जीवन जीने के कई विकल्प उपलब्ध हैं। भारत जिन विकल्पों की बात करता है, वह एकता बनाम विविधता, आध्यात्मिकता बनाम भौतिकवाद, व्यवस्था, अनुशासन और शास्त्रों का परमानन्द

या मार्ग या शास्त्रीय बनाम विरोध कटाक्ष अथवा लोक का दर्द नहीं है बल्कि जैसा कि गाँधीजी का कहना है कि वह दोनों बनाम एक की बलपूर्वक स्वीकृति का विकल्प है।

इसी बात को भारत के विख्यात फ़िल्म निर्देशक और लेखक, सत्यजीत रे ने बड़े ही सुन्दर ढंग से कहा है, "आपको अपनी फ़िल्मों में क्या दिखाना चाहिए? आप क्या छोड़ सकते हैं? आप क्या शहर को पीछे छोड़ कर गाँव की ओर जायेंगे, जहाँ गायें दूर-दूर तक फैले मैदानों में चरती होती हैं और ग्वाला बंसी बजा रहा होता है? आप यहाँ एक ऐसी फ़िल्म बना सकते हैं जो बिल्कुल खरी और साफ-सुथरी होगी और वह एक माझी के गीत की मधुर लय की तरह होगी। या फिर आप वापस महाकाव्यों के काल में लौट जायेंगे जहाँ देवतागण और राक्षस महायुद्ध में एक-दूसरे के विरुद्ध लड़ते हैं जहाँ भगवान कृष्ण ने 'गीता' का उपदेश देकर एक निराश और उदास खड़े राजकुमार को युद्ध के लिए प्रेरित करके एक महान योद्धा बनने के लिए प्रवृत्त किया था? व्यक्ति यहाँ कथकली की महान प्रतिरूपी परम्परा का प्रयोग करके कई रोमांचक चीजें कर सकता है, ठीक वैसे ही जैसे जापानी लोग अपनी शास्त्रीय नृत्य-नाटिका के मुख्य प्रकार नोह (Noh) और काबुकी (Kabuki) का उपयोग करते हैं। या फिर ऐसा करने के बजाय आप वर्तमान में खड़े रहते हैं, एकदम स्थिर, इस राक्षसी और दिल को दहला देने वाले शहर के बिल्कुल बीचों-बीच खड़े होकर इसके विभिन्न दृश्य, ध्वनि और परिवेश के अचम्भे में डाल देने वाले विषम विरोधाभासों के साथ एक योजना रचने का प्रयास करेंगे?

ये अन्तर, ये "भौचक्का कर देने वाले विरोधाभास" एक साथ बने रहते हैं और हमारे पास उपलब्ध कई प्रकार के जीवन विकल्पों के बारे में संकेत देते हैं। भारत की साहित्यिक श्रेणियाँ जैसे मार्गी-देसी (शास्त्रीय-लोक), शास्त्राचार-देशाचार (सैद्धान्तिक मानदण्ड-स्थानीय परम्परा), नाट्यधर्मी-लोकधर्मी (प्रस्तुतिमूलक-प्रतिनिधित्व सम्बन्धी), क्षेत्र और देश (क्षेत्रीय-अखिल भारतीय) भारतीय परम्परा में निहित निरन्तरता और बदलाव, एकता और विविधता अथवा पहचान और पृथक्करण की द्वन्द्वात्मकता को प्रकट करती हैं। हमारी संस्कृति में जो विविधता और खुलापन विद्यमान है, वह हमारे लिए निरादर नहीं बल्कि गर्व की बात है।

भारतीय साहित्य में एकता तभी दिखायी देती है, जब आप इसे हमारे बहुलवादी सन्दर्भों में समझ लेते हैं। एकता तथा विविधता का यह एक दूसरे की विपरीत प्रवृत्ति वाला समूह एक स्थानीय भाषा के लेखक की, मान लीजिए एक तमिल लेखक की पहचान करता है, जो तीन प्रकार की होती है—

पहले किसी स्थानीय लेखक के रूप में जो एक ही भाषा में लिखता है और फिर दक्षिण भारतीय द्रविड़ लेखक के रूप में और अन्त में एक अखिल भारतीय लेखक के रूप में। तत्पश्चात् इन सभी तीनों स्तर पर एक महत्त्वपूर्ण सम्बन्ध स्थापित होता है। भारतीय साहित्य का इतिहास वास्तव में भारत के लोगों की समस्त साहित्यिक गतिविधियों का इतिहास है—साहित्यिक परम्पराओं की एकता और विविधता दोनों प्रकार की गतिविधियों का इतिहास जो एक-दूसरे से बिल्कुल भी अलग नहीं है। बल्कि ये दोनों एक बड़ी और जटिल साहित्यिक स्थिति में एक-दूसरे से जुड़े घटक हैं।

भारतीय साहित्य की अवधारणा देश की अलग-अलग भाषाओं में किये जाने वाले साहित्यिक कार्यों का परिणाम है जो भारतीय पाठकों पर एक गहरा प्रभाव डालती है। इसका कारण यह है कि इसमें भारत की राष्ट्रीय भावना के साथ-साथ क्षेत्रीय तथा सामुदायिक आकांक्षाओं का दृष्टिकोण भी व्यक्त होता है और यह वर्तमान पश्चिमी सभ्यता में मौजूद नये तत्त्वों को भी सामने लाती है। पश्चिमी दृष्टिकोण में हमारा विश्वास होने के कारण हमारी बहुभाषी स्थिति में एक संकट सा उत्पन्न हो गया है जो रैखिक (Linear) और दोहरा (Binary) है। इसलिए भाषा और साहित्य से सम्बन्धित हमारी सभी समस्याएँ दोहरे विरोध में बदल गयी हैं और इसलिए इन्हें दूर करने के हमारे सभी समाधान बिल्कुल बेमानी हो जाते हैं। एक सामान्य भारतीय व्यक्ति जीवन की समग्रतात्मकता दृष्टिकोण में विश्वास करता है और इसीलिए भारतीय साहित्य स्थानीय, प्रादेशिक और अखिल भारतीय अभिव्यक्तियों अथवा केन्द्रीयता और हमारी संस्कृति की विविधता की स्वीकार्यता के बीच एक महत्त्वपूर्ण सम्बन्ध को जन्म देता है।

जिन लोगों का मानना है कि भारतीय साहित्य कई भाषाओं में लिखे जाने के बावजूद 'एक ही' साहित्य है और जो लोग कहते हैं कि नहीं, यह एक नहीं बल्कि अलग-अलग क्षेत्रों के अलग-अलग कई साहित्य हैं और जो लोग यह समझते हैं कि भारतीय साहित्य अपनी विविधता के माध्यम से एकता प्रदर्शित करता है, उन सबके लिए अनुवाद एक राजनीतिक हथियार बन चुका है। अन्यथा भी, अनुवाद स्रोत भाषा और लक्ष्य भाषा के बीच एक सांस्कृतिक और राजनीतिक आधार के रूप में काम करता है। राजनीतिक रूप से अनुवाद कोई सरल कार्य नहीं है। अनुवाद के लिए स्रोत भाषा की पुस्तकों का चयन और लक्ष्य भाषा का चयन, जिसमें अनुवाद किया जाना है, दोनों ही राजनीति से प्रेरित कार्य हैं। मैं इसे थोड़ा विस्तार से समझाना चाहूँगा।

पिछली शताब्दी में विश्व संस्कृति की शुरुआत, वास्तव में, उपभोक्तावाद और सूचना प्रौद्योगिकी के युग के आगमन से पूर्व, अनुवादों के माध्यम से हुई थी और यदि भारत के सन्दर्भ में बात करें तो ये सब अनुवाद विश्व की अधिकांश राष्ट्रों की भाषा, अंग्रेज़ी में किये गये थे और अभी भी किये जा रहे हैं। औपनिवेशिक काल में पश्चिमी साहित्य का भारत की प्रोदेशिक भाषाओं में अनुवाद करते समय हमेशा पश्चिमी साहित्य अथवा मूल साहित्य को श्रेष्ठ माना जाता था, मूल भाषा को दाता दानकर्ता माना जाता रहा और प्राप्तकर्ता भाषा को हीन भाषा समझा जाता रहा जो अनुवाद के माध्यम से स्वयं को समृद्ध बनाने की कोशिश कर रही थी। आज हमारे लिए एक शोचनीय बात यह है कि जहाँ भारत में अनुवाद करने के लिए केन्द्रीय भाषा अंग्रेज़ी या हिन्दी है, और जब भारतीय साहित्य की किसी क्षेत्रीय कृति का अंग्रेज़ी में अनुवाद करते हैं तो ऐसा माना जाता है कि हम मूल कृति के महत्त्व को बढ़ा रहे हैं और इसलिए हम मूल भाषा की तुलना में प्राप्तकर्ता भाषा अंग्रेज़ी को श्रेष्ठ मानते हैं। इसे ही मैं अनुवाद में राजनीति की संज्ञा देता हूँ जो कभी भी भारतीय साहित्य की वास्तविक अवधारणा को सामने नहीं आने देती।

अब कोई व्यक्ति यह कह सकता है कि हम भारत में एक ऐसी स्थिति में खड़े हैं जिसमें यदि हम किसी तमिल उपन्यास को असम या बंगाल या पंजाब के किसी पाठक के पास पहुँचाना चाहें तो आज हमारे पास केवल एक ही तरीका है कि हम उसका अंग्रेज़ी अथवा हिन्दी अनुवाद करके भेजें। लेकिन हिन्दी योजना प्रणाली की कल्पना बड़े ही राजनीतिक ढंग से की गयी थी और उसे बड़े ही लालफ़ीताशाही तरीक़े से अमल में लाया गया था और इसके परिणामस्वरूप, सम्पर्क भाषा के तौर पर उसके अवसरों को सीमित कर दिया गया। हिन्दी की तुलना में, अंग्रेज़ी ने व्यापक स्तर पर पढ़ी-लिखी जाने वाली भाषा के रूप में ख्याति अर्जित कर ली है जिसको सम्पर्क भाषा और विश्व भाषा के रूप में अंग्रेज़ी भाषा को नव-औपनिवेशिक ताकतों के वर्चस्व को बढ़ावा देने के लिए आगे बढ़ाया गया। और समस्या यहीं पैदा होती है। इस प्रक्रिया में अनुवाद एक शक्तिशाली राजनीतिक हथियार बन जाता है। यह किसी व्यक्ति के लिए इस हद तक ताक़त हासिल करने का एक माध्यम बन जाता है कि यह एक लेखक के लिए प्रतिष्ठा का प्रतीक बन जाता है कि वह अपनी कृति का अंग्रेज़ी में अनुवाद करवाये और उसे पेंगुइन इंडिया से प्रकाशित करवा सके।

यह बाज़ार ही है जो एक लेखक के बाज़ार मूल्य को तय करने वाला एक निर्णायक घटक बन चुका है और इसके साथ ही एक बहुत ख़तरनाक स्थिति

बड़ी तेज़ी से उत्पन्न हो रही है और वह यह कि हम लोकप्रिय साहित्य की स्थिति को ख़राब कर रहे हैं और भारतीय साहित्य की अवधारणा को चोट पहुँचा रहे हैं और भारत की बहुसंस्कृति वाली व्यवस्था में दोष ढूँढ रहे हैं। हालांकि श्रेष्ठ साहित्य को बाज़ार से हटाना बहुत कठिन है लेकिन फिर भी लोकप्रिय और विचित्र क़िस्म का साहित्य अच्छे साहित्य को दरकिनार करके अपनी उपस्थिति दर्ज़ करवाने में सफल हो रहा है और देश के अग्रणी लेखक जैसे कमल कुमार मजूमदार व अज्ञेय आदि विश्व बाज़ार में धीरे-धीरे अप्रासंगिक होते जा रहे हैं।

इसके इलावा, समसामयिक भारतीय साहित्य के एकरूपी चरित्र को दुनिया के समक्ष प्रस्तुत करने का लक्ष्य लेकर चलने वाली एक अकेली वर्चस्वपूर्ण ताकत अथवा अधिकांश देशों की भाषा के रूप में स्थापित हो चुकी भाषा अंग्रेज़ी की अपनी कुछ समस्याएँ हैं। हम विभिन्न भारतीय भाषाओं के साहित्य का अंग्रेज़ी में अनुवाद करना चाहते हैं और इसे एक अखिल भारतीय अथवा एक सार्वभौमिक माध्यम में परिवर्तित करना चाहते हैं लेकिन फिर हम इस प्रक्रिया में शामिल घिसी-पिटी एकरूपता के शिकार हो जाते हैं। यही समस्या की जड़ है क्योंकि इस प्रक्रिया से मूल संस्कृति, उदाहरण के लिए, यह असमिया संस्कृति को हानि पहुँचाती है और उसका अंग्रेज़ीकरण कर देती है और उसके बाद मान लीजिए यह एक तमिल भाषी पाठक से अंग्रेज़ी में संवाद करती है और इस प्रक्रिया में हम अपनी असमिया संस्कृति को खो बैठते हैं जिसको हमने अंग्रेज़ी रूप दे दिया है। अब हम जो कुछ भी दूसरों तक पहुँचा रहे हैं, वह उनकी संस्कृति का हिस्सा न होकर कुछ और है और भाषाओं की इस अदला-बदली में अपनी बात को ठीक से नहीं पहुँचाया जा सकता। इसलिए यही एक समस्या है इसमें सम्प्रेषित बातों से आपसी संवाद को हानि पहुँचती है लेकिन एक भारतीय भाषा से दूसरी भारतीय भाषा में अनुवाद करने में ऐसी सम्भावना बहुत कम होती है और जो निस्सन्देह, अपेक्षाकृत अधिक लम्बी और अधिक समृद्ध परम्परा है।

लेकिन तीसरी दुनिया में हमारे राजनेताओं, नौकरशाहों, कुलीन वर्ग और बुद्धिजीवियों के निहित स्वार्थों और सत्ता के कारण बने सम्बन्धों ने न सिर्फ़ हमारी सामाजिक व भाषाई आवश्यकताओं को उत्पन्न किया है और अंग्रेज़ी के वर्चस्व को तर्कसंगत सिद्ध किया है बल्कि प्रतिभाओं के पलायन (Brain drain) में और भारतीय भाषाओं को हाशिये पर धकेल देने में भी इन्होंने अपनी एक भूमिका निभायी है। इसके परिणामस्वरूप, भारतीय साहित्य की अवधारणाा को जीवित रखना भी बहुत कठिन हो गया है। दरअसल, हम अभी भी कुछ हद तक, नये अवतार में प्रकट हुए उपनिवेशवादियों के वर्चस्व के अधीन हैं जैसा

कि अतीत में उपनिवेशवादियों द्वारा हमारे साथ किया गया था जिन्होंने हमारी और हमारे समाजों की कई बार तो स्वयं हमारे लिए व्याख्या की। बहुत बार तो भारतीय बुद्धिजीवी उन उपनिवेशवादियों पर निर्भर थे जिन्हें वे एक सन्दर्भ आदर्श (Reference Model) के तौर पर देखते थे।

इसके अतिरिक्त, अंग्रेज़ी अब विश्व में होने वाले लगभग सभी कार्यों की भाषा बन चुकी है जिसका प्रभाव हमारे द्वारा प्रयुक्त की जा रही भाषा पर भी पड़ रहा है और यह हमारी सामाजिक-सांस्कृतिक सोच को भी प्रभावित करने लगी है। फिर भी, यदि हम यह सोचते हैं कि जिस प्रकार लगभग 90 वर्ष पूर्व नोबेल पुरस्कार की शक्ल में टैगोर के हिस्से में एक उपलब्धि आयी थी, तो ठीक वैसा ही एक दिन एक निर्मल वर्मा, एक एम.टी. वासुदेवन नायर या एक सुनील गंगोपाध्याय या एक कुँवर नारायण के साथ भी होगा, तो ऐसी कोई सम्भावना दिखायी नहीं देती है। इसका कारण यह है कि ऐसा किसी विक्रम सेठ या अमिताभ घोष के साथ होने की शायद सम्भावना है जैसा कि वी.एस. नायपॉल के साथ हुआ था जो भारतीय मूल के लेखक थे, ऐसा विशेषकर उनके द्वारा अपने लेखन में एक तथाकथित 'अद्वितीय' भाषा का प्रयोग करने के कारण भी हुआ था। दूसरे, भारतीय साहित्य के अंग्रेज़ी अनुवादों में यूरोप-केन्द्रित पाठकों ने जिस प्रकार की उदासीनता दिखायी थी, उसके कारण भी निर्मल वर्मा, एम.टी. वासुदेवन नायर या सुनील गंगोपाध्याय को नोबेल पुरस्कार मिलना सम्भव नहीं है। इसकी पुष्टि इस तथ्य से की जा सकती है कि पेंगुइन इंडिया द्वारा अभी तक प्रतिवर्ष प्रकाशित लगभग 10 अनूदित पुस्तकों में इसकी मूल कम्पनी, पेंगुइन लन्दन ने अन्तरराष्ट्रीय स्तर पर वितरण के लिए शायद ही किसी पुस्तक की एक भी प्रति को चुना होगा।

लेकिन यह बहुत दुखद है कि पश्चिमी सभ्यता से प्रभावित भारत के अधिकांश मध्यमवर्गीय बुद्धिजीवियों पर समूचे विश्व में फैल चुके आधुनिकतावाद की तथाकथित भ्रान्तियों का गहरा प्रभाव है और जो अभी भी मानते हैं कि पश्चिम की ख़ुशामद करना ही विकास और ज्ञान की कुंजी है। इसके परिणामस्वरूप, पश्चिम की वैश्विक संस्कृति का एक अंग बनने की अपनी बेचैनी के कारण उन्हें ऐसा महसूस होता है कि वे केवल पश्चिम से प्रकाशित होने वाली पुस्तकों के बारे में ही बात करने को बाध्य हैं।

इसलिए भारत में हमारे समक्ष सबसे बड़ा प्रश्न यह है कि हम लिखित शब्दों की नयी उत्तर-औपनिवेशिक वैश्विक संस्कृति के सामने स्वयं को और अपनी संस्कृति को कहाँ रखते हैं। हमें अपने देश की साहित्यिक और सांस्कृतिक एकता

तथा विविधता को स्वीकार करना चाहिए और हमें वैश्विक दृष्टिकोण से नहीं बल्कि इसकी अपेक्षा अखिल भारतीय दृष्टिकोण से सोचना चाहिए।

पहली नज़र में, यह एक विचित्र समस्या प्रतीत होती है लेकिन बाद में यही हमें सही दिशा की ओर ले जायेगी। जब तक घरेलू स्तर पर हमारे साहित्य के प्रति लोगों के मन में जागरूकता उत्पन्न नहीं होती, तब तक विदेशों में अपने साहित्य को बढ़ावा देने के सम्बन्ध में हम सोच भी नहीं सकते। आइये, हम इस स्थिति को उलट दें और अंग्रेज़ी भाषा को झुकने के लिए विवश कर दें जैसा कि चिनुआ अचेबे और नगुगी ने तीसरी दुनिया से ऐसा करने का आग्रह किया था। अखिल भारतीय तथा भिन्न-भिन्न अस्तित्व वाले भारत, दोनों को आगे बढ़ाने के लिए हमारी अपनी शर्तों पर अंग्रेज़ी का उपयोग करने की प्रक्रिया पहले ही प्रारम्भ हो चुकी है और केवल तभी वैश्विक स्तर पर भाषाई और सांस्कृतिक अन्तरीकरण (Totalisation) तथा लिखित शब्दों की बढ़ती हुई एकभाषी साहित्यिक निरंकुशता (Monolingual Literary Authoritarianism) के विरुद्ध अपनी पकड़ बनाने के लिए लक्ष्य भाषा के तौर पर अंग्रेज़ी का उपयोग हिन्दी तथा अन्य भारतीय भाषाओं के साथ सहज बन पायेगा।

यदि कोई व्यक्ति अपनी बातचीत में विभिन्न भाषा प्रणालियों जैसे हिन्दी-अंग्रेज़ी और हिन्दी-बंगाली इत्यादि का निरन्तर प्रयोग करता है तो इससे एक बहुभाषी समाज में भाषाई मठाधीशता को समाप्त करने और सभी रूपों का विरोध करने का अवसर मिलता है जिससे भाषाओं की पारस्परिक निर्भरता तथा एक-दूसरे को महत्त्व प्रदान करने की भावना उत्पन्न होती है।

भारत में पहले ही दलित साहित्य की पुस्तकों के निरन्तर बढ़ते हुए महत्त्व के कारण पूरे विश्व भर में अनुवाद के पश्चिमी सिद्धान्त की हो रही आलोचना सामने आ रही है और इसने भाषाई सममूल्यता (Linguistic Equivalence) की पारम्परिक अवधारणा अथवा अनुवाद करते हुए कुछ छूट जाना या जुड़ जाने की धारणा को चुनौती दी है। अनुवाद से सम्बन्धित उभरती हुई धारणा ने विभिन्न प्रतीकात्मक शब्दों और उनके अर्थों की एक अलग प्रणाली विकसित करके और इस सम्बन्ध में विरोधाभासों और भ्रान्तियों को दूर करके समूचे विश्व भर में पश्चिम के वर्चस्व को समाप्त कर दिया है जिसका आशय था वंचितों अथवा दलितों के साहित्य के सहयोग से भारतीय साहित्य की एक समग्र धारणा की नींव डालना और इसके अतिरिक्त, मानसिक, भावनात्मक और आत्मिक आवश्यताओं को नियन्त्रित करके आन्तरिक जीवन और बाहरी सम्भावनाओं वाले एक संसार के रूप में शब्द की स्थापना करना।

11

अनुवादीय चेतना और भारत की साहित्यिक परम्परा

भारत के सबसे प्रतिष्ठित भाषाविदों में से एक, प्रो. भद्रीराजू कृष्णमूर्ति बताते हैं कि भारत एक बहुभाषी क्षेत्र है और इसी के आधार पर मैं यह भी कह सकता हूँ कि भारत विभिन्न भाषाओं में पारस्परिक अनुवाद करने वाला क्षेत्र भी है। एक बहुभाषी देश के निवासी होने के कारण हम बोलने में, यहाँ तक कि सोच-विचार करने में भी एक से अधिक भाषाओं का इस्तेमाल करते हैं। लेकिन, एक बड़ा प्रश्न यह है कि इस बहुभाषी देश में ऐसा क्यों है कि यहाँ कला या अनुवाद विज्ञान से सम्बन्धित आलोचना का एक भी ग्रन्थ नहीं है जो ईसा पूर्व के संस्कृत भाषा के सबसे बड़े वैयाकरण पाणिनि द्वारा रचित व्याकरण के ग्रन्थ 'अष्टाध्यायी' के तुल्य हो। पाणिनि द्वारा लिखित संस्कृत व्याकरण के ग्रन्थ को 'अष्टाध्यायी' के नाम से जाना जाता है जिसका अर्थ है आठ अध्याय। इसी प्रकार ईसा पूर्व तीसरी शताब्दी के महान व्याकरणविद् तोल्काप्पियर द्वारा तमिल भाषा में लिखित तमिल व्याकरण का सबसे प्राचीन ग्रन्थ है 'तोल्काप्पियम' (Tolkappiyam) तथा भरतमुनि द्वारा रचित रंग कलाओं (Performing Arts), संगीत, नाटक तथा अभिनय से सम्बन्धित सबसे प्राचीन ग्रन्थ 'नाट्यशास्त्र' है जो 200 ईसा पूर्व और 200 ईस्वी के मध्य लिखा गया। इसी प्रकार महर्षि वात्स्यायन द्वारा रचित 'कामसूत्र' न केवल यौन शिक्षा पर लिखी एक पुस्तक है बल्कि यह भारतीयों के सामाजिक व्यवहार तथा भारत के सामाजिक इतिहास का भी एक अत्यन्त बहुमूल्य ग्रन्थ है। भारतीय सन्दर्भ में व्यक्ति यह मान सकता है कि यदि हमारे यहाँ कला या अनुवाद विज्ञान से सम्बन्धित आलोचना का एक भी ग्रन्थ नहीं है तो इस कमी के लिए तत्कालीन समाज द्वारा भाषा (संस्कृत) के सम्बन्ध में एक विशेष दृष्टिकोण रखने और समाज के एक विशेष वर्ग अर्थात् अभिजात वर्ग द्वारा ही संस्कृत बोलने के विशेषाधिकार तथा उनके महान ग्रन्थों को ज़िम्मेदार ठहराया जा सकता है।

लेकिन इस कमी के बावजूद, हमारे देश की भाषाओं में बड़े पैमाने पर अनुवाद करने के प्रति जागरूकता मौजूद थी। इस सम्बन्ध में काफ़ी हद तक इस धारणा को सही कहा जा सकता है जैसा कि सुनीति कुमार चटर्जी ने स्पष्ट किया है :

> "प्राचीन काल में भारत में अनुवाद के प्रति चेतना का श्रेय भारत में प्रचलित बहुभाषावाद (Polyglottism) की व्यवस्था को दिया जा सकता है। वात्स्यायन द्वारा प्रयुक्त शब्द 'लोकोपिचानुवाद' अर्थात् अनुवादनीयता से ज्ञात होता है कि इतिहास में बहुत पीछे जाने पर हम अनुवाद पर लिखित भारतीय सिद्धान्तों को देख सकते हैं।"

सुनीति चटर्जी ने अपनी पुस्तक 'इंडो-आर्यन एंड हिन्दी' में यह सिद्ध किया है कि संस्कृत साहित्य के अधिकांश ग्रन्थ, विशेष रूप से 'महाभारत' और 'पुराण', इंडो-आर्य भाषाओं के साहित्य से किये गये अनुवादों के आधार पर लिखे गये हैं। इन इंडो-आर्य भाषाओं में मूल आर्यों, मिश्रित आर्यों और अनार्यों और विदेशी भाषाएँ बोलने वालों, विशेष रूप से ग्रीक और पुरानी फ़ारसी यानी अवेस्ता भाषाएँ बोलने वालों की भाषाएँ शामिल हैं। जब संस्कृत भाषा ने समूचे भारत में प्रतिष्ठा हासिल कर ली तो इसके बोलने वाले इस साहित्यिक स्रोत की अनुवाद से सम्बन्धित विशेषता को उजागर करने में अनिच्छुक थे।

इस कमी या बाधा को रूस के रूपवादियों (Formalists) के हवाले से समझा जा सकता है जैसा कि क्रॉफोर्ड कहते हैं जिनका मत है कि साहित्य की प्रत्येक परम्परा में एक नहीं बल्कि कई साहित्यिक पद्धतियाँ होती हैं और साहित्य में वे एक साथ प्रभावी होती हैं लेकिन उनमें से केवल एक ही सर्वश्रेष्ठ पद्धति हो सकती है। इस दौरान, संस्कृत इस स्तर पर प्रतिष्ठित हो चुकी थी। अन्य भाषाएँ इस शिखर को नहीं छू सकीं और उनका अस्तित्व अस्पष्ट-सा रहा। संस्कृत को उत्कृष्ट मानने की इस प्रवृत्ति ने इन क्षेत्रीय भाषाओं से संस्कृत में अनुवाद कार्य को कम महत्त्व का बना दिया और समय के साथ-साथ संस्कृत ने देशी भाषाओं में कलात्मक रचनाओं के सृजन के प्रति अपनी घृणा ही प्रदर्शित की।

इसका सबसे बड़ा उदाहरण विख्यात पण्डित गुणाढ्य द्वारा रचित 'बृहत्कथा' से जुड़ी एक किंवदन्ती में देखा जा सकता है जो एक अत्यन्त योग्य और गहरी संवेदना वाले कवि थे। उन्होंने श्लोकों के माध्यम से लिखी कहानियों के इस ग्रन्थ की रचना पैशाची भाषा में की थी। यह भाषा किसी समय उत्तर पश्चिमी भारत में स्थित कश्मीर में बोली जाती थी। जब 7वीं-8वीं ईस्वी में गुणाढ्य द्वारा रचित 'बृहत्कथा' पैशाची भाषा में लिखी गयी, तो संस्कृत उस समय भी राजकीय सत्ता

व पाण्डित्य की भाषा थी और उसमें अहंकार भाव निहित था। जब गुणाढ्य ने इसकी पाण्डुलिपि विद्वानों के सामने रखी तो उन्होंने तत्काल इसे अस्वीकार कर दिया। कारण? क्योंकि यह संस्कृत भाषा में नहीं लिखकर जनसाधारण की भाषा में लिखी गयी थी। अपने इस अपमानपूर्ण तिरस्कार की प्रतिक्रियास्वरूप, गुणाढ्य ने पाण्डुलिपि को जला देने जैसा कठोर निर्णय ले लिया।

किंवदन्ती में आगे बताया गया है कि संस्कृत के एक प्रकाण्ड पण्डित, सोमदेव, पाण्डुलिपि के सातवें भाग को जलने से बचाने में सफल रहे। इसके लिए उन्होंने गुणाढ्य को विश्वास में लेकर समझाया कि वह पूरी पाण्डुलिपि को न जलायें। पाण्डुलिपि के बच गये 2400 श्लोकों वाले इस भाग को सोमदेव ने 'कथासरित्सागर' के नाम से संस्कृत में अनूदित किया। बाद में, संस्कृत के एक और प्रकाण्ड पण्डित क्षेमेन्द्र ने 7500 श्लोकों की वर्तमान पाण्डुलिपि का संस्कृत भाषा में 'बृहत्कथामंजरी' के नाम से अनुवाद किया। वास्तव में, सोमदेव की पुस्तक प्रथम ऐसी पुस्तक थी जिसका किसी अन्य भारतीय भाषा से संस्कृत में अनुवाद किया गया था। हालाँकि पाली भाषा में लिखे गये बौद्ध ग्रन्थों के संस्कृत भाषा में अन्य अनुवाद भी उपलब्ध हैं लेकिन सामान्यतया संस्कृत भाषा में रचित साहित्य के प्रति लोगों का दृष्टिकोण अभिजात्यपूर्ण रहा है अर्थात् वे संस्कृत को अभिजात वर्ग की भाषा मानते हैं, इसलिए अन्य क्षेत्रीय भाषाओं का संस्कृत में अनुवाद नहीं किया गया।

हालाँकि संस्कृत के विद्वानों और लेखकों ने कभी इस ओर ध्यान ही नहीं दिया कि क्षेत्रीय भाषाओं के साहित्य का संस्कृत भाषा में अनुवाद किया जाये। फिर भी, वे जिस समाज में रहते थे, उस बहुभाषी समाज में अनुवाद के मामले में वे बहुत चिन्तःशील थे। यहाँ तक कि उन्होंने एक ही ग्रन्थ में कई भाषाओं का उपयोग भी किया। कालिदास जैसे संस्कृत के महान लेखक ने अपने विश्व प्रसिद्ध नाटक 'अभिज्ञान शाकुन्तलम' की रचना के लिए महाराष्ट्री प्राकृत, शौरसेनी प्राकृत, मागधी प्राकृत और संस्कृत भाषा का उपयोग किया।

विभिन्न भाषाओं में मौजूद अन्तर को देखते हुए वे भाषा सीखने और शिक्षण के विभिन्न पहलुओं का पता लगाने के लिए बाध्य थे। वे विभिन्न भाषाओं की सार्वभौमिक तथा सामान्य धारणा के अन्तर को पहचानकर उनका एक ख़ाका तैयार करना चाहते थे। उन्हें शब्दों तथा अर्थों के बीच के जटिल सम्बन्धों, भाषा के प्रतिनिधित्व और तर्क जैसे विषयों का भी विश्लेषण करना था। ये विषय आज भी हमारे पुरातन भाषा विज्ञान को समझने के लिए प्रासंगिक माने जाते हैं और आज अनुवाद के लिए एक व्यवहार्य सिद्धान्त के निर्माण में सहायक हैं।

यहाँ ज्ञान का भण्डार मौजूद है जो इधर-उधर बिखरा पड़ा है। परोक्ष रूप से इनकी मौजूदगी के संकेत संस्कृत के विभिन्न ग्रन्थों में दिये गये हैं और कोई भी व्यक्ति इन ग्रन्थों में पायी जाने वाली चार सैद्धान्तिक धारणाओं को सरलता से पा सकता है, उदाहरण के लिए 'अनुवचनम्' (Anubachnam) अर्थात् पुनरावृत्ति की धारणा, 'प्रयोजनम्' अर्थात् किसी ग्रन्थ का उद्देश्य/सौन्दर्यबोध से उत्पन्न आनन्द, 'ज्ञातस्य कथनम्' (अर्थ का पता चलना समानता की खोज नहीं है) और प्रमाणान्तरम् (सन्दर्भीय अर्थ)। इन चारों सैद्धान्तिक धारणाओं की सहायता से आज व्यक्ति सरलता से अनुवाद के एक व्यावहारिक सिद्धान्त का निर्माण कर सकता है।

लेकिन यह वह कार्य नहीं है जो मैं आज इस सभा में कहना चाहता हूँ। इसके विपरीत, मैं भारत की साहित्यिक परम्पराओं के सम्बन्ध में चर्चा करना चाहता हूँ। और मुख्य रूप से सबसे पहले, मेरा ध्यान 'भारत' शब्द पर केन्द्रित है जैसा कि इस वर्ष आयोजित हुए साहित्योत्सव सेमिनारों में से एक के शीर्षक में भी इसका उल्लेख किया गया है।

यहाँ मेरा प्रश्न होगा कि कौन-सा भारत? और फिर, दूसरे, मैं भक्ति आन्दोलन में अनुवाद से सम्बन्धित रचनाओं पर अपना ध्यान केन्द्रित करूँगा और इसके पश्चात् औपनिवेशिक भारत में अनुवाद से सम्बन्धित कार्यों पर और अन्त में, समकालीन अनुवाद में हुए उपक्रमणों और उनके प्रभावों पर। मैं इन तीन विषयों पर बहुत लम्बी चर्चा नहीं करूँगा लेकिन संस्कृति और राजनीति के दृष्टिकोण से उन पर सरसरी तौर पर चर्चा अवश्य करूँगा।

जब मैं भारत की बात करता हूँ तो मैं आख़िर किस भारत की बात करता हूँ। मेरा आशय किस राष्ट्र से है?

भारत के सम्बन्ध में हमारी धारणा बहुत प्राचीन है जो एक बहुभाषी, बहुसांस्कृतिक, बहुजातीय और बहुधर्मी समाज वाला प्रगतिशील भारत (Continuing India) है। यह एक ऐसे राष्ट्र का अखण्ड ढाँचा है जो विविधता में एकता की बात करता है। भारतीय संस्कृति की वास्तविक परम्परा यह है कि वह सभी जातियों को अपने में आत्मसात कर लेती है और उनके बीच के अन्तर को स्वीकार करने का प्रयास करती है और इसके बावजूद वह उनके बीच एकता के कुछ आधार तलाश करती है।

दूसरे भारत की कल्पना ब्रिटिश शाही शासन द्वारा की गयी थी जिसका मुख्य उद्देश्य था भारत में औपनिवेशिक शासन को बनाये रखने के लिए एक समरूपी और संगठित भारत का विकास करना।

यही 'उभरता हुआ भारत' है जो पश्चिमोन्मुख अंग्रेज़ी पढ़ा-लिखा वर्ग स्वतन्त्रता प्राप्ति के पश्चात् भी पश्चिमी सभ्यता की तर्ज़ पर अपने बूते पर एक पहचान बनाने और आधुनिक भारत का निर्माण करने के लिए पूरी दिलचस्पी के साथ उसकी देखभाल और सुरक्षा करता है।

विगत कुछ दशकों में, इस प्रक्रिया को विश्व की उपभोक्ता संस्कृति के प्रवर्तकों ने बड़े स्पष्ट ढंग से समझा है जो अधिकांश तौर पर अमरीकी इनपुट की सहायता से हमारी सारी सांस्कृतिक विविधताओं को अपनाकर और इनमें अपना सहयोग देकर एक समरूप, एकरूप और अखण्ड भारतीय संस्कृति का निर्माण करने के कार्य में लगे हुए हैं।

आश्चर्यजनक रूप से ट्रांसलेशन अर्थात् अनुवाद इन दोनों भारत का एक अभिन्न अंग है।

आधुनिकतावादियों ने पश्चिमी दर्शन, इतिहास-लेखन, शिक्षा और साहित्य की सहायता से विभिन्न प्रकार के विमर्शों का अत्यन्त प्रभावशाली तरीक़े से इस्तेमाल करके एक 'उभरते हुए' आधुनिक राष्ट्र का निर्माण करने का प्रयास किया। उनका आशय था कि इसके ज़रिये आधुनिक भारतीय राष्ट्र के निर्माण के लिए पश्चिमी जगत के सांस्कृतिक मूल्यों को बनाये रखा जा सके और भारतीय जनमानस के विचारों का तीव्र गति से पश्चिमीकरण किया जा सके। उन्होंने इंग्लैंड और पश्चिमी देशों का उपनिवेशित देशों पर वर्चस्व बनाये रखने के लिए अंग्रेज़ी साहित्य की कई रचनाओं का अनुवाद किया।

लेकिन इसके साथ ही बड़ी मात्रा में अंग्रेज़ी से अन्य भारतीय भाषाओं में किये जाने वाले अनुवाद कार्यों से क्षेत्रीय भाषाओं को तराश कर उन्हें एक आकार देना बहुत सुविधाजनक हो गया। इसमें कोई सन्देह नहीं कि ब्रिटिश उपनिवेशवाद और इसके वर्तमान के नये अवतारों ने समूचे विश्व में बड़ी तीव्रता से पाश्चात्यीकरण की एक लालसा उत्पन्न कर दी किन्तु इस प्रक्रिया में आधुनिक भारत की भाषाओं की पहचान एक वास्तविकता बन गयी। हालाँकि यदि कोई व्यक्ति भारतीय भाषाओं की परम्परा को एक आकार देने में और उस परम्परा को आगे बढ़ने में भारतीय लेखकों की महत्त्वपूर्ण भूमिका को नकारता है तो यह निश्चित ही सच्चाई का उपहास करने जैसा होगा।

स्वतन्त्रता आन्दोलन के दौरान जितनी बड़ी मात्रा में और जिस तीव्रता से अनेको संस्कृतियों वाले और अनेक भाषाओं वाले भारत के द्वारा संस्कृत से विभिन्न भारतीय भाषाओं में अनुवाद किये गये थे, उसी तीव्रता से हो रहे पाश्चात्यीकरण के विरुद्ध देशी साहित्यिक परम्परा का दृढ़ निश्चय ही कहा जा सकता है।

ये अनुवाद एक सीमित वर्ग विशेष के एकाधिकार से धर्मग्रन्थों को मुक्त कराने के साथ-साथ समाज के पुनर्गठन के माध्यम भी बन गये थे।

इसके साथ-साथ काफ़ी बड़े स्तर पर, अन्तर-भाषीय अनुवाद क्रम आरम्भ हो गया, विशेषतया विभिन्न भारतीय भाषाओं से हिन्दी में अनुवाद करने का। उस समय अन्य भारतीय भाषाओं से हिन्दी में अनुवाद करने को एक राष्ट्रीय कृत्य समझा जाता था। इसके अतिरिक्त, उसे उपनिवेशवाद के प्रति संघर्ष का एक अंग भी माना जाता था।

राष्ट्रवाद के कार्य के एक अभिन्न अंग के रूप में विभिन्न स्थानीय भाषाओं से अन्य भाषाओं में अनुवाद का श्रेय आश्चर्यजनक रूप से अंग्रेज़ी पढ़े-लिखे भारतीयों के साथ-साथ एक 'कल्पना' के राष्ट्र की अवधारणा को भी दिया जा सकता है जो भाषाओं के इस विभाजन की रेखा को पार कर गये थे और एक-दूसरे की पूरक अवधारणाओं की शक्ल में उभरकर सामने आये थे। इसके फलस्वरूप, 19वीं शताब्दी में और 20वीं शताब्दी के प्रारम्भ में भारत के प्रति इस धारणा के कारण समस्त भारतीय भाषाओं में एक एकीकृत दृष्टिकोण को उभरते हुए देखा जा सकता था और इस दौरान किये जाने वाले अनुवाद कार्य या तो औपनिवेशिक वर्चस्व का प्रचार करने के लिए थे या फिर उपनिवेशवाद के विरुद्ध एक विशेष प्रकार के विरोध का दिखावा करने के लिए थे। इनका सबसे अच्छा उदाहरण है गद्य लेखन की एक नयी शैली अर्थात् उपन्यास जो वास्तव में पश्चिम की देन है। पश्चिमी उपन्यासों का मुख्य विषय होता था व्यक्ति तथा समाज के बीच के सम्बन्ध में अलगाव की स्थिति। ये उपन्यास सामान्यतया भारत के नये और शिक्षित वर्ग के लेखकों द्वारा लिखे गये थे जो औपनिवेशिक शक्तियों के साथ टकराव के दौरान बनी भारत की सामाजिक पहचान को फिर से विकसित करने पर आधारित थे। यहाँ अनुवाद औपनिवेशिक व्यवस्था के ख़िलाफ़ चले संघर्ष के एक भाग के रूप में काम करता है।

उपनिवेशवाद के विरुद्ध संघर्ष ने लोगों में सामुदायिक भावना उत्पन्न करके और इस भावना को बढ़ावा देकर राष्ट्रीय एकता की उत्कण्ठा उत्पन्न कर दी। यह भावना भारत की मिश्रित संस्कृति और समस्त भाषाओं को मज़बूती प्रदान करके और कई धर्मों, कई जातियों, कई भाषाओं और कई संस्कृतियों वाले भारत को पुनर्जीवित करके उत्पन्न की जा सकती थी, न कि उनके प्रति उपेक्षापूर्ण रवैया अपनाकर।

वास्तव में, मध्यकाल के दौरान कम्बन, तुलसीदास, ज्ञानदेव, कृत्तिवास इत्यादि जैसे अनुवादकों-लेखकों ने जिस परम्परा की शुरुआत की थी, यह उसी

का एक विस्तार था। इन अनुवादकों-लेखकों ने बिना किसी बाधा के संस्कृति के मूल ग्रन्थों को अपनी भाषा में प्रस्तुत किया क्योंकि उन्होंने कभी शब्द-दर-शब्द या पंक्ति-दर-पंक्ति अनुवाद नहीं किया। जिन कवियों और लेखकों ने संस्कृत के ग्रन्थों को भारतीय भाषाओं में प्रस्तुत करने की कोशिश की, उन्होंने दोनों भाषाओं को अपनी भाषाएँ माना। उनके मन में संस्कृत भाषा की विरासत के प्रति एक अधिकार भाव मौजूद था। लेकिन संस्कृत ग्रन्थों का अनुवाद करते हुए, जैसा कि पहले भी बताया जा चुक.: है, उन्होंने महान धर्मग्रन्थों को समाज के एक विशेष वर्ग के एकाधिकार से मुक्त कर दिया था। इसलिए, ये अनुवाद समाज की मुक्ति और पुनर्गठन का एक माध्यम बन गये थे।

पिछली शताब्दी में, विश्व संस्कृति की शुरुआत उपभोक्तावाद और सूचना प्रौद्योगिकी के युग के आगमन से पूर्व अनुवादों के द्वारा हुई थी और यदि हम भारत के सन्दर्भ में बात करें तो ये सभी अनुवाद विश्व की अधिकांश राष्ट्रों की भाषा, अंग्रेज़ी में किये गये थे और अभी भी किये जा रहे हैं। औपनिवेशिक युग में, जब पश्चिमी साहित्य का भारत की प्रादेशिक भाषाओं में अनुवाद किया गया, तो पश्चिमी साहित्य या मूल साहित्य को हमेशा श्रेष्ठ समझा गया था क्योंकि उनके अनुसार मूल साहित्य अथवा पश्चिमी साहित्य दाता था, दानकर्ता और प्राप्त करने वाली भाषा निम्न स्तर की भाषा समझी जाती थी जो इन अनुवादों के ज़रिये स्वयं को समृद्ध बनाने का प्रयास कर रही होती थी। आज एक निराशाजनक बात यह है कि भारत में अनुवाद की केन्द्रीय भाषा या तो अंग्रेज़ी है या हिन्दी और जब भारतीय साहित्य की किसी प्रादेशिक पुस्तक का अंग्रेज़ी में अनुवाद किया जाता है तो यह माना जाता है कि इससे मूल पुस्तक का महत्त्व बढ़ जाता है और इस प्रकार ग्राही भाषा (Receiving Language) अंग्रेज़ी को मूल भाषा से श्रेष्ठ समझा जाता है। मैं इसको ही अनुवाद की राजनीति कहता हूँ जो हमेशा भारतीय साहित्य की वास्तविक धारणा को सामने नहीं आने देती।

यहाँ कोई व्यक्ति यह कह सकता है कि भारत में हम एक ऐसी स्थिति में खड़े हैं जिसमें यदि हम किसी तमिल उपन्यास को असम या बंगाल या पंजाब के किसी पाठक के पास पहुँचाना चाहें तो आज हमारे पास केवल एक ही तरीक़ा है कि हम उसका अंग्रेज़ी अथवा हिन्दी अनुवाद करके भेजें। लेकिन हिन्दी योजना प्रणाली की कल्पना बड़े ही राजनीतिक ढंग से की गयी थी और उसे बड़े ही नौकरशाही तरीक़े से अमल में लाया गया था और इसके परिणामस्वरूप, सम्पर्क भाषा के तौर पर उसके अवसरों को सीमित कर दिया गया।

हिन्दी की तुलना में, जिसने व्यापक स्तर पर पढ़ी-लिखी जाने वाली भाषा के रूप में ख्याति अर्जित कर ली है, सम्पर्क भाषा और विश्व भाषा के रूप में अंग्रेज़ी भाषा को नव-औपनिवेशिक ताक़तों के वर्चस्व को बढ़ावा देने के लिए आगे बढ़ाया गया। और जटिलता यहीं पैदा होती है। इस प्रक्रिया में अनुवाद एक शक्तिशाली राजनीतिक हथियार बन जाता है। यह स्वयं के लिए इस हद तक ताक़त हासिल करने का एक माध्यम बन जाता है कि यह एक लेखक के लिए प्रतिष्ठा का प्रतीक बन जाता है कि वह अपनी कृति का अंग्रेज़ी में अनुवाद करवाये और उसे पेंगुइन इंडिया से प्रकाशित करा सके।

इसके अतिरिक्त, समसामयिक भारतीय साहित्य के विषम चरित्र को दुनिया के समक्ष प्रस्तुत करने का लक्ष्य लेकर चलने वाली एक अकेली वर्चस्वपूर्ण ताक़त अथवा अधिकांश देशों की भाषा के रूप में स्थापित हो चुकी भाषा की अपनी कुछ समस्याएँ हैं। हम विभिन्न भारतीय भाषाओं के साहित्य का अंग्रेज़ी में अनुवाद करना चाहते हैं और इसे एक अखिल भारतीय अथवा एक सार्वभौमिक माध्यम में परिवर्तित करना चाहते हैं लेकिन फिर हम इस प्रक्रिया में शामिल घिसी-पिटी एकरूपता के शिकार हो जाते हैं। यही समस्या की जड़ है क्योंकि इस प्रक्रिया से मूल संस्कृति को हानि पहुँचती है। उदाहरण के लिए, यह असमिया संस्कृति को हानि पहुँचाती है और उसका अंग्रेज़ीकरण कर देती है और उसके बाद मान लीजिए यह एक तमिलभाषी पाठक से अंग्रेज़ी में संवाद करती है और इस प्रक्रिया में हम अपनी असमिया संस्कृति को खो बैठते हैं जिसको हमने अंग्रेज़ी रूप दे दिया है। अब हम जो कुछ भी दूसरों तक पहुँचा रहे हैं वह उनकी संस्कृति का हिस्सा न होकर कुछ और है और भाषाओं के इस लेन-देन में अपनी बात को ठीक से नहीं पहुँचाया जा सकता जिससे आपसी संवाद को हानि पहुँचती है लेकिन एक भाषा से दूसरी भाषा में अनुवाद करने में ऐसी सम्भावना बहुत कम होती है और जो निस्सन्देह, अपेक्षाकृत अधिक लम्बी और अधिक समृद्ध परम्परा है।

यह बहुत दुखद है कि पश्चिमी सभ्यता से प्रभावित भारत के अधिकांश मध्यमवर्गीय बुद्धिजीवियों पर समूचे विश्व में फैल चुके आधुनिकतावाद की तथाकथित भ्रान्तियों का गहरा प्रभाव है और जो अभी भी मानते हैं कि पश्चिम की ख़ुशामद करना ही विकास और ज्ञान की कुंजी है। इसके परिणामस्वरूप, पश्चिम की वैश्विक संस्कृति का एक अंग बनने की अपनी बेचैनी के कारण उन्हें ऐसा महसूस होता है कि वे केवल पश्चिम से प्रकाशित होने वाली पुस्तकों के बारे में ही बात करने को बाध्य हैं।

लेकिन हमें इस तथ्य को स्वीकार करना होगा कि अंग्रेज़ी भाषा कई प्रकार से हमारी सांस्कृतिक और साहित्यिक अभिव्यक्तियों के लिए बहुत उपयोगी भाषा बन चुकी है।

यदि कोई व्यक्ति अपनी बातचीत में विभिन्न भाषा प्रणालियों जैसे हिन्दी-अंग्रेज़ी और हिन्दी-बंगाली इत्यादि का निरन्तर प्रयोग करता है तो इससे एक बहुभाषी समाज में भाषाई मठाधीशता को समाप्त करने और सभी रूपों का विरोध करने का अवसर मिलता है जिससे भाषाओं की पारस्परिक निर्भरता तथा एक-दूसरे को महत्त्व प्रदान करने की भावना उत्पन्न होती है।

स्वाभिमान (Self Assertion) का ऐसा ही एक आग्रह बड़ी संख्या में उन भारतीयों में भी काफ़ी हद तक देखा जा सकता है जिन्होंने पुरातन तथा आधुनिक दोनों प्रकार के भारतीय साहित्य की कृतियों का अंग्रेज़ी भाषा में अनुवाद करने का दायित्व अपने कन्धों पर लिया। इसका मुख्य उद्देश्य विश्व को यह दिखाना था कि भारतीय साहित्य में पूरी तरह से समृद्ध और विविधता वाली ऐसी कृतियाँ मौजूद हैं। ए. के. रामानुजन ने, जो सम्भवतः विगत चार-पाँच दशकों के दौरान भारत के सबसे उत्कृष्ट अनुवादक रहे हैं, अंग्रेज़ी का उपयोग करके विश्व के सामने एक उदाहरण प्रस्तुत किया है जिसमें उन्होंने कभी भी यह प्रयास नहीं किया कि विश्वस्तरीय उत्कृष्ट भारतीय साहित्य को एक ऐसा माध्यम बनाया जाये जिसका समूचे विश्व के साहित्यिक अथवा सांस्कृतिक क्षेत्र में वर्चस्व हो बल्कि उन्होंने भारतीय साहित्य को अंग्रेज़ी के वर्चस्व का विरोध करने वाली एक शक्ति अवश्य बनाया जो तमिल भक्तिकाव्य, 'कन्नड़ वीरशैव वचन' (Kannada Virashaiva Vacanas) जैसे स्थानीय भक्ति साहित्य के मूल स्वरूप की रचना कर रही है जिससे लोगों की अन्य परम्पराओं को उनकी विविधता के साथ प्रस्तुत किया जा सके।

अनुवाद के स्वीकृत (Reception) ढाँचे को तोड़कर या बॉलीवुड के हिन्दी गानों में हिन्दी-अंग्रेज़ी शब्दावली का मिश्रण करके अथवा अंग्रेज़ी शब्दों के उच्चारण का भारतीयकरण करके या दलित साहित्य का अनुवाद करते समय अनुवाद से सम्बन्धित विचारों को प्रकट करके उन्होंने पश्चिमी देशों के विश्वव्यापी वर्चस्व को समाप्त कर दिया। इसके लिए उन्होंने विभिन्न प्रतीकात्मक शब्दों तथा अर्थों की एक अलग ही पद्धति विकसित की और उनका मिश्रण किया। उन्होंने ऐसा समाज की मुख्यधारा से अलग कर दिये गये दलित समाज के साहित्य के सहयोग से भारतीय साहित्य की समग्र अवधारणा को स्थापित करने के लिए और एक आन्तरिक जीवन तथा असीमित बाहरी

सम्भावनाओं वाली एक दुनिया के रूप में शब्द को साहित्य में स्थापित करने के उद्देश्य से किया।

यदि अनुवाद में संस्कृति की बात की जाये तो यहाँ मैं विष्णु डे का उदाहरण देना चाहूँगा जिन्होंने टी. एस. इलियट की कृतियों का बंगाली भाषा में अनुवाद करते हुए एक भिन्न संस्कृति की सारी की सारी शब्दावली को बंगाली संस्कृति की शब्दावली में ढाल दिया था, विशेष रूप से वह शब्दावली जिससे केवल बंगाली भाषा का ज्ञान रखने वाले पाठक ही परिचित हैं।

शब्दों के इस रूपान्तरण के परिणामस्वरूप, मई का महीना (Depraved May) पॉचा (सड़ा) भाद्रो बन जाता है। डॉगवुड (Dogwood), चेस्टनट (Chestnut) और फ्लावरिंग जूडास (Flowering Judas) आदि शब्द कोचु शाक, कालो जाम और मोहिनी धतूरा हो जाते हैं और जेरोनशन (Gerontion) जरायन (Jarayan) में तब्दील हो जाता है, जिससे एक बंगाली पाठक के समक्ष तत्काल इसके अर्थ स्पष्ट हो जाते हैं।

इलियट की कविताओं में आये व्यक्तियों और स्थानों के नाम जैसे ब्रुसेल्स, लन्दन, मिस्टर सिल्वेरो, मैडम द टॉर्नक्विस्ट, फ्राउलिन वॉन कुल्प आदि परिवर्तित होकर क्रमशः कानपुर, कोलकाता, हाथी लाल मेहता, लेडी मुखर्जी और मिस्टर तरफ़दार हो गये हैं।

इस सांस्कृतिक अन्तर को दूर करने के लिए, विष्णु डे ने कविता का शीर्षक 'ऐश वेन्ज़्डे' (Ash Wednesday) से रूपान्तरित करके 'चॉरकेर गान' (बंगाल के चैत्र महीने के अन्तिम दिन का उत्सव) कर दिया है जो इसी प्रकार का एक धार्मिक आयोजन है जिसमें पुराने को त्यागकर नये की शुरुआत की जाती है।

यहाँ एक बड़ा प्रश्न यह उठाया जा सकता है कि क्या विभिन्न सांस्कृतिक सन्दर्भों में विचारों के आदान-प्रदान को इस स्तर तक कम किया जा सकता है जहाँ सांस्कृतिक सन्दर्भ के साथ विदेशी साहित्य का रसास्वादन करने के लिए उसका अनुवाद करने का विचार बिल्कुल बेमानी हो जाता है? इसमें बीच का मार्ग अपनाकर इस मामले का समाधान निकाला जा सकता है और जो इस प्रकार हो सकता है :

1. लक्ष्य भाषा के पाठकों के लिए विदेशी कृति का लक्ष्य भाषा के सांस्कृतिक मूल्यों के संजातीय केन्द्रीकरण को रोकना और
2. विदेशी साहित्य के भाषाई और सांस्कृतिक अन्तर को स्पष्ट करने के लिए लक्ष्य भाषा के सांस्कृतिक मूल्यों पर पड़ने वाले विशिष्ट संस्कृति के विचलनकारी दबावों को कम करना।

इससे स्रोत पाठ से एक भिन्न और विषम कृति की रचना करने में सहायता मिलती है जहाँ अनुवाद करते समय पाठक को स्रोत पाठ में महसूस होने वाला अजनबीपन अथवा विदेशीपन (Foreignization) अनुवाद के बाद लक्ष्य पाठ के स्थानीय रूप (Domesticity) में लुप्त हो जाता है जिससे पाठक को मूल पाठ जैसा आनन्द मिलता है।

अनुवाद में इस प्रकार का सिद्धान्त एकरूपता के व्यावहारिक दृष्टिकोण को नकारता नहीं है। किन्तु यह एक शाब्दिक कला को भावनात्मक रूप से एक अलग भाषा में परिवर्तित कर देता है। इस प्रक्रिया में यदि हम किसी पुस्तक को लटकन के साथ सोने की एक ज़ंजीर के समान मानें और यदि वह ज़ंजीर खो जाये लेकिन लटकन न खोये और यदि लटकन आकर्षक दिखायी देती हो, तो हमें अनुवादक को यह कहने में झिझकना नहीं चाहिए बधाई हो, आपने काम कर दिखाया है अर्थात् आपने आसानी से सफलता पा ली है। इस सम्बन्ध में मैं उर्दू के सबसे प्रतिष्ठित शायरों में से एक इक़बाल (1935-2003) के एक शे'र के साथ अपनी बात समाप्त करूँगा जो भारतीय अनुवाद की चेतना के सम्बन्ध में हमारी समझ को बड़े ही उपयुक्त तरीक़े से व्यक्त करता है :

गुज़र जा अक्ल से आगे कि यह नूर
चराग़-ए-राह है, मंज़िल नहीं है

अर्थात् "इसके लिए आपको विवेक से भी आगे जाना होगा क्योंकि यह एक रोशनी है, आपके गन्तव्य का मार्ग दिखाती रोशनी लेकिन यह आपका गन्तव्य नहीं है।" (इक़बाल, 2003)

12

संस्कृतियों का अनुवाद, संस्कृति : अनुवाद-विवाद

भाषा किसी भी संस्कृति का एक महत्त्वपूर्ण अंग होती है जो सामाजिक व सांस्कृतिक परिवेश में फलती-फूलती है और किसी भी प्रकार के साहित्य सृजन में इसका सहारा लिया जाता है। हमारे आसपास की दुनिया में इतनी भाषाएँ मौजूद हैं कि विचारों के आदान-प्रदान और आपसी संवाद जैसी सामाजिक आवश्यकताओं को पूरा करने के लिए और मानवीय अभिव्यक्ति को विस्तार प्रदान करने के लिए अनुवाद एक स्वाभाविक कार्य के रूप में दिखायी देता है।

कुछ लोगों की धारणा है कि भाषा एक संस्कृति है जबकि अन्य लोगों के विचार में भाषा और संस्कृति दो भिन्न-भिन्न चीज़ें हैं। लेकिन इन दोनों धारणाओं के बीच स्पष्ट रूप से एक ऐतिहासिक विभाजक रेखा मौजूद है। इसलिए विश्ववादियों (Universalists) के रूप में वे लोग, अनुवाद को भाषा से सम्बन्धित संकेतन तथा विसंकेतन (Encoding-decoding) का एक कार्य मानते हैं जिसमें स्रोत भाषा या मूल भाषा (Source Language) में अभिव्यक्त अर्थों अथवा विचार सामग्री को लक्ष्य भाषा (Target Language) में पुनः यथावत् प्रस्तुत किया जाता है। एम.जे. रेड्डी के शब्दों में, इसके लिए भाषा के रूपान्तरण के वाहक रूपक के 'प्रतिरूप अभिव्यक्ति की एक विधि' (Conduit metaphor) का प्रयोग किया जाता है।

यहाँ संस्कृति तथा सांस्कृतिक अन्तर को किसी भाव या विचार को बिना कोई अधिक नुक़सान पहुँचाये भाषा के द्वारा ही दूर किया जाता है।

नाइडा जैसे अन्य विद्वानों का मानना है कि किसी वाक्य में प्रयोग किया जाने वाला सन्दर्भ वास्तव में विश्लेषित किये जा रहे शब्द की अपेक्षा अर्थ को अधिक स्पष्टता प्रदान करता है। इसलिए भाषा के द्वारा अर्थ को पाठकों तक नहीं पहुँचाया जाता बल्कि दो संस्कृतियों में मौजूद उनके अपने सन्दर्भों के माध्यम से पाठकों के बीच विचारों का आदान-प्रदान होता है।

इसलिए प्रत्येक पाठक अपनी आशाओं के अनुरूप ही किसी शब्द के अर्थ को ग्रहण करता है और अनुवाद अनिवार्यतः दो भिन्न-भिन्न भाषाओं व संस्कृतियों के बीच (एम. अगर 1994), चतुराई भरे बदलावों (Manipulation–Hermans 1985), चिन्तन (meditation–Katan 1999/2004) अथवा अपवर्तन या दिशा परिवर्तन (Refraction, Lefevere) का एक सापेक्षवादी रूप (Relativist form) है।

अन्य शब्दों में कहें तो अनुवाद का आधार सदैव जटिल भाषाई और व्यापक सांस्कृतिक प्रणालियों के बीच के द्वन्द्वात्मक सम्बन्ध होते हैं।

नाइडा, पीटर न्यूमार्क तथा अन्य कई विद्वान अनुवाद के उस भाषाई सिद्धान्त को सिरे से ख़ारिज कर देते हैं जो शब्द और पाठ को एक इकाई मानते हैं लेकिन वे इसके परे जाकर सांस्कृतिक पहलू पर विचार नहीं करते।

सूज़ेन बैसनेट और आंद्रे लेफ़ेवेयर तो अनुवाद के प्राचीन सिद्धान्तकारों के उन सभी प्रयासों को ही ख़ारिज कर देते हैं जो मूल पाठ तथा अनुवादों के बीच यह कहकर तुलना करते हैं कि इन प्रयासों में पाठ्य सामग्रिगें का अनुवाद करते समय इनकी सांस्कृतिक परिस्थितियों को ध्यान में नहीं रखा जाता है।

सांस्कृतिक परम्परा भाषा का एक अन्तर्निहित भाग होता है जिसकी किसी भी अनुवाद विद्या में अनेदखी नहीं की जा सकती लेकिन कभी-कभी इस पर अधिक तो कभी-कभी कम ध्यान दिया जाता है लेकिन इसे नज़रअन्दाज़ नहीं किया जाता।

बैसनेट और लेफ़्रेवेयर यदि अनुवाद में भाषा के परे जाकर अनुवाद तथा संस्कृति के बीच के पारस्परिक प्रभाव या अवरोध पर अपना ध्यान केन्द्रित करते हैं तो वे ठीक ही करते हैं। इस पारस्परिक प्रभाव या अवरोध के द्वारा संस्कृति अनुवाद को प्रभावित करती है और सन्दर्भ, इतिहास तथा परम्परा जैसे बड़े विषयों को विस्तार देती है।

भारत के प्राचीन सिद्धान्तकारों के अनुसार किसी भी भाषा के अर्थ की आन्तरिक शक्ति शाब्दिक कला के सन्दर्भ में निहित होती है और वही किसी कृति में साहित्यिकता को निर्धारित करती है और बिना इस तथ्य को जाने, एक अनुवादक कभी सफल नहीं हो सकता। इसलिए, किसी पाठ के मायनों को जानने के लिए, भौतिक वास्तविकता से अर्थ को मुक्त करते हुए पाठक-अनुवादक द्वारा पुस्तक को एक भाषा से दूसरी भाषा में रूपान्तरित करने में शाब्दिक तथा सांस्कृतिक दोनों सन्दर्भों को सुगम बना देते हैं।

केवल कय्यट ही नहीं, बल्कि तोल्कप्पियर भी सन्दर्भगत अर्थ, 'प्रमाणान्तर' (Pramanaantar) के सम्बन्ध में बताते हैं कि यह वह स्थिति है जब एक भाषा से दूसरी भाषा में किया गया अनुवाद (Translation) एक वास्तविकता का रूप ले लेता है।

भाषाई अनुवाद सिद्धान्तों के प्रारम्भिक दिनों में निस्सन्देह अनुवाद कार्य में समतुल्यता (Equivalence) को मूल लेखक के साथ-साथ अनुवादक की किसी विशेष भाषाई तथा सांस्कृतिक प्रणाली के बीच एक द्वन्द्व माना जाता था।

इसमें निम्नलिलिखत तत्त्वों को ध्यान में रखते हुए बताया गया है :

1. भाषा के उपयोगकर्ता के आयाम—भौगोलिक मूल, सामाजिक श्रेणी और समय तथा
2. भाषा के उपयोग के आयाम—माध्यम (सरल/जटिल)
3. सामाजिक भूमिका (सम्बोधन करने वाले और सम्बोधित होने वाले के बीच के सम्बन्ध)
4. सामाजिक दृष्टिकोण (लेखक की शैली में व्यक्त सामाजिक शिष्टाचार की मात्रा) वह माध्यम है जिसके द्वारा लेखक के सामाजिक व सांस्कृतिक सन्दर्भ को समझा जाता है।
5. फलस्वरूप, भाषाई ढाँचे के साथ-साथ सांस्कृतिक ढाँचे की सहायता से मूल पाठ्य सामग्री की रचना की जाती है।

अनुवादक :

1. अपने सामाजिक-सांस्कृतिक सन्दर्भ में जीता है और पाठ्य-साम्रगी का विश्लेषण करते हुए
2. वह भाषाई तथा सांस्कृतिक व्यवस्थाओं से प्रेरित होता है और इसका परिणाम है
3. एक भाषा की भाव-मुद्राओं अथवा संकेतों (sign order) के स्वतन्त्र और अभिव्यक्तिशील पहलुओं का दूसरी भाषा के संकेतों में रूपान्तरण
4. इस कारण, अनुवादक यह महसूस करता है कि अनुवाद में सममूल्यता (Equivalence) को समानता (Sameness) नहीं समझना चाहिए। सममूल्यता उन संकेतों के बीच के सम्बन्धों पर आधारित होती है जिनका ये संकेत प्रतीक होते हैं (स्वतन्त्र पहलू) और जो इसका प्रयोग करते हैं (सम्प्रेषणीय पहलू)

ये दोनों सन्दर्भ-प्रणालियाँ (विशेष रूप से मूल लेखक और अनुवादक की भाषाई तथा सांस्कृतिक प्रणालियाँ) किसी साहित्यिक पाठ्य-सामग्री को समझने में हमारी मदद करती हैं। ये निम्नलिखित विषयों में हमारी सहायता करती हैं :

1. अनुवादक की कार्यनीति

2. वस्तुनिष्ठता (Objectivation) की मात्रा। यह वह सीमा है जिसमें एक सामान्य पाठ्य-सामग्री, सूचना अथवा सन्देश को किसी विशिष्ट और द्विभाषावाद के प्रकार में परिवर्तित अथवा प्रतिस्थापित किया जाता है।

जयदेव द्वारा रचित 'गीतगोविन्द' के अंग्रेज़ी भाषा में किये गये सात अनुवादों (उदाहरणार्थ—विलियम जोन्स 1792, एडविन ऑर्नाल्ड 1875, जॉर्ज कीट्स 1940, लक्ष्मीनारायण शास्त्री 1956, डंकन ग्रीनलिज 1962, मोनिका वर्मा 1968 और बारबरा स्टोलर मिलर 1977) की यदि हम पारस्परिक तुलना करें तो इससे हमें न केवल साहित्य में एक अन्तर्दृष्टि प्राप्त होती है अपितु यह संवेदनशीलता में आने वाले परिवर्तन को भी दर्शाती है जो अनुवादक के भिन्न-भिन्न युगों, उसकी भावदशा तथा उसके स्वभाव को प्रकट करती है।

वास्तव में, इस प्रकार की स्रोत पाठ्य-सामग्री (source text), जिसमें भाषा/साहित्य से सम्बन्धित तथा साहित्येतर परिपाटियों, का तुलनात्मक अध्ययन करने से हमें स्रोत पाठ्य-सामग्री तथा भिन्न-भिन्न समयावधियों में किये गये अनेक अनुवादों से सम्बन्धित साहित्यिक मुहावरों और तत्कालीन अन्तःसांस्कृतिक प्रवृत्तियों के बारे में जानकारी प्राप्त होती है। इसके अलावा, अनुवाद मूल ग्रन्थों के विभिन्न सांस्कृतिक विचारों का आदान-प्रदान करने वाली अनन्य अभिव्यक्तियों को भी सामने लाता है।

अनुवाद को प्रभावशाली बनाने में कुछ चीज़ें बहुत महत्त्वपूर्ण होती हैं जैसे अनुवादक का अपना व्यक्तित्व, उसका अपना इतिहास काल और अनुवाद में प्रयुक्त की जाने वाली उसकी भाषा। इनका भाषाई, जातिगत और वैचारिक शक्तियों पर इतना अधिक प्रभाव पड़ता है कि जिसके कारण ऐसा भी सम्भव है कि अलग-अलग भाषा का प्रयोग करने वाले विद्वानों द्वारा किये गये भिन्न-भिन्न अनुवादों में हमें अलग-अलग आस्वाद की अनुभूति हो।

हमने ध्यान दिया होगा, जैसा कि जॉन फ्लेचर द्वारा उल्लेख किया गया है, कि रोन्सार्ड द्वारा अनूदित यीट्स की कविता 'ह्वेन यू आर ओल्ड' जो समुचित रूप से एक बेहतरीन कविता है, में रोन्सार्ड ने मूल कविता के लहजे को पूरी तरह से बदल दिया है।

रोन्सार्ड को पूरा विश्वास है कि उनके द्वारा अनूदित कविता इसमें वर्णित महिला को न केवल अमर बना देगी बल्कि वह उसे उसकी बेपरवाह लज्जाशीलता के लिए उसकी भर्त्सना भी करेगी।

यीट्स इस दम्भ भाव को पूरी तरह से दूर कर देते हैं। यहाँ एक महान कवि एक दूसरे महान कवि की कविता की विषयवस्तु को बड़ी ही सादगी के साथ अपनी विषयवस्तु में परिवर्तित कर डालता है।

इस प्रकार के अनुवाद का विश्लेषण करने से पाठक तुरन्त मूल लेखक तथा अनुवादक के साथ जुड़ जाता है और विभिन्न सांस्कृतिक विचारों का आदान-प्रदान करने में सहायक अनुवाद विद्या (Translation Studies) में उसकी रुचि उत्पन्न हो जाती है।

विभिन्न संस्कृतियों के पारस्परिक अनुवाद का अध्ययन करके पाठक उमर ख़य्याम की रुबाइयों के हिन्दी में छह महत्त्वपूर्ण अनुवादों की व्यवस्थित रूप से तुलना करके लाभान्वित हो सकता है। ये सब अनुवाद इन रुबाइयों के फिट्ज़ेराल्ड द्वारा किये गये निम्नलिखित अंग्रेज़ी अनुवाद के पुनार्नुवाद हैं :

Dreaming when Dawn's left hand was in the sky
I heard a voice within the tavern cry
Awake my little ones, and fill the cup
Before life's liquor in its cup be dry

उपरोक्त रुबाई का मूल पाठ इस प्रकार है :

आमद सहरे निदा ज़े मयख़ाना-ए-मा
कि ऐ रिन्द ख़राबाती व दीवाना-ए-मा
बरावेज़ कि पुरकनेम पैमाना-ए-ज़े मय
जां पेश कि पुरकुनेद पैमाना-ए-मा

(जिसका भावार्थ है : एक सुबह हमारे मयखाने से मेरे कानों में एक आवाज़ आयी कि ऐ मेरे मतवाले, शराब के शौक़ीन, उठ। इससे पहले कि ज़िन्दगी का प्याला भर जाये, आ हम खुदा के इश्क़ से लबरेज़ प्याले को अपने होंठों से लगायें यानी मौत से पहले ही हम उससे लगन लगा लें)।

उमर ख़य्याम की रुबाइयों का अनुवाद करते हुए यहाँ शराबखाने के रिन्द यानी शराब पीने वाले के स्थान पर 'माइ लिटिल वन्स' (My little ones) का प्रयोग करना ग़लत है।

इस रुबाई के अंग्रेज़ी संस्करण में ग़लत अनुवाद के कारण ही हिन्दी में अभी भी ग़लत अनुवाद हो रहे हैं। इस कारण भिन्न-भिन्न सांस्कृतिक परिस्थितियों में रहने वाले विभिन्न अनुवादकों के मन में अलग-अलग धारणाएँ उत्पन्न हुई हैं, जो कि ग़लत हैं।

हरिवंशराय बच्चन ने इसके अनुवाद में 'मेरे शिशुओ नादान' लिखा है तो केशव प्रसाद पाठक ने 'मेरे शिशुदल'।

कवि सुमित्रानन्दन पन्त द्वारा किये गये अनुवाद में अनुवाद की शिक्षा विषयक मनोदृष्टि इन शब्दों में प्रकट हुई है, 'मदिरा के छात्र।'

बच्चन (प्याला) के भर जाने तक ही सब्र नहीं करते बल्कि वह दूसरों को भी पीने के लिए उकसाते हैं—'बुझा लो पी पी मदिरा भूख'।

मैथिलीशरण गुप्त एक वैष्णव होने के नाते धीरे से कहते हैं, 'पात्र भरो, न विलम्ब करो।' जैसे कि उन्हें शराब पीने से डर लग रहा हो।

ऊपर दिये गये विभिन्न अनुवादों के उदाहरणों की पारस्परिक तुलना करें तो इससे न केवल किसी विशेष संस्कृति के अर्थों में होने वाले बदलावों पर प्रकाश डाला जा सकता है बल्कि कुछ अन्य विषयों के प्रति समाज के व्यवहार में होने वाले बदलावों को भी देखा जा सकता है।

संस्कृति से जुड़े ये दृष्टिकोण हमारी अनुभूतियों को इतनी अच्छी तरह से एक शैलीगत रूप देते हैं कि हमें अपनी यह पारम्परिकता बिल्कुल स्वाभाविक प्रतीत होती है लेकिन इनके ऐतिहासिक कारणों की गहराई में जाये बिना नियतिवाद की जड़ों को, जो हमारी संवेदनशीलता तथा अभिव्यक्ति के पुनरावर्ती ढाँचे और अर्थपूर्ण कोड को जाने बिना हमारे द्वारा ठीक से अनुवाद नहीं किया जा सकता।

यह सम्भव है कि किसी विशेष कृति के सांस्कृतिक सन्दर्भों की जड़ें बहुत गहरी हों, उदाहरण के लिए, अज्ञेय द्वारा रचित 'असाध्य वीणा', में प्रयोग किये गये केश-कंबली, गुफा-गेह, हठ साधना, कृच्छ-तप इत्यादि जैसे शब्द बौद्ध हीनयान यौगिक शब्दावली से लिए गये थे जो यह प्रकट करता है कि यदि निःस्वार्थ भाव से ईश्वर के साथ संवाद किया जाये तो इससे साधक आध्यात्मिक सिद्धि को प्राप्त कर सकता है। अज्ञेय ने अपनी इस रचना में अपने विचारों को अभिव्यक्ति देने के लिए इस सांस्कृतिक सन्दर्भ का प्रयोग किया है।

प्रस्तुत कविता के अनुवाद में प्रोफ़ेसर लियोनार्ड ई. नैथन द्वारा कविता में प्रयुक्त इन शब्दों का अनुवाद इस प्रकार किया गया है, 'जिसका वस्त्र एक कम्बल',

'जिसका गृह था पहाड़ियों में बनी एक गुफा,' 'अप्रतिरोध्य वचन', अनुशासनबद्ध शक्ति। ये शब्द, संस्कृतिबद्ध उन अर्थों का सही रूप प्रस्तुत नहीं कर पाये जो हमारे अवचेतन में बसे हुए हैं।

ठीक इसी प्रकार एक कविता की पंक्ति है, 'मैं कनफटा हूँ, हेटा हूँ,' और एक पंक्ति का अर्थ है, 'मैं तुम लोगों से दूर हूँ', जिसका विष्णु खरे द्वारा अनुवाद किया गया है, 'मेरे कान फटे हुए हैं, मैं भूमि के नीचे छिपा अभागा हूँ।' हमारे सांस्कृतिक परिवेश में रचे-बसे शब्द कनफटा और हेटा के दार्शनिक अर्थ को विष्णु खरे ठीक से व्यक्त नहीं कर पाये और इसी का परिणाम है कि एक संस्कृति के भाव दूसरी संस्कृति में ठीक से नहीं पहुँच पाये।

यहाँ एक और उदाहरण दिया जा सकता है जिसमें सर विलियम जोन्स ने महाकवि कालिदास की महान कृति 'अभिज्ञान शाकुन्तलम्' का अनुवाद किया है।

प्राचीन भारत की जानकार भारतीय इतिहासकार रोमिला थापर ने इस अनुवाद पर टिप्पणी करते हुए कहा है कि विश्व प्रसिद्ध इस नाटक के कुछ अंशों को हटाने अथवा उनकी प्रभावशीलता को कम करने के लिए विलियम जोन्स की विक्टोरियाकालीन पुरातनपन्थी नैतिकता को ज़िम्मेदार ठहराया जा सकता है जो उनके विचारानुसार कामुकतापूर्ण थे और इसीलिए अनैतिक थे और आदिम काल से जुड़े हुए थे।

वास्तव में 'अभिज्ञान शाकुन्तलम्' जैसी महान कृति के प्रति इस प्रकार के दृष्टिकोण ने ही प्राच्यवाद (Orientalism) के प्रादुर्भाव की घोषणा कर दी थी जिसने पूर्वी देशों के साहित्य को औपनिवेशिक रूप देने की कोशिश की। इस प्रक्रिया में उसमें औपनिवेशिक देशों के साहित्य को यूरोपीय शब्दों में परिभाषित करने और समझने का प्रयास किया गया। इस प्रकार उपनिवेशित देशों के साहित्य को सभ्य साहित्य के रूप में तो देखा जाने लगा लेकिन उनकी संस्कृति एक अरुचिकर रूप ले सकती है जिनमें या तो सुधार किया जा सकता है या जिन्हें नष्ट किया जा सकता है।

जोन्स ने अपने व्यक्तिगत आग्रहों के कारण उत्पन्न इस वैचारिक संकट को सुलझाने की दृष्टि से 'अभिज्ञान शाकुन्तलम्' को अपनी संस्कृति के अनुसार नियन्त्रित करने का प्रयास किया—एक ऐसा संकट जो एक भारतीय के लिए पूरी तरह से हास्यास्पद था। इसमें सबसे महत्त्वपूर्ण बात यह थी कि जोन्स ने यूरोपीय मानकों अथवा प्राथमिकताओं के आधार पर 'अभिज्ञान शाकुन्तलम्' को अच्छा या बुरा मान लेने के अपने निर्णय को दूसरों पर लादने का प्रयास किया। इस प्रक्रिया में 'अभिज्ञान शाकुन्तलम्' के कई अंशों का ग़लत अनुवाद करने

के लिए इस ग्रन्थ के प्रति जोन्स का पूर्वाग्रह ज़िम्मेदार था। इसके अतिरिक्त, उसने 'अभिज्ञान शाकुन्तलम्' को सभ्याचार की दृष्टि में बाँधने की कोशिश की जो पूरी तरह से पश्चिमी दृष्टि थी और जो यूरोप के सामाजिक मानदण्डों के अनुरूप थी। इसके परिणामस्वरूप, उसके द्वारा अनुवादित कृति भारत के प्रति पक्षपातपूर्ण दृष्टि को प्रस्तुत करने के उद्देश्य से कालिदास के विनोदपूर्ण रूप, उनके श्लेष और भाषाई अभिव्यक्तियों तथा विशेष सांस्कृतिक विषयवस्तु को पहचान पाने में निरन्तर विफल रही।

इसे 'प्रतिरोध' विधि (वेनुती के शब्दों में) कहा जा सकता है जो किसी अनुवादक के वैचारिक प्रभाव को दर्शाती है।

यहाँ यह देखना दिलचस्प होगा कि तेजस्विनी निरंजना ने अपनी पुस्तक 'सिटिंग ट्रान्सलेशन : हिस्टरी, पोस्ट स्ट्रक्चरलिज़्म एंड द कोलोनियल कॉन्टेक्स्ट (1992)' में ऐसे ही विचार प्रकट किये हैं कि एक कार्यप्रणाली के रूप में अनुवाद उपनिवेशवाद के अन्तर्गत काम करने वाली शक्ति को एक असममित आकार प्रदान करता है।

यहाँ तक कि तेजस्विनी निरंजना उत्तर-उपनिवेशवाद के एक अदृश्य उपनिवेशवाद के ज़रिये अभी भी उपनिवेश बनाये जा रहे देश के रूप में उत्तर-औपनिवेशिक छवि पेश करती हैं। और कन्नड़ वचनों के अनुवादों का वर्णन करते हुए वह मौजूदा अनुवादों पर आक्षेप करती हैं जिसमें प्रख्यात कवि-अनुवादक ए. के. रामानुजन द्वारा किये गये अनुवाद भी सम्मिलित हैं। निरंजना ने इन अनुवादों में "शैव कविता को ईसाई उपदेशों में परिवर्तित किया है या उत्तर रोमांसवाद की नयी आलोचना के ग्रन्थों में जो लगभग उपनिवेशवाद के प्रति 9वीं शताब्दी की देशी प्रतिक्रिया के अनुरूप है, शामिल करने का एक प्रयास किया है।"

हम सब इस तथ्य को जानते हैं कि कोई भी अनुवाद सांस्कृतिक सन्दर्भों के बिना हो ही नहीं सकता। इसलिए सटीक अनुवाद केवल एक कल्पना मात्र है।

अनुवाद सदैव एक ही भाषा के पाठकों के लिए किया जाता है जो अपनी सांस्कृतिक विशेषताओं से जुड़े होते हैं। इसका अर्थ है कि स्रोत भाषा (Source Language) में लिखित किसी पुस्तक और लक्ष्य भाषा (Target Language) में किये गये उसके अनुवाद को गत्यात्मक समतुल्यता (Dynamic Equivalence) वाली दो भिन्न-भिन्न सम्भावित दुनियाओं के रूप में स्वीकार करना चाहिए (नाइडा)।

समतुल्यता का प्रश्न अर्थ से जुड़ा होता है और यदि थोड़ा सटीक ढंग से कहें तो यह व्यावहारिक अर्थ से जुड़ा होता है।

सममूल्यता का अर्थ समानता नहीं होता। प्रतिक्रिया कभी समान नहीं हो सकती। इसका कारण है अनुवाद में सांस्कृतिक, ऐतिहासिक और स्थितिजन्य सन्दर्भ का भिन्न होना। इसलिए यदि अर्थ सम्बन्धी सममूल्यता को छोड़ने की आवश्यकता हो तो हमें निस्संकोच हमेशा व्यावहारिक अर्थ की सममूल्यता हमारा लक्ष्य होना चाहिए।

व्यावहारिकता का सम्बन्ध भाषाई इकाइयों और विचारों के आदान-प्रदान वाली विशेष स्थिति जैसे बातचीत, पाठ्य सामग्री के सभी रूपों में इन इकाइयों का उपयोग करने वालों के बीच के पारस्परिक सम्बन्धों से होता है। इसलिए हम अनुवाद को मुख्य रूप से स्रोत भाषा में प्रस्तुत पाठ्य सामग्री को व्यावहारिक रूप से किसी दूसरी भाषा में यथावत् प्रस्तुत करना कह सकते हैं।

केवल इसी स्थिति में विभिन्न संस्कृतियों के मध्य विचारों का आदान-प्रदान सम्भव होता है। लेकिन इससे कई गम्भीर मुद्दे उठ सकते हैं। इनमें सबसे महत्त्वपूर्ण मुद्दा यह है कि अर्थ को व्यावहारिक अर्थ के तौर पर स्वीकार करने के पश्चात् सारा ध्यान स्रोत भाषा के सन्देश के सांस्कृतिक ढाँचे से उस सन्देश के अभिग्राहक अनुवादक (Receptor Translator) की ओर मुड़ जाता है।

इस सन्दर्भ में यहाँ दो अनुवादों का उल्लेख किया जा सकता है—एक बंगला भाषा में और दूसरा हिन्दी भाषा में टी. एस. इलियट की प्रसिद्ध कविताओं 'ऐश वेन्ज़्डे' तथा 'जेरोनशन' का अनुवाद। 'जेरोनशन' का मूल अंश इस प्रकार है :

In depraved May Dogwood and
chestnut, Flowering Judas,
To be eaten, to be divided, to be drunk
Among Whispers, by Mr. Silvero
With caressing hands, at Limoges
Who walked all night in the next room;
By Hakagawa bowing among the Titians;
By Madam Tornquest, in the dark room
Shifting the Candles; Fraulein Von Kulp
Who turned in the hall, one Hand in the door.

विष्णु खरे ने उपरोक्त कविता का हिन्दी में अनुवाद करने के लिए, विधिवत शब्दानुवाद (Formal Correspondence) पद्धति का सहारा लिया जिसमें अभिग्राहक भाषा (Receptor Language) में उसका अनुवाद करने के लिए यथासम्भव मूल भाषा की निकटतम शैली का शब्दशः उपयोग किया जाता है,

यथा :

कलुषित मई, डॉगवुड तथा अखरोट के पेड़,
फलते हुए जूडास वृक्ष के समय,
फुसफुसाहटों में खाये, बनते, पिये जाने के लिए,
लिमोजीज़ में दुलारते,
हाथों वाले मिस्टर सिल्वेरो द्वारा/
जो दूसरे कमरे में सारी रात टहलते रहे;
टिशियन की कृतियों के बीच झुकते हुए हाकागावा
द्वारा/अँधियारे कमरे में
मोमबत्तियाँ सरकती हुईं/मादाम दे टॉर्नक्विस्ट
द्वारा/फ्रॉउलिन वॉन कुल्प द्वारा
जो द्वार पर एक हाथ रख भवन में आये

विधिवत शब्दानुवाद की इस पद्धति में इस बात पर ज़ोर नहीं दिया जाता कि पाठक स्रोत भाषा के सन्देश को समझने के लिए स्रोत भाषा के सन्दर्भ के सांस्कृतिक ढाँचे को समझे और अभिग्राहक भाषा (Receptor Language) में समान अनुवाद करने के लिए, जितना अधिक हो सके, उसकी निकटतम शैली का शब्दशः उपयोग करे। इसके परिणामस्वरूप, इस पद्धति के प्रभाव के कारण पाठक के लिए कई बार यह अनुवाद बहुत कृत्रिम और अबोधगम्य हो जाता है।

विष्णु डे ने अपने बंगाली अनुवाद में एक भिन्न संस्कृति के इन सभी अंशों को भारतीय/बंगला शब्दावली में बदल दिया है विशेष रूप से वह शब्दावली जो एक ही भाषा जानने वाले बंगाली पाठक के लिए बहुत जानी-पहचानी है।

इसके फलस्वरूप, Depraved May पॉचा (सड़ा) भाद्रो में परिवर्तित हो जाता है और Dogwood, Chestnut और Flowering Judas जैसे शब्द कोचु शाक, कालो जाम और मोहिनी धतूरा बन जाते हैं।

इस कविता का शीर्षक 'जेरोनशन' हिन्दी में देवनागरी लिपि में वही का वही रखा गया है जबकि बंगाली भाषा में अनुवाद करते समय विष्णु डे ने इसे 'जरायन' (Jarayan) लिखा है जो एक बंगाली पाठक तक तुरन्त इसका अर्थ पहुँचा देता है।

इसके अतिरिक्त, कविता में प्रयुक्त व्यक्तियों तथा स्थानों के नाम जैसे ब्रुसेल्स, लन्दन, मिस्टर सिल्वेरो, मैडम डे टॉर्नक्विस्ट, फ्राउलिन वॉन कुल्प आदि को हिन्दी संस्करण में यथावत् ही रखा गया है। जबकि कविता के बांग्ली संस्करण

में ब्रुसेल्स और लन्दन परिवर्तित होकर कानपुर और कोलकाताई (कोलकाता में), मिस्टर सिल्वेरो, मैडम डे टॉर्नक्विस्ट, फ्राउलिन वॉन कुल्प आदि नाम हाथी लाल मेहता, लेडी मुखर्जी और मिस्टर तरफ़दार बन जाते हैं।

हिन्दी संस्करण में कविता 'ऐश वेन्ज़्डे' का शीर्षक देवनागरी लिपि में वही का वही रखा गया है। अब प्रश्न यह खड़ा होता है कि हिन्दी का कोई पाठक जिसे यह जानकारी ही नहीं है कि यह रोमन कैथोलिक, अंग्रेज़ी एंग्लिकन चर्च और कुछ अन्य चर्चों में उपवास (Lent) का पहला दिन होता है, वह 'ऐश वेन्ज़्डे' को कैसे समझ सकता है? इसीलिए दिन के सेवा कार्य के लिए तपस्या के प्रतीक के रूप में राख के अनुष्ठान के लिए इसका उपयोग किये जाने से इसका यह नाम 'ऐश वेन्ज़्डे' रखा गया है।

कविता का अनुवाद करते समय, दो देशों के सांस्कृतिक अन्तर को समाप्त करने के लिए, विष्णु डे ने बांग्ला में इसका शीर्षक 'चड़ोकेर गान' कर दिया है जो बंगाल के 'ऐश वेन्ज़्डे' की तरह का ही एक धार्मिक अनुष्ठान है जिसमें पुराने को त्यागकर नये का स्वागत किया जाता है।

कविता के हिन्दी अनुवाद में, ऐश वेन्ज़्डे के 'जूनियर ट्री','शी ऑनर्स द वर्जिन इन मेडिटेशन', 'ब्लू इन मेरी'ज़ कलर', 'हॉर्थॉर्न ब्लॉसम' और 'द मे टाइम' को 'जावित्री वृक्ष', 'ध्यान में वर्जिन का आदर करती है', 'नील मेरी का वस्त्र पहने', 'बकाइन के फूल', तथा 'मई के समय' कर दिया गया है।

जबकि बांग्ला अनुवाद में विष्णु डे ने विधिवत शब्दानुवाद विधि का प्रयोग करने की अपेक्षा गत्यात्मक समतुल्यता पद्धति (Dynamic Equivalence Method) का प्रयोग किया है। इसमें उन्होंने सांस्कृतिक अन्तर को दूर करने का कोई प्रयास नहीं किया बल्कि उन्होंने यथासम्भव संस्कृतियों के इस अन्तर को स्पष्ट दिखाया है और 'जूनियर ट्री' को 'जावित्री वृक्ष' में, 'वर्जिन मेरी' को 'देवकी माता', 'मई के महीने' को 'फाल्गुनी', 'हॉर्थॉर्न ब्लॉसम' को 'अतासी पुष्प' और 'क्राइस्ट द टाइगर' को 'कृष्ण नरसिंह' में परिवर्तित कर दिया है।

यहाँ स्रोत भाषा के सम्प्रेषणपरक मूल्य (Communicative value) का लक्ष्यभाषा के सम्प्रेषणपरक मूल्य के साथ मिलान करके, दोनों भाषाओं की पाठ्य सामग्रियों के व्यावहारिक अर्थ को एक-दूसरे का पूरक बना दिया गया है और पोपोविक (Popovic) के शब्दों में, इसमें मूल संवेदना अर्थात् मर्म को कहीं चोट नहीं पहुँचती और इसका उचित परिणाम भी प्राप्त कर लिया जाता है। यह हमें विश्वास दिलाता है कि केवल इसी तरह से दो लोगों के बीच संवाद की प्रक्रिया सार्थक हो सकती है।

अब एक मुख्य प्रश्न यह है कि अनुवाद करते समय विभिन्न संस्कृतियों के सन्दर्भों को क्या इस स्तर तक कम किया जा सकता है जहाँ सांस्कृतिक सन्दर्भों वाले विदेशी साहित्य के आस्वादन के लिए उसका अनुवाद करने का विचार निरर्थक हो जाता है?

अनुवाद में विदेशी संस्वृति के शब्दों को सम्मिलित करने के विचार का समर्थन करने वाले विद्वानों ने यह कहकर एक विवाद खड़ा कर दिया कि भिन्न-भिन्न भाषाओं में पारस्परिक सम्पर्क का माध्यम अनुवादक होता है जो मूल भाषा के सन्देश का अभिग्राहक (Receptor) भी है और लक्ष्य भाषा के सन्देश का स्रोत भी।

ये दोनों सन्देश अपनी विशेष सांस्कृतिक बनावट में मौजूद होते हैं और इसके परिणामस्वरूप, अन्तः-सांस्कृतिक संवाद में ऐसे कई मुद्दे सामने आते हैं जो अनुवाद और अनुवाद प्रक्रिया दोनों के समक्ष आने वाली कठिनाइयों को प्रकट करते हैं। और जैसा कि यह विवादी समूह मानता है कि एक बार जब अनुवादक एक वस्तुनिष्ठ माध्यम की अपनी भूमिका से स्वयं को अलग कर लेता है और एक अभिग्राहक (Receptor) के रूप में अपनी भूमिका को ध्यान में रखता है तथा अपनी संस्कृति की ज़िम्मेदारियों वाले कार्यों से जुड़े व्यवहार सम्बन्धी प्रतिरूप और संस्कृति की पूर्वधारणाओं द्वारा निर्धारित उनकी सम्भावित प्रतिक्रियाओं को पहले से देख लेता है तो उसी स्थिति में साहित्यिक अनुवाद हो पाता है।

इसीलिए विवादी समूह द्वारा ज़ोर दिया गया है कि एक विदेशी संस्कृति के साहित्य अथवा पाठ्य सामग्री को समझने के लिए अनुवाद में न केवल स्रोत संस्कृति की रचना के अर्थ को भाषा के स्तर पर स्पष्ट रूप से पुनः प्रस्तुत किया जाता है बल्कि उसमें स्रोत संस्कृति के मूल्यों तथा उसके वैचारिक स्वरूपों के सम्बन्ध में कम-से-कम जानकारी भी अनिवार्य रूप से दी जाती है।

यही कारण है कि विभिन्न संस्कृतियों के बीच रूपान्तरण (Adaptation), जैसा कि विष्णु डे ने किया, बहुत आवश्यक है लेकिन व्यावहारिक अर्थ की सममूल्यता का निर्धारण करने के आशय से यह रूपान्तरण कम-से-कम होना चाहिए।

यहाँ यह भी कहा गया है कि अनुवाद में सांस्कृतिक भिन्नता तथा अन्तर को फुटनोट की सहायता से दूर किया जा सकता है हालाँकि फुटनोट का उपयोग करके स्रोत पाठ्य सामग्री को अनुचित ढंग से दो भागों में विभाजित कर दिया जाता है—लक्ष्य पाठ्य सामग्री और फुटनोट्स। इससे स्रोत पाठ की स्वायत्तता

बाधित हो जाती है और स्रोत पाठ के समग्र स्रोत को भी बिगाड़ कर रख दिया जाता है।

विवाद में प्रतिवादी अथवा विरोधी समूह का कहना है कि लक्ष्य भाषा के पाठ के माध्यम से स्रोत भाषा के पाठ के मूल अर्थ को सम्प्रेषित करते हुए अनुवादक को यह बिल्कुल नहीं भूलना चाहिए कि अपनी समग्रता में स्रोत भाषा का पाठ ही है जो मूल अर्थ को स्पष्ट करता है और विष्णु डे मूलभाषा के पाठ के सांस्कृतिक सन्दर्भों का भारतीयकरण करके इस परिवर्तित न करने योग्य मूल अर्थ को पूर्णतः बदल डालते हैं। स्रोत भाषा के पाठ के मूल अर्थ को छू पाना भी बहुत कठिन है। हम इसे छूकर ही अनुभव करते हैं। मूल अर्थ को केवल छूकर ही हम जान पाते हैं कि यह कितना गहरा है और केवल तब ही हम दो संस्कृतियों के मध्य के अन्तर के निकटतम बिन्दु तक पहुँच पाने में सफल होते हैं। विष्णु डे हमें ऐसा करने की अनुमति नहीं देते।

एक अनुवादक का कार्य होता है कि स्रोत भाषा के पाठ में लक्ष्य भाषा के पाठक के लिए जो अजनबीपन होता है, अनुवादक उसे लक्ष्य भाषा में इस प्रकार परिवर्तित करे कि उसकी अभिव्यक्ति मूल भाषा के पाठ के बिल्कुल समीप हो अथवा समान हो। इस प्रक्रिया में मूल पाठ का अजनबीपन अधिक स्पष्ट हो जाता है लेकिन यह अजनबीपन स्वयं हमें सांस्कृतिक बन्धन से मुक्त कर देता है और पाठक को दूसरी संस्कृति का रस देता है। यह पाठक को एक सुविधाजनक बिन्दु प्रदान करने के समान है जहाँ से पाठक दूसरी संस्कृति को देख और महसूस कर सकता है और उसे जानने-समझने के लिए प्रेरित होता है।

विभिन्न संस्कृतियों के अनुवाद-कार्य में अनुवादक की मुख्य चिन्ता पाठ्य सामग्री (text) और संस्कृतिबद्ध शब्दों का अनुवाद करना है जिसे नॉर्ड ने 'कल्चरीम्स' (Culturemes) कहा है जो सांस्कृतिक श्रेणियाँ हैं जिनमें अर्थ सम्बन्धी क्षेत्रों की व्यापक सारणी सम्मिलित होती है, भूगोल और परम्पराओं से लेकर संस्थानों और प्रौद्योगिकियों तक।

जे.पी. विनय और जे. डार्वेल्नेट के समय से ही विद्वानों ने सांस्कृतिक क्षेत्रों (Culturemes) की सममूल्यता की कमी की पूर्ति करने के लिए कई कार्यनीतियाँ प्रस्तुत की हैं।

ये समस्त कार्यनीतियाँ केवल उन बातों की साक्ष्य हैं जो विवादी तथा प्रतिवादी समूहों के बीच के वाद-विवाद का ज़िक्र करते हुए पहले ही बतायी जा चुकी हैं। क्वीसिंस्की ने इन्हें चार समूहों में संक्षेप में प्रस्तुत किया है :

1. विदेशीयता अथवा अजनबीपन दूर करने की पद्धति (Exoticising Procedures) : इस पद्धति में लक्ष्य भाषा में विदेशी परिवेश अथवा शब्दों को स्थानीय रूप दे दिया जाता है जैसे शब्द बुर्का जो मुस्लिम महिलाओं द्वारा पहना जाता है।
2. समृद्ध व्याख्यात्मक पद्धति (Rich Explicatory Procedure) : इस पद्धति में अनुवादक पाठकों की सुविधा के लिए थोड़ी स्वतन्त्रता ले लेता है और स्थानीय उपमाओं अथवा मुहावरों के माध्यम से पाठ के सन्दर्भों को स्पष्ट करने के लिए एक या दो शब्द अनुवाद में जोड़कर आवश्यक परिवर्तन करता है जिससे पाठक को मूल पाठ पढ़ने के समान ही महसूस हो। ऐसा कब, कहाँ और कैसे करना है, यह अनुवादक की अपनी संवेदनशीलता पर निर्भर करता है।
3. स्वीकृत विदेशीयता (Recognised Exoticism) : कुछ जाने-पहचाने स्थानों और व्यक्तियों के नाम ऐसे होते हैं जिन्हें भाषा के अनुसार 'स्वीकृत अनुवाद' के रूप में प्रयोग किया जाता है जैसे स्विट्ज़रलैंड के एक बड़े शहर को स्विस भाषा में जि'नेव (Ge'neve) कहा जाता है लेकिन अब सभी अनुवादक उसे जिनेवा लिखते हैं और अब इसका यही रूप प्रचलित हो गया है लेकिन अनुवादक को हमेशा यह देखना होगा कि विदेशी शब्दों अथवा नामों को कैसे ग्रहण किया जाये।
4. समावेशीय पद्धति (Assimilative Procedure) : इस पद्धति में मूल पाठ को औपचारिक रूप से सममूल्य लक्ष्य भाषा में बदल दिया जाता है या फिर यदि इसे महत्त्वपूर्ण नहीं समझा जाता तो इसे हटा भी दिया जाता है।

दूसरे शब्दों में, देशीयकरण (Domestication) और विदेशीकरण (Foreignization) में विवाद या जिसे वेनुती विदेशी पाठ में मौजूद विदेशीयता अथवा अजनबीपन को कम करके लक्ष्य भाषा के सांस्कृतिक मूल्यों में बदलना और विदेशी पाठ के भाषाई ओर सांस्कृतिक अन्तर को प्रकट करने के लिए लक्ष्य भाषा के सांस्कृतिक मूल्यों पर विचलनकारी दबाव कहते हैं, जिसका हल ऊपर बतायी गयी अनुवाद की चार पद्धतियों में वर्णित मध्य मार्ग का उपयोग करके निकाला जा सकता है।

इससे एक भिन्न और विजातीय पाठ की रचना करने में सहायता मिलती है जहाँ स्रोत पाठ का अजनबीपन अथवा विदेशीयता लक्ष्य पाठ के स्थानीय चरित्र मे समाहित हो जाती है।

तुलनात्मक साहित्य के दृष्टान्त

13

पारम्परिक भारतीय रंगमंच : जापान के पारम्परिक काबुकी रंगमंच के साथ तुलना और सम्पूर्ण रंगमंच की ओर यात्रा

भारत के विभिन्न क्षेत्रों में पारम्परिक रूप से लोकप्रिय पारम्परिक भारतीय रंगमंच जैसे कूटियाट्टम्, कथकली, यक्षगान और जात्रा (अथवा यात्रा) इत्यादि ग्रामीण समाज (लोकनृत्य) से जुड़ी अत्यन्त प्राचीन परम्परा है और संस्कृत का शास्त्रीय रंगमंच शहरी आभिजात्य वर्ग से जुड़ी कला है। लेकिन रंगमंच के ये दोनों ही रूप परस्पर जुड़े हुए हैं क्योंकि दोनों ही रूप एक-दूसरे को प्रभावित करते हैं। एक अन्य स्तर पर पारम्परिक भारतीय रंगमंच के क्षेत्रीय रूपों के एक-दूसरे पर पड़ने वाले प्रभाव को स्पष्ट रूप से देखा जा सकता है जहाँ उनके मध्य विषयवस्तु, मूल विचार तत्त्व और रूप एक ऐसे ढाँचे में विकसित हो चुके हैं जहाँ उनका निरन्तर एक पारम्परिक सम्पर्क बना हुआ है। इसी के परिणामस्वरूप, भरत मुनि (ईसापूर्व दूसरी शताब्दी-दूसरी ईस्वी) द्वारा भारतीय नाट्यविधा पर आधारित प्रधान ग्रन्थ में भाव प्रदर्शन (प्रवृत्तियों) की अवधारणा के मध्य रंगमंच के क्षेत्रीय रूपों के उद्भव को पहचाना और उन्हें मान्यता प्रदान की। आगे चलकर विभिन्न नाट्यकारों ने इन रंगमंचीय रूपों का मार्गी रूपों की शास्त्रीय अवधारणा के विरुद्ध लोक नाटकों के रूप में वर्गीकरण किया। हालाँकि, यदि हम भारतीय सन्दर्भ में देखें तो मार्ग अथवा शास्त्राचार और लोक अथवा लोकाचार के बीच ऐसा कोई विभाजन मौजूद नहीं है। लोक नाटक आभिजात्य नाट्य परम्परा के विपरीत नहीं है लेकिन भारतीय सन्दर्भ में ये एक-दूसरे के पूरक हैं। ये वास्तव में, एक ही परम्परा के दो आधार स्तम्भ हैं। इसी कारण भारत में लोकनाट्य ने भारतीय शास्त्रीय नाट्य परम्परा के नाट्य से

सम्बन्धित कई पहलुओं को अपनाया और इसके साथ-साथ इसने भारतीय रंगमंच के पारम्परिक ढाँचे पर भी अपना प्रभाव छोड़ा। पारम्परिक स्वरूपों पर परस्पर प्रभाव डालने की इस स्थिति में, लोक नाट्य का स्वरूप भी उतना रूढ़, सादा और सरल नहीं रहा। बेशक किसी को केरल के पुरातन नाट्यरूप कूडियाट्टम् (Kudityattam) अथवा कूटियाट्टम् में संगीत, नृत्य और अभिनय कला के वैसे दर्शन न होते हों जैसे संस्कृत के शास्त्रीय नाटकों में होते हैं, लेकिन फिर भी इसमें संस्कृत नाट्यशास्त्र में पायी जाने वाली कल्पना और ज्ञान के साथ-साथ संस्कृत नाटकों की झलक मिलती है और इसीलिए रंगमंच के इन सभी रूपों को भारत का पारम्परिक रंगमंच कहा जाता है।

भारत के पारम्परिक रंगमंच अथवा नाट्यमंच के समान ही 17वीं शताब्दी में लोकप्रिय जापान के शास्त्रीय नृत्य नाटक काबुकी का प्रादुर्भाव हुआ। इसे कठपुतली नाच या जोरूरी अथवा नोह संगीत नाटक से भिन्न जापान का एक लोकप्रिय नृत्य नाटक कहा जा सकता है जिसे अपने निश्चित प्रस्तुतीकरण और असाधारण विषय सामग्री के कारण जापान का शास्त्रीय नाटक भी कहा जा सकता है। भारत के पारम्परिक रंगमंच की तरह ही, काबुकी में भी कई विषय और रंगमंचीय परम्पराएँ निश्चित रूप से शास्त्रीय रंगमंच से ली गयी हैं लेकिन एक परिवर्तित रूप में। इन दोनों नाट्यकलाओं का अपना एक जटिल इतिहास है, अपने पारम्परिक दर्शक हैं और अपनी सामाजिक भूमिकाएँ हैं लेकिन इनमें अन्तर्निहित कुछ नाट्य परम्पराएँ और सौन्दर्यात्मक कारक उनके बीच के तुलनात्मक तथ्यों को अत्यन्त दिलचस्प बनाते हैं। यह लेख भारतीय पारम्परिक रंगमंच और काबुकी शैली, उसकी सहभागिता और सम्पूर्ण रंगमंच की अवधारणा पर प्रकाश डालता है।

पारम्परिक भारतीय रंगमंच ने भारत के दो महाकाव्यों रामायण और महाभारत तथा पुराणों से कहानियों और किंवदन्तियों, इतिहास और दर्शन, धर्म और मिथकों, महान सन्तो के जीवन को दर्शाने वाली लीलाओं (Hagiology) और शैतान या राक्षसों के बारे में विश्वासों को प्रस्तुत करने वाली कला (Demonology) के अथाह भण्डार को अपनी ओर आकर्षित किया।

ऐसी कहानियाँ देखने में शिक्षाप्रद होती हैं और अक्सर बुराई पर अच्छाई की विजय का सबक पढ़ाती हैं। कुछ सीमा तक काबुकी का उद्देश्य भी समाज को शिक्षा देना ही है। इसका सम्बन्ध दर्शकों का अच्छे शिष्टाचार और अच्छे आचरण के बारे में मार्गदर्शन करने से है, वह चाहे इस सम्बन्ध में हो कि व्यक्ति को कैसे सुरुचिपूर्ण ढंग से किसी वेश्यालय में जाना चाहिए या कैसे एक योद्धा

की पत्नी को अपने अपमान पर विजय पानी चाहिए या कैसे किसी के द्वारा की गयी नीचता से उपपत्नी को बचाया जाता है।

इस उद्देश्य से, अनिवार्य रूप से एक निश्चित सीमा के अन्दर आदर्शवाद का समावेश किया गया है। हमारे अधिकांश पारम्परिक रंगमंच, वे चाहे भारतीय हों अथवा जापान का काबुकी, पूरी तरह से पौराणिक कथाओं पर आश्रित हैं और जिनमें अत्यन्त विशिष्ट शैली के साथ संगीत, नृत्य और साहित्य के माध्यम से कथा का प्रस्तुतीकरण किया जाता है।

भरत मुनि ने नाटकों के सम्बन्ध में शास्त्रीय जानकारी देने वाले अपने ग्रन्थ 'नाट्यशास्त्र' में लिखा है कि रंगमंच एक नाटक है (क्रिड़ानियकम) जिसका मुख्य उद्देश्य दिन-प्रतिदिन के जीवन की वेदनाओं से क्लान्त मनुष्य को एक प्रकार से अलग करके उसका मनोरंजन करना है। यही कारण है कि इसमें प्रतिनिधित्वात्मक यथार्थ दुनिया के काल्पनिकीकरण (Stylization) (नाट्यधर्मिता) की परम्पराओं का समावेश किया गया है।

इसमें ध्यान देने वाली बात यह है कि इसमें आप साक्षात् यथार्थ दुनिया नहीं बल्कि एक अयथार्थ काल्पनिक रंगमंच की दुनिया को देख रहे होते हैं। पारम्परिक भारतीय रंगमंच में प्रस्तुतिमूलक अथवा भावधर्मी रूप (यथार्थ दुनिया के काल्पनिकीकरण, अभिनय, गीत, काव्य और मेकअप इत्यादि) के माध्यम से मंच पर रंगमंचीय दुनिया को साकार किया जाता है। इसका मुख्य उद्देश्य होता है दर्शकों का मनोरंजन करना और मनोरंजन के ज़रिये दर्शकों के दिमाग़ में व्यक्तिगत प्रतिक्रिया से आनन्द की अनुभूति (अर्थात् रस) उत्पन्न करना। निश्चित रूप से यही यथार्थ दुनिया की कल्पनायुक्त पारम्परिक शैली है जिसने भारतीय रंगमंच के पारम्परिक रूपों को चित्रित किया है।

कूडियाट्टम् के मंचन का प्रारम्भ और अन्त एक विशेष पारम्परिक शैली के साथ होता है जिसमें कई अनुष्ठान किये जाते हैं जैसे मिज़हारू (Mizharu) नामक बड़ा-सा नगाड़ा बजाने अथवा कुज़्हिताल (Kuzhitala) नामक करताल बजाने और कांस्य का दीप जिसे भद्रदीप कहा जाता है, प्रज्वलित करने से होता है जिसकी दो बातियाँ अभिनेता की ओर होती हैं और एक बाती दर्शकों की ओर होती है अथवा इसका प्रारम्भ परिचयात्मक पुरापाड (Purappad) से होता है जो विभिन्न कलाकारों द्वारा नाटक के प्रथम छन्द की प्रथम तीन पंक्तियों का भाव-भंगिमाओं के द्वारा व्याख्या करने का माध्यम होता है और अभिनय की विभिन्न शैलियों के द्वारा नर्तक/अभिनेता द्वारा कथा का निर्वहन अथवा मूक अभिनय प्रस्तुतीकरण किया जाता है। इसमें अभिनय की एक रीति 'अंगिका' का प्रयोग

किया जाता है जिसमें कलाकार अपनी आँखों, भौंहों, मुख की मांसपेशियों, धड़ और हस्तमुद्राओं का प्रयोग करता है। इस प्रकार वह नन्यार महिला गायिका के द्वारा गाये और बोले गये शब्दों को अपनी भाव-भंगिमाओं के माध्यम से रूपान्तरित करके अभिव्यक्त करता है। शब्द-ध्वनि संचालन और प्रतीकात्मक हाव-भाव पर आधारित दर्शकों के साथ संवाद स्थापित करने की यह तकनीक अपने आप में विलक्षण है।

उदाहरणार्थ, 'सुभद्राधनंजय' नामक नाटक के प्रथम अंक में, अर्जुन नायिका को बचाता है जबकि उसे कुछ नहीं पता होता कि वह कौन है। अर्जुन की भूमिका निभाने वाले अभिनेता को अपनी भाव-भंगिमाओं के माध्यम से यह बताने के लिए चार घण्टों की आवश्यकता होती है।

काबुकी में अभिनय की काता (Kata) शैली भी अभिनय अथवा भावाभिव्यक्ति की एक उत्कृष्ट शैली है। काबुकी और कथकली के कलाकारों के पास अपने नयनों, भौंहों और होंठों के परिचालन की एक भरपूर कला होती है जिसकी सहायता से वे भय, चिन्ता, साहस, क्रोध, दुःख और अन्य सभी भावनाओं को प्रदर्शित करते हैं। काबुकी में अतिरंजित नृत्य मुद्रा को मिये (Miye) कहा जाता है जिसका उद्देश्य दर्शकों के समक्ष अभिनय की एक मज़बूत छाप छोड़ना होता है ठीक वैसे ही जैसे फ़िल्मों में क्लोज़-अप में कोई दृश्य दिखाया जाता है। मुद्रा काबुकी का एक उतना ही अनिवार्य अंग है जितनी संगीत में शब्दों के द्वारा अपनी भावनाओं को अभिव्यक्त करना। कुछ-कुछ अन्तराल के पश्चात् अभिनेता एक ही मुद्रा में स्थिर हो जाते हैं और मंच पर उनकी चाल भी थम जाती है। ये ठहरी हुई मुद्रा में (सेरिदाशी) और कठपुतलियों जैसे हाव-भाव वाला मूक अभिनय भी अभिनय का अन्य रूप है।

काबुकी में समग्र रूप से अभिनय को कलाकार की अतिरंजित प्रतीत होती मुद्राएँ, नृत्य शैली में किया गया विशद् रूप से संवेगों का प्रदर्शन, अत्यन्त मनोवेग से दिखायी गयी भाव-भंगिमाएँ और हाथों व पैरों का एक लय में थिरकना इसे उल्लेखनीय बनाते हैं। इसमें प्रत्येक हाव-भाव अत्यन्त सुव्यवस्था, विचारशीलता, आकर्षक छवि और गहनता के सुरुचिपूर्ण सिद्धान्तों से संचालित होता है। काल्पनिकीकरण का अर्थ वास्तविकता से दूर हो जाना नहीं है बल्कि इसका अभिप्राय केवल एक भिन्न दृष्टिकोण के ज़रिये वास्तविकता तक पहुँचना है—दृष्टिकोण जो सबसे महत्त्वपूर्ण, अर्थपूर्ण, अत्यन्त आनन्ददायक और रंगमंच की दृष्टि से सबसे प्रभावपूर्ण है।

काबुकी कोई ओपेरा अथवा स्वाँग सदृश नहीं है बल्कि यह एक संगीतमय नृत्य नाटक है। संगीत की ध्वनि एक काबुकी नाटक के मंचन में विविध रंग भर देती है। गिडायू जोरूरी (Gidayu Joruri) अर्थात् गीत के माध्यम से कथा कहने की इस कला में ग्रीक नाटकों में गाये जाने वाले समूहगान के समान नाटक के कलाकारों के विचारों और भावनाओं को गायन के माध्यम से व्यक्त किया जाता है और इस प्रकार नाटक के भावनात्मक स्वर को बरकरार रखा जाता है। रंगमंच की इस प्रकार की शैली में सबसे निर्णायक तत्त्व होता है नृत्य के समान दिखाये जाने वाले हाव-भाव और प्रस्तुतीकरण के अन्य सभी अतिशयोक्तिपूर्ण कथन।

केरल की सुप्रसिद्ध शास्त्रीय रंगकला कथकली की काव्यात्मक कल्पना में दो धाराएँ एक-दूसरे के समानान्तर चलती हैं। इनमें एक है शब्दों को सुरों में ढालना और दूसरी है नृत्य छवियाँ। इसमें नर्तक काले पर्दों से घिरे विशाल मंच पर रहस्यमयी अँधेरे से निकलकर अकस्मात प्रकाश में प्रकट होते हैं और फिर उन्हीं अँधेरों में समा जाते हैं। यह एक विलक्षण शैली है जो यह प्रभाव देती है कि जीवन अँधेरे और अज्ञात शून्य से उत्पन्न होता है और पुनः उसी में प्रवेश कर जाता है। भारत के पूर्वी क्षेत्र के लोक कलामंच के एक लोकप्रिय रूप जात्रा के बिल्कुल प्रारम्भ में जिसमें महिला चरित्रों की भूमिका पुरुषों द्वारा निभायी जाती है और जिसमें अभिनेताओं के लिए पृष्ठभूमि में नौ गायकों का एक समूह, जूरी गीत गाता है। ये समस्त शैलीगत तकनीकें यह प्रमाणित करती हैं कि प्राकृतिक चीज़ें मंच पर आकर प्राकृतिक नहीं रह जातीं, वे नाटक का रूप ग्रहण कर लेती हैं। जात्रा के समान ही जिसमें 'महिला' की भूमिका पुरुषों द्वारा अथवा मँजे हुए भवाई अभिनेताओं द्वारा निभायी जाती है जो महिला भूमिकाओं को निभाने में दक्ष होते हैं, काबुकी का ओन्नागाटा यह सिद्ध करते हैं कि जब कोई पुरुष एक महिला का अभिनय करता है तो यह भी कला का एक रूप होता है।

काबुकी और पारम्परिक भारतीय रंगमंच में काल्पनिकीकरण का एक अन्य उदाहरण है इनमें प्रयोग की जाने वाली रंगीन वेशभूषा और चेहरों पर किया गया भारी मेकअप। काबुकी में हिक्की नुकी तकनीक का प्रयोग करके इसमें अभिनय करने वाले चरित्र चरम क्षणों में एक नयी वेशभूषा में प्रकट होते हैं। सभी चरित्रों के लिए नक़ली बालों के प्रयोग द्वारा नाट्यशैली के अनुरूप सौन्दर्य में वृद्धि की जाती है। मेकअप का प्रयोग चेहरों को और बड़ा दिखाने के लिए किया जाता है। यह इस स्वाँग के जीवन्त पहलू का एक महत्त्वपूर्ण अंग है।

उत्तम प्रकृति अथवा उच्च पद के एक व्यक्ति के चेहरे को सफेद रंग से रँगा जाता है और दुष्ट व्यक्ति का चेहरा लाल रंग से रँगा जाता है जिसमें रंगों की मात्रा चरित्र के अनुसार कम या अधिक की जाती है।

यक्षगान और कथकली नृत्य शैली में कलाकारों के परिधान और मेकअप इस प्रकार के होते हैं कि उनके शरीर के आकार अपेक्षाकृत अत्यन्त विशाल होने का आभास देते हैं।

रंगमंच के काबुकी और चीनी ओपेरा में एक बात बिल्कुल समान है कि इनमें कलाकारों का अत्यधिक काल्पनिक (Highly stylized) मेकअप करते समय उनके चेहरों को कथा चरित्रों के चेहरों के भिन्न-भिन्न प्रतिरूपों में परिवर्तित कर दिया जाता है। मेकअप की यह शैलीगत तकनीक जीवन के साथ जीवन की सच्चाइयों की भिन्नता दर्शाने के लिए नहीं अपितु जीवन की महान महिमा और मज़बूती के साथ उसे एक आदर्श जीवन बनाने का प्रयास करती है। इस मेकअप और वेशभूषा के माध्यम से जीवन की जिस सच्चाई को अभिव्यक्त किया जाता है, उसे किसी फ़ोटोग्राफ़िक प्रभाव से चित्रित नहीं किया जा सकता बल्कि वह जीवन के भीतर ही निहित होती है और जिसे विभिन्न प्रतीकों और रंगमंचीय तकनीकों का प्रयोग करके दिखाया जाता है। जीवन की सच्चाई को उसके चरम पर पहुँचाकर उसका एक यथार्थवादी प्रतिरूप प्रस्तुत करने के बजाय उसका एक नाट्य रूपान्तरण प्रस्तुत किया जाता है। लेकिन चूँकि अपनी काल्पनिक (Stylized) के कारण काबुकी और भारतीय पारम्परिक रंगमंच, दोनों ही भ्रमात्मक स्थितियों को प्रस्तुत नहीं करते और न ही ये कोई नाटकीय रूप हैं, इसलिए ये दोनों नाट्यकलाएँ बेशक औपचारिक रूप से अतिरंजित प्रतीत होती हों लेकिन जीवन की सच्चाइयाँ इनमें बिल्कुल भी अलग नहीं होतीं बल्कि गहराई के साथ इनसे जुड़ी रहती हैं।

भारतीय पारम्परिक रंगमंच और काबुकी का मंचन करने वाले सभी लोगों को भली-भाँति यह ज्ञात है कि कला एक ऐसी चीज़ है जिसमें जीवन की वास्तविकताओं और अवास्तविकताओं में अन्तर बहुत सूक्ष्म रह जाता है। इसलिए इनमें वास्तविकता अथवा सच्चाई कभी विलुप्त नहीं होती और जीवन के साथ उसका जुड़ाव कभी समाप्त नहीं होता। पारम्परिक भारतीय रंगमंच में अभिनय करने वाले विदूषक अपने अभिनय के माध्यम से देवताओं, राजाओं और ब्राह्मणों की काल्पनिक आदर्शवादिता से हटकर विदूषक यथार्थ दुनिया के ज़रिये सामाजिक विरोध, असन्तोष और कटु व्यंग की बात करते हैं।

अयामे के मन में ऐसा ही कुछ घूम रहा होता है जब वह कहता है कि शोसागोतो काबुकी का एक फूल है और जिगेरी एक फल। फूल और फल में ठीक वैसा ही अन्तर किया गया है जैसे काल्पनिक रूप से कुछ सोचना अर्थात् यथार्थहीन व्यवहार और यथार्थवाद। अन्य शब्दों में, अयामे यह प्रमाणित करना चाहता है कि काबुकी में जीवन के आदर्शीकरण और वास्तविकता दोनों का ही समावेश है।

यहाँ रंगमंच के इन रूपों में एक निश्चित शैली के अनुरूप अभिनय को वास्तविक रूप देने की यह कला बाहर से नहीं आती बल्कि यह इसके अन्दर से ही विकसित होती है। यही कारण है कि अभिनय वास्तविकता का एक भाग बन जाता है जहाँ इसके माध्यम से भावनाओं को भी अभिव्यक्त किया जा सकता है। भारत और जापान की रंगमंचीय शैली हमें रंगमंच की एक असाधारण और अत्यन्त आकर्षक अवधारणा प्रदान करती है और जीवन की वास्तविकताओं को देखने के लिए एक अत्यन्त व्यापक दृष्टिकोण उपलब्ध कराती है। इसकी जड़ें वास्तविकता में होती हैं लेकिन यह इसके द्वारा सीमित नहीं होतीं। यह वास्तविकता का एक विस्तार है और यह बात सच नहीं है कि यह वास्तविकता से एक दूरी बनाकर चलती है ताकि दर्शक इसमें अपने लिए मनोरंजन तलाश सकें। निश्चित रूप से जब हम किसी कथा को किसी शैली में बाँध देते हैं तो इससे ब्रतोंल्त ब्रेश्त की अवधारणा दूर प्रभाव (verfremdung) के अनुसार दर्शकों और वास्तविकता के मध्य एक दूरी विकसित होती है और दर्शक नाटक के चरित्रों के साथ स्वयं को जुड़ा महसूस नहीं करता लेकिन इसके साथ-साथ यह दर्शकों में भावनाओं के स्तर पर एक संवेदनशीलता भी उत्पन्न करती है जिससे दर्शक सीधे चरित्रों से जुड़कर उनमें अपना प्रतिबिम्ब देखने लगता है। इस प्रकार हम एक साथ ही जीवन की वास्तविकताओं के साथ परिचित भी होते हैं और उनसे अनजान भी। और यदि हमें अपने भीतर गहन आनन्द की भावना को महसूस करना है तो हमारे लिए यह दोहरा अनुभव अत्यन्त आवश्यक है जो इन रंगमंचों को देखने से उत्पन्न होता है।

काबुकी और पारम्परिक भारतीय रंगमंच सहभागिता के रंगमंच हैं। कूडियाट्टम् और यक्षगान चार या पाँच रातों में किये जाते हैं और कई बार तो इससे भी अधिक समय लग जाता है। निश्चित रूप से इनमें दिन का समय शामिल नहीं होता क्योंकि आमतौर पर इनका मंचन रात के समय किया जाता है। जात्रा और भवाई (पश्चिमी भारत, विशेषकर गुजरात का एक लोकप्रिय लोकमंच जिसे स्वाँग भी कहा जाता है) का मंचन रात भर चलता है।

काबुकी को दर्शक प्रातः से लेकर देर रात तक देख सकते हैं। स्पष्ट है कि इतना लम्बा मंचीय प्रदर्शन केवल तभी हो सकता है जब दर्शक पूरी शान्ति और आराम के साथ इसे देख रहे हों। इनके दर्शक रंगमंच को केवल बैठने का स्थान नहीं बल्कि जीवन जीने का एक स्थान समझते हैं। काबुकी में बनाया गया मंच, उसकी बनावट और उसमें गाये जाने वाला संगीत (समूहगान) इस प्रकार का होता है कि अधिक से अधिक संख्या में दर्शक उनमें भागीदारी कर सकें और यह सारी व्यवस्था उनके अनुकूल हो। ये रंगमंच हमेशा इसमें भाग लेने वाले कलाकारों और दर्शकों की भागीदारिता का परिणाम होते हैं। इनकी सफलता दर्शकों द्वारा दिये गये सहयोग और उनकी संवेदना पर निर्भर करती है।

पारम्परिक भारतीय रंगमंच के विपरीत काबुकी एक ऐसी कला है जिसमें मंच व कलाकारों की साज-सज्जा, सेट में किये जाने वाले व्यापक बदलाव, प्रकाश व्यवस्था और रंगमंच के तकनीक पश्चिमी प्रोसेनियम थियेटर द्वारा परिचालित हैं। दरअसल, काबुकी के विकास के क्रम में प्रोसेनियम मंच के अग्रभाग की साज-सज्जा हेतु पश्चिमी शैली को अपनाया गया है लेकिन इसमें संगीत के लिए मंच का बायीं ओर का कोना निर्धारित होता है जहाँ गिडायू संगीत मंच के दाहिनी ओर उठे हुए ढाँचे में बनी किसी पर्दे से ढकी खिड़की के पीछे से आता है और इस ढाँचे के ऊपरी सिरे पर हाना मिची अर्थात् एक सँकरा मंच बना होता है। यह मंच वहाँ बैठे दर्शकों के कन्धों तक बायीं ओर सभागार के पीछे तक इस प्रकार स्थापित होता है कि मंच के अग्रभाग को सैद्धान्तिक रूप से बिना हटाये इसे वहाँ से हटाया जा सके। हाना मिची का लाभ यह है कि काबुकी में काम करने वाले कलाकार ऐसे प्रतीत होते हैं कि जैसे वे दर्शकों के बीच में से ही उठते हैं और फिर वहीं अदृश्य हो जाते हैं। जिससे नाटक में दर्शकों को होने वाला भ्रम अपने चरम पर महसूस होता है।

पारम्परिक भारतीय रंगमंच में मुख्य मंच अथवा थियेटर एक गोल घेरे में बना होता है। गोल घेरे का अर्थ है जहाँ दर्शक पूरी तरह से या कम-से-कम मंच को तीन ओर से घेरकर बैठे होते हैं जहाँ से कलाकारों की क्रियाओं को स्पष्ट रूप से देखा जा सकता है जैसे भवाई, कथकली, यक्षगान और जात्रा में मंचीय स्थिति होती है। कथकली और भवाई खुले में किये जाते हैं लेकिन मंचन के लिए उसी भूमि का इस्तेमाल किया जाता है जहाँ दर्शक बैठते हैं अर्थात् दर्शकों के लिए बैठने और मंचन के लिए निर्धारित स्थान की ऊँचाई एक समान होती है। कूडियाट्टम् अथवा कूटियाट्टम् और जात्रा के लिए बनाये गये मंच भूमि से थोड़ा ऊपर उठे होते हैं और वे आयताकार या वर्गाकार होते हैं। जात्रा तथा यक्षगान का मंचन खुली हवा में किया जाता है लेकिन कूडियाट्टम् के लिए

निर्धारित मंच एक विशाल सभागार में बनाया जाता है। काबुकी के विपरीत, मंच पर कोई साज-सज्जा या कोई अन्य व्यवस्था नहीं की जाती। कूडियाट्टम् और यक्षगान में मुख्य कलाकार जब पहली बार मंच पर प्रवेश करता है तो तब दो व्यक्ति एक यवनिका पकड़कर लाते हैं।

काबुकी वास्तव में एक लोकप्रिय शहरी रंगमंच है जिसमें कला और तकनीक का ख़ूबसूरत मिश्रण किया जाता है। पारम्परिक भारतीय रंगमंच इसके विपरीत जनसाधारण का और ग्राम संस्कृति पर आधारित रंगमंच है। यह लोकमंच नहीं है क्योंकि इसमें कई वर्षों के लम्बे प्रशिक्षण की आवश्यकता होती है जिसमें कलाकारों द्वारा अपनी शारीरिक मुद्राओं द्वारा प्रयोग करने की तकनीक, नृत्य तथा संगीत इत्यादि सम्मिलित होते हैं। इस रंगमंच के विभिन्न रूपों में विभिन्न प्रकार के संकुचित गलियारे (जैसे काबुकी में हाना मिची) की सहायता से सज्जागृह (नेपथ्य अथवा गाकुया) के साथ मंच को जोड़ा जाता है। लेकिन काबुकी में अभिनय के लिए इसका प्रयोग बिल्कुल नहीं किया जाता। जात्रा में अभिनेता दौड़ते हुए संकुचित गलियारे में प्रवेश करता है और उसी तरह वापस भी चला जाता है। कई बार किसी अभिनेता के वापस जाने की प्रक्रिया को किसी दूसरे अभिनेता के प्रवेश के साथ छुपा लिया जाता है जो तत्काल मंच पर आते ही अपनी भूमिका निभानी प्रारम्भ कर देता है और इस प्रकार दर्शकों को इससे अभिनय में निरन्तरता का आभास दिया जाता है।

काबुकी में मंच के लिए निर्धारित स्थान थोड़ा ऊँचा उठा हुआ वर्गाकार होता है। यह स्थान मंच (निजु बुताई), इसके आसपास के क्षेत्र (हिरा बुताई) और हाना मिची विशेषतया शिचि सान के मध्य में स्थित होता है। यह मुख्य मंच से 3/10 गज की दूरी पर होता है। जहाँ एक ही विषय पर मंचन करना हो, वहाँ एक ही समय पर तीनों स्तर पर सभी कलाकार विभिन्न तरीक़ों से इस स्थान का साझा रूप से उपयोग करते हैं। इसमें दो प्रकार का प्रभाव पैदा किया जाता है भ्रमात्मक और ग़ैर-भ्रमात्मक जो इस प्रकार के रंगमंचों के लिए एक बहुत ही महत्त्वपूर्ण भाग है। यह प्रभाव अभिनेता और दर्शकों के मंच की ऊँचाई में बदलाव करने से नहीं आता बल्कि यह उन्हें एक-दूसरे के घनिष्ठ सम्पर्क में लाने से आता है।

रंगमंच के इस प्रस्तुतीकरण का यह विचित्र चामत्कारिक प्रभाव है कि यह दर्शकों को कलाकारों द्वारा अभिव्यक्त की गयी भावनाओं के साथ स्वयं की पहचान करने को विवश कर देता है। ये भावनाएँ न तो किसी अन्य व्यक्ति को ध्यान में रखकर (परगत) अभिव्यक्त की जाती हैं और न ही किसी व्यक्ति विशेष

(स्वगत) को पूरी तरह से ध्यान में रखकर लेकिन इसके बावजूद वे भावनाएँ दर्शकों को अपने साथ जोड़ लेती हैं। इस प्रकार दर्शकों का मन तत्काल उन भावनाओं के साथ जुड़ता और अलग होता है तो इसके साथ ही वह स्थिति का चिन्तन करने में सक्षम हो जाता है। इसी प्रकार से काबुकी का मंचन भी दर्शकों की चार मुख्य स्वाभाविक इच्छाओं को शान्त करने में अपना महत्त्वपूर्ण योगदान देता है, भावनात्मक, शारीरिक, आत्मिक और बौद्धिक।

इन रंगमंचों का मुख्य प्रयोजन होता है दर्शकों के समक्ष अपनी भावनाओं को अभिव्यक्त करके उनके भावनात्मक और बौद्धिक विकास को बढ़ावा देना। इन रंगमंचों का विश्वास है कि यह संसार एक रंगमंच है और जीवन एक स्वप्न है और इस प्रकार कलाकारों और दर्शकों के घनिष्ठ सम्बन्ध स्थापित होने पर इसमें यथार्थ और अवास्तविकता अथवा जुड़ाव और अलगाव और भ्रम तथा भ्रमहीनता जुड़ जाते हैं। जिस प्रकार फ्रांस के मशहूर अभिनेता और निर्देशक तथा प्रसिद्ध आर्टिस्ट ज्याँ लुई बैरो (Jean Louis Barrault) ने जिस अर्थ में सम्पूर्ण रंगमंच की अवधारणा का प्रयोग किया है, उसी अर्थ में सम्पूर्ण रंगमंच (Total Theatre) का अर्थ है जहाँ रंगमंच पूरी तरह से एक निर्देशक का माध्यम है जिसमें मूल पाठ अथवा विषय का प्रकाश, संगीत, सभी प्रकार की रंगमंचीय गतिविधियों, सेट और वेशभूषाओं आदि का समग्रतः एक रंगमंचीय अनुभव के रूप में अपेक्षाकृत एक मामूली हिस्से के रूप में प्रयोग किया जाता है। रंगमंच के ये दोनों रूप वाचनिक (Textual) कम हैं और रंगमंचीय (Theatrical) अधिक।

कई नाटकों के निरन्तर प्रदर्शन होते रहने के कारण काबुकी तथा भारतीय पारम्परिक रंगमंच के दर्शकों ने कहानी अथवा रंगमंच द्वारा दर्शकों को उपलब्ध कराये गये सम्पूर्ण संसाधनों के एकीकृत अनुभव की तुलना में अन्य सामग्रियों, विशेषतया अभिनय और संगीत में अधिक दिलचस्पी दिखायी है।

भारतीय और जापानी शब्दों में बात करें तो सम्पूर्ण रंगमंच का अर्थ है कि भिन्न-भिन्न स्तर पर यह प्रत्येक दर्शक को और एक निश्चित समाज के बीच सभी वर्ग के लोगों को पसन्द आना चाहिए। ये दोनों ही रंगमंच लोकप्रिय रंगमंच हैं और दोनों देशों की जनता के वास्तविक रंगमंच हैं। यहाँ तक कि भारत में एक ग्रामीण व्यक्ति का भी अपने गाँव में एक सामाजिक और सांस्कृतिक आधार होता है। इसलिए यहाँ सबके बीच पारम्परिक भारतीय रंगमंच अत्यन्त लोकप्रिय है। काबुकी साधारण जन, व्यापारी वर्ग, समुराई और इसके अतिरिक्त कुलीन वर्ग से भी जुड़ा हुआ है।

ये दोनों रंगमंच कम-से-कम दो स्तर पर भी जुड़े हुए हैं : एक तो इनमें सार्वकालिकता और शाश्वतता सम्मिलित है और दूसरे ये वर्तमान से जुड़े हुए हैं और इनमें निरन्तर परिवर्तन देखने को मिलता है। और इसलिए ये सम्पूर्ण रंगमंच को जन्म देते हैं। ये दोनों ही प्रकार के रंगमंच लोगों का मनोरंजन करते हैं, उनकी भावनात्मक संवेदना को प्रेरित करते हैं और उनकी तर्कसंगत निर्णय लेने की क्षमता को बढ़ाते हैं। वे दर्शकों में एक स्थायी और उत्कृष्ट प्रभाव का एक विशाल दृष्टिकोण उत्पन्न करते हैं और एक उदात्त सौन्दर्य की रचना करते हैं। दर्शक जब इन रंगमंचों को देख कर बाहर आता है तो उसे ऐसा लगता है जैसे वह सम्मोहन की अवस्था में हो और कोई सपना देख रहा हो। यह एक ऐसे स्वप्न के समान है जो हमें शान्ति से सोने और फिर से तरोताज़ा होकर जागने और पुनः ऊर्जा से भर उठने और काबुकी अथवा जात्रा अथवा यक्षगान की वास्तविकता की अपेक्षा कम स्वीकार्य और कम सन्तोषजनक वास्तविकता का सामना करने के लिए तैयार होने की अनुमति देता है।

14.

भारत की अवधारणा : रवीन्द्रनाथ टैगोर, स्वामी विवेकानन्द तथा रामानन्द चट्टोपाध्याय

भारत की अवधारणा या Idea of India का अर्थ है India का आविष्कार करना और उस काम को करते हुए इतने विरोधाभास और विडम्बनाओं का सामना करना पड़ता है कि यह प्रश्न उठता है कि यह भारत की अवधारणा के मूल विचार को आज के भारत में बचाकर रख पाना सम्भव होगा? परन्तु क्या आज का भारत कल के भारत से बहुत कुछ अलग है। आज भी भारत में किसी के प्रति हँसने की अपेक्षा किसी के साथ हँसना या किसी व्यक्ति पर बात करने की अपेक्षा उसके साथ मिलकर वार्त्तालाप dialogue को अधिक महत्त्व दिया जाता है।

यह बहुलवादी दृष्टि यह Plurality भारत की अवधारणा का प्राणतत्त्व है। भारत के बारे में यह कहा जाता है कि The singular thing of India is that you can speak of it only in the plural. Plurality का अर्थ है बहुभाषीय, बहुधर्मीय, बहुजातीय, सामासिक संस्कृत सम्पन्न भारत की स्वीकृति।

दूसरा तत्त्व है समुदाय की भावना—A sense of togetherness से ही इस्लामीय सूफ़ी दर्शन और वेदान्त को एक-दूसरे के नज़दीक देख पाते हैं। मुस्लिम बाउल दरवेशों को नाथ और सिद्ध योगियों के साथ एक ही स्तर पर ले आ पाते हैं। और हमें बुल्ले शाह से यह सुनने का अवसर मिलता है “मैं खेलूँगी होली कह कह बिस्मिल्लाह”। समुदाय की भावना भारतीय सभ्यता की तरह काफ़ी प्राचीन है—वेदों के मन्त्र संगच्छध्वम् संग्वदध्वम् की तरह यह भारतीय जनता की सामाजिक, धार्मिक, राजनीतिक तथा बौद्धिक गतिविधियों में सामंजस्य की स्थापना की मूल शक्ति है। इस पर किसी राजनीतिक एकता का प्रभाव नहीं है, harmony सामंजस्य का भाव है—सात स्वरों से निकलने

वाले एक सुर की तरह। समुदाय की भावना विभिन्न स्वरों के बीच से एकता के स्वर का प्रस्फुटन है।

यह समुदाय की भावना भारत की Communitarian Polity का आधार तत्त्व है। Communitarian Polity का अर्थ है जहाँ आप अपनी अन्तरात्मा और विवेक को स्वाधीन ढंग से प्रयोग में ला सकते हैं, लोगों से सम्पर्क की स्वाधीनता होती है अभिव्यक्ति की स्वाधीनता होती है और कानूनी नियमों के प्रयोग में भी स्वाधीनता होती है। परिणामतः अंग्रेज़ इस देश में Homogenous one culture, one language समांगी एकरूपी दृष्टि का प्रसार नहीं कर सके और इसके बाद उससे भी अधिक शक्तिशाली भूमण्डलीकरण की विचारधारा भी देश में एकरूपी सभ्यता (One Kind of Civilization) का प्रसार नहीं कर पायी क्योंकि हमारी समुदाय की भावना भारत का प्राणतत्त्व है–समुदाय का एकत्व नानात्व पर टिका हुआ है। छोटी उम्र में हम एक कहानी पढ़ते थे कि एक चिड़िया दाल का एक दाना लेकर आयी एक चिड़ा चावल का दाना लेकर आया दोनों ने उसे मिलकर पकाया और इकट्ठे खाया मगर आज चिड़िया दाल का दाना लेकर आती है फिर एक चावल का दाना। चिड़ा इस बीच किसी और चिड़िया को लाइन मारता रहता है और जब खाना पक जाता है, सब कुछ अकेला खा जाता है। समुदाय की भावना पर आज चोट पर चोट की जा रही है कबीली भावना को फैलाया जा रहा है।

समुदाय की भावना को यदि आप साहित्य में ढूँढ़ना चाहें तो एक आश्चर्यचकित स्थिति का सामना करने के लिए आप बाध्य हो जाते हैं।

हिन्दी साहित्य के किसी हिस्से का आविष्कार हमें दूसरे हिस्से की खोज के लिए रास्ता दिखाता है। हिन्दी का भक्तिकाव्य हमें अन्ततः तमिल आलवारों तक पहुँचा देता है इसी तरह बांग्ला साहित्य के सन्दर्भ में रवीन्द्र के रहस्यपरक गीत हमें कबीर, दादू तक पहुँचा देते हैं और एक सम्पूर्ण भारतीय सांस्कृतिक संवेदना का पता लग पाता है–और हम साहित्य में विचारों की विविधता के बीच एकता को ढूँढ़ निकालते हैं।

इस Holistic Approach के कारण यहाँ संस्कृत के मार्गी पक्ष के साथ लोक या देसी पक्ष से प्रभावित एकता और विविधता से जुड़कर भारतीय साहित्य संसार का निर्माण हुआ है यहाँ पाणिनि ने दो Discourse की बात कही है, एक व्याकरण की दृष्टि से शुद्ध Discourse और दूसरा आम जनता के द्वारा दिया जाने वाला Discourse, भरत के 'नाट्यशास्त्र' में दो नाट्य परिपाटियाँ हैं, एक नाट्यधर्मी, दूसरी लोकधर्मी। यहाँ एक ब्राह्मण विश्वदृष्टि है तो दूसरा श्रमण विश्व

दृष्टि सुसंस्कृत नागर चेतना से जुड़ा हुआ कालिदास है तो ग्रामीण सामाजिक चेतना का चितेरा एक योगेश्वर भी है। भारत का मार्गी-देसी, शास्त्राचार देशाचार निरन्तरता और परिवर्तन की द्वन्द्वात्मकता को प्रकट करता है और विविधता और एकता का सह-अस्तित्व उजागर होता है। इसीलिए वेदों को उद्धृत करते हुए रवीन्द्र कहते हैं, 'यस्य छाया अमृतं यस्य' मृत्यु और अपने गीत में जन्म और मृत्यु को इकट्ठे नाचते हुए दिखाते हैं।

यह भारतीय साहित्य की एकता और विविधता दो विरुद्धों की अनुपूरकता है जो भारत की अवधारणा की एक महत्त्वपूर्ण कड़ी है।

सन् 1900 से लेकर सन् 1947 तक भारत के आविष्कार का सिलसिला शुरू हुआ था, भारत की अवधारणा क्या है इसको जानने की कोशिश होने लगी थी—इनमें से तीन विचारकों की विचार-दृष्टियों के आधार पर इस विषय पर अपना वक्तव्य बड़ी विनम्रता के साथ आपके सामने प्रस्तुत करूँगा। ये विचार भारतीय भाषा परिषद् के प्रतिष्ठापक-सीताराम सेक्सरिया तथा भागीरथ कनोडिया के प्रति मेरी सादर श्रद्धांजलि है। बांग्ला 'प्रवासी', पत्रिका अंग्रेज़ी जर्नल 'मॉडर्न रिव्यू' और हिन्दी समाचार पत्र 'विशाल भारत' के प्रतिष्ठापक रामानन्द बाबू ने बीसवीं शती के पहले 40 वर्षों में भारत के सारे नेताओं को यहाँ तक कि अंग्रेज़ गवर्नर जनरल को अपने विचारों से प्रभावित किया था। स्वाधीनता आन्दोलन के इस अकीर्तित नायक को फिर आपके सामने लाकर आपसे यह निवेदन करना चाहूँगा कि अब भारत के सही रूप में समझने का समय आ गया है।

भारत की अवधारणा पर प्रश्न उठता है, भारत क्या है, 1939 में या आज भी हमारे गाँव में भारत का क्या परिचय है?

1939 में प्रकाशित विभूति भूषण बंद्योयोपाध्याय के उपन्यास 'आरण्यक' में उल्लिखित कथाकार-लेखक तथा एक आदिवासी स्त्री के बीच के संवाद को आपके सामने उपस्थित करना चाहूँगा। कथाकार-लेखक उस आदिवासी स्त्री से पूछता है—

क्या तुमने कभी कोई शहर देखा है? नहीं बाबूजी, स्त्री का उत्तर था। क्या तुमने किन्हीं शहरों के बारे में सुना है—लेखक ने सवाल किया—गया, मुंगेर, पटना। क्या तुमने कलकत्ते के बारे में नहीं सुना? हाँ, सुना है, क्या तुम जानती हो, वह कहाँ है? नहीं बाबूजी। क्या तुम इस देश का नाम जानती हो जहाँ हम रहते हैं? हाँ, हम गया ज़िले में रहते हैं। क्या तुमने कभी भारतवर्ष का नाम नहीं सुना? नहीं, भानुमति ने अपना सिर हिला दिया। उसने कभी यह

नाम नहीं सुना। उसने कभी चकमकितोला से बाहर क़दम नहीं रखा। भारतवर्ष कहाँ है?

वर्णनकर्त्ता लेखक के द्वारा पूछा गया प्रश्न, भारतवर्ष कहाँ है? हमारे भारत, इंडिया द्वारा अस्मिता Iidentity की खोज को जटिल और अनिश्चित बना देता है। क्या हम मात्र प्रादेशिक अस्मिता को लेकर जीते रहेंगे या फिर अपनी राष्ट्रीय अस्मिता को लेकर जीवन धारण करेंगे? क्या एक राष्ट्र भारत की हमारी कोई अवधारणा है?

इसमें कोई सन्देह नहीं कि भारत की एक भौगोलिक पहचान थी—एक भौगोलिक भूभाग था मगर राष्ट्र की अवधारणा राजनीतिक कम और सांस्कृतिक अधिक थी और परिणामतः भारत के स्वरूप में भौगोलिक परिवर्तन के बावजूद, उदाहरणतया, सम्राट अशोक का भारत राजा अकबर के भारत से भिन्न था तथा अकबर का भारत ब्रिटिश इंडिया से भिन्न था और वर्तमान भारत ब्रिटिश इंडिया से भिन्न है इसके बावजूद एक संयुक्त भारत की सांस्कृतिक पहचान थी जिसको महाभारत के भीष्मपर्व में सप्तद्वीप भारत के नाम से चिह्नित किया गया है या फिर उर्दू भाषा और साहित्य के जनक अमीर खुसरो ने भारत को नुहु सिफ़िर नौवाँ आकाश माना है अथवा मध्ययुग के प्रसिद्ध असमिया भक्तकवि शंकरदेव ने एक सांस्कृतिक भूभाग के रूप में भारत की पहचान बनायी है।

इन सब कारणों से भारत राष्ट्र-प्रधान देश नहीं है जैसा कि टैगोर का कहना है कि राष्ट्र-प्रधान देश किसी देश के केन्द्रीय मर्म को राष्ट्रत्व की भावना में लपेट कर सीमित बना देता है, जबकि समाज प्रधान देश जहाँ देश का केन्द्रीय मर्म नाना रूपों में जनता के बीच सारे स्थानों पर फैला रहता है।

टैगोर ने आगे कहा कि मैं भारत से प्यार करता हूँ मगर वास्तविक भारत एक विचार है, मात्र भौगोलिक अभिव्यक्ति नहीं। It is not territoral but ideational, वह एक भूभाग नहीं, एक विचार है—बिल्कुल एक मन्त्र की तरह—एक अनन्त विचार। वह मृण्मय नहीं चिन्मय है। टैगोर के देहावसान के बाद रामानन्द चट्टोपाध्याय ने सितम्बर, 1941 के 'मॉडर्न रिव्यू' अंक में इसी विचारधारा को स्वीकृति देते हुए रवीन्द्र पर शोक-सन्देश आधारित लेख लिखा था।

अनन्त विचार का अर्थ है देश और काल से इसका सम्बन्ध टूट जाना और एक Ever-Ever Present India के बिम्ब का उभर आना—भारत के हमेशा के वर्तमान में जीने का अहसास होना।

परन्तु बड़ा प्रश्न है कि रवीन्द्र के अनुसार राष्ट्र-प्रधान देश के स्थान पर समाज-प्रधान देश होने से क्या देश के केन्द्रीय मर्म को हम सुरक्षित रख सके?

यह बात सही है कि हम एकान्तिक (Exclusive) राष्ट्रवाद के पक्षधर नहीं हैं, समावेशी (Inclusive) राष्ट्रवाद में विश्वास रखते हुए भारत ने किसी देश पर आक्रमण या अधिकार नहीं किया फिर भी आज हमारी राष्ट्र की अवधारणा काफ़ी ढीली हो गयी है।

पाकिस्तान के साथ 1947 के युद्ध में पं. जवाहरलाल नेहरू को लॉर्ड माउंबेटन ने फुसलाकर जीतते हुए भारत को पूरा कश्मीर जीतने नहीं दिया और सरदार पटेल की योजना को नकार दिया। 1965 में हाजी पीर पर भारत के द्वारा अधिकार करने पर भी भारत सरकार ने अपनी magnanimity दिखाते हुए उसे वापिस कर दिया और आज कश्मीर का सारा infiltration हाजी पीर के रास्ते से होता है और हमारे जवान और नागरिक मारे जाते हैं। लेफ्टिनेंट जनरल डी.बी. शाकतकर ने कहा था :

1. If we had retrained the post that we had captured things could have been different;
2. A lesson we need to learn is if you start losing the gains of war at the negotiating table, they become the cause for future wars and

इन्दिरा गाँधी, जवाहरलाल नेहरू नहीं थीं, मानिकशॉ जैसे जनरल उनके पास थे, जिसका नतीजा यह हुआ कि मिसेज़ गाँधी ने पाकिस्तान के दो टुकड़े कर दिये, 94 हज़ार पाकिस्तानियों को बन्दी बनाया, मगर शिमला समझौते में भुट्टो जब उनके पैरों पर गिर पड़ा और अपनी जान की भीख माँगने लगा, उन 94 हज़ार फ़ौजियों को वापिस करते हुए बदले में बाक़ी आधे कश्मीर को नहीं लिया–यह भारत की एक विचित्र आदर्शवादी दृष्टि है, जिसका पहला उदाहरण सेल्यूकस को छोड़ना था, दूसरा पृथ्वीराज चौहान के द्वारा 18 बार पराजित मोहम्मद गौरी को छोड़ देना था। केवल एक उदाहरण इसके विपरीत है। पाकिस्तान को आश्चर्यचकित करते हुए और पूरी हैरत में डालते हुए पी.वी. नरसिम्हाराव द्वारा सियाचीन पर अधिकार कर लेना।

विवेकानन्द के धार्मिक-सांस्कृतिक राष्ट्रवाद की अवधारणा के फलस्वरूप नेशन स्टेट की अवधारणा के स्थान पर फेडरल पार्लियामेंटरी रिपब्लिक की स्थापना हुई मगर एक राष्ट्र की भावना, जैसे पहले कहा गया, ढीली पड़ती गयी जिसके प्रतिक्रियास्वरूप, एक और हाइपर एक्स्ट्रीम नेशनलिज़्म का प्रसार हुआ और दूसरी ओर भारत के 'टुकड़े-टुकड़े कर देंगे' का नारा लगने लगा–इन नारों के पीछे काफ़ी हद तक हाइपर नेशनलिज़्म मूल कारण है।

हालाँकि लेफ्ट पॉलिटिक्स की राजनीति बिल्कुल दूसरी है–1947 में गाँधी जी के द्वारा लायी गयी आज़ादी को उस समय इन्होंने झूठी आज़ादी कही थी, उनके लिए देश से बड़ी उनकी आइडियोलॉजी है जिसका बहुत बुरा परिणाम था कि ज्योति बासु जैसे सुलझे लेफ्ट पॉलिटिशियन को प्रधानमन्त्री बनने नहीं दिया गया और स्टालिन की नीति अपनाने के लिए उन्हें सत्ता से हाथ धोना पड़ा। आज उनके मानने वाले भारत के टुकड़े-टुकड़े कर देंगे कहते हैं तो उनका उद्देश्य हाइपर नेशनलिज़्म की ख़िलाफ़त नहीं देश की बर्बादी है। ऐसी स्थिति में उनके और एक प्रदेश से हाथ धोने का मतलब है, देश को प्यार करने वाले लोग अभी भी भारी संख्या में मौजूद हैं। मगर साथ ही राष्ट्र को ध्यान में रखते हुए भारत की अवधारणा के दो स्तम्भ बहुलवाद और समुदाय के आश्रय से सत्ताधारी पार्टियाँ यदि नेशनलिज़्म की हाइपर के स्थान पर सही व्याख्या नहीं करेंगी और रवीन्द्र के अ-संकुचित समावेशी राष्ट्रवाद यानी नॉन पेरोकियल इंक्लूसिव नेशनलिज़्म को स्वीकर नहीं करेंगी तो उन्हें सब कुछ से हाथ धोना पड़ेगा।

स्वदेशी समाज

भारत की अवधारणा के अनुसार राष्ट्रवाद के वास्तविक अर्थ को जानने के पहले रवीन्द्र के स्वदेशी समाज लेख पर ध्यान केन्द्रित करना ज़रूरी है।

रवीन्द्रनाथ के लिए स्वदेशी समाज की संकल्पना राष्ट्रवाद के प्रसार से अधिक महत्त्वपूर्ण थी। उनका विचार था कि स्वाधीनता प्राप्ति से पहले समाज में चौतरफ़ा परिवर्तन होना चाहिए और उसकी प्रगतिशील अग्रवर्ती दृष्टि होनी चाहिए जिससे कि स्वाधीनता प्राप्ति के लिए वह अपने को पूर्णतः योग्य प्रमाणित कर सके।

यह तभी सम्भव है जब समाज आत्मशक्ति या आत्म-निर्भर अथवा स्वावलम्बी बना रहे। समाज के बारे में उनकी यह धारणा आज काफ़ी सही प्रमाणित हो रही है कि सामाजिक सुधार, आत्मशक्ति या आत्म-निर्भरता तथा स्वावलम्बी होने पर ही स्वराज या स्वशासन सम्भव है

स्वाधीनता के 70 साल बाद देश में समाज के सुधार की बात तो छोड़ दीजिए, समाज आज अन्धकार के गर्त में जा पहुँचा है। दलितों पर अत्याचार, स्त्रियों पर अत्याचार, छोटी-छोटी लड़कियों पर अत्याचार कर उन्हें मार डालना, छीना झपटी, भ्रष्टाचार थमने का नाम नहीं लेता–छोटी बच्ची पर अत्याचार और क़त्ल के बाद राजनेतागण आगे आते हैं और देखते हैं कि कौन-से प्रदेश में यह घटना घटी है और वहाँ राज्य किसका है और फिर राजनीतिक स्तर पर

दोषारोपण शुरू हो जाता है और इस घोर बर्बरतापूर्ण सामाजिक स्थिति को सुधारने की बात भुला दी जाती है, और इस बीच नये अत्याचार की ख़बर मिलती है। यह पूरे तौर पर एक गम्भीर सामाजिक समस्या है, हाँ राजनीति तब आती है जब राजनीतिक पार्टी के अपराधी सांसदों जो हर पार्टी में मौजूद हैं इस भयंकर घटना से जुड़े दीखते हैं और पुलिस की सहायता से इस बर्बरतापूर्ण घटना की एक अलग व्याख्या पेश की जाती है। याद रखिए मानक नैतिक आदर्श के सहारे के बिना कोई भी देश या समाज स्वस्थ नहीं रह सकता।

भारत के प्रसिद्ध चिन्तक रजनी कोठारी ने कहा था कि ऐसी स्थिति देश के ध्रुवीकरण की स्थिति बन जाती है, फलस्वरूप कोई मध्य मार्ग दिखाई नहीं पड़ता। जो किसी भी विरोधी संगठन से जुड़ना नहीं चाहते हैं और ऐसी स्थिति में मध्यवर्ग के लोगों को विशुद्ध सेक्युलर ताक़तों को कोई जगह नहीं मिलती जहाँ से वे गणतान्त्रिक और सेक्युलर मूल्यों के लिए संघर्ष कर सकें। ऐसी स्थिति में सेक्युलरिस्ट लिबरल्स को अपना एजेंडा साधने का मौक़ा मिल जाता है जिसके फलस्वरूप भारत की अवधारणा पर सीधा आक्रमण होता है और हमारी सामाजिक संस्कृति और बहुलवादी दृष्टि ख़तरे में पड़ जाती है।

भारत की बहुलवादी दृष्टि की उपयुक्त अभिव्यक्ति ऑर्गेनिक प्लुरलिज़्म है जिसके आधार पर विभिन्न सामाजिक दल अपने विशिष्ट धार्मिक और सांस्कृतिक विशेषताओं को सुरक्षित रखते हुए, राष्ट्रीय स्तर पर आम संस्थानिक भागीदारी का विकास करते हैं।

सन् 1907 में कांग्रेस पार्टी के सूरत में आयोजित अधिवेशन में घटित सूरत विभाजन के बाद रामानन्द बाबू ने राष्ट्रवाद पर एक लेख लिखकर यह स्पष्ट किया कि राष्ट्रवाद कोई राजनीति पार्टी नहीं वरन् एक राजनीतिक विचारधारा है। उनका वाक्य राष्ट्रवाद कोई राजनीतिक पार्टी नहीं, एक राजनीतिक विचारधारा है एक भविष्यवाणी एक prophesy के रूप में 115 साल पहले कहा गया था। आज सत्ताधारी पार्टी वन्देमातरम् के नारे को महत्त्व देती है जो 1905 के बंगभंग आन्दोलन का सबसे महत्त्वपूर्ण नारा था। यह पार्टी राष्ट्रगान गाने को कहती है और राष्ट्रगान के समय खड़े होकर उसको सम्मान देना अनिवार्य मानती है।

परिणामतः विरोधी पार्टियाँ विशेषकर बंगाल की सत्ताधारी पार्टी फ़तवा जारी करती है कि कोई भी वन्देमातरम् का नारा नहीं लगाये। सारे भारत में वाद-विवाद शुरू हो जाता है कि राष्ट्रगान के समय खड़े होने की ज़रूरत है या नहीं अथवा इस देश के नागरिक होने के बावजूद यदि मैं मुसलमान हूँ तो मुझे राष्ट्रगान नहीं गाने का अधिकार होना चाहिए या नहीं। मानो वन्देमातरम् या राष्ट्रगीत

या तिरंगा झण्डा सत्ताधारी पार्टी की अपनी सम्पदा हो। यानी अपनी सम्पदा हो और यह भारत देश की सम्पदा है, इसे भुला दिया जाता है।

भारत का राष्ट्रवाद

राष्ट्रवाद की अवधारणा एक विचार है—हमेशा, हमेशा से वर्तमान एक देश का विचार है जो देश उसके नागरिकों पर कोई हिंसात्मक बल प्रयोग नहीं करता; जिसके नागरिकों का एक परिचय रहता है और उसके बहुत से अलग-अलग परिचय भी हो सकते हैं। इस देश की यह बड़ी रोचक स्थिति है कि भारत की राजनीतिक व्यवस्था में कोई व्यक्ति मात्र भारतीय बनकर नहीं रह सकता। वस्तुतः भारत का कोई भी नागरिक एक ही समय में कोई और बने बिना मात्र भारतीय हूँ, इस परिचय को लेकर नहीं रह सकता। भारतीयता एक जटिल तथा बहुस्तरीय पहचान है, जो व्यक्ति के दूसरे परिचयों को ख़ारिज किये बिना, सबको लेकर भारतीयता का परिचय देती है। भारत की विशाल विविधता, वैविध्यपूर्ण विश्वदृष्टि तथा उसकी सामासिक तथा बहुधर्मीय सच्चाई भारतीय पहचान का आधार है। आप एक अच्छे केरल निवासी, एक अच्छे ब्राह्मण या दलित और साथ ही एक अच्छे भारतीय इन सब परिचयों को इकट्ठे लेकर बड़े सहज रूप में रह सकते हैं।

परम्परा

भारत की अवधारणा में परम्परा का विशेष महत्त्व है। पाश्चात्य दृष्टि में heritage या परम्परा अपरिवर्तनीय है और इसलिए उनकी आधुनिकता पारम्परिक विचारधारा से मुक्त नये विचार, नयी शैली, नयी अवधारणाएँ होती हैं। परन्तु भारत अतीत को कभी त्यागता नहीं—वह परम्परा को सँजोये रखता है। रवीन्द्र ने कहा भारत कभी अतीत को छोड़ता नहीं—सारी ज़िन्दगी चुनाव विकल्पों के रूप में हमारी परम्परा के साथ जुड़ी रहती हैं—जिनके सहारे भारत निरन्तर में जीता है। भारत की अवधारणा शब्द केन्द्रित नहीं, न ही एकान्तिक है, यह प्रतीकात्मक और समावेशी है, इसीलिए बहुत सारे विकल्पों के साथ रहने में उसे बाधा नहीं होती।

वेदों को हम स्थिर ज्ञान (Frozen knowledge) के रूप में स्वीकारते हैं—यह अपरिवर्तनीय सनातन है कहते हैं परन्तु भगवान सिंह ने यह स्पष्ट कर दिया है कि ऋग्वेद के कवि लगातार अतीत, परम्परा की बात करते हुए नवीन का उल्लेख बहुत सरगर्मी से करते हैं—नये गानों से (गायत्रेण नवीयसा) शक्तियों का आह्वान करते हैं। नये विचारकों (वेधसः नवीयस), और नये विचार (नवीय मन्म)

और नयी चेतना (सुमतिर नवीयसी) की बात करते हैं परन्तु ये कवि परम्परा से कटे हुए नहीं थे। उनके लिए परम्परा का कोई ठोस (Frozen) रूप नहीं है, परम्परा से ही नवीन का जन्म होता है। भीमसेन जोशी, कुमार गन्धर्व, रविशंकर या अमजद अली ख़ान लगातार शास्त्रीय संगीत या सितार अथवा सरोद वादन में नये-नये प्रयोग करते रहे हैं, नवीन सुर जोड़ते रहे हैं परन्तु उन्हें कभी आधुनिक शास्त्रीय संगीतकार या आधुनिक सितार या सरोदवादक नहीं कहा जाता है। वे सब निरन्तरा में जीते हैं, जहाँ नवीन के साथ प्राचीन परम्परा की स्वीकृति होती है। रवीन्द्र के अनुसार परम्परा से कटने का अर्थ है अपनी जड़ों से कट जाना और नवीन से नहीं जुड़ने का अर्थ है वर्तमान से मुँह मोड़ लेना।

प्रसिद्ध कला इतिहासविद् निहार रंजन राय ने इस विशिष्ट भारतीय अवधारणा को समझाने के लिए दो पारिभाषिक शब्दों का उन्ल्लेख किया है : कुल और शील।

कुल का अर्थ है, Heredity, Inheritance, Tradition, पैतृक या पुरुषानुक्रमिक, विरासत या परम्परा है। और शील का अर्थ है स्त्री/पुरुष का अपना बनना Making of Man or Woman, उसका आचरण और व्यक्तित्व है जो मगर कुल के द्वारा नियन्त्रित होता है। शील अपने समय के अनुसार, स्थान और क्षेत्र के अनुसार कुल के उन सब तत्त्वों को त्याग देता है जिनकी शक्ति या सार्थकता ख़त्म हो चुकी है और इस प्रक्रिया में व्यक्ति क्रिया और विचारों के नये रूप को परम्परा में जोड़ता चलता है और इस प्रकार परम्परा की निरन्तरता को बनाये रखते हुए उसमें नवीन तत्त्वों के समाहार के द्वारा उसे ठोस होने नहीं देता, हमारी परम्परा हमेशा गतिशील बनी रहती है।

यह हमारी संस्कृति की, भारत की एक महत्त्वपूर्ण अवधारणा है जिसे अंग्रेज़ी में Continuity in the midst of change कहा गया है। इस सम्बन्ध में ए.के. रामानुजन उस दार्शनिक की कथा सुनाते हैं जो कर्नाटक के गाँव में गया था जहाँ गाँव के मुखिया ने एक लम्बा-सा कटार दिखाते हुए उनको कहा था कि, "यह हमारा पारिवारिक कटार है, तीन सौ वर्ष पुराना। इन तीन सौ वर्षों में उसके सागौन की लकड़ी से बने लकड़ी के मूठ को कई बार बदला गया है और कटार के ब्लेड को भी कई बार बदला गया है, जिसमें इन तीन सौ वर्षों में कई बार जंग लगा था। मगर यह वही तीन सौ वर्ष पुराना कटार है।" भारतीय परम्परा का यह सबसे बड़ा कथन है।

वैश्विक मानवतावाद

हमारी परम्परा या भारतीय अवधारणा में इसी से जुड़ा हुआ प्रश्न है कि हमारी

परम्परा में वैश्विक मानवतावाद का क्या कोई परिचय है। पूरी 18वीं शताब्दी में यूरोप और इंग्लैंड में प्रबोधन (Enlightenment) का युग प्रसारित था जिसकी मुख्य विशेषता कर्मकाण्डीय धर्म और चर्च के प्रभाव से मुक्त होकर वैज्ञानिक विवेक-बुद्धि और मानवतावाद का प्रसार करना। भारत के (Civilizational) सभ्यताधर्मी जीवन के लिए मानवतावाद और विवेक-बुद्धि की बात पुरानी है।

शरशैया पर लेटे हुए भीष्म का यह कहना कि मनुष्य से बढ़कर और कुछ नहीं है या ईश्वर का मनुष्य रूप ग्रहण करना या बाउल गीत, 'हज़ारों जन्मों की तपस्या के बाद ही मनुष्य जीवन मिलता है' या फिर महाभारत के महाप्रस्थान की घटना में युधिष्ठिर का साथ देने वाले कुत्ते के बिना स्वर्ग में प्रवेश नहीं करना अथवा मध्ययुग के कवियों द्वारा मानवतावाद के स्वर को उजागर करना या फिर रवीन्द्र के द्वारा 1921 में नोबेल पुरस्कार के स्वीकृति-भाषण में उपनिषद् के मन्त्र की आवृत्ति :

यस्तु सर्वाणि भूतानि आत्मनेवानुपश्यति।
सर्वभूतेषु चात्मान ततो न विजुगुप्सते।।

यानी 'जो सबको हमेशा अपने में देखता है और अपने को सब में वह कभी भी किसी से घृणा नहीं करता'; यह पूरी फ़ेहरिस्त भारत की मानवतावादी दृष्टि का परिचय है।

आधुनिक काल में मानवतावाद का सबसे बड़ा उदाहरण महात्मा गाँधी हैं। जिस महात्मा गाँधी ने हमें स्वाधीनता दिलाई वही गाँधी 14 अगस्त, 1947 की रात के 12 बजे आज़ादी के उत्सव में शामिल नहीं थे। उस समय वे कलकत्ते की गलियों में घूम-घूम कर साम्प्रदायिक दंगों में आहत लोगों की मरहमपट्टी कर रहे थे।

प्रश्न और वाद-विवाद

जहाँ तक विवेक बुद्धि की बात है, प्राचीन भारत को रसवादी, अतीन्द्रियतमुखी अनुभूति सापेक्ष कहकर उसे बुद्धि-विवेकहीन कहा गया है। भारत ने प्राचीन काल से अपने को नॉलेज सोसाइटी के रूप में विकसित किया है यह ज्ञान अरण्य के परिवेश में प्रसारित हुआ था और जिसके द्वारा प्रकृति और मनुष्य के गहरे पारस्परिक सम्बन्धों को स्पष्ट किया गया है। परन्तु भारत के महत्त्वपूर्ण दार्शनिक विचार वेदान्त या आत्मदर्शन को अतीन्द्रियता के स्तर पर ले जाकर विवेक-बुद्धि के साथ उसके नाते को तोड़ा गया है और यह भुला दिया गया है कि शंकराचार्य ने स्पष्ट कहा था, ज्ञान, केवल ज्ञान नहीं, Comprehensive knowledge है,

सम्यक ज्ञान है, इस ज्ञान से ही आत्मज्ञान होता है। आजकल हमने ज्ञान से जानबुझकर मुँह मोड़ लिया है, आजकल हम हुनर के पीछे हैं, तकनीकी के पीछे हैं, बुरी बात नहीं मगर ज्ञान को हम रोज़गार के लिए हासिल करते हैं उसे ज़िन्दगी के लिए हासिल करना भुला बैठे हैं।

ज्ञान का आधार प्रश्न है, वेदों से लेकर आज तक प्रश्न पूछने का रिवाज The Idea of India की एक महत्त्वपूर्ण कड़ी है। वेदों का refrain या टेक है—ऐसा क्यों, हे पृथ्वी या स्वर्ग क्या मैं जान सकता हूँ, सत्य क्या है। उपनिषदों का पूरा संसार प्रश्नों पर आधारित है।

नवयुवक ब्रह्मचारी, रेहड़ी लगाने वाले या फिर कोई भिखारी, ऐसे चौबीस नौजवानों ने प्रश्नों की झड़ी लगा दी थी और परिणामतः उपनिषदों की उत्पत्ति और विकास हो सका। प्रश्नों के साथ तर्क (Argument) करना भारत के ज़मीर में है।

यह तर्क का सिलसिला यास्क के निरुक्त से शुरू होता है जहाँ एक मिथकीय कहानी के द्वारा यह समझाया गया है कि मनुष्यों को छोड़कर जब ऋषिगण चले गये, तो मनुष्यों ने ईश्वर से पूछा, अब हमारे ऋषि कौन होंगे, ईश्वर ने कहा, तर्क ऋषि, अब तर्क के द्वारा ही तुम्हें अपना जीवन चलाना है।

रामायण, महाभारत से लेकर एलेक्ज़ेंडर के साथ जैन विद्वानों का वार्तालाप, अशोक और अकबर की धार्मिक बातचीत भारत की वाद-विवाद प्रिय मानसिकता है जिसका प्रमाण पेंगुइन के द्वारा प्रकाशित विभिन्न राजनीतिक सदस्यों के द्वारा पालियामेंट में 1947 से लेकर 1980 तक दिये गये भाषणों का संकलन है। आज वाद-विवाद की परम्परा लगभग ख़त्म हो गयी है, असहिष्णुता (intolerance) बढ़ गया है। गाली-गलौज की भरमार हो गयी है ज़िन्दगी से ही वाद-विवाद को हटा दिया गया है—फतवा देना ही हमारा काम रह गया है।

लोकतन्त्र और मानव अधिकार

स्वाधीनता-प्रिय गणतान्त्रिक भारत प्रतिरोध के ख़िलाफ़ नहीं परन्तु आज पार्लियामेंट का सभ्यतामूलक स्तर इतना नीचे उतर गया है कि भारत अब सोचने लगा है कि राजनीति के आपराधिकीकरण से मुक्ति के लिए अमरीकी प्रेसिडेंशियल सिस्टम अधिक उपयोगी है या नहीं, जिसकी पहल पहली बार भारत के पूर्व राष्ट्रपति आर. वेंकटरामन ने सन् 1990 में की थी। प्रजातन्त्र में वाद-विवेक तर्क के द्वारा कड़ी आलोचना की जा सकती है, परन्तु आज आलोचना नहीं होती है आरोप होता है।

मनुष्यता के साथ-साथ मानव अधिकार का प्रश्न आता है। गणतन्त्र और मानव अधिकार एक दूसरे के पूरक हैं। इजाय बर्लिन ने एक बार कहा था कि भारत में कर्तव्य की बात अधिक की जाती है, अधिकार की नहीं। जॉहान डोनेली ने कहा कि मानव अधिकार की बात पश्चिम की देन है। गाँधी जी ने एक बार कहा था, "मेरी अनपढ़ मगर बुद्धिमती माँ से मैंने सीखा था कि अधिकारों का योग्य होना और उनका संरक्षण कर्तव्यों को ठीक ढंग से निभाने के साथ सम्बद्ध है। जीने का अधिकार विश्व नागरिक के रूप में कर्तव्यों के पालन द्वारा उपार्जित किया जाता है।"

भारतीय परम्परा में नैतिक समस्या के सम्मुखीन होते ही यह परम्परा अतीत में इस तरह के जूझने वाले किसी व्यक्ति की कहानी के माध्यम से अपनी समस्या का हल निकालती है। महाभारत ने यह स्पष्ट कर दिया है कि स्त्री (द्रौपदी) के अधिकारों के हनन से पूरा कुरुवंश ध्वंस हो जाता है। अधिकार को लेकर इतना बड़ा डिस्कोर्स मुझे विश्व के किसी भी मानव अधिकार विमर्श में दिखाई नहीं पड़ा। मगर महाभारत हमेशा एक तर्क के साथ एक प्रतितर्क उपस्थित करता है। Counter story के रूप में महाभारत में नल-दमयन्ती की कथा है जहाँ नल दमयन्ती को सत्यवादी युधिष्ठिर की तरह जुआ के दाँव पर लगाता नहीं; कदाचित इसी कारण महाप्रस्थान करते हुए पहले नकुल फिर सहदेव और द्रौपदी के बर्फ़ पर गिरने के बाद वे सब मृत्यु की प्रतीक्षा में दिखाई पड़ते हैं। इस बीच द्रौपदी को कुछ आहट सुनाई देती है कि ज़मीन पर घिसटता हुआ कोई आ रहा है। द्रौपदी सोचती है, कोई जानवर होगा और मौत के लिए तैयार हो जाती है मगर वह आहट भीम की घिसट-घिसट कर आने की आहट थी। भीम द्रौपदी के निकट पहुँचकर, सारे जीवन भर जो प्रश्न द्रौपदी को पूछता रहा वही प्रश्न फिर एक बार द्रौपदी से पूछता, द्रौपदी मैं तुम्हारे लिए कुछ कर सकता हूँ। द्रौपदी ने भीम को देखकर कुछ देर बाद कहा, तुप ईश्वर से प्रार्थना करो कि पुनर्जन्म में तुम्हें सबसे बड़ा भाई बनकर पैदा होना है। यह Counter विचार द्रौपदी के साथ हुई पूरी घटना को और भी अधिक त्रासद बना देता है। युधिष्ठिर के प्रति द्रौपदी के विरोध का एक बहुत ही मर्मस्पर्शी स्वर है। आदमी से इन्सान बनने की प्रक्रिया में हमेशा बीच में एक किताब आ जाती है—भारत के सन्दर्भ में वह किताब है 'महाभारत'।

गुजरात के 12वीं शती के नरेश जयसिंह ढोलका ने एक गोलाकार जलाशय बनाने की योजना बनायी थी मगर एक बुढ़िया की कुटिया आड़े आ गयी, बुढ़िया ने कुटिया बेची नहीं और आख़िरकार कुटिया को छोड़कर असमतल परिधि में वह जलाशय बनाया गया। इसी तरह 12वीं शती के कश्मीर नरेश चन्द्रपीड़ के

द्वारा एक मन्दिर के निर्माण में एक चर्मकार की कुटिया बाधा बन गयी, उसने कुटिया बेची नहीं, मगर कहा कि राजा मेरे पास आकर मुझसे मेरी कुटिया माँगेंगे तो आतिथ्य के नियमानुसार मैं यह कुटिया दे दूँगा। ऐसी ही हुआ मगर बदले में उसे धनराशि लेने के लिए बाध्य किया गया। यह पश्चिम में वह समय था जब आम आदमी की ज़मीन को राजा द्वारा अधिकार में लेना आम बात थी और उससे मुक्ति पाने के लिए किंग जॉन को 1215 में मैगना कार्टा में हस्ताक्षर करने के लिए बाध्य किया गया था।

भारत की अवधारणा में मानव मर्यादा से जोड़कर मानव अधिकारों की बात की गयी है और यह स्पष्ट किया गया है कि दूसरे की मर्यादा को सम्मानित करने का अर्थ है कि हम यह स्पष्ट करें कि सम्मान करना हमारा कर्तव्य है और इससे मानव अधिकार की स्वीकृति मिलती है।

अधिकार की रक्षा करने की बात सर्वाधिक अर्थशास्त्र में हुई है। राम के द्वारा शबरी के झूठे बेर को खाना दलितों की मर्यादा और अधिकार का सबसे बड़ा उदाहरण है।

अस्पृश्यता

भारत में दलितों की स्थिति को देखकर रवीन्द्रनाथ ने लिखा था—हे मोर दुर्भागा देश जादेर करेछो अपमान, अपमाने होते हबे ताहादेर सबार समान।

रवीन्द्र के उपन्यास 'गोरा' में अस्पृथ्यता ही मूल मुद्दा है जिसका निराकरण टैगोर वैश्विक मानवतावाद के सहारे करते हैं। रामानन्द बाबू ने तो यहाँ तक कह डाला कि गाँधी जाति प्रथा दूर करने के उपाय ढूँढ़ते हैं मगर जाति भावना को जड़ से उखाड़ फेंकना ही सही उपाय है अगर ऐसा हुआ तो दलित अपनी बारात लेकर ठाकुरों के मोहल्ले से आसानी से गुज़र सकेगा और भारत की अवधारणा का सही रूप हमारे सामने आ पायेगा।

आज देश में बिजली चोरी, बैंक धोखाधड़ी, दलालों के द्वारा भ्रष्टाचार का प्रसार, कर चोरी यह सब अधिकतर अमीरों के कारनामे हैं। 104 वर्ष पहले स्वामी विवेकानन्द की वाणी आज की वाणी है। उन्होंने कहा था कि भारत का उच्च वर्ग क्या तुम सोचते हो तुम जीवित हो, नहीं; तुम दस हज़ार वर्ष पुराने शव की तरह हो। तुम शून्य में समा जाओ और हल चलाने वाले किसान, मज़दूर, चर्मकार, मछेरे, सफ़ाई कर्मचारी, गली के नुक्कड़ का दुकानदार, नये भारत का निर्माण करेंगे। कम-से-कम क्रिकेट और स्पोर्ट्स में इनका जलवा देखने को मिल रहा है।

अन्तिम वक्तव्य के साथ मैं अपनी बात समाप्त करूँगा।

लोक और शास्त्र

विश्वनाथ एस. नरवाने ने 'ए कल्चर हिस्टरी ऑफ़ इंडिया' में लोक और शास्त्र की अनुपूरकता को भारत की अवधारणा की एक महत्त्वपूर्ण विशेषता कहा है।

रवीन्द्र ने एक बार कहा था कि एकता की पराकाष्ठा एकरूपता नहीं समन्वय दृष्टि है। Uniformity नहीं समन्वय है। लोक और शास्त्र Little tradition और Great tradition की तरह दो अलग-अलग परम्परा नहीं, एक ही परम्परा के दो स्तम्भ हैं, जिनमें एक ख़ास अनुपूरकता बनी रहती है। यह भारत की सामासिक संस्कृति के आधार और भारत की अवधारणा का सशक्त स्वर है। शिक्षारहित संस्कृति Not literate संस्कृति कभी भी Knowledge blank नहीं होती। पर्यावरण Management और व्यवहार में आदिवासी हमेशा कई गुना अधिक सचेत हैं। अंग्रेज़ों ने इन आदिवासियों को इतिहास से निकालकर प्रागैतिहासिक करार दे दिया, जैसे सर विलियम जोंस ने भारत में मध्य युग को अन्धकारमय कहकर भारत के साहित्यिक इतिहास में भक्ति युग का Historical Inversion यानी इतिहास की रैखिक गति को पलट दिया था।

अपनी आधुनिकता को एकक ठोस अवधारणा के रूप में स्वीकार करने के फलस्वरूप अनुभवों की वैविध्यता के आधार पर विविधता में एकता पश्चिम के लिए चुनौती बन गयी है। महर्षि पतंजलि ने आज से 2500 वर्ष पहले लोक को लेकर एक महत्त्वपूर्ण बात कही थी। प्रयुक्त लोकार्थः पद के द्वारा उन्होंने सत्य के अद्भुत रूप का उद्घाटन किया है। कहा है कि लोकमत शब्दों के अर्थों के नियामक हैं, शास्त्र नहीं। लोक मानव व्यवहार के मार्गदर्शक हैं, लोकमत या आम आदमी के विचार काफ़ी हद तक Polity या राज्य व्यवस्था का महत्त्वपूर्ण हिस्सा है। निगर निचोड़, वेदों का सारतत्त्व है और प्रज्ञावानों के विचारों का हिस्सा है। आज भारत की राजनीतिक पार्टियों के द्वारा हज़ारों वर्षों तक दलितों को दलित बनाये रखने की गुप्त योजना जिससे कि उनका राज्य बना रह सके पर पतंजलि के ये विचार उस पर एक कड़ा प्रहार है।

मैं सचमुच इस तरह के भारत में जन्म लेने के लिए गौरव का अनुभव करता हूँ जहाँ शास्त्र और लोक इकट्ठे अनुपूरक बने रहते हैं। रवीन्द्र, स्वामीजी, रामानन्द बाबू ने Critical Spirit को महत्त्व देते हुए भारत की अवधारणा के माध्यम से भारत का आविष्कार किया है।

भारत में परियों, हितोपदेश और पंचतन्त्र की कथाओं की परम्परा में कहानी शुरू होती है, नर्मदा के किनारे एक विशाल बरगद का पेड़ था अथवा एक था

राजा और एक थी रानी। रवीन्द्रनाथ ने सन् 1941 में देहावसान से पहले एक लेख लिखा था जिसका शीर्षक था, 'एक जे आछे मानुष'। अतीत काल के स्थान पर वर्तमान काल का प्रयोग करके राजा के स्थान पर मनुष्य को लाकर उन्होंने वर्तमान भारत में आम जनता को स्वीकृति दी और Critical Insiders की तरह The idea of India को Total India की धारणा को स्वामी विवेकानन्द और रामानन्द चट्टोपाध्याय को साथ लेकर उन्होंने गहन, जीवन्त और सम्पूर्ण भारत की गहराई से अभिव्यक्ति की।

15

रवीन्द्रनाथ : नवजागरण और भारतीय भाषाएँ

इस विषय के बीच के हिस्से से बात शुरू करते हैं। नवजागरण : 19वीं शती का नवजागरण यूरोप से प्रभावित था :

1. क्लासिकी ज्ञान का पुनर्जन्म
2. मध्य युग को अन्धकार का युग कहकर प्राचीन ऐतिह्य के भीतर नये का सन्धान
3. धर्मनिरपेक्ष, मानव निर्भर, आधुनिक जीवनधारा की अभिव्यक्ति

इसके दो स्तम्भ हैं :

1. वैज्ञानिक बुद्धिवाद
2. मानवतावाद या व्यक्ति स्वातन्त्र्य

स्वीकृति और अस्वीकृति के तनाव की स्थिति में से गुज़रते हुए अधिकतर भारतीय के लिए नवजागरण का अर्थ था :

"राष्ट्रवादी घटक तथा सुधारवादी तथा पुनरुत्थानवादी घटकों की सहायता से चिन्तनधारा का विकास हुआ है।"

राष्ट्रवाद की बात सबसे पहले लेते हैं।

उन्नीसवीं शती के मध्य भाग से आधुनिक Nation-state की अवधारणा पर आधारित पाश्चात्य राष्ट्रवाद पर चढ़कर भारतीय समाज में राष्ट्रवाद प्रवेश कर गया था।

अधिकतर राष्ट्रवादियों के लिए एक Proper nation-state तथा Sentiments का अभाव भारतीय समाज की एक बड़ी कमी है और पिछड़ेपन का एक बड़ा कारण है। परन्तु बंकिमचन्द्र, श्री अरविन्द जिस राष्ट्रवाद के पक्षधर थे वह धर्म पर आधारित था। बंकिम : सबसे बड़ा धर्म राष्ट्रप्रेम है, और वह धर्म

मनुष्यत्व और सामंजस्य पर आधारित है और अन्ततः यह वैश्विक मानवतावाद है। श्री अरविन्द ने उन दिनों कहा था :

राष्ट्रवाद दिव्यता का अवतार है उसको ख़त्म नहीं किया जा सकता। यह एक ईश्वरीय शक्ति है। इसको समझना है। टैगोर के लिए भारत की एक सामाजिक सच्चाई थी। भारत में राष्ट्रवाद का वास्तविक इतिहास इंडियन नेशनल कांग्रेस की स्थापना 1885 में हुई थी। उससे पहले का समय 1820-1870 सामाजिक सुधार का समय था। हमारा राष्ट्रवाद Anticolonial राष्ट्रवाद के रूप में विकसित होना शुरू हुआ। उपनिवेशवादी समाज के भीतर से विकसित इस विचारधारा के द्वारा गुलाम जनता अपनी प्रभुसत्ता का क्षेत्र (domain) बनाती है। यह ऐसा हमारी सामाजिक संस्थाओं को दो हिस्से में बाँटकर करती है :

1. Material भौतिक सत्ता का बाह्य रूप से हम West का सामना नहीं कर सकते।
2. आध्यात्मिक या आन्तरिक रूप जो Inner domain है वह हमारी सांस्कृतिक अस्मिता के आवश्यक तत्त्वों से जुड़ी है–Anticolonial Nationalism का यह Spiritual Culture एक मूलभूत वैशिष्ट्य है।

यह कोई राजनीतिक एजेंडा नहीं था। सन् 1875 में 14 साल की उम्र से हिन्दू मेला में भाग लेने से लेकर 1919 में जलियाँवाला काण्ड पर सर उपाधि को त्याग देने के पीछे कोई राजनीति नहीं थी–यह एक पॉलिटिकल न्याय और सांस्कृतिक dignity के लिए हिंसा के विरोध में वैश्विक संघर्ष था। रवीन्द्रनाथ के लिए भारत की संकल्पना भूभागीय (Turritorial) नहीं थी विचारात्मक (Ideatinal) थी। इसीलिए वे Nation-state की प्रणाली पर आधारित राष्ट्रवाद के विरोधी थे जो

1. पश्चिमी विश्वदृष्टि के द्वारा प्रसारित Homogenized Universalism को प्रसारित करता है।
2. जो आपको स्वार्थी और सीमित बना देता है और हिंसात्मक राष्ट्रवाद (Violent Nationalism) दूसरे शब्दों में (Imperialism) का प्रसार करता है, साम्राज्यवाद (Imperialism) का प्रसार करता है।
3. और जो, सबसे बड़ी बात, आपकी स्वाधीनता को छीन लेता है।

रवीन्द्रनाथ का कहना था नेशन शब्द हमारी भाषा में नहीं है–उसका आदर्श हमारे अन्तःकरण में नहीं है। हिन्दू सभ्यता के मूल में समाज है। यूरोपीय सभ्यता के मूल में राष्ट्रनीति है। इसीलिए यूरोप स्वाधीनता को जो स्थान देता है, हम मुक्ति को वही स्थान देते हैं। फिर कहते हैं अपने समाज को Nation में परिणत

करो और Nation यानी सहभागिता वाले राष्ट्र में और Nation-state के अतिक्रमण का प्रतिरोध करें।

यद्यपि रवीन्द्र और साथ ही गाँधी दोनों National Idealogy के पक्ष में थे जो भारत की यथार्थ परम्परा पर आधारित था। जो विभिन्न जातियों के बीच सामंजस्य स्थापित करते हुए उनकी असमानताओं को स्वीकृति देता था। वह विचार आदर्श राजनीतिक पर नहीं सामाजिक स्तर पर प्रतिष्ठित था जिसको भारत के भक्त कवियों—नानक, कबीर, चैतन्य आदि ने सँजोया था। भारत इसी National Idealogy असमानताओं को स्वीकार करते हुए एकता की स्थापना विश्व को प्रदान कर सकता है।

टैगोर का कहना है कि हमारे यहाँ कभी भी राष्ट्रवाद का विचार नहीं था और इसे पश्चिम से ग्रहण करने का अर्थ अपने ऐतिह्य को बेच डालना है। टैगोर यह सब बात कहने का साहस जुटा पा रहे थे क्योंकि भारतीय राजनीति में गाँधी का प्रवेश हो चुका था जिन्होंने यह खुलेआम कहना शुरू कर दिया था कि उनका राष्ट्रवाद (Intense inter nationalism) गहरा अन्तःराष्ट्रवाद है। यह exclusive नहीं है क्योंकि यह एक शाश्वत सत्य में विश्वास करता है। यह हिंसक राष्ट्रवाद के विपक्ष में है जो सभ्य जीवन की एक आवश्यक शर्त है। और इसीलिए भारतीय स्वाधीनता संग्राम—शान्ति की स्थापना में भारत का अंशदान है। टैगोर इसी तरह निःस्वार्थ-आलोचनात्मक भारतीय राष्ट्रवाद के हिमायती थे। (Unself-Critical Indian Nationals)। यह राष्ट्रवाद की एक नयी व्याख्या थी। गाँधी-टैगोर के मन में पाश्चात्य राष्ट्रवाद का डर :

1. प्रथम महायुद्ध की brutalities के कारण था।
2. भारत में anti-imperialism के अनुभवों के record पर आधारित था।
3. भारतीय nation का भारतीय सभ्यता को supersede करने का डर था।

परिणामतः पश्चिमी राष्ट्रवाद टैगोर के लिए धीरे-धीरे Illegitimate अशुद्ध हो गया। राष्ट्रवाद एक भौगोलिक अपदेवता है तथा एक भारी संकट रूप है। गाँधी के राष्ट्रवाद की समीक्षा को समाहित कर लिया। वस्तुतः दोनों की यह मजबूरी थी कि वे राजनीति और सामाजिक आदर्शों को एक नैतिक विश्व में प्रतिष्ठित करना चाहते थे। यह संकल्पना Communitarian Polity का प्रसार करती है जहाँ टैगोर एक नैतिक विश्व की संकल्पना द्वारा

एक ऐसी वैश्विकता का प्रसार करना चाहते थे जहाँ नैतिक तथा जहाँ अलग-अलग विचारधाराओं की बराबर की स्वीकृति है। सांस्कृतिक सापेक्षवाद को नकारकर भारत की एक वृहत्तर बहुलवाद की प्रतिष्ठा को सुनिश्चित किया जा सके। कानून के नियमानुसार सोचने की, लोगों से मिलने की, अभिव्यक्ति की स्वाधीनता हो।

यह एक Extra-political normative order को प्रसारित करता है। टैगोर सोचते थे कि कोई Democracy इसके बिना जीवित नहीं रह सकती। उनकी भारत चिन्ता और स्वदेश चिन्ता विहीन देशभक्ति के विचार को प्रसारित करती है। स्पष्ट कहा देशभक्ति (Patriotism) हमारा एकमात्र लक्ष्य नहीं हो सकता, मेरा बसेरा मानवतावाद में है। मगर उनको एक ज़बर्दस्त उभयमुखता थी। उन्होंने राष्ट्रवाद का विरोध किया परन्तु सारे जीवनभर साम्राज्यवादी विरोधी राजनीति का उपयोग किया।

उभयमुखीनता, विरोधाभास, कुण्डली के भीतर कुण्डली बनाने वाली दृष्टि एक बड़े कवि के जीवन की, 'अरस्तु' के शब्दों में मानवीय दुर्बलताएँ होती हैं—वह दरअसल सही रास्ते की खोज की, छटपटाहट थी।

सन् 1961 के दौरान रवीन्द्रनाथ की जीवनी पर सत्यजीत राय ने एक ड्रॉक्यूमेंट्री फ़िल्म बनायी थी उसमें एक दृश्य है, एक खिड़की के सलाखों के पीछे युवक रवीन्द्रनाथ खड़े हैं मानो बिल्कुल क़ैद हों। इसीलिए छटपटाहट दिखायी पड़ती है—मन में चाह है कि इस धरती, इसका पानी और हवा के साथ एक हो सकें। उन्हें स्वाधीनता मिले जिससे कि प्रकृति के साथ एकमेव हो सकें। यह मानवीय एकता (Unity of mankind) उनके जीवन का सबसे बड़ा आदर्श था। 1922 में भारतीय रिनेसाँ पर दिये गये उनके भाषण में कहा था—अकेला मनुष्य बड़ा निरर्थक है क्योंकि एक के भीतर ऐक्य नहीं वह बहु को नाना को लेकर जो एकता है वही वास्तविक एक है। यही पश्चिम को पूर्व का सन्देश है। विश्व की सारी जातियों के बीच मानवीय एकता के स्वर की उद्घोषणा है—उपनिषद् की वाणी को उद्धृत करते हुए उन्होंने इसे स्पष्ट किया था। यस्तु सर्वाणि भूतानि आत्मन्येवानुपश्यति सर्वभूतेषु चात्मानं ततो न विजगुप्सते। जो सब प्राणियों को अपने में ही देखे और अपने को सब प्राणियों में वह न तो किसी को तुच्छ मानता है न ही किसी से घृणा करता है।

'गीतांजलि' की रचना सन् 1911 में, उसके एक साल पहले 'गोरा' उपन्यास की रचना हुई थी जिसमें नायक की साम्प्रदायिकता, फ़िरकापरस्ती तथा धार्मिक कट्टरता से मानवतावादी आदर्शों की ओर बढ़ने की लम्बी यात्रा की कहानी है

जो भारतीयता की मूल कड़ी है। वैचित्र्य के बीच से भारत की एकता को देखने की साधना है।

स्वाधीनता (Modernity is freedom of mind) और मानवीय एकता उनके जीवन के मूल स्वर थे जो भारत के Civilizational Values की दो महत्त्वपूर्ण कड़ियाँ हैं। जीवन के प्रारम्भ में उन्हें यूरोपीय cilivilzed values द्वारा प्रभावित भारतीयता का यह उपनिवेशवादी स्वर आशंकित कर रहा था। तब उन्होंने कहा था :

अरे आँखे खोलकर देखो।
सोचकर देखो।
तुम लोग हो कौन
तुम्हारा भी एक इतिहास है।
कुल वैभव है।
महत्त्व है।

कवि को यह दुःख है कि भारतवासी अपने इस गौरवमय इतिहास को भुलाकर दासता के सुख से चेहरे पर फैली हुई हँसी को लेकर तथा हाथ जोड़कर अपने प्रभु के सामने खड़ा है। उसके पैरों पर लोटकर घृणा से सने हुए अन्न को बीनकर वह अपनी मुट्ठी भरता है और खुशी से अपने घर लौट जाता है। घर में जाकर गर्व करता है कि उसके पूर्व पुरुष आर्य थे जिनसे सारी पृथ्वी थर्राती थी।

उन्हीं दिनों दासता की शृंखला से मुक्त करने के लिए प्रकृति का आह्वान किया गया था। प्रभाव संगीत की कविता 'निझरिर स्वप्नभंग' में रवीन्द्र ने निर्झर की तीव्रधारा से सब तोड़ने की जो कल्पना की थी वह दरअसल दासता से स्वाधीन बनने की चाह की अभिव्यक्ति थी। 19वीं शती के अन्त भाग में इटली के स्वाधीनता मन्त्र के गुरु महाविप्लवी मातसिनी की गुप्त सभा के अनुकरण पर ठाकुर परिवार के ज्योतिरिन्द्र नाथ ठाकुर आदि युवकों ने संजीवनी सभा की स्थापना की थी।

इसी सभा के उपलक्ष्य में रचित रविबाबू का गीत :

"एक सूत्र में सहस्रों मनों को बाँधा है,
एक ही कार्य के प्रति सहस्र
जीवन समर्पित है।"
एक सूत्रे बांधियाछि
सहस्रटि मन,
एक कायो सँपियाछि सहस्र जीवन।

सन् 1905 के बंग-भंग आन्दोलन के समय उनके द्वारा रचे गये और एक गीत :

एबारतोर मरा गाँगे बान एसे छे।
ज्य माँ बले मासा तरी

इस बार तेरी सूखी नदी में बाढ़ आयी है। माँ की जय का नारा लगाते हुए अपनी नाव खेना शुरू करो।

राजेन्द्र सुन्दर त्रिवेदी—इस गाने को सुनकर नाव खेने की बात तो दूर रही, गंगा में कूदने की इच्छा होती थी। अब रवीन्द्र के गीत हरेक की ज़ुबान पर सुनाई पड़ने लगे। अचानक वे लोककवि हो गये। फाँसी के तख्ते पर चढ़ने जाने वाले नवयुवक अब मरने से पहले उनके गीत गाते हुए सुनाई पड़ते। रवीन्द्र ने अपने गीतों में militancy का स्वर भरना शुरू कर दिया था :

ओदेर बाँधन जतइ शक्त हबे
तोदेर यतइ आँखि रन्त हबे बाँधन टूटबे
मेदेर ततइ
ततोइ मोदेर आंखि फूटबे
उनके बन्धन जितने सख्त होंगे
उनकी आँखें जितनी लाल होंगी,
उतनी ही हमारी आँखें खुलेंगी
हमारे बन्धन टूटेंगे।

सन् 1906 में प्रौढ़ उम्र के विपिन चन्द्र पाल लाठी घुमाते हुए पुलिस की टुकड़ी को नेतृत्व देने वाले सुपरिंटेंडेंट के घोड़े की लगाम को पकड़कर रोकते हुए इसी गीत को गा रहे थे।

उन्हीं दिनों कलकत्ता टाउन हॉल में कवि ने एक लेख पढ़ा था—'अवस्था और व्यवस्था' जिसमें उन्होंने स्पष्ट शब्दों में समानान्तर प्रशासनिक व्यवस्था की स्थापना की बात कही थी :

कहा : विधाता की रुद्र मूर्ति
हमारी रक्षा कर सकती है।
भिक्षा नहीं चाहिए—
आघात करो।

सन् 1907 में लिखी गयी उनकी कविता 'सुप्रभात' में बंग-भंग आन्दोलन की चरम परिणति सशस्त्र विप्लव का संकेत है। परन्तु उसी समय द्रुतगति से उनका मन बदलने लगा था। बंग-भंग आन्दोलन से वे 1906 में ही अलग हो गये थे

क्योंकि आन्दोलन ने साम्प्रदायिक रूप ले लिया था। वे इसी तरह की संकुचित विचारदृष्टि से जुड़े चिन्तन के पक्ष में नहीं थे। सन् 1909 में प्रकाशित 'गोरा' के नायक के स्वर में उनके मन में सँजोया हुआ स्वाधीनता और मानवीय एकता का स्वर ही उन्होंने प्रकट किया है : मेरे लिए मेरे देश से बड़ा कुछ नहीं–समग्र भारत के दुःख-सुख, ज्ञान-अज्ञान से मैं परे नहीं हूँ–मैं भारत वर्षीय हूँ। मेरे भीतर हिन्दू-मुसलमान बसे हुए हैं। भारत की सारी जातियाँ मेरी जाति है। यही भारत की प्राचीन बहुलवादी दृष्टि है यही भारत का देश प्रेम जो सारे विश्व को अपने में समेट लेता है जहाँ संकुचित देश प्रेम के लिए कोई स्थान नहीं है।

रवीन्द्र ने स्पष्ट कहा था :

We have missed the character of India as one related to the world. We have in our action of thought given a description if India which is narrow and faded.

यह बात ऐसे ही नहीं कही जा रही है–यही भारत का प्राचीन स्वर है–भारत की भारतीयता है–

अथर्ववेद के पृथ्वीसूक्त में कहा गया है :

जनं बिभ्रती बध्या विवाचसं नाना धर्माणां पृथ्वीं यथौकसम्

नाना धर्म वाले एवं विविध भाषाओं को बोलने वाले मनुष्यों को यह पृथ्वी एक ही घर की तरह धारण करती है।

सन् 1920 में रवीन्द्र ने स्पष्ट कहा था :

ब्रिटिश सरकार के विरुद्ध यदि सम्पूर्ण जनता के द्वारा विद्वेष भाव प्रदर्शित करने पर ही भारत में एकता की प्रतिष्ठा होगी तो जैसे ही विद्वेष भाव का कारण समाप्त हो जायेगा विद्वेष ख़त्म हो जायेगा और कृत्रिम एकता भी खत्म हो जायेगी। और तब विद्वेष भाव के प्रसार के लिए दूसरा Target ढूँढ़ा जायेगा।

हुआ बिल्कुल यही क्योंकि सन् 1905 के छोटे विभाजन के स्थान पर वर्षों के भीतर एक बड़े विभाजन को हमने स्वीकार कर लिया–हालाँकि यह भूलना सही नहीं होगा कि देशभक्ति के नाम पर उस सब लोगों की इस तरह की विचारदृष्टि के प्रति कोई आस्था नहीं थी और भारतीय मध्यवर्ग के द्वारा परिचालित भारतीय राजनीति, संस्कृति में उसका कोई स्थान नहीं था। आधुनिक भारतीयों ने टैगोर के देशभक्ति के विचार को कभी स्वीकार नहीं किया। यहाँ तक कि जन-गण-मन को जॉर्ज पंचम के सम्मान में लिखा गया गाना कहकर उसका विरोध किया। वह विरोध 29 मार्च 1939 को पुलिन बिहारी सेन को लिखे गये पत्र में लिखा गया था :

I should only insult myself if I care to answer those who consider me capable of such unbounded stupidity as to sing in praise of Gearge the 4th or the 5th as the eternal charioteer (चिर सारथी) beading the pilgrims on their journey (अन्तर्यामी पथ परिचायक) through countless ages of the timeless history of mankind (पतन अभ्युदय बंधुर पन्था युग-युग धावित यात्री)।

रवीन्द्र के आलोचकों ने यह सही सोचा था कि यह राष्ट्रगीत एक ऐसे राष्ट्र का हो सकता जो भारतीय सभ्यता पर आधारित है, न कि भारतीय Nation-state पर जो उत्तराधिकारी सूत्र में भारतीयों को British-Indian Empire से प्राप्त है।

परन्तु जो बात महत्त्वपूर्ण है कि देशभक्ति और राष्ट्रवाद का रवीन्द्र के द्वारा किया गया पाठान्तर अब कितना प्रासंगिक लगने लगा है। राष्ट्रवाद के नाम पर Ethnic Nationalism के प्रसार के कारण दो महायुद्ध घटित हो गये। भारत में राष्ट्रवाद Ethnic Politics में तब्दील होकर नाना प्रकार की अशान्ति फैलने लगी है।

राष्ट्रवाद के नाम पर आतंकवाद का प्रसार हो रहा है। एशिया और अफ्रीका के तीसरी दुनिया के देशों में लगातार मित्रता का सिलसिला जारी है। उपनिवेशवाद और जातिवाद के विरुद्ध राष्ट्रवाद के नाम पर अफ्रीकी देशों की लड़ाई का परिणाम है कि अब ये देश भ्रष्टाचार, उद्दण्डता और नृशंसता में अग्रणी माने जाने लगे हैं।

पश्चिम अब सोचने लगा है कि क्या Nation-state सही है। राष्ट्रवाद अब एक अन्धकारमय, Elemental, Unpredictable कोई आदिम शक्ति है जो आज के सन्दर्भ में बेमानी है। जो अनुशासित, शान्त, सभ्य जीवन के लिए संकटपूर्ण है।

रवीन्द्र के राष्ट्रवाद का एक और आधार था Classical Sanskrit Tradition (शास्त्रोन्मुख संस्कृत परम्परा) जो पश्चिमी नवजागरण के क्लासिकी ज्ञान के पुनर्जन्म की तरह नहीं था। दूसरा आधार था समाज के एक Humanist Social Critic का रवीन्द्र ने कहा था :

हिन्दू सभ्यता के मूल में समाज है। सन् 1904 में टैगोर ने स्वदेशी समाज निबन्ध लिखा था और 25 वर्षों के बाद और एक निबन्ध में उसकी ताईद की थी। उनका कहना था कि राष्ट्र प्रधान देश में राष्ट्रतन्त्र के भीतर देश का मर्मस्थान विशेष रूप से आबद्ध रहता है। समाज प्रधान देश का प्राण सर्वत्र व्याप्त रहता है। पाश्चात्य राज्य शासन में भारत को यहाँ आघात मिला।

गाँव-गाँव में उसका जो सामाजिक स्वराज परिव्याप्त था राज्य शासन ने उस पर अधिकार कर लिया। हमारी स्व-आत्मनिर्भरशीलता को ख़त्म कर दिया, हर वस्तु के लिए हम सरकार की कृपा की प्रतीक्षा करते रहे और आत्मशक्ति ग्रन्थ में कवि ने लिखा भी कि अपने अन्दर की शक्ति को उजागर करो।

समाज को शिक्षादान, स्वास्थ्यदान, अन्नदान, धन-सम्पदादान यह हमारा काम है। इसको व्यापार के रूप में नहीं देखो। इसके बदले में पुण्य और कल्याण के अतिरिक्त और कुछ आशा ही नहीं करनी चाहिए। इस समाज को फिर से पुनर्जीवित करना होगा—गाँव के, समाज के भीतर एक आत्मीय समाज का आदर्श है उसे फिर से जगाना है। मनुष्य के साथ मनुष्य का आत्मीय सम्बन्ध इस देश में राष्ट्रनीति और समाज नीति में हमेशा फासला रहा है। इसीलिए रवीन्द्र ने राजतन्त्र के विरोध में ग्राम में ही भारतीय आदर्श समाज के मूल सूत्रों का प्रत्यक्ष किया था। गाँव को केन्द्र में लाने के लिए रवीन्द्र और गाँधी ने स्वदेशी का पक्ष लिया था। गाँव में ही भारतीय संस्कृति के मूलभूत मूल्यों की प्रतिष्ठा थी। स्व-आत्मनिर्भरशीलता गाँव की खूबी थी—स्वास्थ्य, खाद्य, शिक्षा, मनोरंजन एवं सृजनशीलता गाँव को फिर से पुनर्जीवित करना ही है। क्योंकि वैषम्य में ऐक्य की स्थापना गाँव में ही सम्भव है। गाँव की Community life के माध्यम से Communitarian polity का विस्तार सम्भव है। इसके लिए आवश्यक है प्रेम, पड़ोसियों में भाईचारा, त्याग, नियन्त्रण, स्वनिर्भरशीलता तथा कठोर परिश्रम। राज्य को रवीन्द्र अस्वीकार नहीं करते परन्तु वह निर्णयात्मक एजेंसी नहीं है। राज्य और समुदाय एक-दूसरे के अनुपूरक हैं। यह रवीन्द्र के भारत बोध की भावना है और यह बोध विश्व बोध की भावना से सम्बद्ध है। विश्व को ख़ारिज मत कीजिए उससे केवल अलगावपन की चेतना प्रकट होती है। स्वीकार कीजिए उसमें एकता की चेतना काम करती है। यह रवीन्द्र की वाणी है जिसमें मन की स्वाधीनता और निर्भीक तर्कशीलता की स्वीकृति है।

भारतीय भाषाओं के बारे में 21 जनवरी 1918 में गाँधी ने एक पत्र लिखकर रवीन्द्रनाथ से कहा, इन्दौर में आयोजित हिन्दी सम्मेलन में मुझे बोलने के लिए निमन्त्रण मिला है—मेरे प्रश्न हैं—क्या हिन्दी एकमात्र अन्तरराज्यीय सम्पर्क भाषा है—और राष्ट्रीय कार्यक्रमों की भी भाषा। कांग्रेस के अधिवेशनों में क्या इसका प्रयोग नहीं करना चाहिए। क्या अपनी भाषा माध्यम के रूप में स्कूल, कॉलेज में प्रयोग में नहीं लानी चाहिए—और हिन्दी द्वितीय भाषा के रूप में जनता के साथ सम्बन्ध स्थापन का क्या यही एकमात्र आधार नहीं है। रवीन्द्रनाथ ने लिखा कि आपके प्रश्नों का मैं सकारात्मक उत्तर ही दे पाऊँगा—

Hindi is the only possible national language for interprovincial intercourse in India. National proceedings में इसका प्रयाग होना चाहिए। कुछ समय के लिए प्रतीक्षा करनी होगी। माध्यम के रूप में रवीन्द्र मातृभाषा के बड़े हिमायती थे। वह यूरोपीय स्कूल मास्टरों की अभिभावकता में जीना नहीं चाहते थे। 1903 में प्रकाशित 'व्याधि और प्रतिकार' निबन्ध में कहा था कि विदेशी शिक्षा हमारी आँखों में धूल झोंक रही है—अंग्रेज़ी भाषा करोड़ों भारतीयों से हमें अलग कर देगी।

हिन्दी का यह कर्तव्य है कि भारतीय भाषाओं के विकास और परिवर्द्धन में हाथ बँटाये। हिन्दी एक विशिष्ट भाषा को लेकर जीती है। राजनीतिक प्रभुत्व नहीं दिखाया। अपने कार्य को वैधानिक रूप नहीं दिया। Canonize नहीं Recording की भाषा है—सर्वाधिक अनुवाद 1947 से पहले हिन्दी में किया गया—हिन्दी और भारतीय भाषाओं का विकास ही हिन्दी को पुष्ट और महत्त्वपूर्ण बनायेगा। यह Anti-colonial राष्ट्रवाद के Inner domain का प्रभाव था कि आध्यात्मिकता के साथ अपनी भाषाओं के विकास की ओर भी भारतीयों ने ध्यान दिया।

जवाहरलाल ने कहा था, गाँधी और टैगोर दो अलग-अलग व्यक्तित्व बिल्कुल एक-दूसरे से भिन्न प्रकृति के थे यद्यपि दोनों ही भारत की स्वाभाविक विचार दृष्टि के आधार पर भारत के प्रसिद्ध व्यक्तियों में से थे। कोई एक गुण के कारण नहीं मगर उन सामूहिक गुणों के कारण, और मैंने ऐसा अनुभव किया है, विश्व के प्रसिद्ध व्यक्तियों में से गाँधी और टैगोर मनुष्य के नाते सर्वश्रेष्ठ हैं। टैगोर ने 13 फ़रवरी 1938 को 'संडे स्टेट्समैन' में गाँधी पर एक लेख लिखा था और अन्त में कहा था :

> कदाचित् वे सफल नहीं होंगे, कदाचित् वे फेल हो जायेंगे जैसा कि मनुष्यों को अन्याय, पक्षपात से छुड़ाने में बुद्ध असफल हुए थे, ईसा मसीह भी परन्तु गाँधी हमेशा हर युग में याद किये जायेंगे एक ऐसे व्यक्ति के रूप में जिसने अपने जीवन को एक उदाहरण बनाकर हमारे बीच उपस्थित किया था।

16

आलोचना तथा सौन्दर्य का विमर्श

'समवाय' को पुनः संजीवित करने के लिए भारत भवन, भोपाल के द्वारा आयोजित परिसंवाद का मुख्य विषय 'आलोचक के विमर्श' है। समवाय के परिसंवादों की धुरी हमेशा साहित्यालोचना (Literary criticism) रही है। श्री मनोज श्रीवास्तव ने अपने पत्र में परिसंवाद से सम्बद्ध नाना विषयों पर विचार-विमर्श की आधार भूमि को स्पष्ट करते हुए कहा है कि इन विषयों की प्रस्तुति में केवल समकालीन आलोचना को ही नहीं; बल्कि आलोचना के परम्परा रूपों को भी समाविष्ट करना है और साथ ही आधुनिक जीवन की चुनौतियाँ और आधुनिक रचना की प्रतिश्रुति के साथ पारम्परिक आलोचना-विमर्श की संगति की पड़ताल को भी विवेच्य विषय बनाना है।

आलोचना का विमर्श

पहले 'विमर्श' के अर्थ को समझ लें। यदि हम अभिनवगुप्त के द्वारा स्वीकृत विमर्श के अर्थ को स्वीकार करें तो उसकी तीन विशेषताओं की बात करनी होगी :

1. विभेदन-विमर्श विभिन्न उत्पत्तियों के बीच के अन्तर को स्पष्ट करता है (Differentiation)।
2. सुस्पष्ट संज्ञान (Articulation)। तथा
3. स्वचिन्तन का सबके साथ अन्तःसम्बन्ध (Interconnecting Self Reflection)।

अभिनवगुप्त ने तन्त्रलोक में सबसे अधिक महत्त्व सुस्पष्ट संज्ञान को दिया है जिससे सब कुछ प्रकाशित तथा बुद्धिगम्य होता है। दर्पण वस्तु को प्रकाशित करता है मगर प्रतिफलित वस्तु एक रूप और जड़ होती है। उसमें वस्तु के अन्तर्निहित प्रतीयमान रूप के अतिरिक्त दूसरे रूपों को प्रकट करने की शक्ति

नहीं होती। यह काम विमर्श करता है। नाना रूपों या अर्थों में से किसका चुनाव करें या न करें, किस अर्थ को ग्रहण करें या न करें यह स्वाधीनता विमर्श के द्वारा हमें प्राप्त होती है। यहाँ विमर्श का अर्थ है, सचेतन होना, दो बार सोचना।

अभिनवगुप्त ने विमर्श के सम्बन्ध में और एक महत्त्वपूर्ण बात कही है। मानवीय सचेतनता के लिए आवश्यक दो प्रक्रियाएँ हैं : वैकल्पिक सम्भावनाओं पर विचार करते हुए आगे बढ़ना और अन्ततः या तो यह मुक्त चुनाव करने की सशक्त प्रक्रिया (Empowering activity) में बदल जाती है या फिर, सन्देह प्रकट करने की दुर्बल प्रक्रिया में जिसके परिणामस्वरूप आलोचक 'सेफ प्ले' करने लगते हैं और माइल्ड अंडरअप्रुवल से काम चला लेते हैं, मौक़ा भी निभ जाये, बैक फायर भी न करे। विमर्श का अर्थ है, निश्चत्यामक दृढ़ निर्णय (Certitude and assertive judgement)। सन्देह प्रकट करना केवल एक दुर्बल प्रक्रिया नहीं है। न्याय शास्त्र में विमर्श का अर्थ है, सन्देह प्रकट करना : "विशेषपेक्षो विमर्शः संशयः" नयी-नयी बहस को जन्म तभी मिलता है जब पहले को लेकर सन्देह आ जाता है। यह विचारों की पेंडुलम गति है और तभी जाकर नये अर्थ उभर पाते हैं। विमर्श सन्धि नहीं सन्धान है जहाँ हर तरह के चुनावों के लिए रास्ते खुले होते हैं और होने लगते हैं।

आलोचना के विमर्श के अन्तर्गत अब विचारधारात्मक विकास को गति देने का समय आ गया है। यह आम तौर पर कहा जाता है कि हिन्दी में सिद्धान्त (Theory) आलोचना विकसित नहीं हो पायी। अगर विकसित नहीं हो सकी तो उसका एक ऐतिहासिक कारण है। मध्ययुगीन भारतीय भाषाओं में सैद्धान्तिक विवेचन के अभाव को किसी ने संकट (Crisis) के रूप में स्वीकर नहीं किया। इसके मूलतः दो कारण थे :

1. भाषा विद्वानों में, सबके पास संस्कृति का पूरा ज्ञान था इसलिए अलग से अपनी-अपनी भाषाओं में काव्यशास्त्रीय सैद्धान्तिक विवेचना की आवश्यकता किसी ने महसूस नहीं की। इससे एक नुक़सान यह पहुँचा कि Sustained theoretical formulation में अन्तराल आ गया। 11वीं शती के हेमचन्द्र का 'काव्यानुशासन' इसका बड़ा उदाहरण है। उन्होंने काव्यशास्त्र को गुजराती भाषी दहलीज़ पर लाकर खड़ा तो कर दिया मगर संस्कृत में।
2. साहित्य में बहुभाषिकता का प्रवेश हो चुका था। विश्वनाथ 'प्रशान्ति रत्नावली' कविता में 16 भाषाओं का प्रयोग कर चुके थे। इसलिए संस्कृत को छोड़ कर दूसरी भाषाओं में काव्यशास्त्र की रचना को

प्राथमिकता देने की बात को किसी ने महत्त्व नहीं दिया। मगर सैद्धान्तिक के स्थान पर व्यावहारिक आलोचना फैलने लगी थी। राजशेखर व्यावहारिक आलोचना के नौ उपभागों का उल्लेख कर चुके थे : सूत्र, कारिका, व्याख्या, वृत्ति, भाष्य, टीका, मीमांसा, समीक्षा, शास्त्र। इससे व्यावहारिक आलोचना को बल मिला। तुलसी, ज्ञानेश्वर आदि सभी ने सृजनात्मक काव्य सृष्टि में इस पक्ष को उजागर किया। इन सभी ने नयी सशक्त साहित्यिक परिपाटियों की नींव रखी, नयी शैलियों का आविष्कार किया, छन्द की विशद व्याख्या की और भाषा के दर्शन का विवेचन किया और साथ ही रीडरशिप का विश्लेषण किया। और यह सब उस समय के लिहाज से असाधारण प्रगतिशील था।

ऐसी बात नहीं कि काव्यशास्त्रीय सैद्धान्तिक विवेचन की ओर किसी ने ध्यान नहीं दिया। अल बरूनी 'तवारीख़' (16वीं शती) में फ़ारसी काव्य के व्याज से इतिहास-विज्ञान की व्याख्या तथा व्यावहारिक आलोचना के सुस्पष्ट उदाहरण प्रस्तुत किये गये। तमिल के 'तोलकाप्पियम' में व्याकरण विवेचन तथा रीतिकालीन व्यावहारिक काव्यसमीक्षा को किसी भी दृष्टि से महत्त्वहीन नहीं कहा जा सकता। पिछले 150 वर्षों में आलोचना का आलोचना की संस्कृति के एक हिस्से के रूप में जो विकास हुआ उसके पीछे कारण विश्वविद्यालयों में साहित्य शिक्षा का संस्थानिकीकरण है जिसके परिणामस्वरूप विश्वविद्यालयों में साहित्य का अध्ययन शुरू हुआ और आलोचनात्मक अवधारणाएँ, औज़ार, परिप्रेक्ष्य उपनिवेशवादी शासकों से उधार में लिए जाने लगे और हम संस्कृत की साहित्यिक सैद्धान्तिक परम्परा से हटकर तथा बीच की भाषिक सैद्धान्तिक परम्परा से कटकर सीधे पाश्चात्य साहित्य परम्परा में आ गये और हमारी पूरी चिन्तनधारा में फाँक रह गया और रवीन्द्रनाथ टैगोर को कहना पड़ा :

Modernity is not tutelage of the West but freedom of mind और हमारा पाश्चात्य से सम्बन्ध दुर्भाग्यवश सोपानिक बन गया : हम ग्राहक और पाश्चात्य प्रदाता। मगर प्रतिरोध नहीं हुआ ऐसी बात नहीं। कुमार स्वामी, श्री अरविन्द और रवीन्द्रनाथ टैगोर ने संस्कृत चिन्तनधारा की गहराई से उद्घाटन करते हुए अपनी बातें रखीं। श्री अरविन्द ने रस को आस्वाद रूप में नहीं सृजनात्मक प्रक्रिया के स्वरूप को समझाने के लिए प्रयोग किया। इसी तरह पाश्चात्य काव्य वर्गीकरण के स्थान पर रवीन्द्र ने काव्य के केवल दो भाग किये :

एक प्रकार का काव्य अकेले कवि की रचना होती है जो अपनी जीवन की अभिज्ञता के माध्यम से विश्वमानव के चिरन्तन हृदयावेग और जीवन की मर्मगाथा को प्रकट करता है। दूसरे महाकवि होते हैं जो अपनी रचना के माध्यम से एक समग्र देश, एक समग्र युग, आपके हृदय, आपकी अभिज्ञता को व्यक्त करके मानव की चिरन्तन सामग्री बनाते हैं। यह सोचना ठीक नहीं होगा कि इसकी कोई परम्परा नहीं थी। रस विवेचन में सबसे पहला paradigm shift आया जब भोज ने कहा कि संचारी भाव से भी रसास्वाद हो सकता है। भोज ने 'समरांगन सूत्र' के नाम से स्थापत्य शिल्प पर एक पुस्तक लिखी थी और यह अनुभव किया था कि इन कलारूपों के रसास्वाद में विभावादि रसप्रपंच की आवश्यकता नहीं है क्योंकि किसी शिल्पकला में इन्हें ढूँढ़ना असम्भव है इसलिए केवल संचारी भाव से ही रसास्वाद सम्भव हो पाता है। और पण्डितराज जगन्नाथ ने विभाव को भावना में रूपान्तरित कर भाव का पर्यवसान रस में नहीं दिखाकर रमणीयता में दिखाया है :

रसः रमणीयताम् आवहति।

आलोचना के विमर्श में दलित तथा ग्रामीण साहित्य को अन्तर्भुक्त करना आवश्यक है। दलित प्रतिरोध का साहित्य है और ग्रामीण में भारत का विशाल मौखिक साहित्य छिपा है। इस literary heterodoxy को स्पष्ट करने के लिए हमें नये काव्यशास्त्र को जन्म देना पड़ेगा और भारत की जो साहित्य-सिद्धान्त परम्परा है उसे निरन्तरता में आँकते हुए मध्ययुगीन भाषा के साहित्य चिन्तन को उसमें जोड़ना पड़ेगा—तभी नैरन्तर्य का पता लग पायेगा और आलोचना के विमर्श को पूर्णता मिल पायेगी। इस प्रक्रिया में खुले मन से सन्तुलित ढंग से विचारों के स्वराज को स्वीकारना होगा।

सृजनात्मक होने के लिए हमें आलोचनात्मक होना है—अपने बारे में भी और बाहर से आयातित सामग्री के बारे में भी। घिसे-पिटे, सम्मिश्रित चिन्तन नहीं जीवन्त विचारों के आश्रय से यह काम करना होगा। इसमें एक ओर चिन्तनहीन रूढ़िवादिता से बचना है तो दूसरी ओर काल्पनिक प्रगतिशीलता से भी। बिना जड़ की वैश्विकता उत्तर नहीं है, प्रत्येक जीवन मूल्ये के प्रति आलोचनात्मक होने पर ही सही रास्ता निकलेगा। बाज़ार के हथकण्डों को इस्तेमाल किये बिना सच्चाई से विमर्श को आगे बढ़ाना है। आलोचना की यह एक लोकयात्रा है परन्तु इस यात्रा में जैसे कि अभिनवगुप्त ने 'ईश्वर प्रत्यभिज्ञा विमर्शनी' में कहा है हमें अपने संवित (Awareness) को सचेतन रखना होगा, किसी एक निश्चित लीक को स्वीकार कर अपने को जड़ नहीं बनाना है तभी जाकर स्वतन्त्र या मुक्त

स्व-चिन्तन (Self reflexivity) सम्भव हो पायेगी जो आलोचना के विमर्श का महत्त्वपूर्ण आधार है।

सौन्दर्य का विमर्श

सौन्दर्य विमर्श केवल साहित्यालोचना के क्षेत्र तक ही सीमित नहीं है। दर्शन, कला तथा समाज विज्ञान आदि तक इसका प्रसार है। भारत में काव्यशास्त्र के समान अलग से सौन्दर्य-बोध शास्त्र की स्थापना नहीं हुई परन्तु काव्य, शिल्प, चित्र, मूर्ति, संगीत, नाटक आदि की आलोचना के प्रसंग में और विविध आगमों में 'चरम सुन्दर तत्त्व' की महिमा बताने के बहाने इसकी चर्चा होती अवश्य रही है (हज़ारी प्रसाद द्विवेदी, लालित्य तत्त्व, प्रस्तावना)। भारत की तरह पाश्चात्य में भी प्रारम्भ में छिटपुट ढंग से सौन्दर्य का विवेचन होता रहा। प्रथम शताब्दी तक पहुँचते-पहुँचते रोमी कला आचार्य लांजाइनस ने उदात्त तत्त्व (sublime) की प्रतिष्ठा की जो सौन्दर्य से (The sublime emerges in its difference to the beautiful) स्वतन्त्र रूप से प्रतिष्ठित होने के बावजूद सौन्दर्यानुभूति के रूप में दोनों पर इकट्ठे विचार-विवेचन होता रहा। इस विवेचन में सौन्दर्यानुभूति को आनन्दात्मक तथा उदात्त की अनुभूति को दुर्दमनीय (Overwhelming), विस्मयकारी (Awesome) और भावविभोरात्मक माना गया और गुणवत्ता की दृष्टि से सौन्दर्य से अधिक मूल्यवान स्वीकृत हुआ क्योंकि यहाँ भावविभोर करने वाले आनन्द की प्रतीति होती है जो सौन्दर्यानन्द से अधिक महत्त्वपूर्ण है।

वस्तुतः पाश्चात्य कला विवेचन में 18वीं शती में सौन्दर्यबोध शास्त्र की स्थापना से सौन्दर्य विमर्श के नये दिगन्तों का उद्घाटन हो सका और निरपेक्ष तत्त्व रूप में (1) सौन्दर्य, (2) कलाकार को ध्यान में रखकर कृत्ति-अभिमुखी सौन्दर्यतात्त्विक वृत्ति (Aesthetic attitude) तथा अन्ततः (3) सहृदय के द्वारा सौन्दर्यबोधानुभव (Aesthetic experience) का भी विस्तार से विचार-विमर्श शुरू हुआ।

भारतीय सन्दर्भ में विविध आगमों में 'चरम सुन्दर तत्त्व' की महिमा की चर्चा अवश्य होती रही जिसको पण्डित हजारी प्रसाद द्विवेदी ने द्रष्ट-सापेक्ष कहा यानी आन्तरिक शुद्ध दृष्टि जिससे तत्त्व का साक्षात्कार किया जाता है। परन्तु 'सुन्दर' एक समग्र भाव की अनुभूति है (द्विवेदी) अतएव आलोचना यानी साहित्यालोचना के क्षेत्र में जीवन से काटकर मात्र अनिर्वचनीय सौन्दर्य के रूप में ही इसकी चर्चा नहीं हुई हालाँकि सौन्दर्य की विवेचना दार्शनिक धरातल पर distinct entity के

रूप में हुई परन्तु कला के सन्दर्भ में सौन्दर्य का विवेचन जीवन से जुड़कर ही करना उचित माना गया।

यहाँ रामचन्द्र शुक्ल के द्वारा उठायी गयी इस बात को स्पष्ट करने की आवश्यकता आ पड़ती है जहाँ उन्होंने कहा था कि सुन्दर काव्यानुभूति के स्वरूप को संकुचित करता है और प्रत्येक कविता का ग्रहण सौन्दर्यानुभूति के रूप में नहीं होता। दरअसल इस प्रसंग में सौन्दर्य से जुड़े उस शास्त्र की ओर उनका ध्यान था जिसको पश्चिम में कलावाद (Aestheticism) का पर्याय माना जाता है और जिसकी चरम परिणति क्रोचे के अभिव्यंजनावाद में हुई थी। आई. ए. रिचर्ड्स ने 'The Phatom Aesthetic State' नामक निबन्ध में कलावादियों का खुलकर विरोध करते हुए यह कहा कि मानव-जीवन के सन्दर्भ में कलानुभूति को एक मूल्य प्रदान करने की आवश्यकता होती है।

ज़ाहिर है कि सौन्दर्य-बोधानुभव केवल विलक्षण काव्यात्मक सन्दर्भ (Unique poetic context) अर्थात् केवल दर्पण या मुकर ही नहीं है, बल्कि उसमें 'सांस्कृतिक शक्तियों का विलक्षण'–(Unique context of cultural forces) सन्दर्भ अर्थात् वातायन भी शामिल है। इसीलिए जैसे कहा गया है जीवन से काटकर काव्य और कला विवेचन में अनिर्वचनीय सौन्दर्य की बात हो ही नहीं सकती।

इस सौन्दर्य की सृष्टि में भी, हमारे काव्यशास्त्रियों ने विभाव की ज़रूरत पर बल दिया है। विभाव जगत और जीवन का अर्थात् वस्तु का कवि के अपूर्व प्रतिभान (vision) के द्वारा अनुकरण है। अनुकरण पश्चात्करण होने पर भी करण ही तो है; इस कारण व्यापार में वस्तु का अभिनव संस्करण प्रकट होता है। वस्तु का यह अभिनव संस्करण गुणात्मक मूल्य के अनुप्रवेश से सम्भव होता है और वही सौन्दर्य है।

भामह (600-700 ईसवी), दंडी (600-700 ईसवी), रुद्रट (850 ईसवी) ने अलंकार को गुणात्मक मूल्य मानते हुए उसे सौन्दर्य कहा : 'सौन्दर्यमलङ्कारः'।

काव्यशरीर को, वस्तु को अपने-आप में पहले सुन्दर होना होगा। शकुन्तला की तरह 'मधुराणां मंडनम्' फिर अलंकार के द्वारा वह सौन्दर्य अधिक आकर्षक बन जाता है।

काव्य के लिए भामह ने 'कान्तिमुखी वनिता' को जो दृष्टान्त दिया, उससे स्पष्ट होता है कि वे सौन्दर्य की दो कोटियाँ मानते हैं :

पहली प्रकृत सौन्दर्य, जो वस्तु (शब्द) का आवश्यक धर्म है और दूसरा, ग्राह्य या प्रदत्त, जो कौशलजन्य है अर्थात् अलंकार है।

उनके अनुसार प्रदत्तकौशल (अलंकार) के बिना प्रकृत कान्ति अर्थात् मूल वस्तु का **विभावन** नहीं होता।

अलंकार कोई नया सौन्दर्य उत्पन्न नहीं करता वरन् प्रकृत सौन्दर्य को अधिक समर्थ बना देता है :

काव्यशोभाकारान् धर्मान्लंकारान् प्रचक्षते।।

रीति आचार्य वामन (800 ईसवी) ने अलंकार को शब्दार्थ का साधन मानते हुए उसे अस्थिर धर्म माना। अलंकारों से विहीन काव्य शरीर सुन्दर हो सकता है परन्तु गुणविहीन होने पर वह चाहे कितना ही अंलकार-प्रचुर क्यों न हो जाये, सुन्दर नहीं हो सकता। गुण आन्तरिक होते हैं।

अतः सौन्दर्य गुणविवेक से वस्तुगत होने के साथ-साथ आत्मगत होता है। बाद में कुन्तक (925-1025 ईसवी) ने सौन्दर्य को पूर्णतः आत्मगत सिद्ध कर दिया। कुन्तक के अनुसार :

> 'रमणीयता' में बाह्य सौन्दर्य तथा आन्तरिक अर्थ-चमत्कार दोनों का 'अनिवार्य सहभाव' है। यह भामह कृत 'कोरा सहित' भाव नहीं, शब्दार्थौ सहितौ काव्यम् नहीं, इनका 'सहभाव' या 'सहित भाव' 'वक्रोक्ति' से पुष्ट होता है।

इसका मतलब यह हुआ कि शब्दार्थ केवल सौन्दर्य धारण के सहायक हैं; सौन्दर्य तो (1) कलाकार के कौशल से उत्पन्न चमत्कार, तथा (2) सहृदय या प्रेक्षक के आह्लाद में स्थित है। Inner essence को केवल सहृदय ही देख पाता है और आह्लादित होता है।

अतः सौन्दर्य में एक ओर कविव्यापारजन्य 'कौशल' तथा दूसरी ओर सहृदय-अनुभूतिजन्य 'आह्लाद' आत्मस्थ है। अलंकार, गुण, वक्रोक्ति आदि कलाकार के कौशल से उत्पन्न चमत्कार है जो कवि वस्तु का अभिनव संस्करण प्रकट करते हैं। परन्तु कौशल की यह सारी क्रिया कवि की कल्पना जगत की सत्ता होने पर भी वह जगत से कटा हुआ नहीं है।

दरअसल सन् 1735 में जब एलेक्ज़ेंडर बुमगार्टन ने एस्थेटिक्स शब्द का प्रयोग किया तब उसका अर्थ था—इन्द्रिय ग्राह्य प्रतीति—The Science of Sensory Consciousness। बाद में इसका अर्थ हो गया The Science and Philosophy of Fine Arts। हालाँकि कला की प्रकृति का अध्ययन एवं विश्लेषण की परम्परा काफ़ी प्राचीन है मगर यूनानी-रोमी काव्यशास्त्र की सहायता से 18वीं शती में इसका पुनराविष्कार हुआ।

समय के साथ-साथ लोगों ने यह अनुभव करना शुरू किया कि कला का सबसे महत्त्वपूर्ण तत्त्व उसका सौन्दर्य है। वस्तुतः कला सौन्दर्य की अभिव्यक्ति करता है एवं कलानुभूति सौन्दर्य की एक आनन्दात्मक अनुभूति है और परिणामस्वरूप सौन्दर्य (सौन्दर्य-मीमांसा) को एक महत्त्वपूर्ण तत्त्व के रूप में जाना जाने लगा और Aesthetic का अर्थ Nature of arts से Nature of beauty अर्थात् The Science and Philosophy of Beauty में बदल गया। बोमगार्टन से बोसांके तक एस्थेटिक्स का यह अर्थ परिवर्तनपूर्ण हो जाता है।

भारत में प्राचीन काले से ही अलग अनुशासन अथवा सौन्दर्यबोध शास्त्र के स्थान पर छिटपुट ढंग से सौन्दर्य पर गहन विचार हुआ है और शंकुक के बाद रसवादियों के कारण काव्यात्मक या रसात्मक अनुभूति को सौन्दर्य एवं आनन्द की अनुभूति के रूप में स्वीकरा गया।

विश्वनाथ की 'वाक्यं रसात्मकम् काव्यम्' अथवा जगन्नाथ की 'रमणीयार्थः प्रतिपादकः शब्दः काव्यम्' जैसी काव्य परिभाषाएँ इसी ओर ही इशारा करती हैं।

भारतीय सन्दर्भ में भाव और रूप के विशेष तादात्म्य की अनुभूति में सौन्दर्य निहित रहता है। यह तादात्म्य एक अनिर्वचनीय अनुभूति प्रदान करता है।

शब्द और अर्थ के मात्र तादात्म्य से सौन्दर्य प्रकट नहीं होता मगर अंगों का, जैसे रूप गोस्वामी कहते हैं, 'यथोचित सन्निवेश' आवश्यक है। रूप गोस्वामी दो शब्दों का और प्रयोग करते हैं : 'सुश्लिष्टः' तथा 'सन्धिबन्ध'। यह सब Proper Arrangement of Various Elements का ही संकेत देते हैं जिससे विस्मय और संवेग की अनुभूति होती है अर्थात् Shock तथा Wonder की युगपत् प्रतीति होती है।

यथोचित सन्निवेश में अलंकार, रीति तथा वक्रोक्ति के आश्रय से भाषा के विशिष्ट प्रयोग का समायोजन, जिसे प्रागस्कूल वाले Foregrounding कहते हैं, और जिससे विस्मयामुग्ध अनुभूति होती है।

मगर यह सौन्दर्यनुभूति मात्र Orderly Arrangement of the Sturcture अथवा रूप एवं भाव के अन्तःसम्बन्ध पर ही निर्भर नहीं, जैसे कहा जा चुका है अनूठे Unique Poetic Context विलक्षण काव्यात्मक सन्दर्भ तथा सांस्कृतिक शक्तियों के विलक्षण काव्यात्मक सन्दर्भ पर भी निर्भरशील है।

अतएव सौन्दर्य की अवधारणा इन तीनों पर निर्भरशील होने के कारण आचार्य द्विवेदी इस सामग्र भाव की अनुभूति मानते हैं।

परन्तु सौन्दर्यानुभूति की पूरी संरचना को सम्पूर्णता प्रदान करने वाला तत्त्व दर्शक, श्रोता या सहृदय/प्रेक्षक/सुमनस का अपना परिप्रेक्ष्य (Perspective)

होता है यानी ध्वनि जिससे कृति का सौन्दर्य उद्घाटित होता है। यानी विषय के साथ विषयी का सम्बन्ध सौन्दर्य को प्रकट करता है। पहले सहृदय के द्वारा Decoding होती है जिससे काव्य का अभिधात्मक अर्थ समझा जाता है। उसके बाद Recording जब उसमें नये अर्थ का सहृदय आविष्कार करता है और यह अर्थ हरेक के लिए अलग हो सकते हैं। यही विषय के साथ विषयी का सम्बन्ध है। कला की दृष्टि से सौन्दर्यबोध की प्ररेणा से सौन्दर्यबोध के आस्वाद के लिए कला को जन्म मिला है।

सुरेन्द्रनाथ दास गुप्त का यही कहना है कि सौन्दर्यबोध की प्ररेणा अर्थात् विषय एवं सौन्दर्यबोध का आस्वाद अर्थात् विषयी Identical होते हैं। (Aesthetic appreciation of beauty is identical with the creation of beauty)। सहृदय के आस्वाद का आधार ध्वनि यानी Consciousness of the viewer या उसका अपना Perspective है जिसकी सहायता से कृति में नये अर्थ और परिणामतः सौन्दर्य उद्भासित हो उठता है।

सहृदय से सम्बद्ध सौन्दर्यानुभूति के पीछे दो और महत्त्वपूर्ण तत्त्व क्रियाशील रहते हैं :

1. विषय और विषयी के तादात्म्य से उत्पन्न सौन्दर्य का उल्लेख करते हुए विश्वनाथ और बुलो ने यह स्पष्ट किया है कि इन दोनों के बीच साथ ही एक कलात्मक दूरी के बने रहने से विषयी का आस्वाद ग्रहण सम्भव होता है–यह विरोधाभास सौन्दर्यबोध का आधारबिन्दु है। सहृदय पूर्णरूप से तादात्म्य करता है और नहीं भी करता है क्योंकि सौन्दर्यानुभूति के समय तादात्म्यीकरण स्वीकृत नहीं होता तो अस्वीकृत भी नहीं होता। विश्वनाथ का कहना है :

"परस्य न परस्येति ममेति न ममेतिच" : कभी लगता है पर का है यानी तादात्म्य नहीं है, कभी लगता है मेरा ही है, तादात्म्य है। विषय और विषयी के बीच यह विरोधाभास नाटक की एक दुर्भेद्य पारदर्शी चौथी दीवार की तरह मौजूद रहता है जो सहृदय को वस्तु से अलग कर देता है परन्तु पारदर्शिता के कारण अलग लगता भी नहीं। वस्तुतः यह तादात्म्य सचेतन तादात्म्य होता है (विश्वनाथ जिसे 'चैतन्य तन्मयता') कहते हैं। यह दूरी Distance ही सहृदय की Perspective है, ध्वनि है और यह स्पष्ट हो जाता है कि सहृदय का परिप्रेक्ष्य ध्वनि ही है जिससे 'अर्थ' प्रकट होता है और सौन्दर्य की अनुभूति होती है। यह आत्मगत अनुभूति है (ध्वन्यमान इति रसः) यह Subjective Realization है जो आनन्दात्मक होता है।

परन्तु ध्वनि के द्वारा नाना अर्थ निकालना सहृदय द्वारा तभी सम्भव होता है जब वस्तु सम्यकसमायोजित (Perfectly designed), संगतिकृत (Properly coordinated) तथा सम्मात्रा युक्त (Perfect symmetry) होने के साथ-साथ काव्यसत्य यानी मूल्यदर्शन पर आधारित है। तभी वस्तु सुन्दर वस्तु में परिवर्तित हो जाती है। इसलिए आत्मगत होते हुए भी यह वैश्विक (Universalised) तथा प्रपंचमुक्त (Liberated) अनुभूति बन जाती है जो अपने आप में आध्यात्मिक प्रदीप्तता लिए होती है यानी यह विलक्षण आनन्द चमत्कार रूप होता है। मुक्तिबोध के अनुसार मूल्य चेतना या कि सामाजिक दृष्टि हमारे इन्द्रियबोध को भी निर्धारित-निश्चित करती है। मूल्यांकन प्रक्रिया से गुजरकर ही हमारा इन्द्रियबोध कलात्मक रूप ग्रहण करता है।

सौन्दर्य तात्त्विक स्थिति में 'चमत्कार' के अन्तर्गत एक द्वन्द्वात्मक सह-अस्तित्व पूँजीभूत होता है : भाव एवं ज्ञान का, यथार्थता और लोकोत्तरता का चैतन्य और चित्तवृत्ति का, संस्कार और अनुभव का। भारतीय परम्परा में इस तरह सौन्दर्यानुभूति को एक ओर 'बोध-रूपैव' (विवेकगोचर) कहा गया है तो दूसरी और विस्मययुक्त अनिर्वचनीय भी। इसीलिए सुरेन्द्रनाथ दास गुप्त का कहना है कि In Indian thinking beauty is not idealization of human forms but meditative intuition.

2. काव्य शरीर सम्यक् समायोजित, संगतिकृत तथा सम्मात्रा युक्त होने पर भी यदि उसमें आन्तरिक (radiance) कान्ति न हो अर्थात् उसमें यदि लावण्य न हो तो उसमें सौन्दर्यानुभूति नहीं होती (लावण्यं सन्निवेश सौन्दर्यम्)। राजशेखर के अनुसार यह सहृदय-हृदय संवेद्य है। इसी को तरंगायित सौन्दर्य कहा गया है (Rolling wavy beauty)। मोती की चमक की तरह यह शरीर को प्रकाशित (Radiate) करती रहती है : 'मुक्ताफलेषु प्रतिभाति यंदगेषु-लावण्यं तदि होच्यते'। लावण्य वस्तु तथा सहृदय के बीच का केन्द्रीय तत्त्व है। इसीलिए भारतीय परम्परा में सौन्दर्य के लिए वस्तु के आन्तरिक आकर्षण को महत्त्व देते हुए मधुर, कान्ति, लावण्य, चारु, ललित, रमणीय आदि शब्दों का प्रयोग हुआ है तो दूसरी ओर हृद्य, प्रिय आदि शब्दों का प्रयोग कर सौन्दर्य को वस्तु के स्थान पर आत्मगत माना गया है। और कहा जाता रहा कि वस्तु और द्रष्टा के बीच तादात्म्य के फलस्वरूप ही सौन्दर्य की सृष्टि होती है। अभिनवगुप्त ने इसे ही 'ललितोचित' कहा है। यहाँ वस्तु के रूप में सुन्दर की खोज की अपेक्षा मन को रमाने वाला वस्तु के भीतर

आकर्षक भाव को लावण्य का हृदयंगम करना, जो सबको बोध लेता है, अधिक लक्ष्य होता है।

इसी तथ्य को दूसरे ढंग से भी स्पष्ट किया जा सकता है। सौन्दर्य इन्द्रियग्राह्य स्वरूप की Symmetry नहीं। Symmetry तो शतदल पद्म या ताजमहल में दिखाई पड़ती है परन्तु गहरा अन्धकाराच्छन्न अरण्य या एकान्त रात्रि में तारों से भरे हुए छायावृत्त आकाश-गंगा या महाभारत में वर्णित मानव जीवन का वैचित्र्य और रहस्य अथवा 'वसने परिधूसरे वसाना नियमक्षाभ-मुखी धृतैकवेणिः' विरहाकुल एकवेणीधरा शकुन्तला का सौन्दर्य Symmetrical नहीं है। मगर हमें वह सौन्दर्य संवेग और विस्मय से आच्छन्न कर देता है। फिर सौन्दर्य यदि Symmetry में है तो सावधानी से अंकित किये गये त्रुटिहीन वृत्त में सौन्दर्य दिखाई पड़ जायेगा जिसमें Monalisa की अपेक्षा अधिक Greater artistic merit ढूँढ़ा जा सकेगा। बात ऐसी नहीं।

प्लॉटिनस ने वस्तु की सरलता में उसके सौन्दर्य का सन्धान किया था और वर्क ने आयतन की स्वल्पता में और हमारे काव्यशास्त्री का कहना था कि मात्र विभावादि का सुव्यवस्थित संयोग ही रस नहीं है, उसमें ध्वनि का जुड़ना आवश्यक है जिससे सौन्दर्य और आनन्द की अनुभूति हो पाये।

आनन्द व्यंग्यमूलक होने के कारण (ध्वनतमैव) वस्तु का स्वरूप अस्पष्ट रहता है, उसे स्पष्टता सहृदय देता है और यह सौन्दर्यात्मक अनुभूति नाना अर्थमय होती है कदापि रूढ़िगत नहीं। परिणामतः कांट, हीगेल के द्वारा प्रतिपादित सौन्दर्यशास्त्र के सारतत्त्वनिर्भर दृष्टि (Essentialist view) के अनुसार व्याख्या सम्भव नहीं। इसीलिए पण्डितराज जगन्नाथ इसे 'पुनः पुनः अनुसन्धानात्मा' कहते हैं जिसका अर्थ है, नये अर्थों का लगातार आविष्कार।

सौन्दर्यानुभूति की यह बहुत्व की अनुभूति असीमित अनुभूतियों के लिए जगह बनाती है और फलस्वरूप भारतीय काव्यशास्त्र में निर्देशात्मक स्थानान्तरण (Paradigm shifts) सम्भव हो सका है जिसके फलस्वरूप राजा भोज ने भरत के रस सूत्र को अस्वीकार कर सिर्फ़ संचारी भाव के द्वारा रस के प्रतिपादन को सम्भव कर दिखाया है। वास्तुशिल्प ग्रन्थ 'समरांगनसूत्र' के प्रणेता भोज यह समझ पाये थे कि रस सूत्रों के सारे उपादानों को चित्र, शिल्प, में ढूँढ़ना व्यर्थ है और केवल Variable उपादान संचारीभाव के द्वारा चित्रादि से रसानुभूति सम्भव है।

इसी तरह पण्डितराज जगन्नाथ ने विभाव को भावना में रूपान्तरित कर भाव का पर्यवसान रस में नहीं दिखाकर रमणीयता (रसः रमणीयताम् आवहति) में दिखाया है जिसके फलस्वरूप सौन्दर्य किसी एक निश्चित निर्मल रूप में

स्थिरीकृत नहीं होकर कला सृष्टि की गत्यात्मक सम्पूर्णता में प्रसारित हो जाता है। इससे यह स्पष्ट है कि सौन्दर्य बाह्य वस्तु का धर्म नहीं परन्तु यह भी भूलने से नहीं चलेगा सहृदय की 'आत्मगत दशा' 'बहिर्गत दशा' से नियन्त्रित होती है।

जब हम गान्धार देश से आयी हुई नील मेषों का चर्म पहने 'कामायनी' की श्रद्धा के चित्र या वर्णन की वस्तु का प्रत्यक्षीकरण करते हैं तो वह श्रद्धा न होकर श्रद्धा का 'बिम्ब' यानी वस्तु का भाव होता है और हमारे इस प्रत्यक्षीकरण में हमारी (1) अभिरुचियाँ तथा अनुभव, (2) आशंसा के क्षणों में हमारी मनःस्थिति और (3) दार्शनिक और सामाजिक दृष्टियाँ कुल मिलाकर हमारी 'आत्मगत दशा' पर प्रभाव डालती हैं और अन्ततः तादात्म्य की स्थिति में सौन्दर्यानुभूति होती है और इच्छा-निरपेक्ष (Disinterested delight) आनन्द प्राप्त होता है इसीलिए सौन्दर्यानुभूति को पवित्र, सत्व गुणात्मक, आनन्द आदि से अभिहित किया जाता है।

अब तक यह स्पष्ट हो चुका है कि सामाजिक तथा सांस्कृतिक शक्तियों से सहृदय की रुचि निर्मित होती है यह रुचि काव्यवस्तु से हमें जोड़ती है मगर एक दूरी बने रहने की स्थिति में यानी निस्पृहता की स्थिति बनने पर ही सौन्दर्य और आनन्द की अनुभूति सम्भव हो पाती है।

मगर आज सामाजिक तथा सांस्कृतिक शक्तियों की जटिलता और विरूपता, सहृदय रुचि को आन्दोलित कर रही है और सौन्दर्यानुभूति के सारे प्रपंचों पर प्रश्नचिह्न लगने शुरू हो गये हैं। इससे यही सिद्ध होता है कि सौन्दर्यानुभव सापेक्ष्य तथा विकासमान है और सामाजिक दर्पण के बदलने पर सहृदय की सौन्दर्यतात्त्विक मनोवृत्ति भी बदल सकती है, इसीलिए आज पेंगुइन अंग्रेज़ी कोश में Aesthetic का अर्थ है The study of beauty and ugliness।

मोहभंग, हताशा और दिग्भ्रान्ति आज के सौन्दर्यबोध के ध्रुवबिन्दु हैं।

हम उन कला-रूपों से सहमत-असहमत होने का अधिकार तो रखते हैं जहाँ विरूपीकृत कुरूपता सौन्दर्यबोध का आधार है और प्रेक्षक जहाँ भोक्ता के बजाय जिज्ञासु है—किन्तु इनके द्वारा अभिव्यंजना तथा बोध के नये आयामों के उद्घाटन के प्रति आँखें नहीं मूँद सकते।

इस भाँति हमें सौन्दर्यानुभव का निःश्रेयस प्रकाशानन्द रूप का एक छोर मिलता है जो अनुभव सिद्ध (देशमुक्त) तथा शाश्वत (कालमुक्त) है। इसी के साथ अस्तित्ववादियों का दूसरा छोर मिलता है जहाँ सौन्दर्यबोधानुभव हताशा (Despair) का ही एक अविवेकपूर्ण अनुभव है। इस अनुभव में शून्यता, निरर्थकता या Absurdity है। इन दोनों के बीच में मार्क्सवादी सौन्दर्यबोध का सामाजिक यथार्थ है जो सामाजिक मनुष्य के इतिहास की द्वन्द्वात्मक प्रक्रिया का बोध है

जिसका आधार है उत्पादन शक्ति एवं आत्म-परायापन (Self alienation)। और इनसे अलग प्राचीन यूनान का यथार्थवादी-दुःखवादी-भौतिकवादी सौन्दर्यबोध जहाँ अस्तित्व का संघर्ष मनुष्य की महनीयता को प्रकट करता है।

इनको, इन सारी अलग सौन्दर्यबोध वृत्तियों की एक समूची इकाई में देखने का एक जापानी आधार है। ज़ियामी का Treatise yugen में इसे वैपरीत्य का Dynamics कहा गया है जिसका केन्द्रीय मेटाफर है एक पुष्प जो हर तरह की हरियाली से शून्य चट्टान पर खिला है, या एक सूखे वृक्ष पर दिखाई पड़ता है। तानीजाकी कहते हैं कि यह Oriental Propensity है–Darkness में सौन्दर्य का निहारना। यह भारतीय Mystic equality है, ईशोपनिषद् में सूर्य, जो जीवन देता है, उसे सम्बोधित करते हुए कहा जा रहा है सूर्य, अपनी किरणों को समेट लो, द्युतिमान प्रकाश को घटा दो जिससे कि प्रभामण्डल (Solar orb) में मैं उस परम पुरुष को देख पाऊँ। Static or dynamic का यह एक Mystic balance है जिसमें सौन्दर्य दिखाई पड़ता है, रूप और कुरूप का साम्य है जिसमें सौन्दर्य दिखाई पड़ता है : सफ़ेद रेखा खींचने के लिए आपको काले पटभूमिका की ज़रूरत होती है, भयंकर के कारण ही में पता लगता है कि सौन्दर्य क्या है।

रवीन्द्र इसे व्यूपभेद कहते हैं–विपरीत रूपों के अलग-अलग रहने में बड़ा ही अकेलापन–loneliness of multitude दिखाई पड़ता है। इसीलिए विपरीत रूपों में कवि कुछ ऐसी चीज़ देखता है जो वैपरीत्य में चिरन्तन ऐक्य का पता दे देती है। इसीलिए वेदों में उच्छिष्ट, Left-over, जूठन में दिव्यता का दर्शन कराया गया है :

ऋतम् सत्यम् तपो राष्ट्रम श्रमोधर्मश्च कर्मच।
भूतम् भविष्यत् उच्छिष्टे वीर्यम् लोकश्मीर बलमबले।।

17

बंगला, हिन्दी और मलयाली रामायण का तुलनात्मक अध्ययन

भारत के दो महान महाकाव्यों, रामायण (1500 ईसा पूर्व) और महाभारत (1000 ईसा पूर्व) की उत्पत्ति मौखिक कथाओं से हुई है और ये दोनों महाकाव्य भारत के लोगों की सामूहिक चेतना का एक अंग बन चुके हैं।

दोनों महाकाव्य जन-साधारण के महाकाव्य हैं जिनकी रचना में एक लम्बा समय लगा। इन्हें किसी एक कवि द्वारा नहीं बल्कि कई विद्वान कवियों द्वारा अपनी बुद्धि और ज्ञान के अनुसार लिखा गया है जिनकी रचना गायकों और कथावाचकों द्वारा गायन और वाचन के माध्यम से इनके सन्देश को लोगों तक पहुँचाने के उद्देश्य से की गयी थी।

ऐसे भी प्रमाण मिले हैं कि ये महाकाव्य मूलतया किंवदन्तियाँ, लोकगीत और कथाएँ थीं जिनकी रचना उस समय ग्रामीण लोगों द्वारा की गयी थी। बाद में, जब किसी कवि अथवा कवियों के समूह ने विधिवत इन्हें संकलित करके इनकी पुनर्रचना की तो ये महाकाव्यों के रूप में हमारे सामने आयीं।

यहाँ उन कवियों के नाम एक माध्यम मात्र हैं अन्यथा ये दोनों महाकाव्य गंगा और हिमालय के समान इस महान देश की संस्कृति के अभिन्न अंग हैं। वे भारत की दो भाषाओं की तरह हैं जो हमारी संस्कृति में रची बसी हैं। ये एक व्यापक विषय के साथ और एक निर्धारित सामयिक कलेवर में लोगों के एक समूह के संस्कारों और मानसिकता को दर्शाते हैं।

मैंने एक बार एक टी.वी. साक्षात्कार में मलयालम भाषा के विद्वान साहित्यकार तकाषि शिवशंकर पिल्लै, जिनकी ख्याति उस समय अपने चरम पर थी, से पूछा था, "क्या अभी भी आपके मन में ऐसी कोई इच्छा है जो अधूरी रह गयी हो?" उन्होंने तत्काल उत्तर दिया, "जी हाँ, मेरी एक इच्छा रह गयी है कि मैं भी महर्षि

व्यास के समान कोई रचना लिखूँ।" दूसरे शब्दों में, वह एक कथावाचक बनने की इच्छा रखते थे, व्यास और वाल्मीकि के समान एक मौखिक कथावाचक जिन्होंने इस महान देश के इतिहास और परम्पराओं का आख्यान किया।

यहाँ इतिहास से तात्पर्य केवल अतीत में घटित होने वाली घटनाओं से नहीं है बल्कि उन घटनाओं से है जो हमेशा घटित होती रहती हैं और किन्हीं विशेष परिस्थितियों में स्वयं को दोहराती हैं। इसलिए रामायण अथवा महाभारत की आवृत्ति से स्व का नवीकरण तथा पुनरुज्जीवन सम्भव हो पाता है। सार्थक रूप प्रदान करने और एक नया जन्म देने की एक प्रक्रिया है।

दूसरे शब्दों में, वे हमारी संस्कृति के अतीत का एक अंश अवश्य हैं लेकिन वे अतीत से ही नहीं चिपटे हुए हैं—सदियों-सदियों से उनकी निरन्तर आवृत्ति होते रहने के कारण वे एक शाश्वत वर्तमान बन चुके हैं जो हमेशा हमारे साथ बने रहे हैं।

भारतीय परम्परा में इतिहास का सम्बन्ध पुराण से रहा है 'जो प्राचीन होने के बावजूद नया है,' अथवा जो 'प्राचीन को एक नया स्वरूप प्रदान' करता है। अन्य शब्दों में कहें तो पुराण का अर्थ है जो प्राचीन है, शाश्वत है और जो आदिकालीन है।

भगवद्गीता में कृष्ण को 'पुराण पुरुष' कहा गया है, एक युगावतार, वेद में वर्णित उषा के समान, जिन्हें 'पुनः पुनर्जायमना पुराणी' (Purani) अथवा एक परम शाश्वत अस्तित्व कहा गया है।

दूसरे शब्दों में, पुराणों में उन सनातन नियमों अथवा सत्यधर्मों (Archetypes) का विवरण दिया गया है जिनके इर्द-गिर्द एक काल्पनिक कहानी अथवा पौराणिक कथा बुनी जाती है। यह सत्यधर्म का आदर्श रूप है। रामायण अथवा महाभारत के स्व-नवीकरण तथा शाश्वतता के पहलुओं के कारण ये दो महाकाव्य भारतीयों को बहुत पसन्द आते हैं।

रामायण एक काव्य कृति है। वाल्मीकि ने स्वयं इसे एक काव्य कहा है—*'कृत्स्नम् रामायणम् काव्यम्'* लेकिन यह एक पौराणिक काव्य कृति है। यह काव्य है इसलिए यह लोगों के चित्त को आनन्द प्रदान करता है और अपने मिथकों के माध्यम से यह अपनी आकर्षक विशेषताओं को प्रकट करता है। यह मनोरंजन करने के अलावा लोगों को सीख भी देता है।

रामायण में मूल कथा को अच्छाई और बुराई, धर्म और अधर्म के बीच हुए एक महायुद्ध के रूप में दर्शाया गया है। यह आवश्यक नहीं कि ईश्वरीय और राक्षसी जैसे शब्दों का अर्थ हमेशा अच्छाई और बुराई ही है। ये जीवन दर्शन

को दर्शाने वाले दो शब्द मात्र हैं और ये शरीर और अशरीर अथवा आत्मा या जिन्हें अल्बर्ट श्वाइत्ज़ार ने दुनियावी निश्चयात्मक कथन (World Assertion) और दुनियावी अस्वीकरण (World Negation) के बीच के संघर्ष को दर्शाने वाला कहा है।

भारतीय सन्दर्भ में एक व्यक्ति की महानता उसकी इस आस्था से निर्धारित होती है कि वह आसक्ति से अनासक्ति और सांसारिकता से आध्यात्मिकता तक की यात्रा तय करता है अथवा नहीं।

एक हिन्दू जीवनशैली में नायक की अवधारणा इस सिद्धान्त से उत्पन्न हुई है कि जो लोग जीवन में त्याग करते हैं, उन्हें आनन्द की प्राप्ति होती है।

राम को केवल एक मानव के रूप में ही नहीं अपितु महामानव अर्थात् पुरुषोत्तम के रूप में भी दर्शाया गया है, जो एक सामान्य मानव से बहुत ऊपर हैं और जो अपने कर्म का निर्वाह करते हुए धर्म का पालन करने में अद्वितीय हैं—ऐसे हैं वाल्मीकि के राम जो हमें बताते हैं कि एक साधारण मनुष्य किस प्रकार अपने कार्यों और अपने व्यवहार से दिव्यता को प्राप्त कर सकता है। राम ने अपने राज्याभिषेक के समय ही सब कुछ त्याग दिया था और वनवास के लिए प्रस्थान कर गये थे। यह उनके जीवन की कोई पूर्व निर्धारित नियति नहीं थी बल्कि यह सत्य की एक अनन्त खोज थी।

इसी प्रकार, महाभारत के महायुद्ध के पश्चात् पाण्डव भी अन्त में हिमालय में जाकर ग़ायब हो गये थे।

बुद्ध और महावीर भी संसार के सभी सुखों का त्याग करके तपस्या करने के लिए वनों की ओर चले गये थे।

सम्राट अशोक ने कलिंग युद्ध में अपनी विजय के शिखर पर पहुँचकर जीवन में फिर कभी युद्ध न लड़ने की प्रतिज्ञा ले ली थी।

यही कहानी महात्मा गाँधी के सम्बन्ध में भी सुनने को मिलती है, जब वह अर्द्धरात्रि को मिली भारत की स्वतन्त्रता के उत्सव में सम्मिलित न हो कर देश विभाजन के कारण भड़के साम्प्रदायिक दंगों में घिरे लोगों को धीरज बँधाने कलकत्ता की गलियों में निकल पड़े थे।

ऐसे महानायकों के जीवन में हमेशा दो आदर्श सर्वोपरि रहे हैं—सेवा भाव और त्याग, जिनका अवलोकन भारतीय मानस कई सदियों से करता रहा है।

कई लोग रामायण को गुरु संहिता मानते हैं अर्थात् एक ऐसा धर्मग्रन्थ मगर जो इससे भी अधिक कुछ है। यह सखी संहिता और कान्ता संहिता दोनों है अर्थात् महाकाव्य के रूप में इसका एक नैतिक प्रयोजन है लेकिन इसमें कोई

सबक नहीं दिया गया है बल्कि इसे बड़े ही सुन्दर ढंग से पेश किया गया है और इसके निहितार्थों का अनुमान इसका अध्ययन करने वाला स्वयं लगा सकता है।

इसका कारण यह है कि रामायण अपने आप में कई अर्थ समेटे हुए है और उसने साहित्य की एक महान कृति की चिरस्थायी गुणवत्ता को कायम रखा है। इसी का परिणाम है कि इस महाकाव्य में सन्निहित मानव अनुभव नये सन्दर्भों और नयी परीक्षाओं के लिए एक सशक्त कृति बन जाता है।

विभिन्न भारतीय भाषाओं में महाकाव्यों की रचना करने वाले लेखकों जैसे बंगला में कृत्तिवास, अवधी-हिन्दी में तुलसीदास अथवा मलयालम में तुंचत्तु रामानुजन एषात्तुच्छन ने अध्यात्म रामायण में ऐसी विषयवस्तु का चयन किया जो एक चक्र की तरह घूमती है : विलगाव : टकराव : पलटाव और पुनः विलगाव और इस प्रकार कवि अपने काव्यात्मक कर्त्तव्यों को निभाते हुए अपनी दृष्टि से इसकी व्याख्या करता है और इस प्रक्रिया में उसे एक बहुआयामी मनोरंजन और शिक्षा प्रदान करने वाला महाकाव्य का रूप प्रदान करता है।

मध्यकाल के दौरान इन दो महाकाव्यों के जो अधिकांश अनुवाद संस्कृत से भारत की विभिन्न नयी भाषाओं में किये गये थे, वे लक्ष्य भाषा में अक्षरशः किये गये अनुवाद नहीं थे। चूँकि ये अनुवाद एक ही संस्कृति अर्थात् भारतीय संस्कृति के ग्रन्थों और भाषाओं से सम्बन्धित थे, इसलिए इनके भाषाई परिवर्तनों को न केवल स्वीकार कर लिया गया था बल्कि उनका स्वागत भी किया गया था और उन्हें प्रोत्साहित भी किया गया था।

सच तो यह है कि विभिन्न भाषाओं के ये मध्यकाल के कवि संस्कृत भाषा के पण्डित भी थे। इसलिए उन्हें मूल पाठ से अन्य भाषाओं में रूपान्तरित करते हुए विचलित होने में और परिणामतः उनमें नये अध्यायों और उपाख्यानों को जोड़ने में किसी भी प्रकार के कोई अवरोध का सामना नहीं करना पड़ा। इसका मुख्य कारण उनका यह विचार था कि उन्हें इन महाकाव्यों में आवश्यकतानुसार कोई अध्याय अथवा उपाख्यान जोड़ने और हटाने का अधिकार था, क्योंकि वे महाकाव्य उनकी अपनी संस्कृति से सम्बन्धित उनके अपने थे।

कवियों या लेखकों ने संस्कृत ग्रन्थों को अन्य भारतीय भाषाओं में प्रस्तुत करने का प्रयास करते समय दोनों भाषाओं को उनकी 'अपनी' भाषा माना था। संस्कृत की परम्पराओं के प्रति उनके मन में एक अधिकार का भाव था।

भारत में मध्यकाल के दौरान कविता के क्षेत्र में जो भक्ति आन्दोलन चला, उसमें लेखकों/कवियों की यह इच्छा थी कि संस्कृत को, जिसे अभिजात वर्ग की भाषा कहा गया था, अध्यात्म की भाषा में 'रूपान्तरित' करके उसे जनसाधारण की भाषा बना दिया जाये।

इस प्रक्रिया में उनकी इच्छा थी कि संस्कृत में लिखे ग्रन्थों को व्यावहारिक रूप से पूरी तरह स्थानीय भाषा में रूपान्तरित किया जाये। उन्होंने इस उद्देश्य से, विशेष रूप से 'रामायण', 'महाभारत' और 'भागवत्' पर आधारित ग्रन्थों की रचना करने के लिए ऐसी सम्भावनाओं की तलाश की जिनमें रचनात्मक स्वतन्त्रता ली जा सकती थी।

इसी का परिणाम है कि आज हमारे पास विभिन्न महान ग्रन्थों के शानदार अनुवाद उपलब्ध हैं, न कि बेजान अथवा भावहीन अनुवाद जिनकी प्रामाणिकता को लेकर इन अनुवादकों के मन में कोई चिन्ता या अभाव की भावना नहीं थी।

मध्यकाल के स्थानीय भाषाओं के विद्वानों का प्रयास था कि महान धर्मग्रन्थों को समाज के एक विशेष वर्ग अर्थात् अभिजात वर्ग के एकाधिकार से मुक्त कर दिया जाये। उनकी इच्छा थी कि ये अनुवाद सम्पूर्ण समाज के पुनर्गठन का एक माध्यम बन जाये।

जिस तरह मध्यकाल के प्रादेशिक भाषाओं के लेखकों ने कहानी को अनुवाद के लिए चुना और फिर उसके अन्य भाषाओं में कई अनुवादित संस्करण प्रस्तुत किये, उससे उनकी सामाजिक महत्त्वाकांक्षाओं और बौद्धिक सरोकारों का पता चलता है।

इससे हमें यह भी पता चलता है कि ये भिन्न-भिन्न संस्करण कथा के केन्द्रीय भाग को स्वीकार कर रची रचनाएँ हैं और यह भी जानकारी मिलती है कि किस प्रकार परम्पराएँ, लोक और शास्त्र परम्परा, दोनों महाकाव्य विभिन्न संस्करणों की रचना के लिए लगातार नयी सम्भावनाएँ पैदा करती हैं।

ये समस्त अलग-अलग संस्करण और यहाँ तक कि कुछ मौलिक संस्करण जैसे दिवाकर प्रकाश भट्ट द्वारा रचित 'कश्मीरी रामायण' अथवा रामायण की बौद्ध परम्परा की जातक कथाएँ जैसे 'दशरथ' जातक और कई अन्य जातक कथाएँ लोक जीवन की ऊर्जा से प्रेरित हैं।

यहाँ तक कि तुलसीदास जैसे भारत के प्राचीन कवि भी मानव व्यवहार के एक महत्त्वपूर्ण मार्गदर्शक के तौर पर लोकमत (II, 258) की भूमिका को महत्त्व देते हैं और मानते हैं कि लोगों की प्रचलित रायों पर विचार किये बिना महत्त्वपूर्ण क्षणों में कभी भी कोई उचित निर्णय नहीं लिया जा सकता। भारतीय सन्दर्भ में देखें तो यह लोकशक्ति ही है जिसके कारण विभिन्न विषयों पर सामाजिक विरोध, असहमति और कटु आलोचना की बात की जा सकती है।

कृत्तिवास (1398-? ईस्वी) और तुलसीदास (1530-1623 ईस्वी) और एडुउत्तच्छन (1425 और 1625 ईस्वी के मध्य) आदि कवि अपनी-अपनी भाषाओं

में रामायण परम्परा के अंग थे जबकि कृत्तिवास तथा तुलसीदास दोनों ने ही वाल्मीकि की 'रामायण' से प्रेरित होकर उससे सम्बन्धित अपनी रचनाएँ लिखीं। एडुउत्तच्छन ने राम की कथा को पुनः प्रस्तुत करने के उद्देश्य से अपने मूल ग्रन्थ के रूप में महर्षि व्यास की 'अध्यात्म रामायण' को चुना था।

हालाँकि एडुउत्तच्छन ने 'अध्यात्म रामायण' के कुछ अंशों का वर्णन करने में वाल्मीकि की रामायण का अत्यन्त विद्वत्त के साथ उपयोग किया। वह मूलतः राम के चरित्र के दार्शनिक और धार्मिक पहलुओं का वर्णन करने की ओर प्रवृत्त हुए जिसका 'अध्यात्म रामायण' में एक ऐसे ब्रह्म (ब्रह्मन) के रूप में वर्णन किया गया है जिन्होंने अपने जीवन में कभी भी अमर्यादित व्यवहार नहीं किया। उनका यह रूप वाल्मीकि के उस राम से भिन्न है जहाँ उन्हें एक अलौकिक पुरुष (पुरुषोत्तम) के रूप में अलंकृत किया गया है और उनका 'सर्वगुणोपेत नरः चन्द्रमा' के रूप में वर्णन किया गया है लेकिन वह वास्तव में भगवान नहीं हैं। राम किसी पूजनीय मनुष्य की तरह व्यवहार करते हैं और उसी की तरह कष्टों का सामना करते हैं : एक ऐसा मनुष्य जो कभी-कभी मानवीय दुर्बलताओं का भी शिकार हो जाता है लेकिन वह अन्ततः अपने मर्यादित व्यवहार से ईश्वरीय रूप प्राप्त कर लेते हैं।

कृत्तिवास और तुलसीदास के लिए राम, उनकी परम आस्था के कारण जन्मकाल से ही एक परमब्रह्म रूप थे और अपने अनन्य भक्तों के लिए वह एक भगवान हैं, एक अवतार जो समाज में धर्म का राज्य स्थापित करने के लिए एक मनुष्य के रूप में इस संसार में अवतरित होते हैं। इसलिए तुलसीदास ने उन्हें एक आदर्श पुरुष अर्थात् मर्यादा पुरुषोत्तम के रूप में अलंकृत किया है, जो सत्य तथा नैतिकता के प्रतीक हैं। कृत्तिवास राम के चरित्र को एक सहृदय और ईश्वरतुल्य बंगाली युवक के रूप में चित्रित करते हैं और जिन्हें उनके अनुयायी और श्रद्धालु भक्त श्रद्धा-प्रेम करते हैं।

यदि राम को एक साथ भगवान और मानव के रूप में प्रस्तुत किया जाता है तो कोई उसमें भी असंगतता और विरोधाभास देख सकता है।

वास्तव में भक्तिकाव्य के उस काल में मानव जीवन और ईश्वरीय जीवन, लौकिकता तथा अलौकिकता, सांसारिक और आध्यात्मिक जीवन एक-दूसरे में इतने घुले-मिले हुए थे कि मानव जीवन के संक्षिप्त से चक्र में व्यक्ति दिव्यता के विस्तार का अनुभव कर लेता था। इसी प्रकार राम के सांसारिक जीवन में, दिव्य जीवन का अनुभव होता है। एडुउत्तच्छन ने बिना किसी पूर्वाग्रह के राम की दिव्यता और मानवता, दोनों पहलुओं को समन्वित कर दिया क्योंकि उनके लिए राम एक मनुष्य के रूप में भगवान हैं।

यह प्रमाणित करने के लिए कि राम देवताओं तथा मनुष्यों, दोनों के लिए एक आदर्श हैं, उन्होंने राम के व्यवहार को मनुष्यों जैसा दिखाया है। यदि वह देवताओं से अधिक दयालु व शक्तिशाली हैं तो वह मनुष्यों की तुलना में कहीं ज़्यादा दूरदर्शी और उदार हैं। एडुउत्तच्छन के राम की यह विशेषता है जो मानवता और दिव्यता की दृष्टि से श्रेष्ठ हैं और इसके साथ ही राम के चरित्र के दो पहलुओं का शानदार मिलन भी देखा जा सकता है।

ऐसा प्रतीत होता है कि कृत्तिवास तुलसीदास और एडुउत्तच्छन की तुलना में अपनी रचना पर बहुत गर्व महसूस करते हैं क्योंकि वह बार-बार यह बात दोहराते हैं कि उनकी यह काव्यकृति अमृत-सा स्वाद देती है।

इसके विपरीत, तुलसीदास अपनी रचना को पूरी विनम्रता के साथ पेश करते हैं। हालाँकि उनका कहना था कि उन्होंने रामायण की रचना अपनी ख़ुशी के लिए की थी लेकिन वास्तव में इसकी रचना सर्वजन के कल्याण और ख़ुशी के लिए की गयी है (बहुजन हिताय, बहुजन सुखाय)।

तुलसीदास की रामायण का प्रारम्भ देवी पार्वती के भगवान शिव से किये गये इस प्रश्न के साथ होता है, "कलियुग में लोग कैसे जीवित रहेंगे?" तब भगवान शिव उनके प्रश्न का उत्तर देते हुए कहते हैं कि वे रामकथा को सुनकर बचे रहेंगे। इसलिए राम के वीरोचित गुणों और मूल्यों के माध्यम से कवि ने जीवन मूल्यों और आदर्शों की एक नयी प्रणाली प्रस्तुत की है जो सनातन धर्म की परम्परा पर आधारित है। जिसमें समाज और व्यक्तियों के लिए चिरन्तन जीवन मूल्यों को जीवन में धारण करने के लिए कहा गया है।

यह तथ्य कि एडुउत्तच्छन की 'अध्यात्म रामायण' 'पक्षी का एक गीत' (किलिपट्टु) है, जो यह दर्शाता है कि वह अपनी उदारता को प्रमाणित करने के लिए अपने नाम को गुप्त रखना चाहता है। प्राचीन भारतीय परम्परा में कहा गया है कि कवि जितना विनम्र और अहंकार से मुक्त होगा, वह उतना ही व्यक्तिगत भावनाओं से ऊपर होगा। दम्भहीन जीवन, आध्यात्मिक जीवन का एक माध्यम भी है और उसका लक्ष्य भी। उनके द्वारा रचित सम्पूर्ण ग्रन्थ एक वेदान्तिक रूपक है जिसमें दार्शनिक तथा भक्तिपूर्ण पहलुओं को दर्शाया गया है।

इन तीनों कवियों की तीन भिन्न-भिन्न विशिष्टताएँ हैं जो उन्हें एक-दूसरे से अलग करती हैं।

आदिकवि कृत्तिवास की जड़ें बंगाल की धरती में हैं और वह बंगाली घरेलू समाज और संस्कृति की एक सामंजस्यपूर्ण छवि पाठकों के समक्ष लाने के अधिक इच्छुक हैं। वह हमेशा सद्‌भावपूर्ण परिवेश में रहने की सोचते हैं

जो एक संस्कृति का प्रतीक है और सद्भाव के साथ न रहना एक प्रकार की अराजकता है।

जबकि तुलसीदास की रामायण में एक पारिवारिक गाथा को एक विशाल कैनवास पर उकेरा गया है और लोक तथा लोकधर्म की स्थिति को रेखांकित करते हुए उस कथा को एक सार्वभौमिक अपील वाली कृति में रूपान्तरित किया गया है।

इसके विपरीत एडुउत्तच्छन इसे एक दार्शनिकता से परिपूर्ण रचना बना देते हैं लेकिन इसके साथ-साथ वह बिना किसी पाण्डित्यपूर्ण बखान के काव्य सौन्दर्य के प्रभाव से एक जीवन्त और आकर्षक ग्रन्थ बना देते हैं।

कृत्तिवास यह बात स्पष्ट कर देते हैं कि बंगाली में रामायण महाकाव्य को लिखने का उनका एकमात्र उद्देश्य यह था कि वह अपनी इस दिव्य कृति (देबेर सृजित) को आम आदमी तक पहुँचा सकें।

उनके ये आम आदमी बंगाल के ग्रामीण क्षेत्रों में निवास करने वाले सभी बंगाली हैं। बंगालियों ने इस रामकथा को इसलिए अपने जीवन में अंगीकार किया क्योंकि वह उनकी विशेष सामाजिक आवश्यकताओं के अनुरूप थी। उसमें वैश्विक मूल्यों को यथावत रखने के साथ-साथ स्थानीय विचारों को भी अत्यधिक महत्त्व प्रदान किया गया था।

वाल्मीकि द्वारा रचित रामायण में ध्वनि, संगीत, ताल और संस्कृत के शब्दों और वाक्यों की प्राणशक्ति का उपयोग किया गया है।

लेकिन कृत्तिवास ने एक ऐसी भाषा का उपयोग किया है जो बहुत ही मृदु है और कोमल भी और हमारे हृदय के बहुत निकट है जिसकी जड़ें बड़ी गहराई से धरती के अन्दर हैं। यह भाषा इतनी साधारण है कि यह किसानों और ग्रामीण बंगाली समाज के अनपढ़ लोगों के लिए भी ग्राह्य है।

बंगला रामायण में हास्य-विनोद और भक्ति तत्त्व बड़े प्रबल हैं। अपने ग्रामीण पाठकों की ख़ुशी के लिए कृत्तिवास अपनी कृति में कई विचित्र तथा अतिरंजित विषयों को उठाते हैं। उन्होंने इसमें कई बार परिहासयुक्त और व्यंग्यात्मक टिप्पणियाँ भी की हैं और अपने पाठकों को हँसने पर विवश कर दिया है।

यह कृति मनोरंजन और आनन्द से परिपूर्ण है। राम और सीता के विवाह से सम्बन्धित सभी विवरण आम तौर पर बंगाली विवाह समारोह में निभाये जाने वाले रीति-रिवाजों और बंगाली खानपान के विवरणों पर आधारित हैं। कृत्तिवास रामायण में एक क्षत्रिय राजकुमार की सहधर्मिणी सीता विवाह के उपरान्त एक बंगाली गृहिणी बन जाती है।

वास्तव में, बांग्ला रामायण में वर्णित सभी चरित्र बंगाली पुरुष और महिलाएँ हैं। हालाँकि उनके मूल नामों को यथावत रखा गया है। बंगला रामायण में बंगाल की ठेठ देशी तस्वीर प्रस्तुत की गयी है जो संस्कृत ग्रन्थ में नहीं मिलती।

तुलसीदास ने हिन्दू समाज में जनजागृति लाने के लिए 'रामचरितमानस' को अवधी भाषा में लिपिबद्ध किया। अवधी भाषा उत्तर भारत के विशाल हिन्दीभाषी क्षेत्र में बोली व समझी जाती है।

इस ग्रन्थ में एक साथ कई पहलुओं जैसे धार्मिक, आध्यात्मिक, दार्शनिक, साहित्यिक और लोक साहित्य इत्यादि का समावेश है। लेकिन उनका मुख्य उद्देश्य था राम के चरित्र के माध्यम से सेवा और त्याग के शाश्वत मानवीय मूल्यों को चित्रित करना जो भक्ति के आवश्यक गुण हैं।

राम इसमें शबरी को बताते हैं कि उनके लिए सभी मानवीय सम्बन्धों में भक्ति का सम्बन्ध सर्वोपरि है और साथ में यह भी बताते हैं कि मनुष्य में बेशक सभी महान गुण हों लेकिन भक्ति भाव के बिना वह बिना पानी के बादलों के समान है।

तुलसी की भक्ति दक्षिण और उत्तर भारत के शैव और वैष्णव सम्प्रदायों को एकजुट करके हिन्दुओं को एक सूत्र में पिरोने का एक साधन बन जाती है। तुलसी राम को शिव की पूजा करने और शिव को राम की पूजा करने के लिए तैयार कर लेते हैं।

लेकिन उनका मुख्य ध्यान लोक तथा लोक धर्म की श्रेष्ठता को स्थापित करने पर है।

भारतीय परम्परा में लोक एवं शास्त्र सदैव एक-दूसरे के पूरक रहे हैं, न कि विरोधी जैसा कि पाश्चात्य परम्परा में बड़ी (Great) और छोटी (little) परम्पराएँ हैं।

'महाभाष्य' के प्रारम्भिक अध्याय में महर्षि पतंजलि स्पष्ट रूप से कहते हैं : 'प्रयुक्तो लोकार्थः' जिसका अर्थ है कि लोक व्यवहार शब्द, अर्थ और उनके बीच के सम्बन्धों का प्रमाण है न कि कोई मान्य नियम। लोक व्यवहार मानव व्यवहार के सबसे महत्त्वपूर्ण मार्गदर्शकों में से एक है और लोकमत (आम लोगों की राय) नृपण्य (राजशास्त्र) को प्रभावित करता है। और यहाँ तक कि 'निगम निचोड़' (वेदों के सार) तथा प्रज्ञावानों के विचार (बुद्धिमान व्यक्तियों के विचार) की तरह व्यवहार का एक महत्त्वपूर्ण अंग है। इस प्रकार लोक व्यवहार और शिष्ट परम्पराओं, दोनों में विद्यमान महाकाव्य ने कई युगों से नैतिकता के एक पवित्र ग्रन्थ के रूप में साधारण जन के कल्याण के आशय से अपने कार्य को अंजाम

दिया है जैसा कि मध्यकालीन अवधी/हिन्दी के महाकवि तुलसीदास ने अपनी पुस्तक 'रामचरितमानस' में कहा है :

"दूसरों के कल्याण के अलावा कोई धर्म नहीं और दूसरों को कष्ट देने से बड़ा कोई पाप नहीं।"

एडुउत्तच्छन की रामायण मानव जीवन के दार्शनिक और भक्तिपरक पहलुओं पर ज़ोर देती है।

यह सम्पूर्ण ग्रन्थ की अभिव्यक्ति के लिए एक वेदान्तिक रूपक बन जाता है जिससे कि निम्नलिखित की अभिव्यक्ति सम्भव हो सके :

1. ईश्वर के प्रति निष्ठा
2. परम आध्यात्मिक सत्य के प्रति जागरूकता
3. और सर्वाधिक रूप से यह परम सुख देने वाले महान काव्य की अभिव्यक्ति है।

यह इस ग्रन्थ की शब्दावली पर उनके असाधारण अधिकार और उनके भावनात्मक उत्साह की प्रबलता के कारण ही है कि वेदान्त के सिद्धान्त तथा विष्णु के प्रति भक्ति (समर्पण) भाव को समेटे कई आध्यात्मिक प्रवचनों वाला यह ग्रन्थ कभी भी शुष्क, साधारण और नीरस प्रतीत नहीं होता और यह पूरे पाठ के दौरान रोचक और सजीव बना रहता है।

इस तरह के दार्शनिक प्रवचन कवि की अपनी विशिष्टता है जिसका उपयोग उन्होंने लोगों को अध्यात्म के मार्ग का अनुसरण करने और वेदान्त के दर्शन को समझने के लिए किया है।

उनके द्वारा रचित चरित्रों के जीवन में घटित होने वाली घटनाएँ उनकी दार्शनिक कल्पनाओं का आधार बनती हैं और उनके धार्मिक उत्साह अर्थात् भक्ति को अभिव्यक्ति देती हैं।

यही भक्ति भावना एडुउत्तच्छन की कविता को देश को एकता के सूत्र में पिरोने का एक सिद्धान्त और गतिशीलता प्रदान करती है।

एडुउत्तच्छन की 'अध्यात्म रामायण' के लगभग प्रत्येक दूसरे पृष्ठ पर एक स्तोत्र (भजन) दिया गया है जो मलयालम भाषा, शब्दों के चयन, काव्यात्मक कल्पना, और करुणा तथा वीरता जैसी विभिन्न भावनाओं के प्रयोग के सम्बन्ध में उनकी क्षमताओं को दर्शाता है।

यह कृति को महाकाव्य का दर्जा प्रदान करता है और एडुउत्तच्छन को मलयाली साहित्य में पुनर्जागरण की पहल करने वाला एक अग्रणी साहित्यकार बनाता है और उनके द्वारा रचित रामायण को एक उच्चकोटि की और महान साहित्यिक कृति बनाता है।

यहाँ यह बात ध्यान देने योग्य है कि ये तीनों रामायण किसी भी ग्रन्थ का अनुवाद नहीं हैं बल्कि ये महर्षि वाल्मीकि, जिन्हें व्यास भी कहा जाता है, द्वारा रचित मूल 'रामायण' को आधार बनाकर लिखी गयी प्रतिलिपियाँ हैं। कालान्तर में इस कथा को कई विद्वानों ने अपने मतानुसार कुछ घटनाएँ जोड़ अथवा घटा कर अनेको रामायणों की रचना की है। ये सब वास्तव में मूल ग्रन्थ 'रामायण' की पुनर्रचना हैं।

इन तीनों महाकवियों के दृष्टिकोण तथा विचारों को स्पष्टता से जानने के लिए अब हम नायक के विपरीत (नायक-विरोधी नहीं) चरित्र, रावण का उदाहरण लेते हैं।

वाल्मीकि की रामायण में राक्षसों के राजा, रावण का वर्णन मिलता है जो निस्सन्देह एक महानायक था लेकिन वह बहुत ही क्रूर और पापी था।

लेकिन कृत्तिवास रावण के चरित्र में एक और उल्लेखनीय विशेषता दिखाते हैं और वह विशेषता है रामचन्द्र के प्रति उनका भक्ति भाव जो प्रकट में दिखायी नहीं देता। युद्ध में राम का सामना होने पर वह उनमें स्वयं नारायण के दर्शन करके अत्यन्त प्रसन्नता महसूस करता है। वह यह सोच-सोच कर आनन्दित होता है कि राम के हाथों मृत्यु को प्राप्त करने पर वह स्वर्ग में प्रवेश करने का अधिकारी हो जायेगा। तब वह अपनी मृत्यु से ठीक पहले राम के सामने यह रहस्योद्घाटन करता है कि वह पिछले जन्म में विष्णु का भक्त था।

एडुउत्तच्छन का रावण एक भद्र नायक, शिव का महान भक्त, एक अच्छा संगीतज्ञ और एक महान प्रेमी है। सीता के सामने प्रणय निवेदन करते हुए वह अपनी भद्रता और उसके प्रति अपना गहन प्रेम दिखाता है लेकिन इसके विपरीत वाल्मीकि ने रावण को हमेशा अपनी ही प्रशंसा का राग अलापने वाला एक साधारण प्रेमी दिखाया है जो अभद्र भाषा का प्रयोग करता है।

एडुउत्तच्छन का रावण सीता के पैरों में गिरकर उनके सदाचार और अन्य गुणों की प्रशंसा करता है, उनको पाने के लिए अपनी उत्कट कामना प्रकट करता है और उन्हें बताता है कि राम के हृदय में उनके लिए कोई सम्मान भाव नहीं है क्योंकि वह एक निर्गुण व्यक्ति हैं, उनके प्रति पूर्णतया उदासीन हैं और उनके मन में सीता के लिए कोई अनुरक्ति नहीं है।

एडुउत्तच्छन और आधुनिक काल में माइकेल मधुसूदन ने बंगला में रावण को ग्रीक के किसी त्रासदी नायक के समान पेश किया है।

इन दोनों ने राम के हाथों रावण द्वारा अपने जीवन के अन्त को किसी सम्मानित व्यक्ति के जीवन का अन्त माना क्योंकि उसे अच्छी तरह ज्ञान था

कि यदि राम के हाथों उसकी मृत्यु होती है तो निश्चित रूप से उसे मोक्ष की प्राप्ति होगी।

तुलसीदास ने रावण का वर्णन करते हुए उसे एक अधम और राक्षसी प्रवृत्ति वाला व्यक्ति बताया है। वह कई बार 'एक घृणित व्यक्ति' कहकर उसका ज़िक्र करते हैं जो अपने मामा मारीच और पत्नी मन्दोदरी के सामने किसी नशे में चूर व्यक्ति की तरह अपनी वीरता का दावा करता रहता है।

अंगद उसे घमण्डी कहकर बुलाता है और रावण का भाई विभीषण उसे एक विकृत सोच वाला उद्दण्ड व्यक्ति कहता है। उसकी मृत्यु के समय रावण का झूठा दम्भ और उसकी नीचता स्पष्ट रूप से उसके क्रोध के माध्यम से परिलक्षित होती है, "कहाँ है राम जिसे मैं युद्ध में चुनौती देकर उसका वध करूँ?"

जैसा कि पहले बताया जा चुका है, तीनों रामायणों के कवियों ने रामायणों के अपने-अपने संस्करणों की रचना करने के उद्देश्य से मूल रामायण से प्रेरणा ली और इसके लिए उन्होंने उसमें कुछ प्रसंगों को जोड़ दिया और कुछ को हटा दिया। लेकिन हैरानगी की बात है कि ये तीनों कवि तथाकथित कामुकतापूर्ण प्रसंगों का वर्णन करते हुए थोड़ा संकोच महसूस करते हैं। उदाहरण के लिए, वाल्मीकि द्वारा रचित अहल्या के प्रसंग को ही लें तो जहाँ अहल्या को किसी भी प्रकार के नैतिक प्रतिबन्धों से मुक्त महिला दिखाया गया है जो छद्म रूप धारण किये इन्द्र को पहचान जाती है और जिज्ञासावश इन्द्र के कामुकतापूर्ण प्रस्ताव को स्वीकार कर लेती है (आदि 48,19) जबकि इन तीनों ही कवियों ने अहिल्या को अपने पति के प्रति पूर्णतया निष्ठावान महिला के रूप में दिखाया है और वह इन्द्र को पहचान नहीं पायी थी जो उसके पति के वेश में उसके पास आया था और उसने अहल्या को बहकाया था। इसके दो कारण बताये गये हैं :

1. जहाँ वाल्मीकि रामायण में मानव जीवन की सच्चाइयों का वर्णन करते हुए राम की वीर कथा का गुणगान करते हैं, वहीं ये तीनों महाकवि अपनी-अपनी रामायण में मानव सच्चाइयों के स्थान पर राम के प्रति भक्तिभाव अथवा समर्पण को दिखाते हैं जो उस समय तक एक अवतार के रूप में स्थापित हो चुके थे। इसलिए उन्होंने अपनी कृतियों में कामुकतापूर्ण सन्दर्भों और राम के आसपास के चरित्रों में परिलक्षित होने वाले भौंडेपन को हटा दिया था।
2. मध्यकाल के दर्शकों/श्रोताओं की नैतिक संवेदनशीलता को ध्यान में रखकर, अहल्या को अपने पति के प्रति निष्ठावान दिखाया गया है जो वास्तव में ही इन्द्र को पहचान नहीं पायी थी।

समाज में जब नैतिक पतन होता है तो उस समय इस प्रकार की नैतिक प्रवृत्ति स्पष्ट हो जाती है और ऐसे समय में मनुष्य के मन में उत्पन्न विचारों का वर्णन करने के लिए लेखक के पास स्वतन्त्रता नहीं रहती।

रावण के साथ युद्ध की समाप्ति के पश्चात्, राम, क्रोध से झुंझलाते हुए सीता को उनसे मिलने के लिए पालकी में नहीं बल्कि पैदल चलकर आने के लिए कहते हैं।

वाल्मीकि की सीता जो एक क्षत्रिय राजा की पुत्री थीं, बहुत स्पष्टवादी महिला थीं और जब वह अपने आसपास कुछ अनुचित होते देखती थीं तो वह चुप न रहकर उसकी आलोचना करती थीं जबकि ऐसी स्थिति में कोई भी अन्य महिला अपने अपमान को सहन कर लेती है। लेकिन जब राम उन्हें किसी अन्य व्यक्ति से विवाह करने के लिए कहते हैं तो वह शान्त नहीं रह पातीं।

सीता किसी प्रकार स्वयं को शान्त रखकर बड़ी दृढ़ता के साथ कहती हैं कि कोई भ्रष्ट प्रकृति वाला नीच व्यक्ति ही इस प्रकार की बातें कर सकता है और सोचता है कि सभी महिलाएँ नीच प्रकृति की होती हैं (युद्ध, 116:5)।

कृत्तिवास के सन्दर्भ में सीता एक कोमल, विनम्र प्रकृति की, नैतिक गुणों वाली एक आदर्श महिला और पवित्रता का एक प्रकाश स्तम्भ बन जाती हैं। इसलिए उस समय अपनी स्थिति को स्पष्ट करते हुए सीता केवल यही कह सकती थीं, "पापी रावण ने मुझे केवल तभी स्पर्श किया था, जब वह मेरा अपहरण करके ले जा रहा था। आप मुझे एक साधारण महिला क्यों समझते हैं?"

तुलसीदास ने बड़ी ही चतुराई से राम के मुख से यह कहलवा दिया, "विभीषण सीता को पैदल इसलिए लेकर आये थे ताकि सभी वानर अपनी माता के रूप में सीता के दर्शन कर सकें," और इस प्रकार वह राम को सीता के प्रति किसी भी प्रकार की क्रूरता दिखाने के आरोप से मुक्त कर देते हैं।

तुलसीदास आगे कहते हैं कि इसी कारण राम ने सीता से सम्बोधित होते हुए कुछ तिरस्कारपूर्ण शब्द कह डाले थे और सीता ने अपने पति के समक्ष सिर झुकाकर उन शब्दों को स्वीकार कर लिया था और लक्ष्मण से अग्नि प्रज्वलित करने के लिए कहा था ताकि वह अपने पति के सामने अपने सतीत्व को प्रमाणित करने के लिए अग्निपरीक्षा दे सकें।

'अध्यात्म रामायण' के बाद एडुउत्तच्छन ने माया सीता की अवधारणा प्रस्तुत की थी। यह माया सीता छाया सीता अथवा सीता का मिथ्या रूप है जो स्वर्णमृग के प्रकरण से पहले अग्नि में लोप हो जाती हैं और अपने पीछे केवल अपनी छाया छोड़ जाती हैं।

तुलसीदास भी माया सीता की इस नयी अवधारणा को स्वीकार करते हैं (अरण्य, दोहा 20) अध्यात्म रामायण में युद्ध की समाप्ति पर असली सीता अग्नि से बाहर निकल आती हैं और योजनानुसार माया सीता अग्नि में प्रवेश कर जाती हैं। इस प्रकार वे दोनों अपनी स्थितियों को बदल लेती हैं। इस नयी अवधारणा के दो उद्देश्य प्रतीत होते हैं : 1. राम को सीता के लिए अग्निपरीक्षा देने के लिए कहने के आरोप से मुक्त करना तथा 2. पराये पुरुष के घर में रहने पर उनके सतीत्व पर किसी प्रकार की आँच आने से बचाने के लिए सीता को निर्दोष ठहराना।

मगर कथा यहीं समाप्त नहीं होती। सीता के साथ राम का अयोध्या लौट आना, राम का राज्याभिषेक और अपनी प्रजा को सन्तुष्ट करने के लिए तथा जनता के मत को ऊँचा स्थान देकर अपने मन की अनुभूतियों को छिपाना राम की श्रेष्ठता को प्रभावित करता है।

राम का धर्म प्रेम और घृणा, यहाँ तक कि न्याय और औचित्यपूर्ण व्यवहार के पार प्रतिष्ठित है। इस धर्म का पालन करने के लिए ज़रूरत पड़ने पर वह अन्याय का रास्ता अपनाने में संकोच नहीं करते, उदाहरणार्थ, बाली और शम्बूक का वध। राम का सोचना था कि दोनों ने शास्त्र का उल्लंघन किया था और राजधर्म की ख़ातिर दोनों दोषियों को सज़ा देना उचित था।

रामायण, जैसा कि रोमिला थापर कहती हैं, इतिहास के किसी क्षण से जुड़ा नहीं है क्योंकि इसका एक अपना ही इतिहास है जिसमें नाना संस्करण सन्निहित हैं, जो मूल कथा के साथ विभिन्न स्थानों और समय में आबद्ध हैं। परन्तु ए.के. रामानुजन ठीक ही कहते हैं कि रामायण के ये विभिन्न कथा रूप न तो अपने आप में स्वतन्त्र कथाएँ हैं और न ही वाल्मीकि की सच्ची कथा का कोई कटा हुआ अंश हैं परन्तु भारत या भारत के बाहर जहाँ कहीं भी भारत की संस्कृति पहुँची है उसके इतिहास में विद्यमान अति महत्त्वपूर्ण सम्पदा का भण्डार है। परिणामतः ये विभिन्न कथारूप अपने में स्वतन्त्र रूप भी हैं और साथ ही एक-दूसरे से सम्बद्ध भी हैं। विभिन्न आख्यानों या उपाख्यानों या पारम्परिक कहानियों, संवादों, नीतिगत डिस्कोर्सों, धर्म तथा रस की अभिव्यक्ति और कथा का आराम के साथ विवरण के फलस्वरूप यह सम्पूर्ण सांस्कृतिक क्षेत्र की दूसरी भाषा बन जाती है जैसा कि ए.के. रामानुजन ने कहा था कि रामायण और महाभारत भारत की दो भाषाएँ हैं। भारत इन दो भाषाओं में बोलता है।

रामायण ने एड्डुउत्तच्छन को भाषा के साथ काव्यकृति की रचना करके समाज के प्रति उन्हें अपना दायित्व पूरा करने और भक्ति के माध्यम से समाज

में पुनर्जागरण की भावना जगाने का अवसर प्रदान किया या उसने कृत्तिवास को भावनाओं को व्यक्त करने की लोकशैली के साथ काव्य के शास्त्रीय मानदण्डों को समझने की एक सम्भावना प्रकट की। या वह तुलसीदास को ज्ञान, योग और भक्ति के बीच विचार-विमर्श की शुरुआत करने की योग्यता प्रदान करती है।

लेकिन इन तीनों ही रामायणों के केन्द्र में राम हैं जो कभी-कभी एक महामानव, दृढ़ और एकनिष्ठ होकर अपने कर्तव्य का पालन करने वाले व्यक्ति हैं जैसा कि वाल्मीकि ने उनके बारे में वर्णन किया है या वह अन्य समय में आँसुओं से सराबोर एक भावुक व्यक्ति और अपनी पत्नी के बिछोह में दुखी व्यक्ति दिखायी देते हैं जैसा कि बाद के कवियों जैसे कालिदास, भवभूति, कृत्तिवास इत्यादि ने अपनी कृतियों में दिखाया है। और हम, प्रत्येक युग के पाठक, राम की इन विविध छवियों को अपने हृदयों में सँजोते रहते हैं और फिर उन छवियों में एक नायक को चुन लेते हैं जो मानवीय और ईश्वरीय, दोनों पहलुओं से सराहनीय हैं।

18

हिन्दी साहित्य में बंगीय योगदान

इस तरह के विषय पर बोलने के लिए आमतौर पर योगदान देने वाले लोगों के नाम और सूची गिनवाने की एक आदत बनी रहती है।

इससे विषय का विवेचन काफ़ी नीरस हो जाता है। इससे बचने के लिए मैंने विषय को तीन भागों में बाँटा है–

पहले, हिन्दी भाषा और उसके विकास और प्रसार में बंगीय योगदान का उल्लेख;

दूसरा, राष्ट्रभाषा के रूप में हिन्दी को स्वीकृति दिलाने में बंगीय विद्वानों के, जिसमें रवीन्द्रनाथ टैगोर का नाम भी है का विस्तार से विवेचन;

और साथ ही हिन्दी के स्वरूप का संक्षिप्त उल्लेख करते हुए राष्ट्रभाषा बनने के इस भाषा में सब गुण विद्यमान हैं के प्रमाण;

और अन्त में सूर्यकान्त त्रिपाठी निराला पर रवीन्द्र के प्रभाव का उल्लेख करके अपने वक्तव्य की इति।

हिन्दी मध्य प्रदेश की भाषा होने के कारण स्वाभाविक रूप से केन्द्र और परिधि के बीच की भाषा बन गयी थी।

लगभग पिछले 1000 वर्षों से हिन्दी भारत की सम्पर्क भाषा है।

अमीर खुसरो के दोहे और मुग़लों के फ़रमान इसके प्रमाण हैं। सम्पूर्ण भारत के साधुओं की यह भाषा है। यह एक भाषा नहीं–बहुत सारी भाषाओं का समाहार है। हिन्दी को केवल खड़ी बोली से परिभाषित नहीं किया जा सकता–मैथिली, ब्रज, अवधी, बुन्देलखण्डी, भोजपुरी, राजस्थानी आदि भाषाओं से जुड़कर हिन्दी हिन्दी है।

यह एक छाता अवधारणा (Umbrella Concept) है जिसके नीचे ये सारी भाषाएँ रची-बसी हुई हैं, भारत के लगभग सभी प्रदेशों के विद्वानों ने हिन्दी में या

तो कुछ लिखा है या इसके प्रसार में हाथ बँटाया है। इसका सबसे बड़ा प्रमाण है कि हिन्दी को राजभाषा के रूप में स्वीकार करने के प्रस्ताव को गोपालास्वामी अय्यंगर ने प्रस्तुत किया था और इसका समर्थन किया था : महाराष्ट्र के शंकर राव देव, आन्ध्र की श्रीमती दुर्गाबाई, मौलाना अबुल कलाम आज़ाद, गुजरात के कन्हैया लाल माणिक लाल मुंशी और कर्नाटक के कृष्णमूर्ति राव।

संविधान सभा (Constituent Assembly) में श्यामा प्रसाद मुखर्जी ने अपने भाषण में कहा था :

1. हिन्दी को राजभाषा के रूप में स्वीकार करने का मुख्य कारण 32 करोड़ जनता में से 14 करोड़ जनता यानी बहुसंख्यकों का एक बृहत् हिस्सा (Largest single majority) इसे समझती है।
2. दूसरा कारण इसके निरन्तर विकास करने की गुंजाइश है।
3. और सबसे बड़ा कारण स्वाधीनता आन्दोलन से गुज़रते हुए भारतीयों में यह धारणा बलवती होती जा रही थी कि हिन्दी ही एक भाषा के रूप में सबको जोड़ सकती है और एकता ला सकती है।

ऐसे भी हिन्दी बहुसंख्यकों की भाषा के रूप में भारत में, जैसे पहले कहा जा चुका है, फैली हुई थी ही।

पं. हजारी प्रसाद द्विवेदी का कहना है कि हिन्दी में एक ओर पूर्वी आर्यों की भावप्रवणता, विद्रोही वृत्ति और प्रेम-निष्ठा का मणिकांचन योग है। इसीलिए हिन्दी एक प्रस्तरीय (Unlinear) परम्परा नहीं–एकक रैखिक गति युक्त नहीं, बहुरैखिक (Multilinear) गति युक्त परम्परा है। हिन्दी ने अपने को कभी भी वैधानिक रूप देना नहीं चाहा, अपने को कैनोनाइज़ (Canonize) नहीं किया।

लचीलापन और सामान्यता उसका सबसे बड़ा गुण है। इसीलिए इसमें जातीय चेतना का अभाव है–रामविलास शर्मा को इसी का दुख है। हिन्दी ने कभी प्रान्तीय चेतना के सहारे एक समरूप (Homogenised) अखण्ड भारत की कल्पना नहीं की।

मराठी मानुष, आमरा बांगाली या तमिल क्षेत्रीयतावाद हमेशा इस देश में अल्पसंख्यक विचारधारा रही है।

हिन्दी ने अविराम (Perennial) भारत के रूप को अपने को उजागर करने की कोशिश की थी–जिसकी पहचान एक बहुभाषीय, बहुसांस्कृतिक, बहुप्रजातीय, बहुधर्मीय भारत के रूप में की जाती रही है।

इसीलिए इस वैश्विक भावदृष्टि के कारण हिन्दी फैल गयी। एडवर्ड टेरी ने सन् 1655 में कहा था कि हिन्दी पूरे भारत की भाषा है। सन् 1852 में गार्सा द तासी ने कहा था कि हिन्दी इस देश की भाषा है। सन् 1864 में श्री पेठे ने

कहा था कि भारत के लिए एक भाषा की ज़रूरत है और वह हिन्दी है। बंगाल में केशवचन्द्र सेन ने 1875 में 'सुलभ समाचार' में स्वामी दयानन्द को हिन्दी में भाषण देने के लिए कहा था। 1829 में राजा राममोहन राय ने 'बंगदूत' नाम से द्विभाषिक, हिन्दी-बंगला, साप्ताहिक पत्रिका निकाली थी।

इसमें सन्देह नहीं कि राजा राममोहन राय द्वारा हिन्दी को भी स्थान देना उनकी उदारता और दूरदर्शिता का परिचय देता है। आचार्य रामचन्द्र शुक्ल का कहना है : 'राजा साहब की भाषा में एकाध जगह कुछ बंगलापन ज़रूर मिलता है पर उसका रूप अधिकांश में वही है, जो शास्त्रज्ञ विद्वानों के व्यवहार में आता था।'

बंगीय योगदान का सबसे बड़ा महत्त्व कि इसने हिन्दी पत्रकारिता को भारतीय राष्ट्रीयता की कहानी में बदल डाला। हिन्दी प्रदेश के प्रारम्भिक पत्रों में राजा शिवप्रसाद सिंह 'सितारे हिन्द' के पत्र 'बनारस अख़बार' (1845) की भाषानीति के विरोध में सन् 1850 में तारामोहन मैत्र ने काशी 'साप्ताहिक सुधाकर' का प्रकाशन शुरू किया।

उनका वक्तव्य था कि अहिन्दी प्रान्त के अधिकतर लोग संस्कृतनिष्ठ हिन्दी समझते हैं, इसीलिए हिन्दी का विस्तार इसी ढंग से होना चाहिए।

तो दूसरी ओर हिन्दी का प्रथम दैनिक 'समाचार सुधावर्षण' श्याम सुन्दर सेन के सम्पादन में बड़ा बाज़ार, कलकत्ता से जून, 1854 ई. में प्रकाशित हुआ था। इसके समाचारों को ध्यान से देखने से यह स्पष्ट हो जाता है कि समसामयिक घटनाओं पर टिप्पणी करने और अंग्रेज़ों की आलोचना करने से यह पत्र चूकता नहीं था।

1 अप्रैल, 1855 ई. के पत्र में किसी ख़ानसामे को अंग्रेज़ साहब का सौदा लाने में बारह आने के चोरी कर लेने पर छह महीने के लिए सश्रम कारावास की सज़ा दिये जाने पर सम्पादक की टिप्पणी थी :

"काले आदमी को ऐसा कठिन दण्ड सर्वदा मिलता रहता है और गोरे आदमी का बड़ा अपराध हो तो भी उसके माफ़िक दण्ड नहीं देते हैं।"

हिन्दी के माध्यम से राष्ट्रीयता की भावना को जगाने की 'समाचार सुधावर्षण' की एक निश्चित भूमिका थी।

'बंगदूत' और 'सुधावर्षण' का द्विभाषी रूप में यानी हिन्दी और बंगला दोनों में साथ-साथ प्रकाशित होना इस बात का प्रमाण है कि बंगालियों में हिन्दी के प्रति विशेष झुकाव था और वे इसके महत्त्व को समझते थे।

इस तरह की भाषाई एकता की दिशा में कोशिश आज नहीं दिखाई पड़ती है। कदाचित् यही कारण है कि हिन्दी के प्रारम्भिक विकास में बंगीय योगदान काफ़ी महत्त्वपूर्ण रहा।

पंचानन कर्मकार ने प्रिंटिंग (Printing) के लिए हिन्दी टाइप (Type) का आविष्कार किया।

भूदेव मुखोपाध्याय, बंकिम चन्द्र चटर्जी ने बिहार की कचहरियों की भाषा के रूप में हिन्दी के लिए क़दम उठाये। और सन् 1872 में बिहार में यह कचहरी की भाषा स्वीकृत हुई। नवीन राय ने पंजाब में जाकर हिन्दी का प्रचार किया।

आशुतोष मुखर्जी ने सबसे पहले कलकत्ता विश्वविद्यालय में एम.ए. के हिन्दी विभाग का श्रीगणेश किया।

और पहले विद्यार्थी जिन्होंने एम.ए. हिन्दी पास किया वे बंगाली नलिनी कान्त सान्याल थे।

जहाँ तक हिन्दी राष्ट्रभाषा का प्रश्न है, आमतौर से यह कहा जाता है कि :

1. गाँधी जी ने सन् 1909 में रचित 'हिन्दी स्वराज' के 18वें अध्याय में लिखा था–सारे हिन्दुस्तान के लिए अखिल देशीय भाषा हिन्दुस्तानी होनी चाहिए। गाँधी जी के लिए सरल हिन्दी हिन्दुस्तानी थी। गाँधी जी से पहले सन् 1907 में 'देवनागर पत्रिका' के प्रतिष्ठापक जस्टिस शारदाचरण मित्र एकलिपि और एक भाषा हिन्दी राष्ट्रभाषा के बहुत बड़े हिमायती थे। उनका कहना था–'वर्तमान हिन्दी अनेक परिमानेइ आमादरे राष्ट्रभाषा अभाव पूरन करते पारे हिन्दी सहजेइ शिक्षा करा जाय, सतुरां सहजेइ आर्यवर्तेर राष्ट्र भाषा हइते पारे।'
2. गाँधी जी ने हिन्दी/हिन्दुस्तानी को लेकर अपनी बात फिर से एक दफा सन् 1917 में गुजरात के भड़ौच में दोहराई कि हिन्दुस्तानी इस देश की राष्ट्रभाषा है।

21 जनवरी, 1918 में रवीन्द्रनाथ टैगोर को पत्र लिखते हुए मोतिहारी से गाँधी जी ने कहा कि मुझे हिन्दी सम्मेलन, इन्दौर में भाषण देना है।

इस भाषण से सम्बन्धित कुछ प्रश्नों के उत्तर आपसे जानना चाहता हूँ :

1. क्या हिन्दी राष्ट्रभाषा तथा सम्पर्क भाषा हो सकती है।
2. क्या भारतीय भाषाओं को शिक्षा का माध्यम बनाया नहीं जाना चाहिए।
3. क्या हिन्दी को स्कूलों में दूसरी भाषा नहीं बनाया जाना चाहिए।

टैगोर ने शान्तिनिकेतन से 24.01.1918 में लिखा–अवश्य हिन्दी एकमात्र राष्ट्र की भाषा है जो अन्तरराज्यीय संचार भाषा के रूप में प्रयोग के लायक है। मगर राष्ट्रीय कार्यावली के लिए हिन्दी को विकल्प के रूप में स्वीकार करना होगा। जब तक कि नयी पीढ़ी के राजनेता इसके महत्त्व से परिचित न हो जायें और लगातार अभ्यास के द्वारा इसके सामान्य प्रयोग का रास्ता खोल दें और इसे राष्ट्रीय दायित्व न मान लें।

सन् 1920 में आयोजित छठे गुजराती साहित्य परिषद् में रवीन्द्रनाथ टैगोर ने महात्मा गाँधी के कहने पर हिन्दी में भाषण दिया था–"महात्मा गाँधी महाराज की आज्ञा है हिन्दी में कहने के लिए यदि हम समर्थ होते तब इससे बड़ा आनन्द और कुछ होता नहीं। असमर्थ होने पर भी आपकी सेवा में दो चार बात हिन्दी में बोलूँगा।"

मई, 1929 में बंकिमचन्द्र चटर्जी ने 'बंग दर्शन' के पाँचवें खण्ड में संकलित अपने विचारों को प्रस्तुत करते हुए यह कहा था कि, "अंग्रेज़ी भाषा द्वारा चाहे कुछ हो, लेकिन हिन्दी सीखे बिना किसी तरह काम नहीं चलेगा। हिन्दी भाषा की पुस्तक और वक्तृता द्वारा भारत के अधिकांश स्थानों का मंगल साधन हो सकता है। केवल बंगला और अंग्रेज़ी की चर्चा से काम नहीं निकलेगा।"

'भारत के अधिवासियों की संख्या के साथ तुलना करने से पता लग सकता है कि उनमें से कितने आदमी अंग्रेज़ी बोल और समझ सकते हैं। बंगला की तरह हिन्दी की उन्नति नहीं होती है, तो यह देश के लिए दुर्भाग्य की बात है। हिन्दी भाषा की सहायता से भारतवर्ष के विभिन्न प्रदेशों में ऐक्य स्थापित करने में जो समर्थ होंगे, वे ही सच्चे भारतबन्धु के नाम से पुकारे जाने योग्य हैं। सब कोई प्रयत्न करिए, चेष्टा करिए, चाहे जितने दिन लगें, यह मनोरथ पूर्ण होगा।"

सन् 1920-2021 में शान्तिनिकेतन में हिन्दी भवन की स्थापना हुई। भाषा के प्रचार के साथ ही हिन्दी के उत्तम साहित्य के प्रचार की योजना भी उसमें जुड़ी हुई थी।

सन् 1929 में राष्ट्रभाषा सम्मेलन की स्वागत समिति के सभापति का भाषण देते हुए सुभाष चन्द्र बोस ने कहा था–"मैं व्यर्थ अभिमान (बंगला में अभिमान अहंकार है) नहीं करना चाहता पर, इतना तो अवश्य कहूँगा कि हिन्दी साहित्य के लिए जितना कार्य बंगालियों ने किया है उतना हिन्दीभाषी प्रान्तों को छोड़ कर और किसी प्रान्त के निवासियों ने शायद ही किया हो। यहाँ मैं हिन्दी प्रचार की बात नहीं करता, उसके लिए स्वामी दयानन्द ने जो कुछ किया और महात्मा गाँधी जो कुछ कर रहे हैं उसके लिए हम सब उनके कृतज्ञ हैं, पर हिन्दी साहित्य की दृष्टि से कहता हूँ–कहकर नेताजी ने भूदेव मुखर्जी और नवीनचन्द्र राय का नाम लेते हुए कहा कि ये लोग उत्तरी भारत में हिन्दी आन्दोलन के पथ प्रदर्शक कहे जा सकते हैं।"

"संयुक्त प्रान्त में इंडियन प्रेस के स्वामी चिन्तामणि घोष ने 'सरस्वती' मासिक पत्रिका निकालकर और पचासों हिन्दी ग्रन्थों को छापकर हिन्दी साहित्य की जितनी सेवा की है, उतनी सेवा हिन्दी भाषा-भाषी किसी प्रकाशक ने शायद ही की होगी।

"फिर नेताजी कहते हैं कि कौन ऐसा कृतघ्न होगा जो श्री अमृतलाल जी चक्रवर्ती की, जो 45 वर्ष से हिन्दी पत्र सम्पादन का काम कर रहे हैं, हिन्दी सेवा को भूल जाये। श्री नगेन्द्र नाथ बसु लगभग 15 वर्षों से हिन्दी विश्वकोश द्वारा हिन्दी की सेवा कर रहे हैं।

"अन्त में नेताजी कहते हैं कि अपनी-अपनी प्रान्तीय भाषाओं की भरपूर उन्नति कीजिए, ...पर सारे प्रान्तों की सार्वजनिक भाषा का पद हिन्दी या हिन्दुस्तानी को ही मिलना चाहिए। वह दिन दूर नहीं जब भारत स्वाधीन होगा और उसकी राष्ट्रभाषा होगी हिन्दी।"

सन् 1941 में प्रसिद्ध भाषावैज्ञानिक सुनीति कुमार चटर्जी ने 'विशाल भारत' में एक विस्तृत लेख के द्वारा यह स्पष्ट किया था, "हिन्दी या हिन्दुस्तानी पछाँहे की साहित्यिक भाषा बनी हुई है। मध्यप्रदेश की भाषा की प्रतिष्ठा और प्रभाव इसका अत्यतम ऐतिहासिक कारण है। आर्यभाषी उत्तर-भारत का ऐक्य-बोध इसका एक अमूर्त भावमय कारण है।

"बंगाल पहले से इस ऐक्य-बोध का अनुभव करता था, अभी करता है। बंगाल के सब नेताओं ने एक अखण्ड भारत की बात कही है—और हिन्दुस्तान हिन्द और हिन्द की राष्ट्रभाषा हिन्दी की जय की हमेशा कामना की है।"

जहाँ तक हिन्दी साहित्य के विकास में बंगीय योगदान का प्रश्न है : यह स्पष्ट है कि हिन्दी और बंगला के एक ही भारोपीय भाषा परिवार के होने के कारण :

—इनमें विषयवस्तु की एकता है

—शैली की विभिन्नता है

—सांस्कृतिक विशिष्टताओं का (मंगलकाव्य/रीतिकाव्य) का एक वैविध्यमय संसार है

—साहित्यिक परम्पराओं की एकता के अपार उदाहरण हैं।

और सबसे बड़ी बात कि इन दोनों भाषाओं के किसी एक हिस्से का आविष्कार दूसरे हिस्से की खोज के लिए हमें रास्ता दिखाता है।

तब प्रश्न यह नहीं उठता कि किसका योगदान कहाँ है—तब दोनों भाषाओं की साहित्यिक एकरूपता हमें एक अपरूप आनन्द से जोड़ती है। चैतन्य महाप्रभु की गौड़ीय वैष्णव भक्ति से प्रभावित बंगला मध्ययुगीन भक्तिकाव्य में राधाकृष्ण की विरह भाव अभिव्यक्ति और अष्टछाप के हिन्दी कवि सूरदास की माधुर्य भावयुक्त राधा के विरह भाव की अनन्यता अतुलनीय है।

बंगला के गोविन्ददास कहते हैं कि राधा विरह में कातर कृष्ण की प्रतीक्षा में सारी रात व्यतीत कर देती है—*विरह बिषे दहि बहि गल रजनी, नहि नहि आओल काला।*

सूर की राधा की भी प्रतीक्षा में सारी रात बीत जाती है :

हम कौं जागत रैनि बिहानी

सूर की राधा के लिए सारी प्रकृति मानो आग बरसा रही है—चन्दन चन्द समीर अगिन सम हो गया है एवं 'प्रभु बिनु पावस' भी दाहक बन गया है। रवीन्द्रनाथ टैगोर की राधा की देह भी 'अहरह ज्वलत हुताशे' सखि अब इस बात को सह नहीं पाती। वह मथुरा जाकर कृष्ण को फटकारती है—

श्यामरे निपट कठिन मन तोर,'

बेचारी राधा अकेली एकान्त में बैठी हुई यमुना को निहारती रहती है, और तुम

निठुर श्यामरे कैसन अब तुँहु रहइ दूर मथुराय
रयन निदारुण जापसि कैसे दिवस तब याय

वाह! तुम्हारा यह पीतबास कहाँ गया, कहाँ गयी तुम्हारी वह मधुर हँसी।

कनक हार पहिरलि कण्ठे
कथि फेंकलि बनमाला!
छिः छिः काला, झटितिआओ
तुँ हुँ हमारि साथ,
विरह व्युकला बाला।

सूर के 'भ्रमर गीत' और बंगला कृष्णकाव्य का 'माधुर्य' वर्णन रूपक काव्य है—राधा विरह मानवात्मा के चिरन्तन विरह का साहित्य रूप है।

पूर्ण के साथ, या असीम अथवा परमात्मा के ससीम अपूर्ण जीवात्मा का जो विच्छेद है, वह विच्छेद-वेदना मानव मात्र के अन्तर में सुप्त है।

तीव्र अनुभूतियुक्त इन कवियों की रचना में एकाकीपन की यह ध्वनि कृष्ण-राधा के विरह के माध्यम से उत्पन्न होकर मानव चित्त को अकारण ही उदास बना देती है और हम सोचने लगते हैं दो आत्माओं का सम्पूर्ण मिलन क्या कभी सम्भव है।

आधुनिक काल में कई ऐतिहासिक कारणों से बंगाल में पश्चिम से आये हुए ज्ञान-विज्ञान का पहला प्रसार हुआ और परिणामतः पश्चिम से आयी हुई कई साहित्यिक विधाओं का बंगाल में पहले विकास हुआ।

आचार्य रामचन्द्र शुक्ल ने अपने इतिहास में सारे महत्त्वपूर्ण बंगला उपन्यासकारों के उपन्यासों का उल्लेख करते हुए यह कहा है कि इनके प्रभाव से इस अनुवाद युग (उत्थान युग) के अन्त में अविभूत होने वाले हिन्दी के मौलिक उपन्यासकारों का आदर्श बहुत कुछ ऊँचा हुआ।

स्टुअर्ट ब्लैकबर्न ने 'इंडियाज़ लिटरेरी हिस्टरी : एसेज़ ऑन द नाइनटींथ सेंचुरी' में लिखा है कि जहाँ तक देवकीनन्दन खत्री, गोपालराम गहमरी, हरिकृष्ण जौहर के जासूसी और तिलस्मी उपन्यासों का प्रश्न है बंगला जासूसी उपन्यासकारों का इन लेखकों पर इतना अधिक प्रभाव था कि बहुत से आलोचक उस समय के हिन्दी उपन्यासों को 'Literature of translation' कहते थे और हिन्दी के उपन्यासकार बिना झिझक यह स्वीकार किया करते थे कि वे कलकत्ते की यात्रा सिर्फ़ इसलिए किया करते हैं कि बंगला उपन्यासों को ख़रीदें, कभी-कभी कबाड़ी की दुकानों से भी ख़रीद के ले आते थे।

पाँचकड़ी दे से प्रभावित गोपालराम गहमरी ने कॉनन डायल (Conan Doyle) द्वारा रचित शरलॉक होम्स को गोविन्द राम बना दिया और उनके साथी डॉ. वॉटसन (Dr. Watson) को डॉ. बोस (Dr. Bose)।

कहानी के क्षेत्र में बंग महिला द्वारा सन् 1864 में रचित कहानी 'दुलाईवाली' को काफ़ी दिनों तक हिन्दी की प्रथम कहानी का श्रेय मिलता रहा।

गद्य के क्षेत्र में आचार्य रामचन्द्र शुक्ल के अनुसार 20वीं शती के प्रारम्भ में बंगभाषा के चन्द्रशेखर मुखोपाध्याय द्वारा रचित 'उद्भ्रान्त प्रेम' की तर्ज पर भावात्मक गद्य की कई शैलियाँ विकसित हुईं। शुक्ल जी के अनुसार यह विक्षेप शैली थी। चतुरसेन शास्त्री के 'अन्तस्तल' में यह रूप उभर कर आया।

"इन प्रबन्धों की भाषा तरंगवती धारा के रूप में चली थी। रवीन्द्र के प्रभावस्वरूप बाद में रहस्योन्मुख आध्यात्मिकता का प्रसार हुआ जिसका आधार पुराने ईसाई सन्तों से ग्रहण किया गया भक्तिभाव था। शुक्ल, राय, कृष्ण, दास, वियोगी हरि पर इसका प्रभाव पड़ा।"

शुक्लजी हिन्दी के छायावाद काव्य का आधार भी पुराने ईसाई सन्तों के छायाभास (फैंटसमाटा) (Phantasmata–a creation of imagination or fantasy) तथा योरोपीय काव्य क्षेत्र में प्रचलित आध्यात्मिक प्रतीकवाद (Symbolism) के आश्रय से रचित रवि ठाकुर की कविताओं से प्रभावित कहते हैं। मैथिलीशरण गुप्त और मुकुटधर पाण्डेय ने इस तरह के काव्य को छायावाद कहना शुरू किया।

जिन्होंने रवीन्द्रनाथ के निबन्धों को पढ़ा है, वे हजारी प्रसाद द्विवेदी से सहमत होंगे कि कभी-कभी विचारवान नामी-गिरामी पण्डित भी ऊटपटाँग बात कह डालते हैं,

1. यह सर्वविदित है कि छायावाद रूढ़ि के विरुद्ध नवीन का जयघोष था।
2. जड़ के विरोध में परिवर्तन की आकांक्षा थी।

3. और उसकी स्थापना के लिए विराट चित्रों का अंकन और विराट चित्रों के अंकन द्वारा स्वतः ही अनन्त की जिज्ञासा का काव्य में समावेश था।

छायावाद के प्रमुख कवि निराला पर रवीन्द्र की औपनिषदिक स्व और अनन्त की एकमेकता के दार्शनिक स्वरूप का विस्तृत प्रभाव है। रवीन्द्र यदि कहते हैं :

सीमार माझे असीम तुमि
बाजाओ आपन सुर
आमार मध्ये तोमार प्रकाश
ताइ एत मधुरे।।

और निराला कहते हैं :

नवजीवन की प्रबल उमंग
जा रही मैं मिलने के लिए
पारकर सीमा
प्रियतम असीम के संग।

यहाँ निराला पर रवीन्द्र के प्रभाव का उल्लेख करते हुए यह स्पष्ट करना चाहूँगा कि एक प्रभाव बाढ़ की तरह होता है जिसमें डूबने वाले प्रापक लेखक की मौलिकता दिखाई नहीं पड़ती।

दूसरे, जहाँ प्रभाव सान की तरह प्रभाव ग्रहण करने वाले व्यक्ति की प्रतिभा को और चमका देता है। निराला रवीन्द्र के औपनिषदिक दार्शनिक तत्त्वों को आत्मसात् करते हुए अपनी मौलिकता को प्रखर रूप में प्रकट करते हैं।

पं. हजारी प्रसाद द्विवेदी जी कहते हैं, "हिन्दी में एक ओर जनता जुड़ी हुई है, जनता के लिए इसका जन्म हुआ है। हिन्दी साहित्य की सामग्री प्रत्यक्ष मनुष्य है। लोक की भाषा होने के कारण इसमें लचीलापन है, इसका कोई वैधानिक रूप नहीं है। आज बंगला-हिन्दी, पंजाबी-हिन्दी, मद्रासी या गुजराती-हिन्दी प्रचलित हैं। हिन्दी सबको लेकर चलती है। उसको आप प्रान्तीय सीमाओं में बाँधकर नहीं रख सकते। आख़िरकार हिन्दी का एक टाँका काशी में मिलेगा तो दूसरा बंगाल में, तीसरा उड़ीसा में और चौथा महाराष्ट्र में मिलेगा और पाँचवाँ मालाबार या सीलोन में मिल जाये तो आश्चर्य करने की बात नहीं है।"

इसीलिए हिन्दी में भारतीय भाषाओं का योगदान स्वाभाविक रूप से हुआ। हिन्दी को अपना समझ कर हुआ, हिन्दी का यही सबसे बड़ा कृतित्व है।

टैगोर और गाँधी की भारत-चिन्ता

रवीन्द्रनाथ टैगोर की मृत्यु की ख़बर मिलने पर जवाहरलाल नेहरू ने 7 अगस्त, 1941 में अपनी जेल डायरी में लिखा था :

> "मैं विश्व के नाना स्थानों में नाना प्रसिद्ध व्यक्तियों से मिला हूँ। परन्तु मेरे मन में इसको लेकर कोई सन्देह नहीं है कि विश्व के सर्वश्रेष्ठ दो व्यक्तियों से मिलने का जो सौभाग्य मुझे प्राप्त हुआ था वे गाँधी और टैगोर थे। शताब्दी के चौथाई हिस्से के ये दो असाधारण व्यक्तित्व थे। समय की गति के साथ जब दुनिया के सारे जनरल और फील्ड मार्शल्स तानाशाह और शोर मचाने वाले राजनेताओं की मृत्यु हो जायेगी और लोग उन्हें क्रमशः भूल जायेंगे तब वे मेरी बात को स्वीकार करेंगे।"

आगे चलकर नेहरू ने लिखा था :

> "परन्तु जो आश्चर्यजनक बात है कि प्रज्ञा (Wisdom), विचार तथा संस्कृति के एक ही स्रोत से प्रेरणा ग्रहण करने वाले इन दोनों में इतना साम्य होने के बावजूद उनमें एक-दूसरे से इतना अधिक अन्तर भी है। टैगोर और गाँधी जैसे दो व्यक्तियों के बीच इतना अन्तर दिखाई देना कदाचित् एक असाधारण घटना है।
>
> दोनों के बीच का विरोध मगर अपरिहार्य था। सन् 1915 में यह अव्यक्त था। जब 6 मार्च को दूसरी दफा गाँधी शान्तिनिकेतन आये थे—उनकी तब एक सजातीय (किंन्ड्रेड) आत्मा से मुलाक़ात हुई—दोनों यह जानते थे कि उनकी लड़ाई गुलाम देश की जनता के नैतिक उत्तरदायित्व से सम्बन्धित एक समान आदर्शों के लिए है।"

कुछ सप्ताह पहले वे शान्तिनिकेतन आये थे तब टैगोर कलकत्ते में थे—विद्यार्थियों ने उनकी और उनकी पत्नी की काफ़ी अच्छे तरीक़े से स्वागत

और देखभाल की थी—गाँधी ने अपनी प्रशंसा व्यक्त करते हुए बाद में कहा था—The teachers and students overwhelmed me with affection : The reception was a beautiful combination of simplicity, art and love.

6 मार्च को दूसरी दफा आकर उन्होंने कवि को, तब तक रवीन्द्रनाथ टैगोर वापिस आ गये थे, छात्रावास की व्यवस्था में कुछ परिवर्तन करने की सलाह दी थी :

1. खाना परोसने और इकट्ठे बैठ कर खाने में कोई जातिभेद नहीं होना चाहिए।
2. नौकरों पर आश्रित हुए बिना छात्रों और अध्यापकों को खाना पकाने से लेकर और सब काम स्वयं करना चाहिए।

कवि ने कहा, मैं जातिभेद में विश्वास नहीं करता परन्तु छात्रों को उनकी इच्छा के विरुद्ध कुछ स्वीकार करने के लिए बाध्य भी नहीं कर सकता। गाँधी ने उनकी दलील को स्वीकार नहीं किया था।

स्वावलम्बन (सेल्फ़ हेल्प) के गाँधी के आदर्श को स्वीकार करते हुए 10 मार्च को गाँधी और कस्तूरबा के सामने यह प्रयोग (एक्सपेरिमेंट) शुरू हुआ परन्तु यह प्रयोग बहुत अधिक दिनों तक चल नहीं सका यद्यपि प्रत्येक वर्ष 10 मार्च को शान्तिनिकेतन में गाँधी दिवस मनाया जाता है और उस दिन छात्रावास में नौकरों को छुट्टी दी जाती है। और छात्र और अध्यापक छात्रावास में खाना पकाने से लेकर सारा काम करते हैं।

यहाँ यह सूचना देना अनावश्यक नहीं होगा कि 11 मार्च, 1915 में रंगून के लिए रवाना होने के बाद वापिस आकर साबरमती में गाँधी ने अपने आश्रम की स्थापना की थी।

15 अप्रैल, 1919 के जलियाँवाला हत्याकाण्ड के बाद दोनों के बीच का विरोध खुल गया।

जब रॉलेट सेडिशन कमेटी रिपोर्ट 8 जुलाई, 1918 को प्रकाशित हुई थी तब देशभर में उसका गहरा विरोध हुआ था, लोगों ने अपनी नाराज़गी व्यक्त की थी। 23 मार्च, 1919 को रॉलेट ऐक्ट पारित हुआ तब गाँधी ने इसको निरस्त करने के लिए प्रतिरोधी (रेज़िस्टेन्स) आन्दोलन चलाने का निर्णय लिया। 30 मार्च को सारे देश में हड़ताल का ऐलान किया गया और दिल्ली में परिणामतः हड़ताल के समय उत्पात (Disturbance) शुरू हुआ। 6 अप्रैल को गाँधी ने और एक हड़ताल का ऐलान किया और तब भी पुलिस और उपद्रवी, उत्तेजित भीड़ के

बीच काफ़ी अप्रिय झड़पें हुईं। गाँधी उस समय बम्बई में थे और जब दंगों को रोकने के लिए गाँधी दिल्ली के लिए रवाना हुए तो रास्ते में ही पुलिस ने उन्हें रोक लिया और बम्बई वापिस भेज दिया।

10 अप्रैल, 1919 को पंजाब की सरकार ने पंजाब में मार्शल लॉ की घोषणा कर दी और अमृतसर को जनरल डायर के हाथ सौंप दिया गया।

12 अप्रैल को टैगोर ने गाँधी को एक खुली चिट्ठी लिखी जो 'इंडियन डेली' न्यूज़ में 16 अप्रैल को प्रकाशित हुई।

गाँधी जी को महात्मा के नाम से सम्बोधित करते हुए टैगोर ने लिखा :

> "शक्ति का हर रूप अबौद्धिक (Irrational) है। निष्क्रिय प्रतिरोध (Passive Resistance) का प्रयोग शक्ति रूप में हो रहा है जो हमेशा अपने में नैतिक नहीं होता इसका प्रयोग सत्य के पक्ष और विपक्ष दोनों स्थिति में किया जा सकता है। प्रत्येक शक्ति की ताक़त में एक अन्तर्निहित ख़तरा (Inherent danger) छिपा रहता है और जब कोई शक्ति अधिक बलशाली हो जाती है और वह शक्ति सफलता को चूमना शुरू करती है तब वह प्रलोभन (Temptation) का रूप धारण करती है। मैं जानता हूँ आपकी शिक्षा अच्छाई की सहायता से बुराई के विरुद्ध लड़ाई लड़ना है। मगर इस तरह का युद्ध करना वीरों, नायकों का काम है किसी एक क्षणिक आवेग से प्रेरित होकर जनता के द्वारा करना नहीं। बुराई से स्वाभाविक रूप से बुराई पैदा होती है। अन्याय हिंसा के लिए प्रेरित करता है। और अपमान प्रतिरोध की भावना को जन्म देता है। दुर्भाग्य से इस तरह का शक्ति प्रयोग शुरू हो चुका है। और या तो आतंकित होकर (Panic) अथवा क्रोध के वशीभूत होकर हमारे अधिकारीगण पंजों के नाखून दिखाना शुरू कर देंगे जिसका निश्चित परिणाम होगा कि या तो हम में से कुछ विद्वेष के गुप्त रास्ते पर चल पड़ेंगे या दूसरे उत्साहभंग (Demoralization) के शिकार बनेंगे..."

असहयोग आन्दोलन के गाँधी-टैगोर विवाद के इतिहास से सम्बन्धित यह सबसे पहला महत्त्वपूर्ण दस्तावेज़ है।

यह पत्र 13 अप्रैल को घटित जलियाँवाला हत्याकाण्ड के एक दिन पहले लिखा गया था।

6 मार्च, 1915 के बाद गाँधी टैगोर की दूसरी भेंट दिसम्बर, 1917 में हुई थी जब इंडियन नेशनल कांग्रेस के 32वें अधिवेशन में टैगोर ने 'भारत की प्रार्थना' नाम से एक कविता की आवृत्ति की थी :

तुम्हारे नाम पर हम बल का विरोध करते हैं,
जो हमारी आत्मा में अपना झण्डा गाड़ना चाहता है।
यह हम जान लें कि जो शृंखलाबद्ध होकर अपमान सहता है,
उनकी आत्मा में तुम्हारा प्रकाश धुँधला जाता है।
जब जीवन दुर्बल हो पड़ता है तब बुजदिली में,
वह असत्य के सिंहासन के प्रति अपने को समर्पित करता है।

इस प्रार्थना को हम आसानी से गाँधी की प्रार्थना कहकर चला सकते हैं जिन्होंने इसमें पुनस्संजीवित लोगों की आवाज सुन पायी होगी जिसमें राष्ट्रीय आदर्शों की घोषणा है।

उसी वर्ष 1917 में टैगोर के जोडासांको भवन में गाँधी, तिलक, मदन मोहन मालवीय तथा ऐनी बेसेंट की उपस्थिति में 'डाकघर' नाटक का, जिसमें टैगोर ने स्वयं फकीर की भूमिका की थी, मंचन हुआ था। परन्तु गाँधी ने इस नाटक को देखने के बाद इसकी प्रशंसा या और कुछ कहा हो उसका कोई लिखित रिकॉर्ड उपलब्ध नहीं है।

तीसरी दफा ये दोनों 2 अप्रैल, 1920 में अहमदाबाद में मिले थे जहाँ गाँधी जी ने स्वयं गुजराती साहित्य सभा के अधिवेशन में टैगोर को अध्यक्षता करने के लिए 18.10.1919 और 14.01.1920 को निमन्त्रण दिया था। टैगोर 1 अप्रैल, 1920 को अहमदाबाद पहुँचे थे, 2 अप्रैल को उन्होंने अपना अध्यक्षीय भाषण दिया और फिर साबरमती आश्रम में गये थे जहाँ दूसरे दिन उन्होंने प्रातःकालीन प्रार्थना सभा में भाग लिया।

गाँधी-टैगोर की यह बैठक इस दृष्टि से महत्त्वपूर्ण थी कि इससे पहले 30 मई, 1919 को गाँधी ने अपना नाइटहुड वापस कर दिया था और गाँधी ने इस बैठक के बाद 1 अगस्त, 1920 को कैसर-ए-हिन्द मेडल वापिस कर दिया था। दोनों ही घटनाएँ एक हृदयहीन ब्यूरोक्रेसी के विरुद्ध भारतीय अन्तःकरण या विवेक का प्रतीकात्मक प्रतिवाद थीं। अहमदाबाद में गाँधी-टैगोर वार्तालाप का कोई रिकॉर्ड नहीं है। परन्तु हम यह अनुमान लगा सकते हैं कि असहयोग आन्दोलन को लेकर दोनों में लम्बी बहस हुई होगी—दोनों में गहरी असहमति रही होगी, फिर भी एक-दूसरे के लिए जो सम्मान भाव है वह पहले जैसा ही बरकरार रहा होगा।

जो विरोध पहले 1915 में अव्यक्त था, वह 1919 में खुल गया और 1921 में वह जनता के सामने आ गया।

जब असहयोग आन्दोलन 31 अगस्त, 1920 में आरम्भ हुआ तब टैगोर यूरोप में थे। नाइटहुड वापस देकर बर्तानिया के प्रति उन्होंने जो ग़ैर-वफ़ादारी या

राजभक्ति नहीं दिखायी, उससे इंग्लैंड के लोग उनके विरोध में चले गये थे और उनके भाषण में पोएट लॉरेट रॉबर्ट ब्रिजेस ने बड़ी नम्रता के साथ अध्यक्षता करने से इनकार कर दिया था यहाँ तक कि केन्स, डिकेन्सन तथा एंडरसन कैम्ब्रिज में उनके मेजबान होने के बावजूद उनसे कतराते रहे और ब्रिटिश होम ऑफ़िस ने उनके क्रियाकलापों पर ध्यान रखने के लिए एक जासूस की नियुक्ति भी की थी।

इंग्लैंड से फ्रांस पहुँचकर टैगोर ने एंड्रूज़ को पत्र लिखा था :

> "पंजाब में डायरिज़्म (Dyerism) को लेकर तुम्हारे पार्लियामेंट में जिस तरह की बहस हुई है और घमण्ड, अहंकार और हेकड़ी का जिस तरह तिरस्कारपूर्ण प्रदर्शन हुआ और भारत को लेकर कठोर बात की गयी उससे मैं बहुत ही दुखी हुआ हूँ और इंग्लैंड छोड़ने पर मुझे काफ़ी राहत मिली।"

यह चिट्ठी 13 अगस्त, 1920 को असहयोग आन्दोलन के प्रारम्भ होने के 18 दिन पहले लिखी गयी थी।

विजय राघवचार की अध्यक्षता में इंडियन नेशनल कांग्रेस का 35वाँ अधिवेशन दिसम्बर 1920 में आयोजित हुआ, जिसमें असहयोग आन्दोलन की पुष्टि कर दी गयी जो कलकत्ते में इंडियन नेशनल कांग्रेस के एक विशेष सत्र में पारित हुआ था।

2 मार्च, 1921 में लन्दन से टैगोर ने एंड्रूज़ को असहयोग आन्दोलन के पक्ष में लिखते हुए कहा :

> "आत्मोत्सर्ग का यह उत्साह और कष्ट सहने की इच्छा, मैं आशा करता हूँ, पूरी ताक़त के साथ इसका विस्तार होगा। यह उपयुक्त ही है कि जो अपमानित भारत की जनता और असहाय और निर्बलों के अन्दर छिपी हुई असीम शक्ति है उसे महात्मा ने ललकारा है। भारत की यह नियति है कि उसने अपने सहयोग के लिए आत्मा की शक्ति का न कि शरीरिक बल का चुनाव किया है। और भारत को इस तरह मनुष्य के इतिहास के स्तर को कीचड़ से सने हुए पारस्परिक शारीरिक संघर्ष से ऊपर उठाकर उच्च नैतिक स्तर तक ले जाना है।"

परन्तु टैगोर को धीरे-धीरे यह एहसास होने लगा कि असहयोग आन्दोलन के द्वारा देश का उद्धार सम्भव नहीं है। उनकी पहली आपत्ति यह थी कि ख़िलाफ़त आन्दोलन की तरह इसकी शुरुआत हुई है। दूसरी आपत्ति थी कि बड़े आकार में टैगोर रचनात्मक कार्य के पक्ष में थे जिससे कि पॉलिटिकल फ्रीडम के लिए सही ज़मीन तैयार हो सके।

वे शान्तिनिकेतन में रचनात्मक कार्य का अपना हिस्सा निभाना चाहते थे। यही बात एंड्रूज़ को 03.10.1920 को लिखे एक पत्र में जतायी थी कि मैं शान्तिनिकेतन को धूल-धूसरित राजनीति के चक्रवात से बचा कर रखना चाहता हूँ। तृतीयतः उन्हें इस बात का डर था कि असहयोग आन्दोलन अहिंसात्मक नहीं रह पायेगा और बहुत जल्द अपव्यायी लोकप्रिय उन्माद क्रोध में बदल जायेगा।

मार्च, 1921 में टैगोर ने एंड्रूज़ को 3 पत्र (02.03.1921, 05.03.1921, 13. 03.1921) लिखे यह जताते हुए कि असहयोग आन्दोलन हिंसा में उतर आयेगा।

गाँधी ने 4 जून, 1921 को 'यंग इंडिया' में टैगोर को आश्वस्त करते हुए लिखा कि असहयोग आन्दोलन राष्ट्रवाद को वही अर्थ देना चाहता है जो टैगोर को इच्छित है।

टैगोर ने इस पत्र का बहुत ही सोचा-समझा उत्तर बंगला में दिये गये एक पब्लिक भाषण में 29 अगस्त, 1921 को कलकत्ते में दिया था जिसका अंग्रेज़ी रूपान्तरण अक्तूबर, 1921 में 'मॉडर्न रिव्यू' में प्रकाशित हुआ और टैगोर के निबन्ध संकलन 'टुवर्ड्स यूनिवर्सल मैन 1961' में प्रकाशित हुआ। बंगला मूल 'प्रवासी' पत्रिका में अक्तूबर, 1921 में प्रकाशित हुआ था और बाद में 1937 में 'कालान्तर' में संकलित किया गया।

यह असहयोग आन्दोलन के विरुद्ध टैगोर का सबसे शक्तिशाली तथा विस्तृत वक्तव्य है। टैगोर ने एक सेट ऑफ़ फार्मूला, नुस्ख़ों तथा औज़ारों के विरुद्ध एक प्रकार के क्लिष्ट सम्मोह (Cramping obsession) का विरोध करते हुए कहा था कि यह देश के विकास को पीछे ढकेल सकता है। उनका कहना था :

"हमारे अधिनायक महात्मा के प्रति हमारी भक्ति में कोई कमी नहीं आनी चाहिए। परन्तु प्रेम की सत्यता में निहित उसकी सम्पूर्ण पवित्रता को समझ सकें परन्तु स्वराज के निर्माण की कला और विज्ञान बहुत ही विस्तृत है। इसके रास्ते बहुत ही कठिनाई से नापे जाते हैं और उसमें समय लगता है। इस काम के लिए प्रेरणा और आवेग की आवश्यकता है परन्तु साथ ही ज्ञान और विचार की भी उतनी ही आवश्यकता है। इसके लिए अर्थशास्त्री को सोचना है, कारीगर को मेहनत करनी है, शिक्षाविद् और राजनीतिवेत्ताओं के वक्तव्यों से प्रबन्धन की सीख लेनी है। एक शब्द में देश की आत्मा को अविकल, अखण्ड तथा अबाधित रहना है, उसकी आत्मा को खुली या गोपनीय बाध्यता के द्वारा निष्क्रिय और बुजदिली नहीं बनाना है।"

गाँधी के द्वारा चरखा के प्रचार, विदेशी वस्त्र की होली तथा अंगेज़ी शिक्षा के विरोध में वक्तव्य तथा राजा राममोहन की 'यंग इंडिया' में 27 अप्रैल, 1921 में आलोचना (Pigmy अल्पबुद्धि, बौना कहना) करने पर टैगोर ने उसका उत्तर एंड्रूज़ को लिखे दो पत्रों में दिया। पत्रों का सार निम्नलिखित है :

1. चरखा मनुष्यों के बौद्धिक विकास में सहायक नहीं हैं। यह विवेक और परिश्रम का कोई विकल्प नहीं है—सफलता की कुंजी विवेकपूर्ण कठोर परिश्रम है। इस तरह के एक विचार के साथ आम जनता को सम्बद्ध करने से कुछ लाभ होने वाला नहीं है। हमारी ग़रीबी एक जटिल वस्तुस्थिति है, चरखे से सूत कातने और वस्त्र बुनने से ग़रीबी की समस्या हल नहीं हो पायेगी। हमारी ग़रीबी सूत के अभाव से नहीं, हमारी प्राणशक्ति और एकता के अभाव के कारण है।
2. विदेशी वस्त्र की होली के बारे में उनका कहना था कि ग़रीब जनता के पास जो थोड़ा कुछ है उसके सम्मान और जीवन धारण के लिए उसका विसर्जन करने के लिए कहना अनुचित है। मेनचेस्टर के वस्त्र को ख़रीदना या न ख़रीदना अर्थशास्त्र का मामला है। गाँधी जी का उत्तर था विदेशी वस्त्रों को जलाकर मैं अपनी लज्जा को जताता हूँ। फिर ऐसा कोई अर्थशास्त्र जो व्यक्ति और देश के कुशल-मंगल के लिए ख़तरा है उसे अनैतिक और पापपूर्ण कहना ही ठीक है।
3. गाँधी जी ने निश्चय ही राजा राममोहन राय को पिग्मी, अल्पबुद्धि बौना कहा था (XIX खण्ड, पृ. 476-48) परन्तु बाद में इस अपशब्द को हटा दिया था (XX खण्ड, पृ. 42-43) परन्तु अपने सिद्धान्त पर अटल रहते हुए अंग्रेज़ी शिक्षा का विरोध किया। टैगोर ने ज्यूरिच से 10 मई, 1921 को एंड्रूज़ को एक पत्र में लिखा था कि गाँधी ग़लत सोचते हैं कि राजा राममोहन राय के अंग्रेज़ी ज्ञान के आधिक्य के कारण भारत के बारे में उनका अल्प ज्ञान था। इसके विपरीत बहुविस्तीर्ण बोध शक्ति के कारण ईसाई, हिन्दू तथा इस्लाम की मूलभूत एकता का उन्हें अनुभव था। इसलिए सम्पूर्ण सत्य पर आश्रित राजा राममोहन राय भारत के सही प्रतिनिधि हैं। उनकी शिक्षा भारतीय है इसीलिए पश्चिम को स्वीकार करने में उन्हें कोई बाधा नहीं थी। वे पश्चिम के स्कूल के विद्यार्थी नहीं हैं इसीलिए सम्मान के साथ वे पश्चिम के मित्र बन सके हैं।

गाँधी का प्रत्युत्तर उनके द्वारा लिखा गया सबसे सुन्दर उत्तर था। 13 अक्तूबर, 1921 को The Great Sentinel शीर्षक से 'यंग इंडिया' में प्रकाशित हुआ :

> "सत्य और विवेक के पक्ष में खड़े होने पर कवि देश की जनता के धन्यवाद के पात्र हैं। मैं कवि को देश का प्रहरी (Sentinel) मानता हूँ जो कट्टरता, आलस्य, असहनशीलता, निष्क्रियता और इसी तरह के दूसरे शत्रुओं के बारे में हमें लगातार सचेत करते रहते हैं।"

मगर इस पत्र में उन्होंने असहयोग आन्दोलन, चरखा तथा खादी का पुरज़ोर समर्थन किया और अन्त में लिखा :

> "कबीर के एक गीत के द्वारा किसी मरीज़ की वेदना को शान्त करना मेरी दृष्टि में असम्भव है, लाखों भूखी जनता एक शक्तिवर्धक खाद्यरूपी कविता की माँग करती है।"

टैगोर-गाँधी की 1921 की इस विवादास्पद बहस का टैगोर ने कलकत्ते में यूनिवर्सिटी इन्स्टीट्यूट में दिये गये एक भाषण 'सत्य की पुकार' में उत्तर दिया। उन्होंने कहा :

> "सुबह जब पक्षियों की नींद टूटती है तब उनका जागना केवल आहार ढूँढ़ने के लिए नहीं होता है। उनके दो अथक पंख आकाश का निमन्त्रण स्वीकार करते हैं और प्रकाश के आगमन पर उनका मन गीत में फूट पड़ता है और तब विश्व मानव की चेतना हमारी चेतना को दस्तक देती दिखाई देती है।"

महात्मा गाँधी ने 'यंग इंडिया' में इसका उत्तर देते हुए लिखा :

> "कि सुबह नींद खुलने पर जो पक्षी उड़ना चाहते हैं उनको गौर से देखने पर पता लगेगा कि आहार के अभाव में शक्ति की कमी होने के कारण कोशिश करने पर भी उनके पंखों में उड़ान भरने की ताक़त पैदा करना सम्भव नहीं होता।"

बम्बई में 17 नवम्बर, 1921 में दंगे फैलने के करण गाँधीजी ने नवम्बर, 1921 में बारदोली में 'नो टैक्स' (No-tax) सत्याग्रह पर रोक लगा दी थी। यह दंगा उस दिन फैला था जिस दिन प्रिन्स ऑफ़ वेल्स भारत पहुँचे थे। उसी वर्ष दिसम्बर, 1921 में कांग्रेस के 36वें अधिवेशन में सत्याग्रह आन्दोलन को दोबारा शुरू करने का निर्णय लिया गया। इस पर रवीन्द्रनाथ को अचम्भा हुआ था, उनके मन में डर था कि फिर से दंगे शुरू हो जायेंगे। 11 फ़रवरी, 1922 को एक प्रसिद्ध गुजराती लेखक कवि नानालाल (दलपतराम) को खुली चिट्ठी लिखकर कहा :

> "मैं साधक रूप में अहिंसा की क्षमता में विश्वास करता हूँ जिसके सहारे समूचे एकत्रित शारीरिक बल का विरोध किया जा सकता है जिस पर विश्व के सारे देशों की शक्ति आधारित रहती है। परन्तु सारे नैतिक आदर्शों के अनुरूप अहिंसा को मन की गहराई से प्रस्फुटित होना है और उसको एक अत्यधिक आवश्यक तत्त्व कहते हुए अपील के द्वारा दूसरों पर थोपा नहीं जा सकता।"

यह चिट्ठी 3 फ़रवरी, 1922 को प्रकाशित हुई। 4 फ़रवरी को क्रुद्ध जनता के द्वारा चौरी-चौरा में 21 भारतीय पुलिसमैन और एक चौकीदार की हत्या कर दी गयी–गाँधी ने इसी काण्ड को "The bitterest humilation and a Himalayan miscalculation" का आख्यान दिया था। 12 फ़रवरी को कांग्रेस कमेटी की मीटिंग में चरखा तथा समाज-सुधार और ग्राम पुनःनिर्माण के रचनात्मक कार्यक्रम की योजना बनायी गयी।

इन सब काण्डों के घटित होने के लगभग 6 साल पहले 1916 में 'घर और बाहर' नाम से टैगोर ने एक उपन्यास लिखा था। जिसमें देशभक्ति और मानवतावाद की विचारधाराओं के बारे में कवि गुरु के स्पष्ट वक्तव्य हैं। उपन्यास के मूल दो चरित्रों में से एक निखिल कहता है :

> "जब भी आप अन्याय को कर्तव्य के रूप में आँकते हैं और अनैतिकता को नैतिक आदर्शों की तरह तब मेरे मन को गहरा धक्का पहुँचता है।"

निखिल मानवतावादी है और 'मैकिया-विलन' बेईमानी से सम्बद्ध देशभक्त और राजनेता संदीप के बिल्कुल विपरीत है। स्वदेशी आन्दोलन के दौरान राजनीतिक विचारधारा के इन दो सम्प्रदायों के बीच का संवाद एक बहस के रूप में सारे देश में मुखरित हुआ था। जैसे पहले कह चुका हूँ टैगोर और गाँधी के बीच का विरोध अपरिहार्य था। अपरिहार्य कहता रहा हूँ परन्तु मेरे लिए यह एक पहेली है क्योंकि वस्तुस्थिति दोनों के बीच के घोर विरोध के साथ उनके बीच की समान चिन्ता धारा को भी उजागर करती है।

बीसवीं शती के भारत की इन दो महान विभूतियों की विचारधारा में समानता और वैषम्य का जो इतिहास भारतीय रंगभूमि में उद्घाटित हुआ था वह हमारे मन की पहेली को सुलझाने के स्थान पर और भी अधिक जटिल बना डालता है। कदाचित् इसीलिए इन दोनों के बीच की एकता और विभेद हमारे लिए एक अबूझ पहेली होते हुए भी इतना आकर्षक है। हमें यह भूलने से काम नहीं चलेगा कि दोनों ही आध्यात्मिक सहयोगी के समान भारतीय जनता को पुनरुज्जीवित करने के समान उद्देश्य को लेकर चले थे।

रोमाँ रोला इन दो व्यक्तियों के अन्तर (Contrast) से मन्त्रमुग्ध थे। गाँधी पर लिखी गयी उनकी पुस्तक समाप्त होने के बाद मार्च, 1923 को एक भारतीय शिक्षाविद् को लिखा था :

> "मैंने गाँधी पर पुस्तक समाप्त की है उसमें मैंने लोगों के दो नदी-सदृश आत्माओं–टैगोर और गाँधी को अपनी श्रद्धांजलि अर्पित की है। मुझे इन दोनों में परम आत्मा की दिव्यता का निरन्तर प्रवाह दिखायी पड़ता है।"

अप्रैल, 1923 में रोमां रोला ने अपनी डायरी में अंग्रेज़ पादरी तथा सी.एफ. एंड्रूज़ के द्वारा लिखे गये इन दो व्यक्तियों के बीच के अन्तर को रिकॉर्ड किया था।

सी.एफ. एंड्रूज़ इन दो व्यक्तियों के काफ़ी नज़दीकी मित्र थे। एंड्रूज़ की उपस्थिति में टैगोर और गाँधी के बीच नाना विषयों को लेकर हुए वार्तालापों में जो अन्तर उभरकर सामने आया उसका हवाला देते कहा था :

1. पहला विषय था मूर्तिपूजा, गाँधी इसके पक्ष में थे। उनका मानना था कि अमूर्त विचार को समझना आम जनता के लिए कठिन है। टैगोर के लिए यह असहनीय था कि मनुष्यों के साथ चिरन्तन काल से बच्चों की तरह बर्ताव किया जाये।

   गाँधी के द्वारा, झण्डे को मूर्ति रूप में स्वीकार करते हुए यूरोप में क्या कुछ बड़ी उपलब्धियाँ प्राप्त नहीं कीं, इसका हवाला देने पर टैगोर ने उसका विरोध किया परन्तु गाँधी अपनी बात पर अड़े रहे।
2. दूसरा मुद्दा राष्ट्रवाद था–गाँधी राष्ट्रवाद के पक्षधर थे। उनका कहना था राष्ट्रवाद के रास्ते आप अन्तर्राष्ट्रवाद तक पहुँच सकते हैं बिल्कुल उसी तरह युद्ध के बीच से गुज़रकर ही शान्ति तक पहुँचा जा सकता है।

टैगोर राष्ट्रवाद के पक्ष में नहीं थे, क्योंकि उनकी सोच थी कि इससे हिंसा का प्रसार होता है इसलिए नेशन-स्टेट से जुड़ा राष्ट्रवाद उनके लिए अशुद्ध (Illegitimate) बन गया।

गाँधी ने राष्ट्रवाद के विचार का त्याग नहीं किया। अपने राष्ट्रवाद की धारणा में उन्होंने राष्ट्रवाद की आलोचना (Critique of Nationalism) को जोड़ दिया।

समय की गति के साथ दोनों के लिए अन्ततः भारतीय स्वाधीनता संग्राम मात्र राष्ट्रीय दृढ़ीकरण की अभिव्यक्ति नहीं रही और वह आन्दोलन राजनीतिक न्याय और सांस्कृतिक मर्यादा की प्राप्ति के लिए वैश्विक संघर्ष का प्रतीक बन गया और उसने निर्वैयक्तिक आलोचनात्मक भारतीय राष्ट्रवाद (Unself-Critical Indian Nationalim) का रूप धारण कर लिया जो मूलः पश्चिमी साम्राज्यवाद के प्रति इन दो व्यक्तियों का जवाब था।

इन विभेदों में, मेरा तर्क है, एक सुसंगत पैटर्न (Consistent Pattern) दिखाई पड़ता है; टैगोर तर्क-बुद्धि, विवेक को अधिक महत्त्व देते हैं और उसके लिए अधिक स्थान चाहते हैं परिणामतः कम स्थान पारम्परिक दृष्टि को देना चाहते हैं। दूसरी दुनिया के साथ सम्पर्क का विस्तार चाहते हैं। और विज्ञान तथा विषयनिष्ठता को अधिक महत्त्व देना चाहते हैं।

महात्मा गाँधी के कलेक्टिड वर्क्स XX में संकलित असहयोग आन्दोलन के विरुद्ध उनके द्वारा लिखे गये पत्र का हवाला देकर रवीन्द्र और गाँधी के बीच के अन्तर को प्रकट किया जाता है जिसमें रवीन्द्र ने असहयोग आन्दोलन की निन्दा करते हुए लिखा था–

1. यह मात्र (Asceticism) तपश्चर्या है।
2. (Orgy of frighfulness) डरावनेपन का रहस्यानुष्ठान है। जो निरर्थक तबाही (Unmeaning devastation) पर निःस्पृह/निस्वार्थ आनन्द प्राप्ति है।
3. यह एक ऐसा संघर्ष है जिससे दिल और मन से हम पश्चिम के विरुद्ध हो जायें, के संकेत हैं।
4. यह एक आध्यात्मिक आत्महत्या है।

   यह सारे अन्तर के मुद्दे लगातार उद्धृत किये जाते हैं जिससे कि उनके बीच भारत के उज्ज्वल भविष्य के लिए चुने गये रास्ते को लेकर मूल असहमति को प्रकट किया जा सके।
5. गाँधी के एजेंडा के दूसरे केन्द्रीय मुद्दों के प्रति भी टैगोर के मन में काफ़ी सन्देह था।

मूलतः गाँधी के आदेश के प्रति उनका प्रबल सन्देह था कि प्रत्येक व्यक्ति अपनी दिनचर्या के एक हिस्से के रूप में चरखा कातने का काम करेगा।

टैगोर के लिए यह समझ के बाहर था कि कोई व्यक्ति जो दूसरे कामों के लिए उपयुक्त है वह क्यों चरखा कातेगा और फिर चरखा के चाक को घुमाने के साथ-साथ कोई नयी विचारधारा की उत्पत्ति नहीं होती–वह एक उबाऊ काम है।

रवीन्द्रनाथ जानते थे कि वे भारत को राजनीतिक नेतृत्व नहीं दे सकते जो गाँधी जी ने दिया था और गाँधी जी ने जो देश को दिया था उसकी प्रशंसा करते थकते नहीं थे।

टैगोर ने गाँधी को महात्मा की उपाधि दी थी, फिर भी दोनों एक-दूसरे के प्रति कई मुद्दों पर काफ़ी आलोचनात्मक रुख़ रखते थे।

दोनों ने ही दो अलग-अलग स्व-प्रतिभा (Self-images) की प्रतिष्ठा की थी–

एक तरफ़ लँगोट पहना हुआ तपस्वी योगी दूसरी तरफ़ ईश्वरीय सौन्दर्ययुक्त कवि, एक का मूल उद्‌देश्य नैतिक यूटोपिया की स्थापना थी तो टैगोर जीवन के नाना वैभवों के अनुष्ठाता थे। एंड्रूज़ रॉबिन्सन तथा कृष्णा दत्त का कहना है कि एक तपस्वी तो दूसरा सौन्दर्य उपासक, एक उपयोगितावादी व्यावहारिक तो दूसरा कलाकार। एक कर्मठ तो दूसरा चिन्तक व्यक्तिवादी, एक राजनयिक तो दूसरा विशिष्ट वर्गीय elitist, एक narrrow-read दूसरा widely read, एक पारम्परिक, तो दूसरा modernist, एक विज्ञान विरोधी तो दूसरा विज्ञान विश्वासी, एक भारत भक्त तो दूसरा पूर्व-पश्चिम के समन्वय का पक्षधर, एक घर में बैठने वाला तो दूसरा विश्व यात्री, एक बंगाली तो दूसरा गुजराती, एक पण्डित ब्राह्मण तो दूसरा व्यापारी वैश्य, एक दाढ़ी बाल सुन्दर वस्त्र धारक, तो दूसरा खद्‌दर लँगोटधारी गंजा सिर।

वस्तुतः इस तरह के चिन्तन तथा विश्वदृष्टि के अन्तर के अतिवादी वर्णन के कारण उनके बीच की एकता के प्रति हमारे ध्यान का बँट जाना स्वाभाविक है।

हमें मालूम है कि जब गाँधी ने ट्रांसवाल में अपने फोनिक्स स्कूल को बन्द कर दिया तो उन्होंने अपने 20 विद्यार्थियों को शान्तिनिकेतन भेजने को कहा। जब ये छात्र शान्तिनिकेतन पहुँच गये तो टैगोर ने अपना सबसे पहला पत्र गाँधी को लिखा :

> "जब आपने फोनिक्स के छात्रों को उनके भारत प्रवास काल में मेरे विद्यालय में भेजने का निर्णय लिया तो मुझे यह वास्तविक प्रीतिकर लगा–और यह प्रीत इन बच्चों को देखने के बाद और भी अधिक बढ़ गयी। मुझे आशा है इन छात्रों का मूल्यवान प्रभाव मेरे छात्रों पर पड़ेगा और इसी तरह ये छात्र हमारे छात्रों से लाभान्वित होंगे जिससे कि शान्तिनिकेतन में उनका रहना लाभदायक सिद्ध होगा। मैं यह पत्र आपको धन्यवाद देने के लिए लिख रहा हूँ कि आपने अपने बच्चों को हमारे बच्चे बनने की अनुमति दी और इस तरह हमारे जीवन की साधना में एक जीवन्त सम्बन्धों की स्थापना की।"

यह पत्र अपने आप में इन दोनों के बीच के सम्बन्धों का एक महत्त्वपूर्ण दस्तावेज़ है।

हम यह मानकर चलेंगे कि यह टैगोर जिस समय लिख रहे थे उस समय तक गाँधी ने साउथ अफ्रीका में ब्लैक ऐक्ट ऑफ़ ट्रांसवाल के विरुद्ध आन्दोलन

और Boer war में Indian Ambulance Corps के सदस्य और Zulu विद्रोह में Sergeant Major के रूप में काम का पता टैगोर को लग चुका था।

टैगोर ने तब तक निश्चय ही गाँधी के 'हिन्द स्वराज' को पढ़ लिया होगा। साथ ही इसमें काफ़ी सन्देह है कि उस समय तक गाँधी को टैगोर के बारे में कितना पता लगा होगा। उनके कठिन राजनीतिक जीवन में ठोस साहित्य अध्ययन के लिए समय कम मिलता होगा। हो सकता है कि उन्होंने अंग्रेज़ी 'गीतांजलि' का अध्ययन किया हो जिसके लिए टैगोर को 1913 में नोबेल पुरस्कार मिला था। परन्तु यह निश्चित ढंग से एक अभिलिखित दस्तावेज़ (Recorded Document) के आधार पर कहा जा सकता है कि गाँधी ने टैगोर का सबसे पहले उल्लेख 18 फ़रवरी, 1914 को गोपाल कृष्ण गोखले को दिये गये एक तार में किया था जिसमें केपटाउन में टैगोर पर दिये गये सी.एफ. एंड्रूज़ के भाषण का हवाला देते हुए कहा था कि केपटाउन में उच्च भारतीय जीवन तथा विचारधारा का गहरा स्वागत होता है जिसका प्रतिनिधित्व टैगोर करते हैं।

उस दिन गोपाल कृष्ण गोखले को भेजे गये और एक तार में गाँधी ने एंड्रूज़ के द्वारा दिये गये भाषण के बाद गवर्नर जनरल जनरल की टिप्पणी का उल्लेख करते हुए लिखा था कि गवर्नर जनरल के अनुसार टैगोर का व्यक्तित्व भारतीय कल्पना से सम्बद्ध राष्ट्रीय जीवन की गहरी अभिव्यक्ति है।

27 मार्च, 1914 को नटाल से गाँधी ने महात्मा मुंशीराम को लिखे गये पत्र में मुंशीराम, सेंट स्टीफेंस के प्रिंसिपल रुद्र तथा टैगोर के प्रति एंड्रूज़ के आभार (Undebtedness) का उल्लेख किया (गाँधी साहित्य, XII खण्ड) था।

8 अगस्त, 1914 को लन्दन में आयोजित एक समारोह में गाँधी ने एंड्रूज़ के गुरु टैगोर का उल्लेख करते हुए कहा कि मुझे एंड्रूज़ से The Poet Saint of Bolpur के बारे में जानने का सौभाग्य प्राप्त हुआ था।

इस समय तक गाँधी की टैगोर की रचनाओं में रुचि पैदा हो गयी थी क्योंकि प्रथम महायुद्ध के दौरान Indian Ambulance Corps के Dr. James Gentlie को उन्होंने टैगोर के साहित्य का एक सेट भेंट में दिया था—यह 1 अक्टूबर, 1914 में आयोजित एक आम सभा की अध्यक्षता करते हुए किया था जिसमें आगा ख़ाँ, कस्तूरबा, सरोजिनी नायडू, अमीर अली तथा कालेनबाक मौजूद थे।

मगनलाल गाँधी को 4 दिसम्बर, 1914 को लिखे गये एक पत्र में गाँधी ने लिखा था :

"Out of respect for Gurudev and by way of inducement to you all, I have started study of Bengali in my bed."

मगर टैगोर आध्यात्मिक दृष्टि से गाँधी के साथ 1915 में लिखे गये उनके पहले पत्र के बहुत पहले से जुड़ गये थे।

1. जब गाँधी ट्रांसवाल के ब्लैक ऐक्ट के विरुद्ध 1906 में सत्याग्रह कर रहे थे तब कलकत्ते में 1905 के बंगाल विभाजन के विरोध में उत्पन्न आन्दोलन के लिए नौजवान बच्चों के लिए गीत और भाषण लिख रहे थे जो सड़कों पर लंकाशायार में तैयार वस्त्र को जलाकर होली खेल रहे थे।
2. दोनों एक दुखद उपनिवेशवादी परिस्थिति में जनता के सम्मान को अक्षुण्ण रखने के काम में व्यस्त थे। एक लीडर और प्रवर्तक (Initiator) था। दूसरा कवि और चिन्तक था।
3. जब गाँधी ने ट्रांसवाल में उनके राजनीतिक सहयोगियों के अतिवाद (Extremism) का विरोध किया था। तब टैगोर ने भारत में स्वदेशी आन्दोलन से सम्बद्ध हिंसा का विरोध किया था।

गाँधी की उनके क्लाइंट मीर आलम ने पिटाई की थी जब गाँधी स्मट्स से सहयोग करने के लिए तैयार हो गये थे।

और टैगोर का बंगाल में बड़ी संख्या में लोगों ने विरोध किया था जब उन्होंने राजनीति में नियन्त्रण की माँग की थी।

4. दोनों ही नैतिक पुनरुत्पादन (moral regeneration) के पक्षधर थे और उसी के आधार पर राजनीतिक उद्देश्यों की प्राप्ति की सम्भावना को स्वीकारते थे।

दोनों ने विद्यालयों की स्थापना की जिससे कि नवयुवकों के लिए विकसित होते हुए समाज के नये कार्यों में सही भागीदारी सम्भव हो सके।

मगर दोनों के बीच जो चौंकाने वाला सादृश्य है वह यह कि गाँधी ने 1909 में 'हिन्द स्वराज' की रचना की तो टैगोर ने भी उसी वर्ष 'प्रायश्चित्त' के नाम से एक नाटक लिखा।

जिसने गाँधी के अहिंसात्मक नागरिक सविनय अवज्ञा (Non-violent Civil Disobedience) तथा नो-टैक्स अभियान का पूर्वाभास मिलता है। उनके उपन्यास 'बौठाकुरानी का हाट' 1883 का यह नाट्यकरण था।

मगर स्वदेशी आन्दोलन के असंयम अतिरेक के प्रति टैगोर की प्रतिक्रिया के सन्दर्भ में इसकी राजनीनिक तथा नैतिक विषयवस्तु का गहरा महत्त्व है।

कवि के अपने विचारों के प्रवक्ता के रूप में निर्मित नाटक का एक पात्र, धनंजय वैरागी मूलतः गाँधी का (prototype) आदिरूप है, एक भिक्षुक है,

मगर साथ ही एक लोकप्रिय नेता जो टैक्स महसूल देने का विरोध करता है और लोगों को टैक्स देने से रोकता है क्योंकि उसके अनुसार भूखी प्रजा से टैक्स की उगाही का राजा को कोई अधिकार नहीं है।

वह एक अहिंसात्मक सज्जन भद्र विद्रोही है जो अनुचित कानून का अपने साहसपूर्ण अवज्ञा के द्वारा विरोध करता है और आशा करता है कि अत्याचारी तानाशाह के हृदय को बदला जा सकेगा। यह नाटक अपने निन्दकों के प्रति टैगोर का उत्तर था जो यह मानते थे कि स्वदेशी आन्दोलन के असंयमित अतिरेक का टैगोर के द्वारा खण्डन एक महत्त्वपूर्ण राष्ट्रीय कार्य का दुर्भाग्यपूर्ण खण्डन है। यह नाटक 1909 के प्रारम्भ में प्रकाशित हुआ जो कि 1908 में किसी समय लिखा गया था। और 'हिन्द स्वराज' 1909 के अन्त में लिखा गया था परन्तु हम यह अनुमान कर सकते हैं कि साउथ अफ्रीका में गाँधी की गतिविधियों से टैगोर परिचित थे।

नैतिक प्रेरणा के आधार पर लिखे गये इस नाटक में धनंजय वैरागी की नैतिक प्रकृति और एक तानाशाही शासन के विरुद्ध एक लोकप्रिय आन्दोलन का दर्शन गाँधी के सत्याग्रह की भावना (spirit) के अनुकूल था।

गाँधी ने 'Indian Opinion' में एक लेख–'Who can offer Satyagraha,' जो मई, 1909 में गुजराती में लिखा गया था, में लिखा था :

> "The first thing necessary for a Satyagrahi, is pursuit of truth, faith in truth."

टैगोर की यही धारणा थी कि इस सत्य का जन आन्दोलन में कहीं अधिक वास्तविक महत्त्व है। राजनीतिक शोर-शराबा या राजनीतिक आन्दोलन की अपेक्षा धनंजय वैरागी जन आन्दोलन इस नैतिक बल की प्रतिमूर्ति है। धनंजय वैरागी सविनय अवज्ञा की अवधारणा के अग्रदूत के समान हमारे सामने उपस्थित होते हैं जो आन्दोलन 20वीं शती में बहुत ही द्रुत गति से देश में प्रसारित हुआ था।

बाद में संरचना तथा शैली की दृष्टि से प्रायश्चित्त से कहीं अधिक महत्त्वपूर्ण नाटक 'मुक्तधारा' (1922) की रचना की जिसमें गाँधीवादी आदर्शों के प्रति टैगोर ने बहुत ही तात्पर्यपूर्ण अभिव्यक्ति की जो अहिंसात्मक आन्दोलन की अभिव्यक्ति थी।

प्रायश्चित्त के धनंजय वैरागी से कहीं अधिक शक्तिशाली पात्र इस नाटक का धनंजय वैरागी है।

वह यहाँ वही बात कहता है जो गाँधी का वक्तव्य रहा है। जब उसका एक अनुगामी गणेश कहता है कि वह जानता है कि प्रतिपक्ष विरोधी की कैसे पिटाई

की जाती है तो धनंजय non-beating की अधिक शक्ति का उसे एहसास कराता है :

"धनंजय : आघात नहीं करना किसे कहते हैं वह दिखा नहीं सकता? उसमें ताक़त ज़्यादा लगती है क्या? लहरों को थपेड़ा मारने से लहरें रुकती नहीं, पतवार को स्थिर पकड़े रहने से लहरों पर विजय पायी जा सकती है।

गणेश : तो फिर क्या करने को कहते हैं।

धनंजय : आघात को ही जड़ से काटो, हिंसा पर विजय पाओ।

गणेश : यह कैसे सम्भव है प्रभु।

धनंजय : सिर ऊँचा करके जैसे ही कह पाओगे कि आघात का मेरे पर कोई असर नहीं, तभी आघात की जड़ कट जायेगी।

गणेश : आघात करने पर आघात नहीं लग रहा है कहना कठिन है।

धनंजय : जो असली मनुष्य है, उसे आघात नहीं लगता क्योंकि वह स्वयं आलोक शिखा है, जानवर तो मांसपिण्ड है उसे आघात लगता है और वह रिरियाता चीखता है।"

प्रश्न तब यह है कि टैगोर ने अहिंसात्मक आन्दोलन का विरोध क्यों किया जब वे स्वयं इसके गम्भीर व्याख्याता थे इसका एक उत्तर नाटक में ही मिल जाता है, जब धनंजय अहिंसा के आदर्श की व्याख्या करता है और यह अनुभव करता है कि उसके श्रोता उसे समझ नहीं पा रहे तब धनंजय कहता है :

"धनंजय : अवाक् होकर क्यों खड़ा है, मेरी बात समझ नहीं पा रहा है।

गणेश : हम तो तुम्हें ही समझते हैं, तुम्हारी बात भले ही न समझ में आये।

धनंजय : तब तो सर्वनाश हो जायेगा।

गणेश : बात समझने में समय लगता है और समय बीत जाता है, हम तुम्हें समझ चुके हैं उसी से हम जल्दी ही तर जायेंगे।

धनंजय : जल्दी ही क्या कहते हो, जब शाम को किनारे पर आकर तुम्हारी नाव डूबने को होगी तब यदि मेरी बात को अपनी बात मानकर अपना नहीं लोगे तो तुम डूबोगो ही।

गणेश : यह बात नहीं कहो, प्रभु, हमने तुम्हारे चरणों में शरण ली है तो निश्चय ही हम किसी-न-किसी तरीक़े से तुम्हें समझ चुके हैं।

धनंजय : तुम मुझे समझ नहीं पाये हो, यह मेरे लिए स्पष्ट है तुम्हारी आँखें लाल हैं, तुम्हारे होंठों पर कोई गीत नहीं—डरपोक या तो तुम मार खाने के डर से भागते हो या फिर मार से बचने के लिए मारते हो, यह दोनों एक ही चीज़ है—जो भी तुम करते हो उससे तुम पशुओं के समूह के अनुगामी बन जाते हो, पशुपति से तुम्हारा कभी मिलन नहीं होता।"

"मास्टर का सब सम्मान करते हैं परन्तु उसके अनुगामी उसे समझते नहीं हैं, जिनकी आँखें अभी भी लाल हैं जो मेषों के समूह का अनुगमन करते हैं परन्तु मेषपाल का नहीं।"

टैगोर की अहिंसा की विचारधारा का यह सार है जिसको लोकप्रिय आन्दोलन का आधार माना है।

यह याद रखना आवश्यक है कि यह नाटक टैगोर-गाँधी की चौथी मीटिंग सितम्बर, 1921 के बाद लिखा गया था जब गाँधी टैगोर के मन परिवर्तन के लिए उनसे मिलने आये थे—दोनों के बीच क्या बात हुई इसका कोई रिकॉर्ड नहीं है। दोनों में फ़ासला बना रहा। परन्तु दोनों के बीच की असहमति का उनके बीच के गहरे प्रेम सम्बन्धों पर कोई प्रभाव नहीं पड़ा।

4 दिसम्बर, 1922 को टैगोर साबरमती आश्रम में आये थे जब गाँधी जेल में थे—जो संक्षिप्त भाषण उन्होंने वहाँ दिया था वह 21 दिसम्बर, 1922 के 'यंग इंडिया' में प्रकाशित हुआ।

टैगोर ने गाँधी के प्रति उनके गहरे सम्मान भाव को प्रकट करते हुए भी असहयोग आन्दोलन को अपव्ययपूर्ण तथा ख़तरनाक कहा।

टैगोर गाँधी के साथ उनके मतभेदों को लेकर काफ़ी दुखी थे। परन्तु जब गाँधी के प्रति उनका व्यक्तिगत सम्मान भाव सबसे अधिक गहरा था तब भी चरखा और असहयोग आन्दोलन के विरुद्ध उनकी विचारधारा को वे बदल नहीं पाये। सितम्बर, 1925 में चरखा के बारे में मॉडर्न रिव्यू में उन्होंने लिखा था :

> "यह मेरे लिए बहुत ही अशोभनीय है कि मैं महात्मा गाँधी से किसी सिद्धान्त या पद्धति को लेकर असहमति प्रकट करूँ। ऐसी बात नहीं कि किसी उच्च दृष्टिकोण से ऐसा करना कोई ग़लत काम है। परन्तु ऐसा करने से मेरा मन बैठ जाता है क्योंकि इससे बढ़कर क्या बात हो सकती है कि मैं किसी ऐसे व्यक्ति के साथ कार्य क्षेत्र में हाथ मिलाऊँ जिसके लिए मेरे मन में इतना प्रेम और सम्मान भाव है। मेरे लिए महात्मा गाँधी के बृहत् नैतिक चरित्र से बढ़कर चौंकाने वाला और कुछ नहीं है। परमात्मा के विधान ने ऐसे व्यक्ति के द्वारा हमें शक्ति का जलता हुआ वज्र प्रदान किया है। मेरी प्रार्थना है कि यह शक्ति भारत को बल प्रदान करे—उससे अभिभूत न करे।"

टैगोर के द्वारा चरखा की आलोचना करने पर उत्तर में गाँधी ने 'यंग इंडिया' के 5 नवम्बर, 1925 के अंक में एक लम्बा लेख लिखा।

चरखे को लेकर जो विवाद शुरू हुआ था उसमें सर पी.सी. राय गाँधी के पक्ष में थे और सर बी.एन. सील टैगोर का समर्थन कर रहे थे।

गाँधी ने कहा था कि कवि के मन में चरखे को लेकर ग़लतफ़हमी है।

गाँधी ने तब स्पष्ट किया था कि :

> "उनका यह उद्‌देश्य नहीं था कि कवि अपने गीतों को त्याग दे, किसान हल को या वकील अपनी वकालत या डॉक्टर अपने औज़ारों को; मैंने तो भूखी जनता से यह कहा था कि काम के अभाव में चरखा कात कर अपनी जीविका को चलाया जा सकता है और अधभूखे किसान खाली समय में चरखा कात कर अपनी छोटी कमाई में कुछ भरपाई कर सकता है।"

उसके बाद बहुत ही संजीदगी के साथ कहा था कि यदि कवि आधा घण्टे चरखा कातेंगे तो उनकी कविता और भी अधिक सम्पन्न हो जायेगी।

(शान्तिनिकेतन की अन्तिम यात्रा सन् 1940 में गाँधी ने एक बार टैगोर को चरखा कातने के लिए कहा था तो टैगोर ने कहा था कि आप एक कविता लिखें मैं चरखा कातूँगा।) गाँधी को जब किसी विदेशी पत्रकार ने 5 शब्दों में जीवन के रहस्य को समझाने के लिए कहा, तब गाँधी ने कहा था, 5 क्यों मैं तीन शब्दों में समझा दूँगा–renounce & rejoice. "तेन त्यक्तेन भूञ्जीथाः"। टैगोर उसे दूसरे ढंग से कहते हैं rejoice & renounce. गाँधी की तरह टैगोर भी उपनिषदों से बहुत प्रभावित थे और यह ईशोपनिषद् का प्रथम श्लोक है :

All that is changing in this changeful world, know that is enveloped by him who is the Lord of all things. Therefore take your enjoyment in renunciation. Never covet wealth.

परन्तु गाँधी ने इसका अनुवाद दूसरे ढंग से किया–This whole world is the garment of the Lord. Renounce it then and enjoy it, receiving it back as the gift of god.

मीरबेन (Madeleine Slave) के अनुसार, महात्माजी तपस्या के पैगम्बर और टैगोर आनन्द के पैगम्बर थे।

गाँधी और टैगोर इसके 7 वर्षों बाद एक-दूसरे के काफ़ी नज़दीक आ गये थे जब गाँधी Communual Award of Ramsay Macdonald के विरोध में मृत्युपर्यन्त अनशन करने के लिए बैठ गये थे। गाँधी ने 20 सितम्बर, 1932 से जेल में ही अनशन करना निश्चय कर लिया था।

कवि बहुत ही विचलित हुए थे और गाँधी को लेकर उत्कण्ठा इतनी अधिक हो गयी थी कि उन्होंने इस संगीन परिस्थिति पर चिन्ता और विमर्श के लिए अपने सारे पब्लिक एंगेजमेंट्स रद्द कर दिये थे। 24 सितम्बर को टैगोर पूना के लिए रवाना हुए और गाँधी की अवस्था को लेकर चिन्ता व्यक्त करते हुए मैकडोनल्ड को तार भेजा। 26 सितम्बर को जब टैगोर पूना पहुँचे तब Communal Award को लेकर समझौते की ख़बर गाँधी को मिल गयी थी। टैगोर ने जेल में पहुँचकर गाँधी के अनशन भंग के समय यह गाना स्वयं गाया था :

"जीवन जरवन सुकाए जाय करुण धाराय एसो।"

(जीवन जब सूख जाता तुम करुणा की धार बनकर आना)

उस समय राजगोपालाचारी, राजेन्द्र प्रसाद, हृदयनाथ कुंजरू, वल्लभभाई पटेल, सरोजिनी नायडू, कमला नेहरू वहाँ उपस्थित थे।

दूसरे दिन शिवाजी मन्दिर में आयोजित एक सभा में गाँधी के प्रति टैगोर के भाषण को गोविन्द मालवीय ने पढ़कर सुनाया :

य एक वर्णों बहुधा शक्ति योगात्
वर्णान एनेकेन निहितार्थो दधाति
विच्यति चन्ते विश्वमदान सदैवः
सन बुध्या शुमया समयुनक्तो श्वेताश्वतर

वह जो एक है, और जो हरेक की आवश्यक ज़रूरतों की पूर्ति करता है, जो सब पदार्थों का प्रारम्भ और अन्त है, वह सत्य के साथ हमें जोड़ता है, और जो उचित है उसके साथ हरेक को सम्बद्ध करता है।

हम प्रतिज्ञा करते हैं :

1. जाति और वर्ग के अनुसार किसी को छोटा नहीं समझेंगे।
2. मन्दिर, कुआँ, सामाजिक अनुष्ठानों में हरेक की भागीदारी होगी।
3. छुआछूत का हर तरह से बहिष्कार किया जायेगा।
4. हम ऐसी किसी चीज़ को सहन नहीं करेंगे जो दूसरों की चिन्ताधारा को आघात पहुँचायेगा।

इस मौक़े पर गाँधी पर टैगोर की रचनाओं का एक संकलन 'Mahatmaji and the Depressed Humanity' का लोकार्पण हुआ। यह पुस्तक सर पी.सी. रॉय को समर्पित की गयी थी।

परन्तु जो व्यक्ति सत्य को सब तरह के तर्क, सोच-विचार चिन्तन के ऊपर स्थान देता है उनके लिए व्यक्तिगत सुख की कोई गुंजाइश नहीं होती। हमारे पौराणिक इतिहास में ऐसा एक व्यक्ति थे, श्रीरामचन्द्र।

दोनों के बीच फ़रवरी, 1934 में फिर एक विवाद छिड़ गया।

15 जनवरी को बिहार में भयानक भूकम्प आया था—उसके बारे में गाँधी ने कहा कि छुआछूत के पाप का ईश्वर के द्वारा दिया गया यह दण्ड विधान है।

कवि यह स्वीकार करने के लिए तैयार नहीं थे और उन्होंने तत्काल गाँधी को एक पत्र दिया जो 16 फ़रवरी, 1924 के 'हरिजन' में प्रकाशित हुआ।

गाँधी के आश्चर्यचकित करने वाले कार्यों से प्रेरित होकर देशवासियों के मन से डर और दुर्बलता को ख़त्म कर मुक्ति दिलाने के कारण हम महात्मा गाँधी के प्रति चिर कृतज्ञ हैं परन्तु हमें तब गहरा दुख पहुँचता है जब उनके मुँह से निकले शब्द युक्तिहीनता को महत्त्व देते हुए उन्हीं देशवासियों के मन को प्रभावित करते हैं—युक्तिहीनता उन सब अन्ध शक्तियों का मूलभूत आधार है जो हमें स्वाधीनता और आत्मसम्मान को खोने के लिए मजबूर करती है।

गाँधी का उत्तर उसी पत्रिका के उसी अंक में प्रकाशित हुआ जो एक पवित्र आत्मा के द्वारा लिखे गये एक गद्य गीत की तरह था :

> "मेरे लिए ब्रह्माण्डीय प्राकृतिक घटना एवं मानव व्यवहार एक जीवन्त आस्था है जो मुझे ईश्वर के निकट ले जाता है, मुझे विनीत करता है, उस परमपिता के सम्मुखीन होने के लिए तैयार करता है। इस तरह का विश्वास मेरे लिए अपमानजनक अन्धविश्वास में परिणत हो जायेगा, यदि अज्ञानतावश भी मैं इस आस्था को मेरे विपक्षियों को तिरस्कृत करने के लिए इस्तेमाल करूँ।"

मुझे ऐसा लगता है, जैसे कि आशीष नन्दी कहते हैं कि गाँधी अपने वक्तव्यों द्वारा सामूहिक दायित्व को परिभाषित कर रहे थे और यह कोई अनहोनी संकल्पना नहीं थी। प्रेसिडेंट क्लिंटन ने अमेरिका के द्वारा दास प्रथा के पाप के लिए माफ़ी माँगी थी, हालाँकि उन्होंने कभी भी इस प्रथा को स्वीकार नहीं किया था, न ही आज का व्हाइट अमेरिका इसे स्वीकार करता है परन्तु फिर भी उन्होंने माफ़ी माँगी क्योंकि आज का अमेरिका उस संस्कृति का उत्तराधिकारी है जिसके अन्तर्गत यह प्रथा प्रचलित थी। गाँधी इतने विवेकशील और बुद्धिमान थे कि तर्क के औचित्य को समझ सके। रामचन्द्र गाँधी इतने विवेकशील और बुद्धिमान थे कि इस तर्क के औचित्य को समझ सके। रामचन्द्र गाँधी साइमन वेल के कर्म सिद्धान्त के सामूहिकतावादी (Collectivize) सिद्धान्त के आश्रय से गाँधी के बिहार भूकम्प से सम्बन्धित वक्तव्य को स्पष्ट करते हैं। और इस तरह गाँधी-टैगोर के बीच के Dabate को अन्धविश्वास बनाम तर्कसंगत, परम्परा के अन्धकार बनाम आधुनिकता के ज्ञानोदय जैसी सरलीकृत व्याख्या को ध्वस्त करते हैं।

कदाचित् इस तरह की सरल और गम्भीर, धर्मनिष्ठतापूर्ण अभिव्यक्ति का कोई उत्तर नहीं था। इसमें हिब्र भक्ति गीत की शान्ति है और एक चीज़, कम-से-कम इस बार गाँधी टैगोर से अधिक काव्यमय प्रतीत होते हैं।

गाँधी की इस विचार दृष्टि का विरोध करने पर भी लोगों की कटु आलोचना से क्षुब्ध टैगोर ने गाँधी का पक्ष लेते हुए अपना वक्तव्य जारी किया :

> "To one really great, the real adulation as well as the cheap sneers of the mob mean very little and I know Mahatmaji carries that greatness with him."

गाँधी जब अन्तिम दफा 17 फ़रवरी, 1940 में शान्तिनिकेतन पहुँचे थे तब वह दो सगोत्रीय आत्माओं का मिलन था। गाँधी ने 'हरिजन' के 2 मार्च, 1940 के अंक में इस यात्रा के बारे में बहुत ही आवेगपूर्ण ढंग से लिखा। इससे पहले उसी वर्ष 19 फ़रवरी को टैगोर ने गाँधी को एक पत्र में लिखा था :

> "विश्व भारती एक जहाज़ की तरह है जिसमें मेरे जीवन का सर्वाधिक मूल्यवान ख़ज़ाना लदा हुआ है, उसकी रक्षा करें।"

उत्तर में गाँधी ने लिखा : "यद्यपि मैंने शान्तिनिकेतन को अपना दूसरा घर माना है, परन्तु इस बार की यात्रा ने मुझे पहले की अपेक्षा कहीं अधिक नज़दीक ला उपस्थित किया है।"

जब 7 अगस्त, 1941 को टैगोर की मृत्यु हुई तब अपने शोक सन्देश में गाँधी ने लिखा, ऐसी कोई सार्वजनिक घटना शायद ही घटी होगी, जिस पर उनके शक्तिशाली व्यक्तित्व का प्रभाव नहीं पड़ा हो।

यह स्पष्ट है कि गाँधी यह सोचते थे कि उनके सार्वजनिक कार्यों पर टैगोर के व्यक्तित्व का भी प्रभाव था।

टैगोर के द्वारा सार्वजनिक वक्तव्यों तथा निबन्धों में गाँधी के प्रति उनके श्रद्धाभाव की अभिव्यक्ति सर्वविदित है और इसी तरह गाँधी के द्वारा दी गयी प्रशस्तियाँ (tributes) साम्प्रतिक भारतीय इतिहास के अंग हैं।

परन्तु कदाचित् हमें अभी तक इसका संज्ञान नहीं है कि इन दो व्यक्तियों की अत्यधिक लोकप्रियता के बावजूद दोनों बहुत ही निस्संग थे। यद्यपि दोनों में सिद्धान्तों को लेकर कई विवाद हुए क्योंकि दोनों ही के लिए सब चीज़ों के ऊपर सत्य का स्थान था और इस दृष्टि से दोनों अभिन्न थे।

गाँधी कवि को गुरुदेव कहते थे और टैगोर ने अपनी मृत्यु के छह महीने पहले गाँधी को लेकर एकमात्र कविता लिखी और उसका शीर्षक रखा, 'गाँधी महाराज'। इस कविता में रवीन्द्र अपने को उन लोगों के साथ एक मानते हैं जिनके ललाट पर गाँधी का परिचय चिह्न अंकित है।

चिरकालेर हातकड़ि ये
धुलाय खसे पड़ल निजे,
लागल भाले गाँधीराजार छाप

(चिरकाल की हथकड़ियाँ खुलकर धूल में गिर पड़ीं—और गाँधी राजा का परिचय चिह्न भाल पर अंकित हुआ)

इसके साथ जोड़कर शीर्षकहीन, और एक कविता रची गयी थी जिसमें भविष्य में गाँधी की हत्या की घटना का पूर्वाभास है :

जो अधिनेता रात के अँधेरे में यात्रियों को रास्ता दिखाकर ले जा रहा था उस पर अविश्वास करके यात्री दल उसकी हत्या कर देते हैं परन्तु अन्ततः उनको संज्ञान होने पर उस 'महामृत्युंजय' को याद करते हुए आगे बढ़ते हैं :

अन्धकार में चल रहे हैं वे।
पैर के नीचे की धूलि नीरव स्पर्श से दिशा की पहचान कराती है।
स्वर्ग पथ यात्री नक्षत्र दल मूक संगीत के द्वारा कहते हैं,
साथी आगे बढ़ो।
अधिनेता की आकाशवाणी कानों में सुनाई पड़ती है,
और विलम्ब नहीं है।

आज, अब टैगोर के द्वारा रचित एक गीत का गाँधी को इतना प्रिय होने का कारण काफ़ी अर्थपूर्ण लगता है :

यदि तोर डाक शुने केउ न आसे तबे एकला चलो रे
यदि केउ कथा ना कय, ओरे ओरे ओ अभागा,
यदि सबाइ थाके मुख फिराये सबाइ करे भय तबे परान खुले
ओ तुइ मुख फुटे तोर मनेर कथा एकला बलोरे ॥

दोनों में अकेले बोलना और अकेले चलने का साहस और प्राणशक्ति थी। और इसी विशेषता के कारण कभी तो दोनों एक-दूसरे से बिल्कुल भिन्न प्रतीत होते हैं और कभी सार्वजनिक कार्य में एक-दूसरे के सहभागी लगते हैं।

20

पण्डित हज़ारी प्रसाद द्विवेदी : साहित्य की लोक प्रवृत्ति और भक्ति साहित्य की पुरानी बहस भक्ति की नयी दिशा

पण्डित हज़ारी प्रसाद द्विवेदी ने अपना एक दूसरा नाम रखा था, व्योमकेश शास्त्री। अपने ज्योतिष गुरु के मत की आलोचना में लिखे गये एक लेख के रचयिता के रूप में उन्होंने व्योमकेश शास्त्री छद्मनाम का प्रयोग किया था। संकोच का अवगुण्ठन था ऐसा अधिकतर लोग सोचते हैं। रहा होगा। परन्तु स्वयं द्विवेदी जी के अनुसार हज़ारी प्रसाद और व्योमकेश अभिन्न हैं, कुछ लोगों ने सवाल उठाया भिन्न, अलग-अलग क्यों नहीं?

जो व्यक्ति इस देश के पूरे चिन्तन के मॉडल से अपरिचित हैं, वे इस तरह के प्रश्न पूछते हैं। 'अष्टाध्यायी' में पाणिनि ने संस्कृत में दो डिस्कोर्स का उल्लेख किया है। एक आम जनता के द्वारा प्रयोग में लाये जाने वाले डिस्कोर्स और दूसरा जो व्याकरण की दृष्टि से शुद्ध है।

भरत ने नाट्यशास्त्र में भी दो नाट्यों की बात की है। एक जनता के लिए और दूसरा नाट्य की परिपाटी के अनुसार।

इस देश के पूरे चिन्तन का मॉडल है :

Unity–diversity set of complementary oppositions.

एकता है, विविधता यानी भिन्नता भी है और ये दोनों एक-दूसरे के विरुद्ध होते हुए भी एक-दूसरे के अनुपूरक जोड़ के रूप में बने रहते हैं।

हज़ारी प्रसाद और व्योमकेश एक-दूसरे से भिन्न हैं और अभिन्न भी। एक लोकपक्षी है तो दूसरा शास्त्रपक्षी।

परन्तु यह स्व और पर का अन्तर नहीं।

एक आन्तरिक, दूसरा बाह्य नहीं। यहाँ लोक एवं शास्त्र दोनों ही परम्परा के दो पक्ष हैं। एक ही सांस्कृतिक नैरन्तर्य के दो स्तम्भ हैं।

दो समानान्तर संस्कृति नहीं, लोक दूसरी संस्कृति नहीं। एक ही नैरन्तर्य (Continuity) के दो पक्ष हैं। एक-दूसरे के अनुपूरक Complementary) हैं।

इस दृष्टि से हज़ारी प्रसाद और व्योमकेश अभिन्न हैं और भिन्न भी।

इस देश में जब कभी शास्त्र में दुरूहता आयी है, लोक ने उसमें प्रवेश कर उसे सहज बनाया है और उसी तरह जब कभी लोक में उच्छृंखलता Indiscipline दिखाई पड़ा शास्त्र ने उसे अनुशासित किया। परन्तु इस देश में पश्चिम की तरह कभी एक को Great tradition और दूसरे को Little tradition कह कर दोनों के गुणात्मक मूल्यों में फ़र्क़ नहीं किया गया।

अभिन्न और भिन्न यानी एक तरह की द्वैत अनुभूति (Double experience), जिसे विरुद्धों की सम्पूरकता (Complimentary Oppositions) भी कह सकते हैं। भारतीय चिन्तनधारा की यह बुनियादी बात है।

भारतीय साहित्यिक अवधारणाएँ जैसे :

मार्गी – देसी
शास्त्राचार – देशाचार
नाट्यधर्मी – लोकधर्मी

हमारे इस द्वैत अनुभव के दो पक्षों–शास्त्र और लोक को उजागर करती हैं।

हिन्दी इन दो को लेकर जीती है।

पण्डित हज़ारी प्रसाद द्विवेदी का पूरा जीवन, पूरी सोच और दृष्टि लोकमय थी। साहित्य इतिहास रचना, निबन्ध और उपन्यासों में लोक प्रबल रूप से मौजूद है।

द्विवेदी जी का कहना है कि हिन्दी संस्कृत-बहुल भाषा होने के साथ-साथ अपने विकसित रूपों में ब्रज से लेकर मैथिली जनपदीय भाषाओं के विभिन्न रूपों से सम्बद्ध रही है।

आभीरों की भाषा अपभ्रंश का व्यवहार 11वीं शती तक पहुँचते-पहुँचते लोक भाषा के अर्थ में होने लगा था और इसे राजकीय सम्मान मिलने लगा था।

द्विवेदी जी के अनुसार चन्दबरदाई अपभ्रंश के अन्तिम कवि अधिक हैं और हिन्दी के आदिकवि कम। इन्हीं सब कारणों से शास्त्र और लोक एक-दूसरे के निकट आ गये थे और हिन्दी साहित्य के जन्मकाल के समय स्मार्त और बौद्ध दोनों ही लोकमत का प्राधान्य स्वीकार कर चुके थे।

हिन्दी में द्विवेदी जी के अनुसार पश्चिमी अपभ्रंश से राजस्तुति, ऐहिकतामूलक शृंगार काव्य, नीतिविषयक फुटकल रचनाएँ और लोक प्रचलित कथानक और पूर्वी अपभ्रंश से निर्गुणिया सन्तों की शास्त्र निरपेक्ष उग्र विचाराधारा, झाड़-फटकार, अक्खड़पना, सहज शून्य की साधना, योग पद्धति और भक्ति मूलक रचनाएँ विकसित हुईं। यही मूल कारण था कि हिन्दी साहित्य के भूमिका ग्रन्थ की रचना करते हुए द्विवेदी जी ने यह स्पष्ट किया है कि "इस भाषा की नज़र में साहित्य तथा समुदाय का भाव (The spirit of communality) एक-दूसरे के साथ अभिन्न रूप से जुड़े हैं।" "इस भाषा ने साहित्य को मानव-समाज के सामूहिक रचित की अभिव्यक्ति के रूप में स्वीकार किया है।" इसके द्वारा दो स्थापनाएँ स्पष्ट होती हैं :

(i) हिन्दी साहित्य का इतिहास मात्र शिक्षित जनता का इतिहास नहीं है। यह शुक्ल जी की धारणा के विपरीत द्विवेदी जी की अपनी धारणा है। द्विवेदी जी के अनुसार उसमें लोक या समुदाय का प्रबल योग है और उसे जोड़ कर ही हिन्दी साहित्य के इतिहास की रचना हुई है।

(ii) हिन्दी साहित्य का उदय मुसलमान और हिन्दुओं के संघर्ष का परिणाम नहीं है।

हिन्दी साहित्य के विकास की केन्द्रीय शक्ति लोक है इस्लाम की प्रतिक्रिया नहीं, उसके भीतर की शक्ति उसे उसके स्वाभाविक विकास की ओर ठेले लिए जा रही थी।

लोक भारतीय समाज का स्वभाव है, वह उसके भीतर की शक्ति है। लोक में नीति-अनीति, पाप-पुण्य, शास्त्रीय-अशास्त्रीय, सामाजिक-ग़ैर-सामाजिक से बढ़कर चीज़ है, मनुष्य। इस मनुष्य को केन्द्र में रखकर लोक चेतना का विस्तार हुआ है।

कुछ आलोचक लोक और शास्त्र का अर्थ निकालते हैं कि मध्ययुग के भारतीय इतिहास का मुख्य अन्तर्विरोध शास्त्र और लोक के बीच का द्वन्द्व है परन्तु द्विवेदी जी इस देश की आत्मा से परिचित थे।

वे जानते थे कि इस देश में कभी शास्त्र और लोक में कोई द्वन्द्व नहीं रहा—ये देश हमेशा लोक और शास्त्र को एक-दूसरे के अनुपूरक के रूप में स्वीकार करता रहा।

जिसके परिणामस्वरूप उच्चवर्गीय आचार संहिता की अवज्ञा हुई और मनुष्य की उसकी सबलता और दुर्बलता के साथ प्रतिष्ठा हुई। द्विवेदी जी के उपन्यास 'बाणभट्ट की आत्मकथा' का एक पात्र अघोर भैरव कहता है :

"देख रे! तेरे शास्त्र तुझे धोखा देते हैं। जो तेरे भीतर सत्य है, उसे दबाने को कहते हैं, जो तेरे भीतर मोहन है, उसे भुलाने को कहते हैं।"

सत्य है मनुष्य—अपनी सबलता और दुर्बलता के साथ मनुष्य—और मोहन है प्रेम पाप नहीं, बल्कि मनुष्य का स्वभाव है।

द्विवेदी जी का और एक उपन्यास 'अनामदास का पोथा' की पात्र भगवती अरुन्धती और एक पात्र रैक्व को समझाती है, "'प्रियता', प्राण से ही तो प्रकट होती है तभी तो कहते हैं, 'प्राणप्रिये', मनुष्य का स्व-भाव प्रेम है। उसी के माध्यम से सत्य को जाना जाता है।" मध्ययुगीन भक्तों ने यदि पण्डितों के शास्त्र को चुनौती दी तो उसका आधार यही लोक दृष्टि थी और सम्बल था प्रेम और उनके व्यवहार का फक्कड़पन या उल्लास की मस्ती थी।

द्विवेदी जी अपने ललित निबन्ध 'अशोक के फूल' में कहते हैं, "अशोक है कि आज भी उसी मौज में है।" "देवदारु के बार-बार कुंचित होते रहने में एक प्रकार की मस्ती है।"

कालिदास का दुलारा शिरीष तो ऐसा है कि "जब धरती और आसमान जलते रहते हैं, तब भी यह हज़रत न जाने कहाँ से अपना रस खींचते रहते हैं और मौज में आठों याम मस्त रहते हैं।"

आकस्मिक नहीं कि शिरीष को देखकर द्विवेदी जी को कबीर याद आ जाते और वे बोल उठते हैं, "कबीर बहुत कुछ इस शिरीष के समान ही थे, मस्त बेपरवाह, पर सरस और मादक।"

द्विवेदी जी का कहना है कि लोक जीवन से प्रभावित—सहस्राब्दक की साहित्यिक चेतना को जाति की स्वाभाविक चेतना के रूप में देखना होगा।

केवल हिन्दी जाति ही नहीं, सम्पूर्ण भारत की स्वाभाविक चेतना के विकास में लोक चेतना का बहुत बड़ा हाथ है। लोकवादी दृष्टि का विस्तार आधुनिक काल में भी होता रहा है। द्विवेदी जी के उपन्यास, ललित निबन्ध आदि बड़े प्रमाण हैं।

द्विवेदी जी की लोकवादी दृष्टि में,

— मानव देह विधाता की सर्वोत्तम सृष्टि है।

— मनुष्य की प्रकृति बन्धन से नहीं बँधती।

— मर्यादा का स्वाभाविक ढंग से टूटना लोकवादी दृष्टि है।

— प्रेम पाप-बोध को तोड़ता है।

द्विवेदी जी के और एक उपन्यास 'पुनर्नवा' में आभीर युवती का अपभ्रंश में एक लोकगीत है, जिसका आशय है :

> "वह शास्त्र और पुरजनों का बरजना जल जाय जो प्रिय मिलन का निवारण करता है और साजन को मार डालता है।"

इस तरह का गीत आचार्य पुरगोभिल के अनुसार शुष्क धर्माचार और रूढ़ मान्यताओं के विरुद्ध लोकमानस का विद्रोह है।

यहाँ मनुष्य सबसे बड़ा है, यहाँ भक्त भगवान से बड़ा है, यहाँ "एक मनुष्य दूसरे मनुष्य से मनुष्य की हैसियत से मिलता है।" यहाँ देवता मनुष्य रूप लेने के लिए लालायित रहते हैं और अवतार बनकर पृथ्वी पर जन्म लेते हैं।

लोकवादी दृष्टि में मानव देह विधाता की सर्वोत्तम सृष्टि है।

द्विवेदी जी परम्परा से प्राप्त हिन्दी साहित्य के इतिहास के मानचित्र को बदलकर एक दूसरा मानचित्र प्रस्तुत करते हैं जहाँ मात्र शास्त्रीय ढंग से इष्टजनों के साहित्य की बात नहीं होती है, उसमें लोक के प्रबल प्रभाव का भी बखान ज़रूरी माना जाता है।

यह धारणा एक और साहित्य के इतिहास के समूचे रूप को लेकर आगे बढ़ती है और लोक के बिना, साहित्य के स्वरूप को अधूरा मानती है। यहाँ द्विवेदी जी लोक प्रवृत्ति को हिन्दी साहित्य के आधार रूप में प्रतिष्ठित करते हैं और फक्कड़पन, उल्लास और मस्ती को हिन्दी साहित्य के निरन्तर प्रवहमान दौर के रूप में स्वीकृति दिलाते हुए विद्रोह और फक्कड़पन के ही किसी-न-किसी रूप को साहित्य में महत्त्व देते हैं।

कबीर अक्खड़ नहीं फक्कड़ थे। जिसका सबसे बड़ा प्रमाण एक निराकार ब्रह्म में विश्वास करते हुए भी अपने को राम की बहुरिया कहते थे, निर्गुण के साथ सगुण को भी स्वीकार करते थे। बाह्याचार का खण्डन करते हैं परन्तु निरुद्देश्य आक्रमण की मंशा से नहीं करते। उनका विद्रोह व्यंग्य से लैस था, द्विवेदी जी कहते हैं कि वे व्यंग्य के बादशाह थे। वाणी के डिक्टेटर थे। द्विवेदी जी का कहना है कि भगवद्विरह की आँच में तपे थे, परन्तु आँखों में आँसू भर के नहीं। कहीं-न-कहीं उल्लास की मस्ती उनमें हमेशा दिखाई पड़ती थी, हालाँकि एकसमता (balance) को खोकर नहीं।

द्विवेदी जी के अनुसार एक अजीब प्रकार की मस्ती नियमित इस हिन्दी भू-भाग के समुदाय के चेहरे पर दीखती है।

और इनके गीत, इनके कथानक, इनका हृदयवर्णन, इनका प्रेम, इनकी वीरता, ग़रीबों की करुण पुकार, इनकी क़ुर्बानी हिन्दी भाषा की वास्तविक विभूति है। यह निरलंकार होने पर भी प्राणमयी है और रीतिकालीन मुग्धाएँ आदि अलंकारों से लदी होने पर भी निष्प्राण हैं।

द्विवेदी जी स्वयं उल्लास की, मस्ती की प्रतिमूर्ति थे।

इस समय के हिन्दी के आचार्य स्वच्छ, साफ़, इस्त्री किया हुआ रेशम का कुर्ता, धोती पहनते थे, चाहे वे नन्ददुलारे, नगेन्द्र क्यों न हों या फिर देवेन्द्रनाथ शर्मा। रामचन्द्र शुक्ल टाई पहनते थे।

और इधर द्विवेदी जी में उल्लास की मस्ती का आलम देखिए—बिना इस्त्री के बटन टूटा हुआ कुर्त्ता, वैसी ही अधमैली धोती और चेहरे पर एक ख़ास फक्कड़पन, जीवन भर दुख-दर्द, अभाव, अपमान सहते हुए भी उल्लास, मस्ती ऐसा कि निराशा उन्हें बाँध नहीं सकी। दुख में ठहाका मारना यदि कोई सीखे तो द्विवेदी जी से सीखे। उनकी एक छोटी-सी कविता है :

रजनी दिन नित्य चला ही किया।
मैं अनन्त के गोद में खेला हुआ;
चिर काल न बास कहीं भी किया
किसी आँधी से नित्य धकेला हुआ,
न थका, न रुका, न हटा, न झुका,
किसी फक्कड़ बाबा का चेला हुआ;
मद चूता रहा तन मस्त बना
अलबेला मैं ऐसा अकेला हुआ।

हिन्दी जाति और उसके स्वाभाविक चेतना के विकास में इस फक्कड़पनी लोक चेतना या द्विवेदी जी ने लोक प्रवृत्ति को हिन्दी साहित्य का आधार तत्त्व मानते हुए हिन्दी साहित्य के निरन्तर प्रवहमान दौर के रूप में स्वीकृति दी है। आज से 2500 साल पहले महाभाष्यकार पतंजलि ने कहा था प्रयुक्त लोकार्थः अर्थात् लोक के द्वारा स्वीकृत शब्द और उसका अर्थ उस शब्द के शास्त्रीय अर्थ से अधिक महत्त्वपूर्ण है। आगे चलकर कहा :

1. लोक का महत्त्व शास्त्रीय नियमों से अधिक महत्त्वपूर्ण है।
2. निगम निचोड़ है।
3. राजधर्म का परिचालक है, तथा
4. प्रज्ञावानों से अधिक महत्त्वपूर्ण है।

रवीन्द्रनाथ ने मृत्यु से पहले सन् 1941 में एक लेख का शीर्षक दिया था, एक जे आछे मानुष 'एक मनुष्य है', 'एक था राजा, एक थी रानी' जैसी सदियों से चली आने वाली बच्चों की कहानी की प्रारम्भिक पंक्तियों में रवीन्द्रनाथ ने दो परिवर्तन किये—अतीत काल की जगह वर्तमान काल और राजा-रानी की जगह मनुष्य लाकर उन्होंने द्विवेदी जी को यह कहने का अवसर प्रदान किया था कि हिन्दी साहित्य की सामग्री प्रत्यक्ष मनुष्य है।

अल बदायूँनी ने मुंतखब (1556-1605) में काल विभाजन के स्थान पर sect पन्थ के आधार पर मध्ययुगीन हिन्दी साहित्य का विभाजन किया था। और उसमें शास्त्र के साथ लोक को भी सम्मिलित कर लिया था। दादू पन्थ के कवियों के संग्रह 'पंचवटी' में मौखिक और लिखित को जोड़कर एक को विस्तार दिया था।

भक्ति के लोकाभि मुख के प्रति द्विवेदी जी का एक अदम्य आकर्षण था। कदाचित् मध्य युग पर इसी कारण उन्होंने तीन ग्रन्थ लिखे हैं और शुक्ल जी की भक्तिमूलक विचारधारा का विश्लेषण किया। भक्ति पर रामविलास शर्मा का भी विस्तृत वक्तव्य है।

यहाँ एक बात स्पष्ट करनी है—भक्ति का कोई भी विश्लेषण Single Perspective के आधार पर सम्भव नहीं, क्योंकि उसकी गति एकक रैखिक गति नहीं थी, उसका स्ट्रक्चर एक प्रस्तरीय monolithic sturcture नहीं था।

बहुमार्गीय नाना Perspective से युक्त 1000 वर्षों के भारतीय साहित्यिक इतिहास का वह प्राण स्पन्दन है।

इसीलिए द्विवेदी जी का कहना है कि आपको यदि हिन्दी के प्राचीन साहित्य का अध्ययन करना है, तो उसके पड़ोसी साहित्यों—बंगला, उड़िया, मराठी, गुजराती, नेपाली आदि के पुराने साहित्य लिखित और अलिखित को जाने बिना आप घाटे में रहेंगे। यही बात बंगला, उड़िया, मराठी आदि में पुराने साहित्य के बारे में सटीक बैठती है। विभिन्न भाषाओं में रचित भारतीय साहित्य एक-दूसरे पर आश्रित है।

हमारे देश का सांस्कृतिक इतिहास इस मज़बूती के साथ अदृश्य काल विधाता के हाथों सी दिया गया है कि उसे प्रान्तीय सीमाओं में बाँधकर सोचा ही नहीं जा सकता। उसका एक टाँका काशी से मिल गया, दो दूसरा बंगाल में, तीसरा उड़ीसा में और चौथा महाराष्ट्र में मिलेगा और पाँचवाँ मालाबार या सीलोन में मिल जाये तो आश्चर्य की बात नहीं।

भक्ति साहित्य की पुरानी बहस मूलतः रामचन्द्र शुक्ल और हज़ारी प्रसाद द्विवेदी के बीच की बहस है जिसमें बीच-बीच में रामविलास शर्मा का योगदान एक महत्त्वपूर्ण कड़ी है।

मुसलमानों के द्वारा देश पर आक्रमण और अधिकार करने पर हताश जाति को एक त्राणकारी की आवश्यकता हुई इसीलिए हताश जाति भगवान की शरण में आयी और भक्ति साहित्य की रचना होने लगी। इसे तर्कसहित खण्डित करते हुए द्विवेदी जी ने कहा, "निराशा से इतने बड़े खण्ड की रचना नहीं हो सकती।

अगर इस्लाम नहीं आया होता तो भी इस साहित्य का बारह आना ऐसा ही होता जैसा आज है।" दोनों में ही काफ़ी उभयवृत्तता (Ambi-balence) है। शुक्ल जी भक्ति का प्रसार मुसलमानों के आक्रमण के फलस्वरूप हताश जाति की अभिव्यक्ति मानते हुए भी कहते हैं, "भक्ति का स्रोत दक्षिण की ओर से उत्तर भारत की ओर पहले से ही आ रहा था।"

इस प्रकार की उभयवृत्तता द्विवेदी जी में भी दिखाई पड़ती है जब हताश जाति की अभिव्यक्ति को अस्वीकार करने के बाद भी, रामविलास शर्मा के अनुसार सूरदास के बारे में बात करते हुए वे शुक्ल जी का पक्ष लेते हैं। कहते हैं, "सूरदास का काल भारतीय संस्कृति की पराजय का काल है, फिर भी भारत अपने आत्मरूप में निस्तेज नहीं हुआ था।" दरअसल इन दोनों के बीच में एक Intellectual, friendly conflict था।

वस्तुतः शुक्ल जी और द्विवेदी जी में कोई Ambi-balence नहीं था। दोनों को यह पता था कि भक्ति का विश्लेषण Single Perspective के आधार पर सम्भव नहीं है, क्योंकि उसकी गति एकक रैखिक गति नहीं थी। उसका स्ट्रक्चर एक प्रस्तरीय (Monolithic Structure) नहीं था। वह बहुमार्गीय नाना Perspective से युक्त है, यहाँ योग है तो भोग की भी स्वीकृति है, यहाँ कबीर निर्गुण ज्ञानमार्गी की बात करते हैं तो अपने को राम की बहुरिया कहकर सगुण का रास्ता अपना लेते हैं, यहाँ गृहस्थ, संन्यास, शैव, वैष्णव, नाथ, सिद्ध, बौद्ध, सहजयान, अस्पष्ट, गोपनीय, विविध कर्मकाण्ड और अन्धविश्वास को स्वीकार किया जाता है। यह बहुमार्गीय नाना Perspective से युक्त 1000 वर्षों का इतिहास है।

It is a full-blorded literature जो मानव जीवन का उत्सव है।

स्पिरिचुअल डेमोक्रेसी की बात करता है।

यह सब होते हुए भी शुक्ल जी के इतिहास का आधार Western sense of history है—जिसके आधार पर लोक कल्याण, लोक जागरण तथा शुद्ध साहित्य को महत्त्व दिया और परिणामतः सिद्ध और योगियों की रचनाओं को अस्वीकार किया, यद्यपि भाषा की दृष्टि से महत्त्व दिया।

द्विवेदी जी के अनुसार लोक शास्त्र सिद्ध आचार्य द्वारा स्वीकृति मिलने पर लोक भक्ति का आधार बन गया और शुद्ध साहित्य को भुला दिया गया, यह जनता का साहित्य बन गया।

लोक के प्रबल हो जाने पर शुक्ल जी ने लोक धर्म को स्वीकार तो किया परन्तु तुलसी को उसका प्रतीक मान लिया। द्विवेदी जी के प्रतीक थे कबीर। भक्ति के स्तर पर, समान व्यवहार के स्तर पर एकदम एक-दूसरे के विरुद्ध

शुक्ल जी कबीर की वाणी को असाहित्यिक और ऊटपटांग कहते हैं और द्विवेदी जी कबीर को वाणी का डिक्टेटर और व्यंग्य का बादशाह कहते हैं।

शुक्ल जी सूर द्वारा वर्णित गोपियों के प्रेम को एकान्तिक मानते हैं अथवा लोक विरोधी। द्विवेदी जी की दृष्टि में सूर की गोपियों का प्रेम कुल व जाति की मर्यादा को तोड़ता है इसीलिए लोकवादी है।

भगवान और भक्त के बीच प्रेम ही भक्ति का आधार है। वह साध्य भी है और साधन भी। भक्ति जोड़ने का काव्य है। यह भक्त को भगवान से जोड़ता है। और जोड़ने का आधार प्रेम है। आगे चलकर इस पर विस्तार से बात करेंगे। यहाँ सिर्फ़ इतना कहना है कि यह विचित्र विडम्बना है कि हिन्दी भक्ति काव्य के अनेक लोकवादी मूल्यों के प्रशंसक आचार्य शुक्ल ने भक्ति काव्य के प्राण प्रेम को अभारतीय कहा, फ़ारसी परम्परा की वस्तु कहा।

'लोक-लाज खोकर' प्रेम में मतवाली मीरा पर व्यंग्य किया और इसे सूफ़ियों के प्रेमतत्त्व से जोड़ा।

इस प्रेम को अभारतीय कहने का कारण यह है कि वह एकान्तिक और लोक बाह्य है। कृष्ण की बाँसुरी की आवाज़ सुनते ही, लोकलाज की परवाह किये बिना विवाहित गोपियाँ भागी चली आती हैं—यह प्रेम की पराकाष्ठा है। भक्ति के काव्यशास्त्र के प्रणेता रूप और जीव गोस्वामी इसे प्रेम की पराकाष्ठा मानते हैं और काम और प्रेम में फ़र्क़ करते हैं। द्विवेदी जी ने सूफ़ी साधकों की मधुर साधना, मध्यकालीन धर्म साधना में लोकमर्यादा के अतिक्रमण को दोष नहीं गुण माना है—जिस प्रेम को शुक्ल जी लोक बाह्य कहते हैं वह निष्प्राण नियमों और रीति-रिवाजों में बँधे हुए समाज से बाहर निकलने का प्रयास है यह एकान्तिकता लोकोन्मुखता है। यह प्रेम का जीवनोत्सव है।

भाषण के इस भाग की अन्तिम बात ज्ञान को लेकर है। मध्ययुगीन भारत में भक्ति की आँधी आयी थी बिल्कुल उसी तरह जैसे ज्ञान की आँधी आयी कबीर के लिए—

मैंने बार-बार यह कहा है भक्ति को Single Perspective में समझना मुश्किल है। समावेशी दृष्टि, Multiple Perspective की सहायता से समझना होता है।

कबीर के लिए ज्ञान की आँधी आयी थी क्योंकि उससे माया-मोह, विकार, स्वार्थ सब दूर हो जाते हैं। परन्तु वे ज्ञान को हमेशा समेटे चलने वाले नहीं थे इसीलिए बैल पर लदी पुस्तकों के रूप में अपने ज्ञान को लेकर काशी में कबीर से शास्त्रार्थ करने पण्डित सर्वजीत हाज़िर हुए थे और कबीर पुत्री कमाली से कबीर के घर का रास्ता पूछ बैठे थे। कमाली ने तब कहा था :

जन कबीर का सिखरि घर बात सलैली गैल।
पाँव न टिके पिपीलिका लोगन लादै बैल।

सलैली गैल—रपटीली राह वहाँ तो चींटी तक के पाँव टिकना मुश्किल है—तो अहंकार से भरी शास्त्रीय ज्ञान से लदी हुई बैलगाड़ी कैसे टिक पायेगी।

परन्तु शुक्ल जी का यह स्पष्ट कहना था कि कबीर आदि निर्गुण पन्थ के सन्तों में कोई दार्शनिक व्यवस्था दिखाने का प्रयत्न व्यर्थ है।

ए.के. रामानुजन कहते हैं भक्ति की अनुभूति शान्त, नियन्त्रित, नितान्त तथा चिन्तनमय उपनिषदों की अनुभूति नहीं थी। यह अनुभूति का फूट पड़ना था जो frenzy में बदल गया और आँधी के समान पहाड़ों, जंगलों के वृक्षों के ऊपरी हिस्सों को, समुद्र में उथल-पुथल मचाते हुए समाज को आन्दोलित करते हुए एक नयी ecstasy में बदल गया तथा नया काव्य रूप प्रकट हुआ।

द्विवेदी जी कबीर के शब्दों के सहारे हद के बेहद की यात्रा का उल्लेख करते हैं, जहाँ :

चाँद नहीं, सूरज नहीं हता नबों ओंकार

जहाँ गगन में गहरे मेघ गरजते रहते हैं, और कबीर सिहर-सिहर कर इस आनन्द रस की वर्षा में भीगते हुए कहते हैं :

गगन गरजे बरसे अमी बादल गही गम्भीर।
चहुँ दिसि दमके दामिनी भीजे दास कबीर।

यह वही एक नयी है जिसमें भक्ति का एक नया रूप खिल उठता है।

इस भाषण के तीसरे पक्ष पर आते हैं—भक्ति की नयी विश्लेषित दिशा को समझना है, आपके सामने प्रस्तुत करना है।

मध्ययुगीन भक्ति साहित्य के नायक क्या विष्णु हैं या कृष्ण—हालाँकि कृष्ण विष्णु के अवतार हैं फिर भी दोनों का अलग-अलग अस्तित्व है।

सुदर्शन चक्रधारी विष्णु कैसे मुरली बजाने वाले प्रेमरूपी श्रीकृष्ण में बदल जाते हैं। यह मध्यकालीन भक्ति साहित्य की सबसे अनोखी घटना है।

भगवद्‌गीता प्रकरण में पहली दफा हमें प्रेम का स्वर सुनाई पड़ता है। श्रीकृष्ण अर्जुन को कहते हैं :

मध्याजी मां नमस्कुरु
मेरी भक्ति करो
सत्य तो प्रति जाने
यह सच जानो प्रेयसी में
तुम मेरे प्रिय हो।

युद्ध में शस्त्रों की झनझनाहट के बीच यह मनोमुग्धकारी स्वर हमें आकर्षित करता है और मध्ययुगीन भक्ति साहित्य की दहलीज़ तक पहुँचा देता है और हम समझ पाते हैं कि भगवान और भक्त के बीच प्रेम ही भक्ति का आधार है। परन्तु यह सांसारिक प्रेम नहीं जो आपको ऐहिक जीवन से बाँधता है।

भक्ति आपको सांसारिक प्रेम से मुक्त कर अनन्त की ओर ले जाती है। यह मन का आनन्दात्मक विस्तार है।

यह सर्वविदित है कि दक्षिण के आलवारों के कारण उत्तर में भक्ति का प्रसार हुआ।

इससे यही प्रमाणित होता है कि भारत एक वैविध्यमय देश है जो बहुत-सी जातियों, सभ्यताओं, प्रदेशों, धर्मों तथा भाषाओं का समाहार है।

इसके किसी एक हिस्से का आविष्कार दूसरे हिस्से की खोज के लिए हमें रास्ता दिखाता है।

हिन्दी भक्ति साहित्य हमें तमिल के भक्ति साहित्य तक पहुँचा देता है।

तमिल के 12 आलवारों के 'दिव्य प्रबन्धम्' के वास्तविक आधार को trace करते हुए हम 1-2 शताब्दी की प्राकृत-अपभ्रंश और तमिल प्रेम कविताओं तक पहुँच जाते हैं।

प्रथम शताब्दी की हाल सातवाहन की 'गाथा सप्तशती', तमिल की 'संगम कविताएँ' और बाद में विद्याकर की 'सुभाषित रत्नावली' में प्रेम की नाटकीय प्रतीकात्मक तथा कामवासना युक्त परम्परा का प्रसार हुआ था। निषिद्ध औपचारिक गुप्त प्रेम-कविताओं के द्वारा यह प्रेम का इज़हार था।

गाथा सप्तशती से दो उदाहरण प्रस्तुत हैं—

सच कहो मित्र मैं तुम्हें सचमुच पूछता हूँ, क्या उन सब स्त्रियों की, जिनके प्रियतम विदेश में हैं, चूड़ियाँ आकार में क्यों बढ़ जाती हैं और फिर हाथ से फिसल जाती हैं। अपने कमलनयनों को वह लम्बे राजमार्ग में फैला देती हैं, द्वार के किनारे अपने उत्तुंग वक्षों को लेकर खड़ी हैं। इन पवित्र कलशों से उन्होंने तुम्हारे स्वागत की प्रतीक्षा को समाप्त कर दिया। बिल्कुल उर्दू के शबनम और शोले की तरह।

छठी शताब्दी तक पहुँचते-पहुँचते उसमें एकरसता आ गयी, घिसी-पिटी लगने लगी, विषय की एकरूपता आकर्षणहीन बन गयी। बौद्धिकता ने सृजनात्मकता को समाप्त कर दिया।

ऐसे समय दक्षिण में शाही संरक्षण भी ख़त्म हो गया था।

जैन तथा बौद्ध धर्मावलम्बी राजाओं का राजपाट समाप्त हो गया था।

पल्लव राजाओं का राजपाट दक्षिण भारत में 275 ई. से शुरू हुआ। दक्षिण के राजाओं की तरह उत्तर में गुप्तकाल के राजाओं ने 320 ई. से भक्ति को राज्य का आधार बना लिया। अपने को भगवान का या विष्णु या भागवत का भक्त माना। भगवान के नाम पर अपना नामकरण किया।

अपने सिक्कों पर लक्ष्मी, वराह (विष्णु अवतार) अंकित किया। 18 पुराणों के आधिकारिक रूपों की रचना हुई और माईथोलॉजी को राज्य की आवश्यकता अनुसार स्वीकार किया।

विशेष रूप से विष्णु और उसके Heroic in carnations को राजनीति में इस्तेमाल किया।

गुप्ताओं ने विष्णु को स्पॉन्सर किया और यह विश्वास रखा कि विष्णु ने गुप्त साम्राज्य को स्पॉन्सर किया है।

श्रीकृष्ण परवर्ती गुप्त साम्राज्य में अपने legends के साथ उभर के आये। पहले हिन्दू मन्दिर तैयार हुए। हिन्दू सिक्के तैयार हुए, 5वीं शती तक विष्णु, शिव, उनका परिवार, Minions शत्रु मानवीय Dynesty की तरह सजीव हो गये।

गुप्त राजाओं ने संस्कृत को राज्य भाषा बनाया, उन्हें इससे dignity मिली। ब्राह्मणों ने आशीर्वाद दिया, वंशमालाएँ तैयार हुईं। मन्दिरों ने इन राजाओं की उपस्थिति का एहसास कराया और एक विशेष भगवान, विष्णु के प्रति अपनी आस्थाओं को प्रकट किया।

इस तरह संस्कृत, ब्राह्मण और भगवान को सूचीबद्ध enlist कर लिया।

यह भक्ति का Classical रूप था, Heritage था।

भक्ति की तीव्रता ने लोगों की कल्पना को झकझोर दिया। सुदर्शन चक्रधारी कृष्ण ने कैसे मुरली मनोहर कृष्ण मुरारी का रूप धारण कर लिया। इसका पता ही नहीं चल पाया। मानो यह तो होना ही था। विषयवस्तु प्रेम कविताओं की रही।

कमल, दक्षिण का मलयानिल, वृक्ष और उस पर लदे सुगन्धित पुष्प, पथिक और पथिक से मिलने का संकेत स्थल, काली घटा आदि ने दिव्यरूप ग्रहण कर लिया। सूर का पद है :

हरि प्रदेश बहुत दिन लाये काली घटा
देखी बादर की नैन नीर भर आये।

कामिनी की कवरी में गुँथा हुआ फूल और देवता के पादपीठ पर अर्पित फूल एक ही बने रहे।

उसके देखने का तरीक़ा और उससे उद्‌घाटित होने वाला अर्थ बदल गया। मिट्‌टी का दीया वही था जो काम-क्रीड़ा में व्यस्त नायक-नायिका के कमरे को प्रकाशित कर रहा था।

परन्तु अब उस दीये की लौ आकाश की ओर इशारा करती दिखाई पड़ती है। और एक नया अर्थ उद्‌भाषित होता है—एक लोकोत्तर अर्थ।

रवीन्द्रनाथ टैगोर कहते हैं जो हम ईश्वर को देते हैं—वही हम अपनी प्रियतमा को देते हैं, वही हम भगवान को देते हैं और कुछ हमें कहाँ से मिलेगा।

भगवान प्रियतमा बन जाते हैं, और प्रियतमा भगवान।

जब कोई ईश्वर से प्रेम करता है, उसकी भाषा तो अलग नहीं हो सकती, वह तो मानवीय भाषा ही रहेगी।

इसीलिए मध्ययुगीन कवियों ने लौकिक प्रेम और अलौकिक प्रेम भक्ति में अन्तर स्पष्ट करने के लिए भणति (कविता में कवि का अपना नाम जोड़ना) या Signature line को जोड़ने का काम शुरू किया।

मध्ययुग में भारत की भाषाओं की यह परम्परा चल पड़ी। कवि का हस्ताक्षर कविता को स्थानीयता देता है। व्यक्तिगत बनाता है। फिर भगवान को कवि से जोड़ता है और कविता को श्रोता से और कविता अन्त तक पहुँचते-पहुँचते दिव्य रूप धारण कर लेती है।

मणिक वाचकर के तिरवाचकम का एक पद :

मैं खिले कोरनाइ पुष्प पहनूँगी
शिव के गलुबन्धन का
अनुभव करूँगी।
उसके आलिंगन में डूब जाऊँगी
उसके रक्त अधरों के आस में
मणिक वाचकर कहते हैं
उसकी कामनाओं में फिर उसके चरणों को ढूँढूँगी

सूर :

अपनी भुजा श्याम भुजि ऊपरी
स्याम भुजा अपने उर धरिया
यों लपटाइ रहे उरउर ज्यों
मरकत मणि कंचन में जरिया

फिर signature line आती है

अंग पुलकित भये मदन तन तन जाये
सूर प्रभु स्याम बिहारी।।

ईश्वर का गृहस्थीकरण : ईश्वर जब ऐतिहासिक समझ में अपने को प्रकट करते हैं तो वे अगम्य नहीं रह पाते।

अब भक्त ईश्वर पर अधिकार करता है, उसको घर का सदस्य बनाता है और उसके द्वारा अधिकृत होना चाहता है।

भक्त अपने ईश्वर को लेकर कविता करता है, चित्र बनाता है, स्थापत्य शिल्प की रचना करता है, उसे हर तरह से सगुणात्मक रूप दे डालता है। मगर क्या ईश्वर आते हैं? यह सत्य में जीवन जीने का संकेत है। यह आपके भीतर प्रतिष्ठित भगवान को लेकर जीना है। –नानक It hints at a truthful living with God residing in you.

भक्ति काव्य सशक्तीकरण का काव्य था–यह एक नये प्रकार का काव्यात्मक स्वर था। यह काव्य बोलने का काव्य था। श्रुति–सुनना, स्मृति–याद करना, उपनिषद–निकट बैठकर ब्रह्म ज्ञान प्राप्त करना।

सब Passive receptive modes हैं–निष्क्रिय ग्रहणोन्मुख पद्धति। भक्त active mode के पक्ष में है–उसमें क्रियात्मकता आ गयी है। अब लोग केवल सुन नहीं रहे हैं, बोल रहे हैं–कहत कबीर, मीरा के प्रभु गिरधर नागर, सूर स्याम मोहिं स्याम।

आलवार अपने text को divine utterance कहते हैं। तिरुवाचकम holy utterance है। वीर शैव अपनी कविता को वचनम् कहते हैं। स्त्रियाँ, दलित सबको अब भाषा मिल गयी है। किसी का बोलना सशक्तीकरण का सबसे बड़ा उदाहरण है। अब धर्म केवल कतिपय लोगों के गोपनीय धर्म के स्थान पर सबका धर्म बन जाता है जो बोलना जानता है।

भक्ति का सबसे बड़ा भाव छूने का भाव है–sense of touch है–भक्त और भगवान एक-दूसरे को स्पर्श करते दिखते हैं–हृदय और हाथ का स्पर्श, चरणों का स्पर्श, सारे शरीर का स्पर्श।

यह काव्य स्पर्श का काव्य है–सम्पर्क (Contact) की कविता है। इसलिए यहाँ कोई अस्पृश्य नहीं है, Outcast नहीं है। यह जाति प्रथा को तोड़ता है। इसके पीछे एक गहरा मनोविज्ञान काम करता दिखायी पड़ता है।

भारतीय संस्कृति जैसी पारम्परिक संस्कृतियाँ सन्दर्भ संवेदनशील तथ्यों (Context sensitive facts) से प्रभावित रहती हैं और उनके द्वारा सम्बद्ध भी–

मेरी लड़की, मेरा लड़का, धर्म और उसके नियम, जाति प्रथा और खानपान सन्दर्भ संवेदनशील तथ्य हैं।

भक्ति आन्दोलन इन सब सन्दर्भों को तोड़ता है और एक वैकल्पिक Paradigm तैयार करता है और Common discourse (treatise thesis)

1. जो विचारधाराओं को एक घेरे में बाँधता है।
2. जो भाषा के माध्यम से शक्ति की अभिव्यक्ति होती है और
3. जो समाज को स्थिर बनाये रखता है।

प्रेम का भक्तिमय आवेग इन परिधियों से बाहर निकलकर Common discourse को चुनौती देता है और उसके Value system को Reject करता है, Subvert नष्ट करता है और भक्ति की नयी चिन्तनधारा के सहारे आगे बढ़ता है—इसके दो उदाहरण हैं :

1. कृष्ण काले हैं, गोरे नहीं। श्वेत, पवित्रता, fair-play, शान्ति और अधिकार की निशानी है। काला उसका प्रतिरूप है, विपरीत है मगर यही काला कृष्ण दिव्य रूप धारण कर हमारे सम्मुख आ उपस्थित होता है।
2. वह ब्राह्मण नहीं, यादव कुल के हैं, एक Commoner हैं, वह Order, Harmony, Light of the heaven से जुड़ा नहीं, धरती से जुड़ा है।

वह सन्दर्भ संवेदनशील तथ्यों को छोड़कर यथार्थ के इन्द्रियातीत रूप को प्रसारित कर देता है। विवाहित गोपियाँ बाँसुरी को सुनते ही भागी चली आती हैं। नियमों के जगत में अनियम फैल जाता है। आस्था (Faith) परिधियों को तोड़ती है और Discourse से हटकर एकदम नये ढंग से हमें सम्बोधित करती है।

यह पूर्ण आत्मनिवेदन की आस्था है, उस अनन्त के साथ मिलन की आस्था है—यह वेदान्तिक एकमेक नहीं, यह भक्ति के, प्रेम के आश्रय से दो का—भक्त और भगवान का मिलन है। यह मिलन हमें सम्पूर्णता प्रदान करता है। टैगोर ने स्पष्ट कहा था कि जो मनुष्य एक है, वह बहुत अकेला है। एक में एकता नहीं है।

एक जब अनेक के साथ जुड़ता है तभी वास्तविक एकता प्रकट होती है और उसमें सत्य का स्वर सुनाई पड़ता है।

यहाँ गीता का भक्ति का मॉडल पलट जाता है—स्वधर्म, निष्काम कर्म, आत्मसमर्पण वाले मॉडल में से समर्पण ही सबसे अधिक डॉमिनेटिंग फैक्टर बन जाता है। द्विवेदी जी कहते हैं कि कबीर और टैगोर दोनों में ही आत्म-समर्पण का भाव प्रबल है। केवल गीता के मॉडल का पलट जाना ही नहीं भक्ति ने भारत

की पारम्परिक काल की अवधारणा को बदल दिया था। यहाँ भारत में सतयुग से कलयुग तक काल के स्वरूप की अभिव्यक्ति है। यानी सत्य का असत्य में बदल जाना ही काल की गति है। भक्ति, ज्ञानेश्वर के अनुसार पश्यदान है—एक पवित्र युग का वापस आना है—मध्ययुग में काल की यह नयी व्याख्या थी।

भक्ति आधुनिक युग की सबसे बड़ी माँग को पूरी करती है।

1. अहंकार का उदात्तीकरण, तथा
2. पर्यावरण और मनुष्य मन के बीच एकता की स्थापना।

जब काम प्रेम में बदल जाता है, तब कुछ भी अवैधानिक, अनियमित नहीं रहता है—सब कुछ वैधानिक और नियमित मान लिया जाता है।

ऐसे बहुत से विद्वान हैं जो पूछते हैं कि क्या भक्तियुग का केन्द्रीभूत अर्थ सोशल रिफॉर्म और कर्मकाण्ड के विरुद्ध विद्रोह था जहाँ मनुष्यत्व की रक्षा ही प्राथमिकता थी।

भक्ति काव्य आध्यात्मिकता का एक वैकल्पिक मार्ग था। जहाँ ज्ञान के स्थान पर भक्ति के प्राधान्य को स्वीकार किया गया। यहाँ कैटेगरी में बाँटकर एक को दूसरे के विरोध में खड़ा नहीं किया जाता, दोनों की अनुपूरकता को स्वीकारा जाता है जैसे सगुण-निर्गुण, ज्ञान-भक्ति, रामभक्ति शाखा—कृष्ण भक्ति शाखा, सुर-असुर, सुन्दर-भयंकर, लोकधर्मी-नाट्यधर्मी।

पश्चिम एक-दूसरे के विरोध में खड़ा करता है, वह Binary Opposition में विश्वास करता है, इसीलिए Huntigton Clash of Civilization की बात करता है।

यहाँ सूफ़ी रहस्यवादी काव्य को अलग नहीं रखा गया।

दाऊद के 'चन्द्रायन' (1379) के द्वारा नाथ, शैव और सूफ़ियों में घनिष्ठ सम्बन्ध स्थापित हो सका और उसमें स्थानीय लोक परम्परा को जोड़ा गया। यह युग्म संस्कृतिमय है। कहा गया--इस पुस्तक के द्वारा धर्म के रास्ते पाप से मुक्ति होती है। यह वह धर्म है जिससे गंगा को पार किया जा सकता है। यहाँ समन्वय बुद्धि युक्त धर्म की बात हो रही है।

वस्तुतः भक्ति साहित्य परम्परा के नानात्व को Multiplicity of Traditions को आन्तरिक बनाता है—Internalize करता है।

भारतीय चिन्तनधारा की यह बुनियादी बात है। Uniformity नहीं Harmony भक्ति काल की चिन्तनधारा की विशेषता है। इसीलिए यहाँ शास्त्र-अभिमुखी भक्ति के साथ लोक आधारित भक्ति का भी प्राधान्य है।

द्विवेदी जी के अनुसार लोक प्रवृत्ति का शास्त्र-सिद्ध आचार्यों और पौराणिक लोक कल्पनाओं से युक्त हो जाना इस काल की सबसे बड़ी घटना है। स्मार्त और बौद्धों के द्वारा लोकमत को स्वीकृति मिलने पर लोक इसमें प्रबल हो गया— परिणामतः नृत्य करते हुए भक्त उन्मत्त हो जाते हैं, आवेशित स्त्रियाँ उन्मत्त होकर नाचने लगती हैं। संगीत-कीर्तन, जुलूस में गाते-बजाते देव मूर्ति के सामने उपस्थित होते हैं।

21

स्त्री-विमर्श : भारतीय सन्दर्भ

"के. कुमारस्वामी अपनी पुस्तक, 'द डांस ऑफ़ शिवा' में लिखते हैं कि व्यक्तिवादी मूल्यों के आधार पर भारत के बारे में कोई निर्णय लेना ठीक नहीं होगा; वरन् हमें इस बात का सम्मान करना चाहिए कि यहाँ भारतीय परम्परा के अन्तर्गत जीवन की इस प्रकार की कल्पना की गयी है कि प्रत्येक स्त्री के रूप में विकसित होने का अवसर प्राप्त हो सके तथा आत्माभिव्यक्ति के स्थान पर आत्मोपलब्धि के माध्यम से स्त्री अपनी स्वाधीनता की हक़दार बन सके।"

यह एक सुखद आश्चर्य है कि पिछली शती के 60वें दशक के अन्त भाग तथा 70वें दशक के प्रारम्भ से पश्चिम में सामाजिक-राजनीतिक आन्दोलन के रूप में स्त्री-विमर्श या Feminism के पुनरुत्थान के पीछे विश्व के नाना विश्वविद्यालयों में आरम्भ की गयी स्त्री शिक्षा (Women studies) का हाथ है। इन विभागों में काम करने वाली स्त्रियों में अध्ययन-अध्यापन के प्रति विशेष लगाव है और इनका अध्ययन गहरा एवं विस्तृत है मगर अधिकतर तीसरी दुनिया के विश्वविद्यालयों में खोले गये स्त्री-अध्ययन के विभाग पश्चिम से अनुप्राणित Feminist Discourse का सहारा लेते हैं और उनमें बड़े शहरों में पली और रहने वाली पढ़ी-लिखी उच्च वर्ग की स्त्रियों के स्वार्थ तथा मामलों का ही अधिकतर प्रतिनिधित्व होता है तथा जहाँ पश्चिमी सैद्धान्तिक दिग्-विन्यास (Orientation) तथा प्रबन्धन (Dispensation) का सहारा लिया जाता है। परिणामतः पश्चिमी फ्रेमवर्क में जिस स्त्रीवाद का विचार-विश्लेषण होता है वह यथार्थ से दुगना दूर हो जाता है।

1. केट मिलेट का 'सेक्सुअल पॉलिटिक्स' 1973, मैरी एन फर्ग्युसन 'इमेजेज़ ऑफ़ बूमेन इन लिटरेचर' 1973, मेरी एलमन का 'थिंकिंग पोएटिक्स' 1968, एलेन शोवाल्टर का 'टुवर्ड्स ए फेमिनिस्ट', मैरी ईगलटन का 'फेमिनिस्ट थ्योरी',

जी. ग्रियर का 'फीमेल यूनक' 1970, आदि पुस्तकों में इन विशिष्ट पश्चिमी लेखकों की विचारधाराएँ और इनके द्वारा किये गये मामलों का अध्ययन भारतीय यथार्थ से दुगना दूर है। परिणामतः उससे भारतीय स्त्री-विमर्श का सही विश्लेषण नहीं हो पाता।

कोई भी सिद्धान्त आकाश से नहीं टपकता, वह एक निश्चित सामाजिक-सांस्कृतिक परिवेश की उपज होता है। भारतीय समाज तथा संस्कृति के सन्दर्भ में ही स्त्री-विमर्श का विचार-विश्लेषण अपेक्षित है और इस दृष्टि से स्त्री-विमर्श की वैकल्पिक विचारधारा को महत्त्व देना अब आवश्यक हो गया है जिससे कि स्त्रियों से जुड़ी उन सब दमनात्मक (Oppressive) स्थितियों तथा सामाजिक प्रथाओं जैसे बाल-विवाह, भ्रूण-हत्या, विधवा विवाह-निषेध, पर्दा प्रथा आदि को चुनौती देते हुए ऐतिहासिक रूप से प्रस्थापित नाना प्रकार के पितृसत्तात्मक तन्त्र का विरोध किया जा सके जिससे कि कोई यह बोल नहीं पाये कि Indian Women Studies is a Western Import हालाँकि यह भूलने से काम नहीं चलेगा कि :

1. तीसरी दुनिया का देश होने के नाते एक औपनिवेशिक मनोवृत्ति के सहारे अंग्रेज़ी ज्ञान-विज्ञान का हमारी चिन्तनधारा में प्रवेश करना स्वाभाविक है।
2. परन्तु पश्चिमी विचारधारा के आकर्षण में जीने वाले व्यक्ति का तनाव में जीना भी स्वाभाविक है।
3. ऐसी स्थिति में पाश्चात्य चिन्तनधारा को पूरी तरह से ख़ारिज करना सम्भव नहीं है।
4. इस प्रकार स्त्री-विमर्श के भारतीय सन्दर्भ पर विचार-विमर्श करते हुए पाश्चात्य विचारधारा का हमारी चेतना पर प्रभाव का आकलन करना, उस प्रभाव का हमारी परम्परा से संघर्ष और उससे पैदा होने वाला तनाव और उसका विश्लेषण ज़रूरी हो जाता है।

इस सन्दर्भ में एक्टिविस्ट तथा 'मानुषी' की सम्पादक मधु किश्वर की उक्ति बहुत ही महत्त्वपूर्ण है। उनका बल इस बात पर है कि—We should try to separate the devastating aspects from the points of strength within the cultural traditions and start using the strengths to transform the traditions.

प्रतिक्रियावादी तथा नारी विरोधी विचारधारा के विरोध में खड़े होने की हमारी सांस्कृतिक परम्परा में ज़बर्दस्त सम्भावित अन्तःशक्ति है। यदि हम परम्परा

में मौजूद भावात्मक तत्त्वों की पहचान कर सकें जो उसकी शक्ति हैं और फिर सर्जनात्मक ढंग से उसका प्रयोग कर सकें तो निश्चय ही स्त्रियों से सम्बन्धित बहुत सारी समस्याओं का हल ढूँढ़ पाना सहज हो पायेगा।

यह सही है कि भारत में स्त्री-विमर्श से सम्बन्धित विचारकों में एक ख़ास क़िस्म की द्वैधवृत्ति (Ambivalence) दिखाई पड़ती है उसका एक बहुत बड़ा कारण है कि भारत का स्त्री-विमर्श दो विशिष्ट ढंग से क्रियाशील है : (1) एक स्त्री एक्टिविस्टों के द्वारा परिचालित स्त्री-विमर्श जो मार्क्सीय समाजविज्ञान तथा राजनीतिक ढंग से परिचालित है। (2) कॉलेजों तथा विश्वविद्यालयों में अध्यापनरत तथा अंग्रेज़ी ज्ञान-विज्ञान से भलीभाँति परिचित उन पढ़ी-लिखी औरतों के द्वारा प्रसारित है जो अंग्रेज़ी में लिखती हैं और अमेरिकन रैडिकल फ़ेमिनिज़्म की सैद्धान्तिक (Theoretical) चर्चा में अधिक विश्वास करती हैं और जो वूमेन लिब आन्दोलन तथा स्त्री सशक्तीकरण के नारे को प्राथमिकता देते हुए स्त्री-विमर्श में यौनिकता (Sexism) को सबसे अधिक महत्त्व देती हैं।

यहाँ यह बता देना ठीक रहेगा कि स्त्री-विमर्श पर विचार-विमर्श करते हुए किसी भी प्रकार का सामान्यीकरण (Generalization) ठीक नहीं है क्योंकि कोई एक प्रस्तरीय स्त्री-विमर्श (Monolithic Feminism) (Ann Kaplan : Journal of International Women's Studies, 2003) है नहीं, यहाँ आपकी पाज़िशन (position), आपके कर्म (Action) तथा आपके ज्ञान का लगातार विरोध, उस पर सवाल तथा उस पर वाद-विवाद चल रहा है। अर्थ स्पष्ट है कि स्त्री-विमर्श जीवन्त है, और यह ठीक भी है तथा लगातार बृहत्तर सामाजिक, ऐतिहासिक तथा राजनीतिक स्थितियों में परिवर्तन के अनुसार किसी भी देश तथा समाज में रहने वाली स्त्रियों पर विचार की सम्भावना बनी हुई है।

सामान्यीकरण ठीक नहीं ऐसे कहने के आधारस्वरूप एक उदाहरण आपके सामने प्रस्तुत करना चाहूँगा। प्रसिद्ध अमरीकी फ़ेमिनिस्ट कहती हैं :

साधारण जनता यहाँ तक कि शैक्षिक संस्थाओं (Academics) में भी स्त्री-विमर्श को लेकर एक खास क़िस्म की दोषदर्शिता (Cynicism) है। विश्वविद्यालयों (Universities) में भी यह टिप्पणी (Comment) सुनने को मिलती है कि स्त्री-विमर्श की उपलब्धि मात्र यह है कि पीढ़ी-दर-पीढ़ी नवयुवक जिस प्रकार अशिष्ट, उजड्ड व्यवहार करते आये हैं अब नवयुवतियों को भी इस प्रकार का व्यवहार करने का हक़ मिल गया है। इसका अर्थ यह है कि पुरुषों और समाज में परिवर्तन तथा सुधार के स्थान पर स्त्री-विमर्श की उपलब्धि मात्र यह हुई है कि पुरुषों की तरह स्त्रियों को भी आपत्तिजनक व्यवहार करने का अब

अधिकार मिल गया है। मगर सामान्यीकरण का फैलाव इतना अधिक है कि दूसरा पक्ष फौरन कहेगा कि यह पुरुष-प्रधान समाज (Man-dominated Society) की पवित्रता (Purity) के नाम पर स्त्रियों को क़ैद में रखने के लिए कही गयी उक्ति है, ख़ैर। जैसा कि पहले कह चुका हूँ कि भारत में स्त्री-विमर्श एक, मार्क्सीय समाज विज्ञान (Marxis Social Activist) द्वारा परिचालित है और दूसरा, एकेडेमिक (Academic) दायरे में सैद्धान्तिक बातें करने वाली स्त्रियों द्वारा परिचालित है और दोनों के बीच फैली हुई द्वैधवृत्ति को समझने की ज़रूरत है।

भारत के बहुत ही महत्त्वपूर्ण लेखक यू. आर. अनन्तमूर्ति का एक महत्त्वपूर्ण लेख है : 'Why not worship in the nude?' इस लेख में कर्नाटक के शिमोगा ज़िले के चन्द्रगुट्टी गाँव के रेणुकम्बा देवी के मन्दिर में नग्न होकर पूजा करने के लिए हज़ारों की संख्या में स्त्री-पुरुष जाते हैं। मन्दिर से चार-पाँच किलोमीटर दूर वरदा नदी में सुबह नहा कर यह स्त्री-पुरुष नंगे होकर तब तक प्रतीक्षा करते हैं जब तक देवी से आविष्ट नहीं हो जाते और फिर दौड़ते हुए वे चार-पाँच किलोमीटर का फासला तय कर मन्दिर में प्रसाद चढ़ाते हैं।

अतिबुद्धिवादी संस्था की महिला एक्टिविस्ट कर्नाटक सरकार के समाज कल्याण विभाग से प्रोत्साहित होकर इन दलित भक्तों को समझाने पहुँची कि इस तरह नग्न होकर पूजा करना 'गलत' तथा 'अमानवीय' है। मीडिया को इसकी ख़बर मिलते ही फ़ोटोग्राफ़र वहाँ पहुँच गये और अन्धविश्वास के ख़िलाफ़ उस मुहिम में स्त्री जोगिथियों ने स्त्री-पुरुष पुलिस के लोगों को नंगा कर अपने साथ पूजा के लिए ले गयीं। कैमरे तोड़ दिये गये। इस पर टिप्पणी करते हुए अनन्तमूर्ति कहते हैं कि मैं लोकतान्त्रिक समाजवादी (Democratic Socialist) हूँ मगर सांस्कृतिक प्रश्नों को लेकर बहुत ही कष्टदायक द्वैधवृत्ति से ग्रस्त हूँ। एक्टिविस्टों (Activists) का कहना है कि इस तरह की नग्न पूजा (Nude worship) से जुड़ी नवयुवतियों का व्यावसायिक शोषण के फलस्वरूप अन्तिम पड़ाव वेश्यालय बन जाता है। कर्नाटक की बहुत ही प्रसिद्ध 12वीं शती की महिला योगी अक्क महादेवी नग्न होकर घूमती रहती थीं और मानव वैज्ञानिकों का कहना है कि किसी के विश्वास के ढाँचे (Belief pattern) पर हस्तक्षेप करना किसी का कोई अधिकार नहीं। मगर महिला एक्टिविस्ट का कहना था कि नग्न शरीर को पवित्र मानने का कोई तुक नहीं है। नग्नता इनके लिए पाप है और उसका सार्वजनिक प्रदर्शन अमानवीय है। यह वर्ग अभिव्यक्ति की स्वाधीनता के नाम पर अश्लील प्रदर्शन और यौनिकता (Sexism) के प्रदर्शन के विरोध पर सेंसर की माँग करता है। उनका कहना है Sexualizing the female body is insulting and humiliating for a woman. इन सब कारणों से 1987 में Indecent Representation of Women (Prohibition) Bill, 1986 पारित हुआ और सुप्रिम कोर्ट ने उसकी पुष्टि की। दूसरी ओर उग्र फ़ेमिनिस्ट वृन्दा बोस अपनी सम्पादित 'Translating Desire' की भूमिका में कहती हैं कि यह एक अतिनैतिक दृष्टि है, और इसके द्वारा स्त्री मुक्ति और सशक्तीकरण सम्भव नहीं हो पाता है और यह पितृसत्ता का समर्थन है, घिसी-पिटी (Stereotypical) भूमिका की गुलामी है। रत्ना कपूर लिखती हैं, यौनाकर्षक (Sexually) स्पष्ट प्रतिकृतियों को अश्लील (Vulgar), अशिष्ट (Obscene) तथा कामोत्तेजक कहने का अर्थ है कि स्त्री शरीर के यौनाकर्षक (Sexualization) रूप को सुदृढ़ बनाना और सेक्स (Sex) को घृणित (Dirty) करार देना और अन्ततः इस विचार को प्रोत्साहन देना कि स्त्री शरीर गन्दा है, उसे ढक के रखना चाहिए।

कहने का तात्पर्य है कि भारतीय स्त्री-विमर्श में यह द्वैधवृत्ति एक आम बात है।

वस्तुतः स्त्री-विमर्श में तीन महत्त्वपूर्ण उपपत्तियाँ हैं :

1. स्त्री मुक्ति
2. स्त्री सशक्तीकरण तथा
3. यौनिक और दैहिक स्वाधीनता—Women Liberation

भारत में 19वीं शती से नारी मुक्ति आन्दोलन का सूत्रपात हुआ। 19वीं शती के अन्त तक समाज सुधार आन्दोलन से जुड़कर स्त्री शिक्षा का प्रसार हुआ। उदार ब्राह्मणों और प्रगतिशील छात्रों के प्रयत्नों से हिन्दू ब्राह्मण कन्या पाठशालाएँ खोलीं जिसमें पण्डिता रमाबाई का महत्त्वपूर्ण योगदान था। स्त्री शिक्षा के प्रसार के फलस्वरूप सार्वजनिक क्षेत्र में विद्रोही स्त्रियों की वृद्धि हुई—नारी मुक्ति आन्दोलन में अंग्रेज़ी शिक्षा प्राप्त स्त्रियाँ भाग लेने लगीं।

पितृसत्ता के चलते नारी मुक्ति आन्दोलन का विरोध भी शुरू हुआ और महिला प्रगति के प्रति रूखापन और असहिष्णुता का प्रदर्शन भी किया जाने लगा।

सन् 1890 के दशक की बात है, मराठी की पहली महिला उपन्यासकार काशीबाई कानितकर और पहली महिला डॉक्टर आनन्दी बाई जोशी जब पहली बार जूते पहनकर तथा छाता लेकर बाहर निकलीं तो उन पर यह कहकर गलियों से पत्थर बरसाये गये कि उन्होंने पुरुष अधिकार वाले प्रतीकों को अपना कर उनका अपमान करने की हिमाकत की है। सन् 1882 में ताराबाई शिंदे द्वारा लिखित एवं पूना से प्रकाशित पुस्तक 'स्त्री-पुरुष तुलना' को लेकर सत्यशोधक समाज के दो सदस्यों : कृष्णराव भालेकर तथा पुरुष की तुलना करते हुए यह

कहा गया था कि धोखेबाज़ी, मक्कारी, सन्दिग्ध चरित्र एवं असहिष्णुता के जो अवगुण स्त्रियों में माने जाते हैं, वे समान रूप से पुरुषों में भी मौजूद होते हैं। बहरहाल, ताराबाई शिंदे ने स्त्रियों के पक्ष का गहराई से बचाव करते हुए लिखा कि स्त्रियाँ अपनी दृढ़ इच्छाशक्ति के कारण हमेशा सम्माननीय तथा अग्नि की तरह पवित्र एवं आन्तरिक तथा बाह्य दोनों रूपों में सुपात्र मानी जायेंगी।

पुस्तक में पुरुषों को शर्मसार किया गया है। तथा उन्हें नीचा दिखाने की कोशिश की गयी है। पितृसत्ता के ख़िलाफ़ इस तरह की आवाज़ों से स्त्री मुक्ति का सूत्रपात हुआ था।

सन् 1895 में सरला देवी घोषाल ने 'भारती' के सम्पादक के रूप में पदभार ग्रहण किया, अपनी पत्रिका के ज़रिये युवाओं को 'भौतिक संस्कृति' में लिप्त होने से बचाने तथा अपना एवं अपनी स्त्रियों का अंग्रेज़ी सिपाहियों द्वारा गलियों तथा थानों में बलात्कार किये जाने से रक्षा करने के लिए प्रेरित करना शुरू किया।

इन सबके फलस्वरूप सन् 1905-08 के दौरान बंगाल में चले स्वदेशी आन्दोलन में बड़े पैमाने पर राष्ट्रीय गतिविधियों में स्त्रियों की भूमिका की शुरुआत दिखाई पड़ती है।

दक्षिण में देव कुंजरी अम्मल ने तमिल में 'विजयलक्ष्मी' उपन्यास लिखा जो क्रान्तिकारी (radical) दृष्टिकोण से युक्त था और समाज में परिवर्तन को इंगित करने वाला था। कनकलता चालिहा (1903-35) तथा कमलालया काकती (1894-1946) ने 'घर जौति' (1928) के नाम से पहली असमिया महिला पत्रिका प्रकाशित की। इस पत्रिका को स्वतन्त्र स्त्री चिन्तन के क्षेत्र में मील का पत्थर कहा जाता है। यह सौभाग्य की बात थी कि इन असमिया लेखिकाओं को अपने पतियों और सास-श्वसुर से पूरा सहयोग मिला, नहीं तो आम व्यवहार काफ़ी प्रतिकूल था। इस सम्बन्ध में 1893 में टैगोर द्वारा लिखी गयी 'खाता' का उल्लेख किया जा सकता है :

The heroine young Uma is found out by her sister-in-law writing a song in a notebook. Then Uma quickly closed the door, went out and began to plead, "please don't tell anyone, I beg of you, I won't write again..."

Husband Pyarimohan came and sat down solemnly on the bed.

'Hand over the notebook'! he thundered. Finding his order disregarded he moderated his voice a few tones and said, "Give it to me."

Holding the notebook to her heart the girl looked into her husband's face with an expression of utmost entreaty (अनुनय-विनय). When he saw this, Pyarimohan stood up to grab the notebook, she threw it down and hiding her face with both arms fell on the floor, utterly stricken.

इसको पढ़ते हुए एक बिम्ब मेरी आँखों के सामने बार-बार खिंच जाता है : एक असहाय स्त्री जो अपनी सृजनात्मकता को हृदय से चिपकाकर पितृसत्ता के सामने दयनीय ढंग से अनुनय-विनय कर रही है और पितृसत्ता लाल आँखों से उसको तरेर रही है। महिलाओं की आवाज़ सुनायी पड़ती है जहाँ उन्हें प्रबुद्ध परिवारों का संरक्षण प्राप्त था या जिन्होंने व्यक्तिगत दुर्भाग्य एवं अपमान का जोखिम उठाते हुए लिखा मगर उन्हें पितृसत्ता की गालियों का सामना करना पड़ा।

सूज़ी थारु तथा के. ललिता के द्वारा सम्पादित 'वीमेन राइटिंग इन इंडिया 600 बीसी टू द प्रजेंट' दो खण्डों में, 18वीं शती की तेलुगु कवि मुड्डुपलानी जो प्रतापसिंह (1739-1763) के दरबार में कवि के रूप में जाना जाती थीं, हवाला देते हुए लिखा है कि "कला की संरक्षक, पढ़ी-लिखी औरत, संगीतज्ञ और विशिष्ट गणिका नागरत्नम्मा ने 1910 में मुड्डुपलानी द्वारा रचित 'राधिका सान्त्वानम' को प्रकाशित किया। यह दुर्भाग्य की बात है कि मध्ययुग से ही स्त्री कवियों का चाहे वह कश्मीर की ललद्यद हो या राजस्थान की मीरा, सामाजिक दृष्टि से उनका बहिष्कार होता रहा, समाज-च्युत (Socially ostracized) होते रहे और उन्हें कोई सामाजिक संरक्षण (Social patronage) प्राप्त नहीं हुआ। ऐसा कोई साक्ष्य हमारे पास नहीं है कि इन महिला लेखिकाओं—तमिल की आंडाल, कन्नड़ की अक्क महादेवी, उड़िया की माधवी दासी, असमिया की पद्मप्रिया या बांग्ला की चन्द्राबती का स्वाभाविक पारिवारिक जीवन था।

'मेरे तो गिरधर गोपाल दूसरो न कोई' जैसी तीव्र भावपूर्ण अभिव्यक्ति, स्त्रियों की बात तो छोड़ दीजिए, किसी मानवीय पुरुष के लिए करना उस समय की सामाजिक परिस्थितियों में एकदम असम्भव ही था।

कोई स्त्री यदि भिक्षुणी या गणिका नहीं हो तो उसके लिए काव्य-रचना लगभग असम्भव ही था। मुड्डुपलानी के काव्य के छपते ही तेलुगु के प्रसिद्ध समाज-सुधारक तथा उपन्यासकार कुन्दुकुरी वीरेशलिंगम (1849-1919) ने पितृसत्ता की कठोर आलोचना की परम्परा का अनुसरण करते हुए लिखा :

> मुड्डुपलानी व्यभिचारिणी चरित्रहीन (Adultress) थी, किसी भी स्त्री को यह काव्य सुनना नहीं चाहिए, उसके पाठ की तो बात ही छोड़ दीजिए।

इस काव्य में सेक्स (Sex) का अशिष्ट (Crude) वर्णन है। वह तो गणिका परिवार की है उसमें वह शालीनता (Modesty) नहीं जो स्त्रियों में स्वाभाविक पायी जाती है।

नागरत्नम्मा ने इसका कसकर जवाब दिया, कहा :

चूँकि वह गणिका थी इसीलिए पुरुष उसके काव्य की निन्दा कर सकता है मगर जब बड़े-बड़े पुरुष लेखक सेक्स (Sex) का अमार्जित (Crudely) वर्णन करते हैं तो इस तरह लिखना भी उनके लिए सम्मानजनक (Respectful) माना जाता है।

20वीं शती के प्रारम्भ से पितृसत्तात्मक शक्ति (Patriarchal Power) के विरोध में लेखनी के माध्यम से स्त्रियों द्वारा प्रतिवाद शुरू हो गया था। और इस प्रकार से इन रचनाओं के द्वारा स्त्रियों के सशक्तीकरण की प्रक्रिया शुरू हो गयी थी और जिसके परिणामस्वरूप महिला लेखिकाएँ 20वीं शती के मध्य भाग से साहित्य रचना के द्वारा उन सब ज्वलन्त समस्याओं को उठाने लगीं जो भारतीय स्त्री-विमर्श के महत्त्वपूर्ण अंग हैं। महाश्वेता देवी अपनी 'शिकार' कहानी में एक आदिवासी महिला का एक ठेकेदार द्वारा बलात्कार किये जाने पर शिकार खेलने के सालाना उत्सव में ठेकेदार की उस महिला द्वारा हत्या को वैध करार देती हैं। देवी दुर्गा का यह एक संशोधनवादी मिथक (Revesionary myth) है। या इस्मत चुग़ताई की 'टेढ़ी लकीर' या कृष्णा सोबती की 'मित्रो मरजानी' या मृदुला गर्ग के 'कठगुलाब' में स्त्रियों की कामेच्छाओं का अनावरोधन (Uninhibited) वर्णन या कमलादास की कविता 'ए डॉल फॉर ए चाइल्ड प्रोस्टीट्यूट' और ललिताम्बिका अन्तराजन की 'द गॉडेस ऑफ़ रिवेंज' जिसमें दरिद्र लड़कियों को किस तरह वेश्यालय में ढकेल दिया जाता है का वर्णन है। यह रचनाएँ इस बात का पता देती हैं कि 20वीं शती से राष्ट्रवाद तथा सुधार आन्दोलनों के साथ-साथ किस तरह से स्त्रियों द्वारा रचित साहित्य में वर्णित आक्रामक स्त्री सचेतन (Militant Feminine Consciousness) का स्वरूप उद्घाटित होने लगा था और स्त्री-विमर्श का हिस्सा बनकर स्त्री मुक्ति तथा सशक्तीकरण आन्दोलन को आगे बढ़ाने में जुट गया था।

स्त्रियों के पारम्परिक रूप, आज्ञाकारी पत्नी, स्नेहवत्सला माँ तथा दुर्गारूपिणी पाप के विरुद्ध युद्धरत स्त्री आदि के स्थान पर इन रचनाओं में अधिकतर स्त्रियों की वास्तविक दुनिया (Women's real worlds) तथा उनके वास्तविक अनुभवों (Mary Anne Ferguson : Images of Women in Lit., 1986) का वर्णन शुरू हुआ और मात्र सामान्य लैंगिक प्रभेद (Simple Differences) तथा

लैंगिक सादृश्यता (Sexual Anology) (Mary Ellmann : Thinking about Women) (1968) यानी पुरुषों के द्वारा इस प्रकार के एंकागी दृष्टिकोण लैंगिक आलोचना (Phallic criticism) के स्थान पर तथा स्त्री लेखिकाओं के विरोध में विद्वेषपूर्ण आलोचना के स्थान पर स्त्री को मानव वर्ग का अंग मानकर उनकी रचनाओं को तीन अवस्थाओं के आधार पर विवेचन, फ़ेमिनिस्ट आलोचकों के प्रयत्नों से शुरू हुआ (Elaine showalter : A Literature of their own : British Women Novelists from Bronte to Lessing, 1977) :

पहली अवस्था–अनुकरण (A phase of imitation)

दूसरी अवस्था–प्रतिवाद (One of protest)

तीसरी अवस्था–अस्मिता की खोज (A phase of self discovery, a search for identity)

इन तीनों अवस्थाओं के बीच से गुज़रते हुए स्त्री लेखिकाओं की कोशिश यही है कि एक सुस्पष्ट स्त्री साहित्यिक परम्परा की खोज और अन्ततः ऐसे एक सिद्धान्त की स्थापना जिससे कि पुरुषों के साहित्यिक दावों और बल प्रयोग के विरोध में स्त्री लेखिकाओं की साहित्यिक प्रतिक्रिया (अनुक्रिया = response) का पता लग सके और स्त्री शक्ति (Female Power) की अभिव्यक्ति हो सके।

स्त्री लेखिकाओं की लड़ाई दो स्तरों पर होती रही है (1) पुरुष प्रधान पितृसत्तात्मक अधिकारवादी साहित्यिक जगत् के नियमों को तोड़े बिना साहित्यिक जगत् में प्रतिष्ठित होना सम्भव नहीं हो पा रहा था। (2) मगर ऐसा करते हुए स्त्री (Feminine) बने रहना भी असम्भव हो रहा था।

हालाँकि आदर्श स्त्री का मिथक पुरुषों की प्रेरणा तथा अनुपूरक के रूप में स्वीकारा गया है। इस तरह जो स्त्री झेंपू है उसे लज्जाशील माना गया। जो संकोची है उसे शीलवती कहा गया। जो दब्बू है उसे सहनशील माना गया। जहाँ कोई व्यक्तित्व नहीं है वहीं स्त्री पितृसत्ता के मुताबिक आदर्श स्त्री है। सांड्रा गिलबर्ट और सुसान गुबार ने अपनी पुस्तक The Mad Woman in the Attic (1979) में स्पष्ट किया है कि सौन्दर्य तथा माधुर्य, निश्चेष्ट (Passive), विनीत (Docile), निःस्वार्थ (selfless) के गुणों से युक्त स्त्री को स्वर्गीय सौन्दर्य (Angelic beauty) कहा जाता है मगर इन दो लेखिकाओं के अनुसार selfless होना उदात्त (noble) हो सकता है मगर यही स्त्री की मृत्यु है। एक ऐसा जीवन जिसमें कोई कहानी नहीं है, गोयते की Markarie की कहानी की तरह ऐसी ज़िन्दगी a life of death, a death-in-life है।

स्त्री लेखिकाओं ने, जिनमें दलित नारीवादी, समाजवादी नारीवादी, मध्यवित्त नारीवादी हैं जिनका अन्ततः एक ही आम उद्देश्य (Common Concern) है, कि किस तरह गणतान्त्रिक समाज (Democratic society) के सपने को साकार बनाया जाये। इस दृष्टि के पीछे स्त्री शिक्षा का एक बहुत बड़ा हाथ था। सन् 1920 में भारत के राजनीतिक क्षेत्र में गाँधी जी की प्रतिष्ठा से स्त्री शिक्षा को बल मिला। राष्ट्रवादी गतिविधियों को बल मिला। गाँधी जी ने महिलाओं को घर से निकालकर असहयोग आन्दोलन में भाग लेने को कहा, सार्वजनिक जीवन में महिलाओं का स्थान ऊँचा बना।

उन्हीं दिनों सरोजिनी नायडू और बेगम शाहनवाज़ ने घोषणा की कि भारतीय महिलाओं का आन्दोलन पश्चिमी महिलाओं के आन्दोलन की तरह केवल स्त्रीवादी नहीं। निरंकुश स्त्री स्वाधीनता नहीं, एक सामाजिक दायरे में रहते हुए स्वाधीनता, पुरुष की बराबरी नहीं, अपने दायरे में पुरुषों के साथ मिलकर काम करने की स्वाधीनता, जिससे पारिवारिक, सामाजिक तथा राष्ट्रीय स्तर पर स्त्री अपने महत्त्व को प्रमाणित कर सके। पिछली सदी के प्रारम्भ में स्वाधीनता आन्दोलन में मातृशक्ति को शामिल करने के उद्देश्य से साक्षरता और शिक्षा का वरदान स्त्रियों को दिया गया था। इसके पीछे की व्यावहारिक रणनीति एक सुशिक्षित और प्रशिक्षित नयी स्त्री पीढ़ी को खड़ा करना था जिससे कि सामाजिक तथा राष्ट्रीय आन्दोलन में वे पुरुषों के साथ मिलकर सहयोग दे सकें। परन्तु आश्चर्य की बात है इस कार्यक्रम में पुरुष की आकांक्षा ने स्त्री की अभीष्ट छवि का निर्धारण किया था। पढ़-लिखकर स्त्री घरेलू कौशलों में निष्णात सुशील, अनुगत, आज्ञाकारी, व्यक्तित्व युक्त बने नहीं तो मन में एक डर तो था कि पढ़ाई-लिखाई से स्त्री बिगड़ सकती है। बड़े-बड़े चिन्तक, राजनेता उस समय यही सोचते थे। महादेवी वर्मा के प्रयाग स्थित छात्रावास के एक दीक्षान्त समारोह में बोलते हुए इसी आशंका को स्वर दे रहे थे, प्रेमचन्द जब उन्होंने इस बात पर सन्तोष प्रकट करते हुए साधुवाद दिया कि यहाँ की छात्राएँ पढ़-लिख कर भी तितलियाँ नहीं बनी हैं। यानी पढ़-लिख कर भी अनपढ़ता को अपने भीतर सुरक्षित रख पाना स्त्री की विशेष योग्यता थी। सदी के अन्त तक ऐसा हो सका कि :

1. स्त्री की यह अभीष्ट छवि भी स्वीकृति पा सकी कि वह ग़लत को ग़लत कह सकने के साहस से लैस तथा आवश्यकतानुसार अवज्ञाकारी बने।
2. जूडो कराटे के शिक्षण में आत्मरक्षा में निपुणतापूर्वक आक्रामक हो सके।

3. और तितली से बढ़कर तितली बने यानी जो न केवल पंखों की रंगीनी से आकर्षक हो बल्कि उड़ान की सामर्थ्य से अपने सपनों तक जा सकने का बल रखती हो।

अब तक जो कुछ कहा गया उसको दोहराते (Recap) हुए यह स्पष्ट किया जा सकता है कि स्त्री आन्दोलन के पहले चरण (Phase) में पुरुषों के द्वारा राष्ट्रवाद के प्रसार हेतु समाज-सुधार को उसका अंग बनाया गया था। सती प्रथा को रोकने, विधवा विवाह को स्वीकृति दिलाने, बाल विवाह को बन्द करने तथा स्त्री शिक्षा के प्रसार तथा कानूनी हस्तक्षेप (Intervention) के द्वारा Age of Consent तथा Property Right को विनियमित (Regulate) करना तब स्त्री जाति को एक ही वर्ग में रख कर स्त्री की भूमिका में नयी जगह बनाना भी दूसरा उद्देश्य था। यह चरण (Phase) 1850-1915 तक सीमित था।

दूसरा चरण (Phase) 1915-1947 का था जब स्त्रियाँ राष्ट्रीय आन्दोलन (Non-violent Civil Disobedience) में भाग लेने के लिए घर से निकल आयीं। भारत की प्राधान्य (Superirority) को प्रमाणित करने के लिए सांस्कृतिक पुररुत्थानवाद (Cultural Revivalism) के तहत स्त्रियों के गौरवान्वित रूप को प्रकट किया गया मगर परिणामतः पब्लिक स्पेस (Public Space) से हटकर विशिष्ट रूप में स्त्रियों का स्वरूप उद्घाटित हुआ। नारी का परिचर्यावाला (Caring) रूप, अपनी इच्छाओं का अस्वीकरण (Self Abnegation) की शक्ति, बलिदान (Sacrifice) तथा सहनशक्ति (Tolerance) को महत्त्व दिया गया। स्त्रियों की पहली संस्था की स्थापना करने वाली मार्ग्रेट कजिन्स (Margaret Cousins, 1878-1954) ने 1917 में 'The Women's Indian Association' की स्थापना की और बाद में, 'All India Women's Conference, 1926] की सृष्टि हुई।

राष्ट्रीय आन्दोलन में स्त्रियों की सहभागिता ने उनकी आलोचनात्मक सचेतनता (Critical Consciousness) को विस्तार दिया। राजनीति का हिस्सा बनकर–मताधिकार (Franchise), भारतीय संविधान के अन्तर्गत नागरिक अधिकार, एफरमेटिव एक्शन (Civic rights of women in the Indian Constitution, affirmative action) द्वारा स्त्रियों का उत्थान, स्वास्थ्य तथा बाल निगरानी (Health and Child Care) बराबर के काम के लिए बराबर के वेतन (Equal pay for equal work) को स्वीकृति मिली। स्टेट ने स्त्रियों के प्रति संरक्षक की भूमिका अपनायी। स्त्रियों को मूल अधिकार (Basic rights) के लिए पश्चिमी स्त्रियों की तरह संघर्ष नहीं करना पड़ा। स्वाधीनता और अधिकार के नाम पर भारत में स्त्री ने संविधान के द्वारा बहुत कुछ बिना किसी लड़ाई के एक झटके में पा लिया।

इन सब कारणों से स्त्रियों के सशक्तीकरण के मार्ग खुल गये—आज सशक्तीकरण सरकारी नारा (Slogan) बन गया है।

1. सशक्तीकरण का पहला बिन्दु अपना फ़ैसला ख़ुद करने का अधिकार है। यानी एक ओर अपनी छवि को, दूसरी ओर अपने कर्म को स्वयं निर्धारित करने का अधिकार। यह अधिकार शिक्षा, आत्मबोध तथा आर्थिक स्वतन्त्रता से सम्भव है।
2. सशक्तीकरण स्त्रियों के दमित बने रहने की नियति से इनकार है।
3. सशक्तीकरण का अर्थ पुरुष पर निर्भरता से मुक्ति नहीं पुरुष का दृष्टिकोण बदल पाना है जिससे कि निर्भरता में भी सम्माननीय रहा जा सके। क्योंकि निर्भरता केवल आर्थिक ही नहीं होती और निर्भर पुरुष भी होता है। सिर्फ़ दिखाई नहीं देता कि वह निर्भर है।
4. संविधान के अनुसार स्त्री-पुरुष के बीच का (Discrimination between Sexes) भेदभाव गैर-कानूनी है, नौकरी में बराबर की सुविधा (Equlity of Employment) है, मताधिकार (Franchise to Women) का अधिकार है, एक विवाह (Monogamy) कानून है, तलाक (Divorce) का प्रावधान है, अन्तरधर्मीय (Inter-religious) अन्तरजातीय (Inter-caste) विवाह सम्भव है, हिन्दू उत्तराधिकार नियम-कानून (Hindu succession law) बन गया है, दहेज (Dowry Act) को गैर-कानूनी करार दिया जा चुका है, वेश्या प्रथा का विरोध (Supression of Prostitution), स्त्रियों का सामाजिक तथा नैतिक शोषण (Social and Moral Exploitation) से बचने के रास्ते निकाले गये हैं, भ्रूण-हत्या को गैर-कानूनी करार दिया गया है, आदि। मगर इन कानूनों के रहते भी स्त्रियों का शोषण (Exploitation) तथा अत्याचार दमन में कोई कमी नहीं हुई है। दरअसल संवैधानिक प्रावधानों या राजनीतिक घोषणाओं की अपेक्षा सामाजिक रवैया और व्यक्तिगत रुख़ को बदलने की ज़रूरत है।
5. स्त्री सशक्तीकरण का अर्थ परिवार का निषेध नहीं। परिवार का कोई विकल्प अब तक भी नहीं है और न सम्भव ही है। एशियाई बच्चों की स्कूल, कॉलेजों एवं नौकरी के क्षेत्रों में सफलता का कारण सुखी पारिवारिक पृष्ठभूमि है। परिवार नाम की संस्था को बचाये रखने में पुरुष का हित भी उतना ही जुड़ा हुआ है जितना सन्तान और स्त्री का। हर स्त्री अपने भीतर थोड़ा-सा पुरुष और हर पुरुष

अपने भीतर थोड़ी-सी स्त्री खोज निकालने को और खोजने से भी वह अगर वहाँ न मिले तो रच लेने को तत्पर हो तो काफ़ी समस्याएँ सुलझ सकती हैं। इस तरह नारी- पुरुष का सम्बन्ध द्वन्द्वात्मक न होकर योगात्मक बने, आख़िर यह आदम की पसली का नहीं बल्कि पुरुष और प्रकृति, शिव और शक्ति तथा अर्द्धनारीश्वर का देश है। (Polytheistic Hindu Pantheon provides revered images of women as unique and yet complemention to those of male identities)।

6. यह भूलने से काम नहीं चलेगा कि सशक्तीकरण के रास्ते में मात्र पितृसत्ता ही बाधक नहीं, एक ही परिवार में स्त्रियों के बीच का सोपानात्मक संगठन (Relational hierarchies between women within the same family) भी बाधक है। यहाँ एक स्त्री दूसरी स्त्री के विरुद्ध खड़ी दिखायी पड़ती है।
7. अभी हाल ही में उच्च न्यायालय के द्वारा मुसलिम स्त्रियों के तीन तलाक़ को गैर-कानूनी घोषित करना और सरकार द्वारा उसकी स्वीकृति देना भारतीय नारी आन्दोलन की एक बड़ी उपलब्धि है।

अब पश्चिम से आयातित दैहिक तथा यौनिक स्वाधीनता (Women liberation) की बात कहकर भारतीय स्त्री-विमर्श का विश्लेषण समाप्त करना है।

पश्चिमी नारी-मुक्ति आन्दोलन में फ्रांस की सिमोन द बोउवा की पुस्तक 'द सेकेंड सेक्स' तथा 1963 में प्रकाशित बेट्टी फ्राइडेन की पुस्तक 'द फ़ेमिनिन मिस्टिक' के फलस्वरूप जो आन्दोलन चला उसके परिणामस्वरूप अमरीका में राष्ट्रीय स्तर पर 1972 में लिंग के आधार पर भेदभाव प्रतिबन्धित हो गया। परन्तु बाद में केट मिलेट की पुस्तक 'सेक्सुअल पॉलिटिक्स' तथा जर्मन ग्रिअर की पुस्तक 'फीमेल यूनक' ने आन्दोलन को इतना अतिवादी रूप दे दिया कि सौन्दर्य प्रसाधनों का बहिष्कार, चोलियों की होलियाँ, स्त्री-पुरुष प्रतिद्वन्द्विता में आमने-सामने गाली-गलौज करने लगे।

नारी मुक्ति की माँग यौन-स्वच्छन्दता का पर्याय बन गयी। स्त्री-पुरुष समलैंगिकता, मुक्त यौनाचार, तलाक़, हत्या, आत्महत्या का अटूट सिलसिला चल पड़ा कि बेट्टी फ्राइडन इस आन्दोलन से अलग हो गयी।

सुशान बेसनेट ने 'फेमिनिस्ट एक्सपीरिएंस' में लिखा कि 70वीं दशक में अमरीकी नारीवाद पूरी तरह लैंगिकता की बातों में ही डूब गया। उनसे बात होने पर बहस महिलाओं के सामने हमेशा उनके यौन जीवन के दौरान आनेवाली

समस्याओं की ओर मुड़ जाती थी। यौन सुख के प्रश्न असाधारण रूप से महत्त्वपूर्ण हो गये थे, तथा महिलाओं की यौन-स्वतन्त्रता को ही उनकी मुक्ति मान लिया गया था।

भारतीय जगत् में आभिजात्य की निशानी पश्चिम के साथ वैचारिक सम्पर्क, सांस्कृतिक संगति और भाषिक समर्थता है। स्वाभाविक है कि इस श्रेणी के लिए भारतीय नारीवादी आन्दोलन का वैचारिक उपजीव्य पश्चिम का नारीवादी विमर्श ही है और उसके लिए आत्म-निर्णय के अधिकार का अर्थ ऐसी स्वतन्त्रता जिसमें सुशिक्षित एकल जीवन, अविवाहित दाम्पत्य अथवा लिव-इन (Live-in) सम्बन्ध, अविवाहित मातृत्व या विवाह के भीतर भी मातृत्व से इनकार का अधिकार है। अनचाहे दाम्पत्य से बाहर निकल आने की सुविधा है। एकाधिक विवाह या मनचाहे प्रेम-प्रसंगों और सम्बन्धों के स्वच्छन्द जीवन जैसे चुनावों की निर्बाधता है। संक्षेप में कहें तो जो चाहे सो करने और होने की स्वतन्त्रता है।

नितान्त निजी एकान्तों से लेकर व्यावसायिक दायरों तथा सार्वजनिक विस्तारों तक बहुत छोटा-सा एक ऐसा समूह भी अस्तित्व में आ चुका है जो अपने लिए एक पुरुष निरपेक्ष स्वायत्त स्त्री संसार रच लेने का अभिलाषी है और समलैंगिक मित्रताओं, सम्बन्धों की वकालत में व्यस्त है। नारीवादी आन्दोलन के धमाका चरण की अगुआई इसी समुदाय के हाथों में रही है। इसे अमीरज़ादियों का शगल कहकर रफा-दफा कर देने की मानसिकता पायी जाती है। तो दूसरी ओर इससे इनकार नहीं किया जा सकता कि सदियों के प्रतिकार की धुन अतिवादिता और उतावलेपन में ऐसा हो जाना कोई अनहोनी बात नहीं। यह सही है कि स्त्री की दैहिकता और यौनिकता पर ही यहाँ ज़ोर अधिक है। सदियों से चली आयी यह मान्यता कि पुरुष योनि ही पौरुष है और वह स्त्री से इसी कारण सबल है का भण्डाफोड़ करते हुए यह स्पष्ट किया गया है कि स्त्री भी मानव योनि के सबलतर सदस्य के रूप में परिभाषित की जा सकती है।

स्त्री का शारीरिक सौन्दर्य पण्य (Commodity) नहीं है, उसका एक अलग महत्त्व है। सौन्दर्य प्रतियोगिताएँ, फ़ैशन मॉडल्स, अभिनेत्रियाँ केवल पितृसत्ता का प्रच्छन्न षड्यन्त्र है उन्हें पण्य बनाने का, मगर यह स्त्री स्वाधीनता के स्वप्नों को पोषित भी करता है। पितृसत्ता के साथ अपनी लड़ाई को एक बेहद स्थूल सरलीकरण द्वारा नारी बनाम पुरुष की लड़ाई में बदलकर देखने के पश्चिमी रूप की अपर्याप्तता को समझने का समय आ गया है।

वस्तुतः स्त्री-विमर्श, स्त्री-पुरुष की लड़ाई नहीं। स्त्री से सम्बन्धित एक विशेष प्रकार का डिस्कोर्स (Discourse) है और जो पश्चिमी फ़ेमिनिस्ट (Feminist)

आन्दोलन से बिल्कुल अलग है। वहाँ पुरुष शत्रु है, उसके प्रति क्रोध की अभिव्यक्ति उपाय है और मुक़ाबला (Confrontation) उसका फल है। यह सब कुछ प्रत्येक संस्कृति, प्रत्येक देश के नागरिकों के द्वारा स्त्रियों पर किये गये हर प्रकार के अत्याचारों (Notion of a totalized oppression of women) के विचार पर आधारित है। इसके अन्तर्गत लैंगिक असमानता (Gender inequality) की बात होती है और काफ़ी हद तक पूँजीवाद (Capitalism) के आश्रय से बाज़ारवाद (Market economy) में स्त्री के सेक्स प्रतीक (Sex symbol) के रूप में इस्तेमाल के कारण हिंसा (Violancy) को जो बढ़ावा मिल रहा है और स्त्रियों पर जो अत्याचार बढ़ रहा है उसकी बात की जाती है।

50 और 60वें दशक की लेखिकाएँ जैसे आशापूर्णा देवी फेमिनाइन संरचना (Feminine construct) को एक न्यायसंगत संरचना (Valid construct) मानती हैं और इसके द्वारा स्त्री-पुरुष के बीच की असमानता पर प्रश्न उठाती हैं जिससे कि विवाह और वैधव्य से जुड़ी समस्याओं को प्रकट किया जा सके। दफ्तरों में अनुचित कार्य-व्यवस्था (Unfair work practices), यौन दासता (Sexual servitude), ग़रीबी में बच्चे जनना और पालने की समस्या, लिंग भेद और दूसरे तरह के शोषण की बात होती है। मगर यहाँ नारीवाद का अर्थ है स्त्री-पुरुष यानी सम्पूर्ण समाज का उत्थान। इसीलिए यहाँ की स्त्री-लेखिकाएँ आदर्श घरेलू जीवन का सपना लेती हैं जहाँ पुरुष और स्त्री को एक मूल्य व्यवस्था के तहत बराबर का अधिकार है।

अनीस जंग की रचनाओं में स्त्रियों पर हमेशा से होते हुए उत्पीड़न का उल्लेख है। मगर फिर भी ये स्त्रियाँ सम्बन्धों की पूर्णता (Fulfilment) की बात करती हैं। विवाह का सुख और बच्चों के होने से आनन्द की बात करती हैं। संस्कारों के बन्धनों और सामाजिक कु-आचरणों से मुक्ति का भी उल्लेख करती हैं। खुशी से गाती हैं और ईश्वर से प्रार्थना करती हैं। इन स्त्रियों के लिए स्त्री विमर्श कोई प्रतिबन्धक घटक (Limiting factor) नहीं है, मगर प्रसरणशील (Expanding) है, सम्पूर्ण रूप (Holistic) है, विभिन्न दर्शनग्राही (Eclectic) है, सर्वकालिक (trans-specific) है तथा विभिन्न प्रभावशाली (Diverse stirrings) घटकों की सूचना है। स्त्रीवाद इनके लिए एक संघर्ष है, मूल आदर्शों के आधार पर जीवन को देखने का तरीक़ा है। स्त्री अस्तित्व का दर्शन है। यह दर्शन केवल स्त्री से नहीं सम्पूर्ण मानव जीवन से जुड़ा है। ऐसी बात नहीं कि पश्चिमी फ़ेमिनिज़्म का कोई प्रभाव नहीं है। कृष्णा वसु, मल्लिका सेनगुप्त आदि कई लेखिकाएँ हैं जिनकी रचनाओं में स्त्री का एक आक्रमणकारी रुख़ प्रकट होता है।

वह विरोधी रूपकों (Counter methphor) का प्रयोग करती हैं। देह से जुड़े बिल्कुल भिन्न अनुभवों का वर्णन करती हैं कुछ स्वाभाविक, कुछ विकृतियों से भरी, हिंसा का शिकार, स्त्री अधिकारों की बात उठायी जाती है। सवाल उठाये जाते हैं कि स्त्री की मानवीयता के मानदण्ड हर बार पुरुषों की मानवीयता के मानदण्ड से अलग क्यों माने जाते हैं। यह साहित्य अपने स्वरूप में डायरेक्ट तथा तेवर प्रधान है। एक ओर स्त्री मुक्ति और देह मुक्ति की चाशनी में लिपटे स्त्री -विमर्श का विस्तार है तो दूसरी ओर स्त्री स्वातन्त्र्य का मतलब अपने व्यक्तित्व का विकास भी माना जाता है और स्त्री के मौजूदा मुक्ति आन्दोलन को मानवीय विकास की स्वाभाविक प्रक्रिया की अगली कड़ी के रूप में स्वीकारा जा रहा है। इसको निरा प्रतिक्रियावाद के रूप में नहीं देखा जा रहा है।

22

संस्कृत तथा भारतीय साहित्य की एकता

प्रत्येक भारतीय भाषा में रचित साहित्य का अपना स्वतन्त्र और प्रखर वैशिष्ट्य है जो अपने प्रदेश के व्यक्तित्व से मुद्रांकित है। तमिल का संगम साहित्य, तेलुगु के द्विअर्थी काव्य और उदाहरण तथा अवधान-साहित्य, मलयालम के सन्देश काव्य एवं कीर-गीत (किलिप्पाट्टु) तथा मणिप्रवालम शैली, मराठी के पवाड़े, गुजराती के आख्यान और फाग, बंगाल का मंगलकाव्य, असमिया के बड़गीत और बुरंजी साहित्य, पंजाबी के क़िस्से, उर्दू की ग़ज़ल और हिन्दी का रीतिकाव्य तथा छायावाद आदि अपने-अपने भाषा साहित्य के वैशिष्ट्य के उज्ज्वल प्रमाण हैं। फिर भी यह पार्थक्य आत्मा का नहीं है। जिस प्रकार अनेक धर्मों, विचारधाराओं और जीवन प्रणालियों के रहते हुए भी भारतीय संस्कृति की एकता असन्दिग्ध है, इसी प्रकार और इसी कारण अनेक भाषाओं और अभिव्यंजना-पद्धतियों के रहते हुए भी भारतीय साहित्य का मूलभूत एकता का अनुसन्धान भी सहज सम्भव है। भारतीय साहित्य का प्राचुर्य और वैविध्य तो अपूर्व है ही, उसकी, यह मौलिक एकता और भी रमणीय है। दरअसल भारत में भाषाएँ अनेक हैं। मगर साहित्यिक संसार एक है। एक ही प्रकार के रूपकों, प्रतीकों, मिथकों, अनुश्रुतियों, परिपाटियों तथा नियमों का एक सर्वसामान्य निकाय पिछले हज़ारों वर्षों में विकसित होकर भाषिक, गैर-भाषिक तथा प्रादेशिक भिन्नताओं के बावजूद भारतीय भाषाओं में रचित साहित्य की एकरूपता को प्रकट करती रही है। संस्कृत भाषा और उसकी परम्परा के आश्रय से इस एकता का विस्तार हुआ है। संस्कृत के ऐश्वर्य और प्राचुर्य से कोई इनकार नहीं कर सकता। नाना प्रकार के सामाजिक, राजनीतिक, धार्मिक तथा दार्शनिक विचारों के स्रोत के रूप में और उसके संचारण के द्वारा संस्कृत ने भारतीय साहित्य इतिहास को समृद्ध बनाया है और उसकी एकता को पुष्ट किया है। इसीलिए पण्डित नेहरू कहते हैं कि एक ही सांस्कृतिक परिवेश

और जीवन के प्रति एक जैसी दृष्टि के फलस्वरूप भारतीयता का एक ऐसा स्वर विकसित हुआ है जो विविधता के बावजूद हमें एक सूत्र में बाँधे रखता है। मध्ययुगीन भक्ति आन्दोलन की सहायता से इस बात को और भी स्पष्ट समझा जा सकता है। श्रीमद्‌भागवत पुराण, नारद तथा शाण्डिल्य भक्ति सूत्र और दूसरे नाना प्रकार की संस्कृत साहित्य परम्परा से जुड़े हुए विचार तत्त्वों और विशेष रूप से हाल की 'गाथा सप्तशती' और 'प्राकृत गीतिकाव्य' से प्रेरित भारतीय साहित्य का सर्वप्रमुख साहित्यिक आन्दोलन भक्ति साहित्य छठी-सातवीं शताब्दी में तमिल क्षेत्र से प्रसारित होकर कर्नाटक होते हुए महाराष्ट्र, गुजरात और राजस्थान में प्रकट होता है और फिर कश्मीर की प्रसिद्ध कवि ललद्यद इससे प्रभावित होती हैं और 15वीं शताब्दी तक पहुँचते-पहुँचते यह सारे मध्यदेश में फैल जाता है। इस आन्दोलन ने संस्कृत साहित्य से ग्रहण किये गये एक जैसे विश्वासों, आदर्शों, मिथकों तथा शैलीगत विविधताओं के बावजूद विभिन्न भाषाओं में भक्ति का एक सर्वभारतीय रूप को प्रकट किया है। अब भगवान मन्दिर में नहीं हैं, आपके परिवार के सदस्य बन जाते हैं, अब प्रत्येक भाषा में 'गीत गोविन्द' के कृष्ण के साथ आप गा रहे हैं, झगड़ रहे हैं और उनके विरह में रो रहे हैं और कह रहे हैं :

त्वमसि मम भूषणम् त्वमसि ममजीवनं
त्वमसि मम भवजलधिरत्नम्

सूरदास कहते हैं कृष्ण हमें तुमसे कुछ नहीं चाहिए, धन नहीं, दीर्घायु नहीं, कुछ नहीं, हम तो सिर्फ़ यही चाहते हैं—छबीले मुरली नेकु बजाओ।

यह बात सही है कि इस आन्दोलन ने जन-समुदाय के सन्दर्भ में भाषा के प्रयोग, सांस्कृतिक विशिष्टताओं की अभिव्यक्ति तथा ऐतिहासिक अभिलक्ष्य की दिशा में प्रादेशिक अस्मिता को महत्त्व दिया है परन्तु साथ ही संस्कृत की परम्परा से प्रभावित भक्ति के वस्तु पक्ष की सर्वभारतीयता ने क्षेत्र और देश के बीच की अन्योन्याश्रित स्थिति को प्रकट कर दिया है। हमें यह नहीं भूलना चाहिए कि प्राचीन भारत में प्रादेशिक भिन्नता का अर्थ शैलीगत भिन्नता थी। इसका संस्कृत साहित्य से प्रभावित अनुभूति के विभिन्न रूपों या विचार अथवा वस्तु पक्ष के साथ कोई सरोकार नहीं था। दण्डी के अनुसार दक्षिण के लोग उत्प्रेक्षा का प्रयोग करना पसन्द करते हैं (उत्प्रेक्षा दक्षिणात्येक्षु) और गौड़वासी—अतिशयोक्तिपूर्ण भाषा को महत्त्व देते हैं। इस प्रकार की प्रादेशिक अनेकरूपता शैलीगत रही है, वैचारिक नहीं; सांस्कृतिक विभिन्नता की परिचायक भी नहीं। ऐसी बात नहीं कि सांस्कृतिक और विचारगत भिन्नता नहीं रही परन्तु कृतियों में पाये जाने वाले एक

जैसे वैचारिक पैटर्न्स ने भारतीय साहित्य की एकता को ही अधिक मुखरित किया है और परिणामतः प्रादेशिकता और वैश्विकता, क्षेत्र और देश, प्रदेश और राष्ट्र का अन्तर दिखाई देने पर भी इनको एक-दूसरे के परिपूरक के रूप में स्वीकार करने में कोई परेशानी नहीं हुई है। संस्कृत के विरुद्ध लोकभाषा को महत्त्व तो दिया गया परन्तु इस लोकभाषा में कृष्ण और राम की आराधना कैसे करनी चाहिए इसका पाठ बल्लभाचार्य, रामानुजाचार्य, निम्बार्क, मध्व, जीवगोस्वामी, रूपगोस्वामी ने संस्कृत में तैयार किया और फिर सारे भारत में विभिन्न भाषाओं में राम और कृष्ण भक्ति की धूम मच गयी।

यह भी सही है किस सामाजिक आन्दोलन के रूप में प्रकट होकर भक्ति ने जातिप्रथा का विरोध किया, शास्त्र के स्थान पर लोक को महत्त्व दिया मगर हमें यह नहीं भूलना चाहिए कि वर्णव्यवस्था में कालान्तर में जो rigidity आ गयी थी और परिणामतः जाति प्रथा का जो विरोध शुरू हो गया था उसकी शुरुआत संस्कृत परम्परा से ही हुई थी। कृष्ण यजुर्वेद का वह महत्त्वपूर्ण श्लोक है :

किं ब्राह्मणस्य पितरं किमु पृच्छसिमातरम्।
श्रुतं चेदस्मिन् वेद्य स पिता स पितामहः।।

दसअसल कबीर, बसवा, तुकाराम, नामदेव, ज्ञानदेव आदि ने ऐतिहासिक कारणों से संस्कृत के स्थान पर भाषाओं का आश्रय लिया था, नहीं तो संस्कृत में सुरक्षित वेदान्त की दार्शनिक अन्तर्दृष्टि का ही उनकी रचनाओं में प्रसार हुआ है और फिर उनकी रचनाओं में जातिप्रथा का जो विरोध हुआ है और मतान्धता के विरोध में जो कुछ लिखा गया है अथवा आध्यात्मिकता को लेकर जो radicalism का प्रसार हुआ है उसके पीछे अद्वैत विवेक का ही सबसे बड़ा हाथ रहा है। हमें यह भी नहीं भूलना चाहिए कि भक्ति आन्दोलन में भाषा लेखकों ने जो भी अस्त्र इस्तेमाल किये हैं वे सब संस्कृत की भट्ठी में ही तैयार हुए थे। संस्कृत परम्परा के सन्दर्भ में देसी-मार्गी वैषम्य या प्रादेशिक या क्लासिकी वैषम्य वस्तुतः एक ही परम्परा की दो अलग अभिव्यक्तियाँ हैं। ये दो अलग परम्पराएँ नहीं हैं, दसअसल सांस्कृतिक नैरन्तर्य के दो ध्रुव बिन्दु हैं। इसीलिए भारतीय साहित्य में वस्तु की एकता है और शैली की विविधता भी और साथ ही सांस्कृतिक विशिष्टताओं का वैविध्य है और साहित्यिक परम्पराओं का ऐक्य भी और ये सारे तत्त्व एक-दूसरे के सम्पूरक होकर विद्यमान रहते हैं जैसे ऋृतु और समय अथवा नदी और सागर।

18वीं शती से ही विदेशी प्राच्यविदों ने Orientalist perceptions की सहायता से संस्कृत की प्राचीन परम्परा और मध्ययुगीन सांस्कृतिक परम्परा के

बीच एक विभेदक रेखा खींचने की पहल की थी जिससे कि सांस्कृतिक नैरन्तर्य को अस्वीकार करते हुए भारत के मध्ययुग को यूरोपीय मध्ययुग की तरह अन्धकारमय प्रमाणित किया जा सके और विशेषतः पाश्चात्य ज्ञान-विज्ञान के आधार पर तैयार किये गये नवजागरण को नये युग का अग्रदूत प्रमाणित किया जा सके। सर विलियम जोंस ने 1786 में कलकते में स्थित एशियाटिक सोसायटी में अपने 'डिस्कोर्स' में यह घोषित किया था कि भारतीय इतिहास की तलाश करते हुए He would go to remote antiquity but restrict his researches downwards only upto the 11th century। जोंस के बाद लगभग सभी प्राच्यविदों ने इस तथाकथित ऐतिहासिक अन्तर को मानते हुए संस्कृत की परम्परा को मध्ययुग और आधुनिक परम्परा से अलग ही नहीं रखा वरन् बड़ी चालाकी से मध्ययुग के लिए Pre-British India पदनाम देकर उसे अन्धकारमय सिद्ध करते हुए British India के गौरव को प्रकट करने का प्रयत्न किया मगर रवीन्द्रनाथ टैगोर, आनन्द कुमारस्वामी, हज़ारी प्रसाद द्विवेदी, पण्डित विद्यानिवास मिश्र, ए.के. रामानुजन, प्रोफ़ेसर वी.के. गोकाक आदि विद्वानों ने यह स्पष्ट कर दिया है कि संस्कृत हैरिटेज मध्ययुग के भाषा साहित्य और संस्कृति के बीच से गुज़रते हुए आधुनिक भारतीय चेतना में प्रवेश कर पाती है और इसलिए संस्कृत और मध्ययुगीन भाषा हैरिटेज को Single Historic Continuity के रूप में स्वीकार करना आवश्यक है।

साहित्यिक परम्परा की निरन्तरता के आधार पर भारत को एक एकीकृत साहित्यिक क्षेत्र करार दिया जा सकता है जहाँ मूलतः संस्कृत की समृद्ध परम्परा ने सदियों से एक प्रकार की विशेषताएँ जुटाकर इस साहित्यिक संसार की रचना की है। दक्षिण भारत में वाल्मीकि रामायण और व्यास के महाभारत के आश्रय के रूपान्तरण का सिलसिला 9वीं शताब्दी से शुरू हो गया था। पेंरुदेवनार का 'महाभारत' और कम्बन की 'रामायण' की रचना 10वीं शती तक हो चुकी थी। तेलुगु महाभारत का अनुवाद 11वीं शती में ननैया ने शुरू किया और तिकन्ना ने 13वीं शती तक समाप्त किया। गोना बुद्ध रेड्डी ने उसी समय 'रंगनाथ रामायण' की रचना की। कन्नड़ में 12वीं शती में पम्पा ने 'रामायण' की रचना की। कुमार व्यास ने इस काम को आगे बढ़ाया। मलयालम में एडुउत्तचन ने 16वीं शती में 'रामायणम' की रचना की। बंगाल में कृत्तिवास ने 15वीं शती में 'रामायण' का रूपान्तरण किया और 17वीं शती में काशीरामदास का 'महाभारत' लिखा गया। उड़िया में यह काम सारलादास ने किया और बलरामदास ने रामायण लिखा। इसी तरह असमिया में माधव कन्दली, मराठी में एकनाथ तथा रामदास,

हिन्दी में तुलसी और विष्णुदास ने 'रामायण' और 'महाभारत' की रचनाएँ कीं। और भी नाम गिनवाये जा सकते हैं। केवल रामायण और महाभारत की कहानियाँ नहीं कृष्ण, शिव, हरिश्चन्द्र, नल-दमयन्ती ने विभिन्न भाषाओं के लेखकों की कल्पना को जहाँ सँजोया है वहाँ संस्कृत से ग्रहण किये गये कतिपय नैतिक मूल्य एवं ईशकेन्द्रित विश्वदृष्टि ने साहित्यिक रचनाओं को रूप दिया है। 18वीं-19वीं शती में भी यह काम जारी रहा। कथकली नाटकों की अट्टकथाएँ तथा तुल्लाल नृत्य सर्वभारतीय संस्कृत परम्परा से जुड़े।

केरल के अपने चम्पू तथा दूत काव्य हैं। तेलुगु में शतकम् की लम्बी परम्परा है। शतकम् के अतिरिक्त प्रबन्ध की रचना संस्कृत परम्परा के आधार पर हुई है। कन्नड़ के संगीत त्रिमूर्ति श्यामा शास्त्री, मुथुस्वामी दीक्षितार तथा त्यागराज की भक्ति रचनाएँ संस्कृत से प्रभावित होते हुए भी भक्ति के नये दिगन्तों का परिचय देती हैं। मुथुस्वामी ने अधिकतर संस्कृत में लिखा और कभी-कभी मणिप्रवाल शैली का प्रयोग भी किया। श्यामा शास्त्री की संस्कृत रचनाएँ जैसे 'जननि नटजन परिपालिनि पाहि माम् भवानि' सर्वभारतीय प्रसिद्धि पा चुकी हैं। संस्कृत के अतिरिक्त तेलुगु में भी उनकी रचनाएँ हैं। त्यागराज ने भी यह मार्ग ग्रहण किया है। तमिल की टुटु संस्कृत का दूतकाव्य है। तमिल में शिव और मुरुगन का गौरवगान संस्कृत से उधार ली गयी परम्परा है। गुजरात के अनपढ़ कवि धीरो की रहस्यात्मक पहेलियाँ, काफ़ी और अवलवाणी में मन, माया और तृष्णा पर विचार करते हुए संस्कृत दार्शनिक विचारों की ही अभिव्यक्ति हैं। हिन्दी का रीतिकाव्य संस्कृत काव्यशास्त्रीय परम्परा का विस्तारण है। तमिल के काव्यसिद्धान्त मेयाप्पतु में इस सिद्धान्त का ही समावेश है। वस्तुतः भाषाओं में काव्यशास्त्रीय सैद्धान्तिक विवेचन के अभाव का मूल कारण भाषा विद्वानों का संस्कृत काव्यशास्त्र का अपार ज्ञान रहा है न कि ज्ञान की अल्पता। गुजराती में हेमचन्द्र, फ़ारसी में अमीर खुसरो, पाली में संघरक्खित और कन्नड़ में नृपतुंग ने इन भाषाओं में स्वतन्त्र काव्यशास्त्र का निर्माण किया मगर उसकी परम्परा आगे नहीं बढ़ सकी। कदाचित् संस्कृत काव्यशास्त्र में अन्तर्निहित बहुभाषिकता के समाहार के कारण ऐसा हुआ हो। उदाहरण के रूप में, 'विश्वनाथ प्रशस्तिरत्नावली' में 16 भाषाओं का प्रयोग करते हैं। काव्यशास्त्रीय ग्रन्थों में दूसरी भाषाओं के उदाहरण प्रचुर उपलब्ध हो जाते हैं। बहुभाषिकता को आश्रय देने के कारण संस्कृत काव्यशास्त्र की अग्रगति में कभी भी कोई रुकावट नहीं आयी और आज भी उसका प्रभाव बना हुआ है। संस्कृत नाटकों में भी बहुभाषिकता का प्रचुर प्रयोग उपलब्ध है। कालिदास के शकुन्तला नाटक में संस्कृत के अतिरिक्त शौरसेनी, महाराष्ट्री और

मागधी प्राकृत का प्रयोग है। हिन्दी के केशवदास, पद्माकर, उड़िया के उपेन्द्र भंज, बलदेव रथ, बंगला के रामबसु आदि ने संस्कृत की साहित्य परम्परा को अपनी भाषाओं में गूँथकर उसको प्रचुर बना दिया है। फोर्ट विलियम कॉलेज में यूरोपीय छात्रों के लिए हिन्दी ग्रन्थों के निर्माण कार्य में जुटे हुए लल्लूजीलाल ने खड़ी बोली में 'प्रेम सागर' की रचना की जो भागवत पुराण का अनुवाद था और इस प्रकार यह नयी प्रिंटिंग टेक्नोलॉजी के पारम्परीकरण का महत्त्वपूर्ण उदाहरण है। दरअसल पाश्चात्यकरण के फलस्वरूप केवल राष्ट्रवाद का ही प्रसार नहीं हुआ बल्कि संस्कृत परम्परा के आश्रय से पुनरुत्थानवाद का भी विस्तार हुआ था। मगर इसमें कोई सन्देह नहीं कि संस्कृत परम्परा की अविच्छिन्न धारा से जुड़े हुए भाषाओं के लेखकों ने अपनी स्वकीयता को बरकरार रखते हुए भारतीय साहित्य के वैविध्य को उजागर किया है और इसीलिए भारतीय साहित्य की एकता उसकी विविधता से ही जुड़कर प्रकट होती है। यह बात और भी स्पष्ट हो जाती है जब भारतीय भाषाओं में रचित साहित्य पर संस्कृत के असमान प्रभाव का विश्लेषण करते हुए हमें यह दिखाई पड़ता है कि संस्कृत के मार्गी पक्ष के साथ लोक के देसी पक्ष से प्रभावित एकता और विविधता से जुड़कर भारतीय साहित्य संसार का निर्माण हुआ है और फलस्वरूप कहीं संस्कृत का प्रभाव अधिक है तो कहीं कम। उदाहरण के रूप में बंगला का मंगलकाव्य, तमिल का तल पुराण तथा उड़िया का माहात्म्य संस्कृत की पुराण परम्परा से प्रभावित होने पर भी उनकी कथ्य सामग्री तथा Narrative patterns पर लोक का निभ्रान्त प्रभाव है।

प्राच्यविदों के उस Orientalist perception से भी मुक्त होना ज़रूरी है जहाँ संस्कृत में रचित दर्शन साहित्य और काव्यशास्त्र को एक अखण्ड Monolith रूप में देखा जाता है और इस तरह संस्कृत की वैविध्यमय विचारधारा, अभिव्यक्ति की नाना प्रकार की शैली और अपार काव्यशास्त्रीय विभिन्नता को नकारकर हमारे Rich और Various inheritance के प्रति अन्याय करना होता है।

संस्कृत की Rich साहित्य-परम्परा का विकास एक द्वन्द्वात्मक स्थिति पर आधारित है : यहाँ संवादों की एक अविच्छिन्न धारा प्रवाहित है, अविराम वाद-विवाद का विस्तार है तथा विरोधात्मक स्थितियों के बीच लगातार बातचीत का सिलसिला जारी रहता है–ये ही इस धारा की मूल विशेषताएँ हैं। अगर यहाँ सुसंस्कृत नागर चेतना से जुड़ा हुआ एक कालिदास है तो ग्रामीण सामाजिक चेतना का चितेरा एक योगेश्वर भी है : अगर यहाँ राजाओं और अप्सराओं से सम्बन्धित नाटक 'विक्रमोर्वशीय' है तो साधारण जनता को लेकर लिखा गया

नाटक 'मृच्छकटिक' भी है। रस-ध्वनि का संसार रचने वाला आनन्दवर्धन है तो दूसरी ओर वक्रोक्तिकार कुन्तक भी है; अगर यहाँ लेखक केन्द्रित सिद्धान्त है तो दूसरी ओर अनुमान जैसे पाठक केन्द्रित सिद्धान्त भी उपलब्ध हैं, गौड़ीय, वैदर्भी लाटीय आदि विभिन्न अभिव्यक्ति की शैलियाँ हैं; योग मीमांसा तथा वेदान्त जैसे आस्तिक आदर्शवादी दर्शन की धाराएँ हैं तो बौद्ध, जैन तथा चार्वाक जैसी नास्तिक दार्शनिक प्रणालियाँ भी हैं और न्याय, वैशेषिक, सांख्य जैसी बीच की दार्शनिक धाराएँ भी हैं और फिर इन्हीं के आश्रय से मध्ययुग में नव्यन्याय का प्रसार भी है जिसने प्रमात्र, प्रमेय, प्रमाण तथा प्रमिति का एक ऐसा यूनिवर्सल ऑर्डर दिया जिसकी सहायता से कोई भी दार्शनिक विश्लेषण सम्भव हो पाता है। यहाँ यदि एक ब्राह्मण विश्व दृष्टि है तो दूसरी ओर श्रमण विश्वदृष्टि भी उपलब्ध है। यहाँ यदि 'गीता' महात्मा गाँधी को अहिंसा के रास्ते ले जाती है तो तिलक को सशस्त्र आन्दोलन के लिए प्रेरित करती है। यहाँ का कोई भी तर्क ले लीजिए तो उस तर्क के मुक़ाबले में एक प्रतितर्क भी आपको दिखायी पड़ जायेगा। संस्कृत की इस वैविध्यमय विश्वदृष्टि ने इसके रचना संसार को जीवन्त बना रखा है और भारतीय भाषाओं के साहित्य पर इसके प्रभाव को इतना वैचित्र्यमय और इसीलिए भारतीय साहित्य की एकता संस्कृत से प्रभावित उसकी अनेकत्ववादी विचारधारा और लोक से आयी हुई नाना साहित्यिक परम्पराओं से रची गयी है। भारत की मार्गी-देसी, शास्त्राचार-देशाचार, नाट्यधर्मी-लोकधर्मी साहित्यिक अवधारणाएँ भारतीय परम्परा में निहित निरन्तरता और परिवर्तन की द्वन्द्वात्मकता को प्रकट करती हैं और विविधता और एकता के सह-अस्तित्व को प्रमाणित करती हैं। भारतीय मन सम्पूर्णता में विश्वास करता है। एकता के साथ अनेकता को एक सम्पूर्ण इकाई के रूप में देखना उसके लिए स्वाभाविक है। भारतीय साहित्य की भारतीयता उसके बहुलवाद के सन्दर्भ में ही प्रकट होती है।

आधुनिकतावाद के आधार पर इस तथ्य को और भी अधिक स्पष्ट किया जा सकता है। पश्चिम में आधुनिकता पुराने नियमों, परम्पराओं तथा रूढ़ियों को तोड़कर प्रकट होती है। इस प्रकार से मनुष्य की स्थिति, क्रियाओं और प्रयोगों के प्रति ताज़ा और नये ढंग से देखने को इंगित किया जाता है। भारत में किसी भी वस्तु का बहिष्कार नहीं होता है, यहाँ नये विकल्प तैयार होते हैं जो पुराने के साथ मिलकर विचार और रचनात्मकता के सन्दर्भ में भारत के नैरन्तर्य को प्रदर्शित और हमारी सामाजिक संस्कृति की बहुलवादी दृष्टि का प्रसार करते हैं। इसीलिए भारत की आधुनिकता में पाश्चात्य प्रभाव के रहते हुए भी संस्कृत की निरन्तरता की धारा अविराम प्रवाहित है।

भारत की अधिकतर भाषाओं ने आधुनिककाल में संस्कृत से अपना सम्बन्ध जोड़े रखा है। संस्कृत से शब्दों को उधार में लेना लगातार जारी है और पाठकों के एक वर्ग में संस्कृत शैली का प्रयोग विशेष सम्मान का विषय है। वस्तुतः संस्कृत साहित्य, महाकाव्य, पुराण, जातक, लोक साहित्य, दार्शनिक साहित्य, कला एवं संगीत से प्रभावित भारतीय साहित्यिक परम्परा में एक अटूट नैरन्तर्य दिखाई पड़ता है और साथ ही हमारी आधुनिकता में प्राचीनता की प्राणशक्ति स्पष्ट उभरी हुई प्रकट होती है। आधुनिक भारतीय साहित्य मात्र एक दृश्य नहीं, पेनोरमा है। ऊपर से नीचे तक इसमें बहुत से लैंडस्केप दिखाई देते हैं, मगर इन विभिन्न लैंडस्केपों के रहते हुए भी यानी अनेकता में भी एक सैद्धान्तिक एकता है जो साहित्य में मिथकों, मोटिफ, बिम्बों या प्रतीकों के प्रयोग में प्रतिफलित है जिसका स्रोत संस्कृत की सम्पन्न परम्परा है।

आधुनिक काल के प्रारम्भ में नवजागरण के प्रभावस्वरूप राष्ट्रवाद का जनमानस में जो नया उभार आया था उससे भारतीय साहित्य में आध्यात्मिक परम्परा के साथ जुड़कर पुनरुत्थानवादी दृष्टि और समाज सुधार भावना का प्रसार हुआ। उस समय बहुसंख्यक भारतीय बुद्धिजीवियों के लिए हज़ार वर्षों से संचित संस्कृत का अपार साहित्य हमारा सांस्कृतिक मूलधन था और उसे उस समय भारतीय राष्ट्रीय अस्मिता के Major legitimizing source के रूप में स्वीकारा गया था। उस समय विभिन्न भाषाओं के प्रथम उपन्यासों में राष्ट्रवाद, पुनरुत्थानवाद और सुधारवाद की सारी विशेषताएँ दिखाई पड़ जाती हैं और काव्य की सर्वसामान्यता प्रमाणित होती है। तमिल में सैमुअल वेदनायकम पिल्लई का उपन्यास 'प्रताप मुदलियरचरितम्', तेलुगु में कृष्णम्मा चेट्टी रचित 'श्री रंगराज चरित्र', मलयालम में लिखा गया चन्दु मेनन का 'इन्दुमति', हिन्दी में लाला श्रीनिवास दास का 'परीक्षा गुरु', बंगला में मेरी हैना कैथरिन मुलेनूस का उपन्यास 'फूलमणि और करुणार बिबरण', 'काहिनी' आदि उपन्यासों के कथ्य के आधार पर यह निष्कर्ष निकाला जा सकता है कि लगभग एक ही प्रकार की आवेगात्मक तथा बौद्धिक अनुभूतियों से प्रेरित किसी भी एक भारतीय भाषा का साहित्य अपने आप में एक सम्पूर्ण इकाई नहीं है और इसीलिए एक भाषा के साहित्य के आश्रय से भारतीय साहित्य के अध्ययन के प्रति न्याय नहीं किया जा सकता और न ही लेखकों के प्रति न्याय सम्भव है जो सर्व-सामान्य सांस्कृतिक परिवेश में फलते और विकसित होते हैं। अतः भारतीय साहित्य का अध्ययन एक ऐसे आकार रूप में सम्भव है जो देश की जटिलताओं को समायोजित करता है। इसके कई उदाहरण दिये जा सकते हैं। उपनिषदों के विचार किस प्रकार उत्तर से

दक्षिण की ओर यात्रा करते हैं और फिर शंकर और रामानुजन के द्वारा अद्वैतवाद और विशिष्टाद्वैतवाद में परिवर्तित होकर उत्तर में प्रादुर्भावित होते हैं। इसी प्रकार संस्कृत के स्रोतों से फलीफूली भक्ति दक्षिण से उत्तर की ओर यात्रा करती है और हिन्दी के स्वर्णयुग का निर्माण होता है। कश्मीर का शैवाद्वैत सिद्धान्त तमिल प्रान्त में अपना स्थान बना लेता है। उपनिषदों से प्रभावित रवीन्द्रनाथ ठाकुर द्वारा प्रकृति और मनुष्य में सौन्दर्य की खोज और गीता से प्रभावित महात्मा गाँधी के सत्य और अहिंसा का प्रयोग भारत के कोने-कोने तक अपनी यात्राएँ पूरी करते हैं। जब कृति और कृतिकारों को बृहद् साहित्यिक परम्पराओं से जुड़ा हुआ स्वीकार कर लेते हैं तब उनका भाषिक परिचय दुर्लंघ्य व्यवधान प्रतीत नहीं होता और सर्वसामान्यता के आधार पर सहचरी वर्गों के रूप में उनकी शिनाख्त सम्भव होती है।

आधुनिक भारतीय साहित्य में रवीन्द्रनाथ ठाकुर, जयशंकर प्रसाद, शंकर कुरुप, उमाशंकर जोशी आदि की कविताओं में एक अन्तर्दृष्टिपरक आध्यात्मिकता का स्वर है जो उपनिषदों के 'ईशावास्यमिदम् सर्वम्' से लेकर रवीन्द्र की 'सीमार माझे असीमतुमि' से गुज़रते हुए निराला के स्वर में ध्वनित सुनाई पड़ता है :

उस असीम में ले जाओ।
मुझे न कुछ तुम दे जाओ।।

यहाँ आध्यात्मिकता धर्मपरकता नहीं रहस्यात्मकता है। भारतीय साहित्य का एक बड़ा अंश रहस्यपरक है। यह योग और भोग का मिलन है इसीलिए यह दृष्टि, धर्म, अर्थ, काम, मोक्ष को स्वीकारती है। प्रसिद्ध समाजवैज्ञानिक सुधीर कक्कड़ के अनुसार भारतीय मानस का निर्माण पुरुषार्थ की भारतीय अवधारणा के द्वारा होता है। यह अवधारणा एक ऐसे सामाजिक-सांस्कृतिक वातावरण का प्रसार करती है कि इसमें पलने वाली हरेक भारतीय सन्तान पर कतिपय ऐसे मूल्यों, आदर्शों, आचारवृत्ति की छाप पड़ जाती है जिससे वह अपनी भारतीय अस्मिता को प्रकट कर पाता है। योग और भोग का मिलन अन्ततः साहित्य में एक रहस्यात्मक बिम्बवाद का प्रसार करता है। ऋग्वेद के नासदीय सूक्त से लेकर आधुनिक युग में रवीन्द्रनाथ ठाकुर से सुब्रह्मण्य भारती आदि विभिन्न भारतीय भाषाओं के कवियों में इसका बार-बार प्रयोग दिखायी पड़ता है।

भारतीय साहित्य में वैचारिक धरातल पर तीन आद्यप्रारूपी बिम्बों का प्रयोग हुआ है जिससे उसकी भारतीयता स्पष्ट होती है। इनमें से पहला वेदान्तिक अवधारणा है जिसके अनुसार परमार्थिक सत्ता एकमात्र सत्ता है जिसे प्राकृतिक सत्ता के द्वारा समझा जाता है। ब्रह्म और प्रकृति की इस मायावी दोहरी भावना

को कभी स्रष्टा और सृष्टि, कभी सत्य और ऋत, कभी आत्मा और देह की लीला रूप में प्रकट किया जाता रहा है।

मलयाली कवि शंकर कुरुप का कहना है :

मैंने उसके पैरों में लगे आलता का लाल रंग देखा
मगर मुझे लगा कि उषा शरमायी हुई है।
वह आसमान में अपनी अँगूठी छोड़ गयी।
मगर मुझे लगा नहीं वह तो सूर्य है।।

यह लीला (खेल) आत्मा और प्रकृति के आश्रय से सम्पूर्ण वृत्त को प्रकट करती है। यह लीला तभी समाप्त होगी जब शरीर-आत्मा का मिलन हो जायेगा। इसीलिए निराला कहते हैं :

नवजीवन की प्रबल उमंग
जा रही मैं मिलने के लिए पार कर सीमा
प्रियतम असीम के संग

भारतीय साहित्य का दूसरा आद्यप्रारूप आदर्शवाद का है। यहाँ पत्ते का झरना अंकुर के फूटने से अलग नहीं देखा जाता इसीलिए यहाँ कालिदास के शिशिरवसंतों के द्वारा मृत्युरूप जाड़े के साथ नवजीवन रूप वसन्त को जोड़ दिया जाता है। भारतीय साहित्य में मानवतावादी आद्यप्रारूप भी बहुत ही भव्य और प्रखर है। उपनिषद् की कल्पना है कि मनुष्य स्वयं ईश्वर है : अहं ब्रह्मास्मि। महाभारत में कहा गया है कि दुनिया का सबसे बड़ा रहस्य मनुष्य है। सुमित्रानन्दन पन्त कहते हैं 'मनुष्य ईश्वर'। चण्डीदास का कहना था कि 'सबार ऊपर मानुष सत्य ताहार ऊपर नाइ'। मानव इतना महान है कि सुरगण स्वर्गापवर्ग छोड़कर मनुष्य देह प्राप्त करने के लिए धरा पर उतर आते हैं—केवल उतरते ही नहीं, यहाँ आकर मनुष्य की तरह जीवन बिताकर अपने को धन्य मानते हैं। यहाँ के साहित्य में मनुष्य किस प्रकार देवत्व को प्राप्त कर सकता है उसी की गाथा वर्णित है चाहे वह वाल्मीकि की 'रामायण' हो या शरत्चन्द्र का 'श्रीकान्त' या प्रेमचन्द की 'रंगभूमि'।

यह सर्वभारतीय संवेदना भारतीय साहित्य की विशेषता है जो कतिपय आद्यप्रारूपों मूल्यों, संस्कृति, इतिहास और विचारधाराओं की विरासत है। आधुनिक भारतीय साहित्य भले ही विभिन्न भाषाओं में लिखा जाता हो मगर उनमें एक सर्वभारतीय संवेदना दिखायी पड़ जाती है—ऐसी संवेदना जिसके मूल में संस्कृत के अपार समृद्ध साहित्य का प्रभाव है और विविधताओं के बीच

इसकी एकता को प्रकट करती है जिसे पण्डित जवाहरलाल नेहरू ने A kind of innate affinity between sanskrit and Indian soul कहा है। हमें भूलना नहीं चाहिए कि हमारा आकाश काफ़ी बृहत् है जो हर प्रकार की विविधता को अपने में समेट सकता है और हमारी पृथ्वी इतनी छोटी कि विभिन्न भाषाओं और प्रदेशों के लेखकों की साहित्यिक संवेदनाओं में अन्तर्निहित एकता के बारे में हमें आश्वस्त कर सकती है।

23

नन्ददुलारे वाजपेयी : आधुनिकता का अर्थ भारत के लिए

वाजपेयी जी का जन्म सन् 1906 का है। लिखना सन् 1930 से शुरू किया और 1930 से लेकर 1967 तक के लेखन काल में हिन्दी समीक्षा को वाजपेयी जी ने एक नयी दिशा दी और एक प्रतिष्ठित समीक्षक के रूप में हिन्दी समीक्षा जगत् में अपना स्थान बनाया।

वाजपेयी जी अपने बारे में कहते थे कि मेरी समीक्षा में किसी एक वाद का अधिकार नहीं। मेरे लिए प्रसाद और निराला छायावादी कवि का बाना पहनकर नहीं आते। प्रसाद और निराला के रूप में आते हैं। उनकी दृष्टि भारतीय या राष्ट्रीय थी। देश की मिट्टी से सुवासित साहित्य के वे समर्थक थे।

मगर कोई संकीर्णता नहीं थी। घर से बाहर जाना चाहते हैं जाइए, वहाँ के प्रभाव को लाना चाहते हैं, ले आइए, मगर मुड़ के अपने आँगन को देखना मत भूलिए।

वह राष्ट्रीय थे। यह राष्ट्रीय भावना उन्हें अपने पिता से मिली थी। पिताश्री स्वभाव से आदर्शवादी तथा राष्ट्रवादी विचारधारा को स्वीकार करने वाले व्यक्ति थे।

कदाचित् इसीलिए उनमें एक सशक्त राष्ट्रीय दिग्विन्यास (Nationalist Orientation) दिखायी पड़ता है और हिन्दी की बात करते-करते वे भारतीय साहित्य को एक समूची इकाई के रूप में देखने लगते हैं। कहते हैं कि भारतीय साहित्य हमारी राष्ट्रीय संस्कृति की उपज है, अतएव उस साहित्य के मानदण्ड भी यथासम्भव राष्ट्रीय ही होने चाहिए। उनमें आवश्यकतानुसार परिष्कार और परिवर्तन करते रहना होगा।

तीन मुद्दों पर आचार्य वाजपेयी जी के सन्दर्भ में इस लेख में विचार प्रस्तुत हैं :

– भारतीय साहित्य की एकता का प्रश्न

– भारतीय साहित्य की क्या कोई अविच्छन्न धारा है?

– हमारी आधुनिकता क्या है?

हमारी आधुनिकता की बात करते हुए संक्षेप में छायावाद की चर्चा भी की गयी है क्योंकि समीक्षक वाजपेयी का नाम इसी सन्दर्भ में सर्वाधिक चर्चित हुआ है।

वाजपेयी जी के इस कथन कि "भारतीय साहित्य हमारी राष्ट्रीय संस्कृति की उपज है" के दो महत्त्वपूर्ण अर्थ हैं :

(1) भारतीय साहित्य में एक मूलभूत एकता है।

(2) चूँकि यह हमारी राष्ट्रीय संस्कृति की उपज है अतएव किसी एक भाषा में लिखित साहित्य की खोज करते हुए स्वाभाविक रूप से दूसरी भाषा में लिखित साहित्य की खोज के लिए हमें रास्ता दिखायी पड़ जाता है और इस तरह एक सम्पूर्ण भारत का पता लग पाता है और एक सम्पूर्ण भारतीय साहित्य का।

हिन्दी का भक्तिकाव्य हमें अन्ततः तमिल आलवारों तक पहुँचा देता है और इस तरह क्षेत्र और देश की सम्पूरकता का एहसास कराता है।

ऐसी बात नहीं है कि वाजपेयी जी भारतीय साहित्य के वैभिन्न्य से अपरिचित थे। परन्तु इस वैभिन्न्य के भीतर एक मूलभूत एकता को ढूँढ़ निकालने का वे सफल प्रयास करते रहे। और यह एकता यही स्पष्ट करती है कि विभिन्न क्षेत्रों के बीच आदान-प्रदान की परम्परा लगातार चला करती है। वाजपेयी जी के शब्द हैं :

"हमारे देश में विविधता में एकता लाने की चेष्टा चिरकाल से की गयी है"। यह मॉडल एक अपूर्व मॉडल है। जैसे ही आप इस देश में विविधता को स्वीकार करेंगे वैसे ही आपको एकता दिखाई पड़ेगी। अयप्पा पणिक्कर कहते हैं : "भारतीय साहित्य की पच्चीकारी विविधता में एकता है।" उस समय हिन्दी साहित्य क्षेत्र के तीन मूर्धन्य विद्वान हिन्दी साहित्य को भारतीय साहित्य के साथ जोड़कर देख रहे थे : पण्डित हज़ारी प्रसाद द्विवेदी, आचार्य नन्ददुलारे वाजपेयी तथा डॉ. नगेन्द्र।

डॉ. नगेन्द्र रसवादी थे, इसीलिए वे अपने विवेचन में आत्मत्व को ले आते हैं और कहते हैं कि विभिन्न भाषाओं के साहित्य में जो पार्थक्य है वह आत्मा का नहीं है। साहित्य का मूल तत्त्व अक्षुण्ण रहता है।

आत्मा, मूल तत्त्व, Universal, शाश्वत इन सब अवधारणाओं में एक क्लासिकी दाम्भिकता (Arrogance) है। अफ्रीका के प्रसिद्ध लेखक चिनु एचेबे अपने निबन्ध 'उपनिवेशवादी आलोचना' (Colonialist Criticism) में Universal या शाश्वत तत्त्व को लेकर गहरी चिन्ता व्यक्त करते हैं। कहते हैं कि पश्चिम में यह बात आमतौर से कही जाती है कि पाश्चात्य लोकों की रचनाओं में शाश्वतता अपने आप से (Automatically) मौजूद रहती है और हमारा साहित्य केवल विशिष्ट या Particular होता है। अतएव यूरोपीय साहित्य

से हम मुक़ाबला नहीं कर सकते। यह यूरोपीय एरोगेंस है। डॉ. नगेन्द्र में यह दर्प था। वे आभिजात्यवादी दृष्टि ओढ़े रहते थे। महीन धोती पहनते थे, महीन रेशमी कुर्ता, इतना महीन कि अन्दर का बनियान दिखता था, आँखों पर काला रंगदार चश्मा।

नन्ददुलारे वाजपेयी जी भी रेशमी कुर्ता पहनते थे मगर खादी का। उनके प्रिय शिष्य प्रो. प्रेमशंकर ने इसका उल्लेख किया है। पान के साथ बनारसी ज़र्दे का शौक़ लिखने के लिए जर्मन मों ब्लाँ पेन और प्रथम श्रेणी में यात्रा। उनमें भी एक आभिजात्यवादी दृष्टि थी, मगर उसको वे ओढ़े नहीं रहते थे।

नन्ददुलारे वाजपेयी अपनी आभिजात्यता को प्रसारित कर देते थे।

उनकी कक्षाओं में सर्जनात्मक अध्यापन (Creative Teaching) के साथ छात्र एक अन्तरंग यात्रा करते थे। ये तभी सम्भव होता है जब अध्यापक और छात्रों में एक आन्तरिक सम्बन्ध बन जाता है। ये सम्बन्ध अपने को प्रसारित करने पर ही सम्भव हो पाता है।

डॉ. नगेन्द्र 'जन्मजात समानता' कहकर कतिपय तत्त्वों को महत्त्व देते हैं और उस आधार पर भारतीय साहित्य की एकता की बात करते हुए सत्य को जड़ बना देते हैं।

इसके विपरीत आचार्य नन्ददुलारे वाजपेयी जी स्थायी गुणों की बात करते हैं और इन्हें 'गुणात्मक वैशिष्ट्य' की संज्ञा देते हुए इन गुणों को स्थिर (static) नहीं मानकर गतिशील (dynamic) मानते हैं और इसीलिए 'गुणात्मक वैशिष्ट्य' की व्याख्या करते हुए कहते हैं कि जिस साहित्य में :

1) मानव जीवन का मार्मिक चित्रण है।
2) काव्यशैली की नवीनता है।
3) कलात्मक विशेषता है।

वही गुणात्मक वैशिष्ट्य है। गतिशील गुणों के साथ उसका कोई आत्यन्तिक विरोध नहीं है। यहाँ सत्य जड़ नहीं गतिशील बन जाता है।

पण्डित हज़ारी प्रसाद द्विवेदी इन दोनों से अलग हैं। उनका पहनावा खादी का कुर्ता जिसके बटन खुले या टूटे हुए होते। एक सामान्य मोटी धोती वह भी छोटी। और सदा हास्यमय उत्फुल्ल चेहरा। मानो गाँव का कोई मुखिया हो अथवा एक आम भारतवासी जो केवल अनन्त ज्ञान में विचरण करना पसन्द करता हो।

डॉ. नगेन्द्र या वाजपेयी जी की तरह पण्डित हज़ारी प्रसाद द्विवेदी मात्र मुख्यधारा साहित्य की बात नहीं करते, शास्त्र के साथ या मार्गी के साथ लोक को, देसी को ले आते हैं। हिन्दी को भाषिक (Speech), लिखित (Written),

संस्कृत और प्राकृत से प्रभावित, मौलिकता (Orality) तथा पाठीयता (Textuality) के समाहार के रूप में देखते हैं। वे भारतीय साहित्यिक परम्परा में शास्त्र और लोक को एक ही परम्परा के दो स्तम्भों के रूप में स्वीकारते हैं एक दूसरे के विपरीत नहीं। लोक एक वैकल्पिक (Alternative) परम्परा है, विपरीत (Opposite) परम्परा नहीं। पण्डित द्विवेदी जी इन दोनों को एक-दूसरे सम्पूरक के रूप में स्वीकारते हैं और भारतीय साहित्य को मानव-समाज के सामूहिक चित्र की अभिव्यक्ति के रूप में ग्रहण करते हैं और कहते हैं कि "भारतीय साहित्य भारतीय जनता की स्मरणीय अभिव्यक्तियों का समाहार है।"

साहित्य की यह सत्ता राजनीतिक अनिवार्यता से निर्धारित नहीं हुई है, वरन् समुदाय (Community) की भावना से निर्धारित हुई है। इसी से भारतीय साहित्य में एकता आ पायी है।

सन् 1857 के स्वाधीनता संग्राम की असफलता के बाद भारतीय साहित्य जगत् में मृत्यु की शान्ति विराजमान थी। कोई विद्रोह का स्वर सुनायी नहीं पड़ रहा है। मिर्ज़ा ग़ालिब कसीदे लिख रहे थे। नरमद गुजराती में और ईश्वरचन्द्र गुप्त बंगला में ब्रिटिश साम्राज्य के पुल बाँध रहे थे, भारतेन्दु ने भी कुछ ऐसा ही किया : "पुरन अमी की कटोरिया-सी, चिरजीवी सदा विक्टोरिया रानी"। मगर साथ ही इन सब की रचनाओं में एक ख़ास क़िस्म की द्वैधवृत्ति (Ambivalence) भी है। भारतेन्दु की कविताओं में राष्ट्रीयता के स्वर का अनुगुंजन भी है : 'सर्वस्व लिए जात अंग्रेज़, हम केवल बातन के तेज़'। ग़ालिब उस समय की परिस्थिति की त्रासदी का भी हवाला देते हैं और ईश्वरचन्द्र गुप्त ब्रिटिश साम्राज्य पर व्यंग्य कसते हैं।

साइलेंस इन हिस्ट्री के उस माहौल में लोक कवियों की मौखिक कविताओं ने ब्रिटिश साम्राज्य के विरुद्ध अपने क्रोध का इज़हार किया। इस मौलिक स्वर ने भारतीय कवियों को विद्रोह तथा स्वाधीनता की राष्ट्रवादी कविता लिखने के लिए उत्साहित किया और नन्ददुलारे वाजपेयी जी को यह कहने में काफ़ी सुविधा हुई कि "भारतीय साहित्य की एकता का आदर्श सदैव हमारी राष्ट्रीय एकता के लिए अक्षय प्रेरणास्रोत रहा है और रहना चाहिए।"

भारतीय साहित्य की इस एकता का परिज्ञान, हमारे लेखकों को एक ऐसे क्षेत्र का निर्माण करने के लिए प्रोत्साहित करता है जो नेशन-स्टेट की राजनीतिक अवधारणा से कहीं अधिक स्थायी है, जो भारतीय जनता की आत्मा का हिस्सा है। महाभारत के भीष्म पर्व में इस सांस्कृतिक तथा भौगोलिक क्षेत्र, सप्तद्वीप भारत देश का उल्लेख है। 14वीं शती में अमीर खुसरो ने नौ आसमानों का

उल्लेख किया है जिसमें सातवाँ आसमान नहसिफिर भारत देश है। 16वीं शती में असमिया के शंकर देव एक समेकित सांस्कृतिक क्षेत्र का उल्लेख करते हैं। भौगोलिक दृष्टि से परिवर्तनों के बावजूद यह समेकित सांस्कृतिक क्षेत्र का पूर्ण अस्तित्व बना हुआ है। उदाहरण के रूप में अशोक का भारत, अकबर का भारत, ब्रिटिश इंडिया तथा वर्तमान भारत का भौगोलिक रूप एक नहीं है फिर भी यह समेकित सांस्कृतिक क्षेत्र बरकरार है।

भारतीय साहित्य भारतीय जनता की स्मरणीय अभिव्यक्तियों का समाहार है। यह सत्ता जैसा कि कहा गया है कि राजनीतिक अनिवार्यता से निर्धारित नहीं हुई वरन् समुदाय (Communality) की भावना से निर्धारित हुई है जो भावना सदियों से हमारे भीतर मौजूद है। समुदाय की इस भावना से प्राप्त शक्ति भारतीय जनता और उसके क्रियाकलापों को समायोजित (unify) करती है और इसीलिए भारतीय साहित्य में लोक और शास्त्र दोनों एक-दूसरे से अन्योन्याश्रित रूप से सम्बद्ध दिखायी पड़ते हैं। परिणामतः यहाँ शास्त्र का अनुशासन, आदर्श की अभिव्यक्ति और लोक की चुनौती और लोक से प्रेरित त्रासदी की अभिव्यक्ति सब इकट्ठे दिखायी पड़ती है। समुदाय की यह भावना न तो उपनिवेशवाद की प्रतिक्रिया है न ही राष्ट्रीय आन्दोलन का परिणाम। यह एक सर्वकालिक यथार्थ है। समुदाय की भावना से प्रेरित साहित्य के लिए यहाँ 'साहित्य' शब्द का प्रयोग किया जाता है जिसका अर्थ है, मानव मनों का मिलन (Meeting of minds)। मन का मिलन प्रेम, सौहार्द, समझदारी का प्रसार करता है, समुदाय की भावना का प्रसार करता है।

भारतीय साहित्य का विचार भारत की बहुभाषिकता का स्वाभाविक परिणाम है। भारतीय साहित्य की एकता भाषागत एकता नहीं, विचारों और भावनाओं की एकता है। भारतीय साहित्य की वाईब्रेंट भारतीयता का पता उसके बहुलवादी सन्दर्भ में ही लगता है। इस सम्बन्ध में प्रोफ़ेसर यू.आर. अनन्तमूर्ति का वक्तव्य बहुत ही महत्त्वपूर्ण है :

If we take the popular slogan, unity in diversity one will understand that with overstressing diversity, one begins to see the unity. And if one insists on looking for unity in India, then what one sees is diversity.

विविधता का यह मॉडल जो एकता की ओर हमें ले आता है भारत के लिए एक अनन्य मॉडल है और यह एकता जैसा कि कहा गया है भाषिक नहीं, वैचारिक है। उदाहरणतया, अशोक के शिलालेख। कई बोलियों में उपलब्ध हैं परन्तु उनमें एक ही बौद्ध धर्म के आदर्श विचारों की अभिव्यक्ति हुई है।

कालिदास के नाटक 'शकुन्तला' में संस्कृत के अतिरिक्त शौरसैनी, महाराष्ट्री तथा मागधी प्राकृत का प्रयोग हुआ है परन्तु एक ही वैचारिक दर्शन की अभिव्यक्ति हुई है कि मनुष्य के लिए किस प्रकार सांसारिकता से आध्यात्मिकता की यात्रा सम्भव हो पाती है। विद्यापति ने अपने काव्यगत विचार अवहट्ठ, संस्कृत और मैथिली में प्रस्तुत किये हैं और 'गुरुग्रन्थ साहब' एक बहुभाषिक कृति है जिसमें एकसत् की अभिव्यक्ति हुई है। प्रेमचन्द ने हिन्दी-उर्दू में लिखते हुए यथार्थोन्मुख आदर्शवाद की अभिव्यक्ति हुई है। विभिन्न भाषाओं के आश्रय से एक साहित्यिक संसार की रचना हुई है। हर प्रकार की विविधता, भाषिक और गैर-भाषिक के बावजूद पिछले एक हज़ार वर्षों में रूपकों, बिम्बों, मिथकों, अनुश्रुतियों, परिपाटियों, नियमों के एक जैसे निकाय का विस्तार हुआ है और परिणामतः विभिन्न भाषाओं के साहित्य का एक दिशा से दूसरी दिशा में अभिसरण सम्भव हो पाया है जैसे कि एक परिवार की भाषाओं का होता है।

(2) भारतीय साहित्य की एकता के विचार के साथ भारतीय साहित्य की अविच्छिन्न धारा या निरन्तरता की भी बात जुड़ी है। पीछे कहे गये वाजपेयी जी के एक उदाहरण को मैं दुबारा दोहराना चाहूँगा :

"भारतीय साहित्य हमारी राष्ट्रीय संस्कृति की उपज है, अतएव उस साहित्य के मानदण्ड भी यथासम्भव राष्ट्रीय ही होने चाहिए। उनमें आवश्यकतानुसार परिष्कार और परिवर्धन करते रहना होगा।"

इसी के साथ और एक उदाहरण को उद्धृत करना ज़रूरी है : "हम अपने राष्ट्र को उसके वर्तमान संक्रान्ति काल में प्राचीन और नवीन के एक समन्वित सम्बन्ध सूत्र से वंचित नहीं रखना चाहते।"

यानी भारतीय साहित्य की एक अविच्छिन्न धारा है जो प्राचीन और नवीन का गठबन्धन है। यानी एक निरन्तरता (Continuity) है मगर उसमें परिष्कार और परिवर्धन की हमेशा गुंजाइश रहती है अर्थात् उसमें नवीन के समावेश की सम्भावनाएँ बनी रहती हैं।

भारतीय सन्दर्भ में कोई भी बड़ी कृति परम्परा (Tradition) और साम्प्रतिक यथार्थ (The present now) की अभिव्यक्ति होती है।

इसको प्रसिद्ध कला आलोचक, निहार रंजन राय की कुल और शील की अवधारणा के आश्रय से समझा जा सकता है। कुल का अर्थ है परम्परा, आनुवंश्य, उत्तराधिकार (tradition, heredity, inheritance) और शील का अर्थ है आदमी का अस्तित्व, उसके व्यक्तित्व और व्यवहार (Making of man demeanour and personality)।

शील या आदमी का व्यक्तित्व कुल की सहायता से प्रकाशित होता है परन्तु अपने विकास में मनुष्य कुल में से उन तत्त्वों को निकाल फेंकता है जिनकी कोई आवश्यकता नहीं और ऐसे तत्त्व जोड़ देता है जिनको वह ज़रूरी मानता है।

इस तरह हमारी परम्परा एवं संस्कृति हमेशा गतिशाल बनी रहती है और हमें नैरन्तर्य का एहसास कराती है।

यही गाँधीजी का स्वदेशी और स्वराज है। स्वदेशी परम्परा का संकेत है और स्वराज चिन्तन के नये रूप खोलता है। स्वराज केवल स्वाधीनता नहीं, स्वाधीन चिन्तन का प्रसार भी है।

आचार्य वाजपेयी इस सांस्कृतिक नैरन्तर्य या साहित्य की अविच्छिन्न धारा के बहुत ही गहरे पक्षधर रहे हैं।

उनकी कुछ पंक्तियाँ उद्धृत हैं :

"वेद और उपनिषद् से लेकर बुद्ध और गाँधी तक भारतीय चिन्तन और जीवन-दर्शन अपनी ऊर्जा से विकसित और पुष्पित होता रहा है।" आगे चलकर और कहते हैं :

"इस सबको अपनी आत्मा में स्थान देकर अपना स्वतन्त्र चिन्तन से कुछ निर्माण करके ही हम बुद्धिवाही निर्माता और भारतीय लेखक होने का दावा कर सकते हैं।"

तथा "इस प्रक्रिया के द्वारा प्राप्य आधुनिकता ही हमारे जीवन और साहित्य का वास्तविक संस्कार कर उसे सच्चे अर्थों में राष्ट्रीय कहलाने का गौरव प्रदान कर सकती है।"

ध्यान दीजिए इसमें आचार्य जी ने तीन बातें कही हैं :

(1) भारतीय चिन्तन परम्परा की एक अविच्छिन्न धारा है।
(2) लेखक का अपना स्वतन्त्र चिन्तन का उसमें समावेश है।
(3) परम्परा और स्वतन्त्र चिन्तन का सहयोग ही बौद्धिकता है और वही भारतीय लेखक की पहचान है।

18वीं शती से ही विदेशी प्राच्यविदों ने पूर्वदेशीय अवगम (Orientalist perceptions) की सहायता से प्राचीन परम्परा और मध्ययुगीन सांस्कृतिक परम्परा तथा भारत के आधुनिक युग के बीच एक विभेदक रेखा को खींचने की पहल की थी जिससे कि भारत के मध्य युग को यूरोपीय मध्य युग की तरह अन्धकारमय प्रमाणित किया जा सके और विशेषतः पश्चिमी ज्ञान-विज्ञान को भारतीय आधुनिक युग के निर्माण का अग्रदूत प्रमाणित किया जा सके।

सर विलियम जोन्स ने 1786 में कलकत्ते में स्थित एशियाटिक सोसायटी में अपने 'डिस्कोर्स' में यह घोषित किया था कि भारतीय इतिहास की तलाश करते हुए He would go to remote antiquity but restrict his researches downwards only upto the 11th century.

जोन्स के बाद लगभग सभी प्राच्यविदों ने इस तथाकथित ऐतिहासिक अन्तर को मानते हुए प्राचीन, मध्ययुगीन तथा आधुनिक परम्परा में विभेदक रेखा खींचते हुए साहित्य और संस्कृत की एकल ऐतिहासिक निरन्तरता (Single Historic continuity) को अस्वीकार किया है और बड़ी चालाकी से मध्ययुग को प्री-ब्रिटिश इंडिया पदनाम देकर उसे अन्धकारमय प्रमाणित करते हुए ब्रिटिश इंडिया के गौरव को प्रकट करने का प्रयत्न किया है अर्थात् भारत का आधुनिक युग ब्रिटिश इंडिया की देन है।

इन प्राच्यविदों की सहायता से प्राच्यवाद (Orientalism) के नाम से एक ऐसा अनुशासन तैयार किया गया जो 'कभी समय थे' का अध्ययन करते हुए उसके ऐतिहासिक प्रवाह के कुछ हिस्से को बर्फ़ जैसा ठोस फ्रीज़ कर देता है।

'समकालीन प्राच्य' को नकारकर, 'प्राचीन प्राच्य' को वरीयता देने के पीछे यही कारण है।

इस तरह, कहा जाता है कि भारत का अतीत बहुत ही गौरवमय है, परन्तु उसका कोई वर्तमान नहीं है; अगर भारत अपना वर्तमान बनाना चाहता है तो उसको पश्चिम के पास जाना होगा और इस तरह पश्चिमीकरण ही आधुनिकीकरण है की अवधारणा की सृष्टि के पीछे यही रहस्य है।

इसी तरह उपनिवेशवादी युग में इतिहास का दमन या विपर्यय किया जाता रहा है।

(3) आचार्य वाजपेयी जी ने पश्चिम की सहायता से भारतीय आधुनिकता के निर्माण की योजना का सर्वाधिक विरोध किया था। 'राष्ट्रीय साहित्य' नामक निबन्ध सन् 1965 में लिखा था।

"आज हिन्दी के कुछ साहित्यकार आधुनिकता के पुजारी बन गये हैं। इस शब्द का आशय समझने के लिए वे पश्चिमी विद्वानों के द्वारा किये गये विवेचनों को पढ़ते हैं। अपनी जड़ें पश्चिम में जमाकर उसके फल वे भारत को देने के अभिलाषी हैं"।

"वे यह सोचने का प्रयास नहीं करते कि आधुनिकता शब्द का भारत के लिए अपना अर्थ भी हो सकता है और वस्तुतः यही उसकी आत्मा का वास्तविक परिचय भी होगा।"

आचार्य वाजपेयी जी की खोज भारत की आधुनिकता की खोज थी। दरअसल उस समय के राष्ट्रवादी सभी लेखकों की यह खोज थी।

आपका जो यथार्थ है, रियलिटी है उसके आधार पर आधुनिकता की खोज हो सकती है। वाजपेयी जी, इस 'जीवन सम्पर्क' के साथ सबल और 'रचनात्मक जीवन' के जुड़ने से ही श्रेष्ठ काव्य की रचना होती है।

मगर वाजपेयी जी को इसका गिला है कि आधुनिकता का अर्थ पश्चिम की नवीन जीवन दृष्टियों, विचारधाराओं और रचना शैली से लिया जाता है और अन्ततः हम अन्तरराष्ट्रीय भूमियों में जाकर भटक जाते हैं।

कोई भी विचारधारा न तो शाश्वत विचारधारा होती है और न ही आसमान से टपकती है। उसकी उत्पत्ति और विकास एक निश्चित सामाजिक-सांस्कृतिक सन्दर्भ में होता है इसीलिए विदेश की आधुनिकता हमारे यथार्थ की जीवन दृष्टि को सही ढंग से व्याख्यायित नहीं कर पाती।

(4) **आप सोचिए, एक नवयुवक नन्ददुलारे वाजपेयी ने अपनी पहली पुस्तक 'हिन्दी साहित्य : बीसवीं शताब्दी' में साहस भर के आचार्य रामचन्द्र शुक्ल का विरोध किया और कहा कि छायावाद, या हिन्दी की स्वच्छन्द भावधारा फैंटसमेटा (Fantasmeta) नहीं है, ईसाई प्रतीकवाद नहीं है। वह क्रोचे के अभिव्यंजनावाद से प्रभावित भी नहीं, मात्र अभिव्यंजना की नूतन पद्धति भी नहीं। रवीन्द्र की नक़ल भी नहीं।**

(1) ये कवि राष्ट्रीय स्वातन्त्र्य के हिमायती कवि हैं;
(2) प्रजातन्त्र के हिमायती कवि हैं;
(3) मानव के अन्तर्निहित उत्कर्ष के हिमायती कवि हैं।

अगर हम इसे स्वीकार कर लें तो यह कहना पड़ेगा कि छायावाद व्यक्तिवादी पश्चिमी रोमांटिसिज़्म से अलग है। भारतीय स्वच्छन्दतावाद, कन्नड़ का गेलियार गपु या ओड़िया का सबुज या मराठी का रविकिरण मण्डल या हिन्दी का छायावाद क्यों न हो इसके पीछे प्रभाव श्री अरविन्द की दिव्यता की खोज रहा है, रवीन्द्र भी प्रकृति और मनुष्य में सौन्दर्य को खोज रहा है तथा गाँधी के सत्य और अहिंसा के साथ प्रयोग कर रहा है और साथ ही उस पर भारतीय समाज और राजनीति का क्रियात्मक दबाव भी रहा है।

भारतीय स्वछन्दतावाद भारतीय मानसिकता का हिस्सा है जिसको वेदों से लेकर आज तक की कविता में ट्रेस किया जा सकता है।

यह पश्चिमी रोमांटिज़्म की नक़ल नहीं, हालाँकि तुलनात्मक साहित्य की दृष्टि से वाजपेयी जी के अनुसार प्रसाद, पन्त, निराला, महादेवी की तुलना वर्ड्सवर्थ,

शैली, कीट्स और ब्लैक से की जा सकती है, उनमें अन्तर और समानता की परख के लिए। मिसाल के तौर पर वाजपेयी जी कहते हैं कि महादेवी सान्ध्यतारा हैं और ब्लैक भोर का नक्षत्र।

भारतीय स्वच्छन्दतावाद एक विशेष मानसिकता और अनुभूति की स्वतः प्रवर्तन अभिव्यक्ति है। वाजपेयी जी कहते हैं कि "भारतीय स्वच्छन्दतावाद का मुख्य सम्बन्ध मानवीय जीवन की अनुभूति से है।"

भारतीय स्वच्छन्दतावादी कवि पश्चिम के रोमांटिक कवि नहीं जो ईसाई धर्म से सम्बन्धित पवित्रता के बन्धन को तोड़कर यूनानीवाद की उन्मुक्त स्वच्छन्दता को अपनाना चाहते थे।

(5) **भारतीय रोमांटिक कवियों में अध्यात्म-तत्त्व की झलक दिखायी पड़ती है और इस तरह वे प्रकृति और मनुष्य को एक अद्वैत इकाई के रूप में स्वीकार करते हैं।**

रवीन्द्र ने इसे बहुत ही सुन्दर ढंग से स्पष्ट किया है। कहते हैं :

मनुष्य और प्रकृति के एकक रूप में ही विश्व का वैचित्र्य (Multifariousness) झलकता है। रवीन्द्र फिर कहते हैं कि अकेला आदमी अर्थहीन है क्योंकि उसमें कोई एकता (Unity) नहीं है।

एक का जब अनेक से तादात्म्य होता है तभी Unity दिखाई पड़ती है और इसीलिए प्रकृति मनुष्य जीवन में एक बहुत बड़ी भूमिका अदा करती है।

भारतीय रोमांटिसिज़्म प्रकृति में स्व की खोज है अथवा परम के साथ तादात्म्य है। इसके विपरीत पश्चिमी रोमांटिसिज़्म व्यक्तिवाद की प्रतिष्ठा है जहाँ प्रकृति एक सन्दर्भ सूत्र है जिसकी सहायता से व्यक्ति अपनी अस्मिता को स्व को परिभाषित करता है।

भारतीय स्वच्छन्दतावादी कवियों के लिए स्व हमेशा स्व-सन्दर्भित (Self-referential) है, जहाँ प्रकृति अथवा चरम सत्य के साथ एकीकृत रूप में विद्यमान रहता है।

वाजपेयी जी कहते हैं कि प्रसाद और निराला में 'प्राकृतिक और ज्ञानजन्य मानव ऐक्य का निर्देश' है।

ज्ञानजन्य ऐक्य अर्थात्, छायावाद केवल आवेग का खेल नहीं है, केवल भावावेग का खेल नहीं है, इसके पीछे ज्ञान, तर्क, बुद्धि सबका आधार है।

यह गहरी बात विशेषकर छायावाद के बारे में इस तरह और किसी ने नहीं की है। कहते हैं :

"हिन्दी साहित्य में जो 'कला आन्दोलन' छायावाद के नाम से प्रसिद्ध है, वह उतने बड़े पैमाने पर न सही, किसी हद तक यूरोप के रेनेसाँ या पुनरुत्थान आन्दोलन से समानता रखता है।" (प्रेमशंकर : 66)

रेनेसाँ के दो महत्त्वपूर्ण वैचारिक रहे हैं : बुद्धिसम्पन्नता (Rationality) तथा मानवतावाद (Humanism)।

स्वच्छन्दतावाद के साथ तर्कबुद्धि को जोड़ना अपने आप में गहरा अर्थ रखता है यह मात्र कला-आन्दोलन नहीं है, तर्कबुद्धि सम्पन्न एक ऐसा आन्दोलन था जो :

(1) एक संघटित जातीयता के निर्माण का उद्देश्य लेकर आया था।

(2) एक अन्तर्यामी मानव सूत्र के अनुसन्धान में जुड़ना चाहता था और

(3) जो अन्तरराष्ट्रीय मानवता का अंग बनकर शोभा पाना चाहता था।

वाजपेयी जी आगे चलकर कहते हैं, "इसकी सम्मिलन और सामंजस्य की भावना भारतीय संस्कृति की चिरदिन की विशेषता रही है।"

अन्त में आधुनिकता की बात पर फिर आ जाते हैं। पीछे की बात दोहराते हुए कहूँगा कि आज का जो यथार्थ (Reality) है, 'जीवन सम्पर्क' वही आधुनिकता है।

इसमें विधायिका 'जीवन दृष्टि' के जुड़ने से ही सबल काव्य रचना सम्भव होती है अर्थात् 'गतिशील गुणों' के साथ 'गुणात्मक वैशिष्ट्य' का जुड़ना ज़रूरी है। वाजपेयी जी कहते हैं कि इसकी जड़ें हमारे राष्ट्रीय परिवेश में रहती हैं।

"आधुनिकता वस्तु है परन्तु हम हमारी आधुनिकता के प्रयासी हैं, न कि पश्चिमी अनुकृति के।"

टैगोर ने इससे पहले बिल्कुल यही बात कही थी कि वास्तविक आधुनिकता मन की स्वाधीनता है, आस्वाद की ग़ुलामी नहीं (Not slavery of taste), यह चिन्तन और क्रिया की स्वाधीनता है, यूरोपीय स्कूल मास्टरों की अभिभावकता में जीना नहीं।

गाँधी जी ने उस समय जब पश्चिम के आधिपत्य (Hegemony) पर प्रश्न उठाने का कोई अधिकार ही किसी को नहीं था, कहा था :

My resistance to Western civilization is really a resistance of its indiscriminate and thoughtless imitation based on the assumption that Asiatics are fit only to copy everything that comes from the West.

पश्चिम में आधुनिकता को लेकर एक अहंमन्यता की भावना जुड़ी हुई है। जो मॉडर्न है, वह श्रेष्ठ (superior) है, क्योंकि उसके पास वैज्ञानिक ज्ञान (Scientific knowledge) है। हिटलर के जर्मनी के पास भी प्रौद्योगिक (Technological)

तथा वैज्ञानिक (Scientific) ज्ञान का अपार भण्डार था, मगर क्या उनको हम मॉडर्न कह सकते हैं? उनके व्यवहार में असमय मध्ययुगीन बर्बरता और संवेदनशून्यता का चरम दिखायी पड़ता है।

और फिर आज के सन्दर्भ में साम्प्रदायिक दंगों को ख़त्म करने और विभिन्न धर्मों के अनुयायियों के बीच सौहार्द और भाईचारे के भाव की स्थापना के लिए यदि सम्राट अकबर के शब्दों या सन्त कबीर अथवा गुरुनानक की रचनाओं का उदाहरण दिया जाता हो तो क्या इसका तात्पर्य यह लिया जायेगा कि ये सब आधुनिक हैं अथवा इनको भारतीय चिन्तनधारा की निरन्तरता के अंश के रूप में स्वीकार किया जायेगा?

पश्चिमी परिभाषाओं के अनुसार प्रतिष्ठित नियमों, परम्पराओं तथा परिपाटियों से नाता तोड़ना आधुनिकता है और इस विषय में मनुष्य के स्थान और कार्य को एक नयी दृष्टि से देखना है और कुछ स्थितियों में रूप तथा शैली को लेकर अभूतपूर्व प्रयोग करना है।

हमारी आधुनिकता किसी को बहिष्कृत नहीं करती, प्रत्येक नयी दृष्टि और विचार को विकल्प के रूप में स्वीकारती है और इस तरह सारे विकल्प विचारों की निरन्तरता तथा सृजनात्मकता के अंग बन जाते हैं। पश्चिम स्थानापन्नता के आधार पर विकसित होता है। नये विचार पुराने की जगह लेते हैं मगर पुराने बने रहते हैं। हमारी चिन्तनधारा शब्द-केन्द्रित (Logo-centric) नहीं, अनन्य नहीं, प्रतीकात्मक तथा सर्वग्राही है इसीलिए भारत नाना विचारधाराओं, धर्मों, संस्कृतियों का समाहार है।

भारत में आधुनिकता एक क्रिया-व्यापार (Phenomenon) या मूल्य के रूप में अतीत और भविष्य के सन्दर्भों से कटा नहीं है। वह अपने में पारम्परिक मूल्यों को और नवीनता को समेटे हुए है और नैरन्तर्य के आधार पर इसका स्वरूप स्पष्ट हो पाता है। उसके समझने के लिए भीमसेन जोशी या कुमार गन्धर्व के उदाहरण दिये जा सकते हैं। यह गायक अपने गायन में चाहे कितनी भी नवीनता क्यों न लायें इन्हें कभी भी आधुनिक जैज़ या रॉक गायकों की तरह मॉडर्न नहीं कहा जा सकता।

मगर व्यावहारिक दृष्टि से भारतीय परिस्थिति में जो कुछ भी पश्चिमी है आधुनिक है और पश्चिमीकरण आधुनिकीकरण है।

इसमें कोई शक नहीं कि विचार, चिन्तन, मनन, प्रणाली, प्रक्रिया का जो विस्तृत निकाय हमारे वर्तमान तथा हाल ही के समय से सम्बद्ध है उसकी उत्पत्ति पश्चिम में हुई मगर फिर भी हमारे आधुनिक बनने की प्रक्रिया में भीतर-ही-भीतर

ऐसा कुछ घट रहा था कि पश्चिमी आधुनिकता को ग्रहण करने के बाद भी उसके मूल्य और फलाफल के सम्बन्ध में हम संशय में थे और लगातार अपनी आधुनिकता को परिभाषित करने की कोशिश में जुटे हुए थे।

आचार्य नन्ददुलारे वाजपेयी, रवीन्द्रनाथ टैगोर और दूसरे विद्वान भारत में एक ऐसी आधुनिकता की खोज कर रहे थे जिसमें जड़ों का उतना ही महत्त्व है जितना कि अपने पंख फैलाकर दूरदराज देशों तक पहुँचना तथा उनकी विचारधाराओं के साथ सम्बन्ध स्थापित करना। जड़ों और पंखों को लेकर ही हमारी आधुनिकता का निर्माण हुआ है। यह रवीन्द्र के द्वारा पूर्व और पश्चिम का मात्र सामंजस्य नहीं, श्री अरविन्द का सिलेक्टिव माडर्निज़्म नहीं। यह पाश्चात्य आधुनिकता की सहायता से विविधतायुक्त भारतीय सांस्कृतिक परम्परा का अन्तर्वेशन (interpenetration) कर नयी संरचना की सृष्टि करने का अवसर देना है और इस तरह आज की तेज़ी से बदलती हुई दुनिया में हमारी आधुनिकता को परिभाषित करना है और जड़ों और पंख दोनों के महत्त्व को स्वीकारना है। आचार्य वाजपेयी जी इसी की पुष्टि करते हुए कहते हैं :

"हम जिस आधुनिकता को भारतीय वातावरण में देखने के प्रयासी हैं, वह आधुनिकता विश्वसनीय है परन्तु उसकी जड़ें और बुनियाद हमारे राष्ट्रीय परिवेश की रहनी चाहिए।" यही हमारी आधुनिकता की व्याख्या है।

24

स्वतन्त्रता पूर्व भारत में महिला लेखन एवं श्रीमती महादेवी वर्मा का साहित्य

स्वतन्त्रतापूर्व से तात्पर्य है आधुनिक युग की शुरुआत से अर्थात् सन् 1800 से भारत में महिला लेखन और उसकी पट भूमिका में महादेवी वर्मा के साहित्य का अध्ययन।

पूर्व-ब्रिटिश भारत में महिला लेखक दुर्लभ हैं। मध्ययुग में कतिपय महिला लेखक-कवि विशेष प्रसिद्ध थीं : आंडाल, अम्मइयार तमिल में, ललद्यद कश्मीरी में, अक्क महादेवी कन्नड़ में, मीराबाई राजस्थानी हिन्दी में, उड़िया में माधवी दासी, असमिया में पद्म प्रिया तथा बांग्ला में चन्द्रावती।

ये लोग अपवाद हैं। अपने समय में सामाजिक दृष्टि से उनका कोई आदर सत्कार नहीं था और ऐसा कोई प्रमाण नहीं कि उन्हें Social patronage प्राप्त था। परन्तु इसके विपरीत नर्सरी राइम, व्रत कथा, परी कथाएँ, उत्सव गीत और श्रमप्रधान गीतों का एक विस्तृत संग्रह अगर सम्पूर्ण रूप से नहीं तो अंशतः उस समय की महिलाओं के द्वारा रचा गया था।

इस तरह के गीतों का आनन्द समाज के सभी लोग लेते रहे परन्तु इनका संरक्षण महिलाओं के द्वारा ही किया जाता रहा। ये सारी मध्ययुगीन महिला लेखिकाएँ किसी-न-किसी धार्मिक सम्प्रदाय से जुड़ी थीं।

उस वक़्त यदि कोई महिला धार्मिक सम्प्रदाययुक्त नहीं होती या साध्वी रूप नहीं होती तो कदाचित् कविरूप में समाज में स्वीकृति नहीं मिल पाती।

ऐसा कोई साक्ष्य हमारे पास नहीं है कि इन महिला लेखिकाओं का स्वाभाविक पारिवारिक जीवन था।

'मेरे तो गिरधर गोपाल दूसरो न कोई' जैसे तीव्र भावपूर्ण अभिव्यक्ति किसी मानवीय पुरुष के लिए करना उस समय की सामाजिक परिस्थिति में एकदम असम्भव ही था।

कई स्त्रियाँ जो भिक्षुणी अथवा गणिका नहीं थीं उनके लिए काव्य रचना लगभग असम्भव थी। प्रतिभामयी स्त्रियों को कविता लिखने से अनुत्साहित किया जाता था।

उन्नीसवीं शती के मध्य भाग तक इस स्थिति में लगभग कोई अन्तर नहीं आया।

सन् 1810 में प्रकाशित 'तस्किरा-ए-हिन्दी' में शेख़ गुलाम हमदानी मुसहफ़ी पाँच महिला कवियों का उल्लेख करते हैं। सन् 1864 तक इस संख्या में निश्चय ही इज़ाफ़ा हुआ जैसे कि 'बहरिस्तान-ए-नाज़' के हवाले से फसीउद्दीन रंज ने कहा था।

मगर इनमें से कोई भी महिला प्रतिष्ठित नहीं हो पायी। शायद इनमें प्रतिभा का अभाव अथवा इनके प्रति पूर्वाग्रह था। मगर हमारे पास कोई स्पष्ट साक्ष्य नहीं है कि यथार्थ स्थिति क्या थी। हाँ महिलाओं के प्रति पक्षपात तो था ही और यह सिलसिला काफ़ी समय तक चलता रहा।

सन् 1800 से भारत की विभिन्न भाषाओं में जो नया साहित्य उभर रहा था वह पुरुषों तक ही सीमित था, उसका पाठकवर्ग पुरुषों का था। परन्तु स्त्री शिक्षा के प्रसार के साथ-साथ पाठकवर्ग में महिलाओं का भी योगदान शुरू हुआ।

ईसाई मिशनरियों ने 1810 में कलकत्ते से स्त्री शिक्षा का प्रारम्भ किया।

19वीं सदी के मध्य तक बंगाल, ख़ासतौर से कलकत्ता में स्त्रियों की शिक्षा का मुद्दा उदार ब्राह्मणों और प्रगतिशील लोगों के लिए आन्दोलन का विषय बन गया।

मिशनरी स्कूलों द्वारा ईसाइयत फैलाने के ख़तरे से डरकर बंगाल में हिन्दू एवं ब्राह्मण कन्या पाठशालाएँ खोली गयीं।

19वीं सदी की शुरूआत में जहाँ मिशनरी स्कूलों में अधिकांश लड़कियाँ ग़रीब परिवारों की थीं वहीं इन नये खुले स्कूलों में ऊँची जातियों की लड़कियाँ पढ़ने गयीं।

इंडो-इंग्लिश लेखक हरचन्द्र दत्त ने लिखा :

> Let us encourage the plan of training up female teachers who shall knock at every door with the food for the soul.

हमें स्त्री शिक्षा की अध्यापिकाएँ हर घर में आत्मा का खाना लेकर दस्तक दे सकें। वस्तुतः यह 19वीं शती का भारतीय पुनर्जागरण था जिसके फलस्वरूप स्त्री

शिक्षा के प्रति एक नयी सचेतनता दिखायी दी। भारतीय पुनर्जागरण के तीन तत्त्व थे : राष्ट्रवाद, सुधारवाद तथा पुनरुत्थानवाद। सुधारवाद के तहत स्त्री शिक्षा का प्रचार और स्त्रियों के द्वारा साहित्य रचना के प्रति एक नया रुझान दिखायी दिया।

पुणे में ज्योतिराव फुले (ज्योतिबा) ने तीन कन्या पाठशालाएँ 1852 तक शुरू कीं और अछूतों के लिए स्कूल खोला। हैना कैथरीन मुलेन्स ने 1852 में बंगला के पहले उपन्यास 'फुलमनी ओ करुणार बिबरण' की रचना की। इस उपन्यास का प्राथमिक लक्ष्य स्त्रियों में सुधार लाना था। A moral and educative novel, a part of the Christian propaganda moralistic to the core.

पण्डिता रमाबाई का स्त्री-शिक्षा के प्रसार में महत्त्वपूर्ण योगदान रहा। रमाबाई ने ब्राह्मण पिता की मृत्यु के बाद एक उपदेशक के रूप में जीवन शुरू किया। कलकत्ते के पण्डितों को उनके विचारों की स्पष्टता एवं वाक्पटुता ने आश्चर्यचकित कर दिया। विवाह बिपिन बिहारी मेधावी (शूद्र) से हुआ मगर 1882 में उनकी मृत्यु हो गयी।

मेडिकल में स्त्री की भर्ती का आन्दोलन किया। 1882 में ईसाई धर्म ग्रहण किया। रमाबाई पहली महिला प्रचारिका थीं जिन्हें महिलाओं की हितैषी होने एवं उनके पक्ष पोषण के लिए प्रसिद्धि मिली परन्तु सुधार आन्दोलनों के अन्दर उन्हें पूरी तरह स्वीकार नहीं किया गया। यही कारण था कि वे धर्म परिवर्तन कर ईसाई बन गयीं।

19वीं शती के आख़िर तक समाज सुधार आन्दोलनों का असर दिखाई देने लगा।

सार्वजनिक जीवन में विद्रोही स्त्रियों की संख्या में उल्लेखनीय वृद्धि हुई। इनमें बंगाल की निरुपमा देवी (1883-1951) एवं अनुरूपा देवी (1882-1958) विधवा थीं। दोनों रूढ़िवादी ब्राह्मण परिवार की थीं। दोनों ने पारम्परिक हिन्दू मूल्यों का समर्थन किया, विशेष रूप से वैवाहिक तथा वैधव्य जीवनों से सम्बद्ध मानदण्डों का समर्थन किया। निरुपमा देवी एवं अनुरूपा देवी जैसी लब्धप्रतिष्ठ उपन्यास लेखिकाओं का उदाहरण बंगाली साहित्य में दिया जाने लगा।

दूसरी ओर अंग्रेज़ी शिक्षा प्राप्त लेखिकाएँ नारी मुक्ति (Female Emancipation) की समर्थक (Champion) स्वीकृत हुईं। इनमें बंगला में स्वर्णकुमारी देवी (1856-1932) तथा कामिनी राय (1864-1933) का उल्लेख किया जाता है।

कामिनी कवयित्री थीं। व्यक्तिगत प्रेम और आशाभंग को लेकर कविताएँ लिखीं।

बंगला की दूसरी कवयित्रियाँ प्रसन्नमयी देवी (1857-1939), मानकुमारी बसु (1863-1943) समाज के उच्च स्तर से सम्बन्ध रखने वाली लेखिकाएँ थीं और परिवार से उन्हें लगातार साहित्यिक कर्म के लिए प्रोत्साहन मिलता रहा।

उड़िया की तीन eminent कवयित्रियाँ थीं : सुचित्रा देवी (1881-?), अन्नपूर्णा देवी (1893-1961) तथा रेबा राय (1876-1957) सबको प्रबुद्ध परिवारों से पूर्ण सहयोग प्राप्त था।

असमिया में उच्च जाति के शिक्षित परिवारों से लेखिकाएँ आयीं। पद्मावती देवी फुकनानी (1853-1927) जिन्होंने 1884 में 'सुदामार उपाख्यान' उपन्यास लिखा। इनके सिवाय स्वर्णलता बरुआ (1871-1931) तथा त्रैलोकेश्वरी देवी बरुणी (1875-1954) का भी उल्लेख किया जाता है।

महाराष्ट्र की पहली महिला उपन्यासकार काशीबाई कानितकर ने 1890 के दशक में लेखन आरम्भ किया। उपन्यास तथा कहानीकार के अतिरिक्त 'मनोरंजन' तथा 'निबन्ध चन्द्रिका' की सहसम्पादिका थी।

ठीक उसी समय महाराष्ट्र की पहली महिला डॉक्टर आनन्दीबाई जोशी ने अपनी शिक्षा पूरी की।

प्रगति के इन लक्षणों के बावजूद जिस माहौल में ये महिलाएँ रहती थीं उसका बड़ा हिस्सा रूखा एवं असहिष्णु था।

एक बार की बात है कि काशीबाई कानितकर तथा आनन्दीबाई जोशी—दोनों सहेलियाँ जब पहली बार जूते पहनकर तथा छाता लेकर बाहर निकलीं तो उन पर यह कहकर गलियों में पत्थर बरसाये गये कि उन्होंने पुरुष अधिकार वाले प्रतीकों को अपनाकर उनका अपमान करने की हिमाकत की है। (Economic and Political Weekly–Meera Kosambi, Woman, Impression & Equality. Pt. Ramalai, Contribution to Woman cause year 23, issue 44, October, 1988.)

1882 में ताराबाई शिंदे द्वारा लिखित एवं पूना से प्रकाशित पुस्तक 'स्त्री-पुरुष तुलना' को लेकर सत्यशोधक समाज के दो सदस्यों—कृष्ण राव भालेकर तथा ज्योतिबा फुले के बीच गर्मागर्म बहस शुरू हो गयी।

पुस्तक में स्त्री तथा पुरुष की तुलना करते हुए कहा गया कि धोखेबाज़ी, मक्कारी, सन्दिग्ध चरित्र एवं असहिष्णुता के जो अवगुण स्त्रियों में माने जाते हैं, वे समान रूप से पुरुषों में भी मौजूद होते हैं।

बहरहाल, ताराबाई शिंदे ने स्त्रियों के पक्ष का गहराई से बचाव कर पुस्तक का उपसंहार लिखते हुए कहा कि स्त्रियाँ अपनी दृढ़ इच्छाशक्ति के कारण हमेशा

सम्माननीय तथा अग्नि की तरह पवित्र एवं आन्तरिक तथा बाह्य दोनों रूपों में सुपात्र मानी जायेंगी। पुस्तक में पुरुषों को शर्मसार किया गया है तथा उन्हें नीचा दिखाने की कोशिश की गयी है।

1895 में सरला देवी घोषाल ने 'भारती' के सम्पादक के रूप में पदभार ग्रहण किया, अपनी पत्रिका के ज़रिये युवाओं को 'भौतिक संस्कृति' में लिप्त होने के लिए तथा अपनी एवं अपनी स्त्रियों का अंग्रेज़ी सिपाहियों द्वारा गलियों तथा थानों में बलात्कार किये जाने से रक्षा करने के लिए प्रेरित करना शुरू किया।

सरला देवी बांग्ला में पुनरुत्थानवादी आन्दोलन से गहराई से जुड़ी हुई थीं।

सन् 1903 में उन्होंने उदयादित्य व्रत तथा वीराष्टमी व्रत शुरू किया। सन् 1905 में सरला देवी की मैमन सिंह 'सुहृद समिति' ने वन्देमातरम् को राष्ट्रीय आह्वान के रूप में प्रयोग करने का पहला प्रयास किया (मीरा कोसाम्बी)।

दुर्गा पूजा के दूसरे दिन वीराष्टमी उत्सव के अन्तर्गत सरला देवी ने 'उदयादित्य व्रत' रखने के लिए युवकों का आह्वान किया।

इस कार्यक्रम में वीरों का नाम लेकर संस्कृत में श्लोक गाये जाते तथा उपस्थित जनसमूह उन्हें दोहराता। इन महापुरुषों में कृष्ण, राम, भीष्म, द्रोण, कर्ण, अर्जुन, भीम, मेघनाद, राणा प्रताप, शिवाजी, रणजीत सिंह तथा प्रतापादित्य के नाम शामिल थे।

रूढ़िवादियों ने इसका घोर विरोध किया और 'रंगालय' के 1903 के सितम्बर अंक में उन्हें "एक कुपात्र हिन्दू की संज्ञा दी।" बंकिम की नायिका देवी चौधरानी सरला देवी की प्रेरणापुंज थी।

इस सबके फलस्वरूप सन् 1905-08 के दौरान बंगाल में चले स्वदेशी आन्दोलन में बड़े पैमाने पर राष्ट्रीय गतिविधियों में स्त्रियों की भूमिका की शुरुआत दिखायी पड़ती है।

आशिस नन्दी के अनुसार, 18वीं शती के मध्य तथा उत्तरार्द्ध में जब बंगाल में अनेक विपत्तियाँ आयीं तो लोगों में यह आत्मबोध पैदा हुआ कि बंगाल की समृद्धि की बागडोर दयालु माँ भगवती के हाथों में है तथा उन्हीं के हाथों में प्रकृति के संचालन की आद्यशक्ति है।

मराठी महिला लेखकों में लक्ष्मीबाई तिलक (1873-1936) तथा काशीबाई हरेलकर (1874-1936) की चर्चा की जाती है। लक्ष्मीबाई ईसाई बन गयी थीं। कविता लिखती थीं उनकी आत्मकथा स्पष्टता तथा यथार्थ अभिव्यक्ति के कारण चर्चा में रही।

काशीबाई हरेलकर आध्यामिक और समाज सुधारक मराठी की अग्रणी महिला लेखिका थीं।

दक्षिण में देवकुंजरी अम्मल ने तमिल में 'विजय लक्ष्मी' उपन्यास लिखा, जो उग्र दृष्टिकोण से युक्त था।

उस समय की साहित्यिक दृश्यावली में इन लेखिकाओं का स्पष्ट स्थान था।

साहित्य क्षेत्र में इन महिलाओं का आगमन समाज में परिवर्तन का इंगित देता है जिसके फलस्वरूप साहित्य का विकास सम्भव हो पाया।

भारत के विभिन्न भाषाभाषी परिवारों से सम्बद्ध इन महिला लेखकों को काफ़ी प्रोत्साहन मिलता रहा और इन समाजों में इन महिलाओं की प्रतिष्ठा के बारे में दृष्टिकोण में काफ़ी समानता दिखाई पड़ती है।

बंगमहिला या राजेन्द्रबाला घोष (1892-1949) मिर्जापुर की थी, जिनको कोई औपचारिक शिक्षा नहीं मिली थी, परन्तु हिन्दी बांग्ला में लिखने का अभ्यास किया और अपने समय के युवा लेखकों से मित्रता बनाई। लेखकों से चिक के ओट से यह बात करती थीं।

बीसवीं शती के दूसरे दशक से महिला लेखक और विशिष्ट नहीं बनी रह सकी, मगर फिर भी साहित्यिक गतिविधियों में पुरुषों का ही आधिपत्य बना रहा।

आधुनिक युग के पहले सौ वर्षों में नवजागरण के प्रभाव स्वरूप राष्ट्रवाद और समाज सुधार का स्वर ही इन महिला लेखिकाओं के साहित्य में मुखरित था।

बंगाल में विशेष रूप से स्त्री-शिक्षा का सर्वप्रथम प्रसार होने के कारण महिला लेखिकाएँ अधिक संख्या में दिखाई पड़ती हैं। ऊपर से धार्मिक और सामाजिक आन्दोलनों से सम्बद्ध राममोहन राय, ईश्वरचन्द्र विद्यासागर तथा केशवचन्द्र सेन का भी इसमें योगदान रहा है। ब्रह्म समाज और शरत्चन्द्र चैटर्जी की नारी चेतना ने भारत के विभिन्न प्रान्तों में स्त्रियों को सृजनात्मक बनने की प्रेरणा दी। सम्पादक तथा प्रकाशकों ने महिला लेखकों को प्रोत्साहित किया।

आम जनता उन्हें उत्साह के साथ पढ़ती थी मगर प्रतिष्ठित आलोचकों ने उन्हें हमेशा सम्मान नहीं दिया।

उदारता के साथ इन्हें संरक्षण प्राप्त हुआ और यहाँ तक कि कई पुरुष लेखकों ने आसानी और जल्दी से प्रकाशित होने के लिए स्त्रीनाम से लिखना शुरू किया मगर इनके मूल्यांकन का मापदण्ड पुरुष लेखकों के लिए प्रयोग में लाये जाने वाले मापदण्ड के अनुरूप इन लेखकों में से बहुत से पुरुष लेखकों के अनुरूप प्रतिभाशाली थीं और अधिकतर शिक्षित मध्यवित्त परिवार से सम्बद्ध थीं,

और कई निम्न मध्यवित्त परिवार या दलित परिवारों से भी और यह कोई आकस्मिक बात नहीं थी।

अनुरूपा देवी तथा निरुपमा देवी का उन्ल्लेख किया जा चुका है। इनके अतिरिक्त सीता देवी (1895-1974), शान्ता देवी (1894-1988), प्रियम्बदा देवी (1871-1935), ये भी विधवा थीं। लीला मजुमदार (1908) ये सब ब्राह्मण परिवार से थीं और प्रगतिशील और प्रबुद्ध विचारों की पक्षधर थीं।

शरत्चन्द्र की घनिष्ठ सहयोगी राधारानी देवी (1903-89) और उनके कवि पति नरेन्द्रदेव (1889-1971), बंगाल के अंग्रेज़ ब्राउनिंग पति-पत्नी लेखकद्वय (Browning) के रूप में परिचित थे, अपराजिता देवी के नाम से राधारानी देवी ने स्त्री-सुलभ अनुभूति केन्द्रित पारिवारिक परिस्थितियों से जुड़ी हुई बहुत ही कोमल भावपूर्ण कविताएँ लिखीं।

शैलबाला घोषजाया (1894-1974), कदाचित् उस समय की सबसे अधिक प्रभावशाली महिला लेखिका, विषयों (themes) के निर्वाचन तथा उनकी बिना किसी संकोच के अभिव्यक्ति के कारण बहुत ही प्रतिष्ठित हुईं। उनका 1917 में रचित उपन्यास 'शेख आन्दु' कामगार श्रेणी की हिन्दू स्त्री तथा मुसलमान के बीच की प्रेम कहानी है।

इनमें से अधिकतर लेखिकाएँ गृहवधु थीं और आमतौर से पुरुषों की दुनिया के नाम से चिह्नित दुनिया के बारे में उनका अनुभव बहुत ही कम था।

नलिनी बाला देवी (1898-1977), धर्मेश्वरी बारुआनी (1892-1960) तथा स्नेहदेवी (1916-90), असमिया लेखिकाएँ थीं और गृहवधू थीं और किसी की कोई औपचारिक शिक्षा नहीं थी। मगर ये सब शिक्षित तथा सम्मानित परिवारों से थीं जो स्त्री शिक्षा को प्रोत्साहित करते थे। असमिया का पहला उपन्यास 'पद्मावती देवी-फुकनानी' (1853-1927) ने लिखा था।

इनके साथ ही कई प्रतिभाशाली लेखिकाओं ने साहित्य जगत् में प्रवेश किया—स्वर्णलता बरुआ (1871-1932), नलिनी बाला देवी, धर्मेश्वरी देवी दोनों ने सुन्दर कविताएँ लिखीं।

कनकलता चालिहा (1903-35) तथा कमलालया काकती (1894-1946) ने 'घरजौति' (1928) के नाम से पहली महिला पत्रिका प्रकाशित की। इस पत्रिका को स्वतन्त्र स्त्री चिन्तन के क्षेत्र में मील का पत्थर कहा जाता है।

चन्द्रप्रभा सइकानी (1901-72) एक निडर महिला थीं जिन्होंने समाज तथा जनजीवन में स्त्रियों के स्थान और अधिकार का दावा किया।

मालविका गोस्वामी (1924-77) पहली महिला नाट्यकार थीं जिन्होंने असमिया में 'आदिकवि' के नाम से (1937) एक नाटक लिखा। उस समय असमिया लेखक अधिकतर द्विभाषिक (बंगला, असमिया) थे और बंगला लेखन के प्रति उनकी प्रतिक्रिया काफ़ी मधुर थी। मगर जो साहित्य रचा गया वह असमिया महिला लेखिकाओं का प्रामाणिक अनुभव था। ये सौभाग्य की बात थी कि इन असमिया लेखिकाओं को अपने पतियों और सास-श्वसुर से पूरा सहयोग मिला नहीं तो पति, सास-श्वसुर का आम व्यवहार काफ़ी प्रतिकूल था।

इस सम्बन्ध में 1893 में टैगोर के द्वारा लिखी गयी 'खाता' का उल्लेख किया जा सकता है :

The heroine young Uma is found out by her sister-in-law writing a song in a notebook. Then Uma quickly closed the door, went out and began to plead, "please don't tell anyone, I beg of you, I won't do it anymore, I won't write again...."

Husband Pyarimohan come and sat down solemnly on the bed.

"Hand over the note book"! He thundered. Finding his order disregarded he moderated his voice a few tones and said, "Give it to me."

Holding the notebook to her heart and girl looked into her husband's face with an expression of utmost entreaty. When he saw this, Pyarimohan stood up to grab the notebook, she threw it down and hiding her face with both arms fell on the floor, utterly stricken.

चार दशकों के बाद 1920-30 में भी स्थिति में कोई अधिक परिवर्तन नहीं था। महिलाओं की आवाज़ सुनायी पड़ती थी जहाँ उन्हें प्रबद्ध परिवारों का संरक्षण प्राप्त था या जिन्होंने व्यक्तिगत दुर्भाग्य एवं अपमान का जोखिम उठाते हुए लिखा।

सरोजिनी नायडू प्रबुद्ध परिवार से थीं और उन्हें सर्वोत्तम शिक्षा प्राप्त हुई थी वह किसी अपमानजनक परिस्थिति की शिकार नहीं थीं जिससे उनकी रचनात्मकता में कोई बाधा नहीं पहुँचती। यद्यपि सरोजिनी नायडू सरीखी महिला लेखिकाओं की संख्या कम थी जिन्हें इंग्लैंड में शिक्षा मिली थी, जो Rhymer Club के महत्त्वपूर्ण कवि Edmund Gosse, Arthur Symmons आदि की प्रेरणा से एक परिपक्व कवि बन पायी थीं इसीलिए अपने समय की ठेठ लेखिकाओं का प्रतिनिधित्व नहीं कर सकतीं। मगर विस्तृत यात्रा में महिला लेखिकाओं की सम्भाव्य सृजनात्मक शक्ति को प्रमाणित करती हैं।

सन् 1920 में भारत के राजनीतिक क्षेत्र में महात्मा गाँधी के आगमन से एक ओर स्त्री शिक्षा को बल मिला तो दूसरी ओर वीमेंस इंडियन एसोसिएशन को गति मिली।

सन् 1920 में गाँधी ने अपने स्वर में परिवर्तन करते हुए महिलाओं से घर से निकलकर अवज्ञा आन्दोलन में शामिल होने की अपील की। राष्ट्रवादी आन्दोलन में स्त्रियों की सहभागिता का विस्तार हुआ, राष्ट्रवादी-नारीवादी गतिविधियों को बल मिला। सार्वजनिक जीवन में महिलाओं को ऊँचा स्थान प्राप्त हुआ। इन्हीं दिनों सरोजिनी नायडू तथा बेगम शाहनवाज़ ने घोषणा की कि भारतीय महिलाओं के आन्दोलन पश्चिमी महिलाओं के आन्दोलन की तरह केवल स्त्रीवादी नहीं हैं। (गैल पियर्सन, Reserved Seats.Women and the Vote in Bombay –ISHAR, 20 issue, p. 48)

इसके परिणामस्वरूप डॉक्टर का पेशा करने वाली ओड़िया की कुन्तल कुमारी शबत (1900-38) जो सामाजिक-राजनीतिक कार्यकर्ता भी थीं, कवि और उपन्यासकार के रूप में प्रसिद्ध हो गयीं। उनकी कविताओं में रहस्य भाव है। मगर उनका जीवन पारम्परिक मूल्यों के प्रति प्रतिवाद था और स्त्री-आन्दोलन का हिमायती था। इस आन्दोलन के फलस्वरूप स्त्रियों के प्रति शत्रुतापूर्ण व्यवहार करने वाले वर्ग की बर्बरता का भण्डाफोड़ हुआ।

मनोरमाबाई रानाडे (1896-1926) 'रविकिरण मण्डल' की एकमात्र महिला तथा मराठी काव्य की प्रतिष्ठित कवि थीं। परन्तु अशिक्षित किसान महिला बहिनाबाई (1880-1951) ने अपने कठोर जीवन की अनुभूतियों का कलात्मकता विहीन बिम्बों के आश्रय से पारस्परिक बिम्बों की रचना कर साहित्य जगत् में महत्त्वपूर्ण स्थान प्राप्त किया।

यह पारम्परिक लोक काव्य का प्रसार था जो ग्रामीण संवेदनाओं द्वारा पुष्ट थी और जिन पर कोई आधुनिक शिक्षा का प्रभाव नहीं था।

उस युग की ठेठ लेखिकाओं में संजीवनी मराठे (1916), पद्मा गोले (1913), शान्ता शेल्के तथा इन्दिरा सुत (1914) का उल्लेख किया जा सकता है। इनमें से सभी ब्राह्मण परिवार से थीं केवल शेल्के आर्थिक रूप से पिछडी जाति की थीं और तीसरे दशक में इन सभी ने काव्य क्षेत्र में प्रतिष्ठा अर्जित की।

इन्हीं दिनों मालती बाई बेडेकर, मुक्ताबाई दीक्षित (1901-77), कृष्णाबाई कुसुमावती देशपाण्डे (1904-61) तथा गीता साने (1907-91) ने गम्भीर चिन्ता तथा अपनी उग्रवादी विचारधारा के कारण पाठकों पर गहरी छाप छोड़ी।

तमिल लेखिका बाई मउ कोडानयकी अम्मल ने नये पाठक पैदा करने में विशेष योगदान दिया। इन्होंने स्वाधीनता आन्दोलन से सम्बद्ध अपना प्रिंटिंग प्रेस खोला और एक पत्रिका का सम्पादन किया।

एक सौ से अधिक उपन्यास लिखे जिनका अन्त अधिकतर गाँधी की प्रशंसा से हुआ।

टट्टम रंगनायकी–(पेन नेम कुमुदिनी) ने टैगोर के 'योगायोग' का अनुवाद किया। उनका और एक उपन्यास 'दीवान मकल' (The daughter of Diwan), एक अब्राह्मण युवक के ब्राह्मण कन्या से शादी की कहानी है। किसी प्रकाशक ने इसे स्वीकार नहीं किया, अन्ततः उग्रवादी पत्रिका 'मणिकोडी' ने इसे क्रमशः प्रकाशित किया और 1946 में यह पुस्तकाकार में प्रकाशित हुआ।

कन्नड़ में साहित्यालोचन महिला लेखकों के विरोध में था परन्तु पाठकों का संरक्षण प्राप्त था। डॉ. पडिक्कल ने निन्दात्मक ढंग से इसे 'Kitchen Literature' का नाम दिया अर्थात् ऐसा साहित्य जिसे केवल महिलाएँ पढ़ती हैं।

ननजनगुडु तिरुमलम्बा (1897-1992) पहली प्रसिद्ध कन्नड़ लेखिका थीं, (14 साल की उम्र में विधवा हुई थीं) को औपचारिक शिक्षा नहीं मिली थी, मगर संस्कृत शिक्षा प्राप्त कर आदर्श भारतीय नारीत्व का चित्र अंकित किया। यद्यपि विधवाओं पर लगाये गये प्रतिबन्धों का विरोध किया और उनके सामाजिक कार्यों में सम्मिलित होने की वकालत की। मगर तिरुमलम्बा की तरह कल्याणम्मा, जिन्होंने 'सरस्वती' पत्रिका की स्थापना की थी (केवल महिलाओं के लिए पत्रिका) ने भी विधवा विवाह का पक्ष नहीं लिया और तपस्विनी का जीवन बिताने की हिमायत की।

कोडागिना गौरम्मा (1914-41), एच. वी. सवितरम्मा (1913), श्यामला बेलगाँवकर (1913-48) प्रसिद्ध कहानी लेखिकाएँ हुईं।

बेलगाँवकर भारतीय साहित्य की पहली लेखिका हैं जिन्होंने कामकाजी महिलाओं के जीवन का सहानुभूति तथा निष्ठा के साथ वर्णन किया। उनकी कहानियाँ स्त्री-पुरुष के बीच के भेदाभेद का वर्णन है, दहेज समस्या का उल्लेख है, पुरुष प्रभुत्व का उल्लेख है और इन सबके बीच स्त्रियों द्वारा एक सम्मानजनक ज़िन्दगी जीने की खोज की चाह का वर्णन है।

स्त्री समस्या को गहराई से विश्लेषित करते हुए त्रिवेणी (अनसूया शंकर 1928-63) ने अभूतपूर्व लोकप्रियता प्राप्त की। स्त्रियों की पीड़ा और पुरुषों की दुनिया में स्त्रियों की रक्षा के सवाल को लेकर त्रिवेणी ने कहानियाँ लिखी हैं।

पेशे से डॉक्टर अनुपमा निरंजना (1934-91) ने सांकोलेयो लागिंडे (sankoleyo ladinge) शीर्षक उपन्यास लिखकर स्त्री-विमर्श को विस्तार दिया है।

मलयालम की अति प्रसिद्ध महिला लेखक टी. इक्कवम्मा (1865-1964) ने महिलाओं के अधिकारों को लेकर और उनकी स्वाधीनता के लिए आन्दोलन किया–उनकी बपौती को बालमणि अम्मा ने स्वीकार किया।

प्रसिद्ध आलोचक कृष्ण चैतन्य कहते हैं कि स्त्रियों के विकासक्रम और जैविक यथार्थ को आध्यात्मिक सम्भावनाओं में इतनी गहराई से प्रतिष्ठित इससे पहले कोई नहीं कर सका।

उस समय की ललिताम्बिका अन्तरज्ञानम् (1909-87) लोकप्रिय उपन्यासकार तथा कहानीकार थीं। मलयालम में महिला लेखक उतनी ही प्रभावशाली हैं जितने कि पुरुष लेखक। बीसवीं शती के प्रारम्भ से कुछ संशय के बावजूद महिला लेखन का स्तर, उनके प्रति पाठकों की अनुक्रिया अनुकूल तथा उत्साहवर्धक थी।

महिला लेखकों के दो वर्ग अंग्रेज़ी शिक्षा प्राप्त सरोजिनी नायडू, विनोदिनी देवी (मणिपुरी, 1922), गुली सदारंगिणी (1906) ने सिन्धी में 'इत्तेहाद' उपन्यास (1941) में हिन्दू लड़की का मुसलमान लड़के से विवाह करवाकर कराची में तूफ़ान खड़ा कर दिया था। इस्मत चुग़ताई, कुर्तुलएन हैदर उग्रवादी (Radicals) उर्दू लेखिकाओं की उग्रवादिता के बावजूद इन्हें साहित्य जगत में स्थान पाने के लिए संघर्ष करना पड़ा। मगर उनका वाममार्गी उग्रवादिता से न कोई सम्बन्ध था और न ही सामाजिक पृष्ठभूमि से। फिर भी साहित्य जगत में स्थान पाने के लिए इन्हें संघर्ष करना पड़ा।

बीसवीं शती के तीन दशकों तक कुछ संशय के बावजूद महिला लेखन का स्तर और पाठकों की अनुक्रिया उत्साहवर्धक बनी रही। ऐसे समय सुभद्राकुमारी चौहान राष्ट्र प्रेम के गीतों और महादेवी वर्मा छायावादी युग की चतुष्टय महारथी कवियों में से एक कवि के रूप में उभर के सामने आयीं। छायावाद राष्ट्रीय उद्बोधन (Awakening) की काव्यमय अभिव्यक्ति है। छायावाद एक ओर काव्य की प्राचीन परिपाटी से तथा दूसरी ओर विदेशी शासन से मुक्ति का आह्वान है।

छायावाद तक आते-आते काव्यभाषा का ब्रज से खड़ी बोली में प्रतिष्ठित होना–एक क्रान्तिकारी घटना थी और राष्ट्रीय उद्बोधन का एक ज्वलन्त उदाहरण। दो दशकों के अन्तराल में ब्रज से खड़ी में उत्तरायण एक अनहोनी घटना ही मानी जायेगी। भारतेन्दु से द्विभाषिकता का जो प्रयोग शुरू हुआ वहाँ "निज भाषा उन्नति अहै सब उन्नति कौ मूल" जैसी उक्तियाँ आधुनिकता, जो उन्नति का आधार बनकर आयी है, की स्वीकृति का संकेत है।

श्रीधर पाठक के द्वारा खड़ी बोली काव्य में अंग्रेज़ी साहित्य को ले आना इसका और एक बड़ा संकेत है।

जयशंकर के 'चित्रधार' संकलन के पहले खण्ड 'पराग' शीर्षक की कविताएँ कुछ नये विषयों पर लिखी कविताएँ हैं।

इन कविताओं में जैसे धाराएँ एक-दूसरे से मिल रही हैं।

भाषा ब्रज, वर्णन शैली द्विवेदी-युगीन, इतिवृत्तात्मकता पर आधारित और विषयशीर्षक नयी भंगिमा लिए हुए हैं। महादेवी की कविता शीर्षक है, 'सन्ध्यातारा'। इन कविताओं में परम्परा के बीच से नये प्रयोग का उभरना दिखायी पड़ सकता है।

1. उस समय उर्दू के मुक़ाबले में हिन्दी को प्रतिष्ठित होना था।

2. उर्दू की ओर से ब्रज, अवधी को अभद्र, ग्राम्य, अपरिमार्जित करार दिया जा रहा था।

3. रीतिकाल में भक्ति का जो विकृत रूप उभरकर सामने आया था उससे मुक्त होकर आधुनिक युग में प्रवेश करने के लिए एक नये ढंग की मानवीय संवेदना का प्रसार करना था जो खड़ी बोली में सम्भव दिख रही थी।

4. और अतीन्द्रिय वायवीयता के स्थान पर लौकिकता की स्वीकृति आवश्यक थी जिसके आश्रय से ही राष्ट्रीयता के स्वर को प्रकट किया जा सकता था। अज्ञेय ने कहा है कि खड़ी बोली ने लौकिकता को स्वीकृति दिलाने में बड़ी भूमिका अदा की। इस खड़ी बोली के शब्द सौन्दर्य (Vertical Felicity) के कवियों में महादेवी का स्थान अग्रणी है।

(क) भाषा के सुनियन्त्रित प्रयोग में सर्वाधिक माहिर थीं तथा

(ख) वस्तुगत या कथ्य तथा शैलीगत ईमानदारी उन्हें विशिष्ट बनाती है।

वस्तुतः हिन्दी के जन्म समय से इस्लाम के आगमन के फलस्वरूप वीरगाथात्मक काव्य विदेशी आक्रमणों के विरुद्ध राष्ट्रीयता की अभिव्यक्ति है। उस समय से ही हिन्दी में प्रतिरोध और परिवर्तन दोनों इकट्ठे दिखायी पड़ते हैं। भक्तिकाल का पूरा अर्थवैभव तथा आध्यात्मिक गहराई सांस्कृतिक पुनर्जागरण का एक अद्‌भुत दस्तावेज़ है और परिवर्तन का एक अनूठा उदाहरण।

दूसरी ओर हिन्दी प्रतिरोधी भाषा है, खड़ी बोली उसका सर्वोत्तम उदाहरण है। किसी और भाषा में यह तत्त्व इतनी गहराई से जुड़ा हुआ नहीं है।

खड़ी बोली यदि परिनिष्ठित हिन्दी का प्रतीक है तो उसका खड़ापन प्रतिरोधी शक्ति को ही प्रकट करता है। सारे भारतवर्ष में फैले हुए प्रतिरोधी शब्द हड़ताल, घेराव, बन्द हिन्दी के शब्द हैं—इस भाषा में पुरबिइया की बजाय

पछुआ का ज़ोर अधिक है। पराधीनता को विद्रोही की अर्थवत्ता देकर महादेवी ने अपनी कविता को विस्तार दिया है :

टकरायेगा नहीं आज उद्धत लहरों से,
कौन ज्वार फिर तुझे पार तक पहुँचायेगा
अब तक धरती अचल रही पैरों के नीचे;
फूलों की दे ओट सुरभि के घेरे खींचे
पर पहुँचेगा पथी दूसरे तट पर उस दिन
जब चरणों के नीचे सागर लहरायेगा।

धूल पोंछ काँटे मत गिन छाले मत सहला
मत ठण्डे संकल्प आँसुओं से तू नहला।
तुझसे हो यदि अग्नि-स्नात यह प्रलय महोत्सव
तभी मरण का स्वस्तिगान जीवन गायेगा।
टकरायेगा नहीं आज उद्धत लहरों से,
कौन ज्वार फिर तुझे पार तक पहुँचायेगा।

पूरी कविता के स्वर में निर्भयता का जयघोष है और महादेवी के सर्वाधिक प्रिय प्रतीक दीप, घन, प्रलय, चिनगारी, स्वर्णवेला, पलक, आर्द्र चितवन आदि का प्रयोग क्रान्तिकारी उन्माद की अभिव्यक्ति है।

अचानक लगता है द्विवेदी युग की अबला-असहाय-उपेक्षिता नारी ग़ायब हो गयी है और उसके स्थान पर सबल, शक्तिमान दुर्गा भाव से भरी नारी का बिम्ब उभरता है।

अपने जीवन के बारे में 'मेरी प्रिय कविताएँ' की भूमिका में महादेवी कहती हैं, "कविता के आकर्षण से जीवन का दूसरा आयाम शुरू हुआ। माँ के भजन सुनकर तुकबन्दी, बाद में क्रॉस्थवेट गर्ल्स कॉलेज छात्रावास में सुभद्राकुमारी चौहान का संगबास, कविता पाठ की गोष्ठियाँ, शृंगार तथा प्रकृति सम्बन्धी कविताओं के बीच में राष्ट्रीय भावना की कविताएँ पढ़ी जाती थीं।"

महादेवी वर्मा कहती हैं, उनका उतना ही महत्त्व होता था जितना बिजली का होता है जो क्षण भर में आलोक-रेखा से सब कुछ उद्भासित कर विलीन हो जाती है।

महादेवी जी कहती हैं कि उनके द्वारा रचित कई राष्ट्रगीत जुलूसों में गाये जाते रहे हैं :

मुक्त सदा आकाश हमारा
मुक्त हमारी माँ धरती है।

अथवा

बन्दिनी जननी तुझे हम मुक्त कर लेंगे
अनुरागमयी, श्रृंगारमयी
भारत जननी भारत माता ॥
तेरी उतारूँ आरती माँ भारती

महादेवी-निराला-प्रसाद का सौभाग्य यह रहा कि वे ऐसे समय पैदा हुए जब देश में स्वाधीनता आन्दोलन की वैचारिक अन्तर्धाराओं में कोलाहल का सर्वाधिक प्रधान स्वर था—मुक्ति का स्वर।

छायावादी काव्य में एक बड़ी संख्या प्रभाती और जागरण-गीतों की है जिनमें एक ओर शक्ति और चैतन्य का आह्वान है और एक दूसरे तथा समकालीन सन्दर्भ में वे राष्ट्रीय स्वाधीनता के संघर्ष से जुड़े हैं।

'प्रथम प्रभात', 'आँखों से अलख जगाने को', 'अब जागो जीवन के प्रभात!' अथवा 'बीती विभावरी जाग री।' —प्रसाद

निराला के 'जागो फिर एक बार' के वाक्य गठन में अन्तर है परन्तु दोनों की अर्थ-व्यंजना में गहरी समानता है।

'प्रिय, मुदित दृग खोलो', 'जागा दिशा ज्ञान', 'जागो, जीवन धनिके', 'जाग बेसुध जाग', 'जाग तुझको दूर जाना'। —महादेवी

'प्रथम रश्मि', 'ज्योति भारत'! —पन्त

—जैसी कविताएँ मुक्ति की बेचैनी को व्यक्त करती हैं।

महादेवी की काव्यानुभूति में पराधीनता से मुक्ति के लिए पिंजरे में बन्द तोते की बेचैनी है

कीर कर प्रिय आज पिंजर खोल दो

कभी घबराहट, तड़प के क्षणों में लोक-रक्षक देवता गिरधर-कृष्ण को पुकारती है :

जाग बेसुध जाग।
वृन्दावन बिहारी जाग।

इसी जागरण की आवाज़ में भारतेन्दु का नवजागरण बोलता मिलता है। जिसमें सखा प्यारे कृष्ण को वे जगाते हैं :

जागत नाहि असीम जतन करि भारतवासी रोयें

भारतीय राष्ट्रीय-सांस्कृतिक नवजागरण पहले अध्यात्म को लोक सेवा से जोड़ता है और फिर लोक सेवा को क्रमशः राष्ट्रीय भावना से।

इस शक्ति के काव्य में

1. समग्र चेतना का जागरण तथा आह्वान है (गाँधी की यह दृष्टि थी)।

2. उसमें अन्तर्निहित शक्ति के विकास का रचनात्मक उपक्रम है।

3. सांस्कृतिक जागरण प्रधान है।

4. यहाँ पुनर्जागरण के स्वरूप के अनुसार आधार राजनीति की अपेक्षा संस्कृति है।

परन्तु समय के साथ राजनीति के प्रवेश पुनर्जागरण के सूर्यास्त होने पर भी महादेवी दीपशिखा की भाँति प्रज्वलित रही हैं।

मधुर मधुर मेरे दीपक जल
युग-युग प्रतिदिन प्रतिक्षण प्रतिपल

अपने युग में 'कवि सम्राट' की उपाधि से विभूषित अयोध्यासिंह उपाध्याय 'हरिऔध' ने महादेवी के प्रथम काव्य संकलन 'नीहार' की भूमिका (1930) में जब लिखा था तो नये छायावादी काव्य का स्वागत करते हुए अन्त में यह कामना व्यक्त की थी कि उनकी हृदयतन्त्री की अपूर्व झंकार में भारत माता के कण्ठ की वर्तमान ध्वनि भी श्रुत होनी चाहिए। महादेवी का काव्य इस राष्ट्रीयता की, अपनी व्याख्या के साथ, एक महत्त्वपूर्ण अभिव्यक्ति है।

महादेवी के काव्य का उल्लेख करते हुए रामचन्द्र शुक्ल कहते हैं :

"अज्ञात प्रियतम के लिए वेदना ही उनके हृदय का भाव केन्द्र है।" यह सही है कि "जिस प्रकार जीवन के उषाकाल में मेरे सुखों का उपहास-सा करती हुई विश्व के कण-कण से एक करुणा की धारा उमड़ पड़ी है उसी प्रकार सन्ध्या-काल में जब लम्बी यात्रा से थका हुआ जीवन अपने ही भार से दबकर कातर क्रन्दन कर उठेगा तब विश्व के कोने-कोने में एक अज्ञात पूर्व सुख मुस्करा उठेगा।" अज्ञात प्रियतम के लिए एक अतीन्द्रिय रहस्यात्मक चाह उनमें मौजूद है, जो अतृप्त है जो अपूर्ण रह जाता है और जिसका मूलाधार—गहरी वेदना, दुःख-दर्द तथा पीड़ा से युक्त यातना है परन्तु जो महादेवी जी के लिए विरोधाभासात्मक ढंग से मधुर है, स्वागत के योग्य है :

अपने इस सूनेपन की मैं हूँ रानी मतवाली,
प्राणों का दीप जलाकर करती रहती दीवाली।

इस वेदना की दो तरह की व्याख्या की जा सकती है।

एक, जैसा कि रामस्वरूप चतुर्वेदी कहते हैं कि उनके प्रसिद्ध गीत 'मैं नीर भरी दुख की बदली' में मुख्य प्रतीक बदले हुए अर्थ में ज़रूर दिखता है। निराला का क्रान्ति-दूत बादल और पन्त का क्रीड़ाशील बादल यहाँ दुःख की नीलिमा

लिए हुए है। पर 'नीर' यहाँ सिर्फ़ आँसुओं का प्रतीक नहीं, वह जीवन की समस्त सम्भावनाओं का संकेत भी है।

बदली का परिचय अगले एक बन्द में यों चलता है—"सुधि मेरे आगम की जग में सुख की सिहरन हो अन्त खिली।"

यहाँ उसका 'आगम' वैसा ही सुखद है जैसा कि निराला के 'बादल राग' में :

हिल-हिल। खिल-खिल,
हाथ हिलाते। तुझे बुलाते।

वस्तुतः महादेवी के यहाँ 'बदली' सौन्दर्य और नश्वरता का मिला-जुला प्रतीक है जो एक प्रकार से मनुष्य जीवन का वैशिष्ट्य है। देव सृष्टि की तुलना में मनुष्य ने नश्वर होकर ही सौन्दर्य पाया है।

जो नश्वर नहीं वह सुन्दर नहीं। मानवीय संस्कृति का यह मूल मन्त्र है जिसे छायावादी कवियों ने बार-बार दुहराया है। प्रसाद ने 'कामायनी' में निराला ने—'स्नेह-निर्झर' में :

स्नेह-निर्झर बह गया है।
रेत ज्यों तन रह गया है

और पन्त ने, 'पतझड़', 'सृष्टि', 'मानव' गीतों और कविताओं में महादेवी उसी स्वर में, कुछ और तीव्र स्वर मिलाकर कहती हैं—

अरे, यह मेरा मिटने का अधिकार!

अथवा

उभरता है जीवन का ह्रास,
मृत्यु जीवन का चरम विकास।

मानवीय नश्वरता का जयकार शक्ति-चेतना का एक प्रमुख पक्ष है। 'बदली' इस 'मिटने का अधिकार' की सबसे अर्थवान प्रतीक है।

इसकी दूसरी व्याख्या पहली व्याख्या से जुड़ी हुई है कि महादेवी वेदना और आनन्द दो विरुद्धों को अनुपूरक (सामंजस्य नहीं करती) के रूप में स्वीकारती हैं। महादेवी में काव्यानुभूति बनाम जीवनानुभूति, रागात्मक-वृत्ति और बुद्धि एक-दूसरे के अनुपूरक हैं। उनमें संश्लेषण की स्थिति नहीं है, नहीं तो महादेवी जी नहीं लिखतीं :

मैं तुमसे हूँ एक, एक हैं जैसे रश्मि प्रकाश;
मैं तुमसे हूँ भिन्न, भिन्न ज्यों घन से तड़ित विलास।

यह भारतीय अस्मिता की मूलभूत बात है। यहाँ का कोई भी तर्क ले लीजिए तो उस तर्क के मुक़ाबले में एक प्रतितर्क भी आपको दिखायी पड़ जायेगा।

भारत की मार्ग-देसी, शास्त्राचार-देशाचार, नाट्यधर्मी-लोकधर्मी साहित्यिक अवधारणाएँ भारतीय परम्परा में निहित निरन्तरता और परिवर्तन की द्वन्द्वात्मकता को प्रकट करती हैं और विविधता और एकता के सह-अस्तित्व को प्रमाणित करती हैं।

भारतीय पुनर्जागरण में विरुद्धों के सामंजस्य का प्रसिद्ध ऐतिहासिक दस्तावेज़ स्वामी विवेकानन्द का शिकागो व्याख्यान है (1884)। जहाँ अद्वैत के अन्तर्गत पाश्चात्य विज्ञान और भारतीय धर्मशास्त्र की अनुपूरकता दिखलाते हुए उन्होंने घोषित किया था, "इस प्रकार अनेकेश्वरवाद, द्वैतवाद से होते हुए इस अद्वैतवाद की प्राप्ति होती है।"

महादेवी का काव्य इसी विरुद्धों का सामंजस्य है। डॉ. रामविलास शर्मा ने 'परम्परा का मूल्यांकन' शीर्षक पुस्तक में 'महादेवी वर्मा और आलोचना साहित्य की समस्याएँ' लेख में लिखा है कि उनका परिचय यह काव्य पंक्ति है–

रात के उर में दिवस की चाह का शर हूँ।

इसीलिए आचार्य शुक्ल जी की तरह यह सोचना शायद ठीक नहीं होगा कि अज्ञात प्रियतम के लिए वेदना उनका स्थायी भाव है और वे उसी के साथ रहना चाहती हैं और उद्धृत करते हैं :

मिलन का मत नाम लो। मैं विरह में चिर हूँ।

परन्तु महादेवी को वेदना अच्छी लगती है, प्रिय लगती है, क्योंकि यह आनन्द की चरमावस्था तक ले जाने का साधन है। इसी में जीवन का उत्साह और उल्लास है :

तरी को ले आवो मँझधार
डूब कर हो जाओगे पार;
विसर्जन ही है कर्णधार,
वही पहुँचा देगा उस पार।

वे अपने मिटने के अधिकार को बनाये रखना चाहती हैं। उसी में जीवन की चाह मौजूद है और इतनी जीवन की चाह करने वालों में, भारतीय नवजागरण की चेतना की अभिव्यक्ति करने वालों में महादेवी एक प्रमुख नाम हैं।

महादेवी वर्मा अपने समय के उन सब कवियों और बुद्धिजीवियों के अनुरूप थीं जो भारतीय आधुनिक काल के उस नॉस्टेल्जिया और तनाव (tension) के शिकार थे कि शहर में रहने के लिए उन्हें शहर की तुलना में कहीं अधिक सुन्दर, सहज, सरल ग्राम जीवन छोड़ना पड़ा जिसके साथ उनका एकमेक सम्बन्ध था। महादेवी के काव्य में प्रकृति के साथ एकात्मता, सौन्दर्य की तीव्र चाह, अदृश्य की गहरी आकांक्षा और परिचित और साधारण के प्रति गहरा लगाव स्पष्ट है :

प्रिय! सान्ध्य गगन,
यह क्षितिज बना धुँधला विराग
नव अरुण अरुण मेरा सुहाग,
छाया-सी काया वीतराग,
सुधि-भीने स्वप्न रंगीले घन।

यह गोधूलि वेला के कारण धुँधला क्षितिज मेरे हृदय का विराग है। सान्ध्य नभ की लालिमा-सा ही मेरा सुहाग है, सन्ध्या की शून्य छाया के समान ही रागहीन मेरी काया है, और रंगीले घन ही मेरे सुधि भरे स्वप्न हैं। इस प्रकार सन्ध्या और मेरे जीवन में कोई अन्तर नहीं।

वेदना, पीड़ा, दुःख, शून्यता भी प्रकट होती है मगर अधिकार नहीं कर पाती। प्रभुत्व जताती है दूसरी विचारधारा :

—पूछता क्यों शेष कितनी रात

(इसमें अन्धकार से लड़ने का संकल्प है)

—पन्थ होने दो अपरिचित प्राण रहने दो अकेला

(रवीन्द्र के एकला चलो गीत की ध्वनि)

अथवा — *दीप मेरे जल अकम्पित।*
धुल अचंचल

(निर्भय नारी-मन की अभिव्यक्ति)

अथवा — *रात के उर में दिवस की चाह का शर हूँ*

(जीवन की अदम्य चाह)

प्रसाद ने प्रकृति के प्रयोग के बारे में चेतावनी दी थी कि "प्रकृति का आलम्बन, स्वानुभूति का प्रकृति से तादात्म्य नवीन काव्यधारा में होने लगा है, किन्तु प्रकृति से सम्बन्ध रखने वाली कविता को ही छायावादी नहीं कहा जा सकता।"

कदाचित् यह सब बातें इसलिए कही जा रही हैं क्योंकि छायावादियों के प्रकृति प्रेम को पलायनवादी दृष्टि के रूप में अंकित किया जा रहा था और पन्त सरीखे कवियों की पंक्तियाँ 'छोड़ द्रुमों की मृदुछाया। तोड़ प्रकृति से भी नाता बाले! तेरे बाल-जाल में कैसे उलझा दूँ लोचन उद्धृत की जा रही थीं।

वस्तुतः छायावाद महज सन्ध्या-सुन्दरी, चाँदनी रात या नौका विहार का चित्र नहीं है। वह मूलतः शक्ति काव्य है, पुनर्जागरण चेतना का व्यापक और सूक्ष्म रूप है।

महादेवी में प्रकृति और मनुष्य का एकीकृत रूप विश्व के वैचित्र्य को प्रकट करता है। मनुष्य अकेले में अर्थहीन है, क्योंकि उसमें कोई एकता नहीं। एक जब अनेक से, प्रकृति से एकमेक होता है तभी मनुष्य का व्यक्ति रूप प्रमाणित होता है और सत्य का सन्देश मिलता है और पूरी काव्यदृष्टि संवेदना से चलकर स्वानुभूत सत्य तक पहुँचती है।

अन्त में एक और तत्त्व की ओर आप लोगों का ध्यान आकर्षित करते हुए अपना आलेख समाप्त करना चाहूँगा।

महादेवी का गद्य मूलतः ग़रीब तथा निम्नवर्ग की स्त्रियों की पीड़ा, उन पर अन्याय तथा अत्याचार की बहुत ही संवेदात्मक ढंग से अभिव्यक्ति है—हिन्दी साहित्य में स्त्री-विमर्श की यह अतुलनीय अभिव्यक्ति है जिसे आज सबॉल्टर्न दलित चरित्रों को लेकर समाज में दिन-रात चलने वाले अन्यायों और अत्याचारों का पूर्वव्यापी दस्तावेज़ कहा जा सकता है। उनके शब्दों में :

"हमारे समाज के पुरुष के विवेकहीन जीवन का सजीव चित्र देखना हो तो विवाह के समय, गुलाब-सी खिली हुई स्वस्थ बालिका को पाँच वर्ष बाद देखिए। उस समय, उस असमय प्रौढ़ हुई दुर्बल सन्तानों की रोगिणी-पीली माता में कौन-सी विवशता, कौन-सी रुला देने वाली करुणा ना मिले" (शृंखला की कड़ियाँ, पृ. 102)।

वस्तुतः हिन्दी में राष्ट्रीय स्तर पर नारीवादी विमर्श को प्रारम्भ कर महादेवी ने कई दशकों बाद पश्चिम में शुरू होने वाले साहित्यिक तथा एक्टिविस्ट स्त्रीवाद का उद्घाटन कर दिया था।

नारी की परवशता, विधवा जीवन के बारे में उनमें ख़ास तल्ख़ी, वेश्याओं की समस्याओं पर उनके सहज संवेदनशील विचार केवल सहानुभूतिपूर्ण ही नहीं प्रगतिशील भी हैं, क्योंकि वे यथार्थ पर आधारित हैं, जीवनसम्मत हैं। वेश्या जीवन पर विचार करती हुई कहती हैं :

"यदि स्त्री की ओर से देखा जाये तो निश्चय ही देखने वाला काँप उठेगा। उसके हृदय में प्यास है, परन्तु उसे मृग-मरीचिका में निर्वासित कर दिया है। उसे जीवन भर आदि से अन्त तक सौन्दर्य की हाट लगानी पड़ी, अपने हृदय की समस्त कोमल भावनाओं को कुचलकर आत्मसमर्पण की सारी इच्छाओं का गला घोंटकर रूप को क्रय-विक्रय करना पड़ा—और परिणाम में उसके हाथ आया निराश-हताश एकाकी अन्त।"

शृंखला की कड़ियाँ, पृ. 111-112 नारी-स्वाधीनता के प्रश्न पर (अमृतराय के अनुसार) महादेवी के विचार विज्ञान सम्मत रूप से समाजवाद से प्रभावित हैं।

वह गाँधी के कारण ही स्त्री शिक्षा के क्षेत्र में आयी थीं परन्तु गाँधीवाद में नारी को घर ही में सीमित रखने का जो आग्रह है उसे स्वीकार नहीं करती हैं। हालाँकि सन् 1920 में गाँधी ने अपने स्वर में परिवर्तन करते हुए महिलाओं को घर से निकलकर नागरिक अवज्ञा आन्दोलन में सम्मिलित होने की अपील की थी। परन्तु, घर के दायित्वों के प्रति आधुनिकाओं के विद्रोह को भी स्वीकार नहीं करतीं, वह बीच के रास्ते के पक्ष में हैं, जिसका मूलमन्त्र है :

"समाज को किसी-न-किसी दिन स्त्री के असन्तोष को सहानुभूति के साथ समझकर उसे ऐसा उत्तर देना होगा, जिसे पाकर वह अपने आपको उपेक्षित न माने और जो उसके मातृत्व के गौरव को अक्षुण्ण रखते हुए भी उसे नवीन युग की सन्देशवाहिका बना सकने में समर्थ हो।"

घर और बाहर दोनों ही स्त्री के कार्यक्षेत्र हैं, दोनों में परस्पर कोई विरोध नहीं है, वस्तुतः दोनों एक-दूसरे के पूरक हैं और यदि सन्तुलन के साथ दोनों को साथ लेकर चलने का प्रयत्न किया जाये तो थोड़े ही श्रम से इस दिशा में निश्चय ही सफलता मिल सकती है।

यह भारतीय स्त्री-विमर्श है और स्त्रियों की समस्याओं के स्पष्ट तथा गहराई से हल की तलाश है। महादेवी हमारे समय की एक महत्त्वपूर्ण फ़ेमिनिस्ट दार्शनिक के रूप में प्रतिष्ठित हैं और उनके समय से दो दशक पहले सरोजिनी नायडू तथा बेगम शाहनवाज़ की घोषणा के अनुरूप भारतीय स्त्रीवाद पश्चिमी स्त्रीवाद से अलग है, की पुनःप्रतिष्ठा है और दूसरी ओर भारतीय साहित्य के स्मरणीय स्वर समुदाय की भावना का समायोजन है।

वस्तुतः टैगोर की तरह महादेवी फिर और एक दफा स्पष्ट घोषणा कर देती हैं कि वास्तविक आधुनिकता मन की स्वाधीनता है और सबको लेकर विकसित होना है।

आज उनके जन्म के एक सौ से अधिक वर्षों बाद भी महादेवी इन सब विचारोंधाराओं के साथ दीपशिखा की भाँति ही प्रज्वलित हैं।

25

प्रभाकर माचवे : एक नहीं बहुत सारे व्यक्तित्वों का अथाह समुद्र

जन्मशती के अवसर पर किसी व्यक्ति विशेष पर कुछ लिखते हुए गुणादि पक्ष का ही अधिक वर्णन किया जाता है। परन्तु हृदय के झरोखे से जब किसी व्यक्ति की परख की जाती है और विशेष रूप से प्रभाकर माचवे जैसे व्यक्तित्व की पहचान की जाती है तब उनके गुणादि पक्ष का ही नहीं, उनके दूसरे पक्ष को उजागर करना भी आवश्यक हो जाता है। उदाहरण के रूप में अक्षय कुमार जैन ने उनके एक दूसरे पक्ष का उल्लेख किया है—

1. मन्दिर में जूता चोरी हो जाने पर दूसरे दिन माचवे जी एक फटा-पुराना जूता पहनकर मन्दिर जाते हैं और किसी और का एक अच्छा जूता पहनकर वापिस आ जाते हैं।
2. एक पत्रिका के सम्पादक द्वारा उनकी रचना पर महीनों पारिश्रमिक नहीं देने पर एक दिन उनके दफ़्तर से टाइप राइटर उठाकर चल देते हैं। यह एक ख़ास क़िस्म का एक्टिविज़्म है। कहीं कुछ ग़लत आपके साथ घटित होता है, उसका विरोध करने वाले लोग बहुत कम दिखाई देते हैं। माचवे इसके अपवाद थे।

प्रभाकर माचवे का स्मरण करते ही मन में जो बात पहले-पहल उठती है वह है उनकी अपूर्व विद्वत्ता की।

अंग्रेज़ी, हिन्दी, मराठी, गुजराती, उर्दू फर्राटे से बोल सकते थे। वे बहु-अध्ययनशील थे। अपनी आत्मकथा लिखने के लिए 100 के क़रीब आत्मकथाएँ पढ़ ली थीं। वे बहुश्रुत भी थे, यहाँ तक कि लोग उन्हें चलता-फिरता इनसाइक्लोपीडिया कहते थे। निन्दक कहते थे—He is not a writer but a Typewriter। एक ऋषि की तरह अध्ययन और लेखन के प्रति समर्पित थे। 4 वर्ष सचिव के रूप

में साहित्य अकादेमी में काम किया था और कुल मिलाकर इन 4 वर्षों में उन्हीं की ज़ुबानी 25,000 पत्र लिखे थे। 1000 पृष्ठों की नोटिंग की, मिनिस्टरों की घोस्ट राइटिंग की, और भी बहुत कुछ किया। मीटिंगों, संगोष्ठियों के सिलसिले में पता नहीं कितनी दफा सारे भारतवर्ष की परिक्रमा की थी। 1954 में साहित्य अकादेमी की स्थापना के कुछ महीनों के भीतर ही उनकी उप-सचिव के रूप में नियुक्ति हुई थी। उसी समय से विभिन्न भाषाओं के लेखकों से मिलना-जुलना शुरू हो गया था। उन दिनों विभिन्न भाषाओं में रचित भारतीय साहित्य का ज्ञान पाठकों को कम था—बाद में लघु पत्रिकाओं के फलस्वरूप 22 भाषाओं के बृहत् साहित्य से लोग परिचित होने लगे थे।

परिणामस्वरूप जब डॉ. माचवे केरल में जाकर कश्मीर के कवियों की बात करते या बंगाल में जाकर मराठी उपन्यासकारों की या हिन्दी जगत् में तमिल और तेलुगु की बात करते थे तो उनके श्रोता मन्त्रमुग्ध हो जाते थे।

ग्वालियर में 1917 में जन्म हुआ और शिक्षा-दीक्षा इन्दौर और आगरा में हुई। एम.ए. अंग्रेज़ी तथा दर्शनशास्त्र में प्रथम श्रेणी उत्तीर्ण किया। पीएच.डी. आगरा से की, डिग्री मिलने में छह वर्ष लग गये। कहानी लम्बी है। 20 साल की उम्र में माधव कॉलेज, उज्जैन में दर्शनशास्त्र के अध्यापक नियुक्त हुए। उनमें अध्यवसाय था। यदि चाहते तो दर्शनशास्त्र के विख्यात प्रोफ़ेसर बन सकते थे। परन्तु एम.ए. पास करते ही मज़दूर संघ के सचिव बनकर गुजरात जाकर लेवर मूवमेंट के साथ अपना सम्बन्ध जोड़ लिया। इंटक के सदस्य हो गये, परन्तु एक वर्ष में सब कुछ छोड़-छाड़कर वापस आ गये।

जब दर्शनशास्त्र का अध्ययन कर रहे थे तब पेंटिंग के विद्यार्थी बने। मक़बूल फ़िदा हुसैन, बेन्द्रे आदि उनके सहपाठी थे। मगर उसे भी छोड़ दिया, परन्तु स्केच बनाना नहीं छोड़ा। हज़ारों स्केच बनाये। उनके बारे में यह मशहूर था कि साहित्यिक गोष्ठियों में अपना भाषण दे देते थे—दर्जनों सन्दर्भों से भरा हुआ उनका भाषण होता था। लोग चमत्कृत हो जाते थे, फिर जब दूसरे बोलते थे तो वे स्केच बनाने लगते थे। दूसरों को सुनना उनके स्वभाव में नहीं था—दूसरे वक्ता बुरा इसीलिए नहीं मानते थे कि बाद में माचवे जी उनका स्केच उन्हें भेंट में दे देते थे।

17 वर्ष की उम्र में उनकी कविता माखनलाल चतुर्वेदी ने 'कर्मवीर' में प्रकाशित की थी। 18 साल की उम्र में प्रेमचन्द ने 'हंस' में पहली कहानी प्रकाशित की थी और 19 साल की उम्र में निराला ने 'सुधा' में उनका पहला लेख छापा, परन्तु बनना पड़ा दर्शन का अध्यापक माधव राव कॉलेज, उज्जैन

में—140 रुपये तनख्वाह। 4 साल वहाँ अंग्रेज़ी भी पढ़ायी। 11 साल बाद नौकरी छोड़ दी, पढ़ाने से नाता तोड़ दिया। परन्तु लिखना नहीं छोड़ा। हिन्दी के प्रति पूरे तौर पर समर्पित थे मगर हिन्दी के सम्पादकों को डल हेडेड एडिटर्स और पाठकों को सेमीलिटरेट रीडर्स कहते थे। जब 'विशाल भारत' में अज्ञेय ने 1938 में उनकी दो इम्प्रेशनिस्ट कविताएँ छापीं तो मध्यप्रदेश शासन साहित्य परिषद् में उनके बारे में कटु आलोचना की गयी—"माचवे ने कुछ कविताएँ लिखी हैं—मगर वे कूड़े के टोकरे में फेंकने लायक हैं।" जॉर्ज बर्नाॅर्ड शॉ के शब्दों को मोटो बना लिया—They say what they say let them say. मगर तीर मारना छोड़ा नहीं।

हिन्दी प्रोफ़ेसरों के बारे में कविता लिखी 'You scratch my back I will scratch yours'. उनकी पुस्तक 'समीक्षा की समीक्षा' हिन्दी के डॉन्स और दादाओं की कटु आलोचना थी और उसका परिणाम था कि हिन्दी के दो प्रोफ़ेसरों ने 1952 में जमा किये गये थीसिस को 6 साल तक रोके रखा और 1958 में उन्हें पीएच.डी की डिग्री मिली। तार सप्तक के कवि के रूप में उन्हें काफ़ी ख्याति मिली, लोकप्रिय बने। परन्तु 1966 में प्रकाशित इसके दूसरे पुनर्मुद्रण के समय माचवे जी ने अपने वक्तव्य में कहा था—

"जिस साहित्य में नये प्रयोग को प्रतिष्ठित होने में 20 वर्ष लगे, आज के वैज्ञानिक गतिप्रधान युग में उसके बारे में कुछ भी कहना व्यर्थ है।"

"मैं मानता हूँ कि प्रयोगवाद और नयी कविता के नाम पर बहुत बकवास छपता रहता है और उस पर अस्सी प्रतिशत चर्चा विशेषतया विश्वविद्यालयों में अज्ञान और पूर्वाग्रह से दूषित होती हैं या थोथे असंगत और बेमानी आक्षेप होते हैं।"

तार सप्तक के कवियों को लेकर एक बात उनके लिए बहुत ही पीड़ादायक थी यद्यपि उसके बारे में कहीं कुछ लिखा नहीं। नज़दीकी मित्रों को सिर्फ़ कहा, और वह थी कि उन्होंने अज्ञेय, भारतभूषण अग्रवाल, गिरिजा कुमार माथुर और मुक्तिबोध की कविताओं पर अपने लेखों, पुस्तकों और भाषणों में चर्चा की, स्पष्ट सम्मतियाँ दीं—परन्तु इनमें से किसी ने इनकी कविता पर एक पंक्ति भी नहीं लिखी।

मारुतिनन्दन पाठक द्वारा सम्पादित 'माचवे पर सौ लेखकों के दृष्टिकोण' में रामविलास शर्मा, विष्णु प्रभाकर, अमृता प्रीतम, त्रिलोचन आदि का उनकी साहित्यिक गतिविधियों पर लेख है। परन्तु तारसप्तक के इन छह कवियों का कहीं अता-पता नहीं है।

जबकि नागपुर रेडियो स्टेशन में काम करते हुए उन्होंने मुक्तिबोध को अनुवाद का काम दिया था और उस पर माचवे जी को इन्क्वायरी का सामना करना पड़ा था।

इन सबका परिणाम यह हुआ कि 1938 में जब उनकी दो इम्प्रेशनिस्ट कविताएँ प्रकाशित हुईं, वे अपने को हिन्दी के क़रीब महसूस करते थे, किन्तु 1966 में उनके मन में द्विभाषी होने की बात आती है। उन्होंने कहा कि हिन्दी के मठाधीशों ने कभी यह नहीं सोचा, शायद यह सोच उनके उथले ज़हन में आती भी नहीं कि एक अहिन्दी भाषी जब हिन्दी में रचना करता है तो अपने साथ एक भाव-विश्व, एक ख़ास संगत, एक तरह का अलग अन्दाज़ और ख़ुशबू भी लाता है—अनजाने।

इसके लिए उन्होंने कभी रियायत की माँग नहीं की परन्तु 'ओछेपन' का दर्द उनमें हमेशा बना रहा।

अहंमन्यता से अधिक वे बिटरनेस के शिकार थे। उनके नज़दीकी लोगों ने यदि उनके जीवन में कड़वाहट देखी तो दूसरी ओर उनका औलियापन, फक्कड़पन और उनका फ़क़ीराना अन्दाज़ भी देखा।

यह उनके मुक्त स्वभाव का परिणाम था—यह मुक्त स्वरूप भीतर की मुक्ति का प्रकट रूप है। यह मुक्त रूप तभी प्रकट होता है जब उसमें मानवीयता की गहराई हो, किसी प्रकार की रूढ़ि या पूर्वाग्रह न हो।

इससे उनके व्यक्तित्व के दो रूप प्रकट होते हैं :

फ़क़ीराना स्वभाव के कारण कहीं एक जगह स्थिर नहीं रह सके—दर्शनशास्त्र के प्रोफ़ेसर नहीं बनकर मज़दूर संघ के सचिव बने और फिर उसे छोड़कर अध्यापन में आये। माचवे जी महात्मा गाँधी के आश्रम में रहे मगर ऑर्थोडॉक्स गाँधीयन कभी बन नहीं सके। मार्क्सिस्टों के साथ उनका मेल-जोल बना रहा। बम्बई में पी.सी. जोशी के साथ समय बिताया, राहुल सांकृत्यायन को अपना मेंटर माना तथा गाइड भी मानते रहे।

प्रोग्रेसिव राइटर्स कॉन्फ्रेंस इलाहाबाद, 1947 में शिरकत की।

वात्स्यायन अज्ञेय के द्वारा आयोजित एंटी-फासिस्ट शॉर्ट स्टोरी का संग्रह 'संगीनों का साया'—1943 में अपनी कहानी प्रकाशित की। फिर भी कहते रहे कि मैं प्रोग्रेसिव रहा मगर हार्ड कोर कम्युनिस्ट मुझे 'साम्प्रदायिक' मानते थे।

11 साल बाद अध्यापन छोड़कर रेडियो ज्वाइन किया—वहाँ भी मन नहीं लगा। साहित्य अकादेमी में आये परन्तु उसका मुक़म्मल हिस्सा बन नहीं सके। आगे चलकर इस पर बात करेंगे।

एक साहित्यिक विधा में रुके नहीं—कविता, उपन्यास, कहानी, नाटक, व्यंग्य, आलोचना, यात्रावृत्त, जीवनी, शब्द-चित्र, संस्मरण, रिपोर्ताज आदि विभिन्न विधाओं में प्रयोग करते रहे—फिर एक ही विधा में न रुके रहने का आक्षेप भी रहा—व्यक्तित्व का दूसरा रूप वैपरीत्य से भरा हुआ था। उनका व्यक्तित्व जिसकी व्याख्या करते हुए वे स्वयं कहते हैं कि यह मेरा व्यक्तित्व विरोधाभासात्मक होते हुए भी विरोधों का अनुपूरक भी है।

माचवे जी ने डॉ. बैट्टे हेनमैन को उद्धृत करते हुए कहा कि व्यक्तित्व के वैपरीत्य यानी अपोजिट की व्याख्या कॉन्ट्रास्ट और कॉम्प्लीमेंट्स के रूप में की जानी चाहिए।

इसे विपरीत वस्तुओं की अनुपूरकता नहीं कहकर, जो चीन और भारत के दर्शनों की एक महत्त्वपूर्ण कड़ी है, कॉन्ट्रास्टिव ऑर कॉम्प्लीमेंटरी के रूप में ग्रहण किया। अपोजिट 'अभिमुख', काउंटर फेस 'सम्मुख' और फारवर्ड एंड बैकवर्ड मोशन यानी दो विपरीत वस्तुएँ जब एक-दूसरे का सामना करती हैं तो कभी कॉन्ट्रास्ट बना रहता है, नहीं तो उनमें अनुपूरकता दिखायी पड़ती है।

माचवे जी का जीवन एक ऐसा ही जीवन रहा है—सेल्फ़ इफ़ेसिंग, सेल्फ़ सर्चिंग। उन्होंने यह बात अपनी आत्मजीवनी में कही है—मगर स्व का विलय करने वाले वे मनुष्य नहीं थे—स्व का विस्तार करना ही उनका जीवनधर्म था—और उनकी अपनी क़ाबिलियत थी, लोग उनसे प्रभावित होते थे।

यह अफ़ीम का नशा होता है—हाँ उनका जीवन सेल्फ़ सर्चिंग एक्सरसाइज अवश्य रहा है और इस स्व अन्वेषण की व्याख्या करते हुए वे कहते हैं मुझे पता ही नहीं कि मेरे स्व में कितने 'अल्टर इगो' मुझे छिपाकर रखने पड़े हैं।

एक ही व्यक्तित्व के एक रूप, दो रूप, तीन रूप, पता नहीं कितने और रूप होते हैं। इन 'अल्टर इगो' को लेकर वह जीता है।

बाउल गीत की एक पंक्ति है—

ओ मोर मन जानो ना
तोमार घरे बसत करे कहू जाना—
ओ मेरे मन तू जानता ही नहीं है,
तेरे घर में कितने लोग बसते हैं।

डॉ. माचवे ने इसी को स्पष्ट करते हुए वॉल्ट विह्टमैन को उद्धृत किया है। I contain multitudes—मैं अनेकों के साथ जीता हूँ। शायद इसी कारण मेरे स्व का सही परिचय मुझे कभी नहीं मिला—उनके भीतर बसे हुए अनेकों की भीड़ में अपने को खोया हुआ महसूस किया है। इसीलिए कहा था कि मैंने ग़लती से

अपनी जीवनी का नाम दिया है From self to self जबकि होना चाहिए था–Self lost and found. कहने का कारण है कि उन्हें लगा कि जीवन के अन्तिम दिनों में अपने सेल्फ़ को transcend कर पाये थे। मेरी दृष्टि में शीर्षक होना चाहिए था–The literary Hero and the lost Hero. माचवे जी कहते थे कि मुझे लगता है कि मैं जंगल का एक दरख़्त हूँ–बुद्ध ने कहा था, पेड़ों को मत काटो, जंगल को काटो, जंगल ही आप में भय पैदा करता है।

बहुत सारे अल्टर इगो के साथ जब आप रहते हैं तब आपके स्व की पहचान स्वयं आप कर नहीं पाते हैं–इसीलिए भगवान बुद्ध का कहना है कि जंगल को काटो, अल्टर इगो को भुला दो–तभी आप अपना सही परिचय जान पायेंगे।

जीवन के फॉर्मेटिव दिनों में माचवे जी की अदम्य इच्छा थी कि वे हिन्दी के एक बड़े लेखक बनें–इस दिशा में उन्हें काफ़ी सफलता मिली है–उनका रचना-संसार सुविशाल है।

माचवे जी सत्यवादी, स्पष्टवादी थे, इसीलिए बुधजन विरोधी पाये जाते हैं। परन्तु माचवे में पहले-पहल दुख-दर्द, आलोचना, कटुता, उलाहना से जूझने की शक्ति थी। कहते थे बीज धरती से लड़कर, अन्धकार से निकलकर सूरज के प्रकाश को पाता है।

Umbilical cord को काटे बिना बच्चा ज़िन्दा बच नहीं पाता। सचमुच एक लिटरेरी हीरो की तरह उन्होंने साहित्य-जगत् में अपना स्थान बनाया, लड़ाई की।

विरोधियों को लगा कि उन्हें फूँक मारकर उड़ाया नहीं जा सकता–वह अपनी ज़मीन पर डटे रह सकते हैं।

कदाचित गाँधी के प्रति उनके आकर्षण का यह परिणाम था कि वे अपनी विरोधी ताक़तों का सामना कर सकते थे।

परन्तु उनके विरोध की भाषा गाँधी की तरह मानवीयता वाली नहीं थी, खुरदुरापन और आक्षेपों से जुड़ी भाषा थी।

इसीलिए कहना पड़ता है कि गाँधी के प्रति आकर्षण था परन्तु समर्पण का भाव नहीं था–यह भाव कुछ दिनों के लिए उनमें दिखाई पड़ा था, परन्तु इस भाव के आने के पीछे एक लड़की थी।

माधव कॉलेज, उज्जैन में, जहाँ 20-21 साल के माचवे पढ़ाते थे–उसके पास ही एक को-ऑपरेटिव बैंक था जिसको कोई मिस्टर प्रकाश पारेख चलाते थे–1939 की बात है, उनके घर में प्रभाकर माचवे को एक लड़की देखने को मिली जो अतिथि के रूप में पारेख के घर में आयी थी।

माचवे की नज़र में सब लड़कियों से वह अलग दिखी—उसकी कोई साज-सजावट नहीं थी फिर भी उसमें एक ख़ास आकर्षण था।

स्वाभाविक लग रही थी फिर भी उसमें एक सॉफ़िस्टिकेटेड भाव था।

उसने एक नीले रंग की हाथ से सूत कती खद्दर की साड़ी पहनी हुई थी—माचवे को लगा कोई बंगाली लड़की होगी और पारेख को पूछने पर पता लगा कि गाँधी जी के साथ रहने वाले एक राजनीतिक कर्मचारी की अनाथ लड़की है, जिसकी माँ एक साल की उम्र में ही चल बसी थी।

वह यहाँ चचेरी बहन के साथ वर्धा में पढ़ती है। माचवे जी कहते हैं कि मैं उसके मासूम मगर साहसिक चेहरे को भूल नहीं सका, सविनयी मगर निर्भीक चेहरे को भूल नहीं सका।

मगर अदृष्ट के खेल का किसे क्या पता कि एक दिन वह मेरी जीवन-संगिनी बनेगी। इसके छह महीने बाद पारेख के कहने पर दिसम्बर के महीने में माचवे सेवाग्राम गये—बिना पर्दे के एक मुसलमान लड़की ज़ोहरा ने उन्हें खाना खिलाया—रोटी, उबली सब्ज़ी और दूध। दूसरे दिन पारेख के रिश्तेदार के साथ सुबह गाँधी जी की कुटिया में गये (26.12.39)। जहाँ अमृत कौर क्रिश्चियन हिमस् की बड़ी भावपूर्ण आवृत्ति कर रही थीं। वह दिन माचवे का जन्मदिन था।

सुशीला नायर और कस्तूरबा ने तुलसी रामायण का पाठ किया।

एक जापानी बौद्ध ने बौद्ध प्रार्थना और मॉरिस फ्रिडमैन ने गीता का पाठ किया।

दोपहर गाँधी जी ने माचवे को बुलाया और बातचीत के बाद अमृत कौर को कहा—

"मुझे दूल्हा पसन्द है"— फिर पूछा, "क्या उसने शरद को देखा है—शरद को भी स्वीकृति देनी है, तुम्हें भी आश्रम जीवन से परिचित होना है।"

"तुम्हें इस ज़िन्दगी से समझौता करना होगा। क्या तुम खद्दर पहन सकोगे?

"तुम्हें जिन्हें हिन्दी नहीं आती उन्हें हिन्दी सिखानी होगी। यह एक राष्ट्रीय कृत्य होगा।" यह सब बिजली की कौंध की तरह 10 मिनट में घटित हो गया। लड़की ने हामी भर दी, शादी पक्की हो गयी। चौथे दिन सेवाग्राम से माचवे चले आये और उसके बाद पत्राचार शुरू हुआ। गर्मी की छुट्टी माचवे ने सेवाग्राम में बितायी। माचवे का आश्रम के जमाता के रूप में एक अलग ही परिचय था। 8 नवम्बर 1940 में वैदिक प्रणाली से बापू जी की कुटिया के पीछे विवाह सम्पन्न हुआ। गाँधी जी ने अपने हाथ से काते 108 सूत के धागे उपहार में दिये। कस्तूरबा ने अपने हाथ से काते हुए धागे से बनी साड़ी उपहार में दी।

पालक का एक पत्ता गाँधी जी ने वर-वधू को दिया। मिठाई बनाने की मनाही थी। फिर भी कस्तूरबा ने आटे और गुड़ से बनी गुड़पापड़ी सबको खिलायी। शादी में कुल ख़र्च हुआ नौ आने–लगभग चौवन पैसे।

परन्तु माचवे मुक़म्मल गाँधीवादी नहीं बन सके। आश्रम में रहना स्वीकार नहीं था। आश्रमवासियों को हिन्दी नहीं सिखायी। हाँ खद्दर पहना परन्तु हमेशा नहीं। मार्क्सवाद के प्रति उनका विशेष रुझान था मगर अपनी आत्मजीवनी में कहते हैं कि गाँधीवादी होने के बावजूद मुझे लोग कम्युनिस्ट मानते थे। उन्हें स्वयं नहीं मालूम था कि उनमें विरोधाभास है, contradiction है। एक उदाहरण है, कॉलेज की नौकरी छोड़ने का एक जगह कारण लिखा कि सन् 1948 में जब उन्हें पता लगा कि सिन्धिया परिवार के एक सदस्य की पिस्तौल से गाँधी की मृत्यु हुई है तो उन्होंने माधवराव कॉलेज की नौकरी छोड़ दी। अपनी आत्मजीवनी में और एक जगह लिखा–जहाँ उनका कॉलेज था, उज्जैन के मेरे घर में लेखकों, मित्रों, कामरेडों का ताँता लगा रहता था। तनख़्वाह भी ज़्यादा नहीं थी। मेरी पत्नी उनके लिए खाना बनाते, चाय देते हुए तंग आ गयी थी। उसकी हेल्थ पर असर पड़ रहा था। तब मैंने नौकरी छोड़ने का निश्चय किया।

इस विरोधाभास के कारण उन्हें लेकर गाँधीवादी और मार्क्सवादियों का झगड़ा बना रहा। उनमें एक ज़बरदस्त बेचैनी थी। इसीलिए विरोधाभास ग्रस्त हो गये थे। गुणवादी से अधिक दोषवादी बन गये। अपने जीवन को लेकर एक कड़ुवाहट थी। शायद इसीलिए–'विद्या ददाति विनियम्' उनमें नहीं था। खरी-खोटी सुनाते थे, खरी-खोटी सुनते भी रहे जीवनभर। साहित्य अकादेमी की नौकरी के कारण उन्हें सारे भारतवर्ष में अपूर्व ख्याति मिली परन्तु साथ ही गहरा मानसिक सदमा भी मिला जिससे उभर पाये जब 1979 में सीताराम सेकसरिया के निमन्त्रण पर उन्होंने भारतीय भाषा परिषद् के निदेशक के रूप में कलकत्ते में आकर पदभार ग्रहण किया और छह वर्षों तक काम किया।

साहित्य अकादेमी के एक्ज़िक्यूटिव सदस्य मामा बरेरकर, अनन्दा शंकर राय, बनारसीदास चतुर्वेदी और जैनेन्द्र जैन की सिफ़ारिश से 2 जून, 1954 में पं. नेहरू ने उन्हें बुलावा भेजा। वे साहित्य अकादेमी के प्रेसीडेंट थे। कृष्णा कृपलानी उन्हें लेकर एक्सटर्नल अफेयर्स मिनिस्ट्री के दफ्तर में पहुँचे। नेहरू ने आधे घण्टे तक उनका इंटरव्यू लिया।

दूसरे दिन साहित्य अकादेमी के वाइस प्रेसीडेंट डॉ. एस. राधाकृष्णन से उनकी बातचीत हुई और मार्च 1954 में साहित्य अकादेमी की स्थापना के कुछ

महीनों के भीतर ही उन्होंने असिस्टेंट सेक्रेटरी के रूप में साहित्य अकादेमी की नौकरी शुरू की।

कृष्णा कृपलानी के अवकाश लेने पर 1971 में माचवे ने साहित्य अकादेमी के सचिव का पद सँभाला। माचवे कहते हैं कि साहित्य अकादेमी की नौकरी उन्होंने एक मिशन के रूप में की और साथ में ही कहते हैं कि मैं एक फूलिश ऑडियोलिस्ट था। साहित्य अकादेमी के लिए 9 पुस्तकें लिखीं, जिनमें उनके द्वारा लिखे गये विनिबन्ध (मोनोग्राफ) कबीर का भी उल्लेख होता है। कबीर के कारण हिन्दी जगत् में उनकी साख काफ़ी गिरी। कटु आलोचना हुई। यहाँ तक कि विनम्रता की प्रतिमूर्ति श्री हज़ारी प्रसाद द्विवेदी ने भी कहा था कि उन्हें यह पुस्तक लिखनी नहीं चाहिए थी।

उनके शब्दों में साहित्य अकादेमी के लिए देशभर के लेखकों की सद्‌भावना प्राप्त की मगर उसका परिणाम क्या हुआ? कृपलानी 64 साल की उम्र में रिटायर हुए उन्हें 58 साल की उम्र में रिटायर कर दिया गया। एक्ज़िक्यूटिव बोर्ड की मीटिंग में केवल शिवमंगल सिंह ने कहा कि माचवे हमें छोड़कर जा रहे हैं। Should we not pass a formal note of thanks? माचवे के अनुसार उनके वक्तव्य को इमोशनल आउट बर्स्ट ऑफ़ ए पर्सनल फ्रेंड के रूप में लिया गया। अन्ततः मुझे धन्यवाद देते हुए कोई रिज़ाल्यूशन नहीं लिया गया। मीटिंग के बाद मुझे गुडबाय कहने कोई सदस्य मेरे कमरे में नहीं आया। मैं व्यर्थ अपने बड़े से कमरे में बैठा इन्तज़ार करता रहा, मगर कोई मुझसे मिलने नहीं आया।

मुझे अकेले बड़े कमरे में टँगे—गाँधी, नेहरू, टैगोर के चित्रों को देखते हुए टी.एस. इलियट की पंक्तियाँ याद आयीं—This is the way the world ends not with a bang but with a whimper. कहते तो रहे, I left the organasation not with any sense of regret and sorrow, मगर उनके वक्तव्यों में उनका यह भाव कहीं झलकता नहीं।

आत्मजीवनी में लिखा है कि 21 साल काम करने के बाद जब मैंने अकादेमी छोड़ी तो मैं पूरी तरह डिजक्टेड और निराश था। जीवन के अन्तिम दिनों तक वे साहित्य अकादेमी की आलोचना करते रहे। कहते थे कि साहित्य अकादेमी में तो पक्षधरता या राजनीतिक दृष्टि से प्रेरित रेवड़ी बाँटने का सिलसिला शुरू हो गया है। ऐसी-ऐसी बातें होने लगीं जिनको पहले सपने में भी सोचा नहीं जा सकता था। और एक स्थान पर कहा अगर मैं अपना मुँह खोलूँ तो लेखकों की सारी इमेज मटियामेट हो जायेगी। इस तरह की कड़वाहट का क्या कोई उत्तर है। सम्पादन कला में सिद्धहस्त, अपूर्व स्मरणशक्ति, अकादेमिक आयोजनों में

अतुलनीय, सारे विश्वभर में फैली मित्र मण्डली, तार सप्तक के कवि, उपन्यास और कहानीकार, गज़ब के वक्ता, कितनी ही भाषाओं में पूर्ण अधिकार के होते हुए भी उनकी कडुवाहट की एक ही व्याख्या हो सकती है। अरस्तू के शब्दों में, वह hamartia के शिकार थे जिसे मानवीय दुर्बलता कहते हैं।

साहित्य अकादेमी छोड़ने के बाद दो वर्ष उच्च अध्ययन संस्थान शिमला में फैलो रहे, कन्हैयालाल मुंशी हिन्दी तथा भाषा विज्ञान संस्थान आगरा, कश्मीर यूनिवर्सिटी, श्रीनगर में विज़िटिंग प्रोफ़ेसर के रूप में काम किया और फिर श्री सीताराम सेकसरिया के आमन्त्रण पर भारतीय भाषा परिषद् संस्थान के प्रथम निदेशक बनकर कलकत्ते में 1979 से 1985, छह वर्षों तक काम किया।

हर चीज़ को गहराई से समझने वाले परिषद् के अध्यक्ष सेकसरिया ने उन्हें खुली छूट दे रखी थी। उन्हें स्वतन्त्र होकर काम करने का अवसर मिला। यह छह साल उनके जीवन का स्वर्ण युग था।

प्रेमचन्द शताब्दी, पराड़कर शताब्दी, उत्कल साहित्य गोष्ठी, गीत गोविन्द संगोष्ठी कई महत्त्वपूर्ण आयोजन किये। भारतीय भाषाओं के कवियों की चुनी हुई 101 कविताओं का हिन्दी अनुवाद 'शतदल' के नाम से प्रकाशित किया। छह भाषाओं के 61 उपन्यासों का कथासार प्रकाशित हुआ। गीत गोविन्द संगोष्ठी के पेपर प्रकाशित किये। 'वचनोद्यान'–कन्नड़ से अनूदित पुरस्कृत कविता की पुस्तक प्रकाशित की। डॉ. धीरेन्द्र वर्मा और डॉ. उदयनारायण तिवारी के भाषणों को 'हिन्दी की भूमिका' के नाम से प्रकाशित किया। हज़ारी प्रसाद द्विवेदी व्याख्यान माला आदि कई व्याख्यान माला शुरू कीं। बंगला, गुजराती, हिन्दी और दक्षिण की किसी एक भाषा में लिखी गयी मौलिक पुस्तक पर पुरस्कार और तीन पुरस्कार अनुवाद पर दिये जाने लगे। और इन सबकी ख़बर अख़बार में प्रकाशित उनके स्तम्भ 'कलकत्ता की चिट्ठी' में मिलती रही। 'सन्दर्भ भारती' नाम की त्रैमासिक पत्रिका हिन्दी में और 'परिषद् समाचार' नामक मासिक पत्रिका बंगला में प्रकाशित करना शुरू किया।

यह सचमुच सेकसरिया जी का विज़न था कि वे भारतीय भाषा परिषद् को सचमुच भारतीय भाषा परिषद् बनाना चाहते थे और उन्हें इस दिशा में पूर्ण रूप से माचवे जी का सहयोग मिला।

मैंने जैसा कहा कि यह उनके जीवन का स्वर्ण युग था। सेकसरिया जी ने उन्हें खुली छूट और खुला परिवेश दिया था जिसके परिणामस्वरूप रवीन्द्रनाथ के शब्दों में, जिसे माचवे जी ने अपनी जीवन स्मृति में उद्धृत किया है–जीवन की तेज़ धार में बहते हुए सदा ही जो बोझ एक हाथ से उठाया जाता है वही बोझ

दूसरे हाथ में उतारकर शून्य हो जाना होता है। माचबे जी का जो कुछ भी ज्ञान था, सामर्थ्य थी उसे उन्होंने परिषद् को दिया और हल्के होकर छह साल के बाद एक दिन यहाँ से चले गये।

जीचनेर खर स्रोत भासिया
सदा एक हाटे लोये बांझा
शून्य करे दाय अन्यहाटे।

और साथ ही परिषद् के लिए स्मृतियों का एक विशाल भण्डार शेष रह गया।

26

मेघदूत

29 वर्ष की उम्र में रवीन्द्रनाथ ठाकुर ने 'मेघदूत' कविता लिखी जो 'मानसी' में संकलित हुई। यह सन् 1890 का समय था। फिर 48 वर्ष तक यानी 1938 तक अपनी रचनाओं में उन्होंने नाना ढंग से मेघदूत का ज़िक्र किया है।

चिट्ठी-पत्री में मेघदूत का पहला उल्लेख सन् 1890 में ही हुआ था। मेघदूत निबन्ध रचा गया 1892 में। फिर 1896 में एक सॉनेट मेघदूत के नाम से प्रकाशित हुआ। उसके उपरान्त '99 वर्ष' और 'बाडो कथा' (बेकार की बात) एक निबन्ध 1902 में प्रकाशित हुए जिनमें कालिदास के मेघदूत की महत्त्वपूर्ण भूमिका रही। उसके बाद एक छोटी कथा 'मेघदूत' सन् 1922 में 'लिपिका' में प्रकाशित हुई। फिर इसी विषयवस्तु को लेकर सन् 1932, 1933 तथा 1938 में तीन कविताएँ प्रकाशित हुईं–'विच्छेद', 'यक्ष' और 'फिर यक्ष' नाम से और एक कविता।

मेघदूत कविता की रचना के समय रवीन्द्रनाथ ठाकुर ने एक चिट्ठी प्रमथ चौधुरी को लिखी थी। उनका कहना था :

वर्ष-मुखरित दोपहर के निर्जन अवकाश में कालिदास के मेघदूत को पढ़ते हुए उनका मन उदास हो गया था। ऐसा लगा मानो काल रुक गया है। इच्छा हुई कालिदास के युग में वापिस जाने की–फिर कहा कि उस युग के समस्त नद-नदी-नगर-जनपद के नाम कितने श्रुतिमधुर हैं। कवि कल्पना के पंख फैलाकर रेवा, शिप्रा, वेत्रवती, गम्भीरा, निर्विन्ध्या, चित्रकूट, आम्रकूट, विन्ध्य, दशार्ण, विदिशा, अवन्ती, उज्जयिनी की यात्रा करते हैं और यक्ष के विरह के साथ अपनी वेदना को जोड़ने की बात करते हैं।

मगर सवाल है कि मेघदूत में विरह क्या इतना तीव्र है कि मन उदास हो जाता है–या मेघदूत के व्याज से यह रवीन्द्र की अपने द्वारा संरचित रोमानी दुःखवाद की अभिव्यक्ति है।

यह बात सही है कि भारतीय साहित्यिक परम्परा में वर्षा के साथ प्रेम और विरह का एक अविच्छेद्य सम्बन्ध स्थापित हो गया है और इसमें मेघदूत का प्रभाव मौजूद है। परन्तु कदाचित् इस काव्य में विरह और वर्षा का आवेग उतनी गहराई से प्रकट नहीं होता है। बुद्धदेव बसु ने इसी बात को स्पष्ट करते हुए लिखा है कि कवि पहले श्लोक में यक्ष की वर्तमान और प्राक्तन अवस्था को जताते हुए बिना किसी विलम्ब के दूसरे श्लोक में मेघ को आविर्भूत करते हैं, तीसरे, चौथे और पाँचवें श्लोक में यक्ष की वेदना, चिन्ता और संकल्प का उल्लेख है और छठे श्लोक से यक्ष अपना आवेदन प्रस्तुत करने लगता है। यक्ष का भाषण पूर्वमेघ के अन्तिम श्लोक में समाप्त होता है। मेघ अपना दीर्घ रास्ता नापते हुए, अलका का प्रदर्शन कर, यक्षप्रिया का अवलोकन और फिर यक्ष की वार्ता सुनाकर जब अपना कर्तव्य समाप्त करता है तब केवल तीन श्लोक बाक़ी रह जाते हैं–तीन श्लोकों में यक्ष फिर अपना आवेदन प्रस्तुत करता है और एक संहत तथा विषयसम्मत स्वस्तिवाचन के साथ काव्य समाप्त होता है। इसमें लिरिक का आभास है, नाटकीय विन्यास है, एक रसान्वित भ्रमण कहानी का आस्वाद है। इस काव्य में एक नाटकीय चित्र रचना है। इसमें एक वक्ता है और दूसरा श्रोता–उत्तरमेघ में पात्रों में कुछ हेरफेर होता है–मेघ वक्ता और यक्षप्रिया श्रोता। फिर यवनिका के गिरने से पहले यक्ष सीधे अपनी पत्नी को वार्ता सुनाता है, फिर दृश्य बदलता है अलका से रामगिरि पहुँच जाते हैं हम। यक्षप्रिया को उत्सर्गित 17 श्लोकों में हम रंगमंच पर मूक अभिनय का आस्वाद लेते हैं–नायिका के नाना रूप एक के बाद एक उभरकर सामने उपस्थित होते हैं–दिन में काम करती हुई, रात को उनींदी और नींद में, बादल की ओर उसके देखने का तरीक़ा, कैसे वह सुनेगी बात मेघ से। बिल्कुल चीनी तस्वीर की तरह एक के बाद एक चित्र से सज्जित पूरा चित्रपट। कहने को इसकी संरचना पिरामिड की तरह है–नीचे भौगोलिक विवरण, बीच में अलका और चोटी पर एक नारी मूर्ति। काव्य की यह चित्रात्मकता हमें आकर्षित करती है नहीं तो यक्ष पत्नी विरह से कोई ख़ास कातर दिखायी नहीं देता। वह दुबला हो गया है और उसका सिर काम नहीं कर रहा है–यह बात हमें कही गयी मगर उसके व्यवहार में अप्रकृतिस्थता कहीं नहीं दिखायी पड़ती। वरन् एक विचक्षण, सुबुद्धि सम्पन्न, व्यावहारिक व्यक्ति से हमारा परिचय होता है। कालिदास ने कहा है–कामार्ता हि प्रकृति कृपणाश्चेतनाचेतनेषु–मगर यह कालिदास की बात है। नहीं तो उसमें प्रेमी की कोई उन्माद स्थिति नहीं है। वह पूर्ण रूप से राज परिषद् और संसारधर्मी व्यक्ति लगता है। अर्थ और काम में वह सिद्ध है। मेघ के प्रति उसके आवेदन में

कहीं प्रलाप नहीं चाटुवाक्य, नीतिवाक्य, अनुनय, प्रलोभन, विवेचना और मुकम्मल पथ का निर्देश है। पहले वह कुटज फूल से मेघ के प्रति अर्घ्य प्रदान करता है। छठे श्लोक में चाटुवाक्य, सातवें में गन्तव्य का उल्लेख, 8वें, 9वें, 11वें में प्रलोभन (रास्ते में स्त्रियों की दृष्टि, बलाका की सेवा, राजहंस का साथ), 12वें तथा 13वें में सद्विवेचना (रास्ते में विश्राम और जलपान की व्यवस्था), 14वें में दिङ्निर्णय। फिर 16वें से पूर्वमेघ के अन्त तक पथ निर्देश और भौगोलिक विवरण। उत्तरमेघ में 65-77 तक अलका वर्णन, 78-83 तक यक्ष के भवन का वर्णन। 85 में यक्षप्रिया का स्वभावी रूप। 86-100 तक उसका वर्तमान विरह क्लिष्ट रूप। फिर 102, 4 तथा 6 में मेघ की आत्मघोषणा, फिर 107-13 तक यक्ष की वार्ता और 114-15 में यक्ष का अभिज्ञान। 117 में फिर चाटुवाक्य और नीतिवाक्य। तथा 118 आशीर्वचन। सब कुछ गणित निर्भर व्यवस्था सापेक्ष है।

यह कैसा विरही है? जो अपने लक्ष्य के प्रति तन्मय नहीं है, दूत को जल्दी जाने के लिए न कहकर आम्रकूट पर्वत, नीचै पर्वत, उज्जयिनी की भवन-वल्लभी, कनखल के समीप हिमाचल और कैलाश में उसके विश्राम की व्यवस्था करता है। मेघ के प्रमोद की व्यवस्था भी करता है। हमें ऐसा लगता है कि यक्ष की अवस्था में दुःख की तीव्रता का कोई कारण नहीं है—आठ मास बीत चुके हैं, चार मास रह गये हैं, पुनर्मिलन के बारे में वह निश्चिन्त है। रामगिरि छायास्निग्ध और वास के योग्य है। पत्नी का विरह उसके एकमात्र दुःख का कारण है मगर क्या उसकी उक्ति में विद्यापति की कविता में अन्तर्निहित आवेग का उदाहरण मिलता है। जैसे—ए-भरा बादर, माह भादर शून्य मन्दिर मोर।

यह पंक्तियाँ कहते ही सारा आकाश वेदना से गूँजने लगता है। आदिगन्त विरह के ऊपर बारिश की धारा बहती दिखायी पड़ती है। यह वेदना किसी निर्दिष्ट व्यक्ति के लिए नहीं जिसके आने पर मेरा मन्दिर भर जायेगा उसे तो मैं नहीं पहचानता—इसमें इसी की ध्वनि है।

मेघदूत में से रवीन्द्रनाथ ठाकुर इसी प्रकार का एक अर्थ निकालते हैं। आदिगति फैली हुई विरह भावना। बुद्धदेव बाबू कहते हैं कि यक्ष की विरह-उक्ति वास्तव सम्भाव्यता पर निर्भर है। वह कहता है मैं कल्पना में अपनी देह को तुम्हारी देह के साथ मिलाता हूँ तथा—

आलिङ्ग्यन्ते गुणवति मया ते तुषाराद्रिवाताः।
पूर्वं स्पृष्टं यदि किल भवेदंग मेभिरस्तवेति।।

और शिला पर तुम्हारी तस्वीर अंकित कर उसके चरणों पर अपने को लुटाना चाहता हूँ। परन्तु रवीन्द्रनाथ इस ढंग से सोचना नहीं चाहते।

उनके अनुसार मेघदूत के यक्ष का विरह निखिल विरही मन का विरह है। यह किसी काल से भी सम्बन्धित नहीं। चिरकाल से मिलन की चाह है इसीलिए यह चिर विरह है। रवीन्द्रनाथ ठाकुर का कहना है कि मेघदूत की रचना कर कालिदास ने चिरकाल के विरह को ही स्वर दिया है। एक दिन जब उज्जयिनी के प्रासाद शिखर पर काले बादल छा गये थे, बिजली कौंधने लगी थी, हवा तेज बहने लगी, बादलों के गरजने की आवाज सुनायी दी–उस आवाज़ ने हज़ारों वर्ष के अन्तर्गूढ़ वाष्पाकुल विच्छेद क्रन्दन को जगा दिया था–काल का बन्धन टूट गया–और चिरकाल की रुँधी हुई आँसुओं की धार बह चली।

यक्ष को सान्त्वना थी, 4 महीने के बाद प्रियतम के साथ मिलन होगा परन्तु आज के कवि के लिए इस लोक से विरह के स्वर्गलोक में पहुँचना क्या सम्भव है। ध्यान दीजिए, रवीन्द्रनाथ के लिए मेघदूत में वर्णित भूलोक और अलका अपार्थिव मायावती का रूप धारण कर चुका है। कौन जानना चाहता है कि कहाँ है सानुमान आम्रकूट, रेवा नदी, वेत्रवती के किनारे दशार्ण गाँव, केतकी की बेड़, गर्मी से सतायी हुई बादलों की छाया के लिए वनांगनाओं की व्याकुलता, अवन्तीपुरी, भ्रुविलासशिक्षाहीन नारियाँ, उज्जयिनी प्रासाद शिखर पर सोये हुए पारावत, राजपथ पर बिजली के कभी-कभी चमकते हुए प्रकाश में जाती हुई अभिसारिकाएँ, सौन्दर्य की आदि सृष्टि अलका, एकाकिनी विरहिनी नारी। कवि को तो केवल तेज़ वर्षा में अरण्य का हाहाकार सुनायी दे रहा है और बिजली की टेढ़ी हँसी दिखाई दे रही है। हँसी टेढ़ी क्योंकि पता नहीं किस कुबेर के शाप से पृथ्वी के नर-नारी विरह समुद्र पार निर्वासित हो चुके हैं–उनके प्रेम के प्रकट होने का कोई रास्ता नहीं मिल रहा है :

भाबितेछि अर्धरात्रि अनिद्रनयान।
के दिये छे हेन शाप केन व्यवधान।
केन ऊर्ध्वे चेये काँदे रूद्ध मनोरथ।
केन प्रेम आपनार नाहि पाय पथ।

दरअसल 19वीं शती में यूरोपियों से संस्कृत विद्या हमें वापिस मिली मगर इतिहास के रूप में या भाषातत्त्व के रूप में या फिर धर्मतत्त्व के रूप में–उसमें कहीं सप्राण साहित्यिक अन्तर्दृष्टि नहीं दिखायी पड़ी। विल्सन के मेघदूत का अनुवाद और टीका पढ़ने से ऐसा लगता है कि वे भारत के भूगोल, जलवायु, पशु-पक्षी, उद्भिद के बारे में परिचय देना चाहते थे और अपने लोगों को कहना चाहते थे कि भारतीय बर्बर नहीं हैं। इसलिए संस्कृत साहित्य के पुनः आविष्कार के समय बल था तथ्यों की ओर रस की ओर नहीं, विश्लेषधर्मी विज्ञान की ओर संश्लेषधर्मी

उपलब्धि की ओर नहीं। उस समय रचित संस्कृत साहित्य के इतिहास में काल निर्णय, तथ्य विचार, ग्रन्थादि की तालिका ही अधिक है, आलोचनात्मक विश्लेषण नहीं। भाषा भले ही मृत हो मगर उसका साहित्य जीवन्त है इसका अहसास नहीं हो सका। विश्व भावना के अंगरूप में संस्कृत चर्चा विस्तार नहीं पा सकी। विल्सन ने मेघदूत की टीका में पश्चिमी काव्य से नाना तुलनात्मक उद्धरण प्रस्तुत किये मगर जड़ वस्तु की तरह दोनों साहित्य पास-पास दिखायी अवश्य दिये मगर उनमें अन्तर्वेशन (interpenetration) नहीं दिखाई दिया। ऐसे समय 19वीं शती के भारतीय लेखकों में राष्ट्रवाद की नयी चेतना के प्रसारस्वरूप पुनरुत्थानवादी दृष्टि का विकास हुआ और लुप्त तपोवन के जयगान के रूप में संस्कृत चर्चा शुरू हुई।

बंगला में हर प्रसाद शास्त्री ने 1902 में मेघदूत की व्याख्या प्रकाशित की—9 साल पहले यह 'बंगदर्शन' में प्रकाशित हो चुकी थी। यक्ष का निर्वासन सामाजिक विधि नियमों का पालन है इस पर ज़ोर देते हुए करुण-विप्रलम्भ रसादि की व्याख्या हुई है। रवीन्द्रनाथ पहले लेखक थे जिन्होंने कालिदास को नयी दृष्टि से समझने का सफल प्रयत्न किया। Romantic individualism तथा Modern self consciousness की सहायता से उन्होंने कालिदास की Impressionistic व्याख्या की। व्यक्ति के विरह को निखिल विश्व के विरह में बदल दिया। मेघदूत सॉनेट (1896) में हमें सकरुण विरह वीणा सुनायी पड़ी। और सन् 1932 में प्रकाशित विच्छेद के स्वर में कोई बदलाव नहीं था। विच्छेद की अपूर्ण वेदना पूर्ण की ओर बढ़ती जा रही है। यह चलना ही आनन्द का पता देता है :

अपूर्ण यखन चलेछे पूर्णेर दिके
तार विच्छेदेर यात्रा पथे
आनन्देर नव नव पर्याय।

1933 में प्रकाशित 'शेष सप्तक' के यक्ष में कवि कहता है कि तुम्हारे लिए शाप ही वर हुआ और तुम्हारा प्रेम पूर्ण रूप से प्रकाशित हो सका। प्रिय सामीप्य का बन्धन छिन्न हुआ। 'अश्रुधौत सौम्य विषादेर' में से सीमाबद्ध गृहिणीसत्ता से जुड़ी हुई प्रियतम का उद्धार होता है। अन्ततः आलोकदीप्त अलका का अमर गौरव से अनन्त का आनन्द मन्दिर प्रतिष्ठित हुआ। वाक्यहीन प्रेम को भाषा मिली। यक्ष कवि बन पाये। सानाइ की यक्ष कविता 1938 में प्रकाशित हुई। यहाँ यक्ष की विरह वेदना मेघयात्रा में साथ है। विरह की तीव्र वेदना के भीतर से ही यक्ष अपनी प्रियतमा का अनन्त प्रेम प्राप्त करेगा। यक्षप्रिया भी अलका के काराकक्ष में क़ैद है, वह आहत है। वह मर्त्य जीवन की वेदना माधुरी के भीतर से मिलन स्वर्ग को प्राप्त करना चाहती है।

इन कविताओं में रवीन्द्रनाथ की विचारधारा का एक चित्र स्पष्ट हो उठता है। मेघदूत का युग जिसमें पूर्व और उत्तरमेघ दोनों शामिल हैं वहाँ से हम निर्वासित हैं। मेघदूत निबन्ध (1892) में कहते हैं कि पता नहीं फिर कब केतकी की बेड़, चिड़ियों का घोंसला बनाना, जामुन का पकते हुए पाना, दशार्ण गाँव, अवन्ती के बड़े-बूढ़ों का उदयन और वासवदत्त। की कहानी का सुनाना, शिप्रातटवर्तिनी उज्जयिनी का देखना सम्भव होगा। वहाँ की पुरवधुओं के केश संस्कार के लिए जलाये गये धूप की खुशबू को साँस में भर लेना या फिर नगर की प्रकाण्डसुषुप्ति का अनुभव भी क्या कभी सम्भव होगा? उस अन्धकार में अभिसारिकाओं का व्याकुल चित, कम्पित हृदय जाते हुए देखकर कवि की एक ही इच्छा होती है कि निकष में सोने की रेखा की तरह उनके चरणों के पास यदि वह थोड़ा प्रकाश कर पाता। मुखरित वर्षा के समय हमारी विरह भावना जग उठती है। सुखी व्यक्ति भी अनमना हो जाता है। अभ्यस्त घेरे से हम बाहर निकल आते हैं। चिट्ठी-पत्री (1890) में रवीन्द्र लिखते हैं, चारों ओर हरे खेत के ऊपर स्निग्ध तिमिराच्छन्न नयी वर्षा काफ़ी सुन्दर लग रही है। किसी एक निबन्ध में आज के इस निविड़ वर्षा वाले दिन के वर्षा मुखर घने अन्धकार को यदि अंकित रख सकता तो कितना अच्छा होता। कल्पना की सहायता से हम उन दो मेघों की ओर यक्ष के बादलों के साथ अपना दूत भेज रहे हैं। कुल मिलाकर अतीत की चाह रवीन्द्र को सालती रहती है। यह अतीत कालिदास के कारण सौन्दर्य की अलकापुरी में बदल गया है। वहाँ हमारे अन्तर्लोक की प्रियतमा है। पहले हम एक थे। अब विच्छिन्न द्वीप की तरह हैं। मैथ्यू आर्नाल्ड के Isolation कविता के द्वीप की तरह उसे पाने के लिए हमारी यात्रा शुरू होती है और इस यात्रा के दौरान यह अनुभव स्पष्ट हो जाता है कि प्रियविच्छेद ही प्रेमी की परम उपलब्धि है। दुःख मूलतः वास्तव में अभावबोध से पैदा होता है मगर इस दुःख से पार पाने के लिए मिलन की चाह अस्तिवाचक और आनन्दमय है। विरह-विच्छेद वेदना के भीतर से हम पूर्ण, सत्य और सार्थक हो उठते हैं। मिलन नहीं होगा, अतलस्पर्श विरह में जीना होगा मगर वही तो पूर्णता है। कालिदास का बादल चिरविच्छेद की वेदना के साथ चिर मिलन का आश्वासन भी दिलाता है। तब पहली दफा लगता है कि जो जानता हूँ वह तुच्छ है, जो अनजान है वही बृहत् है—इस बृहत् का स्पर्श अभी तक नहीं कर पाये हैं। नव वर्षा के दिन इस विषय-कर्म-क्षुद्र संसार को कौन निर्वासन नहीं कहेगा। पूर्वमेघ यहाँ से निकलकर यात्रा का आह्वान करता है—बहु विचित्र के साथ सौन्दर्य का परिचय कराता है—यही पूर्वमेघ का गीत है। और यात्रा के अवसान पर चिरमिलन का आश्वासन यही उत्तरमेघ का संवाद है।

बड़े कवियों के काव्य में यही पूर्वमेघ और उत्तरमेघ है—सारे महान काव्य हमें बृहत्तर में ले जाने का आह्वान करते हैं और निभृत की ओर जाने का इशारा करते हैं। तान यानी उद्यम तथा सम यानी आश्वासन दोनों से ही महान काव्य बनता है। यह रवीन्द्र की उपलब्धिनिष्ठ तत्त्वानुभूति है। मेघदूत अन्तर्जीवन का रूपक है—अनन्त प्रेम की अनन्त वेदना है। प्रेम का आधा मिलन है और बाक़ी आधा विरह। पास का आदमी कितना दूर है उसी का फिर अहसास होता है—दो आदमियों के बीच के फ़ासले को गीत से भरा जा सकता है। इस गीत से ही पास में रहने के सुदूर दुर्गम निर्वासन से पार पाया जा सकता है।

मेघदूत काव्य ने रवीन्द्र के मन में एक ओर अतीत की चाह भर दी तो दूसरी ओर वर्षा ऋतु में अतलस्पर्शी विरह का आस्वाद दिलाया और अपूर्ण की पूर्ण को पाने के लिए यात्रा का संकेत दिया और विरह में ही प्रेम के चरम रूप के आविष्कार की प्रेरणा जुटायी। बुद्धदेव बसु के अनुसार एक परम कृत्रिम आदर्श में आबद्ध रहते हुए भी कालिदास की प्रतिभा अपने को प्रमाणित करती है परन्तु पारिपार्श्विक दृश्यावलियों का वर्णन ही उनका प्रमुख उद्देश्य रहा है। यक्ष के विरह का वर्णन उनका लक्ष्य नहीं था। यह बात बहुत उचित प्रतीत नहीं होती। उदाहरण के रूप में बुद्धदेव बसु का कहना है कि यह कैसा विरह है यक्ष का जिसमें तन्मयता नहीं—दूत को जल्दी जाने के लिए न कहकर स्थान-स्थान पर विश्राम के लिए कहता है। इसका उत्तर रवीन्द्रनाथ ने दिया है। उनका कहना है कि विरह की व्यग्रता में भी कवि ने रास्ते को संक्षिप्त नहीं किया। पाठक के चित्त को कवि ने विरह के वेग से बाहर निकाला है और पथ के सौन्दर्य से मन्थर बना दिया है। दरअसल बुद्धदेव बसु की दृष्टि में काम और यौन विवरण की बहिर्मुखता से ही यह काव्य महान बना है। कदाचित् इसी कारण वे इस काव्य को सम्पूर्णता में ग्रहण नहीं कर पाये हैं। बुद्धदेव बाबू का मानस रोमांटिक है। प्रत्येक चित्रकल्प (imagery) तथा प्रतीक (symbol) में वे एक चित्र रचना और दूसरी ओर एक गहरे रहस्य को ढूँढ़ते हैं। परन्तु रहस्य की अस्पष्टता उन्हें मेघदूत में दिखायी नहीं पड़ती—सब कुछ प्रत्याशित और सम्भव लगता है। विस्मय का आघात नहीं है कहीं। उदाहरण दिया है—

हस्ते लीला कमलमलके बालकुन्दानुबिद्धम्
नीता लोघ्रप्रसवरजसा पाण्डुतामानने श्रीः।
चुड़ापाशे नवकुरूवकम चारु कर्णे शिरीषम्।।
सीमान्ते चत्वदुपगमजं यत्र नीपं वधुनाम्।।

यह कारण समझ में नहीं आता कि बुद्धदेव बाबू बति-चेल्लि की वीनस में

शुद्ध नग्नता का चरम सौन्दर्य देखते हैं—विशुद्ध देह का सौन्दर्य। फिर फूल से श्रृंगारित नारी के सौन्दर्य की स्वाभाविकता में वे रहस्य क्यों ढूँढ़ते हैं। यह श्रृंगार प्रत्येक नारी के लिए बिल्कुल स्वाभाविक है। वीनस की नग्नता या फिर लीला कमल हाथ में लिए यक्ष नारी। क्लासिकी सौन्दर्य का range इतना व्यापक होता है कि उसको किसी घेरे में बाँधना मुश्किल है। महादेव के वर्णन को ले लीजिए, अलका का उद्यान उसकी ललाट ज्योत्स्ना से प्रक्षालित है और उज्जयिनी के मन्दिर में वे अरण्य की तरह दोनों बाहुओं को ऊँचा कर नृत्य करते हैं :

पश्चा दुच्चैर्भुजतरुवनं मण्ड लेना मिलीनः।

एक ही शिव के स्वरूप के वर्णन में कितनी व्यापकता है। अरण्य की रहस्यात्मकता है या फिर ज्योत्स्ना की आलोक-अँधेरे में माया-कुहेलिका की आच्छन्नता। बुद्धदेव बाबू का फ्रेमवर्क विलायती है। हमारे यहाँ क्लासिकी और रोमांटिक का कोई अन्तर नहीं—यहाँ कवि दो प्रकार के हुए हैं, मेघदूत के कवि जो किसी एक व्यक्ति के विरह को निखिल विश्व के विरह में बदल देते हैं और रामायण-महाभारत के कवि जो एक जाति के हृत्स्पन्दन को काल और कालातीत की व्यापकता में स्वर देते हैं। इनमें कहीं क्लासिकल और रोमांटिक का स्पष्ट अन्तर नहीं है। आधार क्लासिकल है और उसका स्वर कभी रोमांटिक मानस को रूपायित करता है तो कभी classical व्यापकता का प्रसार। इसीलिए मेघदूत की स्पष्टता में कुछ उद्वृत्त रह जाता है जो बिजली की कौंध की तरह अर्थ को विस्तार देता है—अति दूर की अतीत स्मृति अवचेतना को उद्वेलित करती है। उदाहरणतया गति के कम्पन ने कवरीपाश से मन्दार पुष्प को गिरा दिया है—गत्युत् कम्पादलकपतितैयत्रि मन्दार पुष्पैः—इस एक वाक्य से अचानक अवचेतन स्मृति जाग उठती है। प्रश्न तब यह नहीं उठता कि यह रोमांटिक संवेदना है या क्लासिकी अर्थवत्ता से प्रोज्ज्वल है। तब इस जैसे वाक्यों के सहारे हमारी यात्रा शुरू होती है—चेतन से अवचेतन की ओर—यथार्थ से स्वप्न की ओर—वास्तव से परावास्तव की ओर। और तब रवीन्द्र लिखते हैं—दूर बहुत दूर स्वप्न में मैंने उज्जयिनी की यात्रा की थी मिलने के लिए अपनी पहली प्रियतम से—मुझे देखकर प्रियतमा धीरे-धीरे हाथ से दीया उतारकर, मेरे सामने आयी, मेरे हाथ पर हाथ रखकर उसने नीरव आँखों से पूछा, हे प्रिये, अच्छे तो हो? यक्ष ने भी यही प्रश्न पूछा था—अव्यपन्नः कुशलमवले पृच्छति त्वां विषुक्तः। बुद्ध देव बाबू का यह प्रश्न नीतिज्ञ जड़वादी का लगता है और रवीन्द्र के प्रश्न में जन्म-जन्मान्तर की वेदना ध्वनित दिखायी पड़ती है। बात ऐसी नहीं और फिर इस वाक्य के बारे में बुद्धदेव बाबू क्या कहेंगे?

'कच्चित सौम्य व्यवसितमिदं वन्धुकृत्यं त्वया मे', हे सौम्य, तुम मेरे मित्र बनोगे? इस विनती में कितनी तीव्रता है, कितनी गहराई है और साथ ही कितनी वेदना है क्योंकि अन्ततः इसका कहीं पता नहीं कि यक्ष की प्रार्थना को मेघ स्वीकार करेगा या नहीं। क्योंकि मेघ तो निरुत्तर है? क्या विडम्बना है कि इस निरुत्तरता को यक्ष स्वीकृति मान लेता है। इसीलिए तो रवीन्द्र का प्रश्न है, यक्ष किसने तुम्हें आश्वासन दिया कि एक दिन शरद पूर्णिमा रात्रि में चिरमिलन होगा—तुम्हें तो चेतन-अचेतन में फ़र्क़ का कोई पता नहीं, क्या मालूम यदि तुम सत्य और कल्पना में अन्तर भुला बैठे हो। यक्ष नीतिज्ञ जड़वादी नहीं है। वह भी जानता है कि अन्धकार रजनी में चिर विरह को भोगना ही प्रेम की चरम तृप्ति है। और रवीन्द्र की प्रियतमा का दीया तेज़ हवा में पता नहीं कब बुझ जाता है। अन्धकारमयी रजनी में उज्जयिनी सुप्त एकाकार हो जाती है और शिप्रा नदी के किनारे शिव के मन्दिर में आरती समाप्त होती है—अन्धकार में अनादि विरह मेघदूत के अनन्त गौरव को फिर एक दफा प्रकट करता है—एक ध्वनिमय शून्यता हमारे हाथ लगती है, बस।

27

हिन्दी की संस्कृति और उसका विश्वरूप

"हिन्दी भाषा और उसके साहित्य ने कभी स्वतन्त्र होने की चेष्टा नहीं की है। विशिष्टता उसका गुण नहीं, सबको लेकर चलना, सामान्यता ही उसकी विशेषता है। सबको लेकर चलना ही हिन्दी संस्कृति की अनन्यता है।"

भाषा संस्कृति की देन है अतएव भाषा की अपनी संस्कृति हो सकती है। बहुभाषिक देश होने के कारण यहाँ स्थिति थोड़ी भिन्न है। यहाँ एक भारतीय संस्कृति है जो एकक नहीं सामासिक संस्कृति है और, दूसरे हर प्रदेश से जुड़ी भाषाओं से सम्बन्ध प्रदेश की एक प्रादेशिक संस्कृति होती है। प्रादेशिक संस्कृति प्रदेश के कुछ विशिष्ट सांस्कृतिक पक्षों की ओर संकेत करती है परन्तु संस्कृत काव्यशास्त्र में प्रादेशिकता को कथ्य और अनुभूति के प्रकारों के साथ नहीं जोड़ कर शैली के साथ सम्बद्ध किया गया है। उदाहरण के रूप में दण्डी ने 7वीं-8 वीं शती में ढंग (mode), विधि (manner) तथा शैली के लिए मार्ग शब्द का प्रयोग किया था और उदाहरणतया, भारत के दो प्रदेशों के आधार पर वैदर्भ तथा गौड़ीय दो प्रकार की काव्यशैलियों की बात की थी : उत्प्रेक्षा दाक्षिणात्येषु अथवा गौड़ष्वक्षरडम्बरः।

और भी शैलियों का दण्डी ने उल्लेख किया है। शैली यहाँ प्रादेशिक भिन्नता को चिन्हित करती है। यह प्रादेशिक भिन्नता विषयवस्तु की नहीं शैली की भिन्नता है यद्यपि विषयवस्तु में निहित सांस्कृतिक विशिष्टता की उपेक्षा नहीं की जा सकती, मगर जब कोई भाषा किसी देश में सत्ता की भाषा बन जाती है, उसे उच्च स्थान प्राप्त हो जाता है तो उस भाषा का यह प्रयत्न बन जाता है कि वह सांस्कृतिक परम्परा के एकक रूप को स्वीकृति दे, विविधता को विनियोजित करे। संस्कृत भाषा के बारे में यह बात आमतौर से कही जाती है कि इस भाषा ने भारत के उच्च वर्ग की भाषा बन जाने के कारण लोक-प्रचलित, प्रादेशिक,

भाषिक एवं सांस्कृतिक विशेषताओं को अपने में समेटकर भारतीय संस्कृति के एकक रूप को ही प्रतिष्ठित करने का प्रयत्न किया है परन्तु तथ्य दूसरे संकेत भी देते हैं। संस्कृत के वैयाकरण पाणिनि ने संस्कृत के दो डिस्कोर्सों की बात की है। पहला आम जनता के द्वारा प्रयोग में लाया जाने वाला डिस्कोर्स और, दूसरा, जो व्याकरण की दृष्टि से शुद्ध है। नाट्यशास्त्र के प्रणेता भरत ने भी दो नाट्यों की बात की है, एक जनता के लिए और दूसरा, नाटक की परिपाटी के अनुसार। मगर यह स्व और पर का अन्तर नहीं, एक आन्तरिक और दूसरा बाह्य नहीं। लोक एवं शास्त्रीय दोनों ही एक ही संस्कृति के दो पक्ष हैं, एक ही सांस्कृतिक नैरन्तर्य के दो स्तम्भ हैं। इसी तरह भारतीय संस्कृति एवं हिन्दी संस्कृति के बीच द्वन्द्व भी है, समझौता भी है और एक-दूसरे के सम्पूरक भी हैं। भारतीय संस्कृति और हिन्दी संस्कृति की सम्पूरकता की यही अवधारणा है।

हिन्दी के बारे में यह कहा जाता है कि यह एक भाषा नहीं है, भाषाओं का समाहार है। मध्यदेश की सारी भाषाओं को समेटकर एक भाषा के अन्तर्गत समाहित करने का काम हिन्दी का रहा है। हिन्दी को केवल खड़ी बोली से परिभाषित नहीं किया जा सकता। मैथिली, ब्रज, अवधी, बुन्देलखण्डी, भोजपुरी, राजस्थानी, खड़ी बोली आदि को हिन्दी के अन्तर्गत ही स्थान मिला है। हिन्दी की अवधारणा एक छाते के समान है जिसके नीचे ये सारी भाषाएँ रची-बसी हुई हैं। मगर सवाल उठता है कि मध्यदेश की भाषा होने के कारण और भौगोलिक दृष्टि से एक विस्तृत क्षेत्र से जुड़े होने के कारण क्या इस अवधारणा को स्वीकृति मिली है। क्या हिन्दी, ब्रज, अवधी, मैथिली, भोजपुरी, राजस्थानी, मालवी, बुन्देलखण्डी, खड़ी बोली को समायोजित कर अपने प्रभुत्व को प्रमाणित कर रही है? क्या यह शक्ति की भाषा का प्रतीक है? शक्ति की भाषा बनने के लिए राजनीतिक प्रभुत्व तथा अपने स्वरूप को वैधानिक रूप देना (Canonized) ज़रूरी होता है। शक्ति मिलते ही वैधानिक रूप (Canon) की बात आती है। मगर आश्चर्य की बात है कि हिन्दी ने यह काम कभी नहीं किया। अपने स्वरूप को मानकीय रूप देकर उसे ठोस बना देना हिन्दी का कभी भी काम नहीं रहा। लचीलापन उसका सबसे बड़ा गुण है। यह भाषा सबकी भाषा है। सब इसको अपने-अपने ढंग से प्रयोग में लाते हैं। ज़रा सोचिये, हिन्दी का प्रामाणिक व्याकरण कामता प्रसाद गुरु ने 1921 में और फिर किशोरीदास वाजपेयी ने 1958 में प्रकाशित किया था—बीच में छुटपुट काम हुए। कहने का तात्पर्य है कि व्याकरण आदि की रचनाओं पर ज़ोर देकर हिन्दी के मानकीय रूप को प्रतिष्ठित करने की कोई कोशिश नज़र नहीं आती है। मध्यदेश की भाषा होने के कारण स्वाभाविक रूप से इसने सम्पर्क

भाषा का रूप ग्रहण कर लिया है। और इसके बहुल प्रचलित प्रयोग के कारण इसमें कैनोनाइज़ेशन की कोई कोशिश सफल नहीं हो पायी है।

यह बात नहीं कि हिन्दी का कोई मानक या परिनिष्ठित रूप नहीं है। मगर साथ ही, उसमें एक ज़बरदस्त लचीलापन है। दूसरे के द्वारा अपने को ग्रहण करवाने का अदम्य आकर्षण है। हिन्दी का यह द्वैत रूप (Double form) है जो और किसी भाषा में दिखायी नहीं पड़ता। मगर यह बात भी सच है कि बहुत अधिक परिनिष्ठता के प्रति आकर्षण इस भाषा में कभी भी दिखायी नहीं पड़ा और यदि उस दिशा में कोई कोशिश हुई तो उसे नकार दिया गया। इसका सबसे बड़ा उदाहरण यह है कि सन् 1950 के बाद सम्पर्क और राजभाषा का ओहदा मिलते ही भारत सरकार की ओर से डॉ. रघुवीर ने दो जिल्दों में पारिभाषिक शब्दावली के कोश तैयार किये मगर उसका प्रयोग ही नहीं हो पाया और कोश बेकार सिद्ध हुए। इसलिए जब विद्वान वर्ग हिन्दी के ग़लत प्रयोग, अंग्रेज़ी के साथ मिलाकर हिन्दी के द्विभाषिक कोड का प्रयोग करते हैं, यथा "मैं सनराइज़ से सनसेट तक काम करता हूँ" का उल्लेख कर अपना असन्तोष प्रकट करते हैं तो स्वाभाविक रूप से एक यथार्थ (वस्तुस्थिति) की ओर भी संकेत कर देते हैं और वह यह कि एक हिन्दी का परिनिष्ठित रूप है और दूसरा, उसका एक व्यावहारिक रूप भी है। हिन्दी संस्कृति का यह एक महत्त्वपूर्ण पक्ष है। इनमें से कौन-सा अधिक महत्त्वपूर्ण है, कहना मुश्किल है। अपने-अपने स्थान पर दोनों का बराबर महत्त्व है।

फिर भी सवाल रह जाता है कि हिन्दी की एम्ब्रेला कन्सेप्ट (समग्र अवधारणा) के पीछे रहस्य क्या है। समाजशास्त्र, संस्कृति तथा राजनीतिक इतिहास के प्रभाव स्वरूप एक भाषा और दूसरी भाषा में अन्तर स्पष्ट होता है। एक ही भारोपीय परिवार की भाषा होने के बावजूद हिन्दी, मराठी, बंगला, पंजाबी, असमिया आदि में सांस्कृतिक दृष्टि से अन्तर दिखायी पड़ता है। इस देश में संस्कृत, फ़ारसी, अंग्रेज़ी राजनीतिक प्रभुत्व की भाषाएँ रही हैं। कई भाषाएँ अधीनस्थ भाषाएँ रही हैं। सोशियोलोजी ऑफ़ ट्रेड, इंडस्ट्री तथा अर्थनैतिक विकास से जुड़ी भाषाएँ गिनायी गयी हैं। कुछ भाषाएँ सोशियोलॉजी ऑफ़ कॉम्बेटिव सरवाइवल की प्रतीक बनी हुई हैं। हिन्दी इनमें से अलग है। भारत की बहुत से द्वैत अनुभूतियों (Double experience) की तरह इसके भी दो रूप हैं। उदाहरण के रूप में भारत निर्गुण और सगुण दोनों को स्वीकारता है। साधारणीकरण तथा पृथक्करण नाटक की यह द्वैत अनुभूति स्वीकृत है। लोक और शास्त्र नैरन्तर्य के दो स्तम्भ हैं। विरुद्धों की सम्पूरकता भारतीय विचारधारा की बुनियादी बात है।

इसीलिए यहाँ सुर और असुर, सौन्दर्य और भयंकर एक-दूसरे के विरोधी नहीं संपूरक हैं। इसी प्रकार हिन्दी लोक की भाषा है तो भारतीय समाज के एक बृहत् हिस्से में प्रचलित भाषाओं के माध्यम से प्राप्त अर्थ के विस्तृत क्षेत्र के लगातार Recordering की भी भाषा है। दूसरे शब्दों में अभिलेखी भाषा है।

वस्तुतः हिन्दी एक बहुभाषिक उपस्थिति है जिसका आधार सामुदायिक विचार दृष्टि है, Communality की भावना है। इसीलिए हिन्दी परम्परा के नानात्व को Multiplicity of traditions का समावेशन (Internalize) कर पाती है। जो सही मायने में हिन्दी परम्परा है, Consideration of all है—जो रोमिला थापर कहती हैं। परम पर का Superlative है और इस प्रकार Consideration of all की भावना उसके चरित्र के साथ जुड़ी है। साहित्य का भी यही अर्थ है, Togetherness or co-existence. मगर हिन्दी समानान्तर परम्पराओं के साथ नहीं जीती है, वैकल्पिक परम्पराओं के साथ जीती है इसीलिए इसमें वैश्विकता वर्तमान है। सारे विश्वभर में कबीर, तुलसी, प्रेमचन्द की प्रसिद्धि हिन्दी के वैश्विक रूप को अभिव्यक्त करती है।

हिन्दी विश्व के नाना स्थानों में बोली जाती है।

भारत और मॉरिशस दोनों देशों के समाज और संस्कृति में हिन्दी के एक स्वरूप भोजपुरी की महत्त्वपूर्ण भूमिका रही है। हिन्दी के माध्यम से विश्वभर में फैले आप्रवासी भारतीयों ने अपने संस्कारों, सामाजिक व्यवहारों और परम्पराओं का पोषण किया है और आने वाली पीढ़ियों को इससे जोड़ा है। इसी कारण आज हिन्दी विश्व के एक बड़े समुदाय के जीवन में घुली-मिली है। हिन्दी जहाँ भी बोली जाती है, वहाँ की भाषा का उस पर प्रभाव पड़ता है। गुयाना, त्रिनिदाद, टोबैगो की अपनी भाषाओं से मिलकर भोजपुरी का प्रयोग होता है।

सूरीनाम में हिन्दी में सूरीनामी का प्रभाव दिखता है, दक्षिण अफ्रीका में नटाली का और मॉरिशस में भोजपुरी का। आज विश्व के दरबार में, संयुक्त राष्ट्र संघ में, अन्तरराष्ट्रीय मेज़ पर राजनेताओं के द्वारा हिन्दी का प्रयोग आम बात है। हमारे पूर्व प्रधानमन्त्री श्री अटल बिहारी वाजपेयी तथा वर्तमान प्रधानमन्त्री श्री नरेन्द्र भाई मोदी इसके अग्रदूत हैं।

महात्मा गाँधी, रवीन्द्रनाथ टैगोर, सुभाषचन्द्र बोस, आचार्य काका कालेलकर, विनोबा भावे की अपनी भाषाएँ गुजराती, बंगला और मराठी थीं। लेकिन उन महापुरुषों ने हिन्दी भाषा में देश को जोड़ने की ताक़त को पहचाना था। महात्मा गाँधी जी ने 21 जनवरी, 1918 में एक पत्र के द्वारा टैगोर से पूछा था कि उन्हें इन्दौर में आयोजित हिन्दी सम्मेलन में हिन्दी को लेकर बोलना है।

क्या आप इस सम्बन्ध में कोई सलाह दे सकते हैं। रवीन्द्रनाथ ने 24 जनवरी, 1918 के पत्र में लिखा, महात्माजी आपको यह कहना होगा कि हिन्दी इस देश की राष्ट्रभाषा है परन्तु दूसरी भारतीय भाषाओं की उन्नति और विकास के लिए हिन्दी को लगातार सहयोग देना होगा।

आज हिन्दी समेत भारतीय भाषाओं में इंटरनेट का प्रयोग अंग्रेज़ी में इंटरनेट के प्रयोग से अधिक हो गया है। अनुमान है कि वर्ष 2021 तक हमारे देशवासी अंग्रेज़ी से अधिक हिन्दी भाषा में इंटरनेट का उपयोग करने लगेंगे और विश्वभाषा के रूप में हिन्दी की स्वीकृति बढ़ती रहेगी।

हिन्दी विश्व बाज़ार में प्रभावशाली भाषा बनकर उभर रही है। इस बाज़ार के लिए विश्व की सबसे बड़ी कम्पनियाँ हिन्दी को ध्यान में रखकर सुविधाएँ विकसित कर रही हैं। वैश्वीकरण का मूलमन्त्र है, नफ़ा कमाना। कॉर्पोरेट संस्थाएँ अब समझ गयी हैं कि व्यापार में नफ़ा के लिए भारत में अपने व्यवसाय के प्रसार के लिए हिन्दी का प्रयोग ज़रूरी है। कंप्यूटर प्रोग्रामिंग के जानकारों का मानना है कि कम्प्यूटिंग लैंग्वेज के लिए संस्कृत/हिन्दी एक अनुकूल भाषा है। देवनागरी लिपि की वैज्ञानिकता भी सराही जाती है आज विदेशों में हिन्दी सीखने वालों की संख्या तेज़ी से बढ़ रही है।

हिन्दी का एक राष्ट्रीय रूप है, विशेष रूप से स्वाधीनता आन्दोलन के समय हिन्दी सीखना एक राष्ट्रीय कृत्य माना जाता था। सन् 1947 से पहले हिन्दी एकमात्र भाषा थी जिसने अनुवाद का काम सर्वाधिक किया। विभिन्न भारतीय भाषाओं के साहित्यों के अनुवाद के माध्यम से हिन्दी ने देश को जोड़ने का महत्त्वपूर्ण राष्ट्रीय कार्य किया। इसका एक राष्ट्रीय, दूसरा प्रादेशिक या क्षेत्रीय, तीसरा अर्ध-क्षेत्रीय (दलित साहित्य) तथा चौथा पॉप संस्कृति से जुड़ा टपोरी रूप है। ख़ास तौर से यह बात कही जाती है कि हिन्दी फ़िल्मों में हिन्दी संस्कृति का कुछ भी दिखायी नहीं पड़ता, सिर्फ़ एक पॉप कल्चर, अप-संस्कृति का विस्तार होता है। मगर यथार्थ यह है कि लाखों करोड़ों की संख्या में लोग उसे हिन्दी फ़िल्म कहते हैं और इस यथार्थ को झुठलाया नहीं जा सकता।

सवाल यह नहीं कि कौन-सी परम्परा प्रामाणिक है। ऐसे प्रश्न का अर्थ एकरूपी सांस्कृतिक परम्परा (Uniform Cultural Tradition) पर बल देते हुए मास्टर नैरेटिव के इशारे पर चलना होता है, जो भारतीय समाज के वैविध्य को नकारना है। औपनिवेशिक शासन भाषा, संस्कृति और राष्ट्रवाद के मामले में एक प्रस्तरखण्डीय संरचना (Monolithic Structure) को तूल देते हैं या अपनी विचारधारा के अनुसार दूसरे को समझने की कोशिश करते रहे हैं।

यही मास्टर नैरेटिव है। यह मास्टर नैरेटिव किसी भी विषय के बारे में एक गतिहीन बिम्ब का ही प्रसार करता है जिसके कारण हिन्दी की साहित्यिक संस्कृति के अनन्य पक्ष का सही विश्लेषण होना सम्भव नहीं हो पाया है।

उपनिवेशवादी मास्टर नैरेटिव ने इतिहास रचना को, हिस्टीरियोग्राफ़ी को बढ़ावा दिया है तो साथ ही उपनिवेशी संस्कृति के लिए इतिहास से सम्बद्ध लेखकीय उत्क्रमण (Historiographical Inversions) भी पैदा किया है। उपनिवेशवाद उपनिवेशी देशों के इतिहास में कुछ जोड़ता है परन्तु साथ ही उसके कुछ इतिहास को मिटा भी देता है। यही अ-इतिहासात्मकता (Dehistoriation) की प्रक्रिया है। मानव विज्ञान तथा प्राच्यवाद (Orientalism) के अनुशासन इसके उदाहरण हैं। सर विलियम जोन्स के द्वारा मध्ययुग को अन्धकारमय मानते हुए भक्ति को इतिहास की धारा से बाहर निकालकर, सांस्कृतिक निरन्तरता से काटकर व्याख्या करने का आधार यही है। भक्ति के बारे में ग्रियर्सन का कहना है :

> "बिजली की चमक के समान अचानक इस समस्त पुराने धार्मिक मतों के अन्धकार के ऊपर एक बात दिखायी दी। कोई हिन्दू यह नहीं जानता कि यह बातें कहाँ से आयीं और कोई भी इसके प्रादुर्भाव का कारण निश्चित नहीं कर सकता।"

पं. हज़ारी प्रसाद द्विवेदी का कहना है कि अचानक बिजली की चमक के समान फैल जाना लिखा है, वह ऐसा नहीं है। उसके लिए सैकड़ों वर्षों के मेघखण्ड एकत्र हो रहे थे। और सबसे बड़ी घटना उस काल की लोकप्रवृत्ति का शास्त्र सिद्ध आचार्यों और पौराणिक ठोस कल्पनाओं से युक्त हो जाना है।

इसी तरह प्राच्यवाद एक ऐसा अनुशासन है 'जो कभी सभ्य थे' का अध्ययन करते हुए उसके ऐतिहासिक प्रवाह के कुछ हिस्से को जमा (freeze) देता है। समकालीन प्राच्य को नकारकर प्राचीन प्राच्य को वरीयता देने के पीछे यही कारण है। कहा जाता रहा है कि भारत का अतीत बहुत ही गौरवमय है, परन्तु उसका कोई वर्तमान नहीं है, अगर भारत अपना वर्तमान बनाना चाहता हो तो उसे पश्चिम के पास जाना होगा और इस तरह 'पश्चिमीकरण ही आधुनिकीकरण' (Westernization is Modernization) की अवधारणा की सृष्टि के पीछे का रहस्य यही है। इस तरह इतिहास का दमन या विपर्यय किया जाता रहा है। हिन्दी के जन्मकाल में यह भाषा युगपत् भाषिक (Speech) तथा लिखित, (Writing) संस्कृत तथा प्राकृत, मौखिक (Orality) तथा पाठगत (Textuality) के समाहार के रूप में प्रकट हुई थी।

इस भाषा के लिए साहित्य तथा समुदाय (Community) एक-दूसरे के साथ अभिन्न रूप से जुड़े हैं और परिणामतः इस भाषा ने, पं. हज़ारी प्रसाद द्विवेदी के शब्दों में, 'साहित्य को मानव समाज के सामूहिक चित की अभिव्यक्ति के रूप में स्वीकार किया है'। यह सोचना ग़लत नहीं होगा कि साहित्य अकादेमी की ओर से शिशिर कुमार दास द्वारा भारतीय भाषाओं के आधुनिक साहित्य के समाकलित (Integrated) इतिहास रचना के रीति विधान (Methodology) जुटाने का काम बड़े आश्चर्यजनक ढंग से इसी भाषा ने किया है। भारतीय भाषाओं के आधुनिक साहित्य की रचना के रीति विधान (Methodology) का उल्लेख करते हुए डॉ. दास कहते हैं कि भारतीय साहित्य भारतीय जनता की स्मरणीय अभिव्यक्तियों का समाहार है। साहित्य की यह सत्ता राजनीतिक अनिवार्यता से निर्धारित नहीं हुई वरन् समुदाय (Communality) की भावना से निर्धारित हुई है जो भावना सदियों से हमारे भीतर मौजूद है :

> "Indian literature is a record of memorable utterences of the Indian people, again an entity which is not determined by political exigencies but defined by a feeling of communality."

साहित्य और समुदाय को एकीकृत रूप में देखने की इस परम्परा ने हिन्दी के विद्वानों को निस्संकोच हिन्दी के अन्तर्गत दूसरी भाषाओं को जोड़ने का आधार प्रदान किया है। रामचन्द्र शुक्ल का कहना है कि अपभ्रंश रचनाएँ सदा से भाषा काव्य के अन्तर्गत मानी जाती रहीं। चन्द्रधर शर्मा गुलेरी ने अपभ्रंश काव्य को पुरानी हिन्दी कहा है। 'बोधगान ओ दोहा' को राहुल जी ने बंगला नहीं हिन्दी माना है। उनका कहना है कि दोहे की परम्परा हिन्दी में विद्यमान है, बंगला में नहीं। राहुल जी ने अपभ्रंश काव्य को पुरानी हिन्दी का संग्रह कहा है। उस समय के कवियों ने स्वयंभू को हिन्दी का सर्वोतम कवि कहा है। पं. हज़ारी प्रसाद द्विवेदी का कहना है कि यदि यह कहा जाये कि राजस्थानी और हिन्दी आदिकाल में एक थीं तो अत्युक्ति नहीं होगी।

हिन्दी के आदिकाल का वीरगाथात्मक रूप उसकी अपनी विशिष्टता है। यह बात सही है कि वीरता में तमिल लोग विशिष्ट आदर्श रखते थे। 'पुरनानूरु' ग्रन्थ ईसापूर्व 5वीं शती से दूसरी शताब्दी तक की वीरगाथाओं का संकलन है, मगर इनका विषय आपसी मनमुटाव और निष्कर्षतः युद्धादि है। चेद राजा तथा चोल नरेश के युद्ध वर्णन हैं। हिन्दी में वीरगाथात्मक काव्य विदेशी आक्रमणों के विरुद्ध राष्ट्रीयता की अभिव्यक्ति है। हिन्दी का जन्मकाल, इस्लाम का आगमन काल भी है। हिन्दी के जन्म समय से इस्लाम के आगमन के फलस्वरूप प्रतिरोध

और परिवर्तन दोनों ही युगपत् दिखायी दे रहे थे। हिन्दी प्रतिरोधी भाषा है। और किसी भी भाषा में यह तत्त्व इतनी गहराई से जुड़ा हुआ नहीं है। हिन्दी सीखना एक राष्ट्रीय कृत्य रहा है परन्तु इस भावना के पीछे विदेशी प्रभुत्व के प्रतिरोध करने की बात रही है। खड़ीबोली यदि परिनिष्ठत हिन्दी की प्रतीक है तो उसका खड़ापन प्रतिरोधी शक्ति को ही प्रकट करता है। सारे भारतवर्ष में फैले प्रतिरोधी शब्द–हड़ताल, घेराव, बन्द हिन्दी के शब्द हैं। इस भाषा में पुरबिया के स्थान पर पछुआ का ज़ोर अधिक है।

पं. हज़ारी प्रसाद द्विवेदी के अनुसार 14वीं शती में हिन्दी में तत्सम शब्दों का अधिक व्यवहार शुरू हो गया था। शंकर मत की दृढ़ प्रतिष्ठा ने भी बोलचाल की भाषा में और साहित्य की भाषा में तत्सम शब्दों के प्रवेश को सहारा दिया। मगर इसी समय भक्ति साहित्य में तत्सम के आधार संस्कृत का विरोध शुरू हो गया था। यह द्वैत अनुभूति (Double experience), स्वीकृति एवं विरोध इस भाषा के बहुभाषिक वैविध्यमय रूप को और भी अधिक प्रखरता के साथ उजागर करता है। रासोकार ने पृथ्वीराज को भगवत स्वरूप बताकर कहानी में धार्मिकता का रंग देकर इस द्वैत अनुभूति का प्रसार किया है। 'कीर्तिलता' के कवि ने भी पाठक को, कुछ पुण्य-लाभ का प्रलोभन दिया था :

पुरुष कहाणी हैं। कहाँ जसु पत्थावें पुन्नु

धर्म सारी भाषाओं का केन्द्रीय अंग है मगर वीर रस के साथ युक्त होकर द्वैतात्मक अनुभूति प्रदान करना हिन्दी संस्कृति की विशेषता है। यहाँ साहित्य तथा धर्म साधना परस्पर अतिच्छादित हैं। साहित्य की पूजा और पूजा की पद्धति यहाँ साहित्यिक होती है। जन्म लेते हुए इस भाषा ने संस्कृत के अस्तगमन तथा अभिव्यक्ति शक्ति के अधिकाधिक अर्जन तथा सामाजिक तनाव और संघर्ष की भाषा के रूप में विस्तार पाया था। गैर-वैधानिक (Non-canonical) होने के कारण इसके इतिहास में कोई विकृति नहीं आयी। भक्ति ने साहित्यिक विधान के निर्माण में संस्कृत के एकाधिकार को मानने से इनकार कर दिया था। हालाँकि यह बात दूसरी है कि रूप और जीव गोस्वामी ने संस्कृत में भक्ति के काव्यशास्त्र की रचना कर भक्ति को वैधानिक (Canonized) बनाने में कसर नहीं छोड़ी। यह भी एक प्रकार की द्वैतात्मक अनुभूति है। विरोध और स्वीकृति दोनों की युगपत् अनुभूति।

हिन्दी संस्कृति की सबसे बड़ी विशेषता यही है कि बहुत-सी जातियों, सभ्यताओं, प्रदेशों, धर्मों तथा भाषाओं का समाहार होने के फलस्वरूप इसके किसी एक हिस्से का आविष्कार भारतीय साहित्य के दूसरे हिस्से की खोज के लिए

हमें रास्ता दिखाता है : हिन्दी का भक्ति काव्य हमें अन्ततः तमिल आलवारों तक पहुँचा देता है। इस भाषा में सांस्कृतिक विशिष्टताओं की अभिव्यक्ति है। समुदाय के आश्रय से ऐतिहासिक क्रियात्मकता का प्रतिफलन है। प्रादेशिक अस्मिता का प्रसार है। मगर साथ ही उसकी विषयवस्तु, सबको समेटने की चाह, द्वन्द्व तथा समझौते की स्थितियाँ पैदा करता है और तब (हिन्दी) क्षेत्र और (भारत) देश एक-दूसरे के सम्पूरक हैं, इसका अहसास हो जाता है। और इस तरह हिन्दी संस्कृति अलग होते हुए भी भारतीय संस्कृति का हिस्सा बन जाती है।

□□